대장간이란 이름에는
사라져가는 복음의 능력을 되살리고,
낡은 것을 새롭게 풀무질하며, 잘못된 것을
바로 세우겠다는 의지가 담겨져 있습니다.

도서출판 대장간은
새로운 사회, 즉 예수사회(교회)를 건설하려는
꿈을 가진 도구로서 예수 사회를 구성하는
공동체의 한 지체입니다.

www.daejanggan.org

요한계시록-주석과 설교 가이드

지은이 이광진
초판발행 2012년 2월 16일

펴낸이 배용하
책임편집 윤순하
등록 제364-2008-000013호
펴낸곳 **도서출판 대장간**
www.daejanggan.org
대전광역시 동구 삼성동 285-16번지
전화 (042) 673-7424 전송 (042) 623-1424

ISBN 978-89-7071-247-5

이 책은 저작권법에 의해 보호를 받는 출판물입니다. 기록된 형태의 허락 없이는 무단 전재와 복제를 금합니다.

값 25,000원

말세의 비밀 코드가 아닌, 기독교 복음을 전하는 책

요한계시록

– 주석과 설교 가이드 –

이 광 진 지음

차례

| 개정증보판 서문 |

이 책은 2005년에 출판된『설교자를 위한 요한계시록 주석』의 개정 증보판으로 저술되었다. 초판 주석서를 출판할 때는 최선을 다해서 썼다고 생각했다. 그런데 이후에 요한계시록을 계속 연구하면서 이 주석서를 고쳐야겠다는 생각을 하게 되었다. 이에 따라 이 책에서 필자가 보충한 주요 내용은 다음과 같다.

① '요한계시록에 나타난 죽은 자들의 세계와 사후의 생에 대한 기대' 와 관련된 본문에 보충을 많이 했다. 이를 위해서『신학과 현장』제18집(2008)에 게재한 논문 "요한계시록에 나타난 죽은 자들의 세계와 사후의 생에 대한 기대(IV)"의 내용을 많이 반영했다.

② 이 책의 제1부 서론에서는 한 가지 항목, 즉 '요한계시록의 주요 해석 방법들' 을 더 추가했다. 이를 위해서『신학과 현장』제20집(2011)에 게재한 논문 "요한계시록의 인권사상"의 일부 내용을 반영했다.

③ 계시록 12장에 나오는 '여자' 에 대한 해석사 부분에서 최근에 나온 한 가지 입장을 더 기술했는데, 여기서는 초판 주석서와 달리 '여자' 를 교회로 보는 입장으로 선회했다.

④ 계시록 20장에 나오는 '첫째 부활' 에 대한 해석에서 초판 주석서와 다른 입장을 표명했다.

⑤ 권말의 참고 문헌에도 여러 문헌들을 추가하여 소개했다.

아무쪼록 요한계시록을 주석하고 설교하기를 원하는 분들이 이 책을 통해서 많은 도움 받을 수 있기를 간절히 바란다. 이 개정 증보판을 출판하도록 허락해주신 대장간의 배용하 사장님과 원고의 교열과 교정을 위해 수고한 나의 사랑하는 제자 김선주 전도사에게 깊은 감사의 마음을 전한다.

2012년 1월 이 광 진

| 머리말 |

요한계시록은 기독교의 복음을 전하는 책

요한계시록은 성서 가운데 가장 난해한 책 중의 하나다. 이 책은 잡다한 환상들과 비유들, 그리고 구상어들로 가득 차 있기 때문이다. 이 책에서 사용되는 표현들은 기이하고 그로테스크하며, 상당히 폭력적이고 위협적이다. 그래서 이 책은 교회 강단에서 별로 사랑을 받지 못하고 있다.

다른 한편으로 이 책을 중요하게 생각하는 보수적인 기독교인들 가운데는 이 책을 세계사에서 일어날 사건들과 마지막 날에 대해 예언한 책으로 간주하는 사람들이 있다. 소위 휴거설에 애착을 가지고 있는 집단은 세계의 종말과 그리스도의 재림이 곧 일어날 것이라고 강조하는데, 이때 그들은 꼭 요한계시록의 구절들을 들고 나와서 자신들의 주장을 기정사실화한다. 소위 시한부 종말론을 주장하는 이들이 요한계시록을 집중적으로 인용하는 것이다.

그렇다면 과연 요한계시록은 세계사에서 일어날 사건들과 마지막 날에 대해 예언한 책인가? 교회 강단에서 복음적 설교를 위한 본문으로 사용하기가 곤란하고, 단지 이단적인 사람들에게나 필요한 책인가? 필자가 보기에 요한계시록은 말세의 비밀을 기록한 책이 아니라, 기독교의 복음을 전하기 위해 쓴 책이다. 현재 교회 강단에서 이 책이 설교 본문으로 거의 사용되지 않고 있는 것은 안타까운 일이 아닐 수 없다.

그런데 필자가 그동안 목회자들로부터 들어온 바에 의하면, 요한계시록을 본문으로 설교를 준비한다는 것이 그리 만만치 않기 때문이라는 데 그 이유가 있음을 알게 되었다. 그들에 따르면 학문적인 주석서들은 너무 이론적이라 교회 강단에서 설교하는 데 별로 도움이 안 되고, 보수적인 주석서들이나 강해서들은 대개가 세대주의의 영향 하에서 쓰인 것들이라서 학문적으로 빈약하고 편협하여 설교를 준비하는 데 도움이 안 된다는 것이다. 이런 현실 속에서 필자는 학문적이면서도 목회자들이 설교를 준비하는 데 도움이 되는 주석서의 필요성을 느끼게 되었다. 따라서 필자는 가능한 한 학문적으로 근거가 있는 주석서를 쓰도록 노력한 반면 너무 깊이 들어가는 것은 피하고자 했다.

본 주석서는 다음과 같이 각 문단마다 세 부분으로 구성되어 있다.

1) 본문 소개: 본문의 이해를 돕기 위해 본문의 주요 주제와 구조를 언급한다.

2) 본문 주석: 각 구절들을 주석한다. 주석은 텍스트의 원래 의미를 해명하는 작업이기 때문이다. 필자는 이 부분에서 계시록 저자가 1세기 소아시아에 있었던 그의 수신자들에게 전하고자 한 메시지의 내용을 살펴볼 것이다.

3) 설교 가이드: 여기서는 본문이 오늘날 우리에게 주는 의미에 대해 기

술할 것이다. 본문 주석에서 밝혀진 본문의 신학적 의미를 토대로 설교 구상에 필요한 뼈대를 제공할 것이다.

이 주석서가 나오는 데에 큰 도움을 준 분들의 고마움을 잊을 수가 없다. 우선 본 주석서의 필요성을 지속적으로 인식케 해준 주위의 목회자들에게 감사드린다. 또한 이 주석서의 원고를 컴퓨터에 입력해 주고 세심하게 교정해 준 나의 아내의 도움이 없었다면 이 책이 나올 수 없었을 것이다. 아내의 헌신적 수고에 깊은 감사를 표한다.

2012년 1월 대전 도안동 연구실에서

이 광 진

제1부
서론

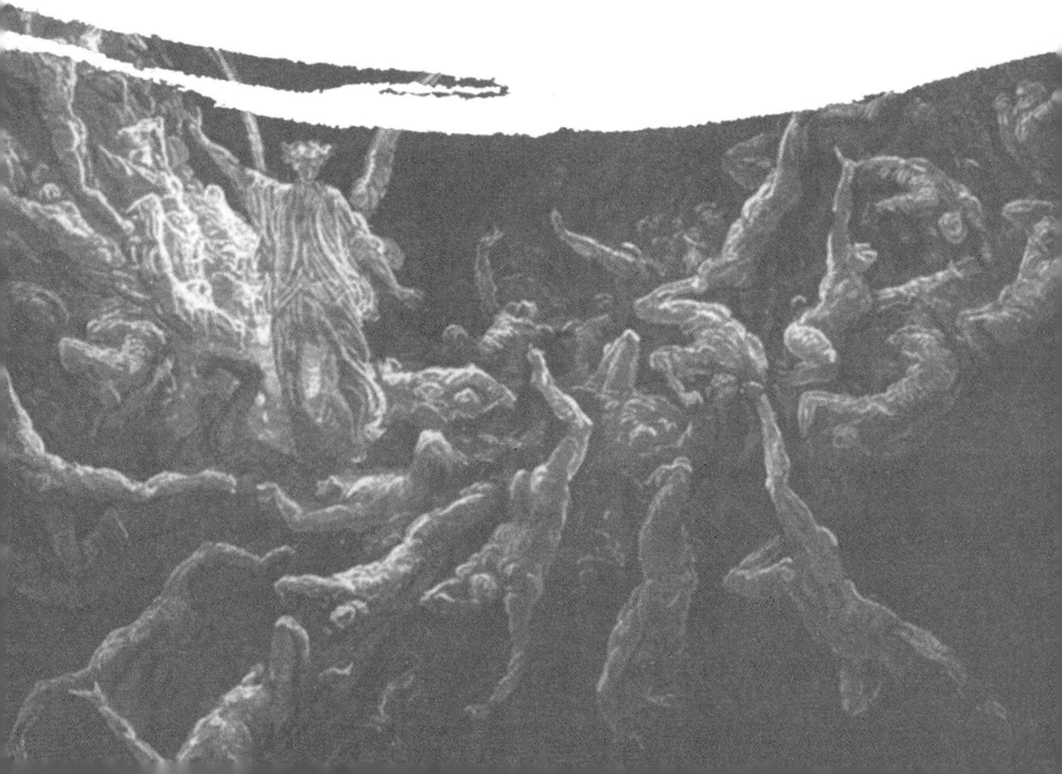

요한계시록은 신약성서에서 가장 난해한 책으로 간주되고 있다. 이 책을 바로 이해하기 위해서 그 동안 사람들은 수많은 노력을 기울여 왔고 그 노력은 아직도 계속 이어지고 있다. 그러나 현재까지 일반적으로 인정되는 판단에는 이르지 못하고 있다. 요한계시록의 해석사를 보면 환상적인 표상 세계와 매우 낯선 내용들에 대해서 학자들마다 매우 첨예하게 다른 해석들을 하고 있음을 잘 알 수 있다.

한편 상당수의 기독교인들은 지금까지의 요한계시록을 이해하는 데 있어서 세대주의적 입장으로부터 많은 영향을 받아왔다. 세대주의는 19세기 영국에서 플리머스 형제단(Plymouth Brethren)을 창설한 다비(John Nelson Darby)의 가르침에 뿌리를 두고 있는 독특한 신학체계인데, 오늘날 이 입장에 속하는 사람들은 자신들을 전천년왕국론자들이라고 부른다. 그것은 그들의 주장이 그리스도의 재림 시기와 관련되기 때문인데, 그리스도의 재림이 그가 통치하게 될 지상에서의 천년 통치 전에 이루어질 것으로 믿고 있기 때문이다. 이 입장은 미국에서 라디오와 TV 설교자들 그리고 대중적인 출판물에 의해서 널리 확산되어 왔고, 소위 시한부 종말론의 이론적 근거가 되고 있다. 이 입장에 속하는 출판물들 중에서 현재 한국교회에 큰 영향을 끼치는 책들은 핼 린드세이(Hal Lindsey)의 『대유성 지구의 종말』(김재권 역, 서울: 생명의 말씀사, 1971)과 왈프드(J. F. Walvoord)의 『아마겟돈, 석유와 중동위기』(전준식 역, 서울: 도서출판 마라나타, 1995)가 대표적이다. 린드세이의 책은 1970년대에 미국에서 가장 많이 팔린 책이며, 왈프드의 책은 미국에서 1974년에 처음으로 출판되었고 1984년에 절판되었다가 1990년에 다시 새로 출판되었는데, 두 달도 못되어서 약 50만 권이나 팔린 책이다. 1991년에 페르시아만 전쟁이 발발했을 때 위의 책들에서 깊은 감동을 받은 수백만의 미국인들은 이 전쟁을 마지막 때의 아마겟돈 전쟁이라고 입을 모았었다.

린드세이와 왈프드는 성서를 예언의 책으로 간주한다. 이들은 성서의 예언이 지금까지 한 차례도 빗나간 사실이 없으며, 세계사는 성서의 예언대로 움직이고, 세계는 지금 이 예언대로 종말을 맞이하려고 한다고 생각한다. 이들은 특히 성서에는 그리스도의 재림 전에 전개될 세계의 동향에 관한 예언들이 신ㆍ구약 전체에 걸쳐 작은 조각들로 흩어져 있다고 생각한다. 그래서 이것들을 질서정연하게 정돈해 놓으면 조만간 이 세계에서 일어날 사건들의 시간표를 명확하게 알게 된다고 주장한다. 이때 이들은 특히 에스겔서와 다니엘서 그리고 요한계시록을 비중 있게 다룬다. 이들에 의하면 성서에서 예언하는 종말의 때는 최후의 7년간을 가리키는데, 이 기간에 유럽의 10개국 연합으로부터 한 독재자가 나타나서 이스라엘과 7년간을 정한 평화 조약에 의해서 중동평화를 보장하지만, 3년 반 후에 이 조약을 깨뜨릴 것이라고 한다. 그리고 이 기간의 후반의 3년 반에는 대환란이 일어나는데, 이때는 믿기 어려울 정도의 파격적인 재해가 세계를 엄습하게 되고, 마지막 세계는 요한계시록에 나오는 아마겟돈 전쟁으로 결말이 나게 된다는 것이다. 이들은 최후의 아마겟돈 전쟁과 세계 멸망이 매우 임박해 있다고 확언하면서, 데살로니가전서 4장 17절에 나오는 휴거에 관한 보도를 계시록의 최후의 심판 장면에 끼어 넣음으로써, 참된 신앙인들에게 그들만이 마지막 시대의 멸망으로부터 제외될 것이라고 확신시켜 준다. 왜냐하면 그들은 마지막 환란 전에 하늘로 올리어질 것이라고 생각하기 때문이다.

이들에게 특히 요한계시록은 그리스도의 지상 재림 전 7년간의 마지막 대환란 때에 일어날 사건들(가령, 계시록 13장과 17장에는 우리가 알아야 할 매우 중요한 예언들이 있다는 것인데, 계시록 13장의 바다에서 올라오는 짐승은 유럽의 10개국 연합으로부터 나타나는 독재자를 가리키고, 계시록 17장은 종말의 때에 모든 종교를 하나로 통일한다는 세계단일 종교체제를 설명하고 있다고 함)과 그리스도의 재림, 그리고 천년왕국에 대해서 말해 주는 중요한 예언서로 간주된다. 다시 말해서 이들은 요한계시록을 마지막 때에 일어날 사건들에 관한 하나님의 역사 시간표를 코드형식으로 옮겨 적은 책으로 이해한다. 따라서 해석자의 과제는 이 코드를 해독하는 것이고, 현재의 세계가 이러한 역사 시간표에 있어서 어떤 시점에 와 있는가를 정확히 밝히는 데에 있다는 것이다.

그러나 이러한 견해의 가장 근본적인 문제점은 성서의 역사적 성격을 제대로 인식하지 못하는 데에 있다. 사려 깊은 기독교인들은 역사가의 통찰과 인간 존재의 역사성을 무시할 수 없을 것이다. 근본주의자들은 하나님을 성서의 참된 저자라고 생각하지만, 이러한 생각은 성서가 형성될 때 인간이 기여한 부분을 진지하게 고려하지 않는 약점이 있다. 성서에는 하나님의 말씀이 들어 있지만, 성서는 특정한 때와 장소에서 살았던 사람들의 글로 증언된 기록이다. 우리는 성서도 특정한 때와 장소에서 특정한 역사적 상황에 처해 있었던 사람들을 대상으로 기록한 글이라는 것을 인정해야 한다. 따라서 성서의 텍스트를 진지하게 해석하고자 한다면, 우리는 이 텍스트를 본래의 역사적 맥락에서 해석할 필요가 있다.

또 하나의 문제점은 요한계시록의 문학적 특색에 대한 몰이해다. 세대주의자들과 근본주의자들은 지금까지 많은 학자들이 요한계시록의 문학적 특색에 대해서 심혈을 기울여 연구해 온 점을 전혀 고려하지 않는다. 지금까지의 연구 결과에 따라 일반적으로 인정되고 있는 것은 요한계시록이 서로 다른 세 가지 문학 형식의 복합체라는 점이다. 다시 말해서 요한계시록은 서신형식과 묵시문학, 그리고 예언문학의 형태를 갖추고 있다는 것이다.

따라서 필자는 본문 주석으로 들어가기 전에 우선 요한계시록을 이해하기 위해 꼭 알아야 할 두 가지, 즉 요한계시록의 기원 상황과 문학 형식의 특성에 대해 기술하고 요한계시록의 저자와 저술 연대 문제, 그리고 계시록의 주요 해석 방법들에 대해서도 살펴보고자 한다.

I

요한계시록의 기원 상황

필자는 요한계시록의 기원 상황을 1세기 중엽(일련의 주석가들은 요한계시록의 저술 연대를 A.D. 70년 이전 즉, 네로가 죽은 후 갈바가 잠시 통치하던 때로 생각함) 또는 A.D. 70년 말경(대다수의 주석가들은 요한계시록의 저술 연대를 도미티안 황제의 통치 말기로 생각함)에 소아시아의 교회들이 처했던 내적상황과 외적 상황으로 구분해서 설명하고자 한다(저술 연대에 대해서 더 자세한 것은 아래의 Ⅳ.저술 연대 문제를 참조할 것). 내적 상황으로는 보수적인 유대인 기독교인들과 헬레니즘 문화에 동화된 진보적인 기독교인들 간의 갈등을 들 수 있고, 외적 상황으로는 ① 유대인 기독교인들과 헬레니즘 문화에 동화된 유대인들 간의 갈등 ② 소아시아의 교회들과 로마 제국간의 갈등을 들 수 있다.

1. 내적 상황

내적 상황은 소아시아의 교회들 안에 있었던 계시록 저자의 적대자들에 대한 언급을 통해 추론할 수 있다. 계시록 저자는 2장 6절에서 에베소 교회가 니골라당의 소행을 미워한 점에 대해서 칭찬을 한다. 그리고 그는 2장 15절에서 니골라당이라는 이름을 다시 한 번 언급하는데, 여기서 니골라당의 가르침은 교회로 하여금 우상에게 바친 고기를 먹게 하고 음란한 짓을 하게 한 발람의 가르침과 같은 가르침으로 언급된다. 이와 함께 계시록 저자는 2장 20절에서 예언자로 자처하는 이세벨이라는 여자가 발람의 가르침과 같은 가르침으로 교회를 미혹케 했다고 언급한다. 그러므로 여기에 언급된 계시록 저자의 적대자들의 이름은 동일한 신학적 입장을 가지고 있었던, 같은 그룹의 명칭들이었다고 말할 수 있다.

계시록 저자의 적대자들이 어떤 사람들이었는지를 바로 이해하기 위해서는 우상에게 바친 고기를 먹게 하고 또 음란한 짓을 하게 했다고 계시록 저자가 비판한 대목에 주목해야 한다. 몇몇 주석가들은 "우상에게 바친 고기를 먹게 하고 또 음란한 짓을 하게 했다."라는 표현을 상징적인 것으로 이해해야 한다고 주장한다. 그러나 이 표현이 상징적인 것인지, 아니면 문자적인 것인지에 대해서는 계시록 2장 24절이 도움을 준다. 계시록 2장 24절에는 계시록 저자가 그의 적대자들의 가르침을 받아들이지 않는 사람들에게 "나는 너희에게 다른 짐을 지우지 않겠다."라고 말하는 표현이 있는데, 우리는 이와 같은 표현을 사도행전 15장 28절에서도 발견할 수 있다. "…더 이상 무거운 짐을 그대들에게 지우지 않겠다." 이 표현은 이방인 기독교인들을 위한 보충 규칙(우상의 제물, 피와 목매어 죽인 것과 음행을 멀리해야 하는 것 이외의 것)에 대한 초기 기독교의 토론과 관련된다. 따라서 계시록의 이 표현은 문자적으로 이해해야 한다.

먼저 "우상에게 바친 고기를 먹게 하고"라는 표현을 자세히 살펴보면 헬레니즘 문화에 동화(同化)되는 데 따른 문제와 위기의식이 함축적으로 진술되고 있는 것을 알 수 있다.

소아시아의 사회적, 경제적 단체들은 종교적 측면을 가지고 있었다. 이에 대한 한 가지 예로 두아디라에서 유명했던 상인 길드를 들 수 있다. 시민들은 이러한 단체의 제의적 활동에 참여하지 않고서는 그 단체의 회원이 되기가 어려웠다. 계시록 저자는 이때 우상에게 바쳐진 고기를 먹는 문제에 대해 바울보다 더 엄격한 입장을 취했는데, 이것은 사실상 기독교인들에게 지역 단체들로부터 탈퇴하라고 요구한 것이나 다름이 없었다. 따라서 계시록 저자에게 있어서 우상에게 바쳐진 고기를 먹는 것은 주위의 그레코-로만 문화에 개방하는 자세를 의미하는 것이었다.(A. Y. Collins, *Crisis and Catharsis*, 88)

여기에는 신약성서 안에 음식에 관한 계명들을 지킬 것을 강하게 주장한 유대인 기독교적 입장과 모든 제의 계명들을 기본적으로 비이성적이고 미신적인 것으로 간주한 합리적-헬레니즘적 입장 사이의 논쟁이 들어 있다고 볼 수 있다. 니골라파 사람들은 바울의 교회들 안에 있었던 강한 자들의 입장에까지 소급될 수 있는 합리적-헬레니즘적 분파의 옹호자들인 반면에, 계시록의 교회들 안에 있었던 니골라당에 대한 계시록 저자의 방어적 태도는 기독교를 세속 사회에서 통용된 생각과 철학에 동화되는 것으로부터 보호하려는 시도로 볼 수 있다.(R. Heiligenthal, "Wer waren die 'Nicolaiten'?" 137)

다음으로 "음란한 짓을 하게 했다."라는 표현을 자세히 살펴보자. 대부분의 주석가들은 이 표현을 음행으로 해석해 왔다. 그러나 여기에서 우리는 이 표현이 계시록의 전체 맥락 속에서 무엇을 의미하는지 더 자세히 살펴보아야 한다. 이와 관련해서 계시록 14장 4a절이 우리의 주목을 끈다. 왜냐하면 이 구절에 나타나는 "여자들과 더불어 몸을 더럽힌…."이라는 표현이 앞에서 언급된 "음란한 짓을 하게 했다."라는 표현과 비슷한 의미로 사용되고 있다. 계시록 저자가 계시록 2-3장에서 음행과 관련하여 회개를 촉구할 때 회개하는 자에게는 최종적 구원에 대한 약속을 준다. 그런데 바로 14장이 최종적 구원에 대한 약속의 말씀이며, 4a절에서 속량함을 받은 자들은 여자들과 더불어 몸을 더럽힌 일이 없는 사람들이라고 언급되고 있기 때문이다.

우리는 계시록 14장 4a절과 에티오피아어 에녹서 간의 유사성을 인식할 수 있는데, "여자들과 더불어 몸을 더럽힌다."라는 표현은 에녹 전승에서 천사들의 타락과 관련되어 나타나는 것을 볼 수 있다. 그런데 이 에녹 전승에서의 천사들의 타락에 관한 전승은 동시대의 한 현상에 대한 신화적인 표현일 수 있다. "창세기 6장 2절에 나오는 하나님의 아들(이스라엘을 위한 전통적인 은유)은 잡혼을 함으로써(신화에서는 인간의 딸들과 함께) 죄를 지은, 타락한 이스라엘 사람들을 말하는 것일 수 있다."(K. Berger, "Henoch," 514) 동시대 유대교에서는 유대인들과 이방인들의 결혼이 더러운 행위로 인식되었고, 따라서 금지되었다. 지금까지의 고찰에 근거해서 우리는 계시록 14장 4절이 이방 여자들과의 결혼을 금지한 유대 전통과 밀접하게 관련되어 있다는 것을 알 수 있다. 따라서 필자는 베르거와 함께 계시록 2장 14, 20절에 나타난 표현인 "음란한 짓을 하게 했다."를 일반적인 음행으로 이해하지 않고, 유대인 기독교인들과 이방인 파트너들의 결혼을 지칭하는 것으로 이해한다. 여기서 우리는 잡혼을 금지해야 한다고 강하게 주장한 유대인 기독교적 입장과 그것을 허용한 합리적-

헬레니즘적 입장 사이의 논쟁을 엿볼 수 있다.

지금까지 우리는 계시록 저자가 헬레니즘 문화에 동화되는 경향을 가졌던 그의 적대자들과의 대립 속에서 매우 강하게 유대인 기독교적 입장을 대변한 내용을 살펴보았다. 이 고찰에 근거할 때, 요한계시록은 1세기에 소아시아의 교회들 안에서 일어난 보수적인 유대인 기독교인들과 헬레니즘 문화에 동화된 진보적인 기독교인들 간의 갈등에서 나온 작품이라고 할 수 있다. 매우 보수적인 유대인 기독교인이었던 계시록 저자는 그의 수신 교회들이 헬레니즘 문화에 동화되는 것을 강하게 막기 위해 요한계시록을 쓴 것이다.

2. 외적 상황

1) 유대인 기독교인들과 헬레니즘 문화에 동화된 유대인들 간의 갈등

주석가들 중에는 요한계시록을 기독교와 유대교 사이의 갈등에서 나온 책으로 이해하는 이들이 있다. 이들이 중요한 논거로 제시하는 구절들은 계시록 2장 9절과 3장 9절이다.

> **2:9**: "나는 네 환란 궁핍을 안다. 그러나 너는 사실 부요한 자다. 나는 네가 자칭 유대 사람이라는 자들에게서 모욕을 당하고 있는 것도 알고 있다. 그러나 그들은 유대사람이 아니라 사탄의 모임이다."

> **3:9**: "보라, 사탄의 모임에 속하는 자들이 있다. 그들은 자칭 유대사람이

라고 하지만 사실은 그렇지 않고 거짓말을 하는 자들이다⋯."

이 주석가들에 의하면 이 두 구절이 기독교 공동체가 유대교와 갈등을 겪은 상황을 분명히 말해 주고 있다는 것이다. 여기서 계시록 저자로부터 사탄의 모임이라고 비난을 받는 자칭 유대사람이라는 자들은 예수가 약속된 메시아라는 것을 부정하면서 유대교에 충실했던 사람들이었을 것으로 본다.

그러나 필자는 '사탄의 모임' 이 유대인 또는 유대교에 대해서 말하는 표현이라고 이해하는 입장에 동의할 수 없고, 이 모임을 유대인이라고 주장했던 한 그룹을 지칭한 표현으로 이해하고 싶다. "여기서는 진정한, 다시 말해 할례 받은 유다인들이 문제시된 것이 아니라 다만 유다인임을 자처하는 사람들이 문제되고 있다는 것이 중요하다."(H. Kraft,『요한묵시록』, 134) 그러나 이 그룹을 회당과 교회 사이에서 주저한 사람들로 본 크라프트의 견해는 설득력이 약하다. 이 그룹을 앞에서 언급한 니골라당과 동일화시키는 입장도 있지만, 이 견해 역시 지지를 받기가 어렵다. 우리는 이 표현이 서머나 교회와 빌라델비아 교회에 보내는 편지들에 사용되는 것에 주목할 필요가 있다. 이 두 교회는 '사탄의 모임' 으로 불린, 자칭 유대인이라는 자들로부터 모욕을 당했지만 잘 견디어서 칭찬을 듣는다. 반면에 다른 교회들은 질책을 받았는데 그 이유는 니골라당의 박해에 굴복해서가 아니라, 이 그룹에 침투당한 데 있었다. 다시 말해서 '사탄의 모임' 으로 불린 사람들은 교회 안에서 가르침을 통해 교회를 위태롭게 한 것이 아니므로 우리는 '사탄의 모임' 과 니골라당을 동일화시키지 말아야 한다. 우리는 요한계시록이 결코 반(反)유대적인 책이 아니라, 유대인 기독교적인 책이라는 점을 주목할 필요가 있다. 베르거(K. Berger, *Theologiegeschi-*

chte des Urchristentums, 574)는 '사탄의 모임' 이라는 표현에 대해 다음과 같이 적절하게 설명한다.

> " '사탄의 모임' 이라는 표현은 자칭 '하나님의 회당' 에 그 기원을 두고 있다. 그런데 이 자칭은 – 고린도전서 2장 10절의 '하나님의 비밀' 이 계시록 2장 24절의 논박에 의해서 '사탄의 비밀' 이 된 것과 비슷하게 – 계시록 저자에 의해 적대적인 입장에서 부정적으로 사용된다. '하나님의 회당' 은 헬레니즘계 유대인들이 그들의 전형적인 한 장소에 대해 스스로 일컬은 명칭이다."

지금까지의 고찰에 의거해서 우리는 다음과 같이 말할 수 있다. 계시록 2장 9절과 3장 9절에 나오는 '사탄' 이라는 말은 헬레니즘 문화를 지칭한 것일 수 있으며, 따라서 '사탄의 모임' 이라는 표현은 헬레니즘 문화에 동화된 유대인들을 말한다고 볼 수 있다.

필자는 요한계시록을 기독교와 유대교 간의 갈등에서 나온 책으로 간주할 수 없다. 앞에서 언급한 바와 같이, 계시록 저자는 유대교와 갈등을 겪은 것이 아니라, 헬레니즘 문화에 동화된 유대인들과 갈등을 겪은 것이다. 따라서 필자는 유대인 기독교인들과 헬레니즘 문화에 동화된 유대인들과의 갈등을 요한계시록의 기원 상황의 한 요소로 본다. 우리는 계시록 저자가 유대인 기독교인으로서 교회 안에서는 헬레니즘 문화에 동화된 기독교인들과 대결하고, 교회 밖에서는 헬레니즘 문화에 동화된 유대인들과 대결한 것을 알 수 있다. 이를 보면 그가 헬레니즘 문화에 적의를 품고 교회 안과 밖에서 자신의 유대인 기독교적 입장을 얼마나 강하게 대변했는지를 짐작할 수 있다.

2) 소아시아의 교회들과 로마 제국 간의 갈등

우리는 요한계시록에서 소아시아의 교회들과 로마 제국 간의 갈등을 암시하는 내적 증거를 찾아볼 수 있다.

① 계시록 저자는 1장 9a절에서 자신을 "여러분의 형제며 예수 안에서 환란과 나라와 인내에 같이 참여한 나 요한"으로 소개한 후 9b절에서 하나님의 말씀과 예수를 증거한 까닭에 밧모라는 섬에 있었다고 말한다. 여기서 우리는 로마 제국과 소아시아의 교회들 사이에 심각한 갈등이 있었다는 것을 짐작할 수 있다(이에 관해서는 이 구절에 대한 본서의 본문 주석을 참조할 것).

② 계시록 2~3장에 있는 소아시아의 일곱 교회에 보낸 편지들(특히 서머나 교회와 버가모 교회에 보낸 편지)에서 소아시아의 교회들과 로마 제국과의 싸움으로 인한 긴장된 분위기를 느낄 수 있다.

㉠ 버가모 교회에 보낸 편지에 의하면 버가모 교회에는 특별한 사정이 있었는데, 그 이유는 이곳에 '사탄의 보좌'가 있었기 때문이라는 것이다.(2:13) 이 '사탄의 보좌'라는 표현에 대해서 주석가들은 여러 가지 해석을 내놓았다. 많은 주석가들은 이 표현이 로마 황제를 숭배하기 위한 신전을 암시한다고 생각한 반면에, 다른 주석가들은 이 표현에서 아스클레피오스의 신전이나 제우스의 거대한 제단을 추측하기도 했다.

필자는 이 표현을 로마 황제를 숭배하기 위한 신전과 관련이 있다고 보는 견해에 동의한다. 소아시아의 도시들은 저마다 황제 숭배를 위한 공식적인 중심지를 의미하는 전문용어인 '네오코로스'(*νεωκόρος*:신당 수호자)로 불리는 특권을 얻기 위해 심하게 경쟁했다. 그 중에서 에베소가 이 명칭을 맨 처음으로 받았음에도 불구하고 버가모는 자칭 첫째 '네오코로스' 라고 하면서까지 황제 숭배에 적극적이었다. 황제 숭배는 도시 버가모의 전모와 공공장소의 구조에 상당한 영향을 끼쳤다. 또한 계시록 13장 2절이 2장 13절을 이해하는 데 도움을 준다. 13장 2절에는 로마 제국을 상징하는 한 짐승에게 용(사탄)이 자기 힘과 왕위와 큰 권세를 주었다는 내용이 나온다. 게다가 13절 하반절에 나오는 안디바의 죽음도 황제 숭배와 관련이 있다고 볼 수 있다. 이 구절에 대해 크라프트(H. Kraft,『요한묵시록』, 107~108)는 다음과 같이 적절하게 해석을 한다. "…한 곳(ὅπου)– 이 말은 장소를 나타내는 것 이 외에도 인과를 나타내는 부차적인 의미도 가능하다. 이 말은 '사탄이 사는 곳' 을 뜻할 뿐만 아니라 '거기에…때문에'를 의미할 수도 있다. 그렇다면 이것은 잘 알려져 있는 플리니우스의 편지에 상세하게 서술된 내용에서 알 수 있는 것처럼 안디바스가 황제의 상(像) 앞에 희생제물을 바치는 것을 거절했기 때문에 살해되었다는 것을 의미할 수 있다."

㉡ 서머나 교회에 보낸 편지에서도 박해 상황을 엿볼 수 있다. 2장 9절에 의하면 서머나 교회가 겪는 환란의 원인은 자칭 유대 사람이라는 자들의 중상모략에 있다. 그러나 10절을 읽으면 계시록 저자가 서머나 교회의 어려운 상황을 자칭 유대 사람이라는 자들의 중상모략에 한정시키지 않고 로마 제국의 박해에까지 염두에 두고 있었다는 것을 추측할 수 있다. 왜냐하면 그 당시 사람들의 체포 행위는 국가의 명령에 의해서만 가능했기 때문이다. 여기서 계시록 저자는 짧은 기간 동안의 박해를 예언하면서 서머나 교회의 교인들에게 끝까지 인내할 것을 권고한다.

③ 계시록 13장에는 두 짐승에 관한 환상보도가 있다. 1~10절에는 바다에서 올라오는 짐승에 관한 환상이, 11~18절에는 땅에서 올라오는 짐승에 관한 환상이 나온다. 본문 주석에서 볼 수 있듯이, 바다에서 올라오는 짐

승은 로마 제국의 상징이며, 땅에서 올라오는 짐승은 소아시아에서 정교한 제도를 갖춤으로써 번영했던 황제 숭배의 사제단을 가리키는 표상으로 이해할 수 있다.

이와 같이 계시록 13장에 나오는 바다에서 올라오는 짐승을 로마 제국을 상징하는 표상으로 이해하게 되면, 우리는 곧 13장이 황제 숭배를 통해 소아시아의 기독교인들을 억압한 로마 제국에 대해서 다룬 장이라는 것을 알 수 있게 된다. 2~5절에서 계시록 저자는 로마의 통치 배후에는 용, 즉 사탄이 있음을 지적하면서 로마 제국을 사탄의 대변자로 그리고 있다. 그리고 6~8절에서 그는 이 국가를 오직 하나님과 그리스도에게 해야 할 충성을 자신에게 하라고 요구하면서 그리스도인들을 박해하는 세력으로 특징짓고 있다. 이러한 박해와 관련하여 계시록 저자는 10절에서 그의 수신 교회들에게 황제 숭배에 대한 기독교인들의 올바른 자세를 위한 기본적인 권고의 말씀으로 다음과 같은 말을 준다. "포로가 될 자는 포로가 되어 갈 것이요 검으로 죽이는 자는 자기도 검으로 죽게 될 것입니다. 여기에 성도들의 인내와 믿음이 있습니다."

④ 지금까지 논의한 구절들에서 소아시아의 교회들과 로마 제국 간의 갈등을 엿볼 수 있다면, 계시록 16장 6절, 17장 6절, 18장 24절, 20장 4절에 있는 박해받은 기독교인들의 피에 관한 언급들도 기독교인들에 대한 로마 제국의 박해와 관련하여 이해할 수 있다.

⑤ 본서의 본문 주석에서 볼 수 있는 바와 같이, 요한계시록에서 17장과 18장은 13장과 함께 반로마적인 감정을 보여 주는 중요한 부분이다.

지금까지 대다수의 주석가들은 앞의 내용들과 유세비우스(『교회사』 제3권 제17장과 18장)의 언급에 기초해서 요한계시록을 도미티안이 통치할 때 로마 제국의 심한 박해로 인해 생긴 기독교인들의 위기 상황에서 나온 책으로 간주해 왔다.

그러나 일련의 주석가들은 이 견해에 대해서 의문을 제기했다. 이들에 의하면 1세기 말경 로마 제국이 광범위하게 기독교인들을 박해한 적이 없었다는 것이며, 요한계시록이 씌어졌을 당시 로마 황제였다는 도미티안은 유세비우스가 말한 것처럼 기독교인들을 조직적으로 박해한 적이 결코 없었다는 것이다. 물론 도미티안 황제가 기독교인들을 조직적으로 박해했다는 명백한 증거는 없다. 그러나 1세기 말에 로마 제국이 기독교인들에 대해 광범위하게 조직적으로 박해한 적이 없었다고 해서 그것이 반드시 소아시아의 기독교인들이 괴롭힘이나 억압으로부터 자유롭게 살았다는 것을 의미하지는 않는다. 1세기 말과 2세기 초의 기독교 작가들과 로마 작가들의 작품 그리고 황제 숭배에 대해 면밀히 검토하면, 우리는 소아시아의 기독교인들이 로마 사회에서 멸시와 억압을 당했다는 것을 인식할 수 있다. 슬레이터(T. B. Slater, "On the social Setting of the Revelation to John," 242~254)는 다음과 같이 논거들을 잘 제시해 주었다.

① 초기 기독교의 자료들은 여러 곳에서 기독교인들이 단지 기독교인이라는 이름 때문에 멸시와 고난을 당했다는 것을 보여 준다. 특히 요한계시록과 같이 소아시아의 기독교인들을 위해 쓰인 베드로전서에는 로마의 관리들에 의한 기독교인들의 박해에 대한 언급은 없지만, 소아시아의 기독교인들이 그 지역의 공동체 지도자들, 특히 황제 숭배의 신봉자들과 유대인 그룹으로부터 괴롭힘을 당했다는 언급이 많이 있다. 베드로전서와 요한계시록은 둘 다 1세기 말경 소아시아에 있었다는 반(反)기독교 감정에 대한 증거를 제공해 준다.

② 타키투스(Tacitus 〈*The Annals of Imperial Rome*, 15. 44〉)와 수에

토니우스(Suetonius 〈Nero 16. 2〉)는 기독교인들이 로마 사회에서 사회적으로 멸시를 당했다는 것을 말해 준다. 그들은 기독교를 사회의 악덕으로 생각하며 미신과 질병이라고 불렀다.

③ 비시니아(Bithynia)의 총독 플리니우스와 로마 황제 트라얀의 편지 왕래에서 우리는 기독교에 대한 로마의 태도에 관해 말해 주는 또 하나의 증거를 발견하게 된다. 플리니우스의 서신과 트라얀의 답장에서도 타키투스와 수에토니우스처럼 기독교인들에 대한 경멸을 볼 수 있다. 플리니우스는 기독교인들에 대한 어떤 재판에도 참여해 본 적이 없었기 때문에 기독교인들에 대한 심문과 처벌에 관련된 문제들에 관해 자문을 구하기 위해 이 서신을 썼다. 여기서 주목할 만한 가치가 있는 것은 플리니우스가 전통적인 신들과 황제에 대한 숭배에 참여하지 않은 기독교인들을 처벌했다는 점이다. 플리니우스는 다음과 같이 쓴다.

> "그들이 (그리스도를 예배하는 것을) 고집하면 저는 그들을 처형했습니다. 그들이 지금 주장하고 있는 것이 무엇이든 간에 그들의 완고함과 고집 셈은 어떤 경우에도 처벌을 받아야 할 것으로 보입니다."

트라얀은 플리니우스의 서신에 응답할 때 그의 행동을 칭찬하면서 기독교인들을 심문할 경우 보편적으로 적용할 수 있는 확정된 법은 없다고 말한다. 그리고 또 그들이 발본색원해야 할 사람들은 아니지만 자신의 신앙을 포기하지 않고 전통적인 신들을 예배하지 않는다면 처벌되어야 한다고 말한다.

④ 소아시아에서 황제 숭배는 열렬히 행해졌다. 소아시아의 도시들은 저마다 공식적으로 황제 숭배의 중심지가 되는 특권을 얻기 위해 심하게

서로 경쟁을 했다. 계시록 2~3장에 나오는 일곱 도시는 모두 1세기 말과 2세기 초에 황제 숭배를 위한 성소가 위치해 있는 도시에 붙여 주는 전문 용어인 '네오코로스'(νεωκόρος)라는 명칭을 얻었다. 이 도시들의 주민들은 전통적으로 오랫동안 그들의 신들에게 해왔던 방식으로 황제 숭배에 참여함으로써 새로운 로마 제국의 권력에 대한 그들의 관계를 이해하게 되었다. 황제 숭배는 로마가 통치한 지역에 새로운 상징 세계를 만드는 데 있어 결정적인 역할을 했다. 기독교인들이 이러한 종교적, 정치적 전통의 정당성을 부정할 때, 이것은 아시아 토착민들의 사회적 감성에 모욕을 주는 결과를 초래했다.

지금까지의 분석에 의거해서 우리는 다음과 같이 요약할 수 있다. 요한계시록은 1세기 소아시아의 교회들과 로마 제국 간의 갈등 상황에서 나온 작품이라고 말할 수 있다. 로마 제국의 지배하에 있었던 소아시아에서는 비기독교인들과 기독교인들 간에 정치적, 종교적 입장 차이로 인한 갈등이 있었다. 특히 황제 숭배는 기독교인들에게 중요한 문제였다. 우리는 요한계시록에서 이 문제로 인해 발생한 소아시아의 교회들과 로마 제국 간의 심각한 갈등을 암시하는 내적 증거들을 찾아볼 수 있었다. 그러나 일련의 주석가들이 말한 바와 같이, 1세기 말경에 로마 제국이 광범위하게 조직적으로 기독교인들을 박해한 적이 없었다. 그렇다면, 우리는 이렇게 말할 수 있을 것이다. 요한계시록은 부분적인 박해 경험을 전제한다.(가령, 계시록 저자의 유배 생활<1:9>, 안디바의 순교<2:13>) 황제 숭배는 1세기 후에 더 공격적인 박해의 수단이 되었다. 계시록 저자는 부분적인 박해의 경험 속에서 예언자적인 예지를 가지고 기독교인들과 로마 사이에 잠재하고 있었던 근본적인 갈등을 인식했고, 이것을 여러 환상보도에서 묘사했다.

지금까지 우리는 요한계시록이 어떤 특정한 역사적 상황에서 기록된 책인지를 살펴보았다. 이 고찰을 통해 우선 우리가 알 수 있는 것은 요한계시록이 마지막 때에 일어날 사건들에 관한 하나님의 역사 시간표를 적은 책이 아니라는 점이다. 요한계시록은 세계사에서 일어날 사건들과 마지막 때에 대해 예언하는 책이 아니라, 신약의 다른 문서들처럼 이 책의 저자와 수신자들이 처해 있었던 특정한 상황에서 나온 작품이다.

따라서 필사는 요한계시록의 기원 상황을 다음과 같이 세 가지로 이해한다.

① 보수적 유대인 기독교인들과 헬레니즘 문화에 동화된 진보적인 기독교인들 간의 갈등

② 유대인 기독교인들과 헬레니즘 문화에 동화된 유대인들 간의 갈등

③ 소아시아의 교회들과 로마 제국간의 갈등

계시록 저자는 유대인 기독교 입장을 철저히 대변하는 자로서, 1세기 소아시아에 있었던 교회들의 안과 밖에서 헬레니즘 문화에 동화된 기독교인들과 유대인들에게 적의를 품은 대단히 보수적인 사람이었다. 그는 그의 적대자들에게 심판에 대한 경고와 함께 회개를 촉구했다. 특히 그는 로마의 제국주의적 사회 구조에 대해 강한 적개심을 가졌던 사람으로 로마 황제 숭배가 그의 지역의 사회-경제 구조에 끼치는 영향에 대해 강한 거부감을 가졌다. 그는 로마를 통치자에 대한 제의와 상업 그리고 사회적 불의가 서로 얽힌 사악한 집단으로 간주했다. 따라서 그는 기독교인들에게 로마의 제국주의적 사회에 결코 순응하지 말 것을 촉구했다. 그는 로마로부터의 부분적인 박해의 경험 속에서 예언자적인 예지를 가지고 기독교인들

과 로마 사이에 잠재하고 있었던 근본적인 갈등을 인식했다. 그는 자신이 처한 현재의 환란을 마지막 때의 도래로 해석했고, 기독교인들이 장차 당할 대량 학살을 예고하면서 이에 대해 기독교인들이 어떤 자세를 취해야 하는지, 하나님은 지상에서 그의 통치권을 어떻게 확립하려 하는지에 대한 물음에 답하고자 요한계시록을 쓴 것이다.

Ⅱ 요한계시록의 문학 형식의 특성

요한계시록을 주석하기 전에 우리는 이 책의 문학 형식의 특성에 대해 잘 이해하는 것이 필요하다. 왜냐하면 요한계시록은 서로 다른 세 가지 문학 형식인 서신, 묵시문학 그리고 예언문학이 독특하고 정교하게 혼합되어 조합을 이루고 있기 때문이다.

1. 서신으로서의 요한계시록

요한계시록은 분명히 서신의 형식으로 쓰인 작품이다. 1장 4절에서는 발신자와 수신자들이 언급되고 있으며, 5절에는 바울서신의 형식과 유사한 서신의 인사 부분이 들어 있고, 6절에는 그리스도에 대한 송영이 나타난다.

발신자: 요한

수신자: 소아시아의 일곱 교회

인　사: 이제도 계시고 전에도 계셨고 장차 오실 이와 그의 보좌 앞에 있는 일곱 영과 또 충성된 증인으로 죽은 자들 가운데에서 먼저 나시고 땅의 임금들의 머리가 되신 예수 그리스도로 말미암아 은혜와 평강이 너희에게 있기를 원하노라.

송　영: 우리를 사랑하사 그의 피로 우리 죄에서 우리를 해방하시고 그의 아버지 하나님을 위하여 우리를 나라와 제사장으로 삼으신 그에게 영광과 능력이 세세토록 있기를 원하노라. 아멘.

그리고 요한계시록의 본론 부분(4:1~22:5) 앞에는 소아시아의 일곱 교회에 보낸 서신들(2~3장)이 놓여 있고, 결론부에는 초기 기독교의 서신들에 통용되었던 다음과 같은 끝맺음 인사가 있다. "주 예수의 은혜가 모든 자들에게 있을 지어다. 아멘."(22:21)

이와 같이 요한계시록은 서신적인 텍스트로서 소아시아의 기독교인들이라는 특정한 수신자들을 가지고 있다. 다시 말해 요한계시록은 일반적인 대중을 위해 쓰인 것이 아니라, 특정한 때와 장소에서 특정한 역사적 상황에 처해 있었던 소아시아의 기독교인들을 위해 쓰인 것이다. 그러나 이 서신은 사신(私信)이 아니다. 계시록 1장 3절을 보면 이 서신은 소아시아의 교회들의 예배시간에 크게 낭독 되도록 하기 위해 쓰였다는 것을 알 수 있다. 따라서 이 글은 21세기에 살고 있는 우리의 현재 상황과 미래에 관한 예언을 해 주기 위해 기록한 비밀문서가 아니라, 우선적으로 1세기 중엽(일련의 주석가들은 요한계시록의 저술 연대를 A.D. 70년 이전(네로가 죽은 후 갈바가 잠시 통치하던 때)으로 생각함), 또는 A.D.70년 말경(대다수의 주석가들은 요한계시록의 저술 연대를 도미티안 황제의 통치 말기로 생각함)에 한 기독교 예언자가 특정한 상황에 처해 있던 소아시아의 기독교인들을 위해 쓴 일종의 목회서신이라고 말할 수 있다.

2. 묵시문학으로서의 요한계시록

요한계시록의 언어와 상징들, 세계관과 사유 형식들은 소위 초기 유대교의 묵시문학의 영향 하에서 표현된 것들이 많다는 것이 현재 학계의 일반적인 견해다. 사실 신약성서에는 묵시문학적 텍스트들이 많이 있다.(가령 막13장; 마24장; 눅21장; 살전4~5장; 고전15:20~57; 고후5:1~10; 살후2:1~12; 벧전2:10~12; 벧후3:10~13) 그러나 요한계시록은 신약성서에서 유일하게 묵시문학적으로 채색된 책이다. 다시 말해서 요한계시록은 초기 기독교의 문헌들 중 신약 정경에 포함된 유일한 묵시문학적 문헌이다. 이 점에서 요한계시록은 구약 정경과 관련해서 볼 때 다니엘서에 상응하는 작품이다.

그러면 묵시문학이란 도대체 무엇을 말하는 것인가? 지금까지 많은 학자들이 묵시문학에 대해 연구하고 활발하게 토론해 왔지만, 이것의 정의와 본질 그리고 기원 등에 대해 아직도 의견의 일치를 보지 못하고 있다. 여기서 묵시문학에 관한 학계의 토론 상황을 자세히 언급할 수 없기 때문에, 필자의 관점에서 간략하게 기술하고자 한다.

1832년에 뤽케(F. Lücke)가 요한계시록을 이와 유사한 텍스트들의 빛에서 해석한 이후로, 소위 묵시문학으로 불리는 일군의 고대 문학이 있었다는 생각이 일반화되었다. 그럼에도 불구하고 1970년에 이 문헌들이 공통적으로 가지고 있는 내용이 무엇인지, 그리고 어떤 책들이 여기에 포함되어야 하는지의 문제와 관련해 큰 혼란이 있었다. 유명한 구약학자 폰 라트(G. von Rad, *Theologie des Alten Testaments II*, 331과 주 28)는, 묵시문학(Apokalyptik)은 어떤 특별한 문학 장르로 나타난 것이 아니라, 전승사적으로 매우 복잡한 전(前) 역사를 추론케 하는 혼잡한 것이라고 주장했다. 그러나 많은 학자들은 폰 라트의 견해에 동의하지 않는다. 이들은 문학 장르로서의 묵시(apocalypse)에 대해 더 연구를 해야 한다고 생각했다. 이들은 무엇보다도 형용사 apocalyptic을 명사로 애매하게 사용하는 것을 피하고, 문학 장르로서의 묵시(apocalypse)와 사상체계로서의 묵시주의(apocalypticism)를 구분해서 말하고자 노력했다. 1970년도 중반에 미국 성서학회 내의 묵시문학그룹(콜린스(J. J. Collins)가 주도)이 문학 장르로서의 묵시에 깊은 관심을 기울였다. 이 그룹의 연구결과가 'Semeia 14' 라는 책자로 발표되었다. 이 그룹의 목적은 형식과 내용에 있어서 소위 묵시문학으로 불리는 텍스트들을 특징짓는 정항(定項)들을 확인하는 데에 있었다. 이 그룹은 '묵시' 에 대해 다음과 같이 정의한다.

> "묵시란 일종의 계시문학이다. 그것은 어떤 초현실적인 존재가 특정 인간을 수령자로 하여 전하는 계시를 이야기 형식으로 기록하고 있는 글이다. 묵시는 시간적, 공간적 차원의 초월적인 실체를 은밀히 보도한다. 즉 종말론적 구원을 애타게 그리고 있다는 점에서 시간적이고, 저 세상, 혹은 다른 초자연적인 세계를 희구하고 있다는 점에서 공간적인 차원을 지닌 초월적 실체의 계시가 그것이다."

이후 1979년 8월에 스웨덴 웁살라에서 고대 지중해권 세계와 근동의 묵시주의(apokalyptism)에 관한 국제 세미나가 열렸다. 이 세미나에서 하르트만(Lars Hartman)이라는 학자가 주목을 받았는데, 그는 'Semeia 14'의 정의를 지지했으나, 더 유용한 정의를 내리기 위해서는 텍스트의 형식과 내용의 요소에 못지않게 기능의 요소가 중요하다고 주장했다. 그는 기능의 세 가지 유형을 다음과 같이 구분한다. ① 문학적 기능(내용의 요소들 간의 기능적 관계) ② 텍스트의 메시지(저자는 텍스트로 무엇을 수행하기를 원하는가?) ③ 사회적 기능(텍스트와 그것의 사회적 배경 간의 관계).

이후 1981년 이래로 미국성서학회의 연례 모임에서 초기 기독교의 묵시주의에 관한 세미나가 개최되었다. 이 세미나의 목적은 앞에서 언급한 'Semeia 14'와 웁살라 세미나의 연구 성과를 평가하고 초기 기독교의 묵시주의 현상을 탐구하는 데 있었다. 여기서는 묵시의 기능에 더 많은 관심을 기울일 것을 제안한 하르트만의 견해가 여러 방식으로 다루어졌다. 이 세미나의 연구 결과는 'Semeia 36'이라는 책자를 통해 발표되었다. 이 그룹은 묵시의 기능적인 면을 강조함으로써 'Semeia 14'의 정의를 보충했는데, 여기서 '묵시'는 '지상의 현 상황들을 초자연적인 세계와 미래에 비추어 해석하고, 신적 권위로 청중의 이해와 행동에 영향을 끼치려는 의도에서 나온 것'으로 정의되었다.

현재 '묵시'에 대한 정의와 관련해서 학자들이 의견의 일치를 보지 못하고 있지만, 지금까지의 연구결과에 힘입어 우리는 고대 지중해권 세계와 근동에 '묵시'라는 문학 장르에 속하는 문헌들이 있었다고 말할 수 있다. 특히 초기 유대교의 묵시적 문헌들은 계시록 저자에게 큰 영향을 끼쳤다고 볼 수 있다. 이것은 본서의 본문 주석에서 더 자세히 확인할 수 있다. 지금까지의 연구 결과로 볼 때 요한계시록은 문학 장르 면에서 초기 유대교의 묵시적 문헌과 같은 유형의 작품이라고 말할 수 있다.

그런데 우리가 초기 유대교의 묵시적 문헌들을 문학 장르의 관점에서뿐만 아니라 사상체계로서의 묵시주의의 관점에서 더 자세히 이해하려면 이 문헌들의 기원 상황을 살펴볼 필요가 있다.

초기 유대교의 묵시적 사고는 이스라엘의 포로 이후 시대의 특정한 정치적, 종교적 상황과 밀접하게 관련되어 있다는 것이 대다수의 학자들의 일치된 견해다. B.C. 3세기~B.C. 2세기까지 팔레스틴은 시리아의 통치하에 있었는데, 특히 B.C. 175~164년까지 이스라엘은 시리아의 안티오쿠스 4세의 종교 정책 하에 있었다. 안티오쿠스 4세는 헬레니즘화 정책을 엄격하게 관철시키려고 노력한 사람이다. 그는 이스라엘 백성 고유의 종교행사를 금지시켰다. 그는 안식일 계명을 지키고 할례를 행하는 유대인들을 사형시켰는데, 감독자들로 하여금 자신의 명령을 잘 지키는지를 엄격하게 살피도록 했다. 이러한 상황에서 유대인들의 종교적 감성은 심하게 손상됐다. B.C. 167년에는 예루살렘 성전의 번제단 자리에 제우스를 위한 제단이 설립되었고, 유대인들에게 있어 불순한 짐승인 돼지가 희생 제물로 드려졌는데, 경건한 유대인들에게 이것은 황폐하게 하는 가증한 것이었다. 그들은 이것을 임박한 종말의 표징으로 생각할 수밖에 없었다.

이 이방제국의 헬레니즘화 정책과 박해는 이스라엘 백성들로 하여금 신정론 문제에 관련해서 종교적 진공상태에 빠지도록 만들었다. 이제 과거의 인과응보 교리는 그들이 처한 현실 문제를 해결해 줄 수 없었다. 이들에게는 역사의 의미, 고난의 원인, 세계의 악, 개인의 죽음 이후 운명에 대한 문제가 절박하게 제기되었다. 여기서 토라나 옛 예언자들, 그리고 지혜의 가르침은 이 새로운 상황에 부합되는 풍부한 대답을 줄 수 없었다. 사람들은 신적 비밀들을 밝히기 위해 새로운 계시가 필요하게 되었다. 물론 이러한 계시들은 기본적으로 과거의 권위 있는 인물들의 이름을 사용하는 가명문서(假名文書)의 형태로 나타나게 되었다. 묵시문학적 씨앗들을 구약의 예언서들에서 발견할 수 있지만, 단행본으로서 가장 초기의 묵시사상적 문헌은 다니엘서다. 다니엘서 저자는 B.C. 165년경 안티오쿠스 4세에 의해 이스라엘 종교에 대한 박해가 최고조에 이르렀을 때 이 작품을 세상에 내놓았다. 그는 하나님의 무조건적인 능력과 견고한 뜻에 대해 흔들리지 않는 신앙을 강조하면서 역사의 수수께끼에 대답을 주려고 시도했다.

우리는 다니엘서에 나오는 소위 '네 짐승 환상' 에서 묵시주의의 중심 사상을 찾아볼 수 있다. 이 환상은 일련의 세계 왕국들(바빌론, 메대, 페르시아, 헬라제국(시리아 제국))의 종말과 영원히 멸망하지 않을 하나님 나라의 도래를 예고한다. 특히 여기서 강조하고 있는 것은, 시대는 점점 악해지지만 악은 오직 하나님이 정한 순간까지만 활동하며 큰 전환이 한번 도래한다는 점이다. 여기서 큰 전환은 통치의 궁극적 교체를 의미한다. 지상 나라의 시대는 끝나며 초월적인 하나님 통치의 새 시대가 열린다는 것이다.

우리는 여기서 초기 유대교의 묵시적 사고가 이방 강대국의 헬레니즘화 정책에 대한 저항운동에서 비롯된 것이라는 것을 알 수 있다. 묵시적 사고가 고대 근동의 헬레니즘화에 대한 저항과 관련되어 있다는 것은 다니엘서의 네 짐승 환상과 유사한 역사의식을 보여 주는 이란과 이집트의 묵시적인 문헌들에 의해서도 입증된다. 즉, 안티오쿠스 1세(B.C. 294/80~261년)와 셀류커스 4세(B.C. 187~175년) 사이의 시대에 이란의 마술사 그룹에 의해 저술된 '히스타페스의 신탁' 과 B.C. 170년(혹은 169년)에 안티오쿠스 4세의 습격에 대한 반응으로 나온 이집트의 '토기장이 신탁' 이 바로 그것들이다. 시리아의 막강한 권력 앞에서 전혀 미래가 보이지 않는 역사적 상황이 이란, 이집트, 그리고 팔레스타인에서 자신의 역사 이해를 종말론적으로 해석하도록 이끌었던 것이다.

지금까지의 고찰에 근거해서 볼 때, 우리는 묵시적 사고가 권력의 문제와 밀접하게 관련되어 있다는 것을 인식할 수 있다. 묵시적 사상가들이 속한 공동체는 정치 · 종교적으로 매우 심각한 위기 상황에 직면해 있었다. 그래서 이들은, 기존세계는 점점 혼돈에 빠지지만 극적인 전환점에서 하나님에 의해 새로운 질서가 가능해진다고 보는 역사의식을 공동체의 구성원들에게 불어넣어 줌으로써 그들에게 위로와 용기를 주고자 했던 것이다.

지금까지 우리는 초기 유대교의 묵시적 사고의 기원 상황과 중심 사상에 대해 간략하게 살펴보았다. 여기서 주목을 끄는 것은 요한계시록과 초기 유대교의 묵시 간에는 기원 상황과 중심 사상에 있어서 매우 유사한 점들이 있다는 것이다. 따라서 요한계시록은 문학적인 면에서 초기 유대교의 묵시적 문헌과 같은 유형의 작품이라고 말할 수 있다.

3. 예언문학으로서의 요한계시록

요한계시록에는 '예언' (*προφητεία*(프로페테이아))이라는 말이 모두 7번 나온다 (1:3, 11:6, 19:10, 22:7, 10, 18, 19). 계시록 저자는 이 구절들 중 11장 6절과 19장 10절을 제외한 나머지 구절들에서 '예언' 이라는 말을 자신의 책과 관련시켜 사용하고 있다. 이것은 계시록 저자가 자신의 책의 예언적 성격을 강조한다는 점을 인식케 해 준다. 그런데 계시록 저자가 이 '예언' 이라는 말을 어떤 의미로 사용하고 있는지를 자세히 살펴보아야 한다.

현대 문화에서 '예언'은 자주 미래의 길흉화복 따위를 미리 헤아려서 하는 말로 이해된다. 그러나 우리가 성서적 예언을 이런 의미로 이해하려고 할 때 큰 오해가 생긴다. 사실 구약의 예언자들은 때때로 이 세상의 역사적 사건들(가령, 사 7:1~8:15)과 역사의 마지막에 있을 하나님의 최종 승리(가령, 사2:2~4, 9:2~7, 11:1~9)에 대해 예언(prediction)들을 했다. 그러나 역사적 사건들에 대한 이들의 예언들은 마치 먼 훗날의 독자들을 위해 쓴 것과 같은 원대한 미래의 것이 아니었다. 그들이 때때로 예언한 것은 그 당시 독자들에게 영향을 미칠, 곧 일어날 듯한 사건들에 대해 말한 것이었다. 그러나 근본적으로 구약성서의 예언자들을 앞일을 말하는 사람으로 간주하는 것은 오해다. 구약의 예언자(prophet)들은 먼 미래에 일어날 역사적 사건들에 대해 말하는 예언자(predictor)들이 아니라, 그들이 살고 있었던 시대의 역사적 사건들의 의미에 대해 말해 주는 역사 해석자들이었다. 다시 말해서 그들은 자신의 비밀을 계시하시는 하나님의 역사적 행위들에 대한 해석자들이었다. 구약의 예언자들은 역사의 사건들을 하나님의 행위로 인식할 수 있었고, 그것들의 의미를 해석해서 자신들의 공동체에 그것들을 선포한 사람들이었다.

이스라엘은 하나님이 자신의 계시에 의해 메시지를 받고, 그것을 백성들에게 전해 줄 것을 위임받는 어떤 개인을 직접 선택함으로써 그의 백성들과 의사소통을 한다고 믿었다. 예언자들의 권위는 서기관들과 랍비들 그리고 교사들의 경우처럼 인간의 경험, 상식, 종교적 전통에 근거하지 않았다. 예언자들은 그들의 메시지를 직접 하나님으로부터 받아서 말한 사람들이다. 그들은 하나님의 계시에 근거해서 말했다. 따라서 그들이 받은 메시지는 예언(prediction)을 내포할 수도 있고 안 할 수도 있다. 예언자들이 말한 이 메시지는 하나님의 계시에 근거하기 때문에 예언(prophecy)이다.

그런데 1세기 유대교는 예언이 구약의 예언자들로 끝났고 하나님은 더 이상 직접 그의 백성들과 의사소통을 하지 않는다는 공통된 믿음을 가졌다. 그래서 이제 그들은 하나님의 뜻이 성서와 전통에 대한 해석에 의해서 알려진다고 믿게 되었다. 그럼에도 불구하고 그들은 마지막 때에 예언의 선물이 다시 회복될 것, 즉 예언자들에게 다시 하나님의 말씀을 직접 듣는 것이 허락될 것을 기대했다.

바로 이러한 기대가 세례요한, 예수, 그리고 초기 기독교인들의 신앙의 한 면이다. 세례요한과 예수는 자신들을 예언자로 이해했고, 제자들에게도 그렇게 이해되었다. 그리고 예수의 죽음과 부활 이후에도 많은 예언자들이 기독교 공동체 안에 나타났다.(마23:34; 행2:14 ~21, 13:1, 15:32, 20:23, 21:4, 10; 롬12:6; 고전12:10, 28, 13:2, 8, 14:1~40; 엡2:20, 3:5 참조) 이때의 예언자들은 성서적 모델을 따라 주님의 대변인으로 이해되었는데, 여기서는 '올리어진 주님' 의 메시지를 말한 사람들이라고 할 수 있다.

계시록 저자는 바로 이 초기 기독교의 예언자들 중의 한 사람으로서 역사의 의미를 해석한 사람이다. 그는 그의 수신교회들이 처한 특수한 상황의 의미를 세 가지 관점에서 해석했다.

① 앞에서 설명한 바와 같이 그는 묵시사상적 관점을 가졌던 사람이다. 그는 그의 수신 교회들이 점점 헬레니즘 문화에 동화되어가고, 로마 제국으로부터 박해를 당하는 위기 상황을 묵시사상적 관점에서 해석하고 선포했다.

② 계시록 저자는 구약에 정통한 사람이며, 특히 구약의 예언과 전통을

소중히 여긴 사람이다. 요한계시록의 역사관의 기본 모티브는 하나님이 역사의 전능하신 주로서 그의 강한 손으로 역사를 이끌어 가셔서 마지막에 그의 영원한 왕국을 세우실 것이라는 것이다. 이러한 역사관은 이미 구약에 나타나 있다. 구약의 기본 특징은 역사 안에서 역사의 주인으로 활동하시는 하나님에 대한 신앙이다. 시내산에서의 하나님의 계시 행위는 역사 안에서 활동하시는 분으로서의 야훼에 대한 신앙을 뒷받침한다. 그러나 이 신앙은 이스라엘을 넘어서서 더 보편적으로 전개되는데, 그것은 하나님의 영원한 왕국 통치를 도래케 하는 '야훼의 날' 에 대한 종말론적 기대를 통해서다. 앞으로 도래할 하나님의 통치, 다시 말해서 모든 역사를 이끌어 가시는 그의 활동의 마지막 결과로서의 야훼의 세계 통치는 구약의 예언 종교의 기본 테마다. 그리고 이것은 다시 신약의 예언자들의 테마가 되었다. 이것이 계시록 저자의 역사관의 뿌리다.

③ 계시록 저자의 역사 이해의 출발점은 예수 그리스도 안에 나타난 하나님의 구원행동이다. 다시 말해서 계시록 저자의 종말론적 희망의 출발점은 예수 그리스도 안에서 이루어진 하나님의 구원 행위와 승리를 의미하는 그의 구원 역사에 대한 신앙이다. 계시록 저자에게 있어서 그리스도의 구속적 죽음(1:5, 7:14, 12:11)과 승리의 승천(3:21, 5:5, 7:14)은 역사에 있어서 종말론적 전환점이며, 하나님의 역사의 완성을 보증해 주는 것이 된다. 계시록 저자는 역사의 중심을 예수 그리스도로 보는 구속사관을 그의 역사관의 토대로 삼았다.

지금까지 설명한 세 가지 관점을 나무에 비유해서 그림을 그리면 다음과 같다.

그런데 어떤 사람들은 다음과 같은 질문을 제기한다. 요한계시록은 저자가 실제로 환상을 보고 쓴 것인가, 아니면 단지 문학적인 창작물인가?

이러한 양자택일의 질문은 잘못된 것이다. 우리는 계시록 저자가 실제로 환상을 보았다는 것을 의심할 이유가 없다. 황홀경 속에서 환상을 보는 것은 종교 현상의 한 면이다. 이러한 현상은 계시록 저자의 시대에도 있었고, 오늘날에도 있다. 계시록 저자는 환상과 계시를 진지하게 경험한 초기 기독교의 예언자들 중 한 사람이었다. 그러나 이것은 요한계시록의 내용이 단순히 계시록 저자가 본 것을 그대로 보도했다는 것을 의미하지 않는다. 계시록 저자의 종교적 전통은 이미 계시 경험 자체 안에서 능동적이었다. 그는 환상 경험 이후의 성찰과 독자들에게 전하는 과정에서 그가 전해받은 전통적인 자료들과 그의 창조적, 문학적, 상상력을 사용했다. 계시록에 나오는 환상들은 계시록 저자의 환상 경험이 문학적으로 형상화되어 표현된 것들이다. 계시록 저자가 어떤 자료들과 전통들을 사용했는지에 대해서는 본문 주석에서 자세히 알게 될 것이다.

우리는 지금까지 요한계시록의 기원 상황과 문학적 특색에 대해서 살펴보았다. 요한계시록은 세계사에서 일어날 사건들과 마지막 날에 대해 예언(prediction)한 책이 아니다. 계시록 저자가 말하는 미래는 먼 미래가 아니라, 1세기 독자들에게 임박한 미래(가령, 2:10), 또는 그가 임박한 것으로 느낀 역사의 마지막에 있을 하나님의 승리에 관한 것(가령, 21:1~22:5)이다. 요한계시록이 실제적으로 중동, 러시아, 중국, 유럽연합과 관련된 사건들에 관한 예언의 책이었다면, 이 책은 처음 독자들이었던 1세기의 소아시아의 기독교인들에게 아무런 의미가 없었을 것이고, 그들에게 서신이 될 수가 없었을 것이다. 따라서 우리는 이 책이 21세기에 살고 있는 우리의 현재 상황과 미래에 관한 예언을 해주기 위해서 기록한 비밀문서가 아니라는 것을 분명히 알아야 한다.

요한계시록을 올바로 이해하기 위해 먼저 꼭 알아야 할 것은, 이 책이 한 기독교 예언자가 1세기 중엽이나 말경 특정한 상황에 처해 있었던 소아시아의 기독교인들을 위해 서신 형식과 묵시문학, 그리고 예언문학의 형태로 기록한 글이라는 점이다. 그러므로 우리는 이 책의 기원 상황과 저자의 의도를 올바로 파악할 필요가 있다. 그럴 때에 우리는 린드세이와 왈프드 같은 사람의 통속적 선동에 넘어가지 않게 될 것이다. 그렇다고 해서 필자는 요한계시록이 오직 1세기 소아시아의 기독교인들만을 위한 책이라고 말하는 것은 아니다. 이 책은 성서로서 21세기에 살고 있는 우리에게도 소중한 책이다. 그러므로 우리에게는 이 책이 주는 오늘날의 의미를 밝혀야 하는 해석학적 과제가 있다. 요한계시록은 오늘날 그리스도인의 정체성을 상실할 위험에 처해 있는 우리에게 그리스도인이 누구이며, 무엇을 해야 하는지, 그리고 하나님과 그리스도를 믿는 사람으로서 참되고 선하게 사는 것이 어떤 것인지를 발견하도록 도와주는 책으로서 우리 앞에 놓여 있다.

III 저자 문제

계시록 저자는 자신의 이름을 네 곳에서(1:1, 4, 9, 22:8) 요한이라고 밝히고 있다. 그는 하나님의 말씀과 예수를 증언했다는 이유로 밧모라는 섬에 갇히게 되었는데, 거기서 그리스도의 계시를 받고 소아시아에 있는 일곱 교회를 향해 편지 형식으로 계시록을 썼다고 밝힌다. 아마도 그는 소아시아의 교회들과 친분이 있었고, 상당한 권위도 갖고 있었던 인물로 보인다. 그런데 여기서 우리의 주목을 끄는 것은 저자 요한과 관련해서 '종'(1:1), '예언자'(22:9)라는 명칭이 나오지만, 그의 직책을 분명히 나타내는 명칭(가령, 사도)이 언급되고 있지 않다는 점이다.

그럼에도 불구하고 고대 교회 전승의 한편에서는 계시록 저자를 요한복음과 요한서신들의 저자로 간주된, 세베대의 아들인 사도 요한과 동일 인물이라고 전한다. 이에 관한 최초의 언급은 저스틴의 『유대인 트리폰과의 대화』(155~160년경에 저술)에서 찾아볼 수 있다.

"우리와 함께 어떤 사람이 있었는데, 그의 이름은 그리스도의 사도 중

한 사람이었던 요한이었다. 그는 자신에게 전해진 계시를 통해 예언을 했는데, 그것은 우리의 그리스도를 믿게 된 사람들이 천 년 동안 예루살렘에 거할 것이며, 그 후 일반적, 간단히 말해서 모든 사람들의 영원한 부활과 심판이 일어날 것이라는 예언이었다."(81.4)

그 후 이레니우스(*Adv. haer.* IV 30.4, V 26.1), 알렉산드리아의 클레멘스(*Paed.* II 119.1), 터툴리안(*Adv. Marc.* III 14, IV 5), 로마의 히폴리투스(De antichristo 36, 50), 그리고 오리겐(*Com. in Iohann. 5.* § 45)도 요한계시록의 저자를 사도 요한으로 간주했다.

그러나 고대 교회 전승의 다른 한편은 이와 입장을 달리한다. 반몬타누스주의자들인 소위 '알로고이' (Alogoi (다른 자들): 이것은 살라미스의 에피파니우스가 붙여준 별칭)라고 불린 이들('로고스' 개념의 적대자, 약 200년경)과 로마의 반몬타누스주의자인 가이우스(Gaius, 약 210년경)는 요한계시록을 영지주의자 케린투스(Cerinthus)의 작품으로 생각했다. 물론 이 입장은 지지를 받기 어렵다.

고대 교회에서 요한계시록의 사도 요한 저작설을 가장 날카롭게 비판한 사람은 알렉산드리아의 감독이었던 디오니시우스(Dionysius, 190(혹은 200) / 264(혹은 265))다. 물론 그는 요한계시록이 영감을 받은, 거룩한 한 사람의 작품임을 인정한다. 하지만 그는 계시록 저자를 사도 요한이 아닌 아시아 출신의 다른 요한으로 간주했다. 이를 위해 그가 제시한 논거들은 다음과 같다.(유세비우스 『교회사』 VII 25 참조)

① 요한복음 저자는 복음서나 서신들에서 자신의 이름을 첫머리에 밝히지 않는다. 그리고 자신을 1인칭이나 3인칭으로 말하지 않는다. 그러나 계시록 저자는 첫머리를 포함하여 네 번이나 자신의 이름을 밝힌다.

② 그러나 계시록에서는 그가 어느 요한인지를 확실히 밝힌 곳이 없다. 왜냐하면 그는 요한복음에서처럼 자신이 예수께서 사랑하시던 제자라거나 주님의 가슴에 기댄 사람이라거나 야고보의 형제라거나, 또는 자신이 주님께서 행하시며 말씀하시는 것을 친히 보고 들었다는 식의 말을 하지 않았기 때문이다. 만일 그가 자신을 분명하게 밝히고 싶었다면 그는 분명히 이러한 특별한 사실들 중 한 가지라도 이야기했을 것이다. 그러나 그는 이런 것을 전혀 말하지 않고 다만 자신이 우리의 형제요 동료며, 예수의 증인이요, 이 계시를 보고 들었기 때문에 복되다고 진술할 뿐이다.

③ 요한복음과 요한일서는 서로 일치하는 면이 있다. 그것들은 둘 다 같은 방법으로 시작되며, 동일한 표현들을 많이 사용할 뿐만 아니라, 주의 깊게 관찰하면 요한복음과 요한일서의 특성과 성질이 동일한 점도 분명히 나타난다. 그러나 요한계시록은 그 책들과 같은 음절이 하나도 없을 정도로 특성이 전혀 다르다.

④ 요한복음과 요한일서는 요한계시록을 전혀 언급하고 있지 않으며, 또 계시록에서도 요한서신에 대한 언급이 전혀 없다.

⑤ 요한복음 및 요한일서의 문체는 요한계시록의 문체와 매우 다르다. 그 두 책의 희랍어는 나무랄 데 없이 어법과 논지와 문체의 구성이 대단히 우아하며, 야비한 말씨나 문법 위반, 또는 괴이하고 특이한 표현을 찾아보기가 어렵다. 이에 비해 요한계시록의 어투와 언어는 그다지 정확한 희랍어가 아니며, 또 이국의 관용적 표현이나 때로는 문법에 어긋나는 어법도 사용하고 있다.

디오니시우스와 함께 유세비우스도 요한계시록의 사도 요한 저작설을 인정하지 않는다. 그러나 그는 디오니시우스와 달리 히에라폴리스의 파피아스 작품인 "주님의 말씀에 대한 해설"에 근거해서 계시록 저자를 사도 요한이 아닌 다른 장로 요한으로 생각한다.(유세비우스 『교회사』 III 39 참조)

지금까지의 내용은 3세기 초부터 요한계시록의 사도 요한 저작설이 일반적으로 승인된 것이 아니었다는 점을 보여준다. 사실 앞에서 언급한 사도 요한 저작설의 주창자들은 역사적 기억이나 본문 증거에 의거해서 이것을 주장한 것이 아니다. 그들은 요한계시록의 정경성을 소위 사도성으로 뒷받침해야 하는 도그마적 관심 때문에 사도 요한 저작설을 옹호한 것이다. 그러나 장로 요한설을 주장한 유세비우스의 견해도 설득력이 약하다. 왜냐하면 그도 분명한 근거를 가지고 이러한 입장을 견지한 것이 아니라, 앞에서 언급한 파피아스의 진술이 두 명의 요한 즉, 사도 요한과 장로 요한을 언급하는 것으로 이해하고, 전자를 요한복음의 저자로, 후자를 요한계시록의 저자로 간주했기 때문이다. 그러나 파피아스가 언급한 장로 요한이 소아시아에 속했던 사람이라는 확실한 증거는 없다.

오늘날에도 요한계시록의 저자를 사도 요한이나 장로 요한으로 보는 사람들이 있지만, 많은 학자들은 요한계시록의 내적 증거와 그 밖의 요한 문서와의 비교를 통해 이를 반박한다. 우선 분명한 내적 증거로서 계시록 18장 20절과 21장 14절을 들 수 있다. 거기서 계시록 저자는 과거의 인물들로서 사도들을 언급하는데, 이 인물들에 자신을 포함시키지 않는다. 그 다음으로 앞서 언급한 알렉산드리아의 디오니시우스가 인식한 내적 증거들이 고려될 수 있다. 파피아스가 언급한 장로 요한을 계시록 저자로 보는 입장에도 분명한 내적 증거가 없는 것은 마찬가지다. 장로 요한설의 결정적 약점은 계시록 저자가 자신을 한 번도 장로로 일컬은 적이 없다는 데 있다.

또한 요한계시록은 언어와 문체, 신학적 개념들에 있어 요한복음이나 요한서신들과 많은 차이점들이 있다는 점도 지적되고 있다. 언어의 차이점에 대해서는 이미 앞서 언급한 디오니시우스가 인식했지만, 현대에 와서 주석가들이 이에 대해 더 상세히 입증했다.(R. H. Charles, *Revelation*, 1. XXIX ff., G. Mussies, *The Morphology of Koine Greek as Used in the Apocalypse of St. John*, 351~352 참조) 그리고 개념들의 차이점도 확인되는데, 여기서는 몇 가지만 예를 들겠다.

① 요한복음과 요한일서의 중요한 신학적 개념들(가령, 빛과 어두움, 진리와 거짓, 생명과 죽음, 기쁨, 은혜, 죄의 용서, 하나님의 빛, 형제애 등)을 요한계시록에서는 찾아보기가 어렵다.

② 요한계시록은 그리스도를 28번이나 어린 양이라고 부르는 데 비해서, 요한복음은 2번 '하나님의 어린양' 표현을 사용하는데, 그것도 사용된 희랍어의 표현이 다르다.(계시록: *τὸ ἀρνίον*(토 아르니온), 요한복음: *ὁ ἀμνὸς τοῦ θεοῦ*(호 암노스 투 테우))

③ 계시록 19장 13절은 다시 오실 예수를 '하나님의 말씀'으로 부르는 데 비해서, 요한복음 1장 1절 이하에서는 선재적이며 성육하신 그리스도를 단지 '말씀'으로 지칭한다.

④ 요한복음에는 '증언'(증거)이라는 단어가 계시자 예수(가령, 1:7~8)와 그리스도 안에서의 계시의 실재(5:33, 18:37)와 관련해서 사용되는 데 비해 요한계시록에서 '증언'은 예수로부터 나오고 책의 내용을 포괄하는 것으로 사용된다.(1:2, 9, 12:17, 19:10, 20:4) 따라서 이 말은 신자들이 가질 수 있는 것으로(12:17) 나타난다.

⑤ 요한계시록에서는 '유대인들'이라는 말이 명예로운 이름으로 사용되는 데 비해서(계2:9, 3:9), 요한복음에서 이 단어는 아주 부정적인 의미

로 사용되고 있다.

⑥ 종말론과 관련해서 요한계시록은 미래적-묵시문학적 표상들을 많이 사용하는 데 비해 요한복음은 현재적 종말론을 강조한다.

이와 같이 요한계시록은 요한복음이나 요한일서와는 개념 사용에 있어 기본적으로 다르다. 때문에 계시록 저자를 요한복음과 요한일서의 저자와 같은 사람으로 볼 수 없다. 이러한 견해는 믿을 만한 정보에 근거하지 않기 때문이다. 따라서 우리는 계시록 저자가 요한이라는 이름을 가진 유대인 기독교적 예언자였다는 것 외에는 알기가 어렵다. 그러나 우리는 계시록 저자가 사도 요한이 아니라는 점 때문에 실망할 필요는 없다. 왜냐하면 앞에서 디오니시우스가 언급한 바와 같이, 우리는 요한계시록이 거룩하고 영감을 받은 사람의 작품이라는 것을 인정할 수 있다. 계시록 저자는 사도 요한이 아니었다 할지라도, 하나님의 말씀과 예수 그리스도의 증거, 곧 자기가 본 것을 증언한 사람이기 때문에(1:2) 권위를 갖고 있는 것이다.

Ⅳ

저술 연대 문제

1. 고대 교회의 증거

계시록 저자는 요한계시록의 저술 연대를 직접 언급한 적이 없다. 그래서 고대 교회 시대부터 지금까지 다양한 견해들이 나오게 되었다.

1) 도미티안 황제의 통치 말경(약 95년경)에 기록되었다는 설

이 견해를 처음으로 제시한 사1람은 이레니우스다. 그는 그의 저서 『이단 논박』(*Adv. haer.* 5.30.3)에서 다음과 같이 말했다.

> "만일 지금 그의 이름을 분명하게 밝혀야 할 필요가 있다면 그 계시를 받은 사람이 그것을 말했을 것이다. 왜냐하면 그것은 오래 전에 보인 것이 아니라 거의 우리의 시기인 도미티안의 통치 말기에 보인 것이기 때문이다."

이 견해는 고대 교회에서 널리 수용되었다.(Origen *Hom. in Matt.* 16.6, Victorinus *Comm. in Apoc.* 10.11, 17.10, 유세비우스 『교회사』 III 18.1, Ps. Augustine *Quaest. Vetus et Novum Test.* 76.2, Hieronymus *De Vir. illustr.* 9)

2) 클라우디우스 황제(재위: 41~54년)의 통치 때로 보는 설

이 설은 저자의 유배와 귀환을 클라우디우스 황제 때로 본 살라미스의 에피파니우스(Epiphanius of Salamis *Haer. li.* 12)의 진술에서 나왔다.

3) 네로 황제(재위: 54~68년)의 통치 때로 보는 설

이 설은 계시록 저자의 유배를 네로 때문에 일어난 일로 간주한 입장에서 나왔다.(요한계시록의 두 시리아 역본과 Theophylact *Praef. in Ioann*)

4) 트라얀 황제(재위: 98~117년)의 통치 기간으로 보는 설

이 설은 계시록 저자의 유배를 트라얀의 때로 잡는 입장에서 나왔다.(Theophylact on Matt. 20, Dorotheus의 것으로 간주된 *Synopsis de vita et morte prophetarum*) 이 입장은 아마도 사도 요한이 트라얀의 통치 시대까지 살았다고 진술하는 이레니우스의 *Adv. haer.* 2.22.5에 의존해서 제시된 것으로 보인다.

2. 현대 학자들의 견해들

1) 도미티안 황제의 통치 말경(약 95년경)에 기록되었다는 설

오늘날 다수의 주석가들은 이 입장에 동의한다. 이들은 우선 기본적인 증거로 앞에서 본 이레니우스의 주장을 언급하면서 다음과 같은 논거들을 제시한다.

① 요한계시록에 전제되어 있는 그리스도인들의 황제 숭배 참여에의 강요는(가령, 13:4~8, 15~16, 14:9~11, 15:2, 16:2, 19:12, 20:4) 사실 도미티안 통치 때의 일이지 그 이전에는 없었다. 물론 로마 시대에 그리스도인들을 처음으로 박해한 황제는 네로였지만, 그는 황제 숭배에 대한 거절 때문에 그리스도인들을 박해한 것이 아니라, 로마의 방화 사건을 그리스도인들 탓으로 돌렸기 때문에 그들을 박해한 것이다. 그러나 도미티안은 그의 전임자들과는 달리 자신을 '우리의 주 하나님'으로 예배할 것을 강요했고 그의 통치 말경에는 로마 교회를 박해하기 시작했다. 그는 그리스도인들로 알려진 그의 사촌 플라비우스 클레멘스(Flavius Clemens)를 처형하고 그의 아내 플라비아 도미틸라(Flavia Domitilla)도 유형에 처했다. 유세비우스(『교회사』 3.18.4)는 이때에 도미틸라 외에도 많은 사람들이 유배되었다고 진술하며, 클레멘트 1서 1장 1절도 로마의 그리스도인들에 대한 도미티안의 심한 박해를 증언하고 있다.

② 요한계시록에서 묘사되는 그리스도인들에 대한 박해는 1세기 중엽보다 말경에 일어났을 가능성이 더 크다. 요한의 밧모섬 유배(1:9)는 네로의 치하에서 일어났다기보다는 도미티안의 통치 상황에 더 부합된다. 왜냐하면 이때 황제 숭배 거절에 대한 박해의 형태가 더 증가했고 보다 더 조직적으로 이루어지고 있었기 때문이다. 계시록 2~3장은 그 당시 유대인 그

리스도인들이 황제 숭배 의무가 면제된 유대인 회당들과 동질성을 추구함으로써 박해를 피하려 했다는 것을 보여준다. 그리고 이방인 그리스도인들이 박해를 피하기 위해 무역 길드의 제의 및 황제 숭배에 동화되는 데 마음이 끌려 있었다는 것을 보여준다. 이러한 상황은 1세기 말경에 일어났을 가능성이 많다.

③ 유세비우스(『교회사』 3.17)는 다수의 저명한 로마인들을 재판 없이 처형하고 그 밖의 무수한 사람들을 추방하였으며 그들의 재산을 몰수했던 도미티안의 잔학성을 묘사한 다음, 도미티안이 마침내 기독교회를 박해함으로써 자신이 네로의 후계자임을 입증했다고 주장한다.

④ 계시록 2~3장에 묘사된 일곱 교회의 상황은 1세기 초보다는 말경을 시사하는 면이 강하다. 예를 들어서, 에베소 교회가 처음 사랑을 버렸다는 진술은 처음 사랑을 갖게 된 시점으로부터 얼마간의 간격을 암시하는데, 이것은 이 교회가 형성 중에 있던 초기 공교회(제2 또는 제3세대)에 속한 교회였다는 것을 짐작케 해준다. 그리고 라오디게아 교회는 부(富)한 교회였다고 일컬어지는데, 라오디게아는 A.D. 60~61년에 대지진을 겪었기 때문에 이 도시가 경제적으로 회복되는 데는 오랜 시간이 걸렸을 것이다.

⑤ 요한계시록의 여러 곳에서는 바빌론으로 불리는 한 도시의 멸망이 거론되는데(14:8, 16:19, 17:5, 18:2, 10, 21), 이것을 두고 초기 기독교의 한 저자가 역사적으로 실재했던 바빌론의 멸망에 관심을 가졌다고 생각할 수는 없다. 대부분의 주석가들이 이해하는 바와 같이, 요한계시록에서 사용되는 '바빌론' 은 로마의 상징적 별칭이다. '바빌론' 은 A.D. 70년 이후에 쓰인 유대교의 묵시사상적 문헌(제4 에스라서3:1~2, 28~31, 시리아어 바룩 묵시록10:1~3, 11:1, 67:7, 시빌의 신탁5:143, 159)에서도 로마의 상징어로 사용되었는데, 유대교 저자들은 B.C. 6세기에 바빌론이 행한 것처럼

A.D. 70년에 로마의 군대가 예루살렘과 그 곳의 성전을 파괴했기 때문에 로마를 바빌론으로 불렀다. 따라서 계시록 저자가 로마를 바빌론으로 불렀다는 것은 계시록의 70년 이후 저작설에 가장 강한 내적 증거가 될 수 있다.

⑥ 많은 학자들은 요한계시록의 몇몇 구절들(특히 13:3~4, 17:8, 11)을 예로 들면서 그것이 이른바 네로의 재생, 혹은 귀환 신화를 반영하는 것이라고 주장한다. 이 전설에 의하면 네로는 68년에 31세의 나이로 자살해 죽었음에도 불구하고 그가 다시 살아날 것이라거나, 실제로 죽은 것이 아니라 파르티아로 잠시 도망 갔다는 것이다. 그런데 네로가 후에 권력을 다시 잡기 위해 파르티아의 군사적 지원을 받아 되돌아 올 것이라는 소문이 돌았다는 것이다. 위에서 언급한 구절들이 이러한 네로 전설을 반영하는 것이라면, 요한계시록은 1세기 초보다는 말경에 쓰였을 가능성이 더 크다. 왜냐하면 이 네로 전설은 네로가 죽은 68년 이후에 생겨서 계속 전개되고 유포되었기 때문이다.

⑦ 계시록 11장 1~2절은 예루살렘 성전이 아직 건재했다는 것을 암시하는 것으로 보인다. 다시 말해서 이 구절들은 헤롯 성전을 나타내는 것으로 보이며, A.D. 70년에 예루살렘과 성전의 붕괴 직전 상황을 반영하는 것으로 해석될 수 있다. 그러나 이 구절들은 역사적, 문자적 의미보다는 상징적, 영적 의미를 가지고 있다고 보아야 한다. 여기에 나오는 측량도 상징적 행동이 분명하다.

또한 계시록 11장 3~13절은 A.D. 70년 이전 상황, 즉 예루살렘과 그 곳의 성전이 건재하고 있었다는 것을 전제한다는 견해가 있는데, 이것은 의문스럽다. 실제로 예루살렘은 70년에 여러 곳이 티투스와 그의 군대에 의해 멸망당했지만 한 군단만은 보조하는 시민들과 함께 거기에 체류했다.

아마도 상당한 수의 유대인들과 그리스도인들이 전쟁 후 그 도시로 돌아와서 몇몇 재건축이 일어났던 것 같다. 그리고 두 증인의 적대자들을 여러 백성과 족속과 언어와 민족 가운데서 나온 사람들(9절)과 땅 위에 사는 사람들(10절)로 묘사하는 것은 70년 이전보다 이후의 예루살렘에 더 부합된다.

⑧ 일련의 주석가들은 계시록 6장 6절을 A.D. 92년 도미티안이 식민지 포도원의 절반에 대한 파기를 명령하고 이탈리아에 더 이상 새 포도나무 심기를 금지했던 칙령과 연관시킨다.

⑨ 계시록 17장 9b~11절은 많은 학자들이 요한계시록의 저술 연대 문제를 해결하기 위해 가장 중요한 내적 증거로 사용한 본문이다. 계시록 17장 9절은 3절과 7절에 언급된 머리 일곱을, 여자가 타고 앉은 일곱 산, 혹은 일곱 왕으로 해석한다. 대부분의 주석가들이 동의하는 바와 같이 여기에 나오는 '일곱 산'은 일곱 개의 작은 산 위에 세워진 로마를 가리킨다. 그렇다면 10절의 "그 가운데서 다섯은 이미 망하고, 하나는 있고, 또 다른 하나는 아직 나타나지 않았다."에서 망한 다섯째 왕 다음에 오는 한 왕, 즉 여섯째 왕은 요한이 계시록을 쓸 당시 이미 권좌에 있던 황제임에 틀림없다. 그렇다면 여섯째 왕은 누구인가?

도미티안설을 주장하는 학자들은 17장 9b~11절에 나오는 로마 황제 리스트를 여러 방법으로 설명한다.

㉠ 몇몇 주석가들은 이 리스트를 칼리굴라부터 시작한다. 왜냐하면 이들은 "다섯은 망하였고"라는 표현에 주목해서 이 표현을 폭력적인 죽음을 당한 황제들을 말하는 것으로 이해하기 때문이다. 이 견해에 따르면 망한 다섯은 칼리굴라(살해당함), 클라우디우스(독살당함), 네로(자살함), 베스파시안(심한 열병으로 사망, 또는 독살당함), 티투스(열병으로 사망 또

는 암살당함)고, 계시록 저술의 때의 황제는 도미티안이며, 앞으로 나타날 자는 적그리스도 또는 환생한 네로라는 것이다.

㉡ 스트로벨(A. Strobel, "Abfassung und Geschichtstheologie der Apokalypse nach Kap. XVII. 9~12," 440~441)은 위의 견해와 의견을 같이 하지만, 그리스도의 십자가와 올리어짐에서 세계사적 전환점을 보고 이에 근거해서 칼리굴라부터 시작한다.

㉢ 일련의 주석가들은 자료비평에 근거해서 17장 10절에는 베스파시안 치하에서 작성된 기초자료가 들어 있다고 본다. 이들은 여기의 리스트를 아우구스투스에서부터 시작하고 갈바와 오토, 그리고 비텔리우스는 통치 기간이 짧다는 이유로 제외시킨다(이렇게 되면 이미 망한 다섯은 아우구스투스, 티베리우스, 칼리굴라, 클라우디우스, 네로가 되고, 여섯째 황제는 베스파시안, 일곱째는 티투스가 됨). 그리고 이들은 도미티안 때에 요한계시록의 저자가 이 자료를 손질했다는 전제 하에서 11절의 여덟째 황제를 도미티안 또는 환생한 네로로서의 도미티안으로 간주한다.

㉣ 몇몇 주석가들은 요한계시록에서 짐승이 계속해서 그리스도의 종말론적 적대자로 묘사되고 있다는 점에 주목하고, 17장 10절의 황제 리스트를 적그리스도적 성격을 보여주는 황제인 네로부터 시작해야 한다고 주장한다. 그리고 바로 위에서 언급한 바와 같이, 통치 기간이 짧다는 이유로 제외시켰던 갈바, 오토, 비텔리우스 중에서도 두 명은 포함시켜야 한다고 주장한다. 왜냐하면 제4 에스라서 11장 26~27절에는 네로로부터 베스파시안 사이에 있었던 두 황제(이름은 밝히지 않음)를, 그리고 유세비우스의 『교회사』 3.5.1에서는 갈바와 오토를 언급하고 있기 때문이다. 이렇게 되면 이미 망한 다섯은 네로, 갈바(또는 오토), 비텔리우스(또는 오토), 베스파시안, 티투스가 되고, 여섯째 황제는 도미티안이 된다.

ⓜ 17장 11절에 나오는 여덟째 황제를 환생한 네로로 간주된 도미티안으로 보는 입장에는 황제 리스트를 네로부터 시작하고 잠시 통치한 세 명의 황제들을 포함시키는 견해가 있다. 이렇게 되면 이미 망한 다섯은 네로, 갈바, 오토, 비텔리우스, 베스파시안이 되고, 여섯째는 티투스, 일곱째는 도미티안이 된다. 그런데 11절에 의하면 환생한 네로로서의 여덟째 황제는 이미 일곱째 황제로서 드러나 있게 되는 것이다. 그러나 이 입장은 여덟째 황제라는 '인간' 이 아니라 일곱째 황제에서 정점에 이른 로마의 '사탄적 권력' 으로 이해한다. 이 입장은 텍스트들이 이미 티투스 때에 요한에 의해 예언으로 작성되었으나, 계시록이 완성된 도미티안 때에 와서야 비로소 그 의미가 온전히 드러나게 되었다는 사실을 전제로 하고 있다.

ⓑ 바로 위에서처럼 여덟째 황제를 도미티안에게서 환생한 네로로 보는 주석가들 중에는 10절의 '아직 나타나지 않은 일곱째 황제' 발언을 티투스를 염두에 둔 사후 예언으로 이해하는 이들이 있다.

ⓢ 몇몇 주석가들은 요한계시록에서 일곱이 완전과 전체를 상징하는 숫자의 의미로 사용된다는 점에 주목하고, 일곱 왕을 황제의 수에 관계없이 '로마 제국 전체의 능력' 을 나타내는 것으로 이해한다. 이들은 계시록 저자가 종말이 가까이 오고 있음을 선언하기 위해 과거의 황제 리스트에는 그다지 관심 없이 적어 넣어 기록을 남긴 것이다.

2) 70년 이전설

(1) 도미티안설에서 제시하는 외적 증거들에 대한 반론

① 도미티안설의 최초의 주창자인 이레니우스는 요한계시록이 조금이라도 도미티안 때의 박해를 반영한다거나 혹은 도미티안이 기독교인들을 박해했다고 언급하지 않는다. 그는 단지 도미티안 통치의 때에 요한계시

록이 쓰여졌다고 언급을 할 뿐인데, 이레니우스가 이렇게 말했다고 해서 이것을 무조건 믿을 수 있는가? 사도들에 관한 2세기 전승은 신뢰성이 약하다. 가령, 이레니우스는 사도 야고보와 예수의 동생 야고보를 혼동한다(*Adv. haer.* 3.12.14). 그리고 이레니우스의 증거도 신뢰하기가 어려운 면이 있다. 왜냐하면 그는 두 곳(*Adv. haer.* 2.22.5, 3.3.4 이 두 구절은 유세비우스의 『교회사』 3.23.3~4에서 인용됨)에서 *Adv. haer.* 5. 30.3에서 말하는 바와 상이하게 사도 요한이 트라얀의 시대(A.D. 98~117년)까지 살았다고 주장하는가 하면, 이레니우스에게 있어 요한 계시록의 신학적, 주석적 의미는 계시록 저술 당시 저자가 논쟁해야 하는 정치적 상황과는 아무런 관련이 없이 반영지주의적 반론과 특별히 연관을 맺고 있기 때문이다.

② 도미티안이 그의 사촌인 플라비우스 클레멘스를 처형하고 그의 아내인 플라비아 도미틸라를 유형에 처했다는 진술에 관한 자료들은 불분명하다.

자료	처형당한 사람들	박해 이유
디오 카시우스(Roman History 67.14)	플라비우스 클레멘스(처형당함)과 그의 아내 플라비아 도미틸라(유배지: 판다테리아)	무신론과 유대적 생활태도 때문에
수에톤(Dom. 15)	플라비우스 클레멘스(처형당함) (그의 아내에 대한 언급이 없음)	무관심 때문에(클레멘스는 집정관이었음)
유세비우스(『교회사』 3.17, 18.4)	플라비아 도미틸라(여기서는 클레멘스의 조카 딸로 되어있음, 유배지: 폰티아) 클레멘스에 대한 언급이 없음	그리스도에 대한 신앙고백 때문에

또한 일련의 주석가들은 디오 카시우스의 작품에서 '무신론'과 유대적 생활 때문에 플라비우스 클레멘스와 플라비아 도미틸라가 박해를 받았다고 하는 대목에 근거해서 두 사람을 그리스도인들이었다고 생각한다. 그러나 A.D. 64년 로마의 화재 후, 예루살렘이 멸망하면서 그리스도인들과 유대인들 사이의 구분이 분명해졌다는 것이 고려되어야 한다. 클레멘스와 도미틸라는 유대교에 대한 도미티안의 적대감의 희생자들이었다고 보는 것이 옳을 것이다.

③ 일련의 주석가들은 클레멘트 1서 1장 1절에 나오는 "갑작스럽고 연속적으로 우리에게 닥친 불행들과 역경들 때문에"라는 문구를 로마 교회를 향한 국가의 공격, 즉 도미티안의 박해를 암시하는 표현으로 해석한다. 그러나 클레멘트 1서에 나오는 '불행들과 역경들'을 무조건 외적 공격과 연관시킬 수 있는지 의문스럽다. 도미티안 통치 때 사형과 유배에 처해졌다는 도미티안의 친척들이 그리스도인들, 즉 로마 교회의 교인들이었다는 주장은 어디까지나 추측일 뿐 분명한 증거가 없다. 클레멘트 1서에서 우리는 그리스도인들에 대한 도미티안의 박해에 관한 어떤 구체적 언급도 찾아볼 수 없다. 그렇다면 위에서 언급한 '불행들'은 로마 교회의 내적 문제들과 관련해서 해석될 수 있다.

④ 톰슨(L. L. Thompson, *The Book of Revelation*, 95~115)에 따르면 도미티안은 유세비우스가 말한 것처럼 기독교인들을 조직적으로 박해한 적이 없었다. 요한계시록을 도미티안의 테러 정치에 대한 반응에서 나온 책으로 이해하는 것은 잘못이다. 도미티안은 결코 많은 주석가들이 생각하는 것처럼 과대망상증에 걸린 독재자가 아니었다. 오히려 도미티안은 전 로마 제국에 경제적, 정치적 안정을 제공해 주었다. 그러나 톰슨이 요한계시록의 기록 연대와 관련해서는 도미티안설을 그대로 따르면서, 요한

계시록에 나타난 위기 상황은 로마 제국의 사회 상황보다 계시록 저자의 시각에 더 기인한다고 주장하는 것은 그다지 설득력이 없어 보인다.

(2) 내적 증거

① 도미티안설의 ④에 대한 반론: 계시록2~3장에 반영되는 소아시아의 일곱 교회의 역사적 상황이 요한계시록이 도미티안 시대에 저술되었다는 주장의 근거가 되어 왔다. 하지만 일곱 교회의 역사적 상황과 관련된 주장들은 다양한 해석이 가능하기 때문에 이 논증은 도미티안설을 확고히 뒷받침할 수 없다.

② 도미티안설의 ⑤에 대한 반론: 윌슨(J. Christian Wilson, "Babylon as a Cipher for Rome and the Dating of Early Jewish and Early Christian Documents." Unpublished paper read at the 1994 Annual Meeting of the Society of Biblical Literature. G. K. Beale, *Comm.*, 19에서 재인용)에 따르면, A.D. 70년 이전의 유대교 문헌(구약, LXX, 쿰란 문헌, 위경)에서는 '바빌론'이 기본적으로 이스라엘 백성의 유랑민 생활과 관련해 사용되는 데 반해서, 70년 이후에 쓰인 제4 에스라서와 시리아어 바룩 묵시록에서는 '바빌론'이 예루살렘 멸망과 연관되어 있다. 그런데 요한계시록에서 '바빌론'은 결코 예루살렘의 멸망과 연관되지 않고 오직 성도들의 유랑처와 관련해서만 나타난다.

③ 도미티안설의 ⑥에 대한 반론: 네로의 재생 또는 귀환에 관한 전설은 네로의 죽음 이후 여러 해 동안 변천 단계를 거쳐서 형성되었다고 말할 수 있다. 그러나 기대하는 대중 심리는 네로가 죽자마자 바로 일기 시작했을 수 있다.(Tacitus *Hist.* 2.8~9, Sutonius *Lives of the Caesars, Nero* 57 참조)

④ 도미티안설의 ⑦에 대한 반론: 계시록 11장 1~2절에서 예루살렘 성전의 건재가 묘사되고 있다는 것은 A.D. 70년 이전설의 증거로 간주될 수 있다. 왜냐하면 한 기독교인 저자가 성전 파괴 후에 그것을 이처럼 언급할 수는 없기 때문이다.

⑤ 도미티안설의 ⑧에 대한 반론: 계시록 6장 6절을 도미티안의 칙령과 연관시키는 것은 설득력이 약하다. 이에 대해서 좀 더 자세한 것은 본서의 6장 6절에 대한 주석을 참조할 것.

⑥ 도미티안설의 ⑨에 대한 반론

㉠에 대해서: 갈바와 오토 그리고 비텔리우스도 폭력적인 죽음을 당했는데(갈바는 살해당했고, 오토는 자살했으며, 비텔리우스는 살해당함), 이 세 명을 제외시키고 있는 것은 설득력이 약하다. 왜냐하면 로마의 역사가들인 타키투스와 수에톤 그리고 디오 카시우스도 그들을 황제로 여겼고, 서구의 후기 고대사회에서 로마 황제들의 명단 중 어느 곳도 그들을 제외시키고 있지 않기 때문이다. 그리고 동사 '망했다'를 폭력적인 죽음과 연관시키는 것도 설득력이 약하다. 왜냐하면 황제를 망한 자로 언급한다는 것은 그 당시 관습으로 보아 사망한 자의 탁월한 위치를 암시했기 때문이다.

㉡에 대해서: 요한계시록은 어느 곳에서도 그리스도 사건을 로마 제국에 있어서 새로운 시대의 시작으로 언급하고 있지 않다.

㉢에 대해서: 17장 10절에 베스파시안 치하에서 작성된 기초 자료가 들어 있다는 주장은 추측에 불과할 뿐 입증이 불가능하다.

㉣에 대해서: 17장 10절의 '이미 망한 다섯' 중 첫째를 네로로 생각하는 것도 ㉠과 ㉡에서 칼리굴라로 생각하는 것처럼 인위적이다.

㉤과 ㉥에 대해서: 1세기의 로마, 그리스, 유대교, 그리고 기독교 문

헌들 중 어디에서도 다시 살아난 네로를 도미티안과 동일 인물로 간주한 적이 없다.

㉦에 대해서: 이 해결시도는 마땅한 방법을 찾지 못해서 어쩔 수 없이 선택한 임시 해결책일 수 있다. 특히, 이 시도의 약점은 일곱 기간 중에 다섯이 이미 지나갔어야 하는지에 대해 분명한 대답을 들을 수 없다는 데 있다.

70년 이전설을 주장하는 주석가들은 17장 10절의 황제 리스트를 초대 황제부터 열거함으로써 계시록 저술 당시의 황제에 해당되는 여섯째 황제가 누구인지 밝히기를 시도한다.

그런데 고대 시대에 로마 황제명을 열거하는 데는 두 가지 방법이 있었다. 하나는 율리우스 카이사르부터 시작하는 것이고(수에톤이 처음으로 사용함), 다른 하나는 아우구스투스부터 시작하는 것이다(타키투스가 처음으로 사용함). 만일 전자의 방법을 따르면 17장 10절의 '이미 망한 다섯'은 율리우스 카이사르, 아우구스투스, 티베리우스, 칼리굴라, 클라우디우스가 되고, "하나는 있고"에 해당되는 황제는 네로가 된다. 그렇다면 요한계시록의 저술 연대는 네로의 통치 때로서 네로가 한창 그리스도인들을 박해하던 그의 통치 말기, 즉 64~65년으로 볼 수 있다.

그러나 후자의 방법을 따르면, '이미 망한 다섯'은 아우구스투스, 티베리우스, 칼리굴라, 클라우디우스, 네로가 되고, 여섯째 황제는 갈바가 된다. 만약 우리가 13장 3절의 "그 머리들 가운데 하나는 치명상을 입은 듯 하였습니다."라는 진술을 네로의 자살에 관한 언급으로 간주할 경우, 이 후자의 방법이 전자보다 더 합당하다고 말할 수 있다. 따라서 요한계시록의 저술 연대는 갈바의 통치 때(A.D. 68년 6월 ~ 69년 1월)라고 말할 수 있다.

3) 트라얀설

베커(J. Becker, "Erwägungen zu Fragen der neutestamentlichen Exegese," 101~102)는 요한계시록의 저술 시기를 트라얀 황제 때라고 본다. 그 이유는 우리가 플리니우스 서신을 통해 트라얀이 그리스도인들을 박해한 황제였다는 것을 알 수 있기 때문이라는 것이다. 그런데 그는 계시록 저자에 대해서는 도미티안 황제 때 밧모섬으로 유배당한 사람으로 요한이라는 가명을 사용한 것이라고 말한다. 이러한 전제 하에서 그는 17장 10절에 나오는 여섯째 황제를 도미티안으로 보는 반면에, 트라얀을 환생한 네로로 간주한다. 아무튼 계시록 저자는 트라얀의 박해 상황 때문에 요한계시록을 썼다는 것이다.

그러나 이 주장에는 외적 증거와 내적 증거에 대한 자세한 토론이 결여되어 있다. 그리고 요한계시록의 실제 저자가 밧모섬으로 유배당한 사람으로, 요한이라는 가명을 사용했다는 것은 지나치게 작위적이다.

4) 97년 여름과 98년 봄 사이로 보는 설

크라프트(H. Kraft, 『요한 묵시록』, 341~342)는 17장 10절의 주석에서 다음과 같은 의문을 제기한다. 즉, 마지막 때라고 믿어 자기 앞에 놓인 시간이 거의 없다고 생각한 요한이 왜 자신의 시대를 마지막에 해당한다고 여긴 일곱째 황제의 시대라고 하지 않고 여섯째 황제의 시대로 간주했는지, 왜 요한은 자신의 시대와 종말 사이에 일곱째 황제를 삽입했는지 하는 것이다. 그의 말에 의하면 요한은 "여섯째 황제는 사라졌고 지금은 일곱째 황제가 있으며, 다음에 종말이 온다."고 해야 했다는 것이다. 그러면서 크라프트는, 요한이 일곱째 황제의 통치를 고려해야 했기 때문이라고 설명한다. 즉, 요한은 일곱째 황제의 통치를 이미 알고 있었기 때문에 여섯째 황제의 통치 기간 중임에도 불구하고 일곱째 황제를 더 이상 의심할 수 없었다는 것이다. 크라프트는 이처럼 지정된 후계자가 이미 널리 알려진 상태에서 이 17장이 기록되었을 것이라고 추론하는데, 이 시기를 트라얀의 등장과 네르바의 죽음 사이, 즉 이 두 황제가 공동 지배자로 있게 된 네르바 황제의 통치 기간에 해당된다고 본다. 이와 더불어 크라프트는 13장 18절에 나오는 666을 네르바 황제로 해석한다. 물론 더 이상의 자세한 증거가 없다는 약점을 보이고는 있지만, 그는 17장과 그에 유사한 13장의 형성 시기를 네르바 황제의 시대에 해당하는 97년 여름과 98년 봄 사이로 본다. 또한 그는 이 두 장 이외의 다른 장들이 이보다 이전에 기록되었다는 것을 근본적으로 인정하지 않는다.

그러나 이 주장도 바로 앞의 트라얀설에서처럼 내적, 외적인 증거에 대해 자세한 토론이 결여되어 있고, 666을 네르바로 해석하는 것도 설득력이 약하다. 대부분의 주석가들은 이 숫자를 네로로 해석한다.(이에 대해서는 본문 주석을 참조할 것)

지금까지 살펴본 바와 같이, 요한계시록의 연대 문제는 해결하기가 쉽지 않다. 신약성서 주석가들에게 가장 곤란한 문제 중 하나가 요한계시록의 저술 연대 문제다. 앞서 언급한 여러 주장들 중 가장 개연성이 있는 것으로는 도미티안설과 70년 이전설을 들 수 있다. 현재 많은 주석가들은 도미티안설을 따르고 있다. 그러나 70년 이전설의 반론에도 설득력 있는 내용들이 있다. 앞서 언급한 바와 같이 70년 이전설 중에서는 네로설보다는 갈바설이 더 타당한 것으로 보인다.

V

요한계시록의 주요 해석 방법들

신약성서 안에서 어떤 책도 요한계시록만큼 잡다한 환상들과 구상어들을 사용하는 책은 없다. 계시록 저자는 자신이 보았다고 하는 여러 환상들을 수많은 구상어들과 표상들로 표현했다. 이 구상어들과 표상들은 상당히 기이하고 복잡해서 이해하기 힘든 면이 많다. 그래서 이 책의 해석사에서 여러 유형의 해석 방법들이 나타난 것은 놀라운 일이 아니다. 영미권에서 학자들은 계시록의 주요 해석 방법들을 보통 세 가지 또는 네 가지 그룹으로 나누어 다음과 같이 명명한다.

(1) 세 그룹으로 나누는 경우

① 과거주의적 해석 ② 역사주의적 해석 ③ 미래주의적 해석

(2) 네 그룹으로 나누는 경우

① 과거주의적 해석 ② 역사주의적 해석 ③ 미래주의적 해석 ④ 이상주의적, 또는 상징적 해석

여기서 필자는 네 유형의 해석 방법들을 살펴보고자 한다.

1. 과거주의적 해석

이 용어는 계시록에 나오는 환상들의 의미를 계시록 저자가 활동했던 시대의 역사적 사건에 기초해서 찾으려는 해석 방법을 지칭하는데, 독일 학자들이 시대사적 해석이라 부르는 방법이 여기에 속한다. 이 해석의 장점은 계시록을 이 책이 기록될 당시의 역사적 배경 하에서 이해하는 데 있다. 다시 말해서 이 관점의 장점은 요한계시록도 신약의 다른 문서들처럼 특정한 때와 장소에서 특정한 역사적 상황에 처해있던 사람들을 대상으로 기록한 글로 보는 데 있다. .

그러나 이 해석 방법의 주된 약점은 계시록에 나오는 구원과 심판에 관한 예언 대부분이 예루살렘 멸망(70년)이나 로마의 멸망(476)에서 성취되었다고 주장하는 데 있다. 물론 우리는 계시록을 읽을 때 단락에 따라 부분적으로는 시대사적인 해석을 필요로 할 때가 있다. 특히, 계시록의 이른바 '삶의 자리'(Sitz im Leben) 이해를 위해서는 이 해석 방법을 필요로 한다. 그러나 이 책의 목적은 역사에서 연속적으로 일어나는 사건들을 나타내 보여 주려고 하거나 역사로부터 미래를 추정하려는 데 있지 않다. 오히려 이 책은 미래, 즉 그리스도의 재림으로부터 그 정당성을 얻는 현재를 위한 예언의 성격을 지니고 있다.

2. 역사주의적 해석

이 용어는 독일에서 교회사적, 또는 세계사적 해석으로 불리는 방법에 붙인 명칭이다. 이 입장에 속하는 해석가들은 일반적으로 요한계시록을 교회사에 나타난 주요 운동, 또는 요한의 때부터 여러 세기를 거쳐 세상 종말에 이르기까지의 역사의 전 과정에 대한 예언으로 이해한다. 실제로 이것은 각 해석가들이 계시록 저자를 자신들의 때에 이르기까지의 역사의 과정을 예언한 사람으로 보았다는 것을 의미한다. 왜냐하면 이 입장에 속하는 해석가들은 대부분 자신들을 계시록에 의해 예언된 마지막 때에 살고 있는 것으로 생각했기 때문이다. 특히, 이 입장은 유럽에서 번성했는데, 여기서 해석가는 계시록을 자신의 때까지 유럽의 교회사에 나타난 주요 사건들에 대해 예언한 책으로 이해한다. 이 입장에는 여러 버전들이 있지만(여기서 대표적으로 나타나는 내용은, 계시록에서 기독교화 된 로마제국에 대한 고트족과 회교도들의 침략에 관한 예언이며, 중세 시대 교황청의 타락, 칼 대제의 통치, 종교개혁, 그리고 나폴레옹과 히틀러에 의한 파괴도 계시록에서 예언되었다는 것임), 이 입장의 가치는 독자들로 하여금 계시록을 그들의 시대에 적합한 책으로 보도록 유도할 뿐만 아니라, 역사의 모든 일이 하나님의 주권 하에 있다는 것을 확신시켜 주는 데 있다.

그러나 이 입장에는 다음과 같은 큰 약점들을 갖고 있어서 오늘날 대부분의 비평적 학자들은 이 견해를 받아들이지 않는다.

① 이 견해를 따르면, 요한계시록은 이 책의 첫 번째 독자들에게는 아무런 의미가 없는 책이 되고 만다.

② 이 견해는 계시록의 '예언(prophecy)'을 단지 미래의 길흉화복 따위를 미리 헤아려서 하는 말로 사용되는 '예언(prediction)'으로 오해하고 있다.

③ 이 입장에 속하는 해석가들 가운데서도 교회사나 세계사에 대한 예언들과 관련해서 여러 상이한 해석들이 나오기 때문에 이 해석 방법의 실효성은 의문시 될 수밖에 없다.

④ 이 해석 방법은 계시록의 내용을 지나치게 주관적으로 해석해서 전달하는 위험을 안고 있다.

⑤ 이 견해는 계시록의 내용을 너무 서구 교회사에 제한시켜 이해하려고 한다. 이 견해를 따르면 서구 교회들 외의 다른 교회들의 역사는 하나님의 구원의 역사와 관련해서 별로 언급할 가치가 없는, 하찮은 것이 된다.

3. 미래주의적 해석

이 용어는 계시록 4장부터 22장 5절까지의 환상을 오직 임박한 종말을 앞두고 있는, 이 세계의 미래에 대해 예언하는 것으로 보는 입장에 붙인 명칭이다. 이 해석 방법은 종말사적 해석, 세대주의적, 또는 전천년왕국론적 해석으로 불리기도 한다. 이 관점은 계시록의 예언을 이 세계에서 일어날 사건들에 대한 예언(prediction)으로 보는 점에서는 바로 위에서 본 역사주의적 해석과 같다고 볼 수 있으나, 다음 두 가지 점에서 역사주의적 해석과 다르다.

① 계시록 2~3장에 나오는 소아시아의 일곱 교회는 1세기 소아시아에 있었던 실제적인 일곱 교회가 아니라, 교회사의 일곱 기간(사도적 교회(에베소)로부터 마지막 때의 죽은 교회(라오디게아)까지)을 나타내는 것으로 이해된다. 이러한 해석은 늘 타락될 것으로 간주된 주류 교회 밖에서 많이 사용되어 왔다.

② 계시록 4장부터 22장까지의 내용은 오직 세계사의 마지막 몇 년 동안 일어날 사건들과 종말론적 사건들 자체에 대한 예언으로 이해된다.

이 관점의 가장 대중적인 견해는 잘 알려진 대로 세대주의적 해석 방법이다. 이 방법은 계시록을 상당히 문자적으로 이해하려고 하고, 일반적으로 계시록의 환상 순서들을 다음과 같이 미래 사건들의 역사적 순서를 나타내는 것으로 본다

① 이스라엘 민족의 본토 회복 ② 교회의 하늘로의 휴거 ③ 7년 대환란 ④ 적그리스도의 통치 ⑤ 예루살렘을 공격하기 위한 악한 국가들의 연합 ⑥ 그리스도의 재림(이때 그리스도는 악한 국가들을 패배시킴) ⑦ 그리스도의 천년 왕국 통치 ⑧ 천년 왕국 기간이 끝날 즈음 나타나는 사탄의 마지막 저항(이때 사탄은 그리스도 및 성도들과 싸우기 위해 전 세계로부터 불신자들을 모음) ⑨ 새 하늘과 새 땅에서 그리스도가 성도들과 함께 하는 영원한 통치.

미래주의적 해석 방법에 속하는 또 하나의 버전은 수정된 미래주의적 해석 방법으로 불리는 입장이다. 이 입장은 계시록을 바로 위에서 언급한 세대주의적 해석 방법처럼 문자적으로 해석하지 않을 뿐만 아니라, 계시록의 환상들이 미래 역사의 연대기적 순서를 나타낸다고 엄밀히 주장하지 않는다. 특히, 이 입장은 교회가 참 이스라엘이며 대환란 이전의 휴거는 없을 것이라고 주장한다. 오히려 그리스도인들은 시험의 마지막 기간을 통과할 것이라고 본다. 이 입장에 속하는 몇몇 주석가들은, 계시록 4장 1절~8장 1절이 그리스도의 부활로부터 역사의 마지막까지의 기간을 다루는 반면에 8장 2절~22장 5절은 오직 미래의 마지막 환란과 잇따라 일어나는 사건들만을 다룬다고 본다.

이 수정된 해석 방법 중 또 하나의 버전은 일곱 봉인과 일곱 나팔, 그리고 일곱 대접 환상이 모두 동일하게 연속적인 기간을 나타낸다고 주장할

뿐만 아니라, 이 환상들은 오직 미래에 있을 환란기에 대해서만 언급한다고 본다.

지금까지 본 이 미래주의적 해석은, 계시록이 종말론을 다루고 있고 단지 종말 이전의 짧은 기간에 대해서 예언하는 책이라고 보는 정도에서는 동의를 얻을 수 있지만, 다음과 같은 문제점들을 지니고 있다.

① 이 관점 역시 앞에서 본 역사주의적 관점에서처럼 계시록 저자가 이 책의 원래 독자를 위해 전하고자 했던 메시지를 설득력 있게 보여주지 못한다.

② 이 관점은 계시록의 상징적 언어를 암호화된 사적 언어로 이해하고, 이것을 현재의 사건들 및 인물들과 직접 관련되는 분명한 개념성을 지닌 언어로 번역하는 유일한 길을 찾아야 한다고 주장한다. 그러나 이러한 견해는 계시록에 나오는 예언의 본질과 이 책에서 사용되는 언어의 종류를 너무 간과하고 있다. 계시록의 구상어들과 상징들이 세계사에서 일어날 일련의 사건들에 대한 코드명이라는 생각은, 이러한 상징적 표현들이 우리에게 역사적 정보를 전달해 주기 위해서 만들어진 것이라는 오해에서 비롯된 것이다. 이런 오해를 가지고 있는 사람들은 계시록의 언어와 환상 세계를 해석할 때 알레고리적 해석을 자의적으로 사용한다.

③ 이 관점은 매우 위험한 면을 지니고 있다. 이 관점은 종종 계시록에서 예언되었다고 하는, 종말을 위한 하나님의 계획의 일부분으로 핵전쟁의 필연성을 주장하기 때문이다.

4. 이상주의적 또는 상징적 해석

이 용어는 계시록을 선과 악, 하나님과 사탄 간의 갈등에 대한 상징적인 묘사로 보는 입장에 붙이는 명칭이다. 이 관점의 가장 급진적인 버전은 계시록을 어떤 특별한 역사적 상황도 반영하지 않는 책으로 이해한다. 여기서 이 책의 예언은 무시간적인 진리에 대한 환상적인 표현으로 이해된다. 이 관점의 가치는, 계시록을 모든 시간과 장소에서 사는 사람들에게 보편적인 상징적 표현들로 메시지를 전하는 책으로 보려는 데 있다.

그러나 이 관점의 약점은 이 책이 쓰인 1세기의 특수한 역사적 상황과 위기에 처해 있던 첫 번째 독자들에게 주는 특별한 메시지를 무시하고, 일반적인 것으로 환원시켜버리는 데 있다. 그리고 계시록이 하나님의 최종적 승리에서든 악의 영역에 대한 최후의 심판에서든 역사의 완성에 대한 어떤 것도 말하지 않는다고 보는 점도 문제점으로 지적될 수 있다.

여기서도 수정된 형태가 나왔는데, 이 버전은 구원과 심판에 있어 최종적 완성을 인정한다. 그러나 여기서도 구원과 심판을 위한 그리스도의 재림과 새 창조를 통한 하나님 나라의 최종 수립을 제외하고는 계시록에서 어떤 특별한 역사적 사건들을 인식할 수 없다고 본다.

그러나 이 견해도 바로 위에서 지적한 첫 번째 약점이 있다. 그리고 이 견해도 계시록이 역사의 과거와 현재, 그리고 미래와 관련되는 사건들을 상징적으로 묘사하고 있다는 점을 간과하고 있다.

지금까지의 개요를 통해 우리는 어떤 한 가지 해석 방법만으로는 계시록을 충분히 이해할 수 없다는 것을 잘 인식할 수 있다. 그런데 위의 네 가지 해석 방법 중 두 번째와 세 번째 해석 방법이 가장 설득력이 약하다. 오늘날 계시록에 대한 학문적 주석에서는 이 두 방법이 수용되지 않는다. 따라서 필자는 첫 번째와 네 번째 해석 방법을 결합해서 절충하는 방식으로 주석을 하고자 한다.

그런데 우리가 계시록을 바로 이해하기 위해서는 오늘날 계시록에 대한 학문적 주석에서 통용되는 다음 몇 가지 관점들을 인지할 필요가 있다.

① 지금까지의 주석가들의 노력에 힘입어 계시록의 언어 형태와 표현 방식에 대한 연구가 많은 진척을 이루어 왔다. 우리가 여기서 주목해야 할 것은, 계시록 저자가 여러 전통들(특히, 구약, 초기 유대교의 묵시문학 전통, 유대교의 지혜 전통, 그리고 고대 근동의 점성학적인 전통)로부터 유래하는 다양한 구상어들과 상징적인 표현들을 사용했다는 점이다. 따라서 우리가 계시록을 올바로 이해하기 위해서는 계시록의 언어를 여러 문학 전통과 관련시켜(전통사적 또는 종교사적 비교 방법) 이해할 필요가 있다.

② 우리가 계시록을 이해하려고 할 때 또 하나 간과해서는 안 될 것은, 이 책의 상징 세계에 대한 이해 문제다. 필자가 보기에 이를 위해서는 세 학자의 연구가 도움을 준다.

㉠ 스퍼버(D. Sperber, *Rethinking Symbolism*, 64, 108~109)는 상징들이 작용하는 방식에 집중하는 관점(가령, 레비 스트로스(Levi-Strauss)의 구조주의적 관점)보다는 텍스트의 상징들이 의미하는 바가 무엇인지에 더 관심을 갖는다. 왜냐하면 전자는 해석가 자신이 미리 생각한 아이디어들이 텍스트의 의미에 너무 쉽게 이입될 수 있기 때문이다. 스퍼버는 상징적 표현이 사실 그 나름대로의 지식의 형식이라는 점을 강조한다. 그에 의하면, 상징적 표현은 일종의 지식에 관한 지식, 백과사전 속의 메타 백과사전으로서 백과사전적인 지식과의 명백한 모순 속에서 존재한다는 것이다. 이 견해는 우리가 계시록의 상징 세계를 이해하는 데 도움을

줄 수 있다. 계시록은 독자들의 경험과 반목되는 것으로 보이는 깊은 진리를 전하기 위해 상징을 사용한다고 볼 수 있다.

㉡ 휠라이트(Ph. Wheelwright, *Metaphor and Reality*, 33, 84, 93~94)는 상징어를 '좁은 상징적 표현'(stenosym- bolism)과 '긴장을 일으키는 상징적 표현'(tensive symbolism)으로 구분한다. 그는 전자를 일반적으로 많은 사람들이 그 의미를 철저히 일대 일의 관계를 이루고 있는 상징으로 이해하는 반면에, 후자는 인간의 선택과 식별이 기여할 수 있지만 의미 파악이 일정한 규정에 의해 진행되지 않는 상징으로 이해한다. 그는 또한 이 '긴장을 일으키는 상징적 표현'에서 특징적인 것은, 인간 존재가 '좁은 상징적 표현'에서 완전히 파악할 수 없는 면을 이해하려고 노력하는 점이라는 것을 강조하면서 다음 세 가지 점을 언급한다.(Ph. Wheelwright, *The Burning Fountain*, 19~31)

첫째로, 시간적인 것과 관련해서 '긴장을 일으키는 상징적 표현'은 현재의 순간과 지속성 간의 긴장을 표현하는 데 사용된다는 것이고, 둘째로, 다른 것 및 다른 사람과 관련해서 이 표현은 자아와 그것의 환경 간의 복잡한 상호 관계를 표현한다는 것이며, 셋째로, 위쪽으로 향하는 것과 관련해서 이 표현은 초월적인 영역을 표현한다는 것이다.

길버트슨(M. Gilbertson, *God and History in the Book of Revelaton*, 68)이 적절히 언급한 바와 같이 이 세 가지 모두가 계시록에서 작용하고 있다고 말할 수 있다. 시간적인 것은 계시록 저자와 그가 향하는 교회 공동체들의 현재의 때와 전(全) 역사 안에서의 하나님의 주권적인 행동의 넓은 영역 간의 연관성 안에서 나타난다. 다른 것과 관련된 것은 하나님의 본질 및 운명과 세상 안에서의 자신들의 위치에 대한 독자들의 이해에 관한 전 질문 속에 나타난다. 그리고 위쪽으로 향하는 것과 관련련된 것은 계시록 텍스트가 독자들의 경험을 새 창조에서 정점을 이루는 신적인 관점에서 볼 수 있도록 해 주는 방식 속에 나타난다.

㉢ 쉬쓸러 피오렌자(E. Schüssler Fiorenza, *Das Buch der Offenbarung*, 38)도 계시록의 언어를 지시적인 언어로 이해하지 않고 여러 해석이 가능한 표현적이고 상상을 불러일으키는 언어로 이해한다. 따라서 그는 계시록의 문학적인 환상들과 상징적인 이야기들의 이율배반의 긴장감, 개방성, 애매모호함을 인지하는 것이 필요하다고 본다. 그러므로 그는 계시록의 구상어들과 상징들을 논리적이고 지시적으로 주장하는 언어로 보고 이를 해독하려는 시도를 잘못된 것으로 본다. 그러나 그는 순수한 상징적 해석에도 동의하지 않는다. 오히려 우리는 계시록의 신화론적인 상징화의 전(全) 구성에서 한 상징이 어떤 기능을 지니고 있는지를 유념해야 한다고 주장한다.

지금까지의 고찰에 근거해서 필자는 현재 학문적 주석에서 통용되는 여러 주석 방법들을 종합적으로 사용해서 역사적, 문학적, 신학적 분석을 통합시키는 방향으로 본서를 기술하고자 한다.

제2부
본문 주석과 설교가이드

I

서론(1:1~20)

1. 1:1~3 : 서언

[1]예수 그리스도의 계시라 이는 하나님이 그에게 주사 반드시 속히 일어
날 일들을 그 종들에게 보이시려고 그의 천사를 그 종 요한에게 보내어
알게 하신 것이라 [2]요한은 하나님의 말씀과 예수 그리스도의 증거 곧 자
기가 본 것을 다 증언하였느니라 [3]이 예언의 말씀을 읽는 자와 듣는 자
와 그 가운데에 기록한 것을 지키는 자는 복이 있나니 때가 가까움이라

1) 본문 소개

'요한계시록(또는 요한묵시록)' 이라는 책 이름은 원래의 본문에 속해 있던 것이 아니라 후기에 와서 이 책 앞에 붙여진 것으로, 그 시기는 대략 2세기 중엽 또는 후반으로 여겨진다. 이러한 추정은 다음과 같은 사실에 기

인한다. 즉, 요한계시록에 대한 고대 교회의 옛 증인인 순교자 저스틴은 요한계시록에 대해 언급한 그의 작품 『유대인 트리폰과의 대화』(*Dial.* 81.4)에서 '계시록' 이라는 말을 책의 명칭으로 쓰지 않았다. 반면에 무라토리 정경목록에는 '요한계시록' 이라는 명칭이 나온다. 뿐만 아니라 이레니우스와 그 이후의 저술가들은 이것을 책의 이름으로 사용했다.

계시록 저자 자신은 그의 책을 '예수 그리스도의 계시' 라는 말로 시작한다. 1~3절은 문학적으로 한 단위에 속한다. 본문은 요한계시록 전체에 대한 상세한 표제어에 해당되는데, 다음과 같이 이루어져 있다.

① 책의 제목(1a절)

② 계시의 내용(1b절)

③ 계시의 전달(1b~1c절)

④ 요한의 역할(2절)

⑤ 복선언(3절)

2) 본문 주석

1절 예수 그리스도의 계시라 이 어구는 계시록 저자가 붙인 책이름이다. 여기서 '계시' 로 번역된 헬라어 *ἀποκάλυψις*(아포칼립시스)는 칠십인역 구약성서에서 네 번, 신약성서에서 열여덟 번 나오는데, 요한계시록에서는 이 구절에서 단 한 번 사용된다.

이 명사는 칠십인역에서 폭로 또는 드러냄의 행위를 의미한다. 사무엘상 20장 3절에서는 '알몸을 드러냄', 집회서 11장 27절에서는 '과거에 알려지지 않았던 것의 드러남', 집회서 22장 22절에서는 '비밀 폭로' 의 의미로 사용되고 있다.

신약의 복음서들에서 이 명사는 아주 드물게 사용되지만 ,서신들에서는 매우 중요한 단어로 자주 사용된다.(롬2:5, 8:19, 16:25; 고전1:7, 14:6, 14:26; 고후12:1, 7; 갈1:12, 2:2; 살후1:7; 엡1:17, 3:3; 벧전1:7, 13, 4:13) 앞의 서신들에서 이 단어는 하나님의 오심에 대한 계시의 의미로 사용되고 있다. 즉, 이것은 예수 그리스도의 인격과 죽음 그리고 부활과 함께 나타나서 역사의 마지막에 이르러 완전히 드러날 계시다. 이 계시는 인간이 소유하고 마음대로 이용할 수 있는 대상물이 아니라 감추어진 것을 드러내는 하나님의 행동이다.

특히, 바울 서신들에서 '계시'는 하나님의 능력 및 그의 미래의 목적과 관련해서 언급되고 있다. 이 계시는 불의한 사람들에게는 하나님의 진노를, 의로운 사람들에게는 하나님의 의를 나타낸다.(롬1:17~18) 하나님께서는 창세 전부터 미리 정하신 감추인 지혜를 성령을 통해 우리에게 나타내 보이신다.(고전2:10) 그러므로 이것은 오랜 세월 동안 감추어 두었던 하나님의 비밀의 계시다.(롬16:25) 이 계시는 아직 완전히 나타난 것이 아니다. 역사의 마지막에 이르러 비로소 완전히 드러날 것이다. 이 일은 먼저 적그리스도가 나타난 다음(살후2:3, 6:8), 예수 그리스도께서 그의 권능의 천사들과 함께 다시 나타나실 때에 이루어질 것이다.(살후1:7) 이때 각 사람은 자기가 행한 모든 행위에 대해 심판을 받을 것이다.(고전3:13, 고후5:10) 불신앙인들은 완고하고 회개하지 않는 마음 때문에 하나님의 진노를 받아 멸망할 것이나(롬2:5), 진실한 성도들은 영광의 자유를 누리게 될 것이다.(롬8:21)

특히, 계시록 1장 1a절과 관련해서 눈여겨보아야 할 것은 '예수 그리스도의 계시'라는 표현이 오직 바울과 바울 이후의 서신 전통에서만 사용되고 있다는 점이다. 그런데 고린도전서 1장 7절과 데살로니가후서 1장 7절 그리고 베드로전서 1장 7, 13절에서 이 표현은 재림 때 예수 그리스도의 나타나심에 사용된다. 이에 반해 갈라디아서 1장 12절(1:6 참조)에서는 바울의 환상 속에서 그리스도의 나타나심을 위해 사용된다. 그리고 갈라디아서는 12절에 이어 15~16절에서 바울의 소명을 구약의 예언자들의 소명과 유사하게 묘사한다. 바울이 자신의 소명을 예수 그리스도의 계시 형식을 빌려 묘사하고 있는 것은 자신의 환상 경험을 강조하기 위한 것이다. 바울에게 있어 환상 중에 그리스도가 나타나는 것은 복음의 계시와 동일하다. 바울은 갈라디아서 2장 2절과 고린도후서 12장 1, 7절에서도 그의 환상 경험을 언급한다. 그러나 고린도후서 12장 7절에서는 '아포칼립시스' 가 환상 가운데서의 황홀한 경험과 관련되는 반면, 고린도전서 14장 6절에서는 방언에 반해서 지식과 예언, 그리고 가르침과 함께 이해할 수 있는 말로 나타난다. 따라서 이 단어는 예언과 유사한 환상 경험을 나타낸다고 볼 수 있다.

지금까지 살펴본 바울서신들 속에서의 '아포칼립시스' 의 용례는 계시록 1장 1a절을 이해하는 데 큰 도움을 준다. 계시록 저자는 이 말을 2절에 나오는 '그가 본 모든 것' 과 관련시킴으로써 '하나님의 말씀' , '예수 그리스도의 증언' , 그리고 3절의 '예언의 말씀들' 에 상응해서 사용하고 있다. 그러므로 요한은 기독교 예언자인 자신의 환상 경험을 바울의 소명 경험과 유사한 것으로 특징짓기 위해 '예수 그리스도의 계시' 라는 표현을 사용했다고 말할 수 있다.

이는 하나님이 그에게 주사 반드시 속히 일어날 일들을 그 종들에게 보이시려고 1a절에서 요한은 자신이 전할 내용을 '예수 그리스도의 계시' 라고 말한다. 하지만 엄밀히 말해서 이 계시는 예수에게서 비롯된 것이 아니라 그리스도가 하나님으로부터 받은 것이라고 말한다. 여기서 하나님은 계시의 근원이 되시는 분으로 나타난다. 따라서 요한계시록을 통해 듣는 말씀은 궁극적으로 하나님의 말씀이 된다.

'반드시 속히 될 일'은 요한계시록의 내용이 무엇인지를 분명하게 말해 주는 한 짧은 표현이다. 요한은 이 어구를 통해 요한계시록에서 전개되는 내용이 하나님의 확고한 계획에 따라 일어날 일들이라는 점을 강조한다. 이 표현은 요한이 다니엘 2장 28~29절(LXX)에 의존해서 작성한 문구로 볼 수 있다. 여기서 눈에 띄는 것은 다니엘 2장 28절의 '날들의 마지막에'가 요한계시록에서 '속히'로 바뀌었다는 점이다. 따라서 우리는 이 어구에서 임박한 종말에 대한 계시록 저자의 강한 기대를 엿볼 수 있다.(이에 관해서 자세한 것은 졸저『요한계시록 연구』, 239~267을 참조할 것)

그러면 이 구절에서 언급되는 종들은 누구를 말하는 것인가? 이에 대해서는 논쟁의 여지가 있다. 이들을 기독교 예언자들로 해석하는 주석가들이 있는가 하면 기독교 신자들로 이해하는 주석가들도 있다. 필자에게는 후자일 가능성이 더 많아 보인다. 왜냐하면 1장 1c절에서는 예언자 요한이 분명히 그리스도의 종으로 불리고 있는 데 반해서, 1b절은 본래의 수신자들인 소아시아의 교회들을 염두에 두고 있기 때문이다.(1:4 참조)

그의 천사를 그 종 요한에게 보내어 알게 하신 것이라 여기서 요한은 계시의 전달과정을 '그리스도-천사-요한'으로 묘사한다. 이것은 앞서 기술한 '하나님-그리스도-신자들'이라는 계시 전달의 과정 중에서 '그리스도'에서 '신자들'로 이어지는 부분을 더 자세히 설명한 것이다. 다시 말해서 그리스도의 계시로 불리는 요한계시록의 메시지는 그리스도의 천사와 그리스도의 종인 요한을 거쳐 신자들에게 전달되었다는 것이다.

2절 요한은 하나님의 말씀과 예수 그리스도의 증거 곧 자기가 본 것을 다

증언하였느니라 이 구절은 수신자들을 향한 요한의 역할에 대해 기술하고 있다. 여기서 요한은 자신이 환상 중에 본 것을 다 증언했다는 점을 강조한다. 이때 그는 요한계시록 안에 들어 있는 증언(1:3, 22:6~20 참조)을 과거의 사건으로 소개하는데, 이것은 서간체의 과거형이거나, 아니면 그가 이미 요한계시록의 내용을 다 작성하고 난 후에 이 서언을 썼기 때문일 것이다.

이 구절에서 동사 '증언하다' (μαρτυρεῖν(마르튀레인))는 저자 자신의 역할과 관련이 있다. 3절에 이 책을 읽는 자와 듣는 자를 위한 복선언이 나오는 것을 볼 때, 우리는 여기서 요한이 계시록의 저술을 말하기 위해 동사 '증언하다' 를 사용한다는 것을 알 수 있다.

'증언하다' 는 요한계시록에서 모두 네 번 나온다. 22장 16절과 20절에서는 예수가, 1장 2절과 22장 18절에서는 요한이 증언하는 자로 나타나고 있다. 요한계시록에서 이 단어는 늘 책의 내용과 관련해서 나타나고 있는데, 이러한 현상은 요한의 언어 구사상의 특수성이라고 평할 수 있다. 이 구절에서 '증언하다' 는 목격자의 보고 시에 사용되는 역사적 진술의 의미가 아니라, 하나님과 예수 그리스도가 요한에게 계시하신 내용을 전달한다는 의미에서 사용되고 있다. 그래서 요한은 자신의 증언을 하나님의 말씀과 예수 그리스도의 증언이라고 말한다. 1절에 기록된 대로 요한계시록은 하나님으로부터 받은 계시며 예수 그리스도의 계시이기 때문에 이 책은 하나님의 말씀인 동시에 예수 그리스도의 증언으로 총칭될 수 있다.

3절 이 예언의 말씀을 읽는 자와 듣는 자와 그 가운데에 기록한 것을 지키는 자는 복이 있나니 이 구절에는 요한계시록을 읽거나 듣는 사람과 여기에 기록된 말씀들을 지키는 사람들에게 주는 복선언이 나온다. 이 복선언은 요한계시록에 있는 일곱 개의 복선언(1:3, 14:13, 16:15, 19:9, 20:6, 22:7, 14 참조)중 하나로서 22장 7절에 나오는 복선언과 매우 유사하다.

복선언은 구원의 약속에 관한 말씀이다. 1장 3절과 22장 7절에 있는 두 복선언은 구원의 약속을 위한 전제로서, 그리스도인들이 요한계시록에 선포된 메시지를 일상생활에서 실천할 것을 요구하고 있다. 특히, 일곱 개의 복선언 중 맨 나중에 포괄적으로 기술되어 있는 22장 14절의 복선언도 구원의 약속을 위한 전제로서 그리스도인들이 자기 두루마리를 깨끗이 빨 것, 즉 그들의 신앙고백에 일치되도록 살 것을 요구한다.(7:14과 22:14의 주석을 참조할 것) 요한은 1장 3절에서 구원이 하나님의 말씀과 예수 그리스도의 증언으로 일컬어지는 자신의 증언을 믿고 이것을 얼마나 잘 지키느냐와 연관되어 있음을 강조한다.

여기서 눈에 띄는 것은 '읽는 자'(단수)와 '듣는 자들'(복수)이 구분되어 기술되고 있다는 점이다. 이것은 교회의 공중 예배 때 요한계시록이 낭독되기를 희망한 저자의 의지를 반영하는 대목이다. '읽는 자'와 '듣는 자들'은 각각 예배 때 이 말씀을 낭독하는 사람과 집회의 회중들을 지칭한다고 말할 수 있다.

때가 가까움이라 이 문장은 바로 앞의 복선언을 뒷받침하는 문장이다. 여기서 '때'로 번역된 헬라어 *καιρός*(카이로스)는 일정한 시점을 지칭하는 말이다. 앞에서 살펴본 1절의 '곧 일어나야 할 일들'은 요한계시록 전체의 내용과 관련되지만, 여기에 나오는 '카이로스'는 앞으로 일어날, 결정적으로 중요한 한 사건을 가리킨다고 볼 수 있다. 여기서 '카이로스'는 관사와 함께 사용되는데, 요한계시록에서 *ὁ καιρός*(호 카이로스)는 심판 및 종말의 시점을 말하기 위한 종말론적 전문용어로 사용되고 있다. 계시록 11장 18절이 이것을 입증해 준다. 11장 18절에서 '카이로스'는 마지막 심판의 시점으로 더 자세하게 해석되고 있다. 여기서 '카이로스'는 한편으로는 땅을 망하게 하는 자들에 대한 심판과 관련되어 있고, 다른 한편으로는 전(全) 신앙인들에 대한 구원과 관련되어 있다.

"때가 가까움이라."는 말은 내용적으로 요한계시록에 자주 나오는 "내가 속히 가겠다."(2:5, 16, 3:11, 22:7, 12, 20 참조)라는 말에 상응한다. 왜냐하면 22장 7절에서 "내가 속히 가겠다."라는 약속이 1장 3절의 복선언을 다시 사용한 22장 7절의 복선언을 뒷받침하고 있기 때문이다. 그러므로 1장 3절에 나오는 '카이로스'가 그리스도의 재림과 세계의 종말을 나타내는 용어임을 알 수 있고, 여기에 사용되는 '가까운'(ἐγγύς(엥귀스))은 이 시점이 임박함을 강조하는 단어로 간주할 수 있다. 따라서 우리는 그리스도의 재림이 임박해 있음을 강조하기 위해 요한이 이 표현을 사용했다는 것을 알 수 있다. 그러나 6장 9~11절에서 볼 수 있는 바와 같이, 요한은 그리스도의 재림의 시기에 대해서 유연하게 생각하는 모습을 보여 주며, 여기에는 시간의 연장이 감추어져 있다는 것을 암시해 준다. 요한계시록의 임박한 종말 기대에 대한 자세한 설명은 졸저 『요한계시록 연구』, 239~267에 있다.

3) 설교 가이드

본문에서는 "복된 말씀으로서의 요한계시록"이라는 제목으로 설교를 작성할 수 있을 것이다. 이 본문을 통해 우리는 요한계시록이 복된 말씀인 이유를 다음과 같이 세 가지로 정리할 수 있다.

① 요한계시록은 하나님으로부터 받은 계시의 말씀이기 때문이다. 요한은 하나님이 계시의 근원이 되시는 분이라는 것을 안 사람이다. 그는 본문에서 자신이 전하는 말씀이 하나님으로부터 받은 계시의 말씀이라고 증언

한다. 2절에 기록된 대로 요한계시록에서 들려오는 말씀은 궁극적으로 하나님의 말씀이다. 19장 9절에 의하면 이 말씀은 하나님의 참된 말씀이다. 요한의 메시지는 철저히 하나님 중심적이다. 계시록 1장 1절에서도 첫 문장 안에서 처음으로 나오는 동사는 창세기 1장 1절에서처럼 하나님을 주어로 하고 있다.

② 요한계시록은 예수 그리스도의 계시이기 때문이다. 요한은 자신의 책의 명칭을 '예수 그리스도의 계시' 라고 붙였다. 그리고 2절에서 자신이 환상 중에 본 것을 다 증언했다고 강조하면서 이 증언을 예수 그리스도의 증언이라고 부른다. 요한계시록에서 예수 그리스도는 죽은 자들 가운데 제일 먼저 살아나셔서 승리하신 분으로서 하나님의 계시를 충실히 전하는 분이시다. 요한은 이 예수 그리스도의 계시를 증언한 것이다.

③ 요한계시록은 마지막 때에 있을 하나님의 구원 계획을 밝혀주기 때문이다. 요한은, 하나님의 구원 역사에는 마지막 심판과 구원의 때가 있음을 아는 것이 얼마나 중요한 지를 가르쳐 준 사람이다. 그리고 그는 우리의 삶을 하나님의 구원 역사의 관점에서 깊이 성찰하도록 도와준 사람이다. 3절에 있는 임박한 종말 기대의 진술 의도는, 그리스도인들로 하여금 우는 사자와 같이 삼킬 자를 찾아다니는 우리의 대적인 악마와의 싸움에서 승리할 수 있도록 늘 준비하고 깨어 있도록 각성시키고자 한 데에 있다.

이와 같은 이유에서 요한은 이 말씀을 읽는 자와 듣는 자들, 그리고 여기에 기록한 것을 지키는 자에게 복이 있다고 선언한다.

2. 1:4~8: 서신적 서두

4요한은 아시아에 있는 일곱 교회에 편지하노니 이제도 계시고 전에도
계셨고 장차 오실 이와 그의 보좌 앞에 있는 일곱 영과 5또 충성된 증인
으로 죽은 자들 가운데에서 먼저 나시고 땅의 임금들의 머리가 되신 예
수 그리스도로 말미암아 은혜와 평강이 너희에게 있기를 원하노라 우리
를 사랑하사 그의 피로 우리 죄에서 우리를 해방하시고 6그의 아버지 하
나님을 위하여 우리를 나라와 제사장으로 삼으신 그에게 영광과 능력이
세세토록 있기를 원하노라 아멘 7볼지어다 구름을 타고 오시리라 각 사
람의 눈이 그를 보겠고 그를 찌른 자들도 볼 것이요 땅에 있는 모든 족
속이 그로 말미암아 애곡하리니 그러하리라 아멘 8주 하나님이 이르시
되 나는 알파와 오메가라 이제도 있고 전에도 있었고 장차 올 자요 전능
한 자라 하시더라

1) 본문 소개

본문은 요한이 자신의 책을 서신 형식을 갖추도록 하기 위해 쓴 서두 부분이다.

이 단락은 서신 문학에서 볼 수 있는 서간 정형어구로 시작한다. 먼저 발신자와 수신자의 이름이 언급되고(4a절) 축복의 기도가 나온다.(4b~5a절) 그런 다음 여기서는 바울에게서 볼 수 있는 감사의 말씀 대신에 기독론적 송영이 나오며(5b~6절), 7~8절에는 예수 그리스도의 재림 예고와 하나님의 자기소개에 관한 말씀이 나온다. 특히 7~8절의 "그리스도가 오신다 – 하나님이 오신다."는 말씀은 요한계시록의 표어로 간주될 수 있다.

2) 본문 주석

4절 요한은 아시아에 있는 일곱 교회에 편지하노니 이 구절에서 요한은 초기 기독교 서신들의 서두형식에서 볼 수 있는 것과는 달리 발신자의 직책에 따른 권위나 기능을 강조하지 않고 단지 그의 이름만을 언급한다. 이것은 그의 수신자들이 이미 그를 알고 있을 뿐만 아니라, 그의 권위를 인정했다는 전제 하에 이 서신이 쓰였다는 점을 인식케 해 준다. 그의 권위의 근원은 1장 1절에서 본 대로 하나님께서 그리스도에게 주신 계시를 증언했다는 데 있다. 요한은 아마도 카리스마적 유랑 예언자였던 것으로 보인다.

여기에 나오는 아시아는 동양 전체를 포함하는 의미에서의 아시아가 아니라 당시 로마 제국의 한 주로서의 아시아, 즉 오늘날 소아시아의 서부를 지칭하는 말이다. 요한이 수신자로 언급하고 있는 아시아의 일곱 교회는 1장 11절에서 그 이름들이 열거된다. 요한계시록에서 숫자 7은 완전수라는 의미에서 상징적으로 자주 사용되기 때문에, 여기서 요한이 말하고 있는 7은 단순히 교회들의 열거라는 의미를 넘어서 하나님의 전(全) 백성을 향하는 것이라고 볼 수 있다.

이제도 계시고 전에도 계셨고 장차 오실 이와 4b~5a절에는 바울서신들에서도 볼 수 있는 인사 문구인 "은혜와 평강이 너희에게 있기를 원하노라."가 나온다.(롬1:7; 고전1:3; 고후1:2; 갈1:3 등 참조) 은혜는 하나님의 자비로운 사랑을 의미하고, 평강은 그 결과로 일어나는 영적으로 행복한 상태를 말한다. 여기서 우리의 주목을 끄는 것은 요한이 은혜와 평강의 근원을 '하나님-일곱 영-예수 그리스도'로 말하고 있다는 점이다.

요한은 먼저 하나님을 '이제도 계시고 전에도 계시고 장차 오실 이'로 표현한다. 그런데 헬라어 본문은 요한이 하나님의 칭호를 전치사 ἀπό(아포) 뒤에 주격으로 사용한 것을 볼 수 있다. 이것은 문법에 어긋난다. 왜냐하면 *ἀπό*(아포)는 속격 전치사이기 때문이다. 그러나 요한의 무지나 실수 때문이 아니라는 것은, 두 번째 *ἀπό*(아포) 뒤에 바로 속격 *τῶν ἕπτα πνευμάτων*(톤 헵타 프뉴마톤)이 나오는 사실을 보면 충분히 알 수 있다. 그러면 요한은 왜 *ἀπό*(아포) 뒤에 하나님의 칭호를 주격으로 사용한 것일까? 그 이유에 대해서는 두 가지 가능성을 생각해 볼 수 있다.

① 아마도 요한은 하나님을 너무 경외한 나머지 하나님의 칭호를 주격 불변의 형태로 쓰기를 원했을 것이다.

② 여기에는 역사 안에서의 하나님의 절대적인 행동을 강조하려는 요한의 의도가 들어 있는 것으로 보인다.

그런데 우리는 이와 유사한 하나님 칭호의 표현을 그리스와 유대교의 텍스트들에서도 발견할 수 있다. 헬라 사람들은 제우스신에 대해서 이런 표현을 사용했다. "제우스는 전에도 계셨고 지금도 계시고 앞으로도 계실 것이다." 또한 출애굽기 3장 14절에 대한 유대교의 주석에는 이런 표현이 있다. "나는 지금도 있고 전에도 있었고 장차 있을 자다."(예루살렘 타르굼 신 32:39)

우리가 여기서 확인할 수 있는 것은 유대교 텍스트와 요한계시록에는 이방 텍스트와 다르게 '지금도 계시고'가 맨 앞에 나온다는 점이다. 이것은 결코 우연이 아니다. 왜냐하면 유대인들이나 기독교인들에게는 하나님의 임재에 대한 강조가 중요하기 때문이다. 그러나 '장차 오실 이'는 제우스에 대한 표현이나 유대교의 표현과 근본적으로 다르다. 여기서 요한이 강조하고자 한 것은 단순한 존재로서의 진술이 아니라, 인간에 대한 '하나님의 향함'에 있다. '장차 오실 이'는 마지막 때에 오시는 하나님에 관한 표현이다. 1장 1절과 3절에서 볼 수 있는 바와 같이 요한은 마지막 사건들이 곧 일어날 것을 기대한다. 왜냐하면 그에게 있어서 하나님은 마지막 때를 위해 곧 오실 분이기 때문이다.

그러나 장차 오실 분으로서의 하나님은 지금도 은혜와 평강을 주고 계신다. 따라서 여기에 나오는 하나님의 칭호는 현재와 과거 그리고 미래와 관련해서 하나님의 본질과 활동에 대해서 말하기 위해 사용되고 있다. 요한은 이 칭호로 하나님이 시간과 역사의 주관자시라는 것을 증언하고 있다.

그의 보좌 앞에 일곱 영과 요한은 은혜와 평강의 둘째 근원으로서 하나님의 보좌 앞에 있는 일곱 영을 언급한다.

요한계시록에서 '일곱 영'은 모두 네 번 나온다. 이 구절에서 저자는 '일곱 영'을 하나님의 보좌 앞에 있는 분으로 표현한다. 그리고 3장 1절에서 그는 그리스도를 하나님의 일곱 영과 일곱 별을 가지신 이로 부른다. 이 표현은 4장 5절과 5장 6절에서도 나타나는데, 4장 5절에는 그것이 하나님의 보좌 앞에 있는 일곱 개의 횃불로, 5장 6절에서는 어린 양의 일곱 눈으로 언급된다.

지금까지의 연구에서 대다수의 주석가들은 이 표현을 성령의 충만함을 가리키는 것으로 이해해 왔다. 이들은 그 근거로 일곱 숫자가 완전을 의미한다는 점과 '일곱 영'이라는 표현이 성령과 관련되고 있다는 구약의 이사야 11장 2절과 스가랴 4장 10절에서 유래했다는 점을 든다.

그러나 '일곱 영' 표현의 유래에 관한 문제는 논란이 많다.

일련의 주석가들은 '일곱 영'을 이새의 한 아들에게 강림할 영의 은사가 나열된다는 이사야 11장 2절과 연관시킨다. 교부들 이래로 많은 주석가들은 이 구약의 구절에 근거해서 '일곱 영'을 성령의 일곱 가지 은사로 해석해 왔다. 그러나 이 견해는 설득력이 약하다. 왜냐하면 이사야 11장 2절은 '일곱 영'을 말하고 있는 것이 아니라, 단지 영의 여섯 가지 은사에 대해서만 언급하기 때문이다.

다른 주석가들은 '일곱 영'을 스가랴 4장 10절로부터 유래하는 표현으로 이해하려고 노력했다. 왜냐하면 거기에는 일곱 등잔이 야훼의 눈을 상징한다는 내용이 나오기 때문이다. 하지만 우리는 스가랴의 구절에서 '일곱 영'이라는 말을 찾아볼 수 없다.

이에 반해서 또 다른 주석가들은 '일곱 영'의 전통사적 배경을 유대교 전통에서 잘 알려진 일곱 천사장에 대한 생각에서 찾아보려고 노력했다. 필자는 이 견해를 가장 설득력이 있는 것으로 간주한다. 이를 위해 우리는 다음과 같이 논거들을 제시할 수 있다.

① 유대교 전통에 의하면 일곱 천사장은 요한계시록에 나오는 일곱 영처럼 하나님의 보좌 앞에 있다.

② 계시록 5장 6절에서 일곱 영은 하나님과 그리스도의 사자로서 천사들처럼 온 땅에 보내어진다.

③ 유대교의 텍스트들에서 '천사'와 '영'은 서로 바꿔가며 사용되고 있다.

④ 계시록 8장 2절에서 하나님 앞에 있는 일곱 천사가 언급되고 있다.

⑤ 계시록 3장 1절의 기독론적 모티브와 밀접한 관련이 있는 '이기는 자에게 주는 약속의 말씀'(3:5)에는 하나님과 함께 있는 천사들에 대한 언급이 있다.

따라서 필자는 '일곱 영'을 성령 충만 또는 성령의 일곱 가지 은사로 이해하는 견해에 동의하기가 어렵다. 요한계시록에서 '일곱 영'은 일곱 천사를 말하는 것으로 볼 수 있다.

5a절 또 충성된 증인으로 죽은 자들 가운데에서 먼저 나시고 땅의 임금들

의 머리가 되신 예수 그리스도로 말미암아 은혜와 평강이 너희에게 있기를 원하노라 은혜와 평강의 셋째 근원으로서 예수 그리스도가 나온다. 여기서 요한은 예수 그리스도를 '충성된 증인', '죽은 자들의 첫 열매', '땅의 임금들의 머리'로 소개한다.

첫째 칭호를 순교론적인 의미에서 예수의 죽음과 관련시키거나 예수의 삶과 죽음을 포괄하는 그의 전(全) 생애와 관련시켜서 이해하려는 이들이 있다. 하지만 이 칭호의 의미는 요한계시록의 증언 사상의 맥락에서 밝혀진다. 요한계시록에서 *μαρτ*(마르트)라는 어근을 가진 개념들은 계시와 관련이 있다. 그리고 요한계시록에서 예수 그리스도가 동사 '증언하다'의 주어로 나타나는 곳에서 눈에 띄는 것은, 이 동사가 지상 예수의 활동과 관련되어 있는 것이 아니라, 올리어진 자의 계시활동과 항상 관련되어 있다는 점이다.(1:2, 22:16, 18, 20 참조) 따라서 우리는 이 칭호를 그리스도의 계시활동과 관련해서 이해해야 한다. 1장 1절에서 본 바와 같이 요한계시록은 그리스도가 하나님으로부터 받은 계시를 전해 준 작품이다. 따라서 이 말씀은 예수 그리스도의 증언으로 불리며(1:2, 9, 12:17, 19:10 참조), 신실하고 참되다.(21:5 참조) 이에 상응해서 그리스도는 충성되고 참된 증인으로 여겨진다.(3:14 참조)

둘째 칭호는 바울의 전통 영역에서 볼 수 있는 표현이다.(고전15:20; 골 1:18 참조) 그리스도는 그의 부활로 그의 공동체의 머리가 되셨다. 그리고 그리스도는 죽은 자들 가운데서 다시 살아 나셔서 잠든 자들의 첫 열매가 되심으로써 그에게 속한 사람들의 부활을 보증하시며, 그가 그들의 주되심을 입증하셨다.

셋째 칭호는 그리스도의 세상 통치를 표현한다. 예수 그리스도는 땅 위의 왕들에게도 지배자가 되신다는 말씀이다. 계시록 17장 14절과 19장 16

절에서 예수 그리스도는 만주의 주요, 만왕의 왕으로 불린다. 요한계시록에서 지상의 왕들은 특히 하나님께 적대적인 정치 권력자들을 지칭한다.(6:15, 16:14, 17:2, 18, 18:3, 9, 19:19 참조) 요한이 이 칭호를 통해 강조하고자 한 것은 그리스도는 하나님께 적대적인 현재 권력자들에게도 주가 된다는 점이다. 왜냐하면 그리스도는 죽음과 부활을 통해 이미 악의 세력을 물리쳐 이기셨기 때문이다.(5:5, 9, 12:7~10 참조)

5b~6절 우리를 사랑하사 그의 피로 우리 죄에서 우리를 해방하시고 그의 아버지 하나님을 위하여 우리를 나라와 제사장으로 삼으신 그에게 영광과 능력이 세세토록 있기를 원하노라 아멘 5a절의 칭호들이 올리어진 그리스도의 현재적, 미래적 의미와 관련되어 있는 데 반해서, 여기에 나오는 칭호들은 그리스도인들의 새로운 존재를 가능케 하는 과거의 기독론적 구원사건과 관련이 있다. 대다수의 주석가들은 여기에 나오는 세 칭호의 배경에 초기 기독교의 세례 시 신앙고백이 들어 있다고 본다.

"우리를 사랑하시어"는 갈라디아서 20장 20절, 에베소서 1장 6절, 2장 4~5절, 5장 25~27절을 상기시킨다. 특히 에베소서 5장 25~27절에서 우리는 그리스도의 사랑과 세례의 연관성을 분명히 인식할 수 있다. 그런데 일반적으로 세례에 관한 진술에서 그리스도의 사랑은 단순 과거형으로 언급되는 데 반해, 여기서 요한은 현재형을 사용한다. 이 구절에서는 교회 공동체에 대한 그리스도의 영속적인 사랑을 강조하려는 요한의 의도를 엿볼 수 있다.

둘째 진술 "그의 피로 우리 죄에서 우리를 해방하시고"는 그리스도께서 우리를 사랑하신다는 것을 그의 죽음에서 분명히 알 수 있다고 말하고 있다. '그의 피' 라는 표현은 그리스도의 죽음에 대한 구상적 표현이다. 이 진술은 그리스도의 죽음이 우리의 구원을 위한 죽음이었다는 것을 말하고 있다.

그런데 우리말 개역 성경에서 '해방하시고'로 번역되어 있는 헬라어 과거 분사형 *λύσαντι*(뤼산티)의 자세한 의미에 대해서는 논쟁의 여지가 있다.

① 이 표현의 배후에는 계시록 5장 9절과 14장 3절과 함께 '속량' 사상이 들어 있다고 보는 입장이 있다. 이 입장에 의하면 그리스도의 구원 행동을 위한 이 은유는 바울에서 비롯되었으며, 계시록 1장 5b절이 옛 바울 형식을 가장 잘 간직하고 있다는 것이다.

② 이 표현을 인간의 죄과로 특징짓는 죄들로부터의 구원을 말한다고 보는 입장이 있다. 이 입장은 이 구절에 나오는 '죄'를 바울에게서처럼 인격화된 세력으로서의 죄로 보지 않고, 공관복음서와 요한복음에서처럼 인간이 저지르는 행위로 이해한다. 이 입장은 다음과 같은 이유로 ①의 입장에 대해 반박한다.

㉠ ①의 입장이 언급한 바울의 구절들과 계시록 5장 9절, 14장 3절에서 사용되는 동사는 *λύω*(뤼오)가 아니라, *ἀγοράζω*(아고라조)다.

㉡ '속량' 사상은 늘 하나님께 적대적인 세력(가령, 죄, 사탄, 죽음의 세력)으로부터 인간의 해방을 말하는 곳에서 언급되고 있는 데 반해서, 본 구절에서는 바울에게서처럼 단수형 '죄'(*ἁμαρτία*(하마르티아))가 사용되는 것이 아니라, 구체적으로 범하는 개별적 죄들을 의미하는 복수형이 사용된다.

㉢ '죄'와 함께 *λύω*(뤼오)가 나오는 구약의 병행구절들(가령, 욥42:9, 사40:2 참조)도 결코 '속량하다'라는 의미가 아닌, '풀다', '해방하다', '제거하다'라는 의미를 가지고 있으며, 본 구절 이외에도 요한계시록의

다른 구절들에서도 이 용어는 항상 그 원래의 의미로 사용된다.

셋째 진술 "그 아버지 하나님을 위하여 우리를 나라와 제사장으로 삼으신"은 그리스도의 구원 행동이 구원받은 자들을 하나님과 밀접하게 사귀도록 해 준다는 것을 말한다. 다시 말해서 이 진술은 그리스도인의 신분에 대해 언급하고 있다. 즉, 예수 그리스도가 죄로부터 해방된 자들로 하여금 나라를 이루게 하시고 아버지 하나님을 섬기는 제사장들이 되게 하셨다는 것이다.

우리말 개역 성경에서 '나라'로 번역된 헬라어 *βασιλεία*(바실레이아)는 네 가지 의미를 가지고 있다.

① 왕권과 그것의 행사

② 왕위

③ 통치영역: 왕국

④ 한 특정한 왕에게 속하는 사람들의 공동체: 왕의 백성

이 구절에서 이 단어는 문맥으로 볼 때 ④의 의미에 해당된다고 볼 수 있다. 요한은 이 단어를 써서 그리스도인들이 그리스도의 구원 행동을 통해 하나님 나라의 백성이 되었다는 점과 그리스도가 그들을 하나님을 섬기는 제사장들이 되게 하셨다는 점을 강조한다.(5:10 참조) 이것은 이와 유사한 진술인 베드로전서 2장 9절과 출애굽기 19장 6절로부터 유래했을 수 있다. 그러나 여기서는 하나님의 백성의 제사장직을 집합적으로 말하는 출애굽기 19장 6절과 베드로전서 2장 9절과는 다르게 각 그리스도인들의 제사장적 기능을 강조한다.

제사장은 하나님과 인간 사이의 중재자다. 이러한 인식에 근거해서 그리스도인들은 오직 하나님만을 섬겨야 한다는 것을 안다. 여기서 중요한 것은 그들에게 하나님과 직접적으로 밀접한 관계를 맺을 수 있는 가능성

을 준 분이 바로 그리스도라는 점이다. 내용적으로 이러한 사상은 신약성서에서 낯설지 않다.(마11:27; 벧전3:18 참조) 그리스도인들은 제사장들로서 예수 그리스도의 아버지이신 하나님과 인간 사이의 중재자다. 여기서 요한은 교회의 선교적 성격을 암시한다고 볼 수 있다.

앞에서 이미 언급한 바와 같이 5b~6절은 기독론적 송영이다. 여기서 요한은 지금까지 설명한 그리스도의 구원사건에 근거해서 그리스도께 영광과 능력이 영원무궁하기를 기원한다. 이 송영은 초기 기독교의 다른 서신들에서도 찾아볼 수 있는 전통적인 표현 방식으로 기술되어 있다.(롬11:36, 16:27; 갈1:5; 딤후4:18; 벧전4:11; 벧후3:18; 히3:21 참조)

7절 볼지어다 그가 구름을 타고 오시리라 각 사람의 눈이 그를 보겠고 그를 찌른 자들도 볼 것이요 땅에 있는 모든 족속이 그로 말미암아 애곡하리니 그러하리라 아멘 5b~6절에서는 요한의 시선이 이미 일어난 구원으로 향하는데 반해서, 7~8절에서는 미래로 향한다. 요한은 여기서 그의 책 전체의 표어에 해당되는 내용을 언급하는데, '그리스도가 오신다 – 하나님이 오신다.' 가 그것이다.

7절에서 요한은 예언적 말씀의 문체로 그리스도의 재림을 예고한다. 이 구절은 구약의 세 구절 및 신약의 두 구절과 유사하다.

계 1:7a	단 7:13	마 24:30c
볼지어다 구름을 타고 오시리라	인자 같은 이가 하늘 구름을 타고 와서	인자가 구름을 타고 능력과 큰 영광으로 오는 것을 보리라

계 1:7b	슥 12:10b	요 19:37b
각인의 눈이 그를 보겠고 그를 찌른 자들도 볼터이요	그들이 그 찌른 바 그를 바라보고	저희가 그 찌른 자를 보리라

계 1:7c	슥 12:10c, 12	마 24:30b
땅에 있는 모든 족속이 그를 인하여 애곡하리니 그러하리라 아멘	그를 위하여 애통하기를… 온 땅 각 족속이	그 때에 땅의 모든 족속들이 통곡하며

이 주석서의 집필 의도를 고려해 여기서는 자세한 전통사적 분석을 하지 않겠으나, 위에서 언급된 구약과 신약의 구절들이 계시록 저자에게 영향을 준 것은 분명해 보인다.

계시록 1장 7a절은 그리스도의 재림을 예고하는 표현인데, 스가랴 인용문은 계시록 1장 7절에서 새로운 의미를 얻는다. 왜냐하면 스가랴 12장 10~14절은 정체성이 분명하지 않은 한 사람에 대한 만가(輓歌)를 보도하기 때문이다. 요한복음 19장 37b절은 스가랴 12장 10b절을 기독론적으로 해석한 구절이다. 계시록 1장 7b절은 땅 위의 모든 족속뿐만 아니라, 예수를 찌를 자들도 그리스도의 재림 때 그리스도를 다시 보게 될 것을 말하며, 7c절은 땅의 모든 족속들이 그리스도 때문에 통곡하게 될 것을 말한다. 그리스도의 재림은 죄에 빠진 인류에 대한 심판을 의미한다.

8절 주 하나님이 이르시되 나는 알파와 오메가라 이제도 있고 전에도 있었고 장차 올 자요 전능한 자라 하시더라 요한은 이 구절에서 7절의 관점을 하나님 자신과 관련해서 표현한다. 이때 요한은 하나님을 예언적 계시의 말씀 형식('나 – 문체')으로 말한다. 이러한 문체를 우리는 이사야 41장 4, 10, 13절, 43장 13, 15절, 44장 6절에서도 볼 수 있다. 8절은 하나님이 그리스도인들에게 그가 이 세상을 통치하고 계신다는 점을 확신시켜 주며, 하나님이 자신을 '올 자'로 계시함으로써 신자들의 종말론적 확신을 강화시켜 준다. 이 구절은 마지막 때의 하나님의 개입을 선포하기 위해 세 가지 표현을 사용한다.

① 하나님은 여기서 자신을 알파와 오메가로 부르신다. 알파와 오메가는 헬라어 알파벳의 첫 글자와 마지막 글자로서 하나님이 모든 것의 시작이자 목표, 창시자이자 완성자, 곧 모든 것을 포괄하시는 분이라는 뜻이다. 요한에게 이 진술이 얼마나 중요한지는 요한계시록에서 하나님 자신이 말씀하시는 또 하나의 텍스트(21:5~8)가 입증해준다. 그런데 이 말씀은 제2 이사야의 말씀에 뿌리를 두고 있다고 말할 수 있는데 그 내용은 다음과 같다. "이스라엘의 왕인 여호와, 이스라엘의 구속자인 만군의 여호와가 말하느니라, 나는 처음이요 나는 마지막이다. 나 외에 다른 신이 없느니라."

② '이제도 있고 전에도 있었고 장차 올 자'는 1장 4절의 표현이 반복되고 있다.(4절을 참조할 것) 여기서 강조점은 '장차 올 자'에 있다.

③ '전능한 자'라는 칭호는 요한계시록에서 아홉 번이나 나오는데, 이 칭호는 대부분 하나님의 칭호 '주 하나님'과 결합되어 있다.(4:8, 11:17, 15:3, 16:7, 19:6, 21:22 참조) 이 칭호가 신약성서 중에서 요한계시록과 고린도후서 6장 18절에만 나오는 것을 보면 요한이 이 칭호를 얼마나 좋아했는가를 알 수 있다. 이 칭호는 구약성서에 뿌리를 두고 있는 것이 분명하다. 칠십인역 구약성서는 자주 히브리어 하나님 칭호인 צְבָאוֹת(체바오트)를 *παντοκράτωρ*(판토크라토르: 전능자)로 번역했다.(대상11:9; 암3:13, 4:13, 5:14, 15, 16, 27, 9:5 등을 참조) 이 칭호는 모든 것이 하나님의 통치 영역에 속해 있다는 것을 의미한다. 하나님은 유일하신 분으로서 누구도 상대할 자가 없다. 그에게는 권세가 주어진 것이 아니라 그 자신이 스스로 권세를 충만하게 가지고 계신다. 8절에 나오는 모든 칭호들은 하나님이 처음부터 끝까지 창조와 역사의 주라는 것을 말하고 있다. 그리스도인들은 아무리 어려운 상황 속에서도 이러한 하나님에 대한 신뢰 속에서 신앙

의 삶을 영위해 나갈 수 있다. 왜냐하면 하나님과 그리스도는 그들에게 새 예루살렘(계21~22장 참조)에서 완성될 구원의 선물을 지금 주시고자 하는 의지와 권세를 가지고 있기 때문이다.

3) 설교 가이드

이 본문에서는 '은혜와 평화' 라는 제목으로 설교를 작성할 수 있을 것이다.

하늘이 열리는 것을 보는 사람은 하늘로부터 다음과 같은 말씀을 들을 수 있다. 하늘은 '은혜와 평화' 가 충만한 곳이다. 여기에는 낯설고 불분명한 말들이 없고, 닫힌 하늘 아래에서 사람들이 단지 예감할 수 있는 실재만 존재한다.

이 세계는 은혜와 평화가 꼭 필요한데, 사실 이 세계는 점점 더 은혜와 평화에서 멀어지고 있다. 이 세상은 갈수록 경쟁과 싸움을 부추기고 있다. 그러나 우리가 이 은혜와 평화를 충분히 가지고 있지 못할 때, 우리의 영혼의 고통은 증대된다. 우리가 이 세상에서 인간관계를 맺을 때나 신앙생활을 할 때, 꼭 필요한 것은 바로 요한이 전해 주는 하늘로부터의 '은혜와 평화' 다.

본문 말씀은 이러한 '은혜와 평화' 의 근원과 관련해서 여러 이름을 든다. 이 이름들 안에서 우리는 하나님을 바로 보게 된다.

① 하나님은 '지금도 계시는 분' 이다. 계절은 왔다가 가지만, 하나님은 '지금도 계시는 분' 이다. 매 시간, 매 초마다 하나님은 '지금도 계시는 분' 이다. 사람들이 서로 인사를 나누고 지나가는 곳에서도 하나님은 '지금도 계시는 분' 이며, 우리가 열심히 일하거나 잠잘 때에도 '지금도 계시는 분' 이다. 하나님은 '지금도 계시는 분' 으로서 은혜와 평화를 주시는 분이다.

② 하나님은 '전에도 계셨던 분' 이다. 이 세상이 처음 낙원이었을 때, 아브라함이 고향을 떠났을 때에도, 하나님은 계셨다. 가시나무 덤불이 타오를 때 하나님은 "나는 스스로 있는 자다."라고 말씀하셨고, 바다가 갈라지고 이스라엘 백성이 애굽에서 탈출했을 때에도 하나님은 계셨다. 이와 같이 하나님은 '전에도 계셨던 분' 으로서 은혜와 평화를 주시는 분이다.

③ 하나님은 '장차 오실 분' 이다. 사계(四季)가 지나갈 때 하나님은 오신다. 미래가 세상을 뒤흔들고 충격을 줄 때 하나님은 오신다. 영혼의 고통을 끝내주기 위해 하나님은 오신다. 우리의 삶의 본래적 가치가 드러나도록 하기 위해 하나님은 오신다. 세대 간의 이해와 이성 간의 조화가 증대되도록 하기 위해 하나님은 오신다. 하나님은 '장차 오실 분' 으로서 은혜와 평화를 주시는 분이다.

④ 요한은 하나님의 보좌 앞에 있는 일곱 영으로부터 오는 인사를 전한다. 일곱은 '거룩한 완전' 을 의미한다. 요한은 4장 5절에서 이 일곱 영을 일곱 횃불이라 부르며, 5장 6절에서는 온 땅에 보내심을 받은 일곱 눈으로 부른다. 해와 달, 그리고 별들이 우리 인간을 위해 나타나는 것처럼 하나님의 눈은 모든 인간을 주시한다. 그러므로 우리는 여기에 주시 받는 사람들로서 모여 있는 것이다. 이렇게 하나님으로부터 주시 받는 사람은 은혜와 평화를 현세에서 경험하게 된다.

⑤ 요한이 전하고자 한 것은 십자가에 달려 돌아가신 후 부활절 아침에 무덤에서 여인들에게 인사하신 분으로부터 오는 은혜와 평화다. 사실 요한계시록의 전(全) 내용은 이러한 진술에 목표를 두고 있다. 그리스도는 땅 위에 있는 왕들의 지배자다. 그렇기 때문에 그의 백성은 어떤 권력에도 복종하면 안 된다. 그리스도는 우리로 하여금 하나님의 백성이 되게 하셨고, 그의 아버지 하나님을 섬기는 제사장들이 되게 하셨기 때문이다. 제사

장이 되었다는 것은 하나님과 인간을 위하는 인간이 되었다는 말이다. 제사장이 되었다는 것은 인간의 역할에 대한 최고 규정이다. 우리는 이것을 바로 인식해야 한다. 그렇지 않으면 우리는 우리의 삶의 의미를 잃어버리게 된다. 우리 기독교인들은 새로운 사회를 이루고 새로운 신분으로 옮겨진 자들로 간주된다. 하늘과 인사를 나누는 자는 그리스도인들과 모든 사람을 새롭게 본다. 그는 그들에게 새로운 자기 경험을 전하는데, 이것은 인간이 자신을 대양의 한 가운데 떠있는 유빙(流氷) 한 조각으로 느끼는 경험이 아니라, 자신을 그리스도 안에 나타난 하나님의 구원 행동을 체험하는 경험이다. 우리는 이런 경험을 하는 자들로서 거룩한 것을 가지고 있다. 우리를 불안케 하고 놀라게 하는 것에 대해 두려워하지 말자.

3. 1:9~20: 위임 환상

9나 요한은 너희 형제요 예수의 환난과 나라와 참음에 동참하는 자라 하
나님의 말씀과 예수를 증언하였음으로 말미암아 밧모라 하는 섬에 있었
더니 10주의 날에 내가 성령에 감동되어 내 뒤에서 나는 나팔 소리 같은
큰 음성을 들으니 11이르되 네가 보는 것을 두루마리에 써서 에베소, 서
머나, 버가모, 두아디라, 사데, 빌라델비아, 라오디게아 등 일곱 교회에
보내라 하시기로 12몸을 돌이켜 나에게 말한 음성을 알아보려고 하여 돌
이킬 때에 일곱 금촛대를 보았는데 13촛대 사이에 인자 같은 이가 발에
끌리는 옷을 입고 가슴에 금띠를 띠고 14그의 머리와 털의 희기가 흰 양
털 같고 눈 같으며 그의 눈은 불꽃 같고 15그의 발은 풀무에 단련한 빛
난 주석 같고 그의 음성은 많은 물 소리와 같으며 16그 오른손에 일곱

별이 있고 그의 입에서 좌우에 날선 검이 나오고 그 얼굴은 해가 힘있게
비치는 것 같더라 [17]내가 볼 때에 그의 발 앞에 엎드러져 죽은 자 같이
되매 그가 오른손을 내게 얹고 이르시되 두려워하지 말라 나는 처음이
요 마지막이니 [18]곧 살아있는 자라 내가 전에 죽었었노라 볼지어다 이제
세세토록 살아 있어 사망과 음부의 열쇠를 가졌노니 [19]그러므로 네가 본
것과 지금 있는 일과 장차 될 일을 기록하라 [20]네가 본 것은 내 오른손
의 일곱 별의 비밀과 또 일곱 금 촛대라 일곱 별은 일곱 교회의 사자요
일곱 촛대는 일곱 교회니라

1) 본문 소개

이 단락에서 요한은 그리스도로부터 요한계시록을 기록하라는 위임 받는 장면을 기술한다. 9절은 상황 묘사이고, 10~11절은 요한계시록을 기록하라는 명령을 받는 장면 묘사다. 그리고 12~16절은 요한이 인자 같은 이를 보았다는 환상 묘사이고, 17a절은 요한의 반응이며, 17b~20절은 인자 같은 이의 계시의 말씀이다. 17b~20절은 다음과 같이 이루어져 있다.

① "두려워 말라"는 위로의 말씀(17c)
② 계시자의 자기소개(17d~18)
③ 반복되는 기록 명령(19)
④ 환상에 대한 해석(20)

2) 본문 주석

9절 나 요한은 너희 형제요 예수의 환난과 나라와 참음에 동참하는 자라 요한은 그가 본 환상을 묘사하기 전에 독자들에게 자신을 소개하면서 그가

처했던 상황을 말해 준다.

여기서 눈에 띄는 것은 요한이 자신을 소개할 때 직책 칭호를 사용하지 않고, 단지 '나, 요한' 이라는 말과 '여러분의 형제며, 동료' 라는 말을 사용한다는 점이다. 저자 이름과 함께 '나' 가 나타나는 것은 다니엘 8장 1절, 9장 2절, 10장 2절에 표현된 '나 다니엘' 을 연상시킨다. 이런 표현법은 유대교의 묵시사상적 문헌들(가령, 에티오피아어 에녹서 12:3; 제4 에스라서 3:1)에서도 찾아볼 수 있다. 이 맥락에서 볼 때, '나 요한' 이라는 말은 그의 특별한 권위를 표현한 말이라고 볼 수 있다.

이와 동시에 요한은 '너희 형제요, …동참하는 자' 라는 말을 통해서 자신이 그의 수신인들과 연대감 속에 있다는 것을 밝힌다. 예수 안에서(개역성경의 '예수의' 라는 번역보다 새번역의 '예수 안에서' 라는 번역이 더 좋음) 그는 그들의 형제며 고난의 동참자로서, 그들과 같은 운명에 처해 있다는 것이다. 여기서 그는 '환란' , '나라' , '인내' 라는 세 가지 개념들을 사용한다.

요한은 자신도 그의 수신인들과 같은 환란을 당하고 있다는 점을 강조한다. 여기서 요한은 '환란' 이라는 단어로 그의 수신 교회들의 내적, 외적 곤경을 표현한다. 계시록 2장 9절에서 서머나 교회 교인들은 그들이 누리고 있는 서민적인 일상생활에까지 위협을 받게 되는데, 요한은 (그리스도의 이름으로) 그 상황에 대하여 "내가 네 환란과 궁핍을 아노니"라고 위로한다. 이 구절에서 궁핍이라는 단어를 사용하여 '환란' 을 더 구체적으로 규명하고 있는 것을 볼 때, 여기서 언급되는 환란은 아마도 특별한 빈곤일 수 있을 것이다. 또한 계시록 2장 10절에서는 교인들 중 몇 사람이 체포당할 것과 이와 관련하여 일정 기간 동안 있을 환란을 예고하며, 계시록 2장 22절에서는 이세벨의 추종자들에게 심한 벌이 내려질 것이라는 위협이 나타난다. 이 계시록 2장 22절에서는 특별히 '큰 환란' 이라는 용어가 사용된다. 그런데 이 용어는 계시록 7장 14절에서도 사용되며 여기서 요한은 마지막 때의 환란의 도래를 언급한다.(계3:10 참조)

둘째 개념 '나라' 는 계시록 1장 6절과 관련지어 이해해야 한다. 요한은 여기서 이 표현을 통해 자신과 그의 수신 교회들이 하나님의 통치 영역 안에서 하나님의 백성으로 있다는 것을 말하고 있다.(1:6의 주석 참조)

셋째 개념 '인내' 의 의미는 다음과 같이 설명할 수 있다. 요한은 자신과 그의 수신 교회들이 현실적으로 당하는 박해 상황에서 마지막 때에 있을 환란의 도래를 예감한다. 하지만 그들은 하나님의 백성으로서 하나님의 궁극적 통치가 실현되는 그의 나라에 대한 희망을 가지고 있다. 그렇기 때문에 고난과 위협을 당하는 상황 속에서도 인내한다는 것이다. 그러므로 여기에 나타나는 '인내' 는 박해받는 자들의 덕목이며, 큰 환란의 때에 그리스도인들이 취해야 하는 행동이다.

하나님의 말씀과 예수를 증언하였음으로 말미암아 밧모라 하는 섬에 있었더니 요한은 1장 9a절에서 자신을 소개한 후, 9b절에서 하나님의 말씀과 예수를 증거한 까닭에 밧모라는 섬에 있었다고 말한다. 이 9b절은 지금까지의 연구에서 세 가지로 해석되었다.

① 요한은 복음을 전하기 위해 밧모섬으로 갔다는 것이다. 그러나 요한계시록에서는 선교 정신에 대한 언급을 거의 발견할 수 없다. 뿐만 아니라 밧모섬은 면적이 좁고 인구도 적어 선교의 장소로는 적합하지 않은 곳이었다. 따라서 이 해석은 설득력이 매우 약하다.

② 요한은 계시를 받기 위해 밧모섬으로 갔다는 것이다. 크라프트(H. Kraft, 『요한묵시록』, 68~71)는 계시록 1장 9b절과 내용 묘사가 유사한 많은 구절들을 유대교와 초기 기독교의 문헌들에서 찾아 제시하면서, 원시

기독교 예언자들이 계시를 받을 목적으로(그리고 그들의 소명을 보증하기 위해서) 은둔생활로 들어갔었다고 확인시킨 후, 계시록 저자가 밧모섬에 있었던 것은 계시를 받기 위한 것이었다고 결론짓는다. 그러나 크라프트가 인용한 구절들에 나오는 사람들이 모두 계시를 받기 위해 광야로 간 것은 아니다. 바울은 아라비아로 가기 전에 이미 그리스도의 계시를 받았고, 예수가 광야로 간 것은 시험을 받기 위해서였지 계시를 받기 위해서가 아니었다. 또한 크라프트는 여기서 4격 지배 전치사 *δία*(디아)를 '목적' 으로 이해했지만, 그것은 계시록의 모든 구절에서 원인의 뜻으로 사용된다.

③ 요한은 밧모섬으로 유배되었다는 것이다. 많은 주석가들이 이 해석에 동의하는데, 이들이 제시한 다음의 논거들이 앞에서 언급된 다른 해석들의 논거들보다 더 설득력이 있는 것으로 판단된다.

㉠ 로마인들은 밧모섬을 정치적 적대자들의 유배지로 사용하였다.

㉡ 고대 교회 전승은 계시록 저자가 밧모섬으로 귀양 갔다고 말한다.

㉢ 요한계시록에서 '하나님의 말씀과 예수의 증거' 는 1장 9절 외에 다른 두 구절에서도 박해와 관련되어 있다.

> **6장 9절:** "다섯째 인을 떼실 때에 내가 보니 하나님의 말씀과 그들이 가진 증거로 말미암아 죽임을 당한 영혼들이 제단 아래에 있어…."

> **20장 4절:** "또 내가 보니 예수를 증언함과 하나님의 말씀 때문에 목 베임을 당한 자들의 영혼들과 또 짐승과 그의 우상에게 경배하지 아니하고…."

계시록 1장 9절을 위의 ㉢ 해석에 의거해서 볼 때 우리는 요한과 그의 수신교회들이 처했던 긴장된 상황을 감지할 수 있다. 요한계시록에 나오는 교회들은 고난당하고 위협받는 교회들이었으며 로마 제국과 소아시아의 교회들 사이에는 심각한 갈등이 있었다는 것을 짐작할 수 있다.(이에 대해서는 본서의 서론에 있는 "요한 계시록의 기원 상황"을 참조할 것)

10절 주의 날에 내가 성령에 감동되어 이 구절에서 먼저 눈여겨보아야 할 부분은 '내가 성령에 감동하여' 라는 어구다. 새번역은 "내가 성령 안에 있게 되었는데"라고 번역했는데, 이것이 더 나은 번역이다. 요한계시록에서 '성령 안에'(또는 '성령으로')라는 표현은 모두 네 번 사용된다.(1:10, 4:2, 17:3, 21:10) 이것들은 모두 요한의 환상 경험의 맥락에서 사용되고 있다. 그래서 많은 주석가들은 이 표현을 요한이 경험한 황홀경의 상태를 나타낸 것으로 간주한다. 특히 부셋(W. Bousset, *Komm.*, 192)은 계시록 1장 10절과 4장 2절에 나오는 "나는 성령 안에 있게 되었다."와 사도행전 10장 10절의 "그는 황홀경에 빠져들어 갔다."를 동일화시킴으로써 요한이 경험한 상태를 사도행전 10장 10절에 나오는 베드로의 황홀경 상태와 같은 관점에서 이해했다. 요한계시록의 이 표현은 분명히 환상 경험 그 자체와 그것을 가능케 한 힘으로서의 성령을 나타내고 있다. 이 표현은 바울의 '이 몸을 떠나서(고후 12:2)에 상응하는 표현일 수 있으며, 이 표현을 통해 요한은 자신이 환상 속에서 무아의 경지를 경험한 상태를 묘사하고자 했다고 말할 수 있다. 여기서 요한은 그의 환상 경험 속에서 활동하신 성령의 주도적인 행위를 강조한다.

'주의 날' 은 소아시아에서 매 달 첫째 날을 '로마 황제의 날' 로 정한 것에 대항하기 위해 제정된 것이라는 설도 있지만 옛 증언들은 일요일 의식이 유대교의 안식일 의식을 거부하기 위해 행해졌다는 것을 보도하고 있다. 신학적으로 말하면, 안식일은 첫 창조를 기념하는 날이었던 반면에 '주의 날' 은 둘째 창조를 기념하는 날이다.

그런데 요한은 구약의 예언자들처럼(가령, 사6:1; 렘1:1; 겔1:1~2) 그의 환상의 시점을 언급한다. '주의 날' 은 한 주일의 첫날인 일요일이다. 이것을 '주의 날' 이라고 한 것은 이 날에 그리스도께서 부활했기 때문이다. 요한이 주의 날에 성령 안에서 특별한 체험을 한 것은 결코 우연이 아니다. 왜냐하면 이 날은 예수의 부활로부터 그 내용과 의미를 얻어서 그리스도인들이 이 날에 주님께 예배를 드리기 위해 모였기 때문이다. 요한은 비록 육신적으로는 그의 수신인들과 멀리 떨어져 있지만, 성령 안에서 이 날에 모인 교인들과 매우 가깝게 있는 것으로 느껴졌을 것이다.

내 뒤에서 나는 나팔 소리 같은 큰 음성을 들으니 이 어구는 요한의 뒤에서 들려오는 음성의 계시적인 성격을 표현하는 말이다. 요한계시록에서는 요한이 들은 음성의 소리를 표현하기 위해 '나팔소리', '천둥소리', '큰 물소리' 와 같은 여러 은유들이 사용되고 있다. 출애굽기 19장 16절, 20장 18절에 의하면 나팔소리는 시내산에서의 하나님 현현의 일부분이다. '나팔소리' 모티브는 구약의 다른 구절들에서도 하나님 현현의 맥락에서 사용되고 있다.(사18:3; 욜2:1; 슥9:14; 시47:5 참조) 또한 이스라엘의 제의에서도 이 모티브가 사용되었는데,(삼하6:15; 사27:13; 욜2:15; 시81:3 참조) 아마도 시내산의 하나님 현현 표상으로부터 영향을 받았을 가능성이 있다. 이 '나팔소리' 모티브는 묵시사상적 문헌에서 중요한 역할을 한다. 나팔소리는 그 뒤에 비밀로 꽉 찬 것이 있다는 것을 가리킨다.

11절 이르되 네가 보는 것을 두루마리에 써서 에베소, 서머나, 버가모, 두아디라, 사데, 빌라델비아, 라오디게아 등 일곱 교회에 보내라 하시기로 요한은 큰 음성 가운데서 그가 보는 것을 책에 써서 일곱 교회에 보내라는 명령을 받는다. 그 당시 소아시아에 교회가 많았는데, 왜 일곱 교회만이 언급되는가에 대해서는 확실히 알 수 없다. 요한은 그 당시 교회가 있었던 밀레트, 트랄레스, 히에라폴리스, 골로새와 같은 도시들을 언급하지 않고 두아디라와 빌라델비아와 같은 작은 도시들을 언급한다.

잘 알려진 한 가설에 의하면 여기에 나오는 일곱 도시는 에베소를 시작으로 북쪽의 서머나와 버가모를 지나 남쪽으로 두아디라, 사데, 버가모, 라오디게아를 거쳐 에베소로 다시 돌아가는 순환도로 옆에 있었던 소아시아의 서쪽 중부의 일곱 우편 구역의 중심지라는 것이다. 그러나 일반인들은 아주 특별한 경우에만 국가의 우편 제도를 사용했기 때문에 이 설명은 그다지 설득력이 있다고 볼 수 없다.

또한 이 교회들이 적어도 정통적인 신앙 이해를 전해주었다거나, 또는 이 교회들이 가장 이단으로부터 위협을 받았기 때문이라는 견해도 설득력이 있는 대답으로 보이지 않는다.

단지 우리가 여기서 좀 더 확실히 말할 수 있는 것은, 요한이 완전을 상징하는 일곱 숫자를 애용했기 때문에 일곱 교회를 선택했을 수 있다는 점이다. 계시록 2~3장에 나오는 소아시아 교회들의 특징은 일반적으로 모든 교회에서 볼 수 있는 특징으로 간주될 수 있다. 따라서 요한계시록에 나오는 일곱 교회에 관한 진술은 모든 교회를 위한 진술로 볼 수 있다.

12절 몸을 돌이켜 나에게 말한 음성을 알아 보려고 돌이킬 때에 일곱 금 촛대를 보았는데 12~17절까지는 요한이 몸을 돌이켜 본 환상에 관한 이야기가 나온다. 우리는 이 환상 이야기를 성령의 영감을 받은 한 예언자의 순수한 체험으로 간주할 수 있다. 그러나 이와 동시에 여기서 인식할 수 있는 것은 요한이 이 환상 이야기를 기술할 때에는 구약의 영향 하에서 문학적으로 묘사했다는 점이다.

12절에서 요한은 우선 음성을 듣고 난 후 몸을 돌렸을 때 일곱 금 촛대를 보았다고 언급한다. 이 일곱 금 촛대에 대해서는 20절에서 일곱 교회를 가리킨다고 해석해 주고 있다.

13절 촛대 사이에 인자 같은 이가 여기서는 그리스도가 이 단락의 중심인물로 등장하면서 1장 7절과 다르게 그리스도가 '인자 같은 이'로 불리고 있다. 요한은 복음서들에서처럼 '인자' 칭호를 사용하지 않고 다니엘 7장 13절에서처럼 '인자 같은 이'라는 말을 사용한다. 이러한 표현은 묵시문학적 어법에 상응한다. 왜냐하면 환상 중의 경험들은 긴장을 높이기 위해 자주 비밀스럽게 묘사되기 때문이다. "촛대 사이에 인자 같은 이가 계셨다."라는 말은 그리스도가 그의 공동체들과 가장 밀접한 관계를 맺고 있다는 것을 뜻한다. 2장 1절에 의하면 그리스도는 그들 사이를 거니신다. 따라서 이 구절은 교회의 주인이 그리스도이심을 강조하는 것이다. 이것은 교회가 회개하지 않을 때 그리스도가 그런 교회를 제거할 수 있다는 말씀(2:5)에서도 잘 드러난다.

발에 끌리는 옷을 입고 가슴에 금띠를 띠고 그리스도는 발끝까지 내려오는 긴 옷을 입고 있다. 이것은 제사장의 예복에 관해서 언급하는 출애굽기 28장 4절과 29장 5절(지혜18:24; 집회45:8, 50:11 참조)을 상기시킨다. 그래서 많은 주석가들은 이 구절이 그리스도의 대제사장직을 암시한 것으로 본다. 그러나 우리는 이러한 긴 옷을 제사장이 아닌 사람들도 입었으며, 요한계시록에서 그리스도를 대제사장으로 부르는 곳이 한 군데도 없다는 점을 고려해야 할 것이다. 이것은 바로 다음에 나오는 묘사에서도 확인된다. 그리스도가 가슴에 금띠를 띠셨다는 것은 대제사장의 혁대만을 말한다고 볼 수 없다. 물론 요세푸스는 제사장의 띠를 금을 섞어 짰다고 말하지만(『유대 고대사』 3.7.2 참조), 출애굽기 39장 29절에 의하면 제사장의 허리띠는 가는 베실과 청색 자색 홍색실로 수를 놓아 만들어졌다. 금띠는 물론 왕의 품위를 묘사하기도 한다. 그러므로 여기서 요한은 그리스도를 왕적 대제사장으로 묘사하려고 했다고 보는 주석가도 있다. 그러나 이러한 해석도 확실하지 못하다. 아마도 위의 표현은 다니엘 10장 5절과 에스겔 9장 2절의 배경에서 이해될 수 있을 것이다. 다만 여기서 확실히 말할 수 있는 것은 '인자 같은 이' 가 모든 척도를 뛰어 넘는 탁월한 인물이라는 점이다.

14절 그의 머리와 털의 희기가 흰 양털 같고 눈 같으며 이 어구는 '인자 같은 이' 의 머리와 머리털에 대해 묘사한다. 이 묘사는 다니엘 7장 9절의 묘사와 매우 유사하다. "…좌정하셨는데 …그 머리털은 깨끗한 양의 털 같고." 다니엘 7장 9절에서 옥좌에 계신 분, 즉 하나님의 머리털이 양털과 같이 흰 것처럼, '인자 같은 이' 의 머리털도 양털과 같이 희다고 하는데, 여기서는 '눈과 같이' 가 더 첨가되었다. 따라서 요한계시록의 이러한 표현은 다니엘서의 하나님에 대한 묘사를 그리스도에게로 전용한 것이라고 볼 수 있다. 그러므로 여기에 나오는 흰 머리털은 다니엘서의 묘사와 관련지어 볼 때 그리스도의 영원성을 암시하는 것으로 볼 수 있다.

그의 눈은 불꽃 같고 다니엘 7장 9절에서 하나님의 보좌는 불꽃에 비유된다. 이 표현은, 계시록 2장 18절과 19장 12절을 관련해서 볼 때 꿰뚫어 보는 그리스도의 심판자적 식별력을 강조하기 위해 사용된 것으로 이해할 수 있다. 다시 말해서 이 표상은 어떤 것도 그의 심판하는 눈으로부터 피할 수 없다는 것을 말하고 있다.

15절 그의 발은 풀무불에 단련한 빛난 주석 같고 발에 대한 묘사는 다니엘 10장 6절에 뿌리를 두고 있는 것으로 보인다. 여기서 눈에 띄는 것은, 다니엘 10장 6절(LXX)에서는 *χαλκός ἐξαστράπτων*(테오도시온(Theod.) *ὡς ὅρασις χαλκοῦ στίλβοντος*)라는 표현이 나오는 데 반해서 여기서는 *χαλκολιβάνῳ*(칼콜리바노)라는 단어가 사용된다는 점이다. 이 말은 요한계시록에서만 사용되는데, 이 말의 의미는 지금까지 확실하게 해석되지 못하고 있다. 요한이 왜 이러한 희귀한 단어를 사용했는지는 자세히 알 수 없다. 우리 말 개역성경에는 '주석', 새번역과 표준새번역 개정판에는 '놋쇠'로 번역되어 있는데, 이 표현은 그리스도의 힘과 안정성을 나타내기 위해 사용된 말로 보인다.

그의 음성은 많은 물 소리와 같으며 다니엘 10장 6절에는 인자 같은 이의 목소리가 큰 무리가 지르는 소리와 같다고 되어 있는 데 비해, 여기서는 그리스도의 음성이 많은 물소리와 같다고 표현되어 있다. 이 표현은 경외감을 일으키는 거대한 폭포를 연상시킨다. 다시 말해서 거대한 폭포의 깊고 웅장한 음향을 떠올린다. 따라서 이 표현은 그리스도의 말씀이 위엄 있어 깊은 경외를 자아낸다는 것을 말하기 위해 사용된 것으로 볼 수 있다.

지금까지 보았듯이 14~15절의 묘사는 다니엘 7장 9절의 영원자의 모습과 10장 5~6절의 인자 같은 이의 모습을 올리어진 그리스도의 모습 묘사에 전용한 것이다. 이로써 요한은 올리어진 그리스도가 하나님과 같은 권력과 중재자의 역할을 가지고 있음을 강조하고자 한 것을 알 수 있다. 요한은 궁극적으로 하나님을 그리스도 안에서 자신을 계시하시는 분으로 소개한다.

16절 그의 오른손에 일곱 별이 있고 16절에서도 주와 심판자로서의 그리스도의 위치가 계속 표현되고 있다. 이 표현은 그리스도의 능력과 권력을 상징하는 말이다. 계시록 저자 당시 별은 로마황제의 통치에 대한 상징어로 사용된 말이다. 그런데 우리는 1장 20절에서 일곱 별이 일곱 교회의 사자로 설명되는 것을 볼 수 있다. 따라서 우리는 여기서 요한이 이 표현을 통해 교회에 대한 통치권을 가지고 있는 그리스도의 능력과 권력을 말하고자 했음을 알 수 있다.

그의 입에서 좌우에 날선 검이 나오고 이 표현의 유래에 대해서는 논쟁의 여지가 있다.

홀츠(T. Holtz, *Die Christologie der Apokalypse des Johannes*, 127)는 이 표현이 하나님으로부터 보내진 자의 입에 관해서 말하는 이사야 49장 2절 및 11장 4절에 뿌리를 두고 있는 것으로 주장했다. 그러나 계시록의 구절과 홀츠가 제시한 구약의 구절들 사이에는 명백한 차이점들이 있다는 사실에 대해 주목해야 한다. 계시록의 구절에서는 칼이 두 가지 특징, 즉 '양편에 날선'과 '예리한'이라는 표현만 나타나는 반면에, 이사야 11장 4절에서는 이 표현들이 전혀 없다. 또한 내용 면에서도 차이점이 있다. 계시록에서는 한 입에서 한 칼이 나오므로 입과 칼이 각각 존재하고 있는 반면에, 이사야 49장 2절에 의하면 칼과 입이 서로 동일시되고 있으며, 이사야 11장 4절에서는 입의 막대기가 파괴의 도구로 나타난다. 그러므로 필자는 이 표현의 전통사적 배경을 위에 언급된 구약의 구절들에서 찾는 것이 적합하다고 보지 않는다.

이에 반해 로마이어(E. Lohmeyer, *Komm.*, 18)는 하나님의 말씀을 칼에 비유하는 것이 초기 유대교와 초기 기독교에서 자주 나타난다는 것을 지적한다. 그러나 이 표현은 이 지적과 관련이 없다. 왜냐하면 여기에서는 하나님의 말씀 자체가 칼에 비유되는 것이 아니라 입에서 나오는 칼에 대해서 언급되고 있기 때문이다. 입에서 칼이 나오는 이 모습은 계시록 2장 16절에 있는 조건적 심판예고에서도 사용된다. 여기서 이 그림말은 그리스도의 재림과 적대자, 즉 니골라당을 멸망시키는 심판자로서의 그의 활동과 관련된다. 또한 이 그림말은 계시록 19장 15, 21절에 있는 그리스도의 재림과 마지막 심판에 관한 묘사에서도 사용하는 유일한 무기로 묘사된다. '칼' 은 이미 유대교 묵시문학에서 마지막 때에 관한 묵시사상적 사변의 특별한 모티브로 사용되었다.(가령, 에티오피아어 에녹서 62:12, 91:12 참조) 거기에서도 메시아가 이방민족들을 치는 장면이 그림말 '칼' 로 묘사된다.

그런데 우리는 신약성서 안에서 계시록 이외에도 데살로니가후서 2장 8절이 그리스도의 입에 관해서 언급하고 있는 것을 발견하게 된다. 이 구절에서도 분명히 그리스도의 입의 심판하는 기능이 강조된다. 그러면서 그것은 계시록에서처럼 그리스도의 재림 때 심판자로서의 그의 활동과 관련된다.

그러나 계시록의1 구절과 데살로니가후서 2장 8절 사이의 이러한 유사점에도 불구하고, 이 구절들 간에 있는 차이점을 간과하지 말아야 한다. 계시록에서는 칼이 입에서 나오는 반면에, 데살로니가후서 2장 8절에서는 입의 기운이 섬멸의 도구로 나타난다. 다시 말해서 데살로니가후서 구절에서는 계시록과 달리 적대자의 섬멸이 칼 없이 입의 기운으로만 일어난다. 이 '입의 기운' 이라는 표현은 이새의 줄기에서 나오는 다윗의 후손이 심판하는 활동에 대해 언급하는 이사야 11장 4절에 뿌리를 두고 있다. "…그 입의 막대기로 세상을 치며 입술의 기운으로 악인을 죽일 것이며…." 여기서 우리는 데살로니가후서 저자가 자신의 원자료를 자유롭게 다루는 것을 인식할 수 있다. 구약의 구절에서는 '입술의 기운' 과 '악인' 이라는 단어가 사용되는 반면에, 데살로니가후서 저자는 그의 서신에서 이 표현들을 '입의 기운' 과 '적대자' 로 변형시켰다. 거기에다 그리스도의 재림 현상을 덧붙였다고 볼 수 있다.

그런데 계시록의 구절에서 그리스도의 입 역시 그리스도의 재림 때 있을 적대자의 섬멸과 관련되기 때문에, 우리는 이 그림말이 바울의 영향 하에서 규정된 개념의 범위 안에서 표현된 것임을 가정할 수 있다. 그러나 계시록 저자가 '입의 기운' 대신에 '입의 칼' 이라는 표현을 사용하는 것을 간과하지 말아야 한다. 그러므로 우리는 다음과 같이 결론을 내릴 수 있다. 이 구절에서 요한은 데살로니가후서 2장 8절에 있는 그림말 '입' 과 유대교 묵시문학의 마지막 때에 관한 묵시사상적 사변의 모티브로서의 '칼' 을 결합시킨 것으로 보인다. 이 표현을 통해 심판자로서의 그리스도의 기능을 강조하고 있다.

그 얼굴은 해가 힘있게 비치는 것 같더라 환상에 대한 요한의 묘사는 해가 힘있게 비치는 것 같은 높이 들린 그리스도의 얼굴을 묘사함으로써 절정에 이른다. 이 표현은 사사기 5장 31절에 뿌리를 두고 있는 표현으로서 올리어진 그리스도의 영광을 위한 상징이다.

17절 내가 볼 때에 그의 발 앞에 엎드러져 죽은 자같이 되매 그가 오른손을 내게 얹고 이르시되 두려워하지 말라 나는 처음이요 마지막이니 이 환상을 본 요한은 그리스도의 발 앞에 죽은 자처럼 엎드려졌다. 죽은 자같이 되었다는 것은 그리스도 현현으로 야기된 두려움의 상태를 표현한 것이다.(마 28:4 참조) 이와 비슷한 반응을 구약과 초기 유대교의 글들에서도 볼 수 있다.(사6:5; 겔1:28; 단8:17~18; 10:8~11; 에티오피아어 에녹서 14:14, 24

참조)

"오른손을 얹고, 두려워 말라."라는 표현도 전통적이다.(단10:12, 19; 에티오피아어 에녹서 15:1; 막16:6; 눅1:13; 30, 2:10 참조) 오른손을 얹는다는 것은 능력과 축복이 전달되는 것을 가리킨다. 이 손은 요한의 담대함을 회복시키고 또 위로의 말씀과 명령을 듣도록 준비시키는 위엄의 손이다. 여기서 올리어진 그리스도의 반응은 전형적으로 "두려워하지 말라."라는 권면으로 시작하는 신탁의 형식을 가지고 있다. 그리스도는 그의 현현에 대해 두려워하는 요한을 위로한다. 계속되는 말씀이 보여주는 바와 같이 그리스도는 처음과 나중이요 죽음을 정복하시고 또 그 죽음을 그의 능력으로 붙잡고 있는 영원히 살아 계신 분이기 때문에 이러한 말씀으로 위로할 수 있다.

"나는 처음이요 마지막이다."라는 칭호는 이미 1장 8절에서도 사용된 칭호다. 이 칭호는 구약에서 오직 하나님을 위해 사용된 말이다.(사44:6, 48:12 참조) 그러나 요한은 이 하나님의 칭호를 그리스도에게 전용한다.(계2:8, 22:13 참조) 여기서 요한은 하나님뿐만 아니라, 그리스도도 창조의 근원이며 역사의 목표임을 말하고 있다.

18절 곧 살아 있는 자라 이 표현 역시 구약에서 하나님께 해당되는 진술이다.(수3:10; 시42:2 참조) 이것은 내용적으로 1장 8절과 21장 6절에 있는 "나는 처음과 마지막이다."라는 하나님 칭호에 상응하는 그리스도의 칭호다. 여기서 요한은 그리스도의 선재를 전제하고 있다. 그리고 이 칭호는 바로 다음에 나오는 그리스도의 죽음과 부활에 대한 언급과의 관련 속에서 그리스도가 영원히 살아 계신 분이라는 점을 강조하고 있다.

내가 전에 죽었었노라 볼지어다 이제 세세토록 살아 있어 사망과 음부의 열

쇠를 가졌노니 그리스도는 영원히 살아 계신 분이기 때문에 죽음이 그의 생명을 빼앗아 갈 수 없다. 세세토록 산다는 것은 원래 오직 하나님께만 해당되지만(계4:9, 10, 10:6; 신32:40; 수3:10; 시42:2; 집회 18:1 등 참조), 여기서는 그리스도의 부활에 근거해서 그에게 전용(轉用)된다. 이렇기 때문에 그리스도는 죽음과 하데스, 즉 죽은 자들이 최후의 심판 때까지 거한다는 음부(지하 세계: 이곳은 고통스러운 곳인 게엔나(지옥)가 아님)의 열쇠를 가지고 있다는 것이다.

여기서 문제는 '죽음과 하데스의' (*τοῦ θανάτου καὶ ᾅδου*)를 소유격적 속격 아니면 목적격적 속격으로 보는 것에 따라 '하데스' 의 의미가 달라진다는 점이다. 다시 말해서 여기에 나오는 속격을 소유격적 속격으로 보면 하데스는 인격적(죽은 자들의 세계를 위한 열쇠를 소유한 인물(즉, 장소가 아닌 악한 세력으로 간주됨))으로 이해되는 반면에, 목적격적 소유격으로 보면 하데스는 공간적(죽은 자들의 나라(지하 세계)를 위한 열쇠)으로 이해된다.

지금까지 주석가들은 양쪽으로 나뉘어 팽팽히 맞서 왔는데, 사실 어떤 입장이 옳은지를 결정하기가 쉽지 않다. 그러나 필자는 여기에 나오는 하데스를 장소로 이해하는 입장에 동의하고 싶다. 먼저 여기에 나오는 하데스를 인격적으로 이해하는 입장에 속하는 주석가들이 제시하는 주요 논거들을 기술하면 다음과 같다.

① 계시록에서 하데스는 늘 죽음과 결합되어 나타나는데(1:18, 6:8, 20:13~14), 6장 8절과 20장 13~14절에서 죽음과 하데스는 인격화되어 나타난다.

② 죽음(*θάνατος*)을 공간적으로 생각하는 것은 신약성서에서 낯설다.

③ 예루살렘 타르굼 신명기 28장 12절에는 어떤 통치자에게도 주지 않

고 세계의 주님의 손 안으로 전해지는 네 가지 열쇠, 즉 생명의 열쇠, 무덤의 열쇠, 곡식의 열쇠, 비의 열쇠에 대한 언급이 있다.

④ 두 속격을 구분하고 오직 죽음만을 인격으로 이해하는 것은 가능하지 않다.

그러나 이 논거들은 다음과 같은 약점들을 지니고 있다.

① 물론 계시록에서는 하데스가 늘 죽음과 결합되어 나타난다. 그러나 모든 구절에서 하데스가 인격화되어 나타난다고 보기가 어렵다. 왜냐하면 계시록 20장 13절에서는 하데스가 장소로 나타난다고 볼 수 있기 때문이다. 이 구절에서는 바다, 죽음, 하데스가 나란히 나타나고, 이들 앞에는 장소와 관련된 전치사 *ἐν*이 사용됨으로써 죽은 자들이 이들 안에 있는 것으로 표현된다.

② 물론 '죽음'을 공간적으로 생각하는 것은 신약에서 낯설다. 그러나 고대의 텍스트들에서 죽음은 결코 열쇠를 지니고 있는 것으로 묘사되지 않는다. 열쇠를 하데스의 것으로 말하는 경우도 거의 없다. '죽음과 하데스의 열쇠' 표현은 죽음의 문 및 하데스의 문에 관한 통속적인 관념과 관련된 개념으로 볼 수 있다. 이 경우 '죽음의' 및 '하데스의'는 공간적으로 생각된 것이지 인격적으로 생각된 것이 아니다.

③ 계시록 저자가 후기 랍비 자료로부터 영향을 받았다고 보기는 어렵다. 오히려 계시록 1장 18절에서 열쇠의 소지자로 나타나는 그리스도의 모습은 그리스·로마 시대에 소아시아에서 대중적으로 매우 인기가 있었던 여신 헤카테의 모습을 연상시킨다. 이 여신은 하데스의 문들을 여는 열쇠의 소유자로 나타난다.

④ 여기에 나오는 죽음과 하데스는 거의 동의어로 사용된다고 말할 수

있는데, 이들을 구별해서 볼 때는 아마도 전자는 죽음의 상태를, 후자는 죽은 자들의 거처를 가리키는 것으로 볼 수 있을 것이다.

따라서 위의 표현은 그리스도가 죽음의 영역을 주관하는 권능을 가지고 있다는 말이다. 다시 말해서 그리스도는 죽었다가 다시 살아났고, 이제 영원 무궁히 살아 계시기 때문에, 죽음은 더 이상 그로부터 생명을 빼앗을 수 없고, 도리어 죽음도 그리스도의 통치 영역 안에 있다는 말이다.

19절 그러므로 네가 본 것과 지금 있는 일과 장차 될 일을 기록하라 11절의 기록 명령이 여기서 다시 반복된다. 그러나 여기서는 처음보다 더 구체적으로 진술되고 있다. 많은 주석가들은 이 진술을 계시록 전체의 내용 범위를 규정한 것으로 본다. 즉 '네 본 것' 이란 1장 10~19절의 환상을 가리키는 것이고, '이제 있는 일' 이란 2~3장에 있는 교회의 현재 상태를 말함이며, '장차 될 일' 이란 4장부터 마지막 장까지 계속되는 환상들을 가리킨다는 것이다.

그러나 계시록 전체를 이렇게 보기는 어렵다. 왜냐하면 2~3장이나 4~21장에는 현재와 미래에 관한 것들이 섞여 있기 때문이다. 이런 점에서 19절은 3등분하지 않고 요한계시록 전체에 관련된 것으로 보아야 한다.

20절 네가 본 것은 내 오른손의 일곱 별의 비밀과 또 일곱 금촛대라 일곱 별은 일곱 교회의 사자요 일곱 촛대는 일곱 교회니라 20a절은 개역보다는 표준새번역 개정판이 더 좋다. "네가 본 내 오른손의 일곱 별과 일곱 금 촛대의 비밀은 이러하다." 이 구절에는 요한이 환상 중에 본 '일곱 별' 과 '일곱 금 촛대' 를 해석하는 말이 나온다. 일곱 별은 일곱 교회의 사자를 뜻하고, 일곱 촛대는 일곱 교회를 뜻한다는 것이다.

여기서 요한은 그의 수신 교회들과 관련되는 환상의 요소들을 해석함으로써 그의 수신 교회들에 대한 관심을 고조시킨다. 이 구절에서는 바로 다음에 나오는 소아시아의 일곱 교회에 보낸 편지들(2~3장)과 앞서 본 위임 환상을 연결시키고자 한 요한의 기술 의도를 엿볼 수 있다.

3) 설교 가이드

학자들 중에는 요한계시록이 기독교적이라기보다는 유대교적이라고 말하는 사람들도 있다. 종교 개혁자 루터는 요한계시록을 정경 가운데 저급 부류에 속하는 책으로 단정지은 적이 있는데, 그 이유는 요한 계시록이 동화와 환상에 너무 많은 관심을 갖고 있으며 그리스도를 가르치지 않는 책이기 때문이라는 것이다.

과연 그런가? 본문 말씀은 그렇지 않다는 것을 말해 주고 있다. 앞의 주석에서 보았듯이, 본문 말씀은 올리어진 그리스도의 현현에 관한 말씀이다. 우리는 부활하신 그리스도에 대하여 어디에서도 이와 같은 존귀한 묘사를 찾아볼 수 없다. 본문의 그리스도 묘사는 역사 안에서 자신의 사역을 완성하신 이후의 승귀(昇貴)된 인격에 그 기초를 두고 있다. 따라서 이 본문에서는 '영광의 그리스도' 라는 제목으로 다음과 같이 대지를 구성하여 설교를 작성할 수 있을 것이다.

① 예수 그리스도는 하나님이 누구신지를 자신을 통해 계시하시는 분이다. 요한은 하나님의 모든 약속이 그리스도를 통해 이루어졌다는 확신 하에(고후1:20 참조) 올리어진 그리스도의 모습을 묘사할 때 구약성서의 언어를 선택한다. 요한은 유일신론자로서 하나님 중심이었지만, 하나님을 위해 사용된 말을 그리스도에게 전용(轉用)하는 데 주저하지 않는다. 이것은 하나님이 자신을 예수 그리스도 안에서 명확히 계시하신 분이라는 요

한의 확신에 따른 표현이다.

② 예수 그리스도는 우리의 죽음과 생명을 주관하시는 분이다. 요한은 그리스도가 죽음을 이기시고 부활하셔서 지금도 살아계신다는 점과 그가 우리의 심판과 구원에 대한 권능을 가지고 있다는 것을 강조한다.

③ 예수 그리스도는 교회의 주가 되시는 분이다. 요한은 이것을 그리스도가 오른손에 일곱 별을 쥐고서 일곱 촛대 한 가운데에 있는 분이라는 상징적 표현을 통해 강조한다. 그리스도는 지금도 살아 계셔서 교회의 주로서 우리를 통치하신다.

지금까지 본 대로 그리스도는 영광을 받기에 합당한, 존귀하신 분이다. 그렇기 때문에 요한은 1장 9절에서 자신이 예수를 증언했고, 예수 안에서 환란과 나라와 인내에 참여했다고 당당하게 말한다.

Ⅱ

일곱 교회에 보내는 서신들(2:1~3:22)

계시록 2~3장에는 소위 소아시아의 일곱 교회에 보내는 일곱 서신이 들어 있다. 이 서신들은 4장부터 시작되는 계시록의 본론 부분 앞에 한 묶음으로 편집되었다는 점과, 그 수신교회들의 상황 묘사 그리고 본론부의 중요한 신학적 개념들이 많이 나오기 때문에, 요한계시록 전체를 이해하는 데 있어서 열쇠의 역할을 한다고 말할 수 있다.

이 서신들은 요한의 확고한 집필 계획에 따라 다음과 같이 똑같은 구조로 쓰였다.

1) 서론

① 기록 명령: 각 서신마다 올리어진 그리스도가 요한에게 각 교회의 사자에게 글을 써서 보내라는 명령을 내리는 부분이 나온다.

② 사자(使者)정형어구: 각 서신들의 이 부분은 "…이가 말씀하신다."라는 형식을 가지고 있다. 이 정형어구는 구약의 예언서들에서 볼 수 있는 "야훼께서 말씀하셨다."와 매우 비슷하다. 예언자는 그의 메시지를 그의

신적 위임자의 말씀으로 선포함으로써 그것을 권위화시킨다. 여기서 … 이' 는 올리어진 그리스도를 여러 표상들로 표현한 기독론적 칭호다. 여기서 사용되는 여러 기독론적 칭호들 대부분은 1장 9~20절에 있는 위임환상의 인자 같은 이에 관한 묘사로부터 취해진 것들이다.(3:7, 14은 제외) 이 칭호들 자체는 매우 상이한 성격을 가지고 있고, 각 칭호마다 전(前) 역사를 가지고 있다. 그러나 이 칭호들은 서로 상이한 유래와 성격을 담고 있음에도 불구하고 요한에게 있어서 똑같은 가치를 가지고 있으며, 각 해당 서신들의 문맥과 직접적으로 관련이 있다. 다시 말해서 요한은 각 서신들에 기술하게 될 메시지를 고려해서 각 칭호들을 선택한 것이다.

2) 본론

이 부분은 교회 공동체의 상황 묘사로 시작한다. 일곱 서신의 내적 구조는 서로 매우 비슷하면서도 각각 특유의 다른 형태를 취하고 있다.

여기서 우리의 주목을 끄는 것은 대부분의 편지들에서 회개의 촉구가 전체 구조 안에서 그 중심에 나온다는 점이다. 이 경우 세례 요한의 설교를 기억케 하는 담화 형식인 질책, 권고, 조건적 심판예고가 눈에 띈다.

3) 결론

① 깨우는 말("들으라" 정형어구): 각 서신의 끝 부분에는 "귀 있는 자는 성령이 교회들에게 하시는 말씀을 들으라."라는 권면의 말씀이 똑같은 형식으로 반복되고 있다. 이 문장은 계시록 2~3장에서 유일하게 완전히 똑같은 어휘를 가지고 있는 정형어구다. 이 정형어구는 신약성서 중 그 밖의 구절들(특히, 비유 해석과 종말론적 담화)에서 "귀 있는 자는 들으라."라는 기본 형식으로 나타나고 있다.(막4:9, 23; 마11:15; 13:9, 43; 눅8:8, 14:35;

계13:9 참조) 이 "귀 있는 자는 들으라."라는 말은 유대교와 초기 기독교에서 듣는 자로 하여금 각자 자기들에게 하는 말로 생각하도록 촉구하는 특별한 계시를 위한 신호로 사용된 말이다. 계시록 2~3장에서 요한은 '성령이 교회들에게 하시는 말씀을' 이라는 부가어를 통해 각 교회에게 그때그때 개별적으로 말해진 것들이 모든 교회에 적용되어야 한다는 점을 강조한다.

② 이기는 자에게 주는 약속의 말씀: 각 서신들의 결론부에는 이기는 자에게 마지막 때의 구원을 약속해 주는 말씀들이 나온다. 이 약속의 말씀들에는 비밀에 싸인 여러 상이한 구상어들이 눈에 띈다. 즉, '하나님의 낙원', '생명나무', '둘째 사망', '감추인 만나', '흰 돌', '새 이름', '새벽별', '흰 옷', '생명책', '하나님의 성전의 기둥', '새 예루살렘' 등과 같은 표현들이다. 이 표상들은 매우 단순하고 동화적이면서도 숨겨진 비밀이 있어서 흥미롭다. 본문 주석에서 보겠지만, 요한계시록에서 이 표상들은 특히 새 하늘과 새 땅에서의 삶을 묘사하는 '새 예루살렘' 환상(21~22장)과의 관련 속에서 사용되고 있다. 따라서 우리는 이 표상들이 요한계시록의 종말론을 이해하는 데 있어서 결코 소홀히 여길 수 없는 중요한 구상어들이라는 것을 잘 인식할 수 있다.

1. 2:1~7: 에베소 교회에 보내는 편지

1에베소 교회의 사자에게 편지하라 오른손에 있는 일곱 별을 붙잡고 일곱 금 촛대 사이를 거니시는 이가 이르시되 2내가 네 행위와 수고와 네 인내를 알고 또 악한 자들을 용납하지 아니한 것과 자칭 사도라 하되 아

닌 자들을 시험하여 그의 거짓된 것을 네가 드러낸 것과 3또 네가 참고
내 이름을 위하여 견디고 게으르지 아니한 것을 아노라 4그러나 너를 책
망할 것이 있나니 너의 처음 사랑을 버렸느니라 5그러므로 어디서 떨어
졌는지를 생각하고 회개하여 처음 행위를 가지라 만일 그리하지 아니하
고 회개하지 아니하면 내가 네게 가서 네 촛대를 그 자리에서 옮기리라
6오직 네게 이것이 있으니 네가 니골라당의 행위를 미워하는도다 나도
이것을 미워하노라 7귀 있는 자는 성령이 교회들에게 하시는 말씀을 들
을지어다 이기는 그에게는 내가 하나님의 낙원에 있는 생명나무의 열매
를 주어 먹게 하리라

1) 본문 소개

일곱 서신 중 첫째 서신은 에베소 교회로 향한다. 에베소는 로마 제국에서 셋째로 큰 도시로서 로마령 아시아의 수도였다. 이 도시는 로마 제국에 속한 이래로 광범위하고 활발한 통상에 힘입어 경제적인 번영을 누렸다. 뿐만 아니라 이 도시는 로마 총독의 거주지로서 행정 면에서도 매우 중요한 도시였다.

또한 이 도시는 이교의 중심지였다. 이 도시에는 고대 세계의 7대 불가사의 중 하나로 꼽힌 아데미 신전(행19:23~40 참조)이 있었고, 로마의 여신과 시저를 위한 신전과 도미티안을 위한 신전도 있었다. 황제 숭배와 관련해서 특별하게 사용된 도시 명칭인 '네오코로스'(신전 수호자)는 소아시아에서는 1세기 말경 에베소에 있던 세바스토이(Sebastoi) 신전으로부터 사용되기 시작했다. 아데미 제의와 황제 숭배는 에베소 교회에 매우 부정적인 영향을 끼쳤다.

에베소 교회는 바울(행18:18~22, 19~20 참조)과 바울 이후의 선교 활동

의 중심지였다. 에베소서는 이 교회를 향하여 쓰였으며, 아마도 목회서신은 이 교회에서 쓰였을 것이다.(딤전1:3; 딤후1:8 참조) 안디옥의 이그나티우스는 약 110년경에 에베소 교회의 열심과 이단에 대한 저항을 보고 이 교회를 칭찬했다. 분명히 에베소 교회는 소아시아에서 중요한 위치에 있었다. 계시록 2~3장의 일곱 서신 중 첫째 서신이 에베소 교회로 향하는 것은 이와 무관하지 않은 것으로 보인다.

본문은 다음과 같이 구성되어 있다.

(1) 서론(1절)

① 기록 명령(1a절)

② 사자(使者) 정형어구(1b절)

(2) 본론(2~6절)

① 덕목록 형식 안에서의 칭찬(2~3절)

② 질책(4절)

③ 권고(5a절): 교회 공동체가 경험했던 처음의 구원상태에 대한 기억에의 촉구와 회개의 촉구

④ 조건적 심판예고(5b절)

⑤ 칭찬(6절)

(3) 결론(7절)

① "들으라" 정형어구(7a절)

② 이기는 자에게 주는 약속의 말씀(7b절)

2) 본문 주석

1절 에베소 교회의 사자에게 편지하라 이 부분은 앞서 말한 바와 같이 기

록 명령이다. 이 어구는 새번역처럼 "에베소 교회의 사자에게 이 글을 써서 보내라."로 번역하거나 표준새번역 개정판처럼 "에베소 교회의 심부름꾼에게 이렇게 써 보내라."로 번역하는 것이 더 좋다. 공동번역은 '사자'를 '천사'로 번역했는데, 필자가 보기에 이 번역은 좋지 않다.(이에 관해서는 졸저『요한계시록 연구』, 105~111을 참조할 것)

오른손에 일곱 별을 붙잡고 일곱 금 촛대 사이에 거니시는 이가 이르시되 앞서 말한 바와 같이 이 어구는 기독론적 칭호가 나오는 '사자(使者) 정형어구'다. '오른 손에 일곱 별을 붙잡고'는 1장 16절의 표현을 다시 반복한 것이며, '일곱 금 촛대 사이를 다니시는 이'는 1장 12~13절의 표현을 다시 반복한 것이다. 앞서 주석 한 바와 같이 '오른 손에 일곱 별을 붙잡고'는 그리스도의 능력과 권력을 상징하는 말로서 그리스도가 교회에 대한 통치권을 가지고 있다는 것을 의미하며, '일곱 금 촛대 사이에 거니시는 이'는 그리스도가 교회의 주님이시라는 것을 의미한다.

2절 내가 네 행위와 수고와 네 인내를 알고 2~3절에는 올리어진 그리스도가 에베소 교회의 상태와 관련해서 칭찬하시는 말씀이 나온다. 2절에서 그는 에베소 교회의 행위와 수고와 인내를 알고 있다고 말한다. 여기서 우선 주목해야 할 것은 '행위'가 '수고' 및 '인내'와 함께 한 덕목으로 언급되는 것이 아니라, 열거하는 덕목들을 모두 포괄하는 대개념으로 사용되고 있다는 점이다. 왜냐하면 여기서 '행위' 다음에 나오는 접속사 *καί*(카이)는 보충 설명을 하는 동격의 기능을 가지고 있고, '행위'가 그 자체의 '네'를 가지고 있는 반면에, 두 명사('수고'와 '인내')는 한 '네'와 연결되고 있기 때문이다. 따라서 이 부분은 "나는 네 행위, 즉 네 수고와 인내를 알고 있다."로 번역하는 것이 옳다고 본다.

또한 우리의 주목을 끄는 것은 두 덕목이 2b절과 3절에서 더 자세히 설명되고 있다는 점이다. '수고' 는 2b절에서 거짓 사도에 대항하여 싸운 교회의 수고로 설명되고 있으며, '인내' 는 3절에서 그리스도의 이름 때문에 고통을 견디었고 낙심하지 않았다는 것으로 설명된다. 그러므로 2절에서 '행위' 는 거짓 사도들에 대항하고 그리스도의 이름 때문에 인내한 교회의 행동을 말하고 있다는 것을 알 수 있다.

이 교회의 행동 중 '수고' 와 '인내' 는 그리스도가 칭찬하는 덕목으로 나타난다. '수고' 라는 말은 신약성서 안에서 누구보다도 특히 바울이 자신의 사도직에 관한 개인적인 신학적 숙고를 하는 가운데 사용한 한 술어로서, 초기 기독교에서 선교와 교회의 일을 위한 전문적인 용어가 되었다. 앞서 말한 바와 같이, 여기서 수고의 내용은 2b절에 나오고 있다.(2b절 주석 참조)

'인내' 는 앞서 말한 바와 같이, 3절에서 그리스도의 이름 때문에(개역에는 '내 이름을 위하여' 로 번역되어 있음) 고통을 견디었으며 낙심하지 않았다는 것으로 설명된다.

여기서 우리는 '내 이름 때문에' (*διὰ τὸ ὄνομά μου*(디아 토 오노마 무))라는 표현을 통해 그리스도인들의 인내가 예수의 이름과 관련된다는 점을 주목하게 되는데, 이러한 표현을 공관복음서들에서도 찾아볼 수 있다.

> 마가복음 13:13: "또 너희가 내 이름으로 말미암아(*διὰ τὸ ὄνομά μου*) 모든 사람에게 미움을 받을 것이나 끝까지 견디는 자는 구원을 받으리라."(병행, 마10:22, 24:9, 13; 눅21:17, 19)

위의 공관복음 구절들도 '내 이름 때문에' 라는 표현을 사용함으로써 제자들의 고난을 예수의 이름과 관련시키고 있다. 그런데 여기서 특징적인 것은 제자들이 현재의 고난을 참고 견디는 것이 그들의 미래의 구원을 위한 전제 조건이라는 점이다. 물론 계시록 2장 3절에는 미래의 구원에 관한 직접적인 언급이 없다. 그러나 이 구절은 분명히 마지막 때의 구원에 대한 약속을 말해 주는 7절과 밀접하게 연관되어 있다. 2장 7절은 계시록 2~3장에 있는 소위 '이기는 자에게 주는 구원의 약속' 에 관한 말씀(2:17, 2:26~28, 3:12, 3:21 참조)에 해당된다. 이 구원의 약속에 관한 말씀은 분명히 앞에서 언급한 공관복음서들의 표현들에 상응한다. 요한계시록에서도 공관복음서들에서처럼 부문장은 조건적 분사구문이고, 그리스도인들의 운명에 대해서 언급하는 주문장을 뒷받침하며, 그리스도인들이 현재의 고난을 참고 견디는 것이 마지막 때의 구원을 위한 전제 조건으로 간주된다. 그러므로 우리는 요한이 2장 3절에서 그리스도인들이 당하는 고난을 언급할 때 공관복음 전승의 영향 하에서 '내 이름 때문에' 라는 표현을 사용했을 것이라고 가정할 수 있다.

그런데 여기서 주목해야 할 것은 공관복음서들에 나오는 '나중까지 견디는 자' 라는 표현이 계시록 2~3장에서는 이에 상응하는 표현으로서 '이기는 자' 라는 표현으로 바뀌어 사용된다는 점이다. 따라서 우리는 계시록 2장 2절의 '인내' 개념을 더 자세히 이해하기 위해서는 요한계시록에 나오는 '이기는 자' 가 어떤 사람을 의미하는지를 면밀히 살펴보아야 할 것이다. 요한계시록에서 '이기는 자' 는 2장 7절의 주석에서 볼 수 있는 바와 같이 정치권력에 의해 핍박당하고 배교를 강요당하는 상황에서도 끝까지 저항하는 그리스도인을 말한다. '이기는 자' 라는 표현은 특히 계시록 2장 26절에서 '끝까지 내 일을 지키는 자' 로 설명된다. 왜냐하면 여기서 사용되는 접속사 καί(카이)는 보충 설명의 기능을 가지고 있는 것으로 볼 수 있기 때문이다. 여기서 '내 일' 이라는 표현은 그리스도의 증언과 관련된다. 왜냐하면 '내 일' 이라는 표현은 계시록 1장 1~2절 및 22장 16절과 관련지어 읽을 때 잘 이해할 수 있기 때문이다. 이 구절들에서 그리스도는 자신의 교회를 향하여 하나님의 모든 계시를 증언하는 자로 묘사된다. 요한계시록에서 그리스도의 가장 중요한 활동은 증언하는 일이다. 따라서 요한계시록에서 '이긴다' 라는 말은 그리스도인들이 그리스도의 증언을 끝까지 지켜 행하는 것을 의미한다.

또한 계시록 2장 13절의 '내 이름 때문에' 라는 표현에서 눈여겨보아야 할 것은, 이 표현이 3장 8절의 "내 이름을 모른다고 하지 않았다"와 2장 13절의 "내 이름을 굳게 잡아서"라고 하는 두 가지 표현과 함께 병행하여 사용되고 있다는 점이다. 특히 2장 13절에 나오는 "내 이름을 굳게 잡아서"와 "나를 믿는 믿음을 저버리지 않았다"는 같은 의미를 가지고 있는 것으로 간주되어야 한다. 왜냐하면 2장 13절에서 사용되는 접속사 καί(카이)는 보충 설명의 기능을 가지고 있는 것으로 볼 수 있으며, 계시록 3:8c에서는 "나를 믿는 믿음을 저버리지 않았다"라는 표현에 직접적으로 상응하는 표현으로서 "내 이름을 모른다고 하지 않았다"라는 표현이 사용되고 있기 때문이다.

지금까지의 고찰에 근거해서 볼 때, 계시록 2장 2~3절에서의 '인내' 개념은 다음과 같이 이해될 수 있다. '인내' 는 그리스도인들이 그리스도에 대한 신앙 때문에 당하는 어떠한 박해 상황 속에서라도 그 어려움을 견디며 그리스도의 증언을 끝까지 지키는 것을 의미한다. 그리고 여기서 특징적인 것은 '인내' 가 마지막 때의 구원을 위한 전제 조건으로써 강조되는 점이다.

또 악한 자들을 용납하지 아니한 것과 자칭 사도라 하되 아닌 자들을 시험하여 그의 거짓된 것을 네가 드러낸 것과 '악한 자들'은 2c절에 언급된 거짓 사도들을 가리키는 것으로 보인다. 이 거짓 사도들은 외부에서 교회 안으로 들어 온 사람들이다. 많은 주석가들은 이들을 6절에 언급된 니골라당과 동일한 사람들로 추측하지만, 사타케(A. Satake, *Die Gemeindeordnung in der Johannesapokalypse*, 136(주 1과 함께))는 다음과 같이 반론을 잘 제기해 주었다. ① 거짓 사도들은 교회 안에 있는 니골라당과 다르게 외부에서 교회를 방문한 사람들이다. ② 니골라당 및 여 예언자로 자처한 이세벨에 대해서는 교회가 시험을 행하지 않은 반면, 거짓 사도들에 대해서는 시험을 행했다.

여기에 나오는 거짓 사도들은 유랑 설교자들이었던 것 같다(디다케 11:3~6 참조). 왜냐하면 그들은 우선 교회 공동체에 잘 알려져 있지 않았기에 교회가 이들에 대해 시험을 해야 했기 때문이다. 이러한 시험 절차는 이미 고린도에서 행해졌던 영 분별을 상기시킨다.(고전12:10 참조) 또한 우리는 에베소인들에게 보낸 이그나티우스의 편지(9:1)를 통해 에베소 교회가 악한 교리들을 가진 유랑 설교자들이 그것을 뿌리도록 허락하지 않았다는 것을 알게 된다. 물론 우리는 계시록 2장 2절의 기술을 이그나티우스에 의해서 보도된 사건과 직접적으로 관련시킬 수는 없을 것이다. 왜냐하면 두 서신의 보도는 초기 기독교의 역사에서 반복되어 나타난 전형적인 현상이었기 때문이다.

3절 또 네가 참고 내 이름을 위하여 견디고 게으르지 아니한 것을 아노라 이 구절에 관해서는 2절의 주석을 참조할 것.

4절 그러나 너를 책망할 것이 있나니 너의 처음 사랑을 버렸느니라 이 구절에서 올리어진 그리스도는 에베소 교회의 교인들을 질책한다. 그 이유는 그들이 처음에 가졌던 사랑을 버렸기 때문이다. 여기서 '처음 사랑' 이 무엇을 의미하는지에 대해서도 논의의 여지가 있다. '처음 사랑' 을 회개 이후 성령이 충만한 상태 및 하나님에 대한 사랑이라고 보는 주석가들이 있는가 하면, 형제 사랑을 의미한다고 생각하는 이들이 있다. 특히 후자의 주석가들은 4절의 '처음 사랑' 이 5절의 '처음 행위' 에 상응한다고 보는데, 이는 2장 19절에서 '사랑' 을 '섬김' (봉사)과 함께 칭찬 받는 행위의 덕목으로 나타내고 있기 때문이라는 것이다. 그러나 계시록 저자의 목표는 아마도 전자와 후자를 모두 포함한 하나님 사랑과 이웃 사랑의 전 영역을 활발하게 하고자 하는 데 있었다고 볼 수 있을 것이다.

5절 그러므로 어디서 떨어졌는지를 생각하고 회개하여 처음 행위를 가지라 이 어구는 세 명령문으로 구성되어 있다. 로마이어(L. Lohmeyer, *Komm.*, 22)는 이 세 명령문이 심리학적인 의미에서 회개의 세 단계를 말한다고 주장했지만, 이 주장은 설득력이 없어 보인다. 왜냐하면 두 명령, 즉 '교회 공동체의 처음 경험에 대한 기억에의 촉구' 와 '회개의 촉구' 는 이 권고문의 주요 요소이고, 셋째 명령문인 '처음 행위를 가지라' 는 회개의 촉구를 부연설명하고 있기 때문이다. 이것은 '생각하다' 의 경우 현재 능동태 명령법이 사용되는 반면에, '회개하다' 와 '행하다' (개역의 '가지라' 는 '행하다' 라는 말을 이렇게 번역한 것임)의 경우는 단순과거 능동태 명령법이 사용되고 있다는 점과, '처음 사랑' 과 '처음 행위' 가 같은 의미로 사용되는 것을 보아서도 잘 인식될 수 있다. 따라서 '회개하라' 다음에 나오는 kai,(카이)는 여기서 보충설명의 기능을 가지고 있는 접속사로 보아야 할 것이다.

그런데 여기서 우리의 주목을 끄는 것은 이 구절이 회개의 촉구와 기억에의 촉구를 함께 연관시키고 있다는 점이다. 여기서 특징적인 것은 요한이 기억에의 촉구를 회개를 위한 전제로 사용하고 있는 것과, 기억의 요소를 기독교로의 개종에 대한 언급으로 볼 수 있는 교회 공동체의 구원 상태와 관련시키고 있다는 점이다.

지금까지의 고찰로부터 우리는 다음과 같이 요약할 수 있다. 계시록 2장 5절에서의 회개는 그리스도인들이 처음의 행위로 되돌아가는 것을 의미한다. 여기서 저자는 그리스도인들이 하나님과 이웃에 대해 잃어버린 사랑의 회복을 강조한다. 그리스도인들의 회개는 기독교로의 귀의를 기억하는 행위로부터 시작된다는 것이다.

만일 그리하지 아니하고 회개하지 아니하면 내가 네게 가서 네 촛대를 그 자리에서 옮기리라 여기서 올리어진 그리스도는 에베소 교회가 회개하지 않을 경우 심판이 임할 것을 예고한다. 그런데 지금까지의 연구에서 이 심판예고는 매우 다양하게 해석되어 왔다.

크라프트(H. Kraft, 『요한 묵시록』, 96)는 이 심판예고를 스가랴 4장 1~14절로부터 설명하려고 시도했다. 그는 스가랴의 구절에 근거해서 촛대를 하나님으로부터 나오는 성령으로 해석하고, 요한이 이 문장을 통해 올리어진 그리스도가 에베소 교회의 교인들에게서 영의 근원을 빼앗아 갈 것이고, 하나님은 그들을 더 이상 보지 않을 것이라는 점을 강조한다고 주장했다. 그러나 이러한 해석은 설득력이 약하다. 왜냐하면 스가랴 4장 1~14절에는 촛대를 옮긴다는 표상이 없을 뿐만 아니라, 요한은 계시록 1장 20절에서 분명하게 일곱 촛대를 성령이 아닌 일곱 교회로 해석하기 때문이다.

이에 반해서 램세이(W.M. Ramsay, *The Letters to the Seven Churches of Asia*, 243)는 이 심판예고를 에베소 교회의 지역적 위치의 변경으로, 짠(Th. Zahn, *Komm. I*, 225)은 추방 또는 박해로, 그 외 일련의 주석가들은 교회의 파괴로 이해한다.

그런데 이 심판예고를 이해하기 위해 우리가 주목해야 할 것은, 이 심판예고가 그리스도의 재림예고("내가 네게 임하여": 이에 관해서는 졸저 『요한계시록 연구』, 246~248을 참조할 것)와의 관련 속에서 나온다는 점이다. 따라서 여기서의 심판예고는 잠정적 심판을 말하는 것이 아니라, 마지막 때의 심판을 말하고 있다는 것을 알 수 있다. 다시 말해서 요한은 최후의 심판 때의 교회의 운명에 대해 생각하고 있다. 그러므로 우리는 이 심판예고의 의미를 다음과 같이 말할 수 있다. 만일 교회가 회개하지 않는다면, 그리스도는 그런 교회를 마지막 때의 구원 공동체로부터 배제시킬 것이다.

6절 오직 네게 이것이 있으니 네가 니골라당의 행위를 미워하는도다 나도 이것을 미워하노라 에베소 교회는 처음에 가졌던 사랑을 저버린 데 대해서 질책을 받았지만 니골라당의 소행을 미워한 점에 대해서는 칭찬을 받는다. 니골라당에 대해서는 본 주석서의 서론부에 있는 "요한계시록의 기원 상황(1. 내적 상황)"을 참조할 것.

7절 귀 있는 자는 성령이 교회들에게 하시는 말씀을 들을지어다 이 어구는 계시록 2~3장에서 이 구절 외에 2장 11, 17, 29절, 3장 6, 13, 22절에도 똑같은 문장으로 나타난다. 앞서 언급한 바와 같이, "귀 있는 자는 들으라."는 유대교와 초기 기독교에서 듣는 자로 하여금 각기 자기를 두고 하는 말로 생각하도록 촉구하는 특별한 계시를 위한 신호로 사용된 말이다. 계시록 2~3장에서 요한은 각 교회에 그때그때 개별적으로 말해진 것들이 '성령이 교회들에게 하시는 말씀을' 이라는 부가어를 통해 모든 교회에 적용되어야 한다고 강조한다.

그런데 여기서 주목을 끄는 것은 성령을 메시지를 말하는 자로서 언급한다는 점이다. 그리고 성령에 관해서는 더 자세한 설명 없이 오직 '말한다' 로 그의 활동을 특징짓고 있다. 이를 자세히 알기 위해서는 '깨우는 말' 이 담고 있는 성령의 의미에 대해 살펴보아야 할 것이다.

지금까지의 연구에서 이 '깨우는 말' 에 나오는 '성령' 개념을 가장 자세히 분석한 주석가는 홀츠(T. Holtz, *Die Christologie der Apokalypse*, 208~211)다. 그는 이 개념을 해석하기 위해 '성령' 의 활동을 '말한다' 로 특징짓고 있는 계시록 14장 13절과 22장 17절을 끌어들인다. 그리고 이 두 구절 중에서 그는 특히 22장 17절에서 성령이 신부, 즉 교회와 함께 그리스도의 오심을 탄원하는 점에 주목한다. 이 고찰에 근거해서 그는 계시록 2~3장에 나오는 '성령' 개념을 다음과 같이 설명한다. "성령은 교회를 위해 중재를 하며 교회와 함께 완성의 도래를 탄원하고, 이와 동시에 약속과 권고 안에서 지상의 전(全) 교회를 위해 그리스도를 대리하는 권세다." 그리고 그는 이에 가장 가까운 전통사적 연결점을 로마서 8장 26절과 요한복음의 '보혜사 성령' 개념에서 찾는다.

그러나 필자는 홀츠가 계시록 2~3장에 나오는 '성령' 에 관한 언급을 단지 계시록 22장 17절과의 관련 속에서만 해석했을 뿐, 계시록 14장 13절을 충분히 고려하지 않았다는 점을 지적하고 싶다. 계시록 14장 13절에서의 성령도 계시록 2~3장에서처럼 말하는 자로 나타난다. 이 구절의 "성령이 말씀하셨습니다."라는 문장은 기독교 전승 안에서 예언적 담론 전통으로부터 유래하는 '영의 말씀'의 문체에 상응한다. 예언적 담론 전통에서는 예언자가 자신의 것을 말하는 것이 아니라, 오직 하나님의 영이 그 안에서 말한다. 우리는 신약성서에서 이러한 말씀들을 많이 찾아볼 수 있다. 요한계시록에 나오는 말하는 자로서의 성령과 관련해서 사도행전의 몇몇 구절들이 주목할 만한 가치가 있다.(행10:19, 22, 13:2, 16:6, 21:11 참조) 이 구절들에서 성령에 충만한 사람들의 말은 '성령'의 말로 나타난다. 특히 계시록 14장 13절의 "성령이 가라사대 그러하다."와 사도행전 21장 11절의 "성령이 말씀하시되"와의 비교는 기독교 전승에서 예언적 담론 전통으로부터 유래하는 '영의 말씀'의 문체가 계시록 14장 13절에 있는 묵시문학적 도식과 상당히 유사하다는 것을 보여 준다. 여기서 성령은 하나님의 계시의 기관으로 나타난다.

이러한 실상은 계시록 2~3장에 있는 서신들의 문맥에 의해서도 입증된다. 계시록 2~3장에 있는 '성령'에 관한 언급은 분명히 각 서신의 처음 부분에 나오는 소위 '사자(使者) 정형어구'와 상관관계를 이루고 있다. '사자 정형어구'는 그 다음에 나오는 모든 말들을 그리스도의 말씀으로 나타내는데, 이 그리스도의 말씀은 "귀 있는 자는 성령이 교회들에게 하시는 말씀을 들으라."라는 문장을 통해서 성령의 말씀으로 표명된다.

여기서 우리는 계시록 2~3장에 있는 서신들의 메시지가 올리어진 그리스도의 말씀으로 특징지어지는 문맥에 대해 더 자세히 고찰할 필요가 있다. 계시록 1장 1절에서는 요한계시록을 예수 그리스도의 계시라고 못 박고 있다. 즉, 하나님이 그리스도에게 주신 계시를 그리스도가 예언자 요한에게 알게 해주었다는 것이다. 또한 2절에서는 그리스도의 계시를 그리스도의 증언으로 특징짓고 있으며, 5절에서는 그리스도를 하나님과 더불어 은혜와 평화를 내려주는 분으로 간주하고 있다. 이때 그리스도는 우선 신실한 증인으로 불리는데, 이러한 표현은 계시록 3장 14절에 있는 '사자정형어구'에도 나온다. 여기서 그리스도는 신실하시고 참되신 증인으로 불리고 있는데, 이것은 그리스도의 계시 활동과 연관되어 있다. 따라서 여기서 그리스도는 모든 계시의 중개자로서 요한계시록 자체를 증언하는 자로 묘사되고 있는 것이다. 그러므로 계시록 저자가 '깨우는 말'에서 '성령이 교회들에게 하시는 말씀'이라는 말을 사용한 것은 그리스도의 계시의 활동이 성령을 통해 교회로 공포된다는 것을 의미하는 것임을 인식할 수 있다.

이기는 그에게는 '이긴다'(*νικᾶν*(니칸))라는 단어는 계시록 저자가 즐겨 쓰는 표현으로 요한계시록에서 모두 열일곱 번이나 사용된다. 이 중 '이기는 자'(*ὁ νικῶν*(호 니콘))는 마지막 때의 구원에 대한 약속을 받는 사람들의 호칭으로 사용되는데, 눈에 띄는 것은 '이기는 자'가 계시록 2장 26절에서는 '끝까지 내 일을 지키는 자'로 더 자세히 설명되고 있으며, 3장 21절에서는 "내가 이긴다."라는 표현을 통해 강조하고자 하는 그리스도의 승리가 '이기는 자'와 병행되고 있다는 점이다. 3장 21절에 표현된 그리스도의 승리는 5장 5~9절에 의해 설명될 수 있다. 5장 5절에서도 3장 21b절에서처럼 "내가 이긴다."라는 표현을 통해 어린 양이 이겼다는 것이 강조된다. 그리고 5장 9절에서는 5절의 "내가 이겼다."가 폭력을 당한 어린 양의 죽음으로 해석된다. 따라서 우리는 여기서 순교 그 자체가 곧 승리로 강조되고 있음을 알 수 있다.

이와 같이 그리스도의 승리가 3장 21절에서 약속을 받는 자의 승리와 병행되어 나타나고 있기 때문에, 몇몇 주석가들은 '이기는 자'를 순교자로 해석한다. 이에 반해서 다른 주석가들은 '이기는 자'를 오직 순교자에만 제한하지 않고, 자신의 삶에 닥쳐오는 모든 시험들을 이겨낸 믿는 자들로 이해한다. 이들이 제시한 논거들은 다음과 같이 세 가지로 요약될 수 있다.

① 이기는 자에게 주는 구원에 대한 약속의 말씀은 교회의 모든 구성원들에게로 향한다. 그러나 계시록 저자가 전 그리스도인이 순교를 당할 것이라고 예상했다고 보기는 어렵다.

② 요한계시록에서 '이긴다' 라는 단어는 무조건 수난과 관련이 있는 것이 아니다. 예를 들어 계시록 21장 7~8절에서는 '이기는 자' 가 비겁한 자, 신실하지 못한 자, 가증한 자, 살인한 자들과 대조되어 사용되고 있다.

③ 계시록 5장 5절에서는 '이긴다' 의 어법을 이기는 자에게 주는 구원에 대한 약속의 말씀과 연관질 수 없다. 왜냐하면 후자의 경우 이긴다는 것은 내용상으로 볼 때 권능을 가지고 있음을 뜻하기 때문이다.

이상에서 볼 때 '이기는 자' 를 오직 순교자로만 한정지어서 생각하기는 어렵다. 그러나 '승리' 모티브는 요한계시록에서 절박한 자리를 차지하고 있으며, 순교 상황과 밀접한 관련이 있는 것 또한 부인할 수 없다. 이를 위해서는 다음의 논거들을 제시할 수 있다.

① 요한계시록의 '이긴다' 라는 용어는 유대교의 순교자 언어에서 유래한다. 우리는 마카베오 4서에서 이 용어가 내용적으로 요한계시록과 같은 맥락에서 다루어지고 있음을 발견할 수 있다. 마카베오 4서 1장 16절에는 순교자들이 그들의 용기와 인내로 지배자들을 물리쳤다는 내용이 나오고, 6장 13절에는 경건한 이성이 정념을 이긴다는 문구가 있으며, 17장 12절에서는 승리의 상(賞)으로 영생하게 될 것이라고 강조한다. 이 세 구절들과 요한계시록의 유사점은 '승리' 모티브에 있다. 이 두 문서에서 '이기는 자' 라는 용어는 죽기까지 저항하는 것, 다시 말해서 신앙에 대한 권력의 간섭에 저항해서 자신의 정체성을 끝까지 지키는 것을 말한다.(계2:26,

12:11, 13:7~8, 15:2 참조) 그리고 요한계시록에서처럼 마카베오 4서도 영생과 관련된 승리의 상에 대해 언급하고 있다.

② 요한계시록에 있는 소위 소아시아의 일곱 교회에 보낸 편지들(특히 서머나 교회와 버가모 교회에 보낸 편지들)에서는 로마 제국과의 싸움으로 인한 긴장된 분위기를 느낄 수 있다. 물론 일곱 서신들 모두에서 이에 대한 간접증거를 발견할 수 있는 것은 아니다. 그러나 우리는 이 일곱 서신들의 에큐메니칼한 성격을 고려해야 한다.

③ 계시록 저자는 부분적인 박해 경험 속에서(계2:13, 16:4~7 참조) 가까운 미래에 기독교인들에게 임할 총체적인 박해를 예감한다.

④ 요한계시록에서 '이기는 자' 라는 표현이 그리스도인들을 지칭하여 사용될 때, 이것은 자주 로마 제국을 상징하는 짐승과의 싸움과 관련이 되곤 한다.(계12:11, 15:2, 17:14, 11:7, 13:7 참조)

⑤ 요한계시록에서 '이긴다' 에 관한 모든 언급들은 죽음 및 죽임과 관련이 있다.

⑥ 계시록 2~3장에 있는 '이기는 자에게 주는 구원에 대한 약속의 말씀' 을 요약하는 계시록 21장 7절은 순교자 전통과 연관되어 있다.

지금까지의 고찰로부터 우리는 '이기는 자' 는 자신의 삶에 닥쳐오는 모든 시험을 이겨내는 기독교인으로 결론을 맺을 수 있다. 그러나 여기서 이기는 자에게 주는 구원 약속의 말씀은 지상의 불신앙적인 정치권력에 유혹되어 타락하기 쉬운 그리스도인들에 대한 경고 선언이다. 이 선언은 부분적으로 이미 박해 경험이 있었음을 전제하고 있다. 이 제한된 박해 경험 속에서 계시록 저자는 기본적으로 로마 제국과의 잠재적인 갈등을 인식했고, 이 '이기는 자에게 주는 구원에 대한 약속의 말씀' 을 통해 그의 수신교회들이 로마 제국과의 싸움에서도 그들의 정체성을 간직할 것을 촉구했다. '이기는 자', 그는 누구인가? 그는 지상의 어떠한 정치권력에 의한 유혹에도 타락하지 않고 맞서서 죽기까지 신앙의 정절을 지키기 위해 저항할 수 있는 사람을 말한다.

내가 하나님의 낙원에 있는 생명나무의 열매를 주어 먹게 하리라 이 구절에는 이기는 자에게 하나님의 낙원에 있는 생명나무 열매를 주겠다는 약속이 언급되고 있다.

'하나님의 낙원에 있는 생명의 나무' 표상은 유대교의 묵시사상적 문헌에서도 찾아볼 수 있다.(열 두족장의 유훈 중 레위의 유훈 18:10~11; 에티오피아어 에녹서 25:4~5; 제4 에스라서 8:52; 모세 묵시록 28장; 슬라브어 에녹서 8:3 참조) 거기에서 낙원이란 마지막 구원의 장소로서 천복을 받은 자들이 거처할 곳이며, 그 곳에 있는 자들의 양식으로 생명의 나무가 언급되고 있다. 그런데 요한계시록의 관계문장 "하나님의 낙원에 있는"은 태고시대의 낙원을 언급하고 있는 창세기 3장 3절(LXX)을 상기시킨다.

그러나 요한계시록에서는 창세기 3장 3절의 '동산 중앙에 있는' 대신에 에스겔 31장 8절(LXX)의 '하나님의 낙원에 있는'이 사용되고 있는 점이 눈에 띈다.

그러면 계시록 저자가 이 구절을 통해 말하고자 한 신학적 의도는 무엇인가?

이를 위해 우선 계시록 2장 3절과의 연관성을 살펴볼 필요가 있다. 이 구절에는 에베소 교회 안에 있던 그리스도의 이름을 위하여 참고 견디며 낙심하지 않아 칭찬받는 교인들 이야기가 나온다. 문맥 분석을 통해 우리는 계시록 2장 7b절이 3절에 나오는 핍박으로 위협받는 기독교인들과 관련이 있다는 것을 알 수 있다. 계시록 저자는 그리스도에 대한 신앙 때문에 핍박을 당하는 상황에서 참고 견디는 기독교인들에게 용기를 북돋우기 위하여, 계시록 2장 7b절에서 이기는 자에게는 마지막 때의 구원이 있을 것이라는 약속의 말씀을 들려주고 있다. 이때 그는 앞서 말한 바와 같이, 마지막 때의 낙원에 관한 유대교 묵시문학의 종말론적 사변의 영향 하에서 마지막 때의 보상으로서 "생명나무의 열매를 먹게 하겠다."라는 표현을 사용한다.

크라프트(H. Kraft,『요한묵시록』, 99)는 이 계시록 2장 7b절을 불사의 매개로서의 성만찬이 암시되어 있는 구절로 간주했고, 여기에 나타난 '생명의 나무'는 그리스도의 십자가를 의미한다고 주장했다. 그러나 이러한 해석은 텍스트에서 어떤 근거도 찾아볼 수 없다. '생명의 나무' 표현은 요한계시록에서 2장 7b절 외에 세 번 나타난다.(22:2, 14, 19) 22장 2절에 의하면 '생명의 나무'는 '하나님의 낙원'과 동일시되는 새 예루살렘의 구성요소로, 하나님의 새로운 도성에서의 영원한 생명력의 충만을 위한 표상으로 사용된다. 따라서 2장 7b절은 요한계시록 전체의 결말 부분과의 관련 속에서 이해되어야 한다. 이 약속의 말씀을 통해서 말하고자 한 계시록 저자의 의도는, 핍박으로 인해 위협받는 상황 속에서 끝까지 인내하여 이긴 자들이 하나님의 새로운 도성에서 영원한 생명력의 충만 속에 살게 될 것임을 강조하고자 한 데에 있다.

3) 설교가이드

계시록 2~3장에 있는 편지의 메시지들은 요한계시록이 기록될 당시에 있었던 소아시아의 교회들뿐만 아니라, 오늘날의 교회들에도 해당된다. 왜냐하면 우리는 오늘날의 교회들에서도 소아시아의 교회들이 보여 주었던 영적 상태와 거의 같은 상태를 볼 수 있기 때문이다. 앞에서 본 바와 같이, 일곱 교회 중 두 교회(서머나 교회와 빌라델비아 교회)를 제외한 나머지 교회에 보낸 편지들에서는 질책과 회개의 촉구가 전체 구조 안에서 그 중심에 들어 있다. 따라서 계시록 2~3장에서는 이 부분에 초점을 맞추고 설교를 준비할 수 있을 것이다. 물론 질책이 없이 칭찬만 나오는 본문들에서는 칭찬 부분에 초점을 맞추면 될 것이다.

먼저 에베소 교회는 수고와 인내 면에서 칭찬을 받았지만, 처음 사랑을 버린 데 대해서 책망을 듣는다. 따라서 이 본문에서는 '잃어버린 사랑'이라는 제목으로 설교를 작성할 수 있을 것이다.

① 사실 에베소 교회는 주님으로부터 칭찬을 들을 만큼 장점이 많은 교회였다. 이 교회는 외부에서 들어온 거짓 사도들에 대항하여 싸운 소위 정통주의적인 교회였다. 그리고 이 교회는 그리스도에 대한 신앙 때문에 당하는 박해 상황 속에서도 그 어려움을 견디었으며 낙심하지 않았다. 게다가 이 교회는 교회 안에서 우상 숭배와 음행을 조장한 니골라당의 소행을 미워했다. 이런 점에서 볼 때, 에베소 교회는 교회의 모델인 것처럼 보였다.

② 그러나 에베소 교회는 처음 사랑을 버렸기 때문에 주님으로부터 심한 질책을 듣는다. 여기에 나오는 처음 사랑은 처음 회개 이후 성령이 충만한 상태 및 하나님에 대한 사랑과 이웃 사랑의 전(全) 의미 영역을 포함하고 있다. 예수께서도 하나님을 사랑하고 이웃을 사랑하는 것이 모든 계명 중에서 가장 으뜸이 되는 것이라고 말씀하셨다.(막12:28~34; 마22:34~40; 눅10:25~28 참조) 사랑이 없으면 소위 정통도 전통주의가 되고 만다. 사도 바울은 "내가 예언하는 능력을 가지고 있을지라도, 또 내가 모든 비밀과 모든 지식을 가지고 있을지라도, 또 산을 옮길 만한 모든 믿음을 가지고 있을지라도 내게 사랑이 없으면 아무 것도 아닙니다."라고 하지 않았는가? (고전13:2)

③ 현대의 교회는 하나님 및 그리스도와 이웃들에 대한 진실된 관심을 점점 잃어가는 경우가 많다. 교회가 영적으로 바로 부흥하기 위해서는 잃어버린 사랑을 회복해야 한다. 그러기 위해서 우리는 본문 말씀을 통해 들려주는 주님의 회개 촉구에 겸손히 응해야 한다. 본문 말씀은 회개를 위한 전제로서 먼저 처음 사랑이 어디에서 떨어졌는지 생각할 것을 촉구한다. 이것은 기독교로의 개종과 관련이 있다. 기독교인들의 회개는 기독교로의 귀의를 기억하는 행위로 시작된다는 것이다. 다시 말해서 잃어버린 사랑을 회복하려면 우리가 처음에 기독교를 믿게 되었을 때에 하나님과 이웃에 대해 가졌던 그 순수하고 뜨거운 사랑을 기억해야 한다는 것이다. 여기서 회개는 기독교인들이 처음의 행위로 되돌아가는 것을 의미한다.

2. 2:8~11: 서머나 교회에 보내는 편지

8서머나 교회의 사자에게 편지하라 처음이며 마지막이요 죽었다가 살아
나신 이가 이르시되 9내가 네 환난과 궁핍을 알거니와 실상은 네가 부요
한 자니라 자칭 유대인이라 하는 자들의 비방도 알거니와 실상은 유대
인이 아니요 사탄의 회당이라 10너는 장차 받을 고난을 두려워하지 말라
볼지어다 마귀가 장차 너희 가운데에서 몇 사람을 옥에 던져 시험을 받
게 하리니 너희가 십 일 동안 환난을 받으리라 네가 죽도록 충성하라 그
리하면 내가 생명의 관을 네게 주리라 11귀 있는 자는 성령이 교회들에
게 하시는 말씀을 들을지어다 이기는 자는 둘째 사망의 해를 받지 아니
하리라

1) 본문 소개

서머나는 에베소에서 북쪽으로 약 120㎞ 쯤 떨어진 곳에 위치해 있었고, 소아시아에서 가장 아름다운 도시였다. 이 도시는 B.C. 1200년 전에 건설되었으나, B.C. 575년에 아디아의 왕 알리아테스(Alyattes)에 의해 파괴되었다가, 알렉산더 대왕과 그의 후계자들인 안티고누스(Antigonus)와 리시마쿠스(Lysimachus)에 의해 재건되었다. 서머나는 일찍부터 로마에 충성한 도시로 이미 B.C. 195년에는 로마의 여신을 위한 성소가, A.D. 26년에는 티베리우스 황제를 위한 신전이 건립되었다. 또한 이 도시는 이시스(Isis), 아프로디테(Aphrodite), 아스클레피오스(Asklepios) 그리고 키벨레(Kybele)와 같은 신들도 숭배했다. 이 도시는 에베소, 버가모와 함께 아시아의 제1 도시가 되기 위해 노력했다. 그리고 여기에는 소아시아의 대극장들과 중요한 도서관이 있었다.

서머나 교회의 기원에 관해서 신약은 어떤 정보도 제공해 주지 않는다. 헤머(C. J. Hemer, *The Letters to the Seven Churches of Asia in Their Local Setting*, 66)는 약 52~55년경 혹은 그 이전에 이미 서머나에 교회가 설립되었을 것이라고 추측 하지만 확실하지는 않다. 뮐러(U. B. Müller, *Komm.*, 105)는 서머나의 폴리캅의 서신(11:3)을 증거로 대면서 바울의 시대에는 서머나에 교회가 존재하지 않았을 것이라고 주장한다.

계시록 저자는 서머나 교회를 질책하지 않고 단지 칭찬만 한다. 따라서 본문에는 회개의 촉구가 없다.

본문은 다음과 같이 구성되어 있다.

(1) 서론(8절)

① 기록명령(8a절)

② 사자(使者) 정형어구(8b절)

(2) 본론(9~10절)

① 억압당하는 상황에 대한 언급 및 칭찬(9절)

② 순교에 대한 격려 형식 안에서의 권고(10a~b절)

③ 조건적 구원 예고(10c절)

(3) 결론(11절)

① "들으라" 정형어구(11a절)

② 이기는 자에게 주는 약속의 말씀(11b절)

2) 본문 주석

8절 서머나 교회의 사자에게 편지하라 2장 1절의 주석을 참조할 것.

처음이며 마지막이요 죽었다가 살아나신 이가 이르시되 '처음이며 마지막'은 1장 17절의 표현을 다시 반복한 것으로, 그리스도가 창조의 근원이며 역사의 목표임을 말하고 있다.(1:17의 주석을 참조할 것)

'죽었다가 살아나신 이'는 1장 18절의 표현과 연관된다. 그런데 여기서 우리의 주목을 끄는 것은 동사 '산다'의 경우 단순과거형 ἔζησεν(에제센)이 사용된다는 점이다. 이 어법은 그리스도의 죽음과 부활의 사실을 보도하는 로마서 14장 9절(이를 위해서 그리스도께서 죽었다가 다시 살으셨으니 곧 죽은 자와 산 자의 주가 되려 하심이라.)을 상기시킨다. 그리스도의 죽음과 부활에 관한 진술이 교회 전승으로부터 받은 기독론적 신앙고백문이라는 것은 고린도전서 15장 3~5절에 의해 입증되고 있으며, 이 신앙고백문은 로마서 14장 9절을 포함한 여러 변형의 형태로 전승되었다.(고후 5:15; 롬4:25, 6:10, 8:34b; 살전4:4 참조) 따라서 계시록 2장 8절의 '죽었다가 살아나신 이'라는 표현은 그리스도의 죽음과 부활에 관한 초기 기독교의 전승 자료에 그 뿌리를 둔 것으로 보인다. 그런데 우리는 본 구절의 기독론적 칭호가 '처음이며 마지막' 이라는 칭호에 그리스도의 죽음과 부활에 관한 진술이 덧붙여짐으로써 특별한 의미를 얻고 있다는 점에 주목해야 한다.

'처음과 마지막' 은, 이미 언급한 바와 같이, 원래 하나님께 해당되는 칭호를 요한이 그리스도에게로 전용한 칭호다.(1:8의 주석을 참조할 것) 여기서 요한은 그리스도를 완전히 하나님의 위치로 끌어올려 하나님을 나타내는 분으로 묘사하고 있다.

그런데 여기서 주목할 만한 가치가 있는 것은 본 구절에서 '처음과 마지막' 은 그리스도의 죽음과 부활에 관한 진술의 보충을 통해 내용적으로 독자적인 진술이 되었다는 점이다. 여기서 우리는 그리스도의 부활의 의미를 강조하려는 요한의 의도를 엿볼 수 있다. 그리스도의 부활은 그리스도의 현재의 주권, 다시 말해서 죽은 자와 산 자에 대한 그리스도의 통치의 도래를 위한 근거다. 계시록 1장 5절에 의하면 그리스도는 죽은 자들 가운데서 먼저 나신 분이다. 그는 그의 부활을 통해 그에게 속한 모든 사람들의 생명을 보증한다. 그러므로 1장 18절에서 그리스도는 전에 죽었으나 이제 세세토록 살아 있는 자로 불린다.

2장 10, 11절도 이와 관련이 있다. 2장 10절에 의하면 서머나 교회는 고난, 시험, 그리고 환란으로 어려움을 당한다. 이러한 상황에서 이 교회는 "네가 죽도록 충성하라. 그리하면 내가 생명의 면류관을 네게 주리라."는 조건적 구원 예고의 말씀을 듣는다. 그리고 11절에서 이 교회는 이기는 자가 둘째 사망의 해를 받지 아니할 것이라는 약속을 받는다.

이 문맥으로부터 우리는 요한의 신학적 관심사를 인식할 수 있다. 요한은 삶과 죽음에 대한 그리스도의 영원한 권세가 지금 갈등으로 어려움을 당하고 있는 교회의 현재를 규정하고 있다는 것을 강조한다. 여기서 그리스도는 교회의 주로서 어떤 고난, 시험, 그리고 환란 속에서도 교회가 의지할 수 있는 분이라는 점이 강조되고 있다. 그리고 그리스도는 영원히 살아 계신 분이며 그에게 속하는 모든 사람들에게 마지막 때의 구원을 약속해 주시는 분이라는 점이 강조되고 있다.

9절 내가 네 환난과 궁핍을 알거니와 본 구절에서는 서머나 교회의 억압당하는 상황과 이 교회에 대한 칭찬이 언급되어 있다. 이 어구에 관해서는 1장 9절의 주석을 참조할 것.

여기서 우리의 주목을 끄는 것은 그렇게 번영된 도시에 살았던 그리스도인들이 가난했다는 점이다. 여기에는 그 당시 그리스도인들을 어렵게 만들었던 특수한 상황이 있었던 것으로 보인다. 즉, 그리스도인들은 이방인 시민들처럼 상업이나 수공업에 제대로 종사할 수 없었다. 왜냐하면 그들은 직공들이나 상인들의 조합에 가입해서 이방 제의와 밀접히 관련이 있는 축제에 참여해야 하는 당연한 절차에 따르지 않았기 때문이다. 그들의 물질적 빈곤은 바로 하나님과 그리스도 앞에서 가난하게 되는 것을 의미했다. 그들은 오직 하나님과 그리스도로부터 구원을 기대했다.

실상은 네가 부요한 자니라 여기서 요한은 서머나 교회가 외적으로 가난하지만 영적으로는 부한 교회였다는 것을 강조한다. 환란과 궁핍 속에서도 믿음으로 인내한 것은 이 교회가 얼마나 영적으로 부요했는지를 보여준 것이다.(고후6:10; 약2:5 참조)

자칭 유대인이라 하는 자들의 비방도 알거니와 실상은 유대인이 아니요 사탄의 회당이라 이에 관해서는 본 주석서의 서론에 있는 "요한계시록의 기원 상황"의 1. 내적 상황을 참조할 것.

10절 너는 장차 받을 고난을 두려워하지 말라 이 구절에는 서머나 교회에 고난이 계속될 것이나 두려워하지 않아도 된다는 위로의 말씀이 나온다. "두려워 말라."에 대해서는 1장 17절의 주석을 참조할 것.

볼지어다 마귀가 장차 너희 가운데서 몇 사람을 옥에 던져 시험을 받게 하리니 너희가 십 일 동안 환난을 받으리라 모든 시험들 뒤에 있는 원래의 적대자는 마귀다. 이 마귀가 몇 사람을 감옥에 던져 환난을 당하게 한다는 것이다.

여기서 요한은 로마 제국의 박해를 염두에 두고 있었다고 볼 수 있다. 왜냐하면 그 당시 사람들의 체포행위는 국가의 명령에 의해서만 가능했기 때문이다. 이 구절에 언급되는 투옥은 아마도 선고를 내리기 전의 체포를 의미한다고 볼 수 있다. 왜냐하면 그리스와 로마의 법에서 투옥은 범죄를 위한 형벌이 아니라, 벌금, 추방, 처형으로 분류되는 선고 바로 전의 절차였기 때문이다.

마귀가 활동할 수 있는 시간은 열흘이라는 기간으로 한정되어 있다. 여기서 '십일 동안'이란 꼭 열흘이란 뜻이 아니라 다니엘 1장 12, 14절에서 보여주고 있듯이 비교적 짧은 기간을 표시할 때 사용된 말이다.

네가 죽도록 충성하라 그리하면 내가 생명의 관을 네게 주리라 서머나 교인들은 그들의 생명이 위협받는 상황 속에서도 죽도록 충성하라는 권면을 받는다. 그렇게 할 경우 그들에게 생명의 관(冠)이 주어질 것이라는 약속을 받는다.

'생명의 관'이라는 구상어는 운동경기 때 승리자에게 면류관을 주는 그 당시 관습으로부터 유래한 것일 수 있다. 그러나 '관'이라는 말은 이미 초기 유대교에서 마지막 때의 구원을 위한 은유로 사용되었다.(지혜 5:15; 열두 족장의 유훈 중 베냐민의 유훈 4:1; 쿰란문헌 중 생활규칙서(1QS) 4:7;

찬송두루마리(1QH) 9:25; 시리아어 바룩 묵시록 15:8 참조) 하지만 초기 유대교 문헌에는 '생명의 관' 이라는 말이 나오지 않는다. 다른 한편 우리는 야고보서 1장 12절에서 계시록 2장 10c절과 매우 유사한 약속의 말씀을 발견할 수 있다. "주께서 자기를 사랑하는 자들에게 약속하신 생명의 면류관을 얻을 것임이니라." 본 구절에서 말하는 '생명' 은 마지막 때의 구원의 선물들에 대한 총체적 개념이다. 그러므로 여기서 '생명의 면류관' 은 계시록 21~22장에 나오는 하나님의 새로운 도성에서의 영생을 의미한다.

11절 귀 있는 자는 성령이 교회들에게 하시는 말씀을 들을지어다 2장 7절의 주석을 참조할 것.

이기는 자는 둘째 사망의 해를 받지 아니하리라 '이기는 자' 에 관해서는 2장 7절의 주석을 참조할 것.

이 구절에서는 둘째 사망에 대해 언급하고 있다. 이기는 자는 이 둘째 사망의 해를 면할 수 있다는 것이다. 요한계시록에서 '둘째 사망' 이라는 표현은 본 구절 외에도 20장 6, 14절, 21장 8절에 나타난다. 그 중에서 20장 14절과 21장 8절은 '둘째 사망' 에 대한 설명이라고 볼 수 있다. 20장 14절에서는 죽음의 종국적 멸망이 '둘째 사망' 으로 표현되고 있으며, 21장 8절에서는 이기는 자와 대조되는 비겁한 자들과 악인들에 대한 형벌이 최후의 심판 후 불과 유황이 타오르는 못 속에 던져지는 영원한 저주로 묘사되는데, 이 형벌이 '둘째 사망' 으로 불리고 있다.

'둘째 사망' 은 원래 옛 이집트의 『코핀 텍스트들』(Coffin Texts)과 『사자의 서』에서 사용된 표현이다. 여기서 이 개념은 몸이 죽은 후에 있게 되는 '영혼' (ba)의 완전한 멸망을 의미하는데, 계시록 20장 14절과 21장 8절에서처럼 여기서도 '둘째 사망' 과 '불못' 이 함께 나타난다. 또한 '둘째 사망' 개념은 유대교의 타르굼에서도 사용되는 것을 볼 수 있다.(*Tg. Jer.* 51:39, 57, *Tg. Deut.* 33:6, *Tg. Isa.* 22:14, 65:6, 15) 여기서는 '둘째 사망'이 다음과 같이 두 가지 의미를 지니고 있다. ① 부활로부터의 제외, 즉 무덤에 그대로 머무는 것 ② 영원한 저주를 받는 것.

전술한 이집트의 문헌들과 유대교의 타르굼, 그리고 계시록의 구절들을 비교해 보면, 계시록의 구절들은 이집트의 문헌들보다는 타르굼의 구절들에 더 가까운 것을 알 수 있다. 계시록에서도 '둘째 사망'은 타르굼에서 사용되는 두 가지 의미로 사용되고 있다. 계시록 20장 6절은 ①에 해당되고, 20장 14절과 21장 8절은 ②에 해당된다.

그러면 이제 계시록의 구절 분석으로 들어가 보자.

우선 전술한 네 구절들에서 어렵지 않게 인식할 수 있는 것은, 20장 14절과 21장 8절에서 계시록 저자가 '둘째 사망'에 대해 설명하고 있다는 점이다.

① 21장 8절에서는 이기는 자와 대조적으로 비겁한 자들과 악인들에게 주어지는 몫이 최후의 심판 후 불과 유황이 타오르는 못 속에 던져지는 영원한 저주로 묘사되며, 이 형벌이 '둘째 사망'으로 불리고 있다. 주석가들 중에는 이 영원한 저주가 끝없는 형벌이 아니라 적멸(寂滅)이라고 주장하는 이들이 있는데, 이 견해는 설득력이 약하다. 왜냐하면 계시록 14장 10~11절에 "…불과 유황으로 고통을 받게 될 것이다. 그 고통과 연기가 영원무궁하도록 올라갈 것이며 …밤에도 낮에도 휴식을 얻지 못할 것이다." 라는 묘사가 나오기 때문이다. 따라서 필자는 '둘째 사망'을 끝없는 형벌로 이해하는 입장에 동의한다.

② 20장 14절은 이해하기가 매우 어렵다. 왜냐하면 여기서 계시록 저자는 사망과 하데스가 불못에 던져진다고 언급한 후, 이것이 둘째 사망, 곧

불못이라고 하기 때문이다. 다시 말해서 여기서는 둘째 사망이 장소로 나타난다.

많은 주석가들은 본문의 문장을 그대로 받아들여 여기서 계시록 저자가 '둘째 사망' 을 불못과 동일시 여겼다고 주장한다. 이에 반해서 찰스(R. H. Charles, *Revelation*, 2.199~200)는 이 문제를 자료비평적인 분석으로 해결하려고 시도했다. 그는 계시록 20장 14b절을 현 텍스트 상으로는 불가능하다고 본다. 그 이유를 그는 다음과 같이 제시한다.

① 계시록 20장 14b절의 "이것이 둘째 사망, 바로 불못입니다."라는 문장은 오직 첫째 사망, 즉 육체적인 죽음을 겪은 인간과 관련해서 이루어질 수 있다.

② 심지어 계시록 20장 14b절에 나오는 죽음과 하데스가 인격으로 간주된다.

③ '둘째 사망' 의 바른 정의는 계시록 21장 8절에서 볼 수 있다. 여기서 '둘째 사망' 은 불못이 아니라, 불못에 던져지는 사람들의 몫이다.

이에 근거해서 찰스는 14b절을 원래 21장 8절에서 가져다가 여백에 기입한 첨가문으로 간주한다.

그러나 필자는 이러한 자료비평적 분석에 동의하고 싶지 않다. 왜냐하면 이러한 자료비평적 분석은 가설적인 면이 강할 뿐만 아니라, 모순되는 점을 판단할 경우 본문을 지나치게 현재의 논리에 입각해서 보게 되는 위험도 있기 때문이다. 필자는 계시록 20장 14절의 문제를 자료비평적으로 해결할 것이 아니라 전통사적으로 해결해야 한다고 본다. 왜냐하면 우리는 앞서 언급한 타르굼의 구절들 중 타르굼 이사야 65장 5~6절에서 날마다 불이 타오르는 게엔나가 '둘째 사망' 으로 표현되기 때문이다. 이 텍스트는 분명히 계시록 20장 14b절과 병행구다. 따라서 우리는 여기서 계시록 저자가 타르굼의 어법을 따라 이러한 표현을 사용했다고 말할 수 있다. 그러나 여기서 계시록 저자는 '둘째 사망'을 단지 장소의 의미로 사용한 것이 아니라 죽음의 죽음, 즉 궁극적인 죽음의 상태를 말하고자 '둘째 사망' 개념을 사용한 것으로 보인다. 마치 타르굼의 구절이 형식상으로는 '둘째 사망'을 게엔나와 동일시하여 표현하지만, 그 개념에 있어서는 '영원한 저주를 받는 것'이라는 의미로 사용하는 것처럼 말이다. 따라서 여기서 우리는 계시록 저자가 '둘째 사망' 개념을 사용할 때, 타르굼에 나오는 두 가지 의미에다 죽음의 궁극적인 멸망이라는 의미를 하나 더 첨가했다는 것을 알 수 있다.

① 신앙인들 중에 이기지 못한 자들과 악인들(불신앙인들)이 최후의 심판 후에 받게 될 영원한 형벌(계2:8, 2:11, 14:10~11 참조)

② 부활로부터의 제외(계20:6)

③ 죽음의 죽음, 즉 죽음의 궁극적인 멸망(20:14)

지금까지의 고찰에 근거해서 볼 때 우리는 계시록 2장 11b절의 약속의 말씀이 유대교의 전통 안에 있던 마지막 때에 있을 심판 사상과 밀접한 관련이 있다는 것을 알 수 있다. 계시록 저자는 이 약속의 말씀을 통해 하나님께 불충한 사람들에게는 영원히 저주 받는 형벌이 가해지는 반면, 이기는 자에게는 보상으로 하나님의 새로운 도성 안에서 영생이 주어진다는 점을 강조한 것이다. 이 마지막 때의 구원 약속은 시험과 환란으로 인해 위협받은 서머나 교회의 상황과 관련이 있다. 서머나 교회의 교인들은 죽음을 각오해야 하는 핍박 속에 놓여 있었다.(10절) 이러한 절박한 상황 속에서 시험을 당하는 교인들에게 계시록 저자는 그들이 미래에 대한 불안감을 떨쳐 버리고 죽기까지 하나님께 충성하도록 하기 위하여 이 약속의 말씀을 들려준 것이다. 여기서 그는 이기는 자, 곧 죽기까지 하나님께 충성한 자는 궁극적 사망의 해를 당하지 않고 하나님의 새로운 도성 안에서 영생을 얻게 될 것이라는 점을 강조한다.

3) 설교 가이드

이 본문에서는 '환란 중에 있는 그리스도인들' 이라는 제목으로 설교를 작성할 수 있을 것이다.

① 본문 말씀은 처음이시요 마지막이시며 죽었다가 다시 살아나신 분으로서의 그리스도가 보내는 편지의 형식을 취하고 있다. 그리스도가 처음이요 마지막이시라는 것은 그가 창조의 근원이며 역사의 목표임을 말한다. 그리스도가 죽었다가 다시 살아나신 것은 그리스도의 죽음과 부활에 관한 진술로서 그리스도의 현재의 주권, 즉 죽은 자와 산 자에 대한 그리스도의 통치의 도래에 관한 말씀이다. 이러한 분으로서의 그리스도가 서머나 교회의 상황에 대해 잘 알고 계신다고 말씀하신다. 서머나 교회의 상황에 대한 설명은 본문 주석을 참조할 것.

② 서머나 교회의 상황을 들을 때, 우선 우리의 머리에 떠오르는 것은 서머나 교회의 상황을 우리의 상황에 적용시키기가 쉽지 않다는 점이다. 물론 지금도 어느 나라에선가는 서머나 교회 교인들이 당한 것에 비길 만한 환란을 당하는 교회들도 있겠지만, 우리나라 그리스도인들의 상황은 그렇지 않다. 그러나 개인에 따라서는 다양한 종류의 환란과 핍박을 경험할 수 있다. 여기서 설교자는 오늘날 우리가 당하는 환란의 예들을 생생하게 제시해 주면 좋을 것이다. 그리고 이어서 본문 말씀에 의거해 우리에게 환란을 극복할 수 있는 가능성이 열려 있다는 것을 증거하면 될 것이다.

이때 결정적으로 중요한 것은 주님께서 우리의 상황을 잘 알고 계시다는 위로의 말씀("나는 네 환란과 궁핍을 안다.")과 권고("네가 장차 당할 고통을 두려워하지 말라."와 "죽도록 충성하라.") 및 약속("그리하면 내가 생명의 면류관을 네게 주겠다.")의 내용이다. 본문 말씀은 우리가 영적인 눈을 떠서 우리가 당하는 현재의 환란을 주님의 위로와 약속 하에 있는 상황으로 볼 수 있어야 한다는 것을 가르쳐 주고 있다.

③ 그러나 우리는 현재 신이나 객관적 진리, 객관적 과학은 존재하지 않기 때문에 우리 삶에 기초를 제공할 수 있는 절대적이고 보편적인 원리는 존재하지 않는다고 주장하는 포스트모더니즘 시대에 살고 있다. 다시 말해서 오늘날의 많은 사람들은 인간이 어떻게 살아가야 할 것인가에 대한 궁극적 해답인 구원적 진리의 존재에 확신이 없다. 이러한 시대에 그리스도께 죽도록 충성하면 그가 우리에게 생명의 면류관을 줄 것이라는 말씀은 공허한 메아리로 들릴지도 모른다.

그러나 우리는 이 말씀을 복음의 빛에서 이해할 수 있다. 여기서 설교자는 베드로의 예를 들 수 있을 것이다. 베드로는 늘 예수님 곁에 머무르며 그를 따르고자 한 예수님의 훌륭한 수제자였다. 그러나 그는 한 순간에 무너지는 패배를 경험한다. 그가 뜰에서 불을 쬐고 있을 때 대제사장의 여종이 그에게 다음과 같은 질문을 한다. "당신도 나사렛 예수와 같이 다녔지요?" 이때 그는 이것을 부인하면서 "나는 아무 것도 모른다. 네가 무슨 말을 하는지 모르겠다."라고 말한다. 그 후 그는 자신이 행한 일이 스승인 예수에 대한 배신 행위였음을 깨닫고 자신에 대해 엄청난 수치심을 느껴 울기 시작한다. 그런데 그 후에 부활하신 그리스도께서는 베드로를 만나 주신다. 부활하신 그리스도께서는 베드로가 자신을 배신했음에도 불구하고 그를 버리지 않으시고 그에게 손을 내미신다. 이 사건이 있은 후로 베드로는 다시 용기를 내어 그리스도께 죽도록 충성하는 자가 된다. 왜냐하면 베드로는 그리스도께서 처음과 마지막이시며, 죽었다가 다시 살아나신 분이라는 것을 알게 되었기 때문이다.

3. 2:12~17: 버가모 교회에 보내는 편지

12버가모 교회의 사자에게 편지하라 좌우에 날선 검을 가지신 이가 이르
시되 13네가 어디 사는지를 내가 아노니 거기는 사탄의 권좌가 있는 데
라 네가 내 이름을 굳게 잡아서 내 충성된 증인 안디바가 너희 가운데
곧 사탄이 사는 곳에서 죽임을 당할 때에도 나를 믿는 믿음을 저버리지
아니하였도다 14그러나 네게 두어 가지 책망할 것이 있나니 거기 네게
발람의 교훈을 지키는 자들이 있도다 발람이 발락을 가르쳐 이스라엘
자손 앞에 걸림돌을 놓아 우상의 제물을 먹게 하였고 또 행음하게 하였
느니라 15이와 같이 네게도 니골라당의 교훈을 지키는 자들이 있도다 16
그러므로 회개하라 그리하지 아니하면 내가 네게 속히 가서 내 입의 검
으로 그들과 싸우리라 17귀 있는 자는 성령이 교회들에게 하시는 말씀을
들을지어다 이기는 그에게는 내가 감추었던 만나를 주고 또 흰 돌을 줄
터인데 그 돌 위에 새 이름을 기록한 것이 있나니 받는 자밖에는 그 이
름을 알 사람이 없느니라

1) 본문 소개

버가모는 주 행정 관청과 로마 총독의 거주지를 에베소로 옮길 때까지 로마령 소아시아의 수도였다. B.C. 133년에 이 도시는 로마의 지배하에

들어갔으며 교육의 중심지로서 대도서관이 있었다. 또한 이 도시는 이방 제의의 중심지로서 제우스를 위한 거대한 제단을 비롯해서 아테네(Athene Nikephoros), 디오니소스(Dionysos), 헤라(Hera), 데메테르(Demeter), 아스클레피오스(Asklepios)를 위한 제단이 있었다. 특히 아스클레피오스 숭배와 이로 인한 치료 효과 때문에 각처에서 많은 사람들이 이 도시로 몰려들었다. B.C. 29년에는 이 도시에 로마의 여신과 아우구스투스 황제를 위한 신전이 처음으로 건립되었고, B.C. 20년에는 아테네 신전의 뜰에 세워졌던 아테네의 조각상을 아우구스투스 입상으로 대체하면서 명실 공히 소아시아의 황제 숭배 중심지가 되었다. 아우구스투스 황제는 물론 그의 부인 리비아(Livia)의 입상도 함께 가장 큰 체육관의 중앙 테라스에 세워졌고 데메테르 성소에서까지 이들을 위한 제의적 숭배가 행해졌다는 점에서, 황제숭배에 대한 이 도시의 관심 정도를 짐작할 수 있다.

버가모 교회의 기원에 대해서는 알기가 어렵다.

본문은 다음과 같이 구성되어 있다.

(1) 서론(12절)

① 기록 명령(12a절)

② 사자(使者) 정형어구(12b절)

(2) 본론(13~16절)

① 억압당하는 상황에 대한 언급 및 칭찬(13절)

② 질책(14~15절)

③ 권고(16a절): 회개의 촉구

④ 조건적 심판예고(16b절)

(3) 결론(17절)

① "들으라" 정형어구(17a절)

② 이기는 자에게 주는 약속의 말씀(17b절)

2) 본문 주석

12절 버가모 교회의 사자에게 편지하라 2장 1절의 주석을 참조할 것.

좌우에 날선 검을 가지신 이가 이르시되 1장 16절의 주석을 참조할 것.

13절 네가 어디 사는지를 내가 아노니 거기는 사탄의 권좌가 있는 데라 네가 내 이름을 굳게 잡아서 내 충성된 증인 안디바가 너희 가운데 곧 사탄이 사는 곳에서 죽임을 당할 때에도 나를 믿는 믿음을 저버리지 아니하였도다 이 구절에는 버가모 교회가 당하는 억압의 상황과 칭찬이 언급되어 있다. 이 구절에 관해서는 본 주석서의 서론에 있는 "요한계시록의 기원 상황(2. 외적 상황, 2) 소아시아의 교회들과 로마 제국 간의 갈등)"을 참조할 것.

14절 그러나 네게 두어 가지 책망할 것이 있나니 거기 네게 발람의 교훈을 지키는 자들이 있도다 발람이 발락을 가르쳐 이스라엘 자손 앞에 걸림돌을 놓아 우상의 제물을 먹게 하였고 또 행음하게 하였느니라 14~15절에는 버가모 교회의 일부 그리스도인들이 니골라당의 가르침을 따랐다는 이유로 질책을 받은 내용이 나온다. '발람의 교훈' 은 민수기 22~24장을 상기시킨다. 이 말씀에 의하면 발람은 이스라엘을 저주해 달라는 모압왕 발락의 부탁을 거절하고 그 대신 그들에게 야훼의 이름으로 하나님의 뜻을 전한다. 그러나 요한계시록에서 발람은 오직 부정적인 역할만 하는 것으로 되어 있다. 즉 그는 발락으로 하여금 이스라엘 자손 앞에 올무를 놓게 하고 우상의 제물을 먹게 하고, 또 음행하도록 가르쳤다는 것이다. 계시록 저자는 민수기 25장 1~3절과 31장 16절의 결합을 통해 이러한 이해에 도달된 것으로 보인다. 민수기 25장 1~3절을 보면 이스라엘 백성이 모압 여자들과 시작한 음행의 결과가 모압의 신인 '바알브올'에게 예배하기까지 이르게 되었다는 기사가 나오고, 민수기 31장 16절에는 "보라 이들이 발람의 꾀를 좇아 이스라엘 자손으로 브올의 사건에 여호와 앞에 범죄케 하여 …."라는 내용이 나온다.

본 구절에서 말하는 '발람의 교훈'은 15절에서 언급되는 니골라당의 가르침을 빗대어 지적하고 있는 것이다. 이에 대한 자세한 설명은 본 주석서의 서론에 있는 "요한계시록의 기원 상황(1. 내적 상황)"을 참조하기 바란다.

15절 이와 같이 네게도 니골라당의 교훈을 지키는 자들이 있도다 본 주석서의 서론에 있는 "요한계시록의 기원 상황(1. 내적 상황)"을 참조할 것.

16절 그러므로 회개하라 여기서 회개의 촉구는 니골라당으로 일컬어지는 교회 안의 적대자에게로 향하고 있다. 본 주석서의 서론에 있는 "요한계시록의 기원 상황(1. 내적 상황)"에서 본 바와 같이 여기에는 음식에 관한 계명들을 지킬 것을 강하게 주장하고 잡혼을 금한 유대인 기독교적 입장과, 모든 제의(祭儀) 계명들을 비이성적이고 미신적인 것으로 간주한 합리적-헬레니즘적 입장 사이의 논쟁이 들어 있다. 계시록 저자는 매우 강하게 유대인 기독교 입장을 견지한 반면에, 그의 적대자들은 계발된 회의적 태도를 지니고 있었던 헬레니즘 문화에 동화된 입장을 가지고 있었던 자들로 이해될 수 있다. 유대인 기독교인들과 이방인 기독교인들 간의 관계에 대한 고찰에 근거해서 우리는 계시록 저자가 2장 16절과 21~22절에 있는 회개의 촉구를 통해 표명하고자 한 신학적 관심사를 인식할 수 있다. 계시록 저자가 헬레니즘 문화의 영향 하에 있던 버가모와 두아디라 교회에 회개를 촉구했을 때, 그의 의도는 교회들이 이 계발된 회의적 태도에 대한 경고에 있었다고 생각된다. 그가 회개하라고 외친 것은 교인들이 교회 안에서 이러한 입장을 취하는 사람들과의 논쟁을 통해서 이방 사회에서 통용된 생각과 철학에 동화되지 말 것을 강하게 주장하기 위해서라고 볼 수 있다.

그리하지 아니하면 내가 네게 속히 가서 내 입의 검으로 그들과 싸우리라 "내가 네게 속히 가서"는 그리스도의 임박한 재림을 예고하는 말이다.(이에 관해서는 졸저 『요한계시록 연구』, 246~248을 참조할 것) 여기서 계시록 저자는 회개하지 않는 자들을 그리스도가 곧 심판할 것이라고 예고한다. 이때 그는 심판예고를 위해 2장 12절의 기독론적 칭호와의 관련 속에서 '입에서 나오는 칼' 표상을 사용한다.(1:16 참조) 이 표상에 대해서는 1:16의 주석을 참조할 것.

17절 귀 있는 자는 성령이 교회들에게 하시는 말씀을 들을지어다 2장 7절의 주석을 참조할 것.

이기는 그에게는 내가 감추었던 만나를 주고 또 흰 돌을 줄 터인데 그 돌 위에 새 이름을 기록한 것이 있나니 받는 자밖에는 그 이름을 알 사람이 없느니라 이 약속의 첫째 부분인 "내가 감추었던 만나를 주겠다."는, 시리아어 바룩 묵시록 29장 8절과 시빌의 신탁 단편 3장 48~49절에서 볼 수 있는 바와 같이, '만나'를 피안의 세계에서 천복을 받은 자들의 양식으로 여긴 유대교 전통과 관련이 있다. 그런데 눈에 띄는 것은 '만나'와 관련하여 계시록 2장 17b절에서 사용된 분사 '감추인'이 초기 유대교의 문헌에서는 사용되고 있지 않다는 점이다. 빌러벡(P. Billerbeck, *Komm. IV*, 468)은 '감추었던 만나' 라는 표현을 감추인 원빛(Urlicht)에 관한 사상과 관련시켰다. 그러나 이 견해는 설득력이 없다. 몇몇 주석가들이 생각하는 바와 같이, '감추었던 만나' 라는 표현은 마카베오 2서 2장 4~8절과 시리아어 바룩 묵시록 6장 5~10절에서 볼 수 있듯이, 예루살렘이 멸망되기 전에 예언자 예레미야가, 만나 항아리가 들어 있는 법궤를 다른 사람들이 잘 알기 어려운 곳으로 옮겨 감추었다는 유대교의 전승에 뿌리를 두고 있는 것으로 보인다.

둘째 부분에서 계시록 저자는 매우 독특한 구상어적 표현을 사용한다. "또 나는 흰 돌을 주겠다. 그 돌 위에 새 이름이 쓰여 있다. 그것을 받는 사람밖에는 아무도 그 이름을 알지 못한다." 이 표현의 유래에 대해서는 논란도 많고 그 해결 시도 또한 다양하다. 그 중에서 가장 중요한 답들을 다음과 같이 세 가지로 요약할 수 있다.

① '흰 돌' 표현은 고대 사회에 있어서 특별한 만찬이나 회집을 위한 입장권을 암시한다는 것이다.

② 이 표현은 운동 경기 때 대회장이 승리자에게 공인을 위해 이름이 새겨진 작은 흰 돌판을 주는 관습에서 유래했으며, 이와 함께 '새 이름' 이라는 표현은 이사야 62장 2절과 65장 15절에 기인한다는 것이다.

③ 이 표현은 민간의 주술 신앙에 뿌리를 두고 있다는 것이다. 다시 말해서 알려지지 않은 이름이 새겨진 흰 돌은 주술적 정형어구나 비밀스러운 이름이 기록된 부적에 상응한다는 것이다.

필자가 보기에 ①과 ②는 적절하지 못한 것으로 판단된다. 왜냐하면 여기서 언급된 관습들에서는 '새 이름' 과의 관련성을 찾아보기 어렵다. 그리고 본 구절의 '새 이름' 은 이사야 텍스트에서처럼 약속을 받는 자의 이름을 의미하는 것이 아니라, 계시록 3장 12절과 19장 12절에서 볼 수 있는 바와 같이 그리스도의 이름을 가리키기 때문이다. 여기서 '새 이름'이라는 표현이 사용된 것은 랍비 유대교 문헌에 하나님이 마지막 날에 메시아에게 새 이름을 주실 것이라고 언급되어 있는 것과 매우 유사하다.(미드라쉬 페시크타 라브 카하나 148a 참조) 유대교에도 기록된 신적 이름을 주술적으로 사용한 관습이 있었다. 특히 부적에 쓰여 널리 유포된 신적 이름은 큰 의미를 가지고 있었으며 그 역할도 컸다. 이 민간 신앙에 의하면 기록된 신적 이름의 주된 사용 목적은 사람들을 악한 영들로부터 보호하는 데 있었다. 이와 관련하여 하나님의 이름이 기록된 조각에 대해 언급하고 있는 바벨로니아 탈무드 수카 5는 계시록 2장 17b절과 매우 유사한 점을 보여 준다. 지금까지의 고찰에 근거해서 필자는 ③을 ①, ②보다 더 설득력이 있는 테제로 간주한다.

그러면 요한이 본 구절을 통해 말하고자 한 신학적 의도는 무엇인가?

요한은 2장 13절에서 황제 숭배의 중심지였던 버가모에 사는 기독교인들이 황제 숭배와 관련하여 안디바가 죽임을 당하는 위험한 상황 속에서도 그리스도에 대한 믿음을 저버리지 않은 그들의 신앙을 칭찬한다. 다시 말해서 본 구절의 약속의 말씀은 박해로 인해 위협을 당하고 있는 기독교인들에게 끝까지 그리스도에게 충성하도록 용기를 북돋고 있는 것이다. 그런데 이때 요한은 앞에서 본 바와 같은 유대교의 종말론과 주술적 현상에서 유래하는 표상들을 사용한다.

앞서 언급한 바와 같이, '감추었던 만나'라는 표현은 유대교의 종말론에서처럼 마지막 때에 구원을 받아 행복을 누릴 자들의 양식을 일컫는다. 이는 2장 7b절에서와 같이 이기는 자가 하나님의 새로운 도성 안에서 영원한 생명력의 충만 속에 살게 될 것이라는 점을 강조한 것이라고 볼 수 있다.

'흰 돌' 이라는 표현은 주술적 정형어구나 비밀스러운 이름이 기록된 부적에 상응한다. 따라서 부적에 쓰여 있는 신적 이름은 신에게 소속되어 있다는 것이며, 악한 영들로부터 보호하겠다는 의미다. 저자가 여기서 이 부적을 흰색으로 표시하는 것은 이것이 종말적, 초세상적 선물이라는 것을 암시한다. 그리고 또 하나의 중요한 표현인 '아무도 모르는 새 이름' 은 이미 말한 바와 같이 그리스도의 이름을 가리키며, 이 표현은 오직 그리스도만이 마지막 구원을 위해 결정적인 권능을 소유하고 있다는 것을 암시한다.(계3:12과 19:12 참조) 여기서 저자가 이기는 자만이 돌 위에 쓰인 이 이름을 안다는 것은, 이기는 자만이 악한 영들로부터 보호를 받고 마지막 때에 그리스도를 통해 구원을 받아, 하나님의 새로운 도성 안에서의 구원과 행복에 참여하게 될 것이라는 점을 강조한 것이다.

3) 설교 가이드

이 본문에서는 '교회의 세속화를 경계하자' 라는 제목으로 설교를 작성할 수 있을 것이다.

① 버가모 교회에는 특별한 사정이 있었다. 그것은 버가모에 사탄의 권좌가 있었다는 사실이다.(2:13 참조) 여기에 나오는 '사탄의 권좌' 는 로마 황제를 숭배하는 신전과 관련이 있다. 소아시아의 도시들은 저마다 황제 숭배의 공식적인 중심지를 의미하는 전문 용어인 '네오코로스' (신전 수호자)로 불리는 특권을 얻기 위해 심하게 경쟁을 했다. 그 속에서 이 명칭을 맨 처음으로 받은 곳은 에베소였다. 그런데 버가모는 이를 무시하고 자칭 첫째 '네오코로스' 라고 할 정도로 황제 숭배에 적극성을 보였다. 13절 하

반부에 나오는 안디바의 죽음도 황제 숭배와 관련이 있다고 볼 수 있다. 이러한 상황 속에서도 그리스도에 대한 믿음을 저버리지 않은 버가모 교회는 우선 칭찬을 듣는다.

② 그러나 버가모 교회에는 발람의 가르침을 따르는 자들이 있었고, 그것은 곧 질책의 요인이었다. 발람은 우상의 제물을 먹게 하고, 음란한 일을 하게 하는 자들이었기 때문이다. 그리스도인들이 우상에게 바쳐진 고기를 먹는 것은 주변의 그레코-로만 문화에 동화하는 자세를 의미하는 것이었다(요한계시록의 기원 상황을 참조할 것). 그 당시의 사회적, 경제적 단체들은 저마다 그들 나름의 종교적 측면을 가지고 있어서, 그 단체의 제의적 활동에 참여하지 않고서는 그 단체의 회원이 되기 어려웠다. 그러나 계시록 저자는 기독교인들이 이방 사회의 단체에서 행해지는 이방 신들을 위한 제의 행사에 참여하는 것을 신앙의 타락으로 규정했다.

③ 오늘날 교회는 점점 세속 문화에 동화되어 가는 경향을 보이고 있다. 성서가 우상 숭배로 규정하고 있는 탐욕(골3:5 참조)과 성적 타락이 우리의 교회 안에까지 침투해 들어왔다. 세상의 빛과 소금의 역할을 감당해야 하는 교회가 본래의 모습을 잃어버리고 정체성의 위기를 맞고 있다. 설교자는 이와 같이 점점 세속화되어 가고 있는 오늘날의 교회 상황을 염두에 두면서 본문 말씀이 주는 의미가 무엇인지에 초점을 맞추어 설교를 준비할 수 있을 것이다. 여기서 우리는 현대 교회가 경계해야 할 세속문화로서 무신론적 인본주의, 절대적이고 보편적인 원리를 부정하는 시대사조, 맘몬 숭배와 물질만능주의, 뉴에이지 운동, 세속적 쾌락주의, 성의 자유화 등을 들 수 있을 것이다.

4. 2:18~29: 두아디라 교회에 보내는 편지

18두아디라 교회의 사자에게 편지하라 그 눈이 불꽃 같고 그 발이 빛난
주석과 같은 하나님의 아들이 이르시되 19내가 네 사업과 사랑과 믿음과
섬김과 인내를 아노니 네 나중 행위가 처음 것보다 많도다 20그러나 네
게 책망할 일이 있노라 자칭 선지자라 하는 여자 이세벨을 네가 용납함
이니 그가 내 종들을 가르쳐 꾀어 행음하게 하고 우상의 제물을 먹게 하
는도다 21또 내가 그에게 회개할 기회를 주었으되 자기의 음행을 회개하
고자 아니하는도다 22볼지어다 내가 그를 침상에 던질 터이요 또 그와
더불어 간음하는 자들도 만일 그의 행위를 회개치 아니하면 큰 환난 가
운데에 던지고 23또 내가 사망으로 그의 자녀를 죽이리니 모든 교회가
나는 사람의 뜻과 마음을 살피는 자인 줄 알지라 내가 너희 각 사람의
행위대로 갚아 주리라 24두아디라에 남아 있어 이 교훈을 받지 아니하고
소위 사탄의 깊은 것을 알지 못하는 너희에게 말하노니 다른 짐으로 너
희에게 지울 것은 없노라 25다만 너희에게 있는 것을 내가 올 때까지 굳
게 잡으라 26이기는 자와 끝까지 내 일을 지키는 그에게 만국을 다스리
는 권세를 주리니 27그가 철장을 가지고 그들을 다스려 질그릇 깨뜨리는
것과 같이 하리라 나도 내 아버지께 받은 것이 그러하니라 28내가 또 그
에게 새벽 별을 주리라 29귀 있는 자는 성령이 교회들에게 하시는 말씀
을 들을지어다

1) 본문 소개

두아디라는 버가모로부터 사데와 빌라델비아를 거쳐 라오디게아로 가는 큰 거리에 있었다. 이 도시는 원래 셀류커스 왕조의 식민지였으나,

B.C. 190년 이래로 버가모 왕국의 지배를 받다가, B.C. 133년부터 로마의 지배하에 들어가게 된다. 이 도시는 방직 공업과 자색 옷감 거래의 중심지로, 직공들과 상인들이 많이 거주하고 있었다. 이들은 업종별로 직물 직공들, 세마포 직조공들, 재단사들, 염색업자들, 제혁 공업자들, 세공인들 등 다양한 조합(guild)이 있었다. 이 조합들은 해당 지역의 종교적 규례와 불가분의 관계를 맺고 있었기 때문에 그리스도인들에게는 종교적 문제뿐만 아니라, 경제적으로도 어려움이 많았다. 왜냐하면 만일 그리스도인들이 종교적 문제로 인해 조합에 가입하지 않을 경우, 그들은 결코 장사를 제대로 할 수 없었기 때문이다.

두아디라 교회의 기원에 대해서는 알기가 어렵다.

본문은 다음과 같이 구성되어 있다.

(1) 서론(18절)

① 기록 명령(18a절)

② 사자(使者) 정형어구(18b절)

(2) 본론(19~25절)

① 덕목록 형식 안에서의 칭찬(19절)

② 자기 표명의 말씀(20~23절)

㉠ 질책(20~21절)

㉡ 조건적 심판예고(22~23a절)

㉢ 인식정형어구(Erkenntnisformel) (23b절)

③ 보응정형어구(Vergeltungsformel) (23b절)

④ 이유를 제시하는 구원예고(24절)

⑤ 임박한 종말기대에 의거한 권고(25절)

(3) 결론(26~29절)

① 이기는 자에게 주는 약속의 말씀(26~28절)

② "들으라" 정형어구(29절)

2) 본문 주석

18절 두아디라 교회의 사자에게 편지하라 2장 1절의 주석을 참조할 것.

그 눈이 불꽃 같고 그 발이 빛난 주석과 같은 하나님의 아들이 이르시되 이 기독론적 칭호는 1장 14, 15절에 나오는 인자 같은 이에 대한 묘사를 반복하고 있는 듯하나 '하나님의 아들' 칭호가 덧붙여져 있다.

"그 눈이 불꽃같고 그 발이 빛난 주석과 같은"에 대해서는 1장 14, 15절의 주석을 참조할 것.

'하나님의 아들' 칭호는, 대부분의 주석가들이 생각하는 바와 같이, 2장 26절의 이기는 자에게 주는 약속의 말씀에서 인용하고 있는 시편 2장 7~8절과 관련해서 선택되었을 가능성이 있다. 계시록 저자가 이 시편 구절을 인용할 때, 신약의 기독론적 맥락에서 여러 번 인용되는 시편 2장 7절을 근거로 기름부음 받은 자를 하나님의 아들로 명명한 것을 생각했을 수 있다. 따라서 본 구절의 '하나님의 아들' 칭호는 유대 전통의 왕적 메시아론에 의해 규정되어진 것이라고 말할 수 있다.

19절 내가 네 사업과 사랑과 믿음과 섬김과 인내를 아노니 이 구절에서는 교회의 행위 중 그리스도인들의 중요한 덕목들이 열거되고 있다. '네 사업'은 2장 2절에서처럼 '네 행위'로 번역하는 것이 좋다. 왜냐하면 여기서도 '네 행위'는 열거되는 덕목들을 모두 포괄하는 대개념으로 사용되기 때문이다. 다시 말해서 '행위' 다음에 나오는 접속사 *καί*(카이)는 보충 설명을 하는 동격의 기능으로 사용되고 있으며, '네'에 연결되어 있는 네 가지 덕목과는 달리 '행위'는 그 자체에 '네'를 지니고 있기 때문이다.

여기서 주목을 끄는 것은 '사랑'과 '믿음'이 서로 연결되어 나타나고, 사랑이 이 덕목록에서 첫째 덕목으로 사용되고 있다는 점이다. 덕목록 중에서 사랑이 맨 앞에 나타나는 곳에서는 그것이 교회 안에서의 행위 및 열매를 가리킨다. 따라서 본 구절은 교회 안에서의 형제 사랑에 강조점을 두고 있다는 것을 알 수 있다.

또한 본 구절에서 '인내'가 그리스도인들이 갖추어야 할 일련의 덕목들 중의 하나라는 것과 그것이 맨 마지막에 나타난다는 점도 눈여겨보아야 한다. 이는 계시록 저자가 '인내'를 이 덕목록 안에서 가장 중요한 것으로 생각했다는 것을 암시해 준다. 이것은 고대 수사학에서 누군가를 권면할 때 결정적으로 중요한 요소를 맨 앞과 맨 끝에 나타낸 사실로 미루어 알 수 있다. 그런데 여기서 주목되는 것은 '믿음'과 '인내'가 함께 연결되어 나타난다는 점이다. 계시록 3장 10절과 14장 12절에서 볼 수 있는 바와 같이, 요한계시록에서 '믿음'과 '인내'가 함께 연결되어 나타나는 것은 유대교의 순교자 전통과 관련된다.(4마카16:21~17:5 참조) 이 전통에서 '믿음'과 '인내'는 거의 동의어로 사용되는데, 배교를 강요하는 정치권력에 대한 투쟁의 상황에서 특히 '인내'는 경건한 자들이 끝까지 지켜야 할 하나님에 대한 충절로 이해된다.

'섬김'(봉사)은 요한계시록에서 본 구절에만 나온다. 그런데 본 구절만으로는 '봉사'가 어떤 종류의 봉사인지 구체적으로 알기 어렵다. 일련의 주석가들은 이 봉사를 가난한 자들을 돕는 의미로 생각하지만, 이 견해는 단지 사변적인 추측에 불과할 뿐이다. 왜냐하면 저자가 향하고 있는 두아디라 교회의 지역적 주변 환경을 고려할 필요가 있기 때문이다. 앞에서 언급한 바와 같이 두아디라는 버가모로부터 사데와 빌라델비아를 거쳐 라오디게아로 통하는 큰 거리에 위치해 있었다. '로마의 평화(Pax Romana)'의 조건 하에서 이러한 환경은 두아디라로 하여금 방직 공업과 자색 옷감 거래의 중심지로 만들기에 적합했다. 비문들에 의하면 이 도시는 2, 3 세기에 번영의 꽃을 피웠다고 한다. 따라서 우리는 두아디라 교회가 도시의 발달과 더불어 계속 성장해 가는 교회가 아니었나 하는 생각을 하게 된다. 이런 상황으로 미루어 볼 때, 여기서 '봉사'는 교회의 질적 성장을 돕는 모든 사랑의 봉사를 지칭하는 말일 수 있다.

네 나중 행위가 처음 것보다 많도다 다시 '행위'라는 말이 두아디라의 그리스도인들의 행위를 위한 일반적 용어로 사용되고 있다. 여기서 이 말은 그리스도인들의 행동의 발전과 관련된다. 두아디라 교회의 좋은 행위는 갈수록 더 많아졌다는 것이다.

20절 그러나 네게 책망할 일이 있노라 자칭 선지자라 하는 여자 이세벨을 네가 용납함이니 그가 내 종들을 가르쳐 꾀어 행음하게 하고 우상의 제물을 먹게 하는도다 이세벨은 원래 시돈왕의 딸로서 북왕국 아합의 왕비가 되어 이스라엘을 우상 숭배로 인도한 악녀로 알려져 있었다. 여기서 두아디라 교회에 있었던 자칭 예언자라 하는 여자를 '이세벨'이라고 한 것은 2장 14절의 '발람'과 같이 상징적인 표현일 것이다. 이 구절에 관해서는 본 주석서의 서론 "요한계시록의 기원 상황(1. 내적 상황)"을 참조할 것.

21절 또 내가 그에게 회개할 기회를 주었으되 자기의 음행을 회개하고자 아니하는도다 여기서 계시록 저자는 자칭 여예언자에게 이미 한 번 회개할 기회를 주었으나, 그녀가 회개하지 않았다는 점을 강조한다. 그리고

22~23절에서 그녀에게 임할 심판 예고와 함께 교회 안에서 그녀를 추종하는 사람들에게도 회개하지 않을 경우 심판을 면치 못할 것이라고 위협한다.

22절 볼지어다 내가 그를 침상에 던질 터이요 이 어구는 여예언자 이세벨에게 내려질 그리스도의 심판예고다. 요한계시록에서 '…로 던진다'라는 말은 심판 진술들에서 강제적으로 내동댕이치는 것을 말할 때 자주 사용된다.(계8:7~8, 12:4, 9, 18:21, 19:20, 20:3, 10, 14~15 참조) 이 표현은 신약의 공관복음서에서 심판 진술 시에 나타나며(마3:10; 눅3:9; 마5:29; 18:9; 눅12:28; 13:42, 50 참조), 또한 초기 유대교의 문헌에도 여러 번 나타난다.(에티오피아어 에녹서 10:4, 6, 13; 열두 족장의 유언서 중 유다의 유훈 25:3; 요셉과 아세네트 12:11 참조) 그러나 초기 유대교 문헌과 공관복음서에서는 '던지다'가 계시록 2장 22a절에서처럼 '침상'과 연결되지는 않는다. 아마도 계시록 저자는 여기서 음행의 문제를 다루고 있기 때문에 '침상'이라는 단어를 사용한 것으로 보인다.

또 그와 더불어 간음하는 자들도 만일 그의 행위를 회개치 아니하면 큰 환난 가운데에 던지고 '그와 더불어 간음하는 자들'은 여예언자의 추종자들을 상징적으로 표현한 말이다. 계시록 저자는 두아디라 교회 안에서 그녀를 추종하는 사람들도 회개하지 않을 경우 심판을 면치 못할 것이라고 강하게 위협한다. '큰 환난'이라는 표현은 요한계시록에서 본 구절 외에도 7장 14절에 나온다. 거기서는 이 표현이 세계의 종말 이전에 있을 마지막 큰 환란을 가리킨다.

23절 또 내가 사망으로 그의 자녀를 죽이리니 이 어구는 여예언자의 자녀들에 대한 심판예고다. "사망으로 죽인다."라는 표현은 "철저하게 죽인다." 또는 "페스트로 죽인다."(겔33:27 참조)라는 의미를 가지고 있다고 볼 수 있다.

모든 교회가 나는 사람의 뜻과 마음을 살피는 자인 줄 알지라 여기서 계시록 저자는 그리스도가 심판을 통해 사람의 생각과 마음을 살피는 자로 알려지게 될 것임을 강조한다. 그리스도가 사람의 생각과 마음을 살피는 자임을 표명하는 이 말씀의 배경에는 하나님이 인간의 마음의 깊이를 살핀다는 '마음의 통찰' 모티브가 들어 있다. 이 모티브는 구약과 신약에 자주 나타난다.(삼상16:7; 왕상8:39; 대상28:9; 시7:10; 렘11:20, 17:10; 눅16:15, 롬8:27; 살전2:4 참조) 여기서는 신적 심판자로서의 그리스도의 기능이 강조되고 있다. '모든 교회' 라는 표현은 예고된 심판이 두아디라 교회에만 해당되는 것이 아니라, 다른 모든 교회에도 해당된다는 점을 말하고 있다.

내가 너희 각 사람의 행위대로 갚아 주리라 이 어구는 요한계시록에서 이 구절 외에도 22장 12절에 나온다.(렘17:10; 잠24:12; 마16:27; 롬2:6; 딤후4:14 등 참조) 여기서 계시록 저자는 분명히 최후의 심판을 생각하고 있다. 이 진술은 우리가 다 그리스도의 심판대 앞에 나타나 선한 일이든 악한 일이든 우리가 육신으로 행한 모든 행위에 대하여 그대로 보응을 받아야 할 것을 말하고 있다.(고후5:10 참조) 계시록 저자는 이렇게 함으로써 앞서 언급한 회개의 촉구를 더 절박하게 만들고 있다.

24절 두아디라에 남아 있어 이 교훈을 받지 아니하고 소위 사탄의 깊은 것을 알지 못하는 너희에게 말하노니 다른 짐으로 너희에게 지울 것은 없노라 주석가들 중에는 '사탄의 깊은 것' 어구에 영지주의의 특징적인 인식에 대한 깊이와 노력에 관한 사변이 들어있다고 보는 이들이 많다. 그러나 이 견해는 설득력이 약하다. 왜냐하면 영지주의는 1세기에 있었던 기독교와의 병행 현상이 아니라, 원시 기독교 이후 시대에 이르러 비로소 기독교 신학의 영향 하에서 완성된 사상체계로 볼 수 있기 때문이다. 필자는 본 구절의 '사단의 깊은 것(비밀)' 이라는 표현을 동시대 유대교의 신비적 전통과 관련지어 이해할 수 있다고 본다. 왜냐하면 '하나님의 비밀' 을 이해하려는 시도에 대한 비판이 이미 유대교에서 행해졌었기 때문이다.(1QS 11:18~19; 욥의 유훈 37:7; 유딧 8:14, K. Berger, *Theologiegeschichte des Urchristentums*, 538 참조) 본 구절의 '사단의 깊은 것(비밀)' 이라는 표현은 아마도 '하나님의 비밀' 에 대한 인식의 가능성을 부정하는 계시록 저자가 '하나님의 비밀' 을 희화화하기 위해서 사용한 것일 수 있다.

여기서 요한은 그의 적대자들의 가르침을 받아들이지 않는 사람들에게 그리스도의 입을 빌려서 "나는 너희에게 다른 짐을 지우지 않겠다."고 한다. 이와 같은 표현을 사도행전 15장 28절(…더 이상 무거운 점을 그대들에게 지우지 않겠다.)에서도 발견할 수 있다. 이 표현은 이방인 기독교인들을 위한 보충 규칙(우상의 제물, 피와 목 베어 죽인 것과 음행을 멀리해야 하는 것 이외의 것)에 대한 초기 기독교의 토론과 관련된다. 이 사실은 본 구절의 문장이 유대인 기독교인들과 이방인 기독교인들 사이의 논쟁과 관련이 있다는 것을 알게 해 준다. 앞에서 보았듯이(본 주석서의 서론에 있는 "요한계시록의 기원 상황", 1. 내적 상황을 참조할 것), 요한은 헬레니즘 문화에 동화되는 경향을 가졌던 그의 적대자들과의 대립 속에서 철저히 유대인 기독교 입장을 대변한 매우 보수적인 사람이었다.

25절 다만 너희에게 있는 것을 내가 올 때까지 굳게 잡으라 본 구절은 19절의 칭찬의 말씀을 상기시킨다. 다시 말해서 그는 두아디라의 그리스도인들에게 19절에서 열거된 덕목들인 사랑, 믿음, 봉사, 그리고 인내를 굳게 잡으라고 권고한다. "내가 올 때까지"는 그리스도의 재림을 말하는 표현이다.

26~27절 이기는 자와 끝까지 내 일을 지키는 그에게 만국을 다스리는 권세를 주리니 그가 철장을 가지고 그들을 다스려 질그릇 깨뜨리는 것과 같이 하리라 나도 내 아버지께 받은 것이 그러하니라 얼핏 보기에 두아디라 교회에 보내는 이 편지에 있는 약속의 말씀은 핍박의 상황과 그다지 관련이 없는 것처럼 보이지만, 자세히 살펴보면 그렇지 않다는 것을 알 수 있다. 계시록 저자는 이 약속의 말씀을 들려주기 전에 25절에서 두아디라에 있는 기독교인들에게 그리스도가 다시 오실 때까지 그들이 가지고 있는 것을 굳게 붙잡고 있으라고 촉구한다. 그때 사용된 동사 '붙잡다'는 요한계시록에서 '지키다'와 함께 그리스도의 일을 위해 끝까지 인내할 것을 촉구하는 데 있어서 중심적 역할을 하는 중요한 단어다.('붙잡다' : 2:13, 3:11, '지키다' : 1:3, 2:26, 3:3, 8, 10, 12:17, 14:12, 16:15, 22:7, 9) 특별히 본 구절에서 저자는 그리스도의 일을 끝까지 지켜 행하는 자를 이기는 자와 같은 의미로 특징짓는다. 여기서 사용되는 접속사 *καί*(카이)는 보충 설명의 기능을 하여 굳게 붙잡는 것과 지키는 것을 더욱 강조한다. 이를 통해 우리는 두아디라 교회의 억압받은 상황을 엿볼 수 있으며, 핍박으로 인해 위협받는 그들에게 끝까지 인내할 수 있도록 용기를 주기 위해 이 약속의 말씀을 사용하고 있는 저자의 의도를 인식할 수 있다. '이기는 자'에 대해서 더 자세한 것은 2장 7절의 주석을 참조할 것.

본 구절에서 계시록 저자는, 마치 올리어진 그리스도가 그의 아버지로부터 받은 권세로 나라들을 다스리듯이 이기는 자에게도 이 같은 권세가 주어질 것이라고 진술한다. 이때 그는 이 약속을 설명하기 위해 27절에서 시편 2편 9절(LXX)을 약간 변형시켜 인용한다. 그래서 지금까지의 연구에서 대부분의 주석가들은 26~27절을 이 시편 구절에 의거해서 설명하려고 시도했다. 그러나 여기서 우리는 유대교에 있었던 '고난과 박해를 당하는 의인들' 에 관한 사상에 대해 생각해 볼 수 있다. 예컨대 박해를 당한 의인들에 의한 심판에 대해 언급하는 지혜서 3장 8절이 본 구절과 가장 유사하다. 두 텍스트 간의 공통된 주제는 이방들에 대한 심판자로서의 의인이 갖는 권능이다. 이 외에도 요한은 계시록 12장 5절과 19장 15절에서 마지막 때의 징벌의 심판 때에 있을 이방민족들에 대한 그리스도의 메시아적 기능을 분명히 하기 위해 이 시편 구절을 사용한다. 그가 본 구절에서 이 메시아적 심판 기능을 이기는 자에게 전용(轉用)하기 위해 12장 5절과 19장 15절에서 사용된 시편 구절을 인용하는 것을 볼 때, 본 구절에서 언급되는 이방인들에 대한 권능은 마지막 때의 징벌의 심판 때에 있을 이방민족들에 대한 심판자로서 이기는 자들이 갖는 권세를 말하는 것임을 알 수 있다.

28절 내가 또 그에게 새벽 별을 주리라 이 구절에서는 올리어진 그리스도가 이기는 자에게 새벽 별을 줄 것이라는 약속이 언급되고 있다. '새벽 별' 이라는 표현은 요한계시록에서 이 구절 외에도 22장 16절에 나오는데, 거기에서 이 표현은 그리스도의 호칭으로 사용된다.

이 표현의 유래에 대한 문제는 구약이나 초기 유대교로부터 해결하기가 어렵다. 이를 위해 지금까지 많은 주석가들은 민수기 24장 17절, 열 두 족장의 유훈에 있는 레위의 유훈 18장 3절과 유다의 유훈 24장 5절, 쿰란 공동체의 전쟁두루마리 11장 6~7절을 들고 있지만, 이 구절들에서는 '새벽 별' 이라는 표현을 찾아볼 수가 없다. 이 표현은 구약에서 오직 이사야 14장 12절(LXX)에만 나타나며, 거기에서 이 표현은 바빌론 왕의 호칭으로 사용된다. 그러나 이사야-텍스트에서는 '새벽 별' 의 비교점이 새벽 별이 하늘에서 떨어지는 것이기 때문에, 요한계시록의 구절이 이사야 14장 12절에 의존한다고 생각할 수는 없다. 이에 반하여 크라프트(H. Kraft,『요한묵시록』, 119)는 베드로후서 1장 19절을 본 구절에 대한 내용적 병행구로 간주하는 동시에 밀의 종교에서 그 유래를 찾는다. 그러나 베드로후서의 구절은 병행구로 간주될 수 없을 뿐만 아니라 밀의 종교와의 관련성도 찾아볼 수 없기 때문에 이 가정도 설득력이 없다.

그렇다면 점성학적, 종교사적 배경과 연관짓고 있는 볼(F. Boll, *Aus der Offenbarung Johannis*, 50)의 견해는 어떠할까? 그는 본 구절을 동시대의 별 숭배로부터 설명하려고 시도했다. 그에 의하면 새벽 별 즉, 비너스(Venus)는 바빌론 시대 이래 통치의 상징으로서 중요한 역할을 했으며 로마 시대에는 승리와 통치의 수여자로 간주되었다는 것이다. '새벽 별' 이라는 표현이 통치의 상징으로 사용되었다는 것은 '새벽 별' 이 바빌론의 왕과 동일시되고 있는 이사야 14장 12절에서도 간접적으로 증명된다. 그러나 로마이어(E. Lohmeyer, *Komm.*, 30)가 옳게 지적한 바와 같이, 이기는 자가 가장 강한 별천사를 종으로 가진다는 것, 곧 가장 강한 마술사의 힘, 혹은 그 이상의 힘을 가질 것이라는 볼의 설명은 적절하지 못하다. 하지만 '새벽 별' 을 성령과 동일시하는 로마이어의 해석도 너무 비약적이다. '새벽 별' 이라는 표현이 통치의 상징으로 이해된다면, 이 약속의 말씀은 이기는 자가 마지막 때에 세계 통치의 권세를 물려받게 될 것임을 말한다고 볼 수 있기 때문이다. 그러므로 여기서 우리는 계시록 저자가 징벌의 심판 때 이기는 자들의 힘의 위치에 대해서 언급하는 26~28a절의 약속과 28b절에서 마지막 때에 있을 이방 민족들에 대한 이기는 자들의 통치의 힘을 동시에 강조한 것이라고 인식할 수 있다. 그리고 이 두 약속을 통해 그는 심판과 통치가 서로 밀접한 관계에 있다는 것도 함께 강조하고 있다.

그런데 이 약속의 말씀은 일곱 서신 안에서 중간 위치에 있는 구절들로서 마지막 위치에 있는 3장 21절에서처럼 통치에 대한 약속을 들려주는 것이 눈에 띈다. 계시록 저자가 이 두 중심적인 약속의 말씀들에서 마지막 때의 통치에 관한 약속을 언급하는 것은 결코 우연이 아니다. 이것은 계시록 저자의 중심적 관심사가 통치의 문제에 있는 것과 무관하지 않다. 이것은 기독교인들의 통치에 관한 예고가 요한계시록의 다른 중요한 부분에도 나타남으로써 입증되고 있다.(계1:6 (서신의 틀), 5:10 (소위 새 노래), 20:4 (천년 왕국), 22:5 (마지막 환상) 참조)

29절 귀 있는 자는 성령이 교회들에게 하시는 말씀을 들을지어다 2장 7절의 주석을 참조할 것.

3) 설교 가이드

본문에서도 '교회의 세속화를 경계하자' 라는 제목과 관련된 내용으로 설교를 작성할 수 있을 것이다.

두아디라 교회에는 종교적-윤리적 삶에 있어서 모범적인 사람들이 있었다. 이들은 사랑과 믿음과 봉사와 인내 면에서 훌륭했다고 칭찬을 들었다.

그러나 이 교회에는 여예언자 이세벨의 가르침을 따르는 자들이 있었다. 이 가르침은 버가모 교회에 보내는 편지에서도 볼 수 있는 발람의 가르침과 같은 것이었다. 여기서도 우리는 그 당시 이방사회에 동화되어 가고 있던 교회를 향한 계시록 저자의 비판을 엿볼 수 있다. 따라서 여기서도 설교자는 현대 교회가 점점 세속 문화에 동화되어 가고 있는 다양한 현실을 조명해보면서 이 말씀이 주는 의미를 전할 수 있다. 버가모 교회에 보내는 편지의 설교 가이드를 참조할 것.

5. 3:1~6: 사데 교회에 보내는 편지

1사데 교회의 사자에게 편지하라 하나님의 일곱 영과 일곱 별을 가지신
이가 이르시되 내가 네 행위를 아노니 네가 살았다 하는 이름은 가졌으
나 죽은 자로다 2너는 일깨어 그 남은 바 죽게 된 것을 굳건하게 하라
내 하나님 앞에 네 행위의 온전한 것을 찾지 못하였노니3그러므로 네가
어떻게 받았으며 어떻게 들었는지 생각하고 지켜 회개하라 만일 일깨지
아니하면 내가 도둑 같이 이르리니 어느 때에 네게 이를는지 네가 알지
못하리라 4그러나 사데에 그 옷을 더럽히지 아니한 자 몇 명이 네게 있
어 흰 옷을 입고 나와 함께 다니리니 그들은 합당한 자인 연고라 5이기
는 자는 이와 같이 흰 옷을 입을 것이요 내가 그 이름을 생명책에서 결
코 지우지 아니하고 그 이름을 내 아버지 앞과 그의 천사들 앞에서 시인
하리라 6귀 있는 자는 성령이 교회들에게 하시는 말씀을 들을지어다

1) 본문 소개

사데는 고대 리디아(Lydia) 왕국의 수도로서 에베소에서 동쪽으로 약

80㎞ 떨어진, 비옥한 헤르모스 계곡이 내려다보이는 트몰루스산의 북편 돌출부에 자리잡고 있었다. 이 도시는 인구가 점점 늘어 지대가 낮은 새 도시라도 건설해야만 했다. 이 도시에는 로마식 극장과 경기장 그리고 상당히 큰 아데미 신전이 있었다. 이 아데미 신전은 B.C. 6세기에 리디아의 왕 크뢰수스(Krösus)에 의해 설립된 것으로, B.C. 499년에 파괴되어 아직도 완전히 복구되지 못한 상태다. 이 신전은 그리스 여신 아데미와 동일시되었던 아시아 지역의 여신 키벨레에게 봉헌되었는데, 키벨레는 죽은 자를 다시 살리는 특별한 능력을 소유한 것으로 인정되었다. 이 도시는 황제 숭배에도 참여했다.

사데는 크뢰수스 왕 치하(약 B.C. 560년)시에 전성기를 맞으나, B.C. 546년에 페르시아왕 고레스에게 정복된다. 그리고 이 도시는 알렉산더 대왕(B.C. 334년)과 시리아의 안티오쿠스 3세(B.C. 218년)에 의해 정복당한다. 그 후에도 이 도시는 버가모에 넘겨졌다가 B.C. 133년 로마에 편입된다. 계속되는 정복으로 인해 과거의 번영이 모두 사라진 이 도시는 A.D. 17년에 큰 지진으로 또 한 차례의 어려움을 당하지만, 티베리우스 황제의 호의로 간신히 재건된다. 그 후 이 도시는 티베리우스와 그의 아내 리비아 그리고 로마의 원로원을 위한 신전 설립의 특권을 얻어 옛 영광을 다시 찾기 위해 소아시아 열 개 도시들과 경합을 시도한다.(A.D. 26년) 그러나 이 경합에서도 서머나에게 승리를 빼앗기고 만다. 우여곡절의 역사를 거친 사데는 로마 시대에 이르러서 상업과 사법의 중심지로 발돋움 한다. 특히 이곳은 양모공업이 성행하여 양모 거래를 위한 화물 집산지의 면모를 갖추게 되었다. 그러나 사데 교회의 기원에 대해서는 알기가 어렵다.

본문은 다음과 같이 구성되어 있다.

(1) 서론(1절)

① 기록 명령(1a절)

② 사자(使者) 정형어구(1b절)

(2) 본론(1c~4절)

① 질책(1c절)

② 깨어 있을 것을 촉구하는 권고(2절)

③ 권고(3a절)

㉠ 교회 공동체가 경험했던 처음 구원상태에 대한 기억에의 촉구

㉡ 굳게 지킬 것을 촉구

㉢ 회개의 촉구

④ 조건적 심판예고(3b절)

⑤ 이유를 제시하는 구원예고(4절)

(3) 결론(5~6절)

① 이기는 자에게 주는 약속의 말씀(5절)

② "들으라" 정형어구(6절)

2) 본문 주석

1절 사데 교회의 사자에게 편지하라 2장 1절의 주석을 참조할 것.

하나님의 일곱 영과 일곱 별을 가지신 이가 이르시되 '하나님의 일곱 영'은 1장 4절의 주석을 참조하고, '일곱 별을 가진 이'는 2장 1절의 주석을 참조할 것.

내가 네 행위를 아노니 네가 살았다 하는 이름은 가졌으나 죽은 자로다 사데 교회에 보내는 편지에는 지금까지 본 편지들과는 다르게 질책이 전면에 등장한다. 사데 교회는 겉으로 보기에는 살아 있는 듯 보이지만, 영

적으로는 죽었다는 것이다. 다시 말해서 이 교회는 단순히 이름만 가지고 있는 형식적인 기독교의 모습을 보여주고 있다는 것이다. 디모데후서 3장 5절의 표현을 빌리자면, 이 교회는 경건의 형식은 있으나 경건의 능력은 없는 교회였다.

2절 너는 일깨어 그 남은 바 죽게 된 것을 굳게 하라 영적인 죽음은 잠으로 해석되기도 한다.(엡5:14 참조) 영적인 잠을 자고 있는 사데 교회는 깨어 있으라는 권고를 받는다. 여기서 저자는 죽어 있는 자로 특징지어진 교회 전체로부터 시선을 돌려 죽지는 않았지만 죽어가고 있는 몇몇 교인들로 향한다. 그는 그들을 굳건하게 하라고 권면하고 있다.

내 하나님 앞에 네 행위의 온전한 것을 찾지 못하였노니 인간의 판단에서 볼 때 사데 교회의 행위가 충분할지 모르나 하나님 앞에서는 완전하지 못하다는 것이다. 앞에서 본 질책과 권면은 그리스도인들이 완전하게 되는 것을 목표로 하고 있다.

3절 그러므로 네가 어떻게 받았으며 어떻게 들었는지 생각하고 지켜 회개하라 이 구절에서도 2장 5절에서처럼 두 가지 주요 관점, 즉 교회 공동체의 구원 상태에 대한 기억에의 촉구와 회개의 촉구가 나온다. 여기서 교회 공동체의 구원 상태는 2장 5절에서처럼 기독교로의 개종과 관련된다.

그리고 받은 복음에 대한 언급과 그것을 굳게 지킬 것을 촉구하는 내용도 눈에 띈다. 또한 시선을 끄는 것은 주요 요소인 회개의 촉구가 깨어 있을 것을 촉구한 2a절과 병행되어 나타난다는 점이다.

이를 정리하면 다음과 같다. 본 구절에서 회개의 촉구는 그리스도인들의 완전을 목표로 한다. 이 경우 회개는 받은 복음을 기억하고 그것을 굳게 지키는 것으로부터 시작한다. 그리고 이 회개는 그리스도의 재림을 앞두고 항상 깨어 있어야 하는 것과 같은 의미를 지닌다.(3:3b 참조)

만일 일깨지 아니하면 내가 도둑 같이 이르리니 어느 때에 네게 이를는지 네가 알지 못하리라 여기서 계시록 저자는 사데 교회에게 회개하지 않을 경우 그리스도의 심판이 임할 것이라고 예고한다. 여기서 우리의 주목을 끄는 것은 계시록 저자가 그리스도의 재림과 관련하여 '깨어 있다'와 '도둑'이라는 표상을 사용한 점이다. 그러나 주석가들 중에는 본 구절을 그리스도의 재림이 아니라 역사 안에서 발생하는 사건과의 연계로 보는 이들이 있다. 심지어 마운스(R. Mounce,『요한계시록』, 129)는 그리스도의 오심을 도둑에 비유하는 신약성서의 말씀들(마24:42~44; 살전5:2; 벧후3:10)을 그리스도의 재림과 관련시켜 이해하면서도, 본 구절은 그와 다르게 이해해야 한다고 주장한다. 왜냐하면 본 구절의 그리스도의 오심은 사데 교인들의 회개 여부와 관련 있기 때문에 역사적인 형벌로 이해되어야 한다는 것이다. 그러나 "깨어 있으라!"라는 촉구는 초기 기독교의 종말론적 권고의 기본 구성 요소다. 우리는 신약성서에서 요한계시록 외에 마태복음 24장 42~44절과 누가복음 12장 35~40절, 그리고 데살로니가전서 5장 2~6절에 그리스도의 예기치 않은 갑작스런 재림과 관련하여 깨어 있으라는 촉구와 도둑의 비유가 함께 나타나는 것을 볼 수 있다. 따라서 본 구절은 분명히 임박한 종말 기대에 관한 초기 기독교의 전통을 전제한다는 것을 알 수 있다.(요한계시록의 임박한 종말 기대에 대해 자세한 것은 졸저『요한계시록 연구』, 239~267을 참조할 것)

4절 그러나 사데에 그 옷을 더럽히지 아니한 자 몇 명이 네게 있어 이 어구는 사데 교회가 단순히 이름만 가지고 있는 형식적인 교회였지만 몇몇 신실한 그리스도인들이 있었다는 것을 말해준다. 여기서 '옷'은 그리스도인들의 윤리적, 영적 상태를 위한 은유로 사용되고 있다. 이러한 은유는 이미 스가랴 3장 1~9절에도 있다. 거기서 대제사장 여호수아는 그의 냄새나는 더러운 옷 대신에 거룩한 예복을 입는 자로 묘사되는데, 이 상징적 행동은 죄의 사면으로 해석된다.

흰 옷을 입고 나와 함께 다니리니 그들은 합당한 자인 연고라 앞서 언급한 신실한 그리스도인들은 이 구절에서 마지막 때의 구원을 약속 받는다. 여기에 나오는 '흰 옷'은 앞서 언급한 '옷'과 그 의미가 다른 은유다. '흰 옷'은 요한이 특별히 애용한 은유로, 그 의미는 늘 같지 않지만 바로 다음에 나오는 5절의 '흰 옷'과는 같은 의미를 가지고 있다. 따라서 '흰 옷'에 대해 더 자세한 것은 5절의 주석을 참조할 것.

5절 이기는 자는 이와 같이 흰 옷을 입을 것이요 이 구절에서 말하고 있는 이 약속은 이미 앞에서 살펴본 약속의 말씀들과 같은 기능을 가지고 있다는 것을 알 수 있다. 왜냐하면 3절에서 사용된 동사 '지키다'는 요한계시록에서 억압받는 상황에서도 그리스도의 일을 끝까지 지켜 행하는 것을 표현하고 있는 중요한 단어이기 때문이다.

계시록 저자가 여기서 언급하고 있는 '흰 옷을 입는다' 표상은 유대교의 종말론에 있는 '하늘의 옷' 표상과 관련이 있다. 그것에 의하면 경건한 자들도 마지막 구원의 때에 하나님으로부터 하늘의 옷을 받는다고 한다. 거기서 이 표상은 하늘의 세계에서 행복하게 살 사람들이 영광스럽게 변화된 몸에 대해 말하고자 하는 비유적인 표현으로서, '영광의 옷', '생명의 옷' 또는 '위의 옷'이라고 불린다. 그런데 여기서 눈에 띄는 것은, 계시록 저자가 즐겨 사용한 마지막 때의 선물로서의 '흰 옷'이라는 단어가 유대교의 문헌에는 없다는 점이다. 이 점을 고려해 볼 때, '흰 옷'은 유대교 전통 안에 있는 '하늘의 옷' 표상의 영향 하에서 계시록 저자가 고안한 상징어일 수 있다.

이 약속의 말씀을 이해하기 위해서는 요한계시록 안에서 '흰 옷' 표상이 사용되는 구절들 중 계시록 3장 4b, 5a절과 같은 의미를 보여 주는 다른 구절들(6:11, 7:9~17)을 함께 고찰하는 것이 필요하다. 우선 6장 11절에는 어서 빨리 원수를 갚아달라고 호소하는 각 순교자에게 나중에 완전히 하늘의 세계에 참여할 수 있는 보증으로서 흰 옷을 넘겨 줄 것이라고 한다. 그리고 7장 9절에는 마지막 때의 큰 환란으로부터 벗어난 완전한 자들이 하나님의 보좌 앞에서 흰 옷을 입을 것이라고 언급되어 있고, 15~17절에는 이 흰 옷을 입은 구원받은 자들이 하나님의 새로운 도성 안에서의 구원과 행복에 참여할 것이라고 묘사되어 있다.(22:1~5 참조) 이 고찰은 본 구절의 '흰 옷' 표상이 하나님의 새로운 도성 안에서 변모된 자들이 누릴 영광스러운 미래의 삶과 관련이 있음을 인식케 한다.

내가 그 이름을 생명책에서 결코 지우지 아니하고 계시록 저자는 여기서 올리어진 그리스도가 이기는 자의 이름을 생명의 책에서 지워버리지 않을 것이라고 힘주어 언급한다. '생명의 책'이라는 표현은 요한계시록에서 여섯 번 사용되며(3:5, 13:8, 17:8, 20:12, 15, 21:27), 이는 구약의 '하늘의 주민등록부' 표상에 뿌리를 두고 있다. 이 하늘의 주민등록부에는 구원을 받을 가망이 있는 모든 거룩한 자들과 신실한 자들의 이름이 기록되어 있다. 슈렝크(G. Schrenk, "*βίβλος, βιβλίον*," 618, 주 21)는 본 구절이 출애굽기 32장 33~33절을 따라서 형성된 것으로 생각했다. 그러나 두 텍스트에 나타나 있는 '책에서 지운다' 모티프는 몇 가지 차이점들이 있음을 간과하지 말아야 한다. 출애굽기에는 본 구절에서처럼 '생명의 책'이 아니라 '나의 책' 이라는 표현이 사용되었다. 그리고 그곳에는 지우는 것의 대상인 '이름' 이 없다. 게다가 형식과 내용 면에서의 차이점도 눈에 띈다. 본 구절은 이기는 자의 이름을 지우지 않겠다는 구원 예고인 데 반해서 출애굽기에는 책에서 죄인들의 이름을 지우겠다는 심판예고다. 따라서 본 구절이 출애굽기의 구절에 직접적으로 의존한다고 보기는 어렵다. 오히려 구약 중에서는 시편 69편 28절(저희를 생명책에서 도말하사 의인과 함께 기록되게 마소서.11)이 본 구절과 유사하다.

구약 외에도 우리는 초기 유대교의 문헌에서 '생명의 책' 표상을 찾아볼 수 있다. 그 중에서 필자의 생각으로는 요셉과 아세네트 15장 4절이 본 구절과 가장 유사하다. 그 구절에서는 본 구절에 있는 '생명의 책' 과 동의어인 '산 자의 책' 이라는 표현을 사용하면서 신실한 아세네트의 이름이 그 책에서 지워지지 않을 것이라는 약속이 그녀에게 주어진다.

여기서 계시록 저자의 신학적 관심사를 이해하기 위해서는 계시록 20장 11~15절에 있는 심판 장면과 새 예루살렘 환상에 속하는 21장 27절을 함께 고찰할 필요가 있다. 먼저 계시록 20장 11~13절에 의하면 최후의 심판 때 두 가지 상이한 책들이 펼쳐진다. 그 하나는 심판자에게 선고의 토대가 될 사람들의 행위가 기록되어 있는 책들이고, 다른 하나는 하늘의 주민등록부로서 마지막 구원에 참여하게 될 사람들의 이름이 기록되어 있는 '생명의 책' 이라고 불리는 것이다. 계시록 저자는 이 '생명의 책' 에 기록되어 있지 않은 사람들이 불바다에 던져지는 심판 장면에 이어 '새 예루살렘' 환상에서 '생명의 책' 에 기록된 사람들만이 하나님의 새로운 도성 안으로 들어가게 될 것이라고 강조한다. 이때 눈에 띄는 것은 계시록 저자가 '생명의 책' 을 어린 양의 생명책으로 표기함으로써 이 표상을 기독교화했다는 점이다. 지금까지의 고찰에 근거해 볼 때, 본 구절인 계시록 3장 5

절에서 올리어진 그리스도가 이기는 자에게 그의 이름을 '생명의 책'에서 지우지 않을 것이라고 하는 약속은, 이기는 자가 하나님의 새로운 도성의 시민권을 소유하고 그 도성 안에서 구원과 행복에 참여하게 되리라고 말하는 것이다.

그 이름을 내 아버지 앞과 그의 천사들 앞에서 시인하리라 계시록 저자는 여기서 올리어진 그리스도가 그의 아버지와 천사들 앞에서 이기는 자의 이름을 안다고 할 것임을 언급한다. 이 약속의 말씀은 Q에 소급되는 예수 전승(눅12:18, 마10:32)과 관련이 있다고 보는 견해가 일반적으로 받아들여지고 있다. 그런데 이 약속의 말씀과 예수 전승과의 관계를 설명하는 데에는 여러 가능성들이 있다. 홀츠(T. Holtz, *Die Christologie der Apokalypse des Johannes*, 184, 주 4)와 보스(L. A. Vos, *The Synoptic Traditions in the Apocalypse*, 91)는 본 구절의 표현인 '내 아버지와 그의 천사들 앞에서'와 달리 마태복음 10장 32절에서는 '하늘에 계신 내 아버지', 누가복음 12장 18절에서는 '하나님의 천사들 앞에서'가 사용되고 있음을 지적하면서, 본 구절이 아마도 예수 말씀의 원래적인 형식을 간직한 것 같다고 생각했다. 그러나 누가-텍스트가 가장 오래된 Q 전승에 가장 가깝다는 추측이 적절하다면, 요한계시록이 누가의 Q와 마태의 Q를 결합시킨 것이라고 생각할 수도 있을 것이다. 이에 반해서 뮐러(U. B. Müller, *Komm.*, 127)는 본 구절이 마태복음 10장 32절에 매우 가깝다고 생각했다. 왜냐하면 본 구절에는 마태복음 10장 32절에서처럼 나-형식이 사용될 뿐 누가복음 12장 8절의 '인자' 칭호는 없기 때문이다. 아무튼 우리는 본 구절이 요한계시록 이전의 초기 기독교 전승에 뿌리를 두고 있다는 점을 부정할 수 없다.

그러면 계시록 저자가 본 구절을 통해 말하고자 한 신학적 의도는 무엇인가?

이 약속의 말씀은 마지막 때의 심판 장면을 다룬다. 여기서는 분명히 하나님의 심판대 앞에서 그리스도가 유일한 표준적인 증언의 역할을 한다는 법정(法庭)의 상황이 전제된다. 이것은 최후의 심판 장면에 나오는 재판부에 관한 초기 유대교의 전통과 관련된다. Q 전승에서는 사람들 앞에서 예수를 안다고 하는 것이 심판을 위한 기준으로 간주되는데, 이 약속의 말씀에서 심판 기준은 증명된 신앙의 성실함이다. 여기서 계시록 저자는 증명된 신앙의 성실함이 최후의 심판 때 하나님의 새로운 도성 안으로 들어갈 수 있도록 하는 보증임을 강조한다.

6절 귀 있는 자는 성령이 교회들에게 하시는 말씀을 들을지어다 2장 7절의 주석을 참조할 것.

3) 설교 가이드

본문에서는 '이름뿐인 그리스도인'이라는 제목으로 설교를 작성할 수 있을 것이다.

이 본문에서 그리스도는 다음과 같은 놀라운 질문을 제기한다. "너희는 본래 누구인가? 이름은 아무것도 말해주지 않는다. 왜냐하면 이름은 너희를 속일 수 있기 때문이다. 너희는 살아 있다는 이름은 가지고 있으나, 사실 죽어 있다." 이것은 의학적인 죽음의 의미에서 말하는 것이 아니다. 우리는 아직 숨쉬고 있으며, 먹고 마시고 움직인다. 우리는 양로원, 병원, 유치원, 학교, 그 외에 다른 많은 곳을 방문하는 등 활발하게 활동하고 있다. 그러나 우리의 요란한 활동은 우리의 조직 안에서만 인정되는 삶의 표현일 뿐이다. 그것은 그리스도께서 우리를 향해 순수한 생명이 없이 죽어가고 있다고 질책하시는 말씀에서 확연히 밝혀지고 있다. 그리스도께서는 우리의 행위들을 완전한 것으로 느끼지 못하신다. 이것은 하늘에서 떨어지는 번개처럼 내리치는 무서운 질책이다.

나는 본래 누구인가? 내 이름은 나에 대해 무엇을 말하고 있는가? 본회퍼는 감옥에 있는 동안 자기 자신에게 다음과 같은 질문을 한 적이 있다. "나는 실제로 다른 사람들이 나에 대해서 말하는 바와 같은 존재인가, 아니면 스스로 내가 알고 있는 나와 같은 존재인가?"

우리는 다시 한 번 탕자의 비유를 상기할 필요가 있다. 탕자는 자신의 삶이 사실상 죽은 것이나 마찬가지로 허망했다는 것을 깨닫고 자기 자신 안으로 들어가서 다음과 같이 고백 한다. "집에 있는 평범한 종이 나보다 훨씬 낫다. 나는 아버지와 같이 있을 때 귀한 존재요 사랑 받는 존재였다. 내가 아버지를 떠난 후, 지금에야 분명해진 사실은 비로소 오직 그와 함께 있을 때만 나의 삶이 성공적이라는 것이다."

이 숙고의 결과로 탕자는 인생 항로를 변경하게 된다. 그는 자신이 누렸던 좋은 것들을 기억하면서 아버지의 집을 향하여 길을 떠난다. 그가 집에 도착하기까지 는 아직도 거리가 먼데, 아버지는 그가 아들임을 알아차리고 측은한 마음에 견딜 수 없어 달려가 껴안고 입을 맞춘다. 그런 다음 아버지는 아들의 귀환을 축하하기 위해 큰 잔치를 베풀고 "이 내 아들은 죽었다가 다시 살아서 왔다."라고 외친다.

여기서 우리는 회개가 한 죽은 자의 재생에 비유되고 있는 것을 보게 된다. 이와 비슷한 언급을 사데 교회에 보내는 편지에서도 볼 수 있는데, 여기서는 그리스도가 죽은 교회에 "깨어 있으라. 회개하라!"고 외친다. 따라서 죽었다는 선고는 교회를 향한 그의 마지막 말씀이 아니라 아직 깨어나고 회개할 기회를 주기 위한 역설임을 알 수 있다.

이것은 우리의 기회이기도 하다. 루터가 95개의 테제들 중 첫째 테제, 즉 종교개혁의 특색을 회개 운동으로 나타낸 것은 이미 자명한 사실이다. 루터에게 있어 무엇보다 중요한 것은 회개하여 교회의 주님이신 그리스도께로 다시 돌아가는 일이었다. 우리는 회개 운동으로서의 종교개혁의 의미를 새롭게 재발견해야 한다. 즉, 회개를 말로만 할 것이 아니라, 구체적으로 실행에 옮기도록 노력해야 한다. 이를 위해 본문 말씀은 세 가지 중요한 교훈을 주고 있다.

① 네가 그 가르침을 어떻게 받았으며 어떻게 들었는지를 기억하라. 다시 말해서 처음으로 돌아가라는 말씀이다. 그런데 여기서 그리스도는 전력을 다하여 어려운 일을 해내는 식의 새 출발을 기대하지 않는다. 오히려 그는 그 자신이 우리와 함께 만드신 그 처음을 상기시킨다. 우리는 처음에 그리스도의 복음을 어떻게 받았으며 어떻게 들었는지를 기억해야 한다. 우리가 겉보기만의 기독교인에 머무르지 않고 진정으로 살아 있는 기독교인이 되기 위해서는 이 처음을 잊지 말아야 한다.

② 굳게 지키라. 영원하신 주님의 복음과 사랑을 개인적으로 경험한 사람은 감사함으로 이것을 굳게 지킬 수 있다. 이를 위해 가장 중요한 방법은 기도와 주님의 말씀을 읽는 일이다. 우리는 좋은 친구를 만나는 것처럼 성서의 말씀과 함께 살아야 한다. 이것을 행하는 사람은 곁길로 가지 않는다. 우리는 매일을 다음과 같은 기도로 시작할 필요가 있다. "주여, 오늘 24시간을 주님의 손에 맡깁니다. 저에게 주님의 길을 가리켜 주시옵소서. 오늘도 저를 기다리는 사람들과 과제들을 저에게 보여 주시옵소서."

③ 회개하라는 명령은 우리에게 이러한 과제를 다음과 같이 더 자세히 언급하고 있다. "그리고 죽어가는 남은 자들에게 힘을 넣어 주라." 우리 주위에는 사실 세례를 받고 교적부에 이름이 기록되어 있지만, 그리스도와

의 내적인 관계를 상실한 사람들이 많이 있다. 즉, 세속주의에 동화된 그리스도인들이 많다. 이들이 자신의 삶 속에서 신앙의 의미를 찾는다는 것은 점점 더 어렵다. 오늘날 교회의 절박한 과제는 이러한 사람들이 살아계신 주님을 만날 수 있도록 도와주는 것이다.

6. 3:7~13: 빌라델비아 교회에 보내는 편지

7빌라델비아 교회의 사자에게 편지하라 거룩하고 진실하사 다윗의 열쇠
를 가지신 이 곧 열면 닫을 사람이 없고 닫으면 열 사람이 없는 그가 이
르시되 8볼지어다 내가 네 앞에 열린 문을 두었으되 능히 닫을 사람이
없으리라 내가 네 행위를 아노니 네가 작은 능력을 가지고서도 내 말을
지키며 내 이름을 배반하지 아니 하였도다 9보라 사탄의 회당 곧 자칭
유대인이라 하나 그렇지 아니하고 거짓말하는 자들 중에서 몇을 네게
주어 그들로 와서 네 발 앞에 절하게 하고 내가 너를 사랑하는 줄을 알
게 하리라 10네가 나의 인내의 말씀을 지켰은즉 내가 또한 너를 지키어
시험의 때를 면하게 하리니 이는 장차 온 세상에 임하여 땅에 거하는 자
들을 시험할 때라 11내가 속히 오리니 네가 가진 것을 굳게 잡아 아무도
네 면류관을 빼앗지 못하게 하라 12이기는 자는 내 하나님 성전에 기둥
이 되게 하리니 그가 결코 다시 나가지 아니하리라 내가 하나님의 이름
과 하나님의 성 곧 하늘에서 내 하나님께로부터 내려오는 새 예루살렘
의 이름과 나의 새 이름을 그이 위에 기록하리라 13귀 있는 자는 성령이
교회들에게 하시는 말씀을 들을지어다

1) 본문 소개

빌라델비아는 사데에서 남동쪽으로 약 46㎞ 떨어진, 헤르모스(Hermos)강의 지류인 코가모스(Kogamos) 계곡에 위치해 있었다. 이 도시는 버가모의 왕 아탈로스 2세(Attalos II. Philadelphos (B.C. 159~138년))에 의해서 세워졌다는 설도 있다. 이 도시는 미시아(Mysia), 리디아(Lydia), 프리기아(Phrygia) 등으로 뻗힌 무역로의 교차점이라는 전략적인 위치로 인해서 '동방의 관문' 이라 불리면서 상업의 중심지가 되었다. 그리고 이 도시를 둘러싸고 있는 농토는 비옥해서 포도주 생산지로 유명했으나 잦은 지진으로 어려움을 당한다. 그러다가 A.D. 17년에 이 도시는 큰 지진을 당해 전면적으로 파괴를 당한다. 그러나 티베리우스 황제의 적극적인 지원으로 이 도시는 재건되고, 이에 감격한 시민들은 이 도시 이름을 '네오가이사랴' (Neocaesarea: 가이사의 새도시)로 개명한다. 그 후 베스파시안 황제 때에 이와 유사한 이유로 인해 필라델피아 플라비아(Philadelphia Flavia)로 도시 이름이 또 다시 바뀐다. 이 도시가 많은 신전들과 잦은 종교적 행사로 유명했던 데는 이러한 지역적 특성과 무관하지 않다. 이 도시는 티베리우스, 칼리굴라, 베스파시안을 위한 신전을 세웠고, 이 외에 제우스, 아데미, 디오니소스를 위한 신전들도 있었으나 포도 생산이 유명한 지역인 까닭에 디오니소스가 주요 신으로 숭배되었다. A.D. 214년에 이 도시는 황제 숭배를 위한 성소가 위치해 있는 도시에 붙여주는 전문 용어인 '네오코로스' (신전 수호자)라는 명칭을 얻게 된다.

빌라델비아 교회의 기원에 대해서는 알기가 어렵다. 계시록 저자는 이 교회를 질책하지 않고 단지 칭찬만 한다. 따라서 본문에는 서머나 교회에 보내는 편지에서처럼 회개의 촉구가 없다.

본문은 다음과 같이 구성되어 있다.

(1) 서론(7절)

① 기록 명령(7a절)

② 사자(使者) 정형어구(7b절)

(2) 본론(8~11절)

① 억압당하는 상황에 대한 언급 및 칭찬(8절)

② 이유를 제시하는 심판예고(9절)

③ 이유를 제시하는 구원예고(10절)

④ 임박한 종말기대에 의거한 권고(11절)

(3) 결론(12~13절)

① 이기는 자에게 주는 약속의 말씀(12절)

② "들으라" 정형어구(13절)

2) 본문 주석

7절 빌라델비아 교회의 사자에게 편지하라 2장 1절의 주석을 참조할 것.

거룩하고 '거룩하신 이' 라는 칭호는 구약과 유대교에서 오직 하나님을 위해 사용된 칭호다.(사40:25, 43:15; 합3:3; 욥6:10; 잠9:10; 30:3; 집회 4:14, 23:9; 바룩4:22, 37, 5:5; 토비트12:12, 15; 에티오피아어 에녹서 1:3, 93:11 등 참조) 신약에서 이 하나님 칭호는 오직 베드로전서 1장 15절과 계시록 6장 10절에만 나온다. 특히 계시록 6장 10절에서 하나님에 대해 사용한 '거룩하고 참되신 대주재' 칭호는 본 구절의 기독론적 칭호와 매우 비슷하다.

유대교에서는 '거룩하신 이' 를 메시아 칭호로 사용한 것 같지는 않다. 그런데 신약의 몇몇 구절들에서 이 칭호가 그리스도를 위해서 사용되고 있는 것을 볼 때(막1:24; 눅4:34; 요6:69; 행3:14; 요일2:20 참조), 계시록 저자가 초기 기독교 전통을 따랐다고 인식할 수 있다.

그런데 본문의 문맥을 잘 살펴보면, 계시록 저자는 이 칭호를 8c절과의 연관 속에서 사용한 것이 아닌가 하는 생각이 든다. 8c절에 의하면 빌라델비아 교회는 단지 작은 힘을 가졌을 뿐 그리스도의 이름을 부인하지 않았는데, 이것은 빌라델비아 교회의 위협받은 상황을 암시해 주고 있다. 여기서 '그리스도의 이름'은 요한계시록에서 짐승의 이름으로 각인되어 있는 로마 황제의 이름에 대립하는 의미로 사용된다고 볼 수 있다. 따라서 본 구절에서 올리어진 그리스도가 '거룩하신 이'로 불리는 것은 그가 교회를 위협하는 부패한 세상 권력과 대립해 있다는 것을 말하고자 한 의도라고 볼 수 있다. 다시 말해서 이 칭호는 요한복음에서처럼(6:69 참조) 그리스도가 세상과 대립하여 신적인 영역에 속해 있으며, 철저히 피안적인 존재로서 하나님께 속해 있는 분이라는 것을 말해준다.

진실하사 '진실하신(참되신) 분'이 그리스도의 칭호로 사용된 곳은 신약에서 오직 이 구절뿐이다. 그렇지만 요한계시록에서 이 칭호는 다양하게 사용되고 있다. 예를 들어 3장 14절과 19장 11절에서는 '참된'이 그리스도를 특징짓는 데에 사용되며, 6장 10절에서는 하나님 자신이 '참되신 분'으로 불린다. 또한 15장 3절, 16장 7절, 19장 2절에서는 이 말이 하나님의 행하심을 의미하고, 19장 9절, 21장 5절, 22장 6절에서 그것은 신적인 말씀을 가리킨다.

구약-유대교 텍스트들과 신약에서 '참된'은 하나님 칭호로 사용되고 있지는 않지만, 하나님의 속성 중 하나로 나타나고 있다. 따라서 본 구절의 '참되신 이'는 유대-기독교 전통 안에 있는 하나님의 속성을 그리스도에게로 전용한 칭호라고 말할 수 있다.

구약에서 하나님의 속성으로서의 '참되신'은 언약에 대한 하나님의 성실과 관련되어 있는데, 이것은 하나님의 무조건적인 성실을 말한다. 또한 구약과 유대교에서 하나님은 불순하고, 거짓된 신들과 다르게 오직 참되시고, 순수하시고, 실제로 존재하시는 분으로 불린다. 본 구절에서 그리스도가 '참되신 이'로 불리는 것은 그가 거짓말을 하는 사단의 회와 대립해 있는 분임을 말하고자 한 저자의 의도와 관련이 있다고 볼 수 있다.(9절 참조) 따라서 계시록 저자는 이 칭호를 사용하여 그리스도가 불순하고 거짓된 사단의 회와 다르게 하나님처럼 성실하고 참되신 분임을 강조하고 있다.

다윗의 열쇠를 가지신 이 곧 열면 닫을 사람이 없고 닫으면 열 사람이 없는 그가 이르시되 이 칭호는 위임 환상(1:18)으로부터 취해진 것이다.

그런데 본 구절은 이사야 22장 22절과 상당한 유사점을 보여 주고 있다. 이사야의 구절에는 엘리아킴을 궁중의 시종장으로 임명하는 것과 관련하여 다윗의 집 열쇠에 관한 언급이 있는데 다음과 같다. "내가 또 다윗 집의 열쇠를 그의 어깨에 두리니 그가 열면 닫을 자가 없겠고 닫으면 열 자가 없으리라."

다만 이사야 22장 22절의 '다윗의 집 열쇠'와 달리 본 구절에서는 '다윗의 열쇠'로 언급되고 있다는 차이점이 있을 뿐이다. 따라서 우리는 아마도 계시록 저자가 이사야 22장 22절의 '다윗의 집'이라는 말을 다윗 왕의 혈통으로 이해해서 그것을 메시아적으로 재해석하고 종말론적 진술과의 관련 속에서 사용했을지 모른다고 생각해 볼 수 있다.

여기서 '다윗의 열쇠'가 계시록 1장 18절에서 언급된 죽음과 하데스의 열쇠를 말하는 것인지, 아니면 다윗의 도시, 즉 새 예루살렘의 열쇠를 말하는 것인지를 묻는 것은 무의미하다. 본 구절은 계시록 1장 18절을 전제하는 동시에 빌라델비아 교회에 보내는 편지 안에서는 특히 종말론적 약속들(8, 10, 12절)과 관련되어 있기 때문에 여기서 '다윗의 열쇠'는 은혜와 심판에 대한 그리스도의 궁극적 처분권을 의미한다.

그런데 신약성서에서 우리는 그리스도의 궁극적 처분권을 위한 표현으로서 '열쇠' 표상을 찾아볼 수 있다. 마태복음 16장 19절에서 예수는 베드로에게 다음과 같이 말한다. "내가 네게 하늘나라의 열쇠를 주겠다. 네가 무엇이든지 땅에서 매면 하늘에서도 매일 것이요 땅에서 풀면 하늘에서도 풀릴 것이다." 마태-텍스트의 '하늘나라의 열쇠'라는 표현은 내용적으로 본 구절의 '다윗의 열쇠'와 다르지 않다. 왜냐하면 마태-텍스트의 표현 역시 종말론적 의미를 가지고 있고, 이것은 하데스의 열쇠(마16:18 참조)의 이면으로 이해할 수 있기 때문이다. 이 열쇠는 본 구절에서처럼 은혜와 심판에 대한 궁극적 처분권을 의미한다. 마태복음 16장 19절에서 베드로가 위임받는 그리스도의 궁극적 처분권은 마태복음 18장 18절에서 교회 공동체 전체로 확장된다. 본 구절에서도 그리스도의 이 궁극적 전권을 그리스도의 말씀을 끝까지 지킨 교회 공동체가 위임받는다.(8, 12절 참조)

8절 볼지어다 내가 네 앞에 열린 문을 두었으되 능히 닫을 사람이 없으리라
이 어구는 '열린 문'을 어떻게 이해하느냐에 따라 해석이 달라진다. 주석가들 중에는 '열린 문'이 선교 활동에 대한 큰 기회를 암시하는 것이라고 보는 이들이 많이 있다.(고전16:9; 고후2:12; 골4:3 참조) 그러나 여기서 이 말은 어떤 장소나 상태로 들어가는 것에 대한 구상어일 수 있다.(3:20, 4:1; 행14:27; 요10:7, 9 참조) 이 말을 잘 이해하기 위해서는 문맥을 잘 살펴볼 필요가 있다. 앞 절에서 그리스도는 열쇠를 소유한 분으로서 마음대로 열고 닫으실 수 있는 분으로 묘사된다. 여기서 이 열쇠는 은혜와 심판에 대한 궁극적 처분권을 의미한다. 따라서 본 구절은 그리스도가 빌라델비아의 그리스도인들을 위해 영원한 하나님의 나라로 들어가는 문을 열어 놓았으므로 아무도 그것을 닫을 수 없다는 것을 말하고 있다는 것을 알 수 있다.

내가 네 행위를 아노니 네가 작은 능력을 가지고도 내 말을 지키며 내 이름을 배반하지 아니하였도다 '작은 능력' 이란 윤리적, 영적 능력의 부족을 말하는 것이 아니라, 교인 수나 교인들의 사회적 지위, 부, 영향력 등이 약하다는 것을 말하는 것 같다. 그럼에도 불구하고 빌라델비아 교회는 그리스도의 말씀을 충성스럽게 지키면서 그의 이름을 부인하지 않았기 때문에 칭찬을 듣는 것이다.

9절 보라 사탄의 회당 곧 자칭 유대인이라 하나 그렇지 않고 이에 관해서는 본 주석서의 서론에 있는 "요한계시록의 기원 상황(1. 내적상황)"을 참조할 것.

거짓말하는 자들 중에서 몇을 네게 주어 그들로 와서 네 발 앞에 절하게 하고 내가 너를 사랑하는 줄을 알게 하리라 8절의 '열린 문' 을 선교의 기회로 해석하는 일련의 주석가들은 이 어구도 그것과 연관짓는다. 즉, 교회의 꾸준한 선교 활동으로 전에 핍박하던 유대인들이 많이 기독교로 개종하게 될 것을 말한다고 그들은 생각한다. 그러나 앞서 본 바와 같이 '열린 문' 을 선교의 기회로 해석하는 것은 적절하지 못하다. 이 어구는 종말론적 해석이 더 합당하다. 이것은 하나님의 백성을 괴롭히던 자들이 모두 그의 백성의 발 앞에 나와서 꿇어 절하므로 하나님이 과연 하나님의 백성 가운데 계심을 입증하시겠다는 예언과 같은 종류의 것이다.(사45:14, 2:3, 49:23, 60:14; 슥8:20~23; 시72:9 참조)

10절 네가 나의 인내의 말씀을 지켰은즉 이 표현의 의미를 이해하기 위해서는 앞의 문맥을 자세히 살펴보아야 한다. 8절을 보면 올리어진 그리스도가 빌라델비아 교회의 상황과 관련하여 그 교회 교인들에게 "네가 적은 능력을 가지고도 내 말을 지키며 내 이름을 배반치 아니하였도다."라는 칭찬의 말씀을 들려준다. 이 8절의 문구는 9절의 빌라델비아 교회의 특별한 상황 묘사와 관련이 있다. 9절에서 계시록 저자는 빌라델비아 교회 안에 자칭 유대 사람이라고 하면서 사실은 그렇지 않은 '사탄의 회당' 에 속한 사람들이 있었다고 기술한다. 많은 주석가들은 이 '사탄의 회당' 에 속한 사람들을 그리스도인들을 모욕한 유대인들 전체로 이해했지만, 필자는 이들을 헬레니즘 문화에 동화된 유대인들로 이해한다.(이에 관해서는 본 주석서의 서론에 있는 "요한계시록의 기원 상황 2. 외적 상황, 1)"을 참조할 것) 다시 말해서 빌라델비아에 있는 그리스도인들이 당한 환난은 유대인들에 의해서가 아니라, 헬레니즘 문화에 동화된 유대인들에 의해서 비롯된 것으로 보인다.

이러한 교회의 상황에 관한 언급이 있은 후, 10a절에 또 다시 8절에서처럼 빌라델비아 교회를 칭찬하는 그리스도의 말씀이 나타난다. 그리스도의 말씀을 지킨 것에 관해서 언급하는 10a절의 문구는 8절의 '내 말' 에 '인내의' 가 덧붙여졌지만 사실상 '내 말을 지키며' 를 반복하여 사용한 것이다. 다시 말해서 빌라델비아 교회는 '사탄의 회당' 이라고 불리는 헬레니즘 문화에 동화된 자들 때문에 어려움을 당했으나, 그러한 상황에도 불구하고 그들은 인내하라는 그리스도의 말씀을 잘 지켰기 때문에 그리스도로부터 칭찬을 듣게 된 것이다. 이 칭찬에 이어 10b절에서 구원 예고가 뒤따른다. 이 구원 예고에서 그리스도는 교회에 다음과 같이 약속한다. "땅 위에 사는 사람들을 시험하기 위하여 장차 온 세계에 임할 환란의 때에 나도 너를 보호해주겠다." 마지막 환란의 때란 궁극적 구원의 때가 도래하기 전에 임할 하나님과 사탄 사이에 벌어질 결정적 전투 기간을 말하며, 동시에 그리스도인들에게 있어서 이 마지막 때의 환란은 신앙의 검증 시기로 사용된다. 다시 말해서 빌라델비아 교회는 이러한 시험을 이미 극복했기 때문에 그리스도로부터 칭찬을 듣게 된 것이다.

지금까지의 고찰을 통해 우리는 다음과 같이 요약할 수 있다. 본 구절에서 '인내'는 그리스도의 명령으로 나타나며, 이 단어는 교회가 내적으로 당하는 환란 가운데서도 그리스도의 말씀을 끝까지 지키고 견디어 내는 것과 관련된다. 그리고 여기서도 '인내'는 마지막 때의 구원을 얻는 데 있어서 없어서는 안 될 중요한 전제 조건이다.

내가 또한 너를 지켜 시험의 때를 면하게 하리니 이는 장차 온 세상에 임하여 땅에 거하는 자들을 시험할 때라 '시험의 때'에 관사를 붙인 것은 저자가 그의 독자들에게 친숙하다고 생각한 한 사건, 즉 초기 유대교와 초기 기독교가 예기한 큰 고난의 기간에 대해 말하고 있다는 것을 가리킨다. 계시록 7장 14절은 이 기간을 '큰 환란'으로 명명한다.

'땅에 거하는 자들'은 계시록 저자가 애용한 표현으로, 요한계시록에 모두 아홉 번 나온다.(3:10, 6:10, 8:13, 11:10(2번), 13:8, 4(2번), 17:8) 이 말은 요한계시록에서 늘 부정적인 의미에서 그리스도인들을 박해하는 비그리스도인들을 가리키는 데에 사용된다.

'시험'(*πειρασμός*(페이라스모스))이라는 명사는 요한계시록에서 오직 여기에만 나오며, 다음과 같은 두 가지 기본적인 의미를 가지고 있다.

① 어떤 사람 또는 어떤 것의 본질이나 성격을 알려고 노력하는 의미에서의 시험

② 어떤 사람으로 하여금 죄를 짓도록 꾀하는 의미에서의 시험

본 구절의 '시험의 때'에서 말하는 시험은 땅에 거하는 자들, 즉 사악한 자들을 시험하기 위해 온 세상에 임할 것이기 때문에, 이것은 하나님의 백성을 향한 것이 아니라, ②의 의미로 불신앙적인 사람들과 관련된 것으로 보는 것이 옳을 것이다. 따라서 여기서 시험은 신자들의 신앙에 대한 것이 아니라, 종말론적 사건을 말하는 것이다.

11절 내가 속히 오리니 이 말은 그리스도의 임박한 재림 기대를 표현한다. 이에 관해서 자세한 것은 졸저 『요한계시록 연구』, 239~267을 참조할 것.

네가 가진 것을 굳게 잡아 아무나 네 면류관을 빼앗지 못하게 하라 '면류관'은 2장 10절에서 본 바와 같이 마지막 때의 구원을 위한 은유적 표현이다. 여기서 저자는 모범적인 이 교회도 하나님의 은혜로 이미 받은 구원을 잃어버릴 수 있다는 점을 말하고 있다. 그는 빌라델비아의 그리스도인들에게 그들이 가진 것, 즉 그들이 그리스도의 말씀을 지키며 그의 이름을 배반치 아니한 것(8절 참조)을 굳게 잡아 아무도 그들의 마지막 때의 구원을 빼앗지 못하게 하라고 권면한다.

12절 이기는 자는 2장 7절의 주석을 참조할 것.

내 하나님 성전에 기둥이 되게 하리니 그가 결코 다시 나가지 아니하리라 빌라델비아 교회에 보내는 편지의 문맥에서도 이 약속의 말씀이 앞의 것들처럼 핍박으로 인해 위협 받은 기독교인들과 관련이 있다는 것을 알 수 있다. 이미 3장 8절을 통해 우리는 빌라델비아 교회의 교인들이 위협받는 상황 속에서 살았다는 것을 알 수 있다. "…너는 작은 힘을 가졌으나 내 말을 지켰으며 내 이름을 모른다고 하지 않았기 때문이다." 이렇게 힘든 상황 속에서도 그리스도에 대한 신앙을 저버리지 않은 빌라델비아의 기독교인들에게 계시록 저자는 10절에서, 올리어진 그리스도가 땅 위에 사는 사람들을 시험하기 위해 임할 마지막 환란의 때에 그들을 보호해 줄 것을 약속한다고 진술한다. 그리고 11절에서 저자는 그들을 위로하기 위해 그리스도가 곧 오신다는 예고와 더불어 그 때까지 그들이 가지고 있는 것을 굳게 붙잡고 있기를 촉구한다. 그리고 본 구절에서 약속의 말씀을 사용하여 한 번 더 용기를 북돋아 주고 있다.

여기에는 올리어진 그리스도가 이기는 자를 하나님의 성전의 기둥이 되게 할 것이라는 약속이 나온다. 이 약속의 말씀에 대해서는 상이한 해석들이 있다. 일련의 주석가들은 여기에 나오는 구상적인 표현을 하늘 세계에서의 이기는 자의 흔들리지 않는 견고함을 표현하고자 한 은유로 이해한다. 이에 반해서 찰스(R. H. Charles, *Revelation*, 1. 91)는 이 구절을 하나님과 이기는 자가 하나됨을 강조하는 구절로, 롤로프(J. Roloff, *Komm.*, 62)는 이기는 자를 반드시 마지막 때의 구원 공동체 안으로 들어가게 해 줄 뿐만 아니라, 그 안에서 중요한 자리를 차지하도록 해 주겠다는 약속의 말씀으로 해석한다.

이 약속의 말씀을 이해하기 위해서는 이 편지의 앞 문맥을 잘 살펴보아야 한다. 3장 9절에서 계시록 저자는 '사탄의 모임' 이라는 표현을 사용하면서, 이와 관련해 환란 속에서도 그리스도에게 신실한 빌라델비아 교회에 다음과 같은 구원의 말씀을 들려준다. "보라, 내가 그들에게 이렇게 하겠다. 내가 그들을 네 발 앞에 나와 꿇어 엎드리게 하고 내가 너를 사랑한다는 것을 그들이 알도록 하겠다." 본 구절의 약속 말씀은 이러한 맥락에서 이해되어야 한다. 여기서 '하나님의 성전' 은 마지막 때의 완전한 구원 공동체를 의미하며, '기둥' 은 특출한 인간에 대한 은유적 표현이다. 그러므로 필자는 롤로프의 해석을 가장 설득력 있다고 생각한다.

내가 하나님의 이름과 하나님의 성 곧 하늘에서 내 하나님께로부터 내려오는 새 예루살렘의 이름과 나의 새 이름을 그이 위에 기록하리라 여기에는 올리어진 그리스도가 이기는 자 위에 세 가지 이름, 곧 하나님의 이름, 새 예루살렘의 이름, 그리고 그리스도의 새 이름을 쓰겠다고 한 약속이 나온다. 주석가들은 이 표현의 유래와 의미에 대해 그동안 심하게 논쟁을 벌여 왔다. 몇몇 주석가들은 이 표현이 황제 숭배를 위해 해마다 바뀌는 지방 제사장이 임기만료 후 자신의 동상을 성전 구역에 세우고 그와 그의 아버지 이름, 고향 및 근무한 해를 적어 넣었던 그레코-로만 시대의 관습에서 유래한 것이라고 해석한다. 특히 부셋(W. Bousset, *Komm.*, 230)과 찰스(R. H. Charles, *Revelation*, 1. 91~92)는, 계시록 저자가 신자들의 품위를 미래의 새로운 세계에서의 하나님의 제사장으로 부각시키기 위해 전술한 관습을 고려하여 이 표현을 선택한 것이라고 생각했다. 그러나 이러한 주장들은 설득력이 부족하다. 왜냐하면 전술한 견해에서는 본 구절의 '그이 위에'가 '기둥'과 연관되고 있지만, '그이 위에'는 '이기는 자'와도 관련시킬 수 있기 때문이다. 그리고 피오렌자(E. S. Fiorenza, *Priester für Gott*, 387~388)가 옳게 지적했듯이, 여기서 이름을 쓰는 자는 이기는 자가 아니라 그리스도 자신이기 때문에 전술한 견해를 옳다고 보기가 어렵다. 피오렌자는 여기서 이기는 자가 대제사장적 그리스도의 동상과 모형으로 특징지어지고 있다는 점을 강조하면서 이 약속의 말씀을 마지막 때에 있을 이기는 자의 대제사장적 품위에 관한 말씀으로 해석한다.

그러나 이 해석 역시 곤란한 점이 있다. 왜냐하면 피오렌자의 전제, 즉 이기는 자를 대제사장적 그리스도의 모형으로 특징화하는 것은 텍스트에서 어떤 근거도 찾아볼 수 없기 때문이다. 더구나 21장 22절에 의하면 마지막 때 새 예루살렘에는 성전이 없어서 제의적인 중개 역할이 필요 없다는 것을 알 수 있다. 또한 후스(W. Hu ß, "Die Gemeinde der Apokalypse des Johannes," 67)는 이 약속의 말씀이 이사야 56장 6절, 62장 6절, 그리고 65장 15절로부터 영향을 받았다고 강조한다. 그러나 이 견해 역시 설득력이 부족하다. 왜냐하면 이사야 구절들에서는 단지 약속을 받는 사람들을 위한 이름의 수여에 관한 약속이 있을 뿐, 거기에는 비교에 있어서 중요한 '내가 쓴다' 와 세 가지 이름이 없기 때문이다.

이 약속의 말씀의 유래와 의미를 더 잘 밝히기 위해서는 계시록 22장 4b절과 14장 1절을 함께 고찰해야 한다. 왜냐하면 이 구절들에 나오는 내용은 본 구절에 있는 약속의 실현이기 때문이다. 그런데 이 구절들은 13장 16절에 나오는 오른 손 또는 이마에 황제숭배의 표를 의미하는 짐승의 이름을 지니고 있는 사람들에 대한 대조묘사이므로, 우리는 이 약속의 말씀도 2장 17b절에 있는 약속의 말씀처럼 유대교의 주술 신앙과 관련 있다는 것을 알 수 있다. 다시 말해서 이것은 이마 위에 쓰인 하나님의 이름이 파멸의 세력들 앞에서 그 이름을 지닌 사람들을 보호하는 부적의 역할을 하며, 신적 소유를 표시한다는 것을 말한다. 이러한 생각은 요한계시록에서 큰 역할을 한다.

계시록 저자는 이 약속의 말씀을 통해 그리스도의 편에서 황제숭배를 거절한 사람들의 마지막 때의 운명을 묘사한다. 여기서 그는 짐승의 이름에 대조되는 세 이름, 즉 하나님과 새 예루살렘의 이름, 그리고 그리스도의 새 이름을 부각시킴으로써 이기는 자들이 염원하는 새로운 질서 안으로 편입될 것임을 강조한다. 결국 이기는 자는 하나님과 그리스도의 이름을 지니고 있기 때문에 파멸의 세력들 앞에서 보호받고 하나님과 그리스도의 소유가 된다는 것이다. 또한 그들은 새 예루살렘의 이름을 지니고 있기 때문에 구원의 때에 하나님의 새로운 도성의 시민권을 얻게 된다는 것이다.

13절 귀 있는 자는 성령이 교회들에게 하시는 말씀을 들을지어다 2장 7절의 주석을 참조할 것.

3) 설교 가이드

이 본문에서는 '그리스도와 함께 있을 때 얻는 복'이라는 제목으로 설교를 작성할 수 있을 것이다.

본문 말씀은 사회의 약자이거나 혹은 불확실한 내일의 불안을 안고 하루하루를 살아가는 사람들에게 용기를 준다. 그것은 우리가 그리스도와 함께 있을 때에 가능한 것으로서 이때 얻는 복을 다음의 세 가지로 생각해 볼 수 있다.

① 그리스도와 함께 있으면 작은 힘을 가지고 있어도 본질적인 것에 집중할 수 있다. 이 본문에서 강조하는 것은, 우리의 삶에서 무엇보다도 중요한 것이 무엇인가 하는 점이다. 그것은 갖가지 물건이 아니라, 본질적인 것으로의 집중이다. 빌라델비아 교회는 주님의 말씀과 그 분 자신에 집중을 했다.

그리스도는 우리가 성서에 들어 있는 그의 말씀에 최선을 다해 집중하도록 용기를 주신다. 그의 말씀은 우리로 하여금 그의 고난과 죽음을 기억케 하는 인내의 말씀이다. 이것은 우리 안에서 하나님을 붙잡고 주 예수 그리스도를 기다릴 수 있도록 힘을 주는 말씀이다.

우리의 원수 사탄은 이 말씀을 의심하게 하고 우리에게서 이것을 빼앗으려고 한다. 따라서 우리는 그리스도의 말씀을 붙잡아야 한다. 그의 말씀은 우리가 일상생활에서도 올리어지신 그 분과 함께 살도록 도와주신다. 우리가 모든 것을 할 수 없기 때문에, 우리에게 주어진 힘을 가지고 전적으로 그리스도를 붙잡는 것이 중요하다. 신앙인에게 있어서 작은 힘은 결코 장애물이 아니다. 이것은 하나님과 인간을 위해 열려진 문이요, 하나님의 밝은 내일을 위해 열려진 문이다. 왜냐하면 그리스도는 다윗의 열쇠를 가지고 있어서 우리를 미래의 하나님 나라로 들어갈 수 있도록 해주시기 때문이다.

② 그리스도와 함께 있으면 시험에서 이길 수 있다. 모든 사람들은 폭력의 상황에 직면하게 될 때, 섬뜩함이나 불쾌함을 예감한다. 그리스도는 이러한 상황을 포함하는 모든 시험에 들지 않도록 우리에게 '주기도'를 하라고 가르쳐 주셨다. 시험은 악한 일을 하게 하는 유혹이다. 시험은 위협, 박해, 또는 거짓 가르침과 유혹을 통해 우리로 하여금 그리스도를 버리고 타락하도록, 그리스도의 공동체로부터 떠나도록, 하나님께 불순종하도록 유도한다.

그러나 그리스도와 그의 말씀을 붙잡는 사람은 이 모든 시험을 이길 수 있다. 하나님께서는 그의 자녀들을 이 시험으로부터 구원코자 하신다. 따라서 작은 힘을 가지고 있다 할지라도 하나님과 그리스도를 끝까지 붙잡아야 한다. 그러면 생명의 면류관을 받을 수 있다.

③ 그리스도와 함께 있으면 영광스러운 미래를 체험할 수 있다. 본문 말씀에서 그리스도는 자신이 다시 오신다는 것과 함께 임하게 될 것들로 우리의 시선을 돌리게 한다. 목표를 세우는 것은 작은 힘을 가진 사람들에게도 끝까지 해내는 능력을 준다. 그리스도께서는 그리스도인들을 사랑하시고, 그리스도인들은 그의 말씀과 인격으로 살기 때문에 하나님의 백성이 되는 것이다. 이 세상에서 이름이 없거나 중요하지 않은 이름을 가지고 있

는 사람들은 새 예루살렘에서 하나님의 이름과 예수의 이름을 받는다. 하나님의 영광이 그들 위에 비춘다. 그들은 영원히 그의 소유가 되고 그 분 가까이에 거하게 될 것이다.

7. 3:4~22: 라오디게아 교회에 보내는 편지

14라오디게아 교회의 사자에게 편지하라 아멘이시요 충성되고 참된 증인
이시요 하나님의 창조의 근본이신 이가 이르시되 15내가 네 행위를 아노
니 네가 차지도 아니하고 뜨겁지도 아니하도다 네가 차든지 뜨겁든지
하기를 원하노라 16네가 이같이 미지근하여 뜨겁지도 아니하고 차지도
아니하니 내 입에서 너를 토하여 버리리라 17네가 말하기를 나는 부자라
부요하여 부족한 것이 없다 하나 네 곤고한 것과 가련한 것과 가난한 것
과 눈먼 것과 벌거벗은 것을 알지 못하는도다 18내가 너를 권하노니 내
게서 불로 연단한 금을 사서 부요하게 하고 흰 옷을 사서 입어 벌거벗은
수치를 보이지 않게 하고 안약을 사서 눈에 발라 보게 하라 19무릇 내가
사랑하는 자를 책망하여 징계하노니 그러므로 네가 열심을 내라 회개하
라 20볼지어다 내가 문 밖에 서서 두드리노니 누구든지 내 음성을 듣고
문을 열면 내가 그에게로 들어가 그와 더불어 먹고 그는 나와 더불어 먹
으리라 21이기는 그에게는 내가 내 보좌에 함께 앉게 하여 주기를 내가
이기고 아버지 보좌에 함께 앉은 것과 같이 하리라 22귀 있는 자는 성령
이 교회들에게 하시는 말씀을 들을지어다

1) 본문 소개

라오디게아는 B.C. 3세기 중엽에 시리아의 안티오쿠스 2세(B.C. 261~246년)가 건립하면서 자기 아내의 이름인 라오디체(Laodice)를 따서 명명되어진 도시다. 이 도시는 리코스(Lykos) 계곡에 위치해 있었으며, 북쪽에는 히에라폴리스가, 남쪽에는 골로새가 있어서 중요한 상업의 중심지로 발달할 수 있었다. B.C. 133년에 이 도시는 로마 제국에 편입되어 프리기아 지방에 속하게 되면서 가장 부유한 도시가 되었다. 뿐만 아니라 이 도시는 중요한 무역로의 교차점이었기 때문에 큰 은행들이 설치되어 금융의 중심지가 되었다. 지역적으로도 리코스 계곡의 비옥한 땅은 양을 치기에 좋은 목초지였고, 이 도시는 아마포와 양모 공업의 중심지로도 명성을 날렸다. 그리고 이 도시는 의사 양성학교와 약품 제조의 중심지로도 유명했다. 이 도시에서 특히 치료의 신 멘(Men)과 아스클레피오스(Asklepios)가 숭배된 것은 이와 관련된다.

A.D. 17년과 A.D. 60(혹은 61)년에 두 차례의 지진을 겪었으나 그때마다 로마의 경제적 도움을 거절하고도 빠르게 도시를 복원시킬 수 있을 정도로 이 도시의 시민들은 강한 자신감과 독립심을 가졌었다. 이 도시에는 매우 부유한 유대인들이 상당수 있었다고 한다.

라오디게아 교회에 대해서는 본문 외에도 골로새서에 잘 나타나 있다. 이 교회는 바울이 제 3차 전도 여행 중(행19:10) 에베소에 체류하는 동안 에바브라(골 4:12)에 의해 시작되었을 가능성이 있다. 골로새서가 기록될 당시 라오디게아의 그리스도인들은 눔바의 집에서 모였으며(골 4:15), 골로새서는 라오디게아 교회에서도 함께 읽히도록 쓰였다.(골4:16)

본문에서 라오디게아 교회는 빌라델비아 교회와 대조적으로 완전히 질책만 받는다. 계시록 저자는 자만심에 빠져 있는 이 교회에 한 마디의 칭찬도 해주지 않고, 심판을 예고하는 경고를 통해 날카롭게 질책한다.

본문은 다음과 같이 구성되어 있다.

(1) 서론

① 기록 명령

② 사자(使者) 정형어구

(2) 본론

① 질책(15절)

② 질책과 심판예고(16절)

③ 질책(17절)

④ 권고(18절)

⑤ 근거 제시와 권고(19절)

⑥ 조건적 구원예고(20절)

(3) 결론

① 이기는 자에게 주는 약속의 말씀(21절)

② "들으라" 정형어구(22절)

2) 본문 주석

14절 라오디게아 교회의 사자에게 편지하라 2장 1절의 주석을 참조할 것.

아멘이시요 충성되고 참된 증인이시요 '아멘' 이라는 칭호는 이사야 65장 16절을 상기시킨다. "땅에서 자기를 위하여 복을 구하는 자는 진리의 하나님(축자적으로는 아멘의 하나님)을 향하여 복을 구할 것이요 땅에서 맹세하는 자는 진리의 하나님(축자적으로는 아멘의 하나님)으로 맹세하리니 …." 구약과 유대교는 진술의 확실함과 견고함을 '아멘' 이라는 말로 표현했다. 그리스도를 '아멘'으로 부르는 의도는 그가 하나님처럼 절대적으로 확실하게 진리를 선포하는 분이라는 것을 말하는 데 있다. 여기서 '아멘'은 그 다음에 나오는 칭호인 '충성되고 참된 증인'이라는 말로 설명되고 있다. 이 칭호에 대해서는 1장 5절의 주석을 참조할 것.

하나님의 창조의 근본이신 이가 이르시되 이 칭호에서 우리의 관심을 끄는 것은 '근본'(시작)과 '창조'가 그리스도와 관련된다는 점이다. 이것은 요한복음 1장 1~3절과 골로새서 1장 15~20절에서 볼 수 있는 바와 같이, 예수 그리스도의 선재와 창조 중재직에 관한 사상을 상기시킨다. 그 중에서도 골로새서 1장 15절의 '모든 창조물보다 먼저 나신 자'라는 칭호가 이 칭호와 가장 유사하다. 이것은 아마도 계시록 저자가 골로새서 1장 15~20절로부터 영향을 받았을 가능성을 짐작케 해준다. 다시 말해서 계시록의 이 칭호는 골로새서 1장 18절('그가 근본이요')과 1장 15절('모든 창조물보다 먼저 나신 자')에 관련될 수 있다. 이 가정은 라오디게아인들에게 보낸 서신과 골로새서와의 관련을 암시하는 골로새서 4장 16절에 의해서 뒷받침된다.

15~16절 내가 네 행위를 아노니 네가 차지도 아니하고 뜨겁지도 아니하도다 네가 차든지 뜨겁든지 하기를 원하노라 네가 이같이 미지근하여 뜨겁지도 아니하고 차지도 아니하니 내 입에서 너를 토하여 버리리라 본 구절의 '뜨거움'과 '차가움'에 대한 해석들을 다음과 같이 크게 정리해 볼 수 있다. 일련의 주석가들은 이것을 성령과 연관시킨다. 즉, '뜨거움'은 열렬한 믿음, 또는 성령으로 뜨거워지는 것이며 '차가움'은 성령으로부터 멀어져 세상에 속하는 것이라는 해석이다. 그리고 미지근한 상태는 그리스도가 '차가움'보다도 더 나쁘게 여긴다는 것이다. 그러나 이 해석은 설득력이 약하

다. 왜냐하면 이 해석을 따르면, 그리스도가 교회에 성령으로 뜨겁든지 아니면 성령으로부터 멀어져 세상에 속하기를 원하는 것이 되기 때문이다. 본 구절에서 분명한 것은 '미지근함' 만 부정적 이미지로 사용될 뿐, '차가움' 은 '뜨거움' 과 함께 긍정적인 이미지로 쓰인다는 점이다.

그런가 하면 이 구절을 라오디게아의 지형과 관련시켜 해석하는 시도가 있다. 이 입장은 여기에 나오는 세 구상어를 라오디게아 부근에서 발견된 물과 연관시킨다. 즉, '뜨거움' 은 라오디게아의 북쪽(약 6마일 쯤)에 있던 히에라폴리스의 온천으로, '차가움' 은 라오디게아의 동쪽(약 11마일쯤)에 있던 골로새의 시원한 물과 연관시킨다. 이 해석에 의하면, 라오디게아는 물의 양이 충분치 못해서 지역별로 부근의 도시들과 송수로를 연결해서 물을 끌어 써야만 했다. 이처럼 먼 거리로 운반되는 동안 물은 자연히 미지근해졌을 것이라는 것이다.

그러나 쾨스터(C. R. Koester, "The Message to Laodicea and the Problem of Its Local Context: A Study of the Imagery in Rev 3. 14~22," 409~411)가 잘 지적해 준 바와 같이 이 입장에는 다음과 같은 두 가지 난점이 있다.

① 16절에서 '뜨거움' 과 '차가움' 은 입 안으로 넣는 것(마실 것), '미지근함' 은 입 밖으로 내 뱉는 것과 관련해서 사용되는데, 이 은유는 마시기에 좋았던 골로새의 찬물에는 어울릴 수 있지만, 히에라폴리스의 뜨거운 물에는 어울리지 않는다. 왜냐하면 그 당시 온천에 대한 묘사는 마실 물보다는 양모의 염색, 목욕, 관개사업과 관련되어 있기 때문이다.

② 라오디게아의 수도에서 나온 물이 미지근했고 불유쾌했다는 증거가 없다. 오히려 헤디크루스(Hedychrous) 비문에는 라오디게아의 물이 마시기에 좋았다고 기록되어 있다.

따라서 필자는 계시록 3장 15~16절을 라오디게아의 지형과 관련시켜 해석하는 시도에는 동의하기가 어렵다.

필자는 이 구절을 그 당시 공동 식사 관습의 배경에서 이해하는 쾨스터(Ibid., 411~416)와 의견을 같이한다. 왜냐하면 16절은 물을 내뱉는 것을 연상케 하며, 20절에서 계시록 저자는 16절의 경고를 그리스도의 음성을 듣고 문을 여는 모든 사람과 그리스도가 식사를 같이 할 것이라는 약속과 연결시키고 있기 때문이다. 앞에서 언급한 바와 같이 여기서 '뜨거움'과 '차가움'은 긍정적 이미지로 사용되는데, 이것은 뜨겁든지 차갑든지 무엇인가를 입에 넣기를 바라는 것을 연상시킨다. 이에 반해서 미지근한 것은 입에서 내뱉거나 거절할 수 있는 것과 동일시되는데, 이것은 식사 때 입맛에 맞지 않는 것을 내뱉는 것을 연상케 한다.

그러면 계시록 저자는 15~16절의 이 식사 이미지를 통해 무엇을 말하려고 한 것일까?

저자는 여기서 라오디게아교회 교인들의 상태가 미지근하다고 질책한다. 이때 그는 식사 이미지를 사용하는데, 이 이미지는 라오디게아교회 교인들의 행위가 그 도시에 사는 다른 사람들과 별로 다를 바가 없었다는 것을 가리킨다. 왜냐하면 다음 절이 라오디게아교회 교인들의 미지근한 상태를 부(富)로 인한 자기만족, 자기도취로 묘사하고 있기 때문이다. 따라서 차든지, 뜨겁든지 하라는 권면은 독자들에게 자기만족과 도취에 빠져 있는 부자들의 라이프스타일로부터 벗어날 것을 촉구하는 말씀이다.

또한 여기서 주목해야 할 부분은 16절의 "내 입에서 너를 토하여 내치리라."라는 말씀이다. 앞서 언급한 바 있듯이, 계시록 1장 16절, 2장 16절, 19장 15, 21절에서 그리스도의 입은 심판자로서의 그리스도 기능과 관련해서 사용된다. 따라서 2장 5절에서처럼 여기서도 저자는 최후의 심판 때의 교회의 운명을 생각하고 있다는 것을 알 수 있다.

17절 네가 말하기를 나는 부자라 부요하여 부족한 것이 없다 하나 네 곤고한 것과 가련한 것과 가난한 것과 눈먼 것과 벌거벗은 것을 알지 못하는도다 이 구절에서 계시록 저자는 라오디게아 교회를 향해서 또 하나의 질책을 퍼붓는다. 그것은 이 교회가 자신의 부에 뿌리를 둔 자기만족과 자기도취에 빠져 있다는 것이다. 여기서 그는 그리스도인들의 세속화와 경제적 상황 간의 관련성을 본다. "네 곤고한 것과 가련한 것과 가난한 것과 눈먼 것과 벌거벗은 것을 알지 못하는도다."는 이 잘못된 자기만족의 상태를 표현하는 말이다.

18절 내가 너를 권하노니 내게서 불로 연단한 금을 사서 부요하게 하고 흰 옷을 사서 입어 벌거벗은 수치를 보이지 않게 하고 안약을 사서 눈에 발라 보게 하라 이 구절은 앞서 언급한 문제를 해결하기 위해 주는 중요한 권고의 말씀이다. 이 권고의 목적은 라오디게아 교회가 진실로 부유하도록, 다시 말해서 그리스도의 구원에 참여하도록 하는 데에 있다. 이 권고에서 사용되는 '금', '흰 옷', '안약'과 같은 그림말들은 그리스도의 구원의 선물 전체를 상징화 한 것이다. '금'은 하늘의 빛과 불멸을 상징하고, '흰 옷'은 미래의 영광스러운 삶을 가리키며, '안약을 사서 눈에 발라 보게 하라는 것'은 영적으로 어두움에 빠져 있는 인류의 깨달음을 상징하는 것이다.

19절 무릇 내가 사랑하는 자를 책망하여 징계하노니 그러므로 네가 열심을 내라 회개하라 이 구절에서 저자는 앞 절의 권고를 회개의 촉구로 요약한다. 그리고 그는 회개의 촉구의 근거로서 그리스도의 사랑을 언급한다. 위에서 말한 심한 책망과 징계는 사랑하기 때문이며, 회개를 위한 동기가 되게 하기 위함이라는 것이다. 사랑 표현으로서의 책망과 징계의 원리는 잠언 3장 11~12절에서도 볼 수 있다.

그런데 여기서 그리스도의 사랑을 말할 때 동사 *ἀγαπάω*(아가파오)가 사용되지 않고 *φιλέω*(필레오)가 사용되는 것이 눈에 띈다. 일반적으로 많은 사람들은 '아가파오'를 신적인 사랑을 의미하는 것으로, '필레오'를 세상적인 사랑 중에서 좀 더 가치가 있는 사랑을 가리키는 것으로 이해한다. 이런 관점에서 이 구절을 보면, 여기서 '필레오'가 사용되고 있는 것은 납득하기 어렵다. 그러나 신약성서에서는 '아가파오'(명사: 아가페)와 '필레오'(명사: 필리아) 간에 아무런 의미상의 차이가 없이 서로 같은 의미로 사용되고 있음을 알아야 한다.(참조, 요3:35과 5:20, 11:3과 11:5, 13:23과 20:2, 14:23과 16:27, 3:19과 12:25, 21:15~17)

20절 볼지어다 내가 문 밖에 서서 두드리노니 누구든지 내 음성을 듣고 문을 열면 내가 그에게로 들어가 그와 더불어 먹고 그는 나와 더불어 먹으리라
찰스(R. H. Charles, *Revelation*, 1. 110)는 이 구절을 그리스도가 그리스도인들의 마음 문을 두드리고 그 안에 거하는 모습을 묘사하는 것으로 생각한다. 그러나 이 해석의 약점은 20c절에 있는 식탁 교제에 관한 약속과 부합되지 않는 데 있다. 다른 한편 20c절에 있는 식탁 교제에 관한 약속을 근거로 하는 두 가지 해석이 있다.

① 3장 20절은 마지막 때에 있을 하나님의 나라에서의 식탁 교제에 대해서 말하고 있다.

② 3장 20절은 현재의 성만찬 예배로의 초대에 대해서 말하고 있다.

필자는 ①을 더 적합한 해석으로 간주한다. 왜냐하면 20c절의 "볼지어다 내가 문 밖에 서서 두드리노니"는 초기 기독교 전통에서 각인된 종말론적 가르침의 표현이며(막13:29; 마24:33; 약5:9 참조), 유대교 묵시 사상적 문헌에 있는 '종말론적 식탁 교제' 모티브에 기초를 두고 있기 때문이다.(에티오피아어 에녹서62:14; 슬라브어 에녹서42:5 참조) 따라서 우리는 본 구절이 마지막 때에 그리스도에게 속한 사람들이 그리스도와 함께 영원히 친교를 나누게 될 것임을 약속하는 말씀이라는 것을 알 수 있다.

21절 이기는 그에게는 2장 7절의 주석을 참조할 것.

내가 내 보좌에 함께 앉게 하여 주기를 내가 이기고 아버지 보좌에 함께 앉은 것과 같이 하리라 앞서 말한 바와 같이, 일곱 서신 중 맨 마지막 서신인 이 약속의 말씀은 구성상 두아디라 교회에 보내는 편지의 약속 말씀과 함께 일곱 서신 중에서 가장 중심이며 정점을 이루는 약속 말씀이다. 그리스도가 승리해서 하나님의 보좌에 앉은 것 같이 이기는 자를 그리스도의 보좌에 앉도록 해주겠다는 약속을 굳게 하고 있다.

요한계시록에서 하나님의 보좌는 심판의 보좌로 묘사되는 두 구절(6:16, 20:11)을 제외하면 대부분 통치자로서의 하나님의 강력한 권위와 주권을 상징한다. 찰스(R. H. Charles, *Revelation*, 1. 101~102)는 순교자들이 보좌에 앉아 1000년 동안 그리스도와 함께 다스릴 것이라고 언급하는 계시록 20장 4절의 환상에서 이 약속의 말씀의 성취를 본다. 그러나 20장 4절에서는 본 구절에서처럼 하나님과 그리스도의 보좌가 아닌 여러 보좌에 대해서 언급하고 있으며, 새 예루살렘 환상에 이르러 비로소 하나님의 보좌가 어린 양의 보좌와 동일하게 표현된다. 그리고 새 예루살렘에 대한 묘사는 계시록 22장 5절에서 마지막 때 하나님의 종이 통치한다는 약속으로 끝을 맺는다. 따라서 우리는 본 구절에 있는 약속의 말씀의 성취를 계시록 22장 1~5절에 있는 환상에서 보아야 할 것이다. 그러므로 이기는 자를 그리스도의 보좌에 앉게 해줄 것이라는 약속은 이기는 자가 하나님의 새로운 도성 안에서 그리스도의 통치에 참여할 것임을 의미한다는 것이 저자의 중심 의도임을 분명히 인식할 수 있다. 계시록 저자는 현실 정치권력이 기독교인들을 배교 하도록 유혹하고 핍박하는 상황에 직면해서 기독교인들에게 하나님의 궁극적 통치에 대한 확신을 심어주는 동시에, 이기는 자들이 그리스도와 함께 이 통치에 동참하게 될 것이라는 희망을 불어넣음으로써 그들에게 극복할 수 있는 용기를 주고자 한 것이다.

22절 귀 있는 자는 성령이 교회들에게 하시는 말씀을 들을지어다 2장 7절의 주석을 참조할 것.

3) 설교 가이드

이 본문에서는 '신앙의 자기기만' 이라는 제목으로 설교를 작성할 수 있을 것이다.

라오디게아 교회는 부족한 것이 전혀 없다고 스스로 생각해서 자기만족에 빠져 있었다. 그러나 실제로 이 교회는 그리스도 앞에서 불쌍하고 가난하고 눈멀고 벌거벗은 상태에 있었고, 그리스도로부터 버림을 받을 위험에 처해 있었다. 오직 하나님 앞에서 자신의 상황을 직시하고 회개하라는 그리스도의 촉구를 진지하게 받아들여 실천하는 자만이 영원한 멸망 앞에서 구원을 받을 수 있다.

본문 말씀을 통해 그리스도께서 오늘날 우리에게 말씀하시고자 하는 것은 신앙의 자기기만 문제다. 본문에서는 이 문제가 차지도 않고 뜨겁지도 않은, 미지근한 상태의 물에 비유되고 있다. 미지근한 상태의 위험은 오늘날 우리의 교회들에게도 역시 위협적인 요소다. 많은 사람들은 처음에 열정을 가지고 신앙생활을 시작하지만 시간이 지나면서 그 열정이 식게 된다. 그러면 이러한 미지근한 상태의 원인을 어디에서 찾아야 할까?

① 결단을 내리지 못함: 한편으로는 하나님을 섬기기를 원하지만, 다른 한편으로는 현대의 신들로부터 떠나지 못한다.

② 부유와 부유한 사고: 내가 무엇 때문에 하나님을 필요로 하는가? 나는 모든 것을 가지고 있다. 나는 이대로가 좋다.

③ 고난을 두려워하고 신앙고백을 꺼리는 자세

④ 그리스도와의 결합의 결핍

⑤ 다음과 같은 생각들

㉠ 우리에게는 고린도 교회에 있었던 일들과 같은 것들이 없다.(고전 5:1~5 참조)

㉡ 우리는 베드로처럼 그리스도를 부인하지 않는다.

㉢ 우리는 품위 있는 사람들이며 우리의 교회는 별로 결점이 없는 교회다. 따라서 심한 질책과 함께 회개할 것을 촉구하는 설교는 우리에게 별로 해당되지 않는다.

그러나 우리는 회개를 필요로 하는 부족함이 많은 사람들이다. 우리는 늘 자신에게 이런 질문을 제기해야 한다. 우리 교회는 살아 있는 공동체인가? 나는 참으로 포도나무 줄기이신 그리스도의 살아 있는 가지인가? 나는 허상에 불과한 외적 안전성을 붙잡으려 하고 있지는 않은지?

그리스도께서는 우리를 어떻게 도우시려고 하는가! 그는 불꽃과 같은 눈으로 사람의 생각과 마음을 살피시며 그의 자비 속에서 우리에게 회개하고 새롭게 시작할 수 있는 기회를 제공하신다. 우리의 삶이 곤궁, 환란, 고난의 경험에 의해 각인되어 있다 할지라도, 이 모든 것들은 우리를 그와 새롭게 교제할 수 있도록 인도하는 그리스도의 사랑의 표시들이다.

Ⅲ

본론부(4:1~22:5)

1. 4:1~11: 하나님의 보좌와 하늘나라의 예배

1이 일 후에 내가 보니 하늘에 열린 문이 있는데 내가 들은 바 처음에
내게 말하던 나팔 소리 같은 그 음성이 이르되 이리로 올라오라 이 후에
마땅히 일어날 일들을 내가 네게 보이리라 하시더라 2내가 곧 성령에 감
동되었더니 보라 하늘에 보좌를 베풀었고 그 보좌 위에 앉으신 이가 있
는데 3앉으신 이의 모양이 벽옥과 홍보석 같고 또 무지개가 있어 보좌에
둘렸는데 그 모양이 녹보석 같더라 4또 보좌에 둘려 이십사 보좌들이 있
고 그 보좌들 위에 이십사 장로들이 흰 옷을 입고 머리에 금관을 쓰고
앉았더라 5보좌로부터 번개와 음성과 우렛소리가 나고 보좌 앞에 켠 등
불 일곱이 있으니 이는 하나님의 일곱 영이라 6보좌 앞에 수정과 같은
유리 바다가 있고 보좌 가운데와 보좌 주위에 네 생물이 있는데 앞뒤에
눈들이 가득하더라 7그 첫째 생물은 사자 같고 그 둘째 생물은 송아지

같고 그 셋째 생물은 얼굴이 사람 같고 그 넷째 생물은 날아가는 독수리
같은데 8네 생물은 각각 여섯 날개를 가졌고 그 안과 주위에는 눈들이
가득하더라 그들이 밤낮 쉬지 않고 이르기를 거룩하다 거룩하다 거룩하
다 주 하나님 곧 전능하신 이여 전에도 계셨고 이제도 계시고 장차 오실
이시라 하고 9그 생물들이 보좌에 앉으사 세세토록 살아 계시는 이에게
영광과 존귀와 감사를 돌릴 때에 10이십사 장로들이 보좌에 앉으신 이
앞에 엎드려 세세토록 살아 계시는 이에게 경배하고 자기의 관을 보좌
앞에 드리며 이르되 11우리 주 하나님이여 영광과 존귀와 권능을 받으시
는 것이 합당하오니 주께서 만물을 지으신지라 만물이 주의 뜻대로 있
었고 또 지으심을 받았나이다 하더라

1) 본문 소개

이 단락은 하늘의 보좌와 하늘나라의 예배에 관한 묘사다. 여기서 요한은 영원하신 하나님의 위엄을 본다.

본문은 다음과 같이 이루어져 있다.

① 1~2a절은 요한의 새로운 영 체험에 대해서 말한다.
② 2b~8a절은 하나님의 보좌 장면에 관한 묘사다.
③ 8b~11절은 하늘에서의 찬양에 관한 묘사다.

2) 본문 주석

1절 이 일 후에 내가 보니 요한은 이 표현으로 다음에 나오는 환상을 위임 환상(1:9~20) 및 일곱 서신(2~3장)과 분명히 구분하고 요한계시록의 묵시적 본론부를 시작한다.

하늘에 열린 문이 있는데 우선 요한은 하늘에 한 문이 열려 있는 것을 본다. 묵시문학에서 하늘 문이 열려 있다는 모티브는 하늘의 비밀들을 선택된 사람들에게 계시하는 데 사용된다.(에티오피아어 에녹서 14:15; 열두 족장의 유훈 중 레위의 유훈5:1 참조) 히브리인들은 하늘을 둥근 천장 모양의 궁(宮)형으로 이해했다. 따라서 하늘의 문이 열려야 그 위의 것이 보인다고 생각했고, 계시를 받기 위해서는 그 문을 통과해야 한다고 여겼다.

여기서 '열린 문' 은 예언자적인 경험을 표현하는 말로 이해할 수 있다. 우리는 계시록의 본 구절과 비슷한 표현을 에스겔 10장 1절(하늘이 열리며 하나님의 이상을 내게 보이시니.)에서도 볼 수 있다.

또한 하늘이 열린다는 것은 예수의 세례(마3:16)와 스데반의 환상(행7:56), 그리고 베드로의 환상(행10:11)에서처럼 소명에 관한 말씀에도 나타난다.

내가 들은 바 처음에 내게 말하던 나팔 소리 같은 그 음성이 가로되 여기서 요한은 지금 자신이 듣는 음성이 1장 10절에서 그에게 명한 음성과 같은 음성, 즉 그리스도의 음성이라는 것을 다시 한 번 강조한다. '나팔 소리 같은 음성' 에 대해서는 1장 10절의 주석을 참조할 것.

이리로 올라오라 이 후에 마땅히 될 일을 내가 네게 보이리라 하시더라 '이 후에 마땅히 될 일' 은 1장 19절에서 본 '장차 될 일' 과 관련 있다. 요한이 보게 될 앞 일에 대한 환상들을 보여주기 위해 하늘로 올라오라고 명하신 이는 1장에서 그에게 기록하라고 명령한 그 음성이라고 요한은 말하고 있다.

2절 내가 곧 성령에 감동하였더니 이제 요한은 1장 10절에서처럼 다시 성령에 사로잡혀서 황홀경에 들어간다. 이 어구에 대해서는 1장 10절의 주석을 참조할 것.

보라 하늘에 보좌를 베풀었고 그 보좌 위에 앉으신 이가 있는데 "하늘에 보좌를 베풀었고" 보다는 "하늘에 한 보좌가 놓여 있고"가 더 나은 번역이다. 요한이 하늘에서 처음으로 본 것은 보좌다. 요한의 모든 관심은 이 보좌로 집중되고 있다. 신약에서 보좌라는 단어는 예순 두 번 나오는데, 이 중 3/4에 해당하는 마흔일곱 번이나 요한계시록에 나온다. 우리는 구약과 유대교의 묵시 사상적 문헌들에서도 하늘에 있는 하나님의 보좌에 관한 표상을 찾아볼 수 있다.(왕상22:19; 시47:5, 8; 사6:1; 겔1:26, 10:1; 단7:9; 에티오피아어 에녹서 14:18~19 등을 참조) 이 중에서 하나님의 보좌-수레에 관한 환상이 나오는 에스겔 1장 4~28절은 이후의 묵시문학에 깊은 영향을 주었다. 가령, 에티오피아어 에녹서 14장에 있는 보좌에 관한 환상은 에스겔서에서 끌어온 것으로서 요한계시록의 것과 매우 유사하다. 그런데 초기 유대교에서 일부 랍비들은 에스겔서의 환상을 읽는 것을 금지시키려고 했다. 왜냐하면 그 환상 경험이 자칫 독자들의 호기심을 유발시키고 환각을 일으키는 마약처럼 위험스러울 수 있다고 보았기 때문이다. 그럼에도 불구하고 유대교의 신비주의는 '메르카바'로 불리는 이 에스겔서 전통으로부터 발전되었다. 따라서 일련의 주석가들은 여기에 나오는 요한의 환상을 그가 실제로 본 것을 그대로 기술한 것으로 보기보다는 자신의 환상 경험을 전통적인 용어들을 사용하면서 문학적으로 표현한 것으로 보아야 한다고 주장한다.

아무튼 우리는 여기서 요한이 어떤 신학적 의미를 전달하기 위해 이러한 환상 경험을 기술했는지에 대해 알려고 노력해야 할 것이다.

본 구절에는 우주 공간에 놓인 보좌가 나오는데, 그 보좌는 텅 비어 있지 않다. 우주는 혼돈이나 맹목적인 운명의 지배하에 있는 것이 아니라 누군가에 의해 감독을 받고 있다. '보좌 위에 앉으신 이' 라는 말은 요한계시록에서 열두 번 나타나는데, 이것은 요한이 하나님을 일컫는 표현 방식이다. 본 구절이 에스겔 1장 4~28절에 많이 의존하고 있으면서도, 에스겔과 달리 보좌 위에 앉으신 분에 관해 어떤 묘사도 하지 않은 것에는 요한의 특별한 의도가 들어 있다.

'보좌' 는 정치적 용어다. 하나님의 보좌에 대한 요한의 언급에는 정치적인 논쟁, 즉 실제로 이 세상을 통치하는 분이 누구인가를 밝히려는 입장이 내포되어 있다. 요한계시록에서 이 '보좌' 는 황제숭배로 표현되는 로마의 제국주의적 이데올로기에 맞서는 용어라는 것을 알 수 있다. 4장 11절의 하나님을 향한 환호와 5장 9, 12절의 그리스도를 향한 환호는 로마 황제의 승전 행진 시 황제에게 인사하기 위해 사용된 환호를 반영한다. 그리고 4장 8절의 '주 하나님' 이라는 칭호는 로마 황제의 칭호와 병행되는 말이다. 이러한 맥락에서 볼 때, 우리는 요한이 하나님의 유일하신 절대적 주권에 대한 신앙을 표현하기 위해 '보좌' 라는 말을 사용했다는 것을 알 수 있다. 주권에 대한 지상의 모든 주장들은 하나님의 주권에 비하면 단지 미약한 모방과 흉내에 불과하다.

3절 앉으신 이의 모양이 벽옥과 홍보석 같고 본 구절에서도 하나님의 영광은 앞에서 언급한 바와 같이 자세한 묘사 대신 다만 보석들의 광채로만 표현될 뿐이다. 여기에서 하나님의 현현 묘사는 에스겔서의 환상(1:26~28)보다 훨씬 더 조심스럽다. 여기서 우리는 각 보석들에서 특별한 상징을 인식하려고 하지 말아야 한다. 보석들은 접근할 수 없는, 찬란한 빛에 둘러싸인 하나님의 위엄을 상징적으로 묘사한다.

또 무지개가 있어 보좌에 둘렸는데 그 모양이 녹보석 같더라 무지개는 하나님께서 노아와 맺은 언약을 상기시킨다. 여기서 무지개는 앞으로 있을 파멸에 관한 환상을 마치 하나님께서 노아에 대한 약속을 완전히 잊으신 것처럼 해석해서는 안 된다는 경고를 내포해 있다고 볼 수 있다. 다시 말해서 무지개는 자비와 구원을 내포하는 자신의 백성에 대한 하나님의 계약 성실을 상징하는 말이다. 녹보석은 앞에서 본 벽옥과 홍보석처럼 하나님의 영광의 빛남을 상징적으로 표현하는 말이다.

4절 또 보좌에 둘려 이십 사 보좌들이 있고 그 보좌들 위에 이십 사 장로들이 흰 옷을 입고 머리에 금관을 쓰고 앉았더라 하나님과 그의 보좌에 대한 언급 후에 하늘 궁전에 관한 묘사가 뒤따른다. 여기서는 흰 옷을 입고 금면류관을 쓴 장로 스물네 명이 앉아 있는 보좌들이 언급되고 있다. 이 언급은 매우 독특하다. 왜냐하면 하늘에서 스물네 장로가 스물네 개의 보좌 위에 앉아 있다는 것은 구약과 신약 그리고 초기 유대교의 문헌들 어디에서도 찾아볼 수 없기 때문이다.

스물네 장로에 대한 언급은 요한계시록에서 모두 열두 번 언급되고 있는데(4:10, 5:5, 6, 8, 11, 14, 17:11, 13, 11:16, 14:3, 19:4), 본 구절이 그 첫 번째에 해당한다. 그들의 과제는 하나님과 어린 양 그리스도께 찬송으로 영광돌리는 일(4:10~11, 5:8, 12, 14, 11:16~18, 19:4), 성도들의 기도를 어린양께 전달하는 일(5:8), 그리고 요한에게 환상 사건을 해석해 주는 일(5:7, 7:13~14)이다.

그런데 도대체 스물네 장로는 누구를 말하는 것인가? 이 문제에 대해서는 다음과 같은 여러 가지 설이 있다.

① 하나님을 가까이 모시고 있는 천사 왕들이라는 설

② 하늘에 있는 변화된 사람들의 대표자들이라는 설

③ 역대상 23장 6절, 24장 7~18절에 묘사되어 있는 제사장의 스물네 반열에 상응하는 하늘의 제사장들이라는 설
④ 역대상 25장 1~31절에 나오는 찬양대의 스물네 반열이라는 설
⑤ 하늘에 있는 이스라엘과 교회의 대표자들(24는 이스라엘의 열두 족장과 열두 사도를 합한 것)이라는 설
⑥ 구약의 성도들이라는 설
⑦ 바빌론의 스물네 성신(星神)과 같은 점성학적 신화론에서 유래하는 인물들이라는 설

필자는 이 중 ①을 가장 가능성이 있는 것으로 본다. 스물네 장로가 하나님의 보좌 둘레에 있는 스물네 보좌 위에 앉아서 특별히 하나님을 섬기는 존재들로 나타나는 것을 볼 때, 요한은 이들을 천사와 같은 존재들로 생각했을 가능성이 많다. 아마도 그는 이들을 천사들 중에 높은 계급을 가진 존재들로 생각한 것 같다. 왜냐하면 5장 11절에서 그들은 다른 천사들과 구분되기 때문이다. 이에 반해서 이들을 영화롭게 된 성도들로 보기는 어렵다. 왜냐하면 요한은 그들 중의 하나에게 '내 주여' 로 말을 건네기 때문이다(7:14 참조).

그러면 요한은 왜 이들을 장로로 부르는 것일까 하는 질문이 제기된다. 이것은 아마도 이사야 24장 23절(그 때에 달이 무색하고 해가 부끄러워하리니 이는 만군의 여호와께서 시온산과 예루살렘에서 왕이 되시고 그 장로들 앞에서 영광을 나타내실 것임이니라.)에 뿌리를 두고 있는 것 같다. 이 말씀은 창조의 마지막에 대한 예언과 관련된 말씀으로서 도래하는 하나님의 왕적 통치의 묘사 중 일부분이다. 요한은 모세가 하나님과 계약을 체결하는 동안에 이스라엘의 장로 칠십 명이 하나님의 영광을 찬양하고

있는 출애굽기 24장을 해석한 이사야 24장의 말씀을 다시 새롭게 해석했다고 볼 수 있다. 다시 말해서 요한은 이사야 24장 23절의 의미를 하늘 보좌의 회집에 관한 표상과 관련시키고 그로부터 거기에 나오는 장로들을 이해했다고 볼 수 있다.

그러면 24라는 숫자는 어디에서 온 것인가? 아마도 이것은 역대상 24장 1~18절의 스물네 제사장 반열과 역대상 25장 1~31절의 스물네 찬양대 반열에서 비롯된 것으로 보인다. 왜냐하면 요한이 이들의 제의적 기능들을 스물네 장로에게 전용한 것으로 보이기 때문이다.

요한계시록에서 스물네 장로는 흰 옷을 입고 머리에 금면류관을 쓰고 있다. 요한은 그의 환상 가운데 나타나는 여러 인물들이 무엇을 입었는지에 대해 관심이 많아 '옷 입는다'를 종종 은유적으로 사용한다. 옷을 묘사할 때 그리스어로 흰색과 검은색은 종종 빛과 어두움을 의미한다. 유대교에서 흰 옷은 기쁨, 순결, 사회적 지위를 나타냈고, 검은 옷은 여인들과 하층에 속한 남자들이 입었다. 그리고 고대 사회의 종교 행사에 있어서 흰 옷과 면류관은 고유의 문화적 의상이었다. 여기서 우리는 도미티안 황제가 금면류관을 썼다는 것과 소아시아의 제사장들이 황제숭배 때 로마 황제와 그의 가족들의 반신상이 표시되어 있는 금면류관을 썼다는 것에 주목할 필요가 있다. 왜냐하면 요한이 흰 옷과 금 면류관을 통해 기독교와 황제숭배를 대비시키고 있는 것은 이러한 상황까지도 염두에 두었을 것으로 보이기 때문이다.

5절 보좌로부터 번개와 음성과 우렛소리가 나고 음성과 우렛소리는 동의어일 수 있다.(시18:13, 29편 참조) 보좌로부터 나오는 번개와 천둥소리는 하나님의 권능과 영광을 상징한다.(시18:13~15; 욥37:4 등 참조) 구약에서는 이런 현상으로 하나님의 현현을 묘사하는 것이 상례가 되어 있다. 이것은 천둥, 번개와 함께 불과 연기 가운데 강림하신 시내산의 위대한 하나님 현현을 상기시킨다.(출19:16, 20:18; 겔1:4, 13; 시77:18 참조)

보좌 앞에 켠 등불 일곱이 있으니 이는 하나님의 일곱 영이라 여기서 요한은 보좌 앞에 켜진 일곱 등불을 하나님의 일곱 영으로 해석한다. '하나님의 일곱 영' 에 대해서는 1장 4절의 주석을 참조할 것.

6절 보좌 앞에 수정과 같은 유리 바다가 있고 이 묘사에는 바빌론과 페르시아 종교에서도 볼 수 있는 고대 근동 사람들의 생각이 용해되어 있다. 그들은 하늘 궁창 위에 바다가 있고(창1:6~8, 7:11; 시104:3; 겔1:22), 그 바다 위에 하나님의 궁전이 있다고 생각했다.(시104:3)

본 구절에서 바다는 물론 하나님의 보좌와 스물네 장로의 보좌 사이의 공간으로 한정되어 있다. 그리고 수정 같이 맑은 바다는 이미 앞에서 묘사된 보석 색깔의 우아함을 반영하고 있다.

보좌 가운데와 보좌 주위에 네 생물이 있는데 앞뒤에 눈들이 가득하더라 요한은 스물네 장로보다 보좌에 더 가까이 있는 존재들로서 네 생물을 본다. 이들은 에스겔 1장 4~25절에서 유래한다. 그러나 양자 간에는 차이점이 있다. 에스겔서의 네 생물은 보좌 병거의 바퀴 기능을 가지고 있어서 보좌를 떠메고 운반하는 존재들로 묘사된다. 반면에 요한계시록에는 이러한 묘사는 없고, 대신 하나님의 보좌 앞에 이들이 엎드려 있다.(5:8, 19:4 참조) 숫자 4는 사방을 나타내고 있는 상징어라고 볼 수 있다.(계7:1 참조) 이것은 생물들이 전(全) 피조물에 대한 책임을 가지고 있다는 것을 말하기 위한 상징일 수 있다. 모순되는 듯한 '보좌 가운데' 와 '보좌 주위에' 라는 장소에 대해서는 주석가들의 설명이 다양하다. 뮐러(U.B. Müller,

Komm., 145)는 요한이 에스겔 1장 13절에 지나치게 축자적으로 의존해서 썼기 때문에 '보좌 가운데'라는 표현이 나왔다고 본다. 이에 반해서 롤로프(J. Roloff, *Komm.*, 68)는 생물들을 하나님의 보좌를 운반하는 게루빔으로 묘사하는 사무엘하 22장 11절 및 열왕기하 19장 15절과 '보좌 가운데'를 연관된 표현으로 보는 한편, '보좌 주위에'는 생물들을 하늘 궁전의 가장 안쪽 써클로 이해한 요한 자신의 생각과 관련된 표현으로 이해한다. 그리고 크라프트(H. Kraft, 『요한묵시록』, 162)는 이와 달리 '보좌'를 해석상의 모순으로 인해 발생한 애매한 개념으로 본다. 즉, '보좌'는 한편으로는 하나님의 존엄을 나타내는 중심적 위치에 놓인 상석이며, 다른 한편으로는 하늘을 나타내는 표현이라는 것이다.

아무튼 우리는 '보좌 가운데'라는 표현을 하나님과 네 생물 간의 특별히 밀접한 관계를 설명하기 위한 상징적 표현으로 이해할 수 있다.

네 생물이 앞뒤에 눈이 가득하다는 표현은 어떤 것도 그들의 눈에서 벗어날 수 없는 파수꾼의 기능을 분명히 가지고 있다는 것을 말한다.

7절 첫째 생물은 사자 같고 그 둘째 생물은 송아지 같고 그 셋째 생물은 얼굴이 사람 같고 그 넷째 생물은 날아가는 독수리 같은데 이 구절은 요한이 에스겔 1장 10절의 영향 하에서 작성한 것으로 보인다. 그러나 에스겔서에는 각 생물마다 네 개의 다른 얼굴을 갖고 있는 데 반해(앞쪽은 사람의 얼굴이요, 오른 쪽은 사자의 얼굴이요, 왼 쪽은 황소의 얼굴이요, 뒤쪽은 독수리의 얼굴이었다.), 요한의 생물은 각각 다른 형태를 가진 네 생물들이라는 점이 다르다.

여기에 나오는 네 생물의 모습과 관련해 많은 주석가들은 점성학적인 배경을 생각한다. 네 생물은 원래 사 계절의 시작을 알리는 네 별자리를 묘사한다는 것이다. 즉 황소는 봄, 사자는 여름, 자주 사람으로 묘사되는 전갈은 가을, 독수리와 아주 가까운 물병자리는 겨울을 가리킨다는 것이다. 그러나 요한이 사람의 얼굴을 포함하여 이 세 짐승을 선택한 이유는 그것들이 모두 가장 고귀하고 힘센 짐승들이었다는 점을 들 수 있다. 따라서 그것들은 하나님의 세계를 포괄하는 통치자의 권력을 상징한다.

8절 네 생물이 각각 여섯 날개를 가졌고 그 안과 주위에 눈들이 가득하더라
에스겔서에는 네 생물이 네 개의 날개를 가지고 있는 데 반해, 본 구절의 네 생물은 이사야 6장 2절의 스랍들처럼 여섯 날개를 가진 것으로 되어 있다. 이를 통해 우리는 요한이 본 구절을 쓸 때에 이사야의 구절을 더 따랐다고 추측할 수 있다. 그리고 요한이 본 구절에서 날개 주위와 그 안에 가득한 눈을 다시 반복하는 것은 그에게 이 네 생물의 파수꾼 직책이 얼마나 중요했는지를 잘 보여 주는 대목이다.

그들이 밤낮 쉬지 않고 이르기를 거룩하다 거룩하다 거룩하다 주 하나님 곧 전능하신 이여 전에도 계셨고 이제도 계시고 장차 오실 이시라 하고 네 생물은 밤낮 쉬지 않고 끊임없이 찬양을 한다. 여기에 나오는 찬양은 세 부분으로 나눌 수 있다. 첫째는 이사야 6장 3절에 상응하는 세 번의 거룩 찬양이다. 이것은 계시록 4장 2~8절에서 하나님의 영원하신 위엄이 전면에 등장하고 있음을 말해 주는 것이다. 요한에게 있어 거룩은 우선 윤리적인 이상이 아니라, 하나님의 본질 자체다. 하나님은 그의 신성으로 인해 거룩하시다. 그는 본질적으로 인간적인 것과 세상적인 것, 그리고 어떤 세력과도 구별되는 전적 타자다. 둘째 찬양은 요한계시록에서 자주 등장하는 '전능하신' 이라는 하나님 칭호로(1:8, 11:17, 15:3, 16:7, 19:6, 21:22 참조), 요한은 이를 통해 하나님의 권능을 강조한다. 셋째는 다시 요한계시록의 특징적인 하나님 칭호라고 할 수 있는 '전에도 …장차 오실 자' 라는 찬양인데(1:4, 8, 11:17, 16:5 참조), 1장 4, 8절과는 다르게 과거, 현재, 미래의 순으로 나타난다. 여기서 요한은 1장 4, 8절에서보다 더 강하게 하나님의 활동에 대한 시간적인 관점을 강조하며, 하나님을 시간과 역사의 주로 찬양한다.

9절 그 생물들이 보좌에 앉으사 세세토록 살아 계시는 이에게 영광과 존귀와 감사를 돌릴 때에 네 생물의 찬양은 보좌 위에 앉으신 하나님에 대한 영광과 존귀와 감사를 내용으로 하고 있다. 여기서 요한은 보좌 위에 앉으신 분이 영원 무궁히 살아 계신 분이라는 것을 강조한다.(10:6, 15:7 참조)

10절 이십사 장로들이 보좌에 앉으신 이 앞에 엎드려 세세토록 살아 계시는 이에게 경배하고 자기의 관을 보좌 앞에 드리며 이르되 스물네 장로는 네 생물의 찬양에 동의한다. 스물네 장로는 오직 영원 무궁히 살아계신 하나님만이 영광과 존경을 받으심이 합당하다는 것을 알고 있기에 보좌 위에 앉으신 하나님 앞에 엎드려 그에게 경배한다. 엎드려 경배하는 것은 전통적인 몸짓이다. 그런데 여기서 우리의 주목을 끄는 것은 장로들이 면류관을 벗어 보좌 앞에 던지는 장면이다. 우리는 이 장면을 동시대의 역사적 보도에서도 찾아볼 수 있다. 로마의 역사가 타키투스(*Annals* 15. 29)에 의하면, 페르시아의 속국의 왕인 티리다테스(Tiridates)는 네로의 상 앞에서 복종의 표시로 자신의 왕관을 벗어 그의 발 앞에 놓았다는 것이다. 그는 이러한 행위로 자신의 통치권 포기를 암시한 것이다. 따라서 본 구절에서 보여 주는 장로들의 행위는 하나님의 통치권을 인정하는 절대적 복종과 경외를 나타내고 있다는 것을 알 수 있다.

11절 우리 주 하나님이여 영광과 존귀와 권능을 받으시는 것이 합당하오니 주께서 만물을 지으신지라 만물이 주의 뜻대로 있었고 또 지으심을 받았나이다 하더라 요한은 이 장로들의 찬송을 통해서 하나님께만 존귀와 영광을 돌려야 한다는 점을 강조한다. 본 구절의 "…것이 합당하오니"라는 표현이 요한의 시대에 황제숭배의식에 사용된 문구였음을 상기해 볼 때, 이것은 그 당시의 권력자에 대한 요한의 비판으로 볼 수 있다. 다시 말해서 요한은 여기서 '우리 주 하나님'이라는 칭호를 로마 황제를 위해서가 아니라, 오직 하나님을 위해 사용해야 한다는 점을 강조한 것이다.

셋째와 넷째 행에 해당하는 "만물이 …하더라"는 하나님 찬양을 위한 근거를 제시하고 있다. 하나님께서 영광과 존귀와 능력을 받아야 할 이유는 그가 모든 것을 만드신 창조주이시기 때문이라는 것이다.

3) 설교 가이드

계시록 4장에는 하나님의 보좌 장면과 하늘에서의 찬양에 관한 묘사가 나온다. 설교자는 이 두 장면을 주석하면서 '예배의 의미'라는 제목으로 설교를 작성할 수 있을 것이다.

① 이 본문에서 요한은 보좌 위에 앉으신 분이 이 세계를 감독하고 있음을 강조한다. 이 세계는 혼돈이나 맹목적인 운명에 지배를 받는 것이 아니다. '보좌 위에 앉으신 분'은 요한이 하나님을 일컫는 표현 방식이다. '보좌'라는 정치적 용어를 하나님의 보좌로 언급하고 있는 것은 실제로 이 세상을 통치하는 분이 누구인지를 밝히려는 데에 목적이 있다. 다시 말해서 요한은 하나님의 유일하신 절대적 주권에 대한 자신의 신앙을 표현하기 위해 '보좌'를 사용한다.(요한이 로마의 제국주의적 이데올로기에 맞서서 이 용어를 사용한 것에 대해서는 주석을 참조할 것)

② 그러므로 하나님께 예배를 드리는 것은 우리의 마땅한 의무다. 하나님은 예배를 받으시기에 합당하신 분이다. 예배는 하나님의 인격에 대한 찬양이요, 그의 통치권에 대한 승인이다. 요한은 하나님의 종들의 찬송을 통해서 오직 하나님께만 존귀와 영광을 돌려야 한다고 강조한다. 여기에 나오는 네 생물은 밤낮 쉬지 않고 끊임없이 하나님의 영원하신 위엄을 찬양한다. 하나님은 그의 신성에 있어서 거룩하시며 본질적으로 다른 존재와 구별되는 전적 타자다. 스물네 장로는 이 하나님만이 영광과 존경을 받으심이 합당하다는 것을 알고 있기에 하나님 앞에 엎드려 그에게 경배한다. 이들이 자기의 면류관을 하나님의 보좌 앞에 던지는 행위는 하나님의 통치권을 인정하는 것이며 그에 대한 절대적 복종과 경외를 나타내는 것이다. 우리가 절대적 복종과 경외의 행위인 예배를 하나님께 드려야 하는 것은 그가 이 세상 모든 것을 만드신 창조주이며, 영광과 존귀와 능력을 받으시기에 합당한 분이기 때문이다.

2. 5:1~14: 일곱 개의 봉인으로 봉해진 책과 어린 양

1내가 보매 보좌에 앉으신 이의 오른손에 두루마리가 있으니 안팎으로
썼고 일곱 인으로 봉하였더라 2또 보매 힘있는 천사가 큰 음성으로 외치
기를 누가 그 두루마리를 펴며 그 인을 떼기에 합당하냐 하나 3하늘 위
에나 땅 위에나 땅 아래에 능히 그 두루마리를 펴거나 보거나 할 자가
없더라 4그 두루마리를 펴거나 보거나 하기에 합당한 자가 보이지 아니
하기로 내가 크게 울었더니 5장로 중의 한 사람이 내게 말하되 울지 말
라 유대 지파의 사자 다윗의 뿌리가 이겼으니 그 두루마리와 그 일곱 인

을 떼시리라 하더라 6내가 또 보니 보좌와 네 생물과 장로들 사이에 한
어린 양이 서 있는데 일찍이 죽임을 당한 것 같더라 그에게 일곱 뿔과
일곱 눈이 있으니 이 눈들은 온 땅에 보내심을 받은 하나님의 일곱 영이
더라 7그 어린 양이 나아와서 보좌에 앉으신 이의 오른손에서 두루마리
를 취하시니라 8그 두루마리를 취하시매 네 생물과 이십사 장로들이 그
어린 양 앞에 엎드려 각각 거문고와 향이 가득한 금 대접을 가졌으니 이
향은 성도의 기도들이라 9그들이 새 노래를 불러 이르되 두루마리를 가
지시고 그 인봉을 떼기에 합당하시도다 일찍이 죽임을 당하사 각 족속
과 방언과 백성과 나라 가운데에서 사람들을 피로 사서 하나님께 드리
시고 10그들로 우리 하나님 앞에서 나라와 제사장들을 삼으셨으니 그들
이 땅에서 왕 노릇 하리로다 하더라 11내가 또 보고 들으매 보좌와 생물
들과 장로들을 둘러 선 많은 천사의 음성이 있으니 그 수가 만만이요 천
천이라 12큰 음성으로 이르되 죽임을 당하신 어린 양은 능력과 부와 지
혜와 힘과 존귀와 영광과 찬송을 받으시기에 합당하도다 하더라 13내가
또 들으니 하늘 위에와 땅 위에와 땅 아래와 바다 위에와 또 그 가운데
모든 피조물이 이르되 보좌에 앉으신 이와 어린 양에게 찬송과 존귀와
영광과 권능을 세세토록 돌릴지어다 하니 14네 생물이 이르되 아멘 하고
장로들은 엎드려 경배하더라

1) 본문 소개

저자는 계시록 5장 1절에서, 보좌에 앉으신 분의 오른 편에 책이 있는 것을 보았다고 언급한다. 이것은 우리로 하여금 5장이 하늘의 보좌 장면 묘사가 나오는 4장과 밀접하게 연결된 환상 보도라는 것을 짐작하게 한다. 시선을 4장 1절로 돌려보면, 우리는 여기서 계시록 저자가 4장 1절에

서부터 본론부를 시작하고 있다는 것을 분명히 알 수 있다. 다시 말해서 4장 1절은 "이후에 일어나야 할 일들을 기록하라"고 한 1장 19절의 그리스도 명령과 관련하여 새로운 환상 보도의 시작을 알리는 구절이다. 그리고 요한이 1장 10절에서 이미 들었던 그 음성이 여기서는 그에게 마지막 때의 사건에 관한 계시를 줄 것이니 하늘로 올라오라는 명령이 기술되고 있으며, 1장 10절에서처럼 다시 성령 안에 있게 되었다는 것이 언급되고 있다. 따라서 5장은 계시록의 전체 구조와 관련하여 볼 때, 4장과 함께 요한계시록의 본론부(4:1~22:5)가 시작되는 장로서 요한계시록 안에서 매우 중요한 위치에 편집되어 있다는 것을 알 수 있다.

그러면 계시록 5장의 문학적 구조는 어떻게 되어 있는가? 이에 관해서는 논쟁의 여지가 있으나, 지금까지 주석가들이 고찰한 바를 정리해 보면 본 장은 2중, 3중, 7중 구조로 다양하게 구분할 수 있다.

보링(M. Eugene Boring, *Comm.*, 108~112)은 본문을 다음과 같이 크게 두 부분으로 구분한다.

(1) 5:1~7 (승리에 대한 기독론적 재정의)

(2) 5:8~14 (우주적 승리와 찬양)

이에 반해서 뮐러(H. P. Müller, "Formgeschichtliche Untersuchungen zu Apc 4F," 6)는 계시록 5장을 다음과 같이 크게 세 부분으로 구분한다.

(1) 1~5절: 하늘의 집회 장면

봉인된 책(1절)과 천사(2a절)에 대한 소개 후 계시록 저자는 다음의 것들을 보고 듣는다.

① 하늘의 집회를 향한 천사의 질문(2b절)

② 전반적으로 어찌할 바 모르는 모습의 표현(3~4절)

③ 봉인된 책을 펼칠 수 있는 자에 관한, 하늘 집회의 한 구성원의 언급 (5절)

(2) 6~7절: 어린 양이 전권을 위임받는다.

장면 소개 후(6절) 어린 양이 하나님의 보좌에 다가와서(7a절) 책을 받는다(7b절).

(3) 8~14절: 경배와 찬양

릴예(H. Lilje, *Komm.*, 110)와 뮐러(U. B. Müller, *Komm.*, 151)는 뮐러(H. P. Müller)처럼 계시록 5장을 세 부분으로 구분하지만, 단락의 제목을 다르게 표현한다.

(1) 릴예

① 1~5절: 힘 있는 천사, 계시록 저자 그리고 장로들 중의 하나가 서로 나누는 대화

② 6~7절: 어린 양이 나타나서 봉인된 책을 펼치는 행동의 클라이맥스

③ 8~14절: 경배와 찬양

(2) 뮐러 (U. B. Müller)

① 1~5절: 마지막 때의 어린 양의 전권에 관한 계시의 전달

② 6~7절: 어린 양에 의한 전권의 인수

③ 8~14절: 어린 양의 행동에 대한 천상의 존재들과 모든 피조물들의 반응 및 대답

이와는 달리 로마이어(E. Lohmeyer, *Komm.*, 50~51)는 계시록 5장을

다음과 같이 일곱 부분으로 상세하게 구분한다.

① 서론(1절)

② 천사의 질문(2~3절)

③ 계시록 저자의 비탄(4~5절)

④ 어린 양의 행위(6~7절)

⑤ 새 노래(8~10절)

⑥ 천사들의 환호(11~12절)

⑦ 전 피조물의 찬양(13~14절)

위의 개관을 볼 때, 2중 구조는 내용의 포괄성에 비추어 지나치게 축약된 점이 있고 단락의 제목도 적합하지 못하다. 계시록 5장 전체의 내용을 참조해 본다면, 3중이나 7중 구조로 이해하는 것이 타당할 수 있다. 3중 구조를 주장한 주석가들 중에서는 뮐러(H. P. Müller)가 적절하게 분석한 것으로 보이며, 가장 상세하게 분석한 이는 로마이어다. 그런데 뮐러(H. P. Müller, "Formgeschichtliche Untersuchungen," 6)와 라이헬트(G. Reichelt, "Das Buch mit den sieben Siegeln in der Apokalypse des Johannes," 111)가 주장한 바와 같이, 본 장에서 가장 핵심적인 부분은 6~7절이다. 왜냐하면 본 장의 두 중심적인 테마, 즉 '일곱 개의 봉인으로 봉해진 책'과 죽임을 당한 어린 양이 서로 연관되어 나오기 때문이다.

그런데 많은 주석가들은 이 6~7절과 관련해서 계시록 5장을 그리스도가 마지막 때의 세계 통치자, 혹은 심판자로 즉위하는 장면을 묘사하는 장으로 이해했다. 특히 홀츠(T. Holtz, *Die Christologie der Apokalypse des Johannes*, 28~36)는 계시록 5장에 높임, 추천, 즉위의 세 단계로 이루어진 고대 근동의 왕 즉위식, 특히 이집트의 왕 즉위식으로부터 영향을 받은 도식이 있음을 강조했다. 그에 의하면 이러한 도식은 마태복음 28장 18~20절, 빌립보서 2장 9~11절, 디모데전서 3장 16절, 히브리서 1장 5ff. 절에서도 찾아볼 수 있는데, 계시록 5장은 이러한 표현 형식으로부터 결정적으로 영향을 받은 것이 분명하며, 5절은 높임을, 6절은 추천을, 7절은 권력 계승을 말하고 있다는 것이다. 이와 관련해서 홀츠는 7절의 책 받는 장면을 마지막 때에 있을 세계 통치자로 즉위하는 행위로 이해하고, '책'을 세계 통치의 상징으로 간주한다.

그러나 판 운닉(W. C. van Unnik, "'Worthy is the Lamb': The Background of Apoc 5," 447~448)은 이 견해의 문제점에 대해서 다음과 같이 잘 지적해 주었다.

① 계시록 5장의 '책'은 왕위를 위해서 상징적 역할을 하는 것이 아니라, 펼쳐질 수 있고 또 펼쳐져야 하는 실질적인 책으로 나타난다.

② 계시록 5장에는 빌립보서 2장 9~11절에서와 같은 하나님께서 그리스도를 높이 올리셨다는 내용이 없다.

③ 계시록 5장은 어린 양이 보좌 위에 앉아 있다고 말하지 않는다. 여기에서는 보좌에 앉으신 하나님과 어린 양이 분명히 구별되고 있다.

④ 만일 계시록 5장이 어린 양의 즉위를 묘사하는 본문이라면, 여기에는 어린 양이 한 신분에서 다른 신분으로 바뀌었다는 뜻이 내포되어 있어야 할 것이다. 그러나 여기서 어린 양은 그가 새로운 무엇이 되었기 때문이 아니라, 어떤 일을 했고 지금 어떤 일이 이루어지고 있기 때문에 영광을 받는다. 어떤 의미에서 어린 양은 '책'을 위하여 일하는 도구라고 말할 수도 있을 것이다.

따라서 우리는 계시록 5장을 그리스도의 운명에 관한 기독론적 진술로 이해할 수 없다. 본 장은 마지막 때의 세계 운명에 관해 기록한 책의 의미에 관한 종말론적 언명이다. 여기서 계시록 저자가 강조하고자 한 것은 어린 양만이 봉인을 떼고 책을 펼칠 수 있다는 것과, 그렇게 함으로써 그가 6장 1절 이하에서 묘사하는 마지막 때의 사건을 진행시키기에 합당한 자라는 것을 밝히는 데에 있다. 여기서 우리가 분명히 인식할 수 있는 것은, 본 장에서 '책' 은 단순히 세계 통치의 상징으로 사용되는 것이 아니라, 역사의 마지막과 구원의 실현을 목표로 하는 하나님의 역사 계획과 관련되고 있다는 점이다.

2) 본문 주석

1절 내가 보매 보좌에 앉으신 이의 오른손에 두루마리가 있으니 안팎으로 썼고 일곱 인으로 봉하였더라 지금까지의 연구를 보면, 주석가들은 본 구절에 나오는 '일곱 개의 봉인으로 봉해진 책' 에 관해서 주석할 때, 이 '책' 의 형식과 내용, 그리고 그 의미에 관해서 여러 가지로 추측해 왔음을 알 수 있다.

고대 교회로부터 중세에 이르기까지는 이 '책' 을 구약과 신약으로 해석하는 입장이 지배적이었다. 이때 주석가들은 계시록 5장에 나오는 이 '책' 을 이해하는 데 있어서 이사야 29장 11절과 계시록 3장 7절을 결정적인 열쇠가 되는 구절들로 간주했고, 이와 관련해서 본 장에는 그리스도만이 구약의 감추어진 의미를 밝혀 줄 수 있다는 사상이 들어 있다고 생각했다. 한걸음 더 나아가 오리겐은 계시록 5장에 나오는 이 '책' 이 구약과 신약 전체를 포괄한다고 생각했다. 그는 구약성서를 평가 절하한 영지주의자들에 맞서서 계시록 3장 7절과 5장 1~5절을 그 증빙 구절로 사용함으로써 이러한 이해에 도달했다. 이러한 이해는 하나님의 영에 의해서 영감을 받은 구약과 신약이 서로 떨어질 수 없는 통일체로서 한 권의 책으로 모아졌다고 하는 견해로부터 비롯된 것이다. 또 다른 주석가들은 계시록 5장 1절에 '책' 의 안팎에 글이 씌어 있었다고 언급한 대목을 근거로 이 '책' 을 구약과 신약 모두를 포함하는 성서로 해석하기도 했다.

그러나 계시록 5장에 나오는 '책' 을 구약과 신약으로 이해하는 입장은 계시록 5장의 문맥을 완전히 무시하고 자의적으로 해석한 사변적인 성격 때문에 지지를 받기가 어렵다. 그럼에도 불구하고 현대에 와서 이 입장은 몇몇 주석가들에 의해 다시 새롭게 주장되었다. 파이퍼(O. A. Piper, "The Apocalypse of John and the Litergy of the Ancient Church," 10~12)는 계시록 4장과 5장에 초기 기독교의 예배에 대한 하늘의 원형이 묘사되어 있다는 전제 아래 계시록 5장에 나오는 '책' 을 주일 예배 때 봉독했던 구약과 관련시켰으며, 모우리(L. Mowry, "Revelation 4~5 and Early Christian Liturgical Usage," 8~10)는 계시록 4장과 5장에서 초기 기독교의 성만찬 예배 진행을 재구성할 수 있다고 보는 동시에, 계시록 5장에 나오는 '책' 이 안팎에 기록되었다는 것에 주목하고 이 '책' 을 토라와 동일시시켰다. 그러나 요한계시록의 찬가들이 초기 기독교의 예배에서 유래했다는 견해는 오늘날 일반적으로 거부된다. 파이퍼와 모우리의 견해는 계시록 5장의 문맥을 정확히 파악하지 못하고 사변에 치우치고 말았다.

이에 반해서 현대의 다른 주석가들은 계시록 5장에 나오는 '책' 의 형태에 많은 관심을 기울였다. 현재에 이르기까지 이 방면의 해석은 세 가지로 요약해 볼 수 있다.

첫째로, 계시록 5장 1절에 나오는 '책' 을 두루마리 책으로 이해하는 입장이 있다. 이 입장에 속하는 주석가들은 계시록 5장 1절의 이 '책' 에 씌어 있었다고 묘사되는 부분인 '안팎의 글' 에 주목하고, 이것을 에스겔 2장

9~10절에 묘사되고 있는 두루마리와 매우 비슷하다는 견해를 갖는다.

둘째로, 유언장으로 이해하는 견해가 있다. 이 견해는 계시록 5장 1절에 나오는 '책' 이 일곱 개의 봉인으로 봉해졌다는 것에 주목하여, 이것이 일곱 번 봉인되었다는 로마 시대의 유언장과 매우 유사하다는 것이다.

셋째로, 이중으로 기록된 문서로 이해하는 입장이 있다. 계시록 5장 1절에 나오는 '책' 이 일곱 개의 봉인으로 봉해졌다는 것은 두루마리라기보다는 어떤 특정한 문서를 상기시킨다는 생각에서 출발한다. 이 입장은 계시록 5장 1절의 본문이 서로 다른 형태로 전승되었다는 점을 중요시하고, 이 중에서 독법 *βιβλίον γεγραμμένον ἔσωθεν καὶ ἔξωθεν*은 계시록 5장 1절에 나오는 '책' 을 두루마리로 이해하는 데 적합하지 못하다고 생각했다. 그래서 이들은 고대의 법제사(法制史)에서 이 독법에 상응한다고 간주되는 특정한 문서의 형태를 찾으려고 시도했다. 이때 이들은 고대 법률상의 문서가 두 통(正否)으로 작성되었으며 정본(正本)은 봉인되는 반면에, 부본(否本)은 봉인되지 않고 언제나 열람하도록 했다는 점을 파악하고 이 '책' 의 형태를 이처럼 이중 기록 문서로 이해했다.

그러나 이러한 해석들 중 어느 것도 확실하지 못하다. 그 이유는 이 '책' 의 외적 형태에 관해 확실하게 알기 어려울 뿐만 아니라, 혹시 안다 해도 이것은 이 '책' 표상을 이해하는 데에 그리 도움을 주지 못하기 때문이다. 또한, 방법론적인 견지에서 텍스트 분석과 전통사적인 분석을 자세히 하지 않고 어느 한 구절에 주목해서 그와 유사한 것들을 찾아가려는 시도는 설득력이 매우 약하다.

한편, 사틀러(W. Sattler, "Das Buch mit den sieben Siegeln," 43~53)는 계시록 5장에 나오는 '책' 을 요한계시록의 다른 구절들에 나타나는 '생명의 책' 과 같은 책으로 이해했다. 이 입장의 전제는 '생명의 책' 도 일곱 번 봉인되었을 것이라는 가정에 있다. 사틀러는 이에 대한 근거로 에티오피아어 에녹서 90장 20절을 제시했다. 그러나 이 두 '책' 표상을 동일한 것으로 간주하는 시도는 전혀 설득력이 없다. 계시록 5장 1절의 이 '책'이 일곱 개의 봉인을 뗄 때마다 펼쳐지는 데 반해서, '생명의 책'은 계시록 20장 11~15절에 나오는 최후의 심판 장면에서 펼쳐진다. 더구나 요한계시록의 어느 구절에서도 '생명의 책'이 봉인되었다는 점을 발견할 수 없다. 그리고 '생명의 책' 표상은 그 유래와 의미에 있어 계시록 5장에 나오는 '일곱 개의 봉인으로 봉인된 책'과 전혀 다르다.

이에 반해서 롤러(O. Roller, "Das Buch mit den sieben Siegeln," 107~109)는 앞에서 언급한 바와 같이, 5장 1절의 이 '책'이 이중으로 기록된 고대의 법률 문서 형태를 갖추고 있다는 전제 하에서 죄에 빠진 인류의 죄과를 기록한 문서라는 논지를 내세웠다. 그에 의하면 인류의 죄과를 증명하고자 하는 내용은 계시록 8장 1절에 나오는 '큰 침묵' 동안에 어린 양에 의해서 알려지게 되고, 8장 2절부터 회개하지 않은 자들과 타락한 영들의 세계에 대해 최종적인 선고가 내려지는 내용이 전개된다는 것이다.

그러나 이 해석도 우리에게 만족할 만한 대답을 주지 못한다. 왜냐하면 이 해석의 전제인 책의 형태에 관한 그의 입장은 앞에서 언급한 바와 같이 설득력이 약하다. 그리고 계시록 8장 2절부터 최종적인 심판이 시작된다고 보는 입장은 요한계시록 텍스트 자체를 너무 단순화시키고 있다고 할 수 있다. 최후의 심판은 계시록 20장에서야 비로소 언급되며, 거기서는 '행위의 책'과 '생명의 책'이 모두 언급되고 있다.

지금까지 살펴 본 바와 같이, 앞에서 언급한 해석들은 우리에게 만족할 만한 대답을 주지 못한다. 텍스트의 언어와 그 안에 들어 있는 표상들과 사상 세계는 자세한 언어적 주석에 의해 설명되어야 한다. 특히, 요한계시록에 있는 상징들의 의미는 자세한 텍스트 분석과 전통사적인 연구에 의해서 밝혀질 수 있기 때문에, 우리는 이제 이 방법을 사용하여 5장에 나오는 '책' 표상이 어떤 전통사적 배경으로부터 유래하는지, 그리고 계시록 저자가 어떤 의도를 가지고 이 표상들을 사용했는지에 대해서 자세히 살펴보아야 한다.

우리는 유대교 묵시사상적 문헌에서 하늘의 보좌 환상과 관련해 '책' 표상이 중요한 역할을 하고 있는 것을 발견한다.(에티오피아어 에녹서 93:1~14, 91:12~17, 103:1~4, 106:19~107, 61:1~2; 슬라브어 에녹서 10장 이하; 희년서 6:32~38) 여기에 나오는 '하늘의 책' 표상은 계시록 5장 1~5절에서처럼 하늘의 보좌 환상과 마지막 때의 하나님의 역사 계획에 관련하여 사용된다. 그리고 여기에서 이 표상이 갖는 기능은 저자가 전하려고 하는 메시지에 최고의 확신을 주고자 하는 데 있다. 계시록 저자는 이러한 유대교 묵시문학의 전통을 이어 받아서 독자들로 하여금 그의 종말론적 언명에 관해 의심할 수 없는 확실성을 갖게 하고 그들의 고난을 극복하는 데 큰 힘을 줄 뿐만 아니라, 자신이 전하고자 하는 메시지의 권위화와 정당화를 고조시키기 위한 수단으로 계시록 본론부의 서두에 이 '책' 표상을 사용했다고 볼 수 있다.

그런데 앞서 언급한 유대교 묵시문학의 구절들에서 우리는 계시록 5장 1절에서처럼 "그 안팎에 글이 씌어 있었고 일곱 개의 봉인으로 봉해져 있었다."는 표현을 찾아볼 수 없다. 따라서 이 표현들에 대한 전통사적 분석이 필요하다.

① 일련의 주석가들이 언급한 바와 같이, "그 안팎에는 글이 씌어 있었고"라는 표현은 예언자 에스겔이 그의 소명 환상 중에 하나님으로부터 넘겨받은 하늘의 두루마리 책에 대한 묘사에 가깝다고 볼 수 있다.

> "내가 보니 한 손이 나를 향하여 펴지고 그 손에 두루마리 책이 있더라. 그가 그것을 내 앞에 펴시니 그 안팎에 글이 있는데 애가와 애곡과 재앙의 말이 기록되었더라."(겔2:10)

우리는 계시록 저자가 단지 이 표현의 외적 윤곽만을 받아들인 것이 아니라, 그 안에 내포되어 있는 요소들과도 접하고 있는 것으로 보아야 할 것이다. 에스겔서에 나오는 두루마리 책이 하나님의 판결에 대한 내용을 지니고 있는 것과 비슷하게 계시록 5장에 나오는 '책' 역시 하나님을 향해 대적하는 세력들에 대한 마지막 심판 때의 실현과 전 피조물의 완전한 변화를 목표로 하는 하나님의 역사 계획에 관한 내용으로 되어 있다. 따라서 "그 안팎에 글이 씌어 있었고"라는 표현을 오리겐으로부터 시작해서 중세 시대에 이르기까지 애용되었던, '성서의 두 가지 의미' 나 구약과 신약으로 이해해서는 안 된다. 마지막 때의 하나님의 역사 계획의 포괄적인 성격을 다른 말로 바꾸어 쓰기 위해 사용한 상징적 표현 수단으로 받아들여야 한다.

② "일곱 개의 봉인으로 봉해져 있었다."라는 표현은, 유대교 묵시문학에 있는 '봉인' 모티브에 의해 해석되어야 할 것이다. 다니엘서의 마지막 부분에 의하면 다니엘이 하늘의 음성으로부터 책 전체를 봉해 두라는 지시를 받는 장면이 나온다.(단 12:4, 9 참조. ("다니엘아 마지막 때까지 이 말을 간수하고 이 글을 봉함하라."))

> 이 모티브는 에티오피아어 에녹서 89장 71절에서도 찾아볼 수 있는데, 내용은 다음과 같다. "그 책은 양들의 주님 앞에서 낭독되었고 (주님은) 이 책을 손에 들고 읽어 본 후 봉함하여 거기에 두었다."

제4 에스라서 14장 4~6절에서는 봉인에 대해 분명히 표현하지는 않지만, 위에서 본 다니엘서의 사상, 즉 묵시문학적 글들은 여러 세대에 걸쳐 감추어져 있다가 마지막 때에 비로소 사람들에게 알려지게 될 것을 말하려는 의도가 들어 있다.

> "나는 모세를 보내어 나의 백성을 이집트에서 이끌어 내어 그들을 산으로 데리고 갔다. 그리고 모세를 몇 날을 두고 내 곁에 붙잡아 두었다. 나는 그에게 많은 신기함을 말하고 때의 비밀과 때의 종말을 보였다. 그리고 그에게 이렇게 명령하였다. 이러이러한 말을 널리 알려라. 이러이러한 말은 비밀로 해 두어라."

여기서 우리가 알 수 있는 것은 하늘의 책들의 봉인에 관한 표상이 유대교 묵시문학에서 통용되어 오던 문체 수단이었다는 점이다. 이것은 책의 내용에 마지막 때까지 알려지지 말아야 할 절대 불가침의 비밀이 담겨있다는 생각에서 비롯된 표현이다. 따라서 계시록 5장 1절에 나오는 책의 봉인에 관한 언급은 유대교 묵시문학 사상의 배경 속에서 이해되어야 할 것이다. 이 언급을 통해 계시록 저자가 말하고 있는 강조점은, 이 책에 기록된 마지막 때의 하나님의 역사 계획은 오직 올리어진 그리스도를 통해서만 밝혀지게 될 절대 불가침의 비밀이라는 것이다. 여기서 우리가 발견하게 되는 것은 그가 계시록 전체에서 자주 사용하는 숫자 7을 봉인과 관련시키고 있다는 독특함인데, 여기에는 신적 비밀의 완전한 불가침과 감추어져 있음을 표현하려 한 그의 의도가 들어 있다.

2절 또 보매 힘 있는 천사가 큰 음성으로 외치기를 누가 그 두루마리를 펴

며 그 인을 떼기에 합당하냐 하니 '힘 있는 천사'라는 표현은 요한계시록에서 세 번 나타나는데(5:2, 10:1, 18:21), 이 세 구절에서 세 천사는 각각 다른 존재들로 활동하지만 비교적 높은 위치에 있는 천사를 말하고 있는 것으로 보인다. 본 구절에서 '힘 있는 천사'는 하늘 궁전의 대변인의 기능을 가지고 있다. 여기서 그는 봉인을 떼고 책을 펴기에 합당한 자가 누구인지에 대해 질문을 제기한다. 여기에 나오는 합당한(ἄξιος(악시오스))이라는 말은 단순히 '할 수 있는'이라는 뜻보다는 특별한 임무를 수행하는 데 필요하고 적합한 자격과 관련해서 사용되고 있다. 여기서 책을 펴야 하는 목적은 이 책을 단지 읽고자 하는 데 있는 것이 아니라, 마지막 때의 사건들이 일어날 수 있도록 하고자 하는 데에 있다.

3절 하늘 위에나 땅 위에나 땅 아래에 능히 그 두루마리를 펴거나 보거나 할 자가 없더라 이 구절에는 우선 봉인된 책을 펴기에 합당한 자를 도저히 찾을 가망이 없다는 표현이 나타난다. 온 우주 안에 봉인된 책을 펴기에 합당한 자가 없다는 것이다. 여기서는 빌립보서 2장 10절에서처럼 우주가 하늘, 땅, 지하세계로 된 3층 건물과 같이 묘사되고 있다. 이러한 우주상은 고대 근동 세계에서 통용되었다. 고대 이스라엘에서는 때에 따라서 우주를 하늘, 땅, 심연으로 이루어졌다거나(열두 족장의 유훈 중 레위의 유훈 3:9; 요셉과 아세넷트 12:2 참조), 하늘, 지하, 바다 끝으로 이루어진 것으로 묘사했다.(시139:8~9 참조) 이 경우 바다는 종종 땅 아래에 있는 혼돈의 물로 이해되었다.(출20:4, 11; 신5:8 참조)

4절 그 두루마리를 펴거나 보거나 하기에 합당한 자가 보이지 아니하기로 내가 크게 울었더니 요한은 이 책을 펼 자가 없을 경우 4장 1절에 약속된 대로 '이후에 일어나야 할 일들'을 볼 수 없을 것이기 때문에 매우 낙담하면서 몹시 운다.

5절 장로 중의 한 사람이 내게 말하되 울지 말라 유대 지파의 사자 다윗의 뿌리가 이겼으니 그 두루마리와 그 일곱 인을 떼시리라 하더라 장로들 가운데 하나가 우는 요한에게 위로의 말씀을 들려주는데, 여기서 우리는 결정적인 메시지를 보게 된다. 일곱 봉인을 떼고 책을 펴기에 합당한 자가 있다는 것이다. 왜냐하면 유대 지파의 사자 다윗의 뿌리가 이기었기 때문이라는 것이다. 여기에 나오는 '유대 지파의 사자'와 '다윗의 뿌리'는 구약의 신학과 유대적-메시아적 기대에서 비롯되는 칭호들이다. '유대 지파의 사자' 칭호는 창세기 49장 9~10절에서 유래하는데, 유다가 사자 새끼에 비유되어 만백성이 순종하게 될 참된 통치자가 올 때까지 통치권이 유다를 떠나지 아니할 것이라 한다. 쿰란 공동체는 이 구절을 앞으로 올 메시아에 대한 약속으로 읽었다.(4QPB 3~4장 참조) 다음으로 '다윗의 뿌리'는 이사야 11장 10절로부터 유래하는 말로서 로마서 15장 12절에서 받아들여지고, 계시록 22장 16절에서는 그리스도의 칭호로 쓰인다. 따라서 우리는 본 구절에서 예수 그리스도가 구약의 메시아적 약속을 이루신 분으로 나타나 있다는 것을 알 수 있다.

그러나 요한은 그리스도를 구약의 메시아적 약속을 유대교에서처럼 지상적, 민족적 구원 기대를 성취시킨 분으로 이해하지 않는다. 요한에게 있어서 그리스도는 죽음을 통해 메시아 됨을 보여주셨는데, 그리스도는 이러한 관점에서 이기신 분이다. 요한은 이것을 9절에서 "주는 죽임을 당하셨고 그 피로 모든 족속과 언어와 백성과 나라 가운데서 사람들을 사셔서 하나님께 드리셨사옵니다."라고 설명한다. 그리스도가 사람들을 사셔서 하나님께 드리셨다는 것은 계약의 피로 사람들을 얻어 하나님과 결합하게 하고 그 분 생명에 참여케 하셨다는 말이다. 따라서 그리스도만이 하나님의 마지막 때의 역사 계획이 들어 있는 책을 펼 수 있다는 것이다.

6절 내가 또 보니 보좌와 네 생물과 장로들 사이에 한 어린 양이 서 있는데

이 구절에서 그리스도는 하나님의 보좌와 네 생물과 장로들 사이에 서 있는 어린 양으로 나타난다. 여기서는 그리스도의 위치를 정확하게 지적하기가 어렵다. 아무튼 이 모습은 계시록 3장 21절과 관련해서 볼 때, 그리스도는 하늘의 모든 다른 세력보다 더 하나님의 보좌 가까이에서 하나님의 권력에 관여하고 있다고 말할 수 있다.

본 구절에는 요한계시록에 자주 등장하는 '어린 양' 칭호가 나타난다. 어린 양의 희랍어 *ἀρνίον*(아르니온)은 '수양'이라는 의미를 가지고 있는 *ἀρήν*(아렌)의 축소형이다. 그러나 어린 양으로도 번역될 수 있다. 칠십인역에서 *ἀρνίον*은 이미 예레미야 11장 19절, 27장 45절(우리말 번역 50:45), 그리고 시편 113장 4절과 6절(우리말 번역 114:4, 6)에서 어린 양이라는 의미로 쓰이고 있다. 그리스도를 위한 칭호로서의 어린 양은 신약에서 요한계시록 외에서는 찾아볼 수 없다. 요한복음 1장 29절과 36절 그리고 베드로전서 1장 19절에도 이 칭호가 나오지만, 거기서는 *ἀρνίον*이 아니라 *ἀμνός*(암노스)다. 그리고 요한복음 21장 15절에도 요한계시록에서처럼 명사 *ἀρνίον*이 나오지만, 거기서는 복수로 사용되며 메시아적 의미가 없다. 다시 말해서 거기서 사용된 '어린 양' 칭호는 유대교에 잘 알려져 있던 메시아 칭호가 아니었다. 그러면 요한이 어떻게 해서 이 칭호를 사용하게 되었는지가 궁금해지는데, 이를 해결하기 위해서는 우선 이 칭호의 종교사적 배경을 살펴보아야 한다.

이에 대해서는 몇 가지 견해들이 있다.

① 점성학적인 해석이 있다. 이 입장에 속하는 주석가들은 '어린 양' 칭호가 우주의 중심에 위치해 있는 수양 별자리에서 유래한 것이라고 주장한다. 그러나 이 해석은 요한계시록에서 어린 양이 그의 죽음을 통해 이기셨다고 하는 진술을 간과하고 있다.

② 이사야 53장 7절에서 유래한 것으로 보는 입장이 있다. 그러나 이 입장은 다음과 같은 이유로 약점을 가지고 있다.

㉠ 이사야서의 구절은 어린 양이 아니라 하나님의 종에 대한 언급이다.

㉡ 이사야서의 구절에는 피에 대한 언급이 없다.

㉢ 요한계시록에서 어린 양은 매우 적극적인 데 반해서, 이사야서에서 하나님의 종은 털 깎는 자 앞에서 잠잠한 양에 비유된다.

㉣ 요한계시록에서 어린 양은 종으로 불리지 않는다.

③ 유월절 어린 양 유형론의 배경에서 이해하는 입장이 있다. 이 입장은 다음과 같은 이유에서 앞에 언급한 두 입장보다 더 설득력이 있는 것으로 보인다.

㉠ 초기 기독교 전통에서 그리스도는 유월절 양으로 이해되었다. 고린도전서 5장 7절에 의하면 그리스도께서 우리들의 유월절 양으로 희생되셨다. 베드로전서 1장 18~19절에는 "여러분이 속량 받은 것은 …흠과 티가 없는 어린 양 같은 그리스도의 귀한 피로 된 것입니다."라는 말씀이 있다. 그리고 요한복음 1장 29, 36절에도 '유월절 어린 양' 유형론이 들어 있다. 이 중에서 특히 베드로전서 1장 18~19절은 내용상으로 요한계시록 5장 9절과 매우 유사하다.

㉡ 요한은 예수의 죽음을 말하는 데 있어서 동사 '도살하다'

(σφάζω(스파조))를 선택했는데, 이것은 출애굽기 12장 6절을 상기시킨다.

㉢ '어린 양' 칭호의 배경에 출애굽 사건이 있다는 것은 무엇보다도 5장 9~10절에서 파악할 수 있다. 이 본문은 유월절 어린 양의 도살, 이집트로부터의 탈출, 시내산에서의 계약 체결을 상기시킨다.

㉣ 요한계시록 8장 6절-11장 19절의 나팔 환상과 16장 1-21절의 대접 환상 역시 출애굽 사건을 상기시킨다.

지금까지 본 바와 같이 전통사적 배경에 대한 고찰은 요한이 왜 '어린 양' 칭호를 선택해서 애용했는지를 알게 해 준다. 요한은 하나님이 유월절 어린 양의 피를 통해 그의 백성을 이집트 종살이로부터 해방시킨 것처럼, 이 칭호를 통해 그리스도가 그의 피로 모든 백성, 족속과 나라 가운데서 하나님의 참된 백성을 속량하셨다는 것을 말하고자 한 것이다(9절 참조).

일찍 죽임을 당한 것 같더라 요한은 본 구절에서 어린 양이 죽임(도살)을 당한 것 같았다고 표현한다. 요한은 이 표현을 5장 안에서만 세 번이나 강조했을 정도로 중요하게 생각했다. 요한은 여기서 바울처럼 그리스도를 십자가에 달린 자로 선포하고 있다. 앞 절에서 본 대로 요한은 이 십자가 사건을 승리의 사건으로 선포하고 있는 것이다.

그에게 일곱 뿔과 일곱 눈이 있으니 이 눈은 온 땅에 보내심을 받은 하나님의 일곱 영이더라 어린 양이 가지고 있는 일곱 뿔은 그리스도의 완전한 능력을 의미한다. 왜냐하면 뿔은 권력을 위한 메타포이고, 일곱은 완전수이기 때문이다. 어린 양의 일곱 눈은 스가랴 4장 10절에서 언급하고 있는, 온 세상을 살피는 하나님의 일곱 눈에서 유래한다. 여기서 요한은 어린 양의 '일곱 눈'에 온 땅에 보내심을 받은 하나님의 일곱 영이라는 설명을 덧붙이고 있다. 이것은 그리스도에게 일곱 천사(1:4 주석 참조)에 대한 처분권이 있다는 것을 의미한다.

7절 그 어린 양이 나아와서 보좌에 앉으신 이의 오른 손에서 두루마리를 취하시니라 어린 양이 하나님으로부터 책을 받았다는 것은 이제 궁극적으로 마지막 때의 사건이 진행되게 되었다는 것을 의미한다.

8절 그 두루마리를 취하시매 네 생물과 이십사 장로들이 그 어린 양 앞에 엎드려 각각 거문고와 향이 가득한 금 대접을 가졌으니 이 향은 성도의 기도들이라 어린 양이 책을 받았을 때 네 생물과 스물네 장로가 어린 양 앞에 엎드려 그를 경배한다. 그들은 각각 거문고와 향이 가득히 담긴 금 대접을 가지고 있다. 구약과 초기 유대교의 문헌에서는 찬송과 거문고 또는 수금 사이에 밀접한 연관이 있다.(시33:2~3, 43:4, 57:7~9 등 참조) 거문고는 구약에서 가장 자주 언급되는 악기 중의 하나다. '대접'은 요한계시록에서 열두 번 나오는데(5:8, 15:7, 16:1, 2, 3, 4, 8, 10, 12, 17, 17:1, 21:9), 여기에 나오는 '대접'은 다른 열 한 구절들에 나오는 대접과 그 의미가 다르다. 본 구절에서는 대접에 향이 가득 담기는 긍정적 의미로 사용되는 데 반해, 다른 구절들에 나오는 대접들은 하나님의 진노가 담기고 땅과 그것의 거주민들에게 형벌을 가하기 위해 사용된다. 본 구절에서 '대접'은 제의 도구인 것이 분명하다.

계시록 8장 3~4절에서는 향과 기도가 구분되지만, 본 구절에서는 향이 성도들의 기도와 동일시되어 은유적으로 사용된다. 이 은유적 해석의 기원은 시편 141편 2절에서 찾아볼 수 있다. "내 기도를 주님께 드리는 분향으로 받아 주시고…" 그리고 '성도'는 본 구절에서 그리스도인들을 가리키며, 특히 세속사회인들과 구별하는 의미로 사용된다. 다시 말해서 이 말은 교회 공동체를 세속사회에 의해 더럽히고 손상당하는 것으로부터 보호하려는 의도로 사용된다. 이 말은 요한계시록에서만 열두 번 나오며(8:3, 4, 11:18, 13:7, 10, 14:12, 16:6, 17:6, 18:20, 24, 19:8, 20:9), 신약의 다른 글들에도 자주 나온다. 이 말은 하나님의 백성과 천사들에게 사용해 온 유대 전통에서 유래한 것이다.

9절 그들이 새 노래를 불러 이르되 '새 노래'라는 표현은 요한계시록에서 본 구절과 14장 3절에만 나온다. 이 표현은 이사야 42장 10절과 관련해서 이해될 수 있다. 왜냐하면 거기에는 마지막 때에 있을 하나님의 새로운 구원의 약속들에 대해 새 노래로 주를 찬송할 것을 촉구하는 내용이 나오기 때문이다.

두루마리를 가지시고 그 인봉을 떼기에 합당하시도다 이 표현은 그리스도가 하나님의 마지막 때의 역사 계획을 진행시키기에 합당한 분이심을 말하고 있다.

일찍이 죽임을 당하사 여기서부터 10절까지 요한은 어린 양이 인봉을 떼기에 합당한 이유를 진술한다. 먼저 그는 어린 양의 죽임 당함에 대해 언급한다. 여기에 나오는 *σφάζω*(스파조(도살하다))는 인간이나 짐승을 폭력적으로 죽이는 것, 특히 제물로 바치는 짐승에 대한 폭력적 도살의 의미를 갖고 있다. 유대인들의 신앙에 의하면 이때 흘리는 짐승의 피는 속죄력을 가지고 있다. 여기서 요한이 예수의 폭력적 죽음을 말하는데, 동사 *σφάζω*를 사용하면서 그리스도를 어린 양으로 부르는 것을 볼 때, 우리는 그리스도를 인류의 구원을 위한 희생 제물로 증거하고자 한 요한의 의도를 인식할 수 있다.

각 족속과 방언과 백성과 나라 가운데에서 사람들을 피로 사서 하나님께 드리시고 본 구절에는 그리스도가 그의 피로 모든 족속과 언어와 백성과 나라 가운데서 사람들을 샀다는 언급이 나온다. 여기에 나오는 '샀다' 라는 말은 경제생활에서 유래하는 말이다. 여기서 다루는 대상이 사람들이라는 점을 감안할 때, 이 표상의 배경으로 고대 사회에서 노예로 간주되었던 전쟁 포로들의 석방을 생각해 볼 수 있다. 당시 로마법에 의하면 포로들은 석방되면 다시 자신들의 민족으로 편입되어 정치적 권리를 되찾을 수 있었다.

그런데 9절은 출애굽 사건을 상기시킨다. 유월절에 당하는 어린 양의 죽음이 이스라엘 백성을 이집트의 종살이로부터 해방시킨 것처럼, 그리스도는 유월절의 양으로서 하나님의 마지막 때에 그의 백성을 구원하신다. 물론 해방이나 구원활동은 전쟁 포로의 석방처럼 단지 제 나라의 백성으로 편입되는 것을 말하는 것이 아니라 이스라엘 백성을 넘어 온 세상의 사람들로 향한다. 여기서 그리스도는 하나님의 대리자로서 하나님을 위해 세계의 모든 나라들을 여행하며 하나님의 사람들을 구원하는 대표자의 역할을 하는 분으로 나타난다. 이를 위해 그리스도가 지불한 대가는 어린 양의 피, 즉 예수 그리스도 자신을 십자가의 제물로 바친 그의 생명이다. 따라서 이 진술에서는 한편으로는 사들여진 사람들의 높은 가치가 강조되고, 다른 한편으로는 '모든 족속과 언어와 백성과 나라' 라는 표현을 통해 예수 그리스도의 구원의 행동의 보편성이 강조되고 있다.(10:11의 주석을 참조할 것) "하나님께 드리시고"라는 표현은 하나님께 속한 백성이 되게 한다는 것을 말한다.

10절 그들로 우리 하나님 앞에서 나라와 제사장들을 삼으셨으니 본 구절에 대해서는 1장 6절의 주석을 참조할 것.

그들이 땅에서 왕 노릇 하리로다 하더라 '왕 노릇 하리로다'의 헬라어 동사 *βασιλεύειν*(바실류에인)은 요한계시록에서 이 구절 외에 여섯 번 나오는데, 이것은 오직 하나님, 그리스도, 또는 구원받은 자들과 관련해서 늘 종말론적 맥락에서 사용된다. 요한은 하나님과 어린 양의 통치 사상을 진술의 중심으로 삼는 한편, 마지막 때에 그리스도인들이 통치할 것이라는 사상에도 특별한 가치를 둔다. 요한계시록에서 그리스도인들의 통치 행사에 대한 언급은 이 구절 외에 20장 4, 6절과 22장 5절에도 나온다.

11절 내가 또 보고 들으매 보좌와 생물들과 장로들을 둘러 선 많은 천사의 음성이 있으니 그 수가 만만이요 천천이라 네 생물과 장로들이 새 노래를 부르는 것에 대해 수많은 천사들이 찬송으로 화답한다. "만만이요 천천이라."라는 말은 하나님께서 거느리고 계시는 천사의 수효가 무수히 많음을 뜻한다.(단7:10 참조)

12절 큰 음성으로 이르되 죽임을 당하신 어린 양은 능력과 부와 지혜와 힘과 존귀와 영광과 찬송을 받으시기에 합당하도다 하더라 이 구절은 환호의 형식을 가지고 있는 송영과 같다. 여기서는 그리스도를 찬양하기 위해 일곱 개의 명사들이 사용되는데, 이 명사들은 특별히 어린 양의 권능과 관련해서 사용된다. ① '능력'(*δύναμις*(뒤나미스))과 ④ '힘'(*ἰσχύς*(이스퀴스))은 '강함'을 말하는 동의어다. 요한계시록의 다른 찬송들에서 '능력'과 '힘'은 오직 하나님을 위해 사용된다.(4:11, 7:12, 11:17, 19:1) ② '부'(*πλοῦτος*(플루토스))는 요한계시록 내에서는 본 구절에서만 그리스도를 위해 사용되는데, 이것은 본질적으로 바울의 용법과 같다. 고린도후서 8장 9절에서는 '부'가 그리스도의 존재를 나타내는 데 사용된다. ③ '지혜'(σοφία(소피아))는 특히 지상의 왕에게 요구되는 것으로서 종종 하나님으로부터 받는 선물로 간주되었다. 계시록 7장 12절에서는 이 말이 하나님을 위해 사용된다. ⑤ '존귀'(τιμή(티메))는 요한계시록에서 이 곳 외에도 두 군데에서 하나님을 위해 사용되며(4:11, 7:12), 5장 13절에서는 하나님과 어린 양을 동시에 나타내는 말로 사용된다. τιμή는 존귀, 존경, 신분을 나타내는 것으로서 고대 사회에서는 신이나 왕들처럼 비교적 고위층(부모들과 노인들을 포함해서)의 사람들이 누리는 특권이었다. ⑥ '영광'(δόξα(독사))은 요한계시록 안에서 오직 하나님만을 위해 사용되나(4:11, 7:12, 19:1), 5장 13절 한 곳에서만 하나님과 어린 양 모두에게 사용된다. 칠십인역에서 '존귀'와 '영광'은 자주 한 쌍으로 나오며(시8:5, 95:7; 욥40:10; 역대하32:33 참조), 이런 현상은 신약에서도 찾아볼 수 있다.(히2:7, 9, 3:3; 벧후1:17; 계21:26 참조) ⑦ '찬송'(εὐλογία(율로기아))은 칠십인역에서 약 예순 번 히브리어 ברכה(베라카(축복))의 번역으로 나타난다. 요한계시록에서 εὐλογία는 세 곳에서 나타나는데(5:12, 13, 7:12), 그때마다 어린 양(5:12) 또는 하나님(5:13, 7:12)을 위해 사용되는 여러 특징적 단어들 중 하나에 해당한다.

13절 내가 또 들으니 하늘 위에와 땅 위에와 땅 아래와 바다 위에와 또 그 가운데 모든 피조물이 이르되 보좌에 앉으신 이와 어린 양에게 찬송과 존귀와 영광과 권능을 세세토록 돌릴지어다 하니 이제는 모든 피조물로부터 찬가가 울려 나온다. 앞 구절들에서 본 두 찬가는 어린 양을 위한 것이었으나, 이 찬가는 하나님과 어린 양에게 드려진다는 차이점이 있다. '찬송'과 '존귀'와 '영광'은 앞 구절의 마지막 행에 나오는 술어들의 반복인데 비해, '능력' (κράτος(크라토스))은 앞에서 보지 못했던 단어다. 앞 절에서 본 '능력' (δύναμις(뒤나미스))과 '힘' (ἰσχύς(이스퀴스))에 상응하는 개념의 다른 표현으로서 그리스도의 권능을 표현한다. 여기서 모든 피조물의 찬송이 하늘에서의 찬양과 같은 내용으로 묘사되고 있는 것은 모든 창조의 영역이 하나님과 어린 양의 권력을 인정해야 한다는 것을 보여 주고자 하는 데에 목적이 있다.

14절 네 생물이 이르되 아멘 하고 장로들은 엎드려 경배하더라 네 생물이 마지막에 울려 퍼진 찬양에 '아멘'으로 화답하고 난 뒤에 이어서 스물네 장로가 엎드려 경배함으로써 5장의 장면이 끝난다. 여기서 경배를 받으시는 분은 어린 양과 하나님이시다.

3) 설교 가이드

본문에서는 '울지 말라'라는 제목으로 설교를 작성할 수 있을 것이다.

소아시아의 기독교인들은 그 지역의 토착민들과 로마 제국으로부터 멸시와 억압을 당했다. 믿는 자들도 이런 상황에 처하게 되면 어찌할 바를 모르며 당황할 수 있다. 우리의 삶에는 이해하기 어려운 수수께끼 같은 것들이 많다. 본문에는 삶의 어려운 상황 속에서 어찌할 바를 모르는 자들에게 위로와 용기를 주는 귀한 말씀이 들어 있다.

① 요한은 하늘에 있는 한 두루마리를 본다. 이 두루마리에는 하나님의 역사 계획의 내용이 들어 있지만, 일곱 개의 봉인으로 봉해져 있다. 이 두루마리를 펴고 그것을 볼 수 있는 자는 하늘에도 없고 땅에도 없고 땅 아래에도 없다. 우리의 역사가 우리에게 닫혀 있는 것이다. 그래서 우리는 어찌할 바를 모르고 운다. 여기서 우리는 "울지 말라"라는 하늘의 음성에

주목해야 한다. 이 음성은 복음서의 메시지들 즉, 죽은 아이의 어머니에게와 베다니에서 나사로의 누이들에게 하신 예수님의 말씀을 상기시킨다. 이 부분은 우리가 무엇을 행할 수 있는가와 같은 우리의 대처 능력에 대한 문제와 관련 있는 것이 아니라, 우리가 삶의 수수께끼를 간직한 채 살아갈 때 그리스도께서 우리에게 무엇을 행하시는지에 대한 말씀이라고 할 수 있다.

② "울지 말라" 다음에 나오는 "보라 유다 지파에서 난 사자 곧 다윗의 뿌리가 승리했으니 그가 일곱 봉인을 떼고 두루마리를 펼 수 있다"라는 말씀은 우리의 삶과 역사의 의미를 위해 결정적으로 중요한 말씀이다.

이 구절은 그리스도, 즉 역사 안에서 행하신 하나님의 위대한 행위에 대해서 말한다. 삶의 어려운 상황 속에서 어찌할 바를 모르는 인간은 이 하나님의 위대한 행위에 주목해야 한다. 왜냐하면 여기에 하나님의 구원 계획이 계시되어 있기 때문이다.

9절에 나오는 새 노래는 바로 그리스도 안에 나타난 하나님의 위대한 구원 행위에 대한 찬양이다. 요한은 예수께서 죽임을 당하신 것을 인류의 구원을 위한 희생 제물로서의 죽음이라고 증언한다. 여기에는 그리스도가 그의 피로 모든 족속과 언어와 백성과 나라 가운데서 사람들을 사셔서 하나님께 드리셨다는 언급이 나온다. 이것은 그리스도가 계약의 피로 사람들을 얻어 하나님과 결합하고 그 분의 생명에 그들을 참여케 하셨다는 말이다.(자세한 것은 주석을 참조할 것) 그리고 그리스도는 우리로 하여금 하나님의 백성이 되게 하셨고, 또한 그의 아버지 하나님을 섬기는 제사장이 되게 하셨다. 제사장이 되었다는 것은 한 인간이 하나님과 인간을 위하는 존재가 되었다는 말로서 인간의 역할에 대한 최고 규정이다. 우리는 이것을 바로 인식해야 한다. 그렇지 않으면 우리는 삶의 의미를 잃어버릴 수 있다. 그리스도인들은 새로운 사회를 이루는 구성원들이라는 새로운 신분으로 옮겨진 자들이다. 그리스도인들은 그리스도 안에 나타난 하나님의 구원 행동을 경험하는 자들로서 새로운 자기 경험을 전하는 자들이다. 우리는 이런 경험을 하는 자들로서 거룩함을 가슴에 품고 어떤 불안이나 놀라움에도 두려워하지 말자.

③ 요한은 그리스도가 그 두루마리를 받아 들었을 때, 네 생물과 스물네 장로가 그리스도 앞에 엎드려 그를 찬양했다고 증언한다. 과거 소아시아의 교회들에서도 오늘날의 교회처럼 많은 일들이 행해졌다. 그들은 예배와 성만찬을 행했고, 가난한 자들을 위해 헌금을 모았으며 공동 식사도 즐겨했다. 그러나 그들에게 있어 가장 중요한 것은 엎드렸다는 점이다. 어찌할 바를 모르는 자에게는 이것이 필요하다. 네 생물과 스물네 장로는 각각 거문고와 향이 가득히 담긴 금 대접을 가지고 있었는데, 그 향은 곧 성도들의 기도를 말한다. 우리는 온 정성을 다해 하나님과 그리스도에게로 마음을 집중해 나아가야 한다. 그렇지 않으면 우리는 시험과 절망에 빠질 수밖에 없다.

3. 6:1~8:1: 일곱 봉인

이 부분은 계속 이어지는 일곱 나팔 환상(8:2~11:19) 및 일곱 대접 환상(15~16장)과 더불어 살펴보아야 한다. 왜냐하면 이 세 환상은 분명히 서로 연관되어 있는 세 재앙 시리즈로 나타나기 때문이다.

현재 설교자들 중에는 이 세 재앙 시리즈를 역사의 마지막 때에 연속적으로 발생할 사건들을 예언한 것으로 보는 이들이 적지 않다. 그들 중에서도 특히 통속적 해설자들은 이 시리즈의 내용을 7년 대환란에 대한 예언이라고 주장한다. 그러나 이러한 해석은 설득력이 없다. 아래에서 필자는 이에 대한 논거들을 제시할 것이다. 그리고 마지막 때에 있을, 같은 사건들을 여러 번 묘사했다는 반복 이론을 주장하는 주석이 있지만, 이 견해 역시 설득력이 약하다. 왜냐하면 이 세 재앙 시리즈에 나오는 재앙들은 단순한 반복이 아니라 점진적으로 증가되어 나타나기 때문이다. 가령, 일곱 봉인 재앙에서는 단지 세상의 1/4만이 심판을 받지만, 일곱 나팔 재앙에서는 세상의 1/3이 심판을 받으며, 일곱 대접 재앙에서는 세상을 끝내는 마지막 재앙으로 나타난다.

이 세 재앙 시리즈를 바로 이해하기 위해서는 이 시리즈의 문학적 구조를 자세히 살펴보는 것이 중요하다. 이에 대한 개관은 다음과 같다.(H. W. Günther, *Der Nah- und Enderwartungshorizont in der Apokalypse des heiligen Johannes*, 162~163 참조)

1) 일곱 봉인 시리즈(5장, 6:1~8:1)

(1) 전권 위임(5장)

(2) 묵시적 사건들의 진행(6:1~8:1)

① 첫째 봉인(6:1~2): 첫째 묵시적 기마자(전쟁을 가져옴)

② 둘째 봉인(6:3~4): 둘째 묵시적 기마자(평화를 걷어 버림)

③ 셋째 봉인(6:5~6): 셋째 묵시적 기마자(기근을 가져옴)

④ 넷째 봉인(6:7~8): 넷째 묵시적 기마자(죽음을 가져옴)

※ 여기에 나오는 재앙들은 세상의 1/4에 제한된다.

⑤ 다섯째 봉인(6:9~11): 순교자들의 절규와 위로

⑥ 여섯째 봉인(6:12~17): 우주의 대이변과 하나님 및 어린 양의 심판의

날 / 막간 환상(7:1~17): 신자들의 보호

⑦ 일곱째 봉인(8:1): 반 시간의 침묵

2) 일곱 나팔 시리즈(8:2~11:18 (19))

(1) 전권 위임(8:2 (6))

막간 환상(8:3~5): 향로를 가진 천사

(2) 묵시적 사건들의 진행(8:7~11:18 (19))

① 첫째 나팔(8:7): 피가 섞인 우박과 불이 땅에 떨어짐(땅과 나무의 1/3이 타고 푸른 풀이 다 타버림)

② 둘째 나팔(8:8~9): 바다의 $\frac{1}{3}$이 피가 되고 그 피조물의 1/3이 죽음(배의 1/3이 깨짐)

③ 셋째 나팔(8:10~11): 강들과 샘물들의 1/3이 쓴 쑥이 되어서 많은 사람들이 죽음

④ 넷째 나팔(8:12): 태양과 달과 별들의 1/3이 어두워지고 낮과 밤의 1/3이 어두워짐

⑤ 다섯째 나팔(9:1~11): 하늘에서 떨어진 별이 믿지 않는 사람들에게 메뚜기 재앙을 일으킴(지옥의 원천이 열리고 태양과 공중이 어두워짐)

삽입(9:12): 앞으로 더 올 두 재난에 대한 예고

⑥ 여섯째 나팔(9:13~21): 큰 유프라테스 강에 매여 있던 네 천사가 풀려나 믿지 않는 사람들의 1/3을 멸망시키는 큰 기마대를 이끎

막간 환상(10:1~11:14): 작은 책과 두 증인

⑦ 일곱째 나팔(11:15~19): 하나님의 나라의 도래와 언약의 궤의 현현

3) 일곱 대접 시리즈(15:5~8, 16:1~21)

(1) 전권 위임(15:5~8)

(2) 묵시적 사건들의 진행(16:1~21)

① 첫째 대접(16:2): 대접이 땅에 쏟아져서 우상숭배자들에게 종기가 나도록 함

② 둘째 대접(16:3): 대접이 바다에 쏟아지자 바다는 피로 변하고 모든 생물이 죽음

③ 셋째 대접(16:4): 강들과 샘물들이 피로 변함

막간 환상(16:5~7): 하나님의 심판의 의

④ 넷째 대접(16:8~9): 태양이 불로 사람을 태움

⑤ 다섯째 대접(16:10~11): 짐승의 나라가 어두워짐

⑥ 여섯째 대접(16:12~14, 16): 대접이 유프라테스강에 쏟아져서 강이 마르고 악마와 같은 수행원을 가진 동방의 왕들에게 길이 마련됨

삽입(16:15): 도둑의 비유

⑦ 일곱째 대접(16:17~21): 성전으로부터 큰 소리가 남 – 번개, 소리, 천둥, 지진, 큰 우박

위의 개관을 통해 우리는 세 재앙 시리즈의 몇 가지 특징들을 다음과 같이 요약할 수 있다.

① 세 재앙 시리즈는 일정한 도식에 따라 구성되어 있다. 각 시리즈는 전권 위임과 묵시적 사건들의 진행 그리고 막간 환상으로 이루어져 있으며, 여기서 일곱 수는 분명히 요한이 의도적으로 사용한 구성 원칙이다.

② 묵시적 사건들의 진행이 불신앙적인 세력들 및 그 추종자들과 관련이 있는 데 반해서, 막간 환상은 구원 공동체(교회)의 구원 완성에 대한 전망과 관련이 있다.

③ 여기서 중요한 것은 재앙들이 진실한 그리스도인들에게는 내리지 않는다는 것에 대한 고찰이다. 즉, 세 재앙 시리즈는 반신적인 세력들과 그 추종자들에 국한될 뿐이고 하나님과 어린 양 편에 있는 사람들에게는 구원이 확실시된다는 점이다.

④ 일곱 나팔과 일곱 대접 환상은 서로 병행을 이루는 것이 확연하다. 이 양자 간의 병행성을 다음과 같이 정리할 수 있다

첫째 나팔: 피가 섞인 우박과 불이 땅에 떨어져 땅의 삼분의 일이 타버린다.	첫째 대접: 대접이 땅에 쏟아져서 짐승의 표를 받은 자들과 그 짐승의 우상을 경배하는 자들에게 아주 나쁜 종기가 생긴다.
둘째 나팔: 불타는 큰 산과 같은 것이 바다에 던져져서 바다의 삼분의 일이 피가 되고, 바다에 사는 생명을 가진 피조물의 삼분의 일이 죽고, 배들의 삼분의 일이 부서진다.	둘재 대접: 대접이 바다에 쏟아져서 바닷물이 죽은 사람의 피처럼 되고, 바다에 있는 모든 생물이 죽는다.
셋째 나팔: 큰 별 하나가 횃불처럼 타면서 하늘에서부터 강들의 삼분의 일 위에와 샘물들 위에 떨어져서 물의 삼분의 일이 쑥이 되어 물이 써서 많은 사람이 그 때문에 죽는다.	셋째 대접: 대접이 강과 샘에 쏟아져서 물이 피가 된다.
넷째 나팔: 태양의 삼분의 일과 달의 삼분의 일과 별들의 삼분의 일이 두들겨 맞아서 그것들의 삼분의 일이 어두워지고 낮의 삼분의 일이 빛을 잃고 밤도 역시 그렇게 된다.	넷째 대접: 대접이 해에 쏟아져서 사람들이 몹시 뜨거운 열에 탄다.
다섯째 나팔: 아비소스가 열리고 태양과 공중이 어두워지며, 하나님의 인이 찍히지 않은 사람들은 괴로움을 당한다.	다섯째 대접: 짐승의 나라가 어두워지며, 사람들은 괴로움을 못 이긴다.
여섯째 나팔: 유프라테스 강에 매여 있던 네 천사가 풀려간다.	여섯째 대접: 대접이 큰 강 유프라테스에 쏟아진다.
일곱째 나팔: 하늘의 큰 소리가 하나님과 그리스도의 나라의 도래를 알린다. 그리고 번개와 요란한 소리와 천둥과 지진이 일어나고 큰 우박이 쏟아진다.	일곱째 대접: 보좌로부터 "다 되었다."하는 큰 음성이 울려 나온다. 그리고 번개가 치고 음성들이 나고, 천둥이 울리고, 큰 지진이 일어나며, 큰 우박이 떨어진다.

⑤ 특히 일곱 대접의 환상에 나오는 재앙들은 출애굽기 7~10장에 나오는 열 가지 재앙들과 매우 유사하다.

일곱 대접의 재앙	출애굽기의 재앙
첫째 대접: 종기가 생김	출 9:9: 종기가 생김
둘째 대접: 물이 피로 변함	출 7:17~19: 물이 피로 변함
셋째 대접: 물이 피로 변함	출 7:17~19: 물이 피로 변함
넷째 대접: 태양이 사람을 태운다.	
다섯째 대접: 짐승의 나라가 어두워짐	출 10:21~22: 어두움이 땅을 덮음
여섯째 대접: 개구리와 같이 생긴 더러운 영이 나옴	출 8:2~15: 개구리 소동
일곱째 대접: 우박이 떨어짐	출 9:22~25: 우박이 떨어짐

여기서 우리는 일곱 대접 재앙 묘사가 출애굽기의 재앙들 중 일부를 모방했다는 것을 알 수 있다.

⑥ 로마에 대한 심판을 선포하는 17장과 18장은 마지막 재앙을 묘사하는 일곱 대접 환상의 일부분이다.

일곱 대접 환상은 세 재앙 시리즈 중에서 최종적 재앙 묘사다. 이것은 일곱 나팔 환상과 비교해 보면 쉽게 인식할 수 있다. 가령, 둘째 나팔에서는 바다의 1/3이 피가 되는 데 반해(8:8~9), 둘째 대접과 셋째 대접에서는 모든 물이 피가 된다.(16:3~5) 그리고 일곱 나팔 환상의 목적이 인간을 회개하도록 하는 데에 있는 반면(9:20), 일곱 대접 환상은 그리스도인들을 죽인 자들을 향한 하나님의 보복 수행에 그 목적이 있다.(16:6)

또한 일곱 대접 환상의 서론(15:1)을 보면, 이 환상이 최종적 재앙들에 대한 묘사임을 분명히 알 수 있다.

"일곱 천사가 일곱 재난을 가지고 있었는데, 그것은 마지막 재난이었습니다. 하나님의 진노가 그것으로 끝나기 때문입니다."

특히 16장 17~21절을 자세히 보면, 일곱째 대접 재앙이 하나님의 진노에 대한 극도의 표현이라는 것을 알 수 있다. 물론 각 재앙 시리즈의 끝마다 지진이 나오는 것을 발견할 수 있다. 8장 5절에 의하면 일곱째 봉인이 개봉된 후 천둥과 요란한 소리와 번개와 지진이 일고, 일곱째의 나팔이 울려 퍼졌을 때도 번개와 요란한 소리와 천둥과 지진이 인다.(11:10) 그런데 일곱째의 대접이 쏟아졌을 때에는 번개와 요란한 소리와 천둥이 울리며 이 땅 위에 한 번도 없었던 큰 지진이라고 기록되어 있다.(16:18) 이러한 묘사 또한 일곱 대접 재앙의 최종적 성격과 관련이 있다. 그리고 16장 17절의 "다 되었다."라는 어구도 일곱째 대접 재앙이 최종적 재앙을 가리키는 표현이다.

그런데 여기서 우리가 간과하지 말아야 할 것은, 로마에 대한 심판을 선포하는 17장과 18장이 일곱 대접 환상의 일부분으로서 묘사되고 있다는 점이다. 17장의 도입부는 다음과 같이 시작되고 있다.

"대접 일곱 개를 가진 그 일곱 천사 가운데 하나가 와서, …하고 말하였습니다." 이것은 일곱 대접 환상과 로마에 대한 심판의 선포 간에 내용의 연속성이 있다는 것을 말해 준다. 또한 일곱째 대접 재앙에 나오는 16장 19절의 "하나님께서 그 큰 도시 바빌론을 기억하셔서 …."는 18장 5절의 "하나님께서는 그 여자의 불의한 행위를 기억하신다."에 상응한다. 여기서 알 수 있듯이 일곱 대접 재앙들을 통한 하나님의 진노는 로마에 대한 심판과 관련이 있다는 것이 분명해진다. 다시 말해서 로마가 하나님의 진노의 본래 목표다.

지금까지의 고찰에 근거해서 볼 때, 세 재앙 시리즈는 마지막 때에 역사 속에서 연속적으로 발생할 사건들에 대한 예언으로 기록된 것이 아니라는 것이 분명하다. 이것은 요한이 일정한 목적을 가지고 쓴 문학적 구성물이다. 아래에서 보겠지만, 여기에 나오는 재앙 묘사에는 시대사적 배경을 암시하는 표현들, 유대교의 묵시문학적 도식에서 비롯된 표현들, 영적 현실을 위한 메타포들, 신앙고백적인 언어들이 많이 사용되고 있다.

그리고 여기에 나오는 재앙 묘사를 이해하기 위해서는 세 재앙 시리즈의 기록 목적을 잘 파악하는 것이 중요하다. 세 재앙 시리즈의 기록 목적은 다음과 같이 세 가지로 요약할 수 있다(K. J. O' Brien, "An Examination of the Meaning, the Purpose, and the Function of the Interlude within the Sevenfold Series of the Book of Revelation," 41~43).

① 요한은 어린 양의 추종자들이 어떤 박해와 환란 가운데서도(6:9~11) 죽도록 충성하고(13:10, 14:12 참조, 2:10, 13, 17:14) 끝까지 인내하도록(13:10, 14:12 참조, 1:9, 2:2, 19, 3:10) 촉구하고자 했다. 세 재앙 시리즈는 그리스도인들에게 재앙의 측면보다 오히려 구원의 약속을 주는 권고의 목적이 내포되어 있다. 그러므로 재앙들은 간접적으로 절박하게 하나님과 그리스도에 대해 성실할 것을 권고한다. 그러니까 요한은 그리스도인들로 하여금 불신앙적인 세력에 맞서서 순교하기까지 굳세게 버티도록 하나님이 도와주신다는 것을 말하고자 했다.

② 요한은 불신앙적인 세력의 추종자들에게 그들의 선택에 대한 불가피한 결과를 경고함으로써 회개를 촉구하고자 했다.(9:20~21, 16:9, 11)

③ 세 재앙 시리즈는 전능하신 분으로서의 하나님의 주권(11:17, 16:7, 14 참조, 1:8, 4:8, 15:3, 19:6, 15, 21:22)을 강조하고 어린 양의 왕권을 인정한다.(11:15 참조, 17:14, 19:16) 여기서 다루는 문제는 하나님의 새로운

세계다. 요한은 그리스도인들에게 그들의 현재의 고난과 수고가 결코 헛된 것이 아니라, 하나님의 새로운 세계로의 참여를 위해 꼭 필요한 과정으로 이해하도록 도움을 주고자 했다.

사실 이 재앙 시리즈는 우리를 매우 당혹케 한다. 왜냐하면 여기서는 폭력적인 언어가 난무하며, 때때로 원수를 갚아 달라는 외침이 나와 마치 하나님과 어린 양이 폭력의 근원으로 비춰지기 때문이다. 어린 양이 봉인을 뗄 때에는, 땅과 땅의 거주민들 위에 파국적인 폭력이 가해진다. 세상은 전쟁, 기근, 재앙, 그리고 죽음으로 인해 황폐화되고(6:1~8), 사람들은 하나님에 대한 신실함을 지키려다 죽임을 당하면서 원수를 갚아달라고 외친다.(6:9~11) 해, 달, 그리고 별들은 손상을 당하고, 산과 섬들은 옮겨진다. 그리고 왕으로부터 노예에 이르기까지 모든 사람은 다가오는 진노를 피하기 위해 노력한다.(6:12~17) 땅에는 피가 섞인 우박과 불이 떨어지고, 바다와 강이 피로 변하며(8:8~11, 16:3~4), 악마적 메뚜기 같은 피조물들이 심연으로부터 나와서 인간을 괴롭힌다. 사람들은 죽게 해달라고 외치지만 계속 고통을 당할 뿐이다.(9:1~11) 2억이나 되는 초자연적인 기마대가 동쪽으로부터 유프라테스 강을 가로질러 나오고(9:13~19), 짐승을 예배하는 자들은 거룩한 천사들과 어린 양 앞에서 유황불로 괴로움을 당한다.(16:14~16, 19:17~18)

이러한 묘사들로 인해 요한계시록을 그리스도인의 책으로 해석한다는 것은 심각한 문제를 일으킬 수 있다. 특히 복음서들 안에 있는 예수상과 비교해 볼 때, 어린 양의 면전에서 영원히 괴로움을 당하는 죄인들의 상(14:10)은 자신을 괴롭히는 자들을 위해 기도하라고 제자들에게 가르치는 예수의 상과는 다른 세계를 나타내는 것 같다.

따라서 요한계시록 이해를 위해서는 이러한 묘사들에 대한 해석이 매우 중요하다. 요한계시록의 '폭력' 언어를 해석하는 데 있어서는 다음과 같은 관점들이 도움을 줄 것이다. 요한의 '폭력' 언어는 ① 요한이 처했던 특정한 상황 ② 전통의 전용 ③ 언어 사용에 주의를 기울임으로써 적절히 해석될 수 있다.(M. E. Boring, *Comm.*, 113~117 참조)

(1) 요한의 특정한 상황

요한의 사상은 미래의 고난에 관한 환상이 아니라, 요한 자신의 현재적 고난의 사실로부터 시작한다. 묵시문학적 사상은 경험한 고난을 우주적 맥락에 놓음으로써, 현재를 위한 해석학으로서의 역할을 다하도록 의미를 부여한다. 따라서 고난의 상황에 대한 사회학적, 심리학적 관점들이 고려되어야 한다. 이스라엘의 탄원시들(시35, 55, 69, 109, 137 등)이 설명해주는 바와 같이, 스스로 사회의 변두리로 밀려난다고 느끼는 공동체는 자연적인 원한 감정이나, 심지어 보복을 나타내기 마련이다. 그것은 종말론적인 전환을 예기(豫期)하도록 이끈다. 그러므로 여기에 나오는 보복을 위한 외침은 개인적인 것이기보다는 하나님의 정의가 공평하게 나타나도록 해 달라는 탄원에 해당된다는 것을 알게 된다.

(2) 전통의 전용

이 폭력 언어와 이미지를 만든 사람은 요한 자신이 아니라, 형식과 내용 면에서 대부분 전통으로부터 취해져서 사용된 것이다. 이 전통의 몇 가지 중요한 요소들로서 다음과 같은 것들이 있다.

① '메시아적 화'의 묵시문학적 도식

유대교의 묵시문학은 신앙 공동체가 당하는 현재의 고난을 출생 이전에 받게 되는 해산의 고통에 비유하여 최종적인 승리가 있기 바로 전에 와야 하는 고난의 기간으로 해석하는 패턴으로 발전시켰다. 가령, 시리아의 바룩 묵시록 26장 1절~30장 5절에서는 열두 재앙이 메시아, 부활, 그리고 심판의 도래 전에 있을 예비 행위로 언급되고 있다. 요한계시록의 신학은 결론에 있어서 필히 요구되는 구성요소인 '메시아적 화'를 내포하고 있는 전통적인 묵시문학적 사상의 틀 안에서 기술되었다. 요한은 이러한 도식에서 사용한 언어를 넘겨받아 인용한 것이다. 가령, 술 확에서 흘러나오는 피가 말굴레까지 닿았다는 묘사(14:19~20)는 원래 요한의 것이 아니라 이미 요한 이전에 있었던 최후의 화에 대한 표상이다.(에티오피아어 에녹서 100:3) 세계는 메시아와 새 시대를 낳기 전에 해산의 고통 속에서 신음한다. 도래하는 하나님의 심판에 관한 공표가 14장 6~7절에서 '좋은 소식들'로 불릴 수 있는 것은 이러한 의미에서다.

② 성서의 언어

요한계시록에서 폭력적인 용어들이 등장할 경우 기억해야 할 것은, 요한은 이 언어들을 스스로 창조한 것이 아니라 성서로부터 취한 것이라는 점이다. 가령, 6~19장에 나오는 봉인, 나팔, 대접 환상의 폭력적인 그림들 안에 있는 거의 모든 것이 성서적 그림들과 성서적 언어로부터 취하여 묘사된 것이다. 물론 출애굽에 관한 언어와 이미지는 그 당시 로마의 '바로'로부터 벗어나는 종말론적 구원에 대한 요한의 표현 수단이 된다.

하나님의 '진노'(계6:16~17, 11:18, 14:10, 16:19, 19, 15)라는 용어 또한 요한의 창작물이 아니라, 성서 신학의 깊은 흐름의 차원에서 비롯된 것이다.(출22:21~24; 신9:7~8; 시2:5, 78:21~22, 90:7~9; 사1:24, 9:19, 13:9, 13, 51:17, 22; 렘4:4, 10:10, 25, 25:15; 겔7:8, 12, 13:13, 20:8, 13; 호5:10,

13:11; 미5:15; 마3:7; 요3:36; 롬1:18, 2:5, 5:9, 9:22, 12:19; 살전1:10, 2:16, 5:9) 이 텍스트들에 나타나는 성서 신학의 흐름이란 정서적 분출에 의해 극복되는 사소한 심성에 머무르지 않고, 정의의 하나님이 죄에 대해 사정없이 가하는 형벌을 그리는 것이다.

하나님 백성의 원수로 등장하는 '바빌론'에 대한 성서 예언자들의 '화'는 요한 시대의 '바빌론'에 대한 종말론적 화로 변형된다. 요한의 언어 자료는 성서다. 재앙을 비는 시들의 이미지는 단순히 그에게 곤궁함을 준 압제자들에 대한 것이 아니라, 당시 악의 화신에 대한 하나님의 진노를 그리는 데 사용된다.

요한은 성서의 '하나님' 현현 언어를 광범위하게 사용한다. 몇몇 표상들(지진, 우박 등)은 인류를 향한 형벌 언어라기보다는 오히려 하나님의 나타나심에 수반되는 두려운 영광을 전달하려는 의도가 내재된 하나님 현현 언어다.

이것의 다른 면은 인간의 의존을 보여 주는 것이다. 물, 해와 같은 요소들은 인간의 통제 하에 있지 않다. 인간은 누군가의 세계에 살고 있다. 지진, 재앙 등 우주적인 파국에 관한 표상들에서 교회 공동체는 우주와 그것의 운명을 스스로 통제할 수 없음을 고백한다. 이것은 모든 것의 운명이 우리의 통제력을 넘어서는 두려운 힘의 손 안에 있음을 인정하는 것이다.

(3) 요한의 언어 사용

① 환상적, 은유적 언어: 6~16장의 장면에 나오는 폭력 중 어느 것 하나라도 문자적으로 현실 세계에 대입시켜 이해해서는 안 된다. 왜냐하면 여기에는 미래의 환상적 장면에서 사용되는 은유적인 언어들이 많이 사용되고 있기 때문이다. 피가 섞인 우박과 불이 하늘에서 땅으로 쏟아지는 것

(8:7)은 어떤 것에 대한 표상이며, 1장 16절과 11장 5절에 나오는 칼과 불은 문자적 검과 불이 아니라, 메타포들이다.

② 신앙 고백적 언어: 하나님의 원수들에 대한 폭력적 심판 묘사는 요한이 몸담고 있던 신앙 공동체의 회원의 언어로서 구원에 대한 찬양과 감사의 표현 언어다. 예배와 기도의 언어는 신앙 공동체 밖에 있는 사람들의 운명에 대한 객관적인 묘사가 아니라, 공동체 안의 사람들의 신앙 고백이다.

요한이 본떠서 사용하는 출애굽 재앙 이야기 속의 언어는 이스라엘을 구원하신 하나님께 영광을 돌리는 신앙고백적인 언어다. 이것은 장자들을 잃고 탄식하는 이집트의 어머니들을 방관하시는 하나님의 돌보심의 결핍에 관한 진술에 국한된 것이 아니다. 이 이야기는 신앙고백적 공동체의 내부에서 말하여진 것이다. 이러한 언어를 이집트인들의 운명에 관한 객관적인 진술로 만드는 것은 언어의 형식을 오해하는 것이다. 시편 91편 1~8절은 예배하는 공동체의 신앙고백적 언어의 여러 예들 중 하나다.

이러한 언어는 비추론적이며. 논리적 체계를 전제하지 않는다. 이러한 언어의 기능은 신앙인에게 중요한 포인트가 되는 고백하는 예배자에 대한 하나님의 돌보심을 역설하고자 하는 데 있다. 우리가 결코 잊지 말아야 할 것은, 요한계시록은 예배하는 공동체의 기도와 찬양의 시간에 읽혀지기 위해 쓰였다는 점이다.

3.1. 6:1~8: 처음의 네 인(印): 네 묵시적 기마자

1내가 보매 어린 양이 일곱 인 중의 하나를 떼시는데 그 때에 내가 들으
니 네 생물 중의 하나가 우렛소리 같이 말하되 오라 하기로 2이에 내가
보니 흰 말이 있는데 그 탄 자가 활을 가졌고 면류관을 받고 나아가서
이기고 또 이기려고 하더라 3둘째 인을 떼실 때에 내가 들으니 둘째 생
물이 말하되 오라 하니 4이에 다른 붉은 말이 나오더라 그 탄 자가 허락
을 받아 땅에서 화평을 제하여 버리며 서로 죽이게 하고 또 큰 칼을 받
았더라 5셋째 인을 떼실 때에 내가 들으니 셋째 생물이 말하되 오라 하
기로 내가 보니 검은 말이 나오는데 그 탄 자가 손에 저울을 가졌더라 6
내가 네 생물 사이로부터 나는 듯한 음성을 들으니 이르되 한 데나리온
에 밀 한 되요 한 데나리온에 보리 석 되로다 또 감람유와 포도주는 해
치지 말라 하더라 7넷째 인을 떼실 때에 내가 넷째 생물의 음성을 들으
니 말하되 오라 하기로 8내가 보매 청황색 말이 나오는데 그 탄 자의 이
름은 사망이니 음부가 그 뒤를 따르더라 그들이 땅 사분의 일의 권세를
얻어 검과 흉년과 사망과 땅의 짐승들로써 죽이더라

1) 본문 소개

본문에 나오는 '네 기마자' 환상은 요한계시록을 통해 널리 알려진 상징이다. 이 상징은 스가랴 1장 8~17절과 6장 1~8절에 있는 여러 색깔의 말들에 대한 환상에서 유래한다. 그러나 요한은 그의 자료를 자유자재로 변경시킨다. 스가랴서에서의 색깔(홍색, 자색, 백색, 흑색, 어룽진 색)이 특별한 의미를 지니고 있지 않은 데 반해, 요한계시록에서의 색깔은 기마자들의 특성인 정복(백색), 유혈(홍색), 기근(흑색), 죽음(어룽진 색) 등을 각

각 상징한다. 또한 스가랴서에서 그들은 하나님께서 땅의 감시자로 보내신 존재들이지만, 요한계시록에서는 땅에 재앙을 가져다주는 자로 나타난다.

첫째-넷째 봉인의 개봉에 관한 환상들은 다음과 같이 거의 같은 형식으로 묘사되어 있다.

① 어린 양이 책의 봉인을 뗀다.
② 네 생물 중 하나가 기마자에게 "오라!" 고 외친다.
③ 기마자에 관한 환상: ㉠ 기마자에 관한 묘사
㉡ 기마자의 행동

2) 본문 주석

1절 내가 보매 어린 양이 일곱 인 중의 하나를 떼시는데 그 때에 5장에서 요한은 하늘의 책을 받아 그 책의 일곱 봉인을 떼기에 합당한 분은 오직 어린 양뿐이라고 언급하면서 자신이 바로 이 장면을 보았다고 언급한 바 있다. 본 구절을 포함하여 몇 구절들에서 연이어 나타나는 어린 양의 일곱 봉인 관련 행위(6:1, 3, 5, 7, 9, 12, 8:1)는 봉인을 뗀 후에 나타나는 환상들로 인해 하늘의 책 내용이 점차 밝혀진다는 것을 상징한다.

내가 들으니 네 생물 중의 하나가 우렛소리 같이 말하되 오라 하기로 '우레 같은 소리' 라는 어구는 첫째 기마자를 부르는 것과 관련해서 오직 여기에만 나타난다. 요한계시록에서 '우레' 는 매우 큰 음성을 특징화하는 메타포로 사용된다.(14:2, 19:6 참조) 구약에서는 하나님의 음성이 자주 '우레 소리' 로 표현된다.(삼하22:14; 욥37:2~5; 시18:13, 29:3~9; 사29:6; 렘25:30) 기마자가 네 생물 중 하나로부터 부름을 받는 것은 기마자가 하나님의 위임을 받아 행동한다는 것을 말한다.

2절 이에 내가 보니 흰 말이 있는데 그 탄 자가 활을 가졌고 면류관을 받고 나아가서 이기고 또 이기려고 하더라 여기에 나오는 '흰 말' 은 스가랴 6장 3절에 나오는 '흰 말들' 에 기초를 둔 인유(引喩)다. 여기서 흰 말을 탄 자가 누구냐 하는 문제는 주석가들에 의해 널리 논의되어 왔지만, 아직도 분명한 해결점을 찾지 못하고 있다. 지금까지 제시된 여러 해석들을 요약하면 다음과 같다.

(1) 기독론적 해석: 이레니우스(*Adv. haer.* 4. 21.3)를 필두로 많은 주석가들은 이 흰 말 탄자를 그리스도로 이해한다. 이들은 다음의 논거들을 제시한다.

① 계시록 6장 2절은 이스라엘의 한 왕이 말을 타고 화살로 그의 원수들을 패배시키는 장면이 나오는 시편 45편 3~5절의 인유(引喩)일 수 있다.(히1:8은 시45:6을 메시아적 예언으로 이해함)

② 계시록 19장 11~16절에서 그리스도는 흰 말을 타고 그의 적들을 패배시킨다.

③ 계시록 14장 14절에서 그리스도는 심판을 수행하기 위해 구름 위에 앉아 있는데, 이때 그는 금면류관을 쓰고 날이 선 낫을 들고 있다.

④ 요한계시록의 다른 구절들에서도 그리스도는 이기는 자로 나타난다.(3:21, 5:5, 17:14)

⑤ 요한계시록의 다른 구절들에서 흰 색은 예외 없이 좋은 의미로, 즉 하나님, 그리스도, 그리고 성도들의 거룩성을 묘사하기 위해 사용된다.

⑥ 첫째 기마자에게는 다른 기마자들과 달리 긍정적인 면이 있다. 왜냐하면 다른 세 말과 달리 흰 말 뒤에는 아무런 재앙도 따르지 않기 때문이

다.

⑵ 복음 승리의 진행: 일련의 주석가들은 첫째 기마자의 승리가 복음의 승리를 나타낸다고 생각했다. 왜냐하면 복음의 선포는 마지막 때의 사건들에서 중요한 입장을 갖고 있기 때문이라는 것이다. 다시 말해서 마가복음 13장 10절에 의하면 우선 복음이 모든 민족들에게 선포되어야 한다고 되어 있기 때문이라는 것이다.

⑶ 군사적 정복, 특히 파르티아 기병의 모습을 원용했다는 해석이 있다. 이 입장에 속하는 주석가들은 시대사적인 배경의 추측을 통해, 여기에 나오는 말과 활이 파르티아 제국을 생각하게 한다는 것이다. 62년에 파르티아의 왕 폴로게세스(Vologäses)가 활을 잘 쏘기로 유명한 파르티아 군인들을 활로 막강하게 무장시켜 승리한 이후 로마가 멸망하게 될 것이라는 생각이 만연해 있었기 때문이라는 것이다.

⑷ 적그리스도 또는 가짜 메시아: 이 견해는 마가복음 13장의 종말론적 담화에 나오는 종말론적 사건들이 계시록 6장 1~7절에 묘사되고 있다는 가정에 기초를 두고 있다. 특히 마가복음 13장 5~6절에 나오는 사건은 많은 사람들이 기독교인들을 타락시키려고 유혹할 것이라는 경고이기 때문에, 첫째 기마자는 그 빛 속에서 이해되어야 한다는 것이다.

⑸ 첫째 기마자가 태양신 미트라스(Mithras)를 나타낸다고 보는 입장이 있다.

⑹ 진실한 그리스도인들에 대한 하나님과 어린 양의 구원행동을 위한 상징: 이를 위한 논거들은 다음과 같다.

① 구약에서 활과 화살은 하나님의 심판과 징벌을 위한 상징으로 사용된다.

② 요한계시록에서 흰 색은 종말론적 의미고, '면류관' 은 구원과 종말

론적 승리를 나타내는 상징이다.(2:10, 3:11, 12:1 등 참조) 이것은 첫째 기마자가 승리자로서 더욱 더 큰 승리를 하려는 종말론적 정복자임을 인식케 해준다.

③ 여기에 나오는 동사 '이긴다'는 요한계시록의 그 밖의 용례를 볼 때, 긍정적인 의미에서 이해할 수 있다. 따라서 첫째 기마자가 쟁취하는 승리는 그리스도인들에게 구원이 된다는 것을 알 수 있다.

이들 중 가장 오래되고 잘 알려진 해석은 기독론적인 해석이다. 그러나 6장 2절과 19장 12절 간의 축자적인 유사성에도 불구하고 두 기마자는 실제적으로 공통점을 별로 보여 주지 않는다. 양자 모두 흰 말을 타고 있는 것은 분명하지만, 6장 2절의 기마자가 활을 가지고 있고 그에게는 승리의 면류관이 주어져 있는 데 반해서, 19장 11~16저의 기마자는 입에서 나오는 양 편에 날선 검을 가지고 있으며, 주권의 상징인 많은 관을 쓰고 있다(6:2에서처럼 (στέφανος[스테파노스])가 아니라 (διαδήματα[디아데마타])이다.)는 점에서 차이를 보인다. 그리고 재앙을 가져오는 첫째 가마자 역시 전쟁의 승리자로서 어떤 의미에서는 다른 세 기마자처럼 재앙을 가져오는 자로 이해될 수 있다. 게다가 첫째 기마자를 19장 11~16절의 메사아와 동일화시키기 어려운 이유는 봉인을 떼는 자가 분명히 어린 양 자신인데, 그가 첫째 봉인을 떼었을 때 부름을 받은 기마자가 자신이라는 것 또한 우스꽝스럽다.

빌레(G. K. Beale, *Comm.*, 375~376)가 지적해 준 바와 같이, 우리는 첫째 기마자에게서 사탄적 성격을 찾아볼 수 있다.

① '이긴다'라는 말은 요한계시록의 다른 곳에서 오직 그리스도와 관련해서만 사용되지 않고, 짐승과 관련해서도 사용된다.(11:7, 13:7) 11장 7절

과 13장 7절에서는 '이긴다'에 대상(적그리스도)이 있는 데 반해, 6장 2절에서는 '이긴다'가 5장 5절에서처럼 대상이 없이 사용되기 때문에 첫째 기마자를 그리스도로 보아야 한다는 해석은 설득력이 약하다. 왜냐하면 12장 7절과 17장 14절에서는 그리스도와 성도들의 이김에도 대상이 있기 때문이다.

② 스가랴 1장 8~15절과 6장 1~8절에서 말들은 본질상 동일한 것으로 다루어지는데, 이것은 계시록 6장 1~8절의 경우에도 해당된다. 왜냐하면 스가랴 1장과 6장은 요한에게 모델로서 영향을 끼친 중요한 자료이기 때문이다.(타르굼 스가랴6:1~8은 기마자를 다니엘 2장과 7장에 나오는 네 이방 강대국의 악한 천사들로 묘사한다)

③ 계시록 12~13장은 사탄과 그의 졸개들을 그리스도의 모습을 모방함으로써 사람들을 속이는 자들로 묘사한다.

④ 공관복음의 묵시록(막13:5~6; 마24:4~5; 눅21:8)에서는 그리스도의 이름으로 나타나서 미혹할 거짓 그리스도들과 예언자들에 대한 예언이 예수의 재림에 앞서 나타나는 화 중 첫째 것으로 언급된다. 이것도 첫째 기마자를 사탄적인 존재로 보는 데 한 요인이 될 수 있다. 왜냐하면 요한이 마지막 때의 재앙들을 묘사할 때 공관복음의 묵시록에 나오는 화들을 부분적으로 모방하고 있기 때문이다.

⑤ 기마자들은 문학적으로 다른 세 봉인과 구분되는 4인조를 이루고 있고, 기마자들의 정체성은 같은 순서로 나타나는 병행구들에서 확인될 수 있다.

㉠ 서두 정형어구: 각 경우는 어린 양이 봉인을 떼는 행위와 연관된다.

㉡ 네 생물의 명령: "오너라!"

㉢ 명령에 대한 반응으로 말과 기마자가 나타난다.

㉣ 각 말들의 색과 기마자가 들고 있는 대상물은 그가 가져오는 화의 종류를 암시한다.

㉤ 권위화 정형어구: "그에게 ?이 주어졌다." 이 정형어구는 첫째와 둘째 기마자 묘사에서만 볼 수 있지만, 네 기마자 환상의 결론부인 8절에서 네 기마자와 관련해서 이 정형어구가 사용된다.

⑥ 9장 7절에서 사탄적 존재들인 메뚜기들의 모양이 전투 채비를 한 말들과 같고 머리에 금 면류관과 같은 것을 쓰고 있다고 묘사되어 있는 것과 9장 3절에서 6장 1~8절에서 볼 수 있는 권위화정형어구가 사용되고 있는 것은, 첫째 기마자를 사탄적 존재로 인식케 해 준다.

⑦ 8b절을 첫째, 넷째 봉인의 결론부로 이해하는 것이 옳다면, 첫째 기마자는 악한 존재임에 틀림이 없다.

지금까지 본 바와 같이, 우리는 본 구절에 나오는 첫째 기마자가 누구냐 하는 문제에 대해 명확하게 대답하기가 어렵다. 필자는 빌레(G. K. Beale, *Comm.*, 377~379)와 입장을 같이 하면서 다음과 같이 결론을 맺는다.

① 첫째 기마자는 그리스도인들을 핍박하고 억압하려는 사탄적 세력을 가리킨다고 볼 수 있다. 이 기마자의 이미지는 적그리스도, 그리스도인들을 박해하는 권력, 그리고 일반적으로 사탄의 종들 모두를 내포할 수 있다. 여기서 '흰 말'과 '이긴다'가 사용되고 있는 것은 19장 11~16절에서 묘사되는 그리스도의 의와 승리의 패러디로 간주할 수 있다.

② 첫째 기마자에 관한 묘사는 다른 세 기마자 묘사에서 더 상세히 설명되고 있는 내용을 요약하는 진술로 간주될 수 있다. 첫째 기마자는 개괄적인 말로 전쟁이라는 화제를 꺼낸다. 그리고 그 다음에 나오는 세 기마자는 전쟁의 특별한 성격의 윤곽을 묘사한다.

3절 둘째 인을 떼실 때에 내가 들으니 둘째 생물이 말하되 오라 하더니 6장 1절에 대한 주석을 참조할 것.

4절 이에 다른 붉은 말이 나오더라 그 탄 자가 허락을 받아 땅에서 화평을 제하여 버리며 서로 죽이게 하고 또 큰 칼을 받았더라 형용사 '다른' 은 세 기마자가 통일적인 그룹을 이루고 있지만 첫째 기마자와는 분명히 구분된다는 것을 가리키는 것으로 간주될 수 있다. '붉은 말' 은 스가랴 1장 8절과 6절 7절에서 유래한 표현이지만, 여기서 붉은 색은 유혈을 상징할 수 있고, 둘째 기마자에 의해 일어나는 죽음과 파괴를 나타내는 것일 수 있다. 본 구절에서 둘째 기마자의 기능은 땅에서 평화를 걷어 버리는 것으로서 사람들을 서로 죽이게 하는 시민전쟁을 의미한다고 볼 수 있다. 시민전쟁은 유대 전쟁(66~70년) 동안 유대인들의 그룹 하에서 일어났던 소전투라고 여겨진다. 그러나 특정한 사건과 관련하여 생각할 필요는 없다. 여기서 중요한 것은 수동태를 두 번 사용함으로써('허락을 받아' 와 '큰 칼을 받았더라') 기마자가 하나님의 권능 안에서 얼마나 그에게 의지하여 행동하는가를 강조하고 있다는 점이다. 칼에 대한 언급도 중요하다. 왜냐하면 하나님이 이사야 27장 1절에서 레비아단을, 이사야 34장 5절에서는 에돔을 칼로 칠 것이라고 언급하고 있기 때문이다. 이를 통해 요한이 말하고자 한 것은 서로 죽이는 불신앙인들의 행태를 비롯해 세상의 온갖 혼란의 배후에 하나님이 계시다는 것을 말함으로써 그리스도인들에게 용기를 주고자 했다.

5절 세째 인을 떼실 때에 내가 들으니 셋째 생물이 말하되 오라 하기로 6장 1절에 대한 주석을 참조할 것.

내가 보니 검은 말이 나오는데 그 탄 자가 손에 저울을 가졌더라 고대 사회에서 검은 색은 어두움과의 연관성 때문에 죽음이나 지하 세계를 상징하며 매우 부정적인 의미를 내포했다. 본 구절에 나오는 '검은 말' 은 스가랴 6장 2, 6절의 수레를 끄는 네 말 중 하나에서 비롯된 것이다. 여기서 눈에 띄는 것은 셋째 기마자가 손에 저울을 들고 있다는 점이다. 이것은 기근을 암시한다.(레26:26; 겔4:16~17 참조) 기근은 전쟁의 결과다.(막13:8 참조) 왜냐하면 전쟁 기간 중에 국가의 질서는 무너지고 건축물들은 대부분 파괴되어 상업이 매우 곤란해지기 때문이다.

6절 내가 네 생물 사이로부터 나는 듯한 음성을 들으니 이르되 한 데나리온에 밀 한 되요 한 데나리온에 보리 석되로다 이 구절은 바로 위에서 언급한 기근과 관련된 말씀이다. 하늘로부터 들려오는 한 음성은 얼핏 시장에서 구매를 촉구하는 외침처럼 들릴 수 있다. 그러나 이 음성은 천정부지로 치솟는 식량 가격을 비롯한 물가고(物價高)를 선포하는 것이다. 본문에 나오는 밀과 보리의 가격이 보통 때보다 4~8배나 폭등했다는 사실은 1세기 말경 소아시아의 물가고를 확인케 해 주는 비문이 1924년에 발견됨으로써 확실한 증거가 제공되었다. 그 비문은 루치우스 안티스티우스 루스티쿠스(Lucius Antistius Rusticus)의 것으로서, 그는 A.D. 92/93년 경 비시디아 안디옥에 있었던 도미티안 황제의 총독이었다. 이 비문에는 그 당시 곡식 가격이 1 Modius('모디우스' 는 요한계시록에 나오는 용량 이름 *χοῖνιξ*(코이닉스, 우리말로는 '되' 로 번역되었음)보다 4배 더 많은 로마의 용량 이름)에 1 데나리온을 넘지 못하도록 금지했다는 내용이 기록되어 있다. 이 비문에 따르면 물가고 현상이 일어나기 전의 곡식 한 되 값은 8~9 Asse(1 데나리온은 16 Asse임)였다고 한다. 이를 통해 우리는 그 이전의 곡식 가격이 비문에 나오는 값의 1/2에 해당했다는 것을 알 수 있다. 이로부터 우리는 다음과 같은 결론을 내릴 수 있다. 계시록 6장 6절에 나오는 가격은 92(혹은 93)년의 칙령에 나오는 가격보다는 4배, 칙령 반포 이전보다는 8배 더 비쌌다. 그런데 밀 한 되는 한 사람에게 필요한 일일분의 양식이며, 밀 한 되 또는 보리 세 되에 한 데나리온이라는 가격은 그 당시 노동자의 하루 품삯에 해당된다. 따라서 그 당시 사회적인 하층의 곤궁은 굶어 죽게 할 정도로 매우 심했던 것이 틀림없다.

또 감람유와 포도주는 해치지 말라 하더라 일련의 주석가들은 본 구절의 시대사적인 배경을 다음과 같이 추측했다. 수에톤(Domitian 7.2)에 의하면 도미티안의 황제는 91~92년에 이탈리아에 새로운 포도원을 세우는 것을 금했고, 속주들에 있는 포도원들의 절반을 파괴하라는 칙령을 반포한 적이 있다. 그러나 소아시아의 도시들은 이에 강력하게 저항했고, 결국 황제는 이 칙령을 취소하고 말았는데, 요한은 이에 대해 몹시 불만을 보였다는 것이다. 왜냐하면 그는 이 칙령을 그의 금욕주의적 관점에서 좋게 간주했기 때문이라는 것이다. 그래서 그는 칙령을 취소한 도미티안 황제를 조소(嘲笑)하기 위한 하나의 방편으로 사치품들을 물가고로부터 제외시켰다는 것이다.

그러나 이 해석은 적절하지 못한 것으로 보인다. 왜냐하면 지중해 지역에서 기름과 포도주는 결코 사치품으로 간주되지 않았으며, 요한이 도미티안의 칙령을 환영했다는 점도 확실하지 않기 때문이다. 위에서 본 바대로 도미티안의 총독인 루치우스 안티스티우스 루스티쿠스의 비문이 입증해 주는 바와 같이, 소아시아에는 그 당시 기근으로 큰 위험에 처해 있었다. 왜냐하면 소아시아는 곡물 공급을 다른 지역에 의존했는데, 그나마 이 수입품들의 일부는 동부 지역에 주둔했던 군대를 위해 소비되었기 때문이다.

그런가 하면 일련의 주석가들은 또 다른 해석을 하고 있는데, 필자에게는 이 해석이 더 설득력이 있는 것으로 보인다. 소아시아는 밀과 보리를 주로 남부 러시아로부터 수입해야 했지만, 기름과 포도주는 풍족했다. 소아시아는 전쟁 기간 동안 파종과 추수가 정상적으로 이루어지지 못해 밀과 보리 같은 일년생 곡물 농사에 큰 지장을 초래했다. 이에 반해 올리브와 포도주와 같은 다년생 경작물들은 그 다음 해에도 다시 열매를 맺기 때문에 그런대로 수확이 계속되었다는 뜻이다. 요한은 여기서 전쟁의 진행과 그 결과로 얻게 되는 피흘림과 기근의 전개 과정을 보여 주었다.

7절 넷째 인을 떼실 때에 내가 넷째 생물의 음성을 들으니 말하되 오라 하기로 6장 1절에 대한 주석을 참조할 것.

8절 내가 보매 청황색 말이 나오는데 그 탄 자의 이름은 사망이니 음부가 그 뒤를 따르더라 넷째 말의 색은 청황색으로 시체의 색을 상징한다. 따라서 넷째 기마자가 인격화된 죽음을 위한 표상으로 나오는 것은 자연스럽다. 이 구절에서는 하데스가 분명히 인격화되어 나타난다. 여기서 하데스는 넷째 기마자인 죽음과 함께 검과 기근과 죽음과 들짐승들을 가지고 인류의 1/4을 멸하는 권세를 받은 악한 세력으로 나타난다. 다시 말해서 여기서 하데스는 심판의 대행자로 나타난다.

그들이 땅 사분 일의 권세를 얻어 검과 흉년과 사망과 땅의 짐승들로써 죽이더라 이 어구는 네 기마자 모두에 관련된다고 볼 수 있으며, 6장 1~8절의 전(全) 단락의 결론부로 간주될 수 있다.

네 기마자는 자신의 권력으로서가 아니라, 오직 하나님으로부터 위임을 받아서 행동할 수 있다. 그리고 그들에게 위임되는 권력은 땅의 1/4에만 제한된다.

그런데 여기에 나오는 '땅의 짐승'(들짐승들)이 실제적인 짐승들을 가리키는지, 아니면 악령에 대한 상징어로 사용되는지 하는 문제가 제기된다.

이 문제에 대한 해답을 얻기 위해 우선 중요한 것은 8b절의 문맥을 분석하는 일이다. 앞서 언급한 바와 같이, 이 구절은 6장 1~8절에 나오는 네 기마자 모두에게 관련된다고 볼 수 있으며, 이 단락의 결론부로 간주될 수 있다. 8b절은 네 기마자가 자신의 권력으로서가 아니라, 오직 하나님으로부터 위임을 받아서 행동할 수 있다는 것과, 그들에게는 칼과 기근과 들짐승들을 가지고 사분의 일에 이르는 땅에 속한 주민들을 죽이는 권세가 주어졌다는 것을 말한다.

여기서 주목되는 것은, '들짐승들' 앞에 나오는 세 가지 화에 해당하는 칼과 기근과 죽음이 네 기마자 중 둘째, 셋째, 넷째 기마자와 병행되어 나타나고 있다는 점이다. 그런데 '들짐승들'은 얼핏 보기에 첫째 기마자와 병행되어 나타나지 않는 것으로 보이지만, 첫째 기마자의 은유적 표현으로 볼 수 있다. 왜냐하면 첫째 기마자는 그리스도인들을 박해하는 사탄의 세력을 가리킨다고 볼 수 있으며(2절의 주석 참조), 초기 유대교에서 '들짐승들'은 인간을 괴롭히는 사탄의 하수인들로 나타나고(열두 족장의 유훈 중 납달리의 유훈8:4; 베냐민의 유훈3:5, 5:2 참조), 이그나티우스가 로마인들에게 보낸 편지 4~5장에서 '들짐승들'은 그리스도인들을 박해하는 마귀의 도구들로 나타나기 때문이다.

또한 계시록 저자는 에스겔 14장 21절로부터 8b절의 '들짐승들'의 악마적 성격을 추정했을 수 있다. 왜냐하면 에스겔서의 구절에는 하나님이 예루살렘에 내리는 재앙들이 계시록 6장 8b절과 유사하게 전쟁과 기근과 사나운 짐승과 전염병이 나오기 때문이다. 그러므로 우리는 여기서 계시록 저자가 '들짐승들' 을 악령들에 대한 상징어로 사용하고 있다는 것을 인식할 수 있다.

3) 설교 가이드

본문으로는 '무시무시한 기마자들' 이라는 제목으로 설교를 작성할 수 있을 것이다.

본문이 절박하게 전하려고 하는 메시지의 파악을 위해서는 이 기마자들이 나오는 맥락을 잘 살펴보아야 한다.

밧모섬에서 요한은 환상을 통해 하나님의 보좌와 하늘나라의 예배 광경을 본다.(4장) 그런 다음 그는 보좌 위에 앉아 있는 분의 오른쪽에서 안팎으로 쓰인 책을 본다.(5장) 그것은 창조로 시작된 하나님의 궁극적인 계획, 다시 말해서 창조를 새롭게 하고 완성시키려는 그의 뜻을 담고 있다. 이 책은 일곱 개의 봉인으로 봉인되어 있는데, 이것은 그 안에 담겨진 계획이 인간의 힘으로 실현될 수 없다는 것을 의미한다. 왜냐하면 아무도 그 봉인을 떼어서 책을 펼칠 수 없기 때문이다. 이러한 사정을 인식한 요한은 어찌할 바를 몰라 운다. 그러나 스물네 장로 중의 하나가 그를 위로하고 어린 양을 보여 준다. 어린 양의 희생으로 말미암아 그 봉인이 떼어지고 봉인된 내용이 실현될 수 있다는 것이다. 전(全) 피조물은 이에 대해 환호를 터뜨린다. 왜냐하면 그로 인해 하나님의 왕권의 모든 영광이 실현될 수 있기 때문이다.

그러나 어린 양이 이 책의 봉인을 떼었을 때 일어나는 것은 무시무시하다. 이 책의 네 봉인을 하나씩 뗄 때마다 세계 무대 위에서 말들이 내달린다. 특히 둘째의 붉은 말은 인류를 소름끼치게 하는 전쟁을, 그리고 셋째 검은 말은 전쟁 다음에 불가피하게 따라오는 기근을 상징한다. 말을 탄자는 저울을 들고 있는데, 이것은 식료품 할당을 의미한다. 터무니없이 비싸게 매겨진 필수품의 가격 때문에 가난한 자들은 일상생활에서 고통을 당한다. 또한 넷째 말, 즉 죽음은 전쟁과 기근이 뿌린 것을 거둬들인다.

그런데 첫째 말의 의미는 논란이 많다.(본문 주석을 참조할 것) 아무튼 이 말은 기본적으로 전쟁의 행위를 나타낸다.

이제 이 무시무시한 기마자들이 있는 맥락에서 우리는 몇 가지 질문을 해보아야 한다. 우선 많은 사람들의 신앙이 얼마나 자주 시험을 받고 있는지, 그리고 도대체 왜 하나님은 전쟁, 기근, 죽음과 같은 무서운 재앙들을 우리에게 허용하는 것인지, 그리고 마지막으로 이것이 어떻게 선하고 자비로우신 하나님에 대한 메시지에 부합될 수 있는지.

그러나 우리의 의문에 대한 궁극적 기대는 이 시대의 마지막 후에 나타나게 될 것이다. 하나님은 그를 사랑하는 자들을 위해 모든 척도를 뛰어넘는 영광을 준비하셨다. 그러나 이에 앞서 견디기 어려울 정도로 무서운 환란을 거친 후에 이루어지도록 되어 있다. 요한계시록은 이에 대해 아주 분명하고 진지하게 말한다.

이러한 내용과 관련해 예수님은 그의 고별담화에서 여인의 산고에 비유해서 말씀하셨다.(요16:21~23 참조) 그리고 사도 바울은 다음과 같은 말씀을 하셨다. "피조물이 다 이제까지 함께 탄식하며 함께 고통하는 것을 우리가 아나니."(롬8:22) 전쟁, 기근, 죽음 등 이 세상의 모든 재앙들은 고통스러운 화지만, 이것들은 우리가 파악하기 힘든 새로운 것과 영광스러운 것, 즉 하나님이 그의 피조물과 우리 각자를 위해 목적으로 설정해 놓으신 것을 예고한다. 이로써 우리는 "이런 일이 되기를 시작하거든 일어나 머리를 들라 너희 구속이 가까웠느니라"라는 누가복음 21장 28절의 예수님 말씀을 이해할 수 있다.

마지막 때의 무서운 일이 우리에게 덮칠지라도 우리는 불안에 떨거나 품은 믿음을 잃어서는 안 된다. 오히려 우리의 머리를 들어야 한다. 세계의 재앙 소동 가운데서도 우리는 주님의 재림을 기다리면서 스스로를 바로 세워 나가야 한다. 왜냐하면 그는 분명히 권능과 영광 중에 다시 오실 것이기 때문이다. 그러나 우리에게 예고된 이 재앙들로 인해 하나님을 잘못 이해하는 사람은 주님께서 자주 말씀하신 바, '믿음이 적은 자' 라는 질책을 들을 수밖에 없다. 이런 사람은 믿음이 좁고 빈약해서 구속사의 결정적인 맥락들을 보지 못하거나 쉽게 잊는 사람이다.

3. 2. 6:9~11: 다섯째 봉인: 순교자들의 절규와 위로

9다섯째 인을 떼실 때에 내가 보니 하나님의 말씀과 그들이 가진 증거로
말미암아 죽임을 당한 영혼들이 제단 아래에 있어 10큰 소리로 불러 이
르되 거룩하고 참되신 대주재여 땅에 거하는 자들을 심판하여 우리 피
를 갚아 주지 아니하시기를 어느 때까지 하시려 하나이까 하니 11각각
그들에게 흰 두루마기를 주시며 이르시되 아직 잠시 동안 쉬되 그들의
동무 종들과 형제들도 자기처럼 죽임을 당하여 그 수가 차기까지 하라
하시더라

1) 본문 소개

본문에는 종말에 대한 갈망과 이에 대한 선포가 나타난다. 즉, 9~10절에서는 순교자들의 영혼이 하나님께 자신들의 피의 원수를 갚으시지 않기

를 어느 때까지 하시려는가 하고 부르짖고 있으며, 11절에는 이 탄식에 대한 하늘의 음성이 나타난다. 여기서 그들은 자신들처럼 죽임을 당할 사람들의 수가 차기까지 아직 잠시 동안 더 쉬어야 한다는 말을 듣는다.

이 단락은 다음과 같이 이루어져 있다.

① 요한은 하늘의 제단 아래에 있었던 기독교 순교자들을 본다.(9절)
② 그들은 하나님께 자신들을 죽인 자들에게 피의 앙갚음을 하게 해달라고 탄원한다.(10절)
③ 그들에게는 흰 옷이 주어지고, 순교자들의 수가 찰 때까지 잠시 동안 더 쉬어야 한다는 말이 들린다.(11절)

2) 본문 주석

9절 다섯째 인을 떼실 때에 내가 보니 하나님의 말씀과 그들이 가진 증거로 말미암아 죽임을 당한 영혼들이 제단 아래에 있어 어린 양이 다섯째 봉인을 떼었을 때 요한은 하늘에 있는 한 제단을 본다. 이것은 지상의 성전 안에 있는 번제단의 원형으로서 하늘에도 성전이 있다고 하는 유대적 사고가 내포되어 있다. 요한은 이 제단 아래에서 하나님의 말씀과 증언 때문에 죽임을 당한 순교자들의 영혼을 본다.

본 구절은 순교자들의 영혼이 하늘에 있다는 것을 전제하고 있다. 믿는 자들이 죽음 이후에 곧 하늘로 올라간다는 언급은 신약의 여러 구절들에서 찾아볼 수 있다.(고후5:1, 8; 빌1:23; 살전3:13, 4:14, 5:9; 요14:2~3, 17:24) 구약에서 발견되는 죽은 자가 지하세계로 간다는 개념은 고대에도 널리 알려져 있던 개념이다. 이러한 개념은 우주가 하늘, 땅, 지하세계로 이루어져 있다는 삼층 우주론을 전제하지만, 의인이 사후에 하늘에 거처한다는 생각은 주로 헬레니즘 시대에 일반화된, 새로운 우주론에 기초한다. 이 우주론에서는 땅이 우주의 가장 낮고 깊은 곳에 고정되어 있다고 여겼으며, 신들은 하늘의 가장 높은 층에 거주하는 것으로 생각했다. 헬레니즘 시대의 유대교 역시 이와 유사한 천동설을 채택했는데, 이들 역시 땅 위에는 3층천 또는 7층천이 있고, 하나님은 가장 높은 하늘의 보좌에 앉아 계신다고 생각했다. 이러한 우주론은 그레코~로만 사회에 널리 알려져 있었는데, 이것은 사후에 영혼이 하늘로 올라간다는 신념의 기초를 제공했다.

그런데 여기서 말하는 영혼들은 하나님께 바쳐진 제물로 간주될 수 있다. 왜냐하면 구약 시대에는 짐승의 피 속에 영혼이 들어있다고 생각하여 번제단에 짐승의 피를 제물로 쏟아 부었는데(레4:7, 18, 25, 30, 34), 본 구절에서 죽임을 당한 영혼들이 하늘의 제단 아래에 있는 장면은 이와 관련지어 이해할 수 있기 때문이다.

본 구절의 죽임 당한 사람들이 순교자들이라는 것은 더 이상 설명이 필요하지 않을 것이나, 그 순교자들이 어떤 부류의 사람들을 가리키는지에 대해서는 논란이 많다.

① 기독교 공동체 안에 있는 특별한 그룹, 즉 예언자들

② 구약의 순교자들

③ 그리스도인들

이 견해들 중에서 ③이 순교 이유와 관련하여 가장 설득력이 있는 것으로 보인다. 본 구절에서는 사람들이 순교 당한 이유를 하나님 말씀과 그들이 간직하고 있는 증거 때문이라고 하는데, 본 구절에는 1장 2, 9절, 12장 11, 17절, 19장 10절, 20장 4절과 달리 예수의 증거에 대한 언급이 없다. 그러나 본 구절에서의 증거도 바로 예수가 주님이심을 고백하는 그리스도인

들의 증언이라 말할 수 있다. 그리고 계시록 12장 17절에서는 예수의 증언을 간직하고 있는 자들은 오직 그리스도인들이며, 6장 10절에 나오는 '우리 피'는 박해받은 그리스도인들의 피라고 말할 수 있다.(16:6, 17:6, 18:24, 20:4 참조)

10절 큰 소리로 불러 이르되 거룩하고 참되신 대주재여 '대주재'(δεσπότης(데스포테스))는 요한계시록에서 오직 여기서만 사용된다. 이 단어는 디모데전서 6장 1절과 디도서 2장 9절 그리고 베드로전서 2장 18절에서는 노예의 주인과 같은 권위 있는 사람들을 위한 일반적인 명칭으로, 베드로후서 2장 1절과 유다서 1장 4절에서는 그리스도를 위해 사용된다. 그리고 이 단어는 로마 황제를 지칭하는 두 라틴어 용어인 dominus와 Princeps에 대한 통상적인 희랍어역이기도 하다. 이 밖에도 칠십인역에서는 이 단어가 열일곱 번이나 하나님을 위해 사용된다.(가령, 창15:2, 8; 수5:14; 욥5:8; 잠6:7; 사1:24; 렘1:6; 욘4:3) 여기서 우리는 요한이 본 구절에서만 오직 이 단어를 하나님을 위해 사용하는 것을 볼 수 있다. '거룩하시고 참되신 이'라는 칭호에 대해서는 3장 7절의 주석을 참조할 것.

땅에 거하는 자들을 심판하여 우리 피를 갚아 주지 아니하시기를 어느 때까지 하시려 하나이까 하니 '땅에 거하는 자들'은 요한이 애용한 표현으로서(3:10, 6:10, 8:13, 11:10(두 번), 13:8, 14(두 번), 17:8) 그리스도인들을 박해한 비그리스도인들을 가리키는 데 사용된다. 본 구절에서 다루는 것은 마치 중단된 듯 보이는 의의 지연에 대한 경험의 문제요, 그리스도인들의 박해자들에 대한 심판이다. 우리는 이와 비슷한 탄식을 유대교의 묵시문학에서도 찾아볼 수 있다. 거기에는 "어느 때까지…?"라는 질문 대신, 하나님의 의와 심판을 촉구하는 영혼들의 탄원이 있다(에티오피아어 에녹서 9:1, 3, 9~10, 22:5~7 참조). 특히 에티오피아어 에녹서 47장 2절에서는 의인들, 즉 유대의 경건한 자들의 순교적 죽음의 피 때문에 하늘에 있는 성도들이 하나님께 지체 없는 심판 수행을 촉구한다. 그리고 제4 에스라서 4장 35~37절에는 계시록 6장 9~11절에서처럼 "어느 때까지 …?"라는 질문의 형식 속에서 같은 문제가 나오고, 심판이 일어나기 전에 채워져야 하는 의로운 영혼들의 수가 언급된다.

이러한 배경에서 볼 때 분명해지는 것은, 그리스도인들의 박해자들에 대한 하나님의 심판과 복수에 대한 재촉은 단순히 요한이 품고 있던 개인적인 보복 감정에서 비롯된 것이 아니라는 점이다. 여기서 기본적인 문제는 정의가 세상에서 실현되고 있지 못하다는 것이다. 따라서 죽임을 당한 자들의 영혼이 정의를 위한 하나님의 개입에 대해 질문하는 것이다.

11절 각각 그들에게 흰 두루마기를 주시며 여기서 흰 옷은 이기는 자에게 주어지는 보상의 상징어로 사용되고 있다. 주석가들 중에는 본 구절에서 말하는 순교자들의 보상을 중간 상태에서의 보응으로 이해하지 않고 이미 구원의 완성에 참여하는 지복의 의미로 이해하는 이들이 있는데, 이들이 제시하는 논거들은 다음과 같다.

① 11절의 '흰 두루마기'는 순교자들에게 주어지는 특별한 특권으로서 변화된 몸(또는 영화된 몸)을 상징한다. 왜냐하면 초기 유대교의 묵시문학가들은 의인들의 부활의 몸을 말하기 위해 '흰 옷' 이미지를 사용하기 때문이다.(에티오피아어 에녹서 62:16; 슬라브어 에녹서 22:8; 이사야 승천기 4:16, 7:22, 8:14, 26, 9:2, 9, 17, 24~26, 11:40; 제4 에스라서 2:39~45)

② 순교자들의 영혼들이 하늘의 제단 아래 있다는 것은 그들이 이미 직접적으로 하나님을 대할 수 있는 근처로 옮겨졌다는 것을 말하는 것이다.

③ 여기에 나오는 순교자들의 ψυχή는 육체와 대립되는 영혼을 말하는 것이 아니라, 죽음 후에도 계속되는 생명을 의미한다.

④ 폭력적인 죽음에 이르기까지 믿음을 끝까지 지킨 사람들만이 죽음 후 곧 하나님께로 올리어진다는 관념은 이미 유대교의 사상(특히, 제4 마카비서와 이 시대 랍비 유대교의 텍스트들)에 있는데, 신약의 저자들 중 유일하게 계시록 저자가 이 사상을 받아 들였다.

그러나 많은 주석가들이 지적하는 바와 같이, 우리는 위의 논거들에 대해 다음과 같이 반박할 수 있다.

① 위에서 언급된 초기 유대교의 묵시사상적 문헌들에 나오는 옷들은 어디에서도 '흰 두루마기'로 표기되지 않는다. 따라서 이 문헌들의 구절들은 계시록 5장 11절의 병행구로 보기가 어렵다.

② 물론 순교자들의 영혼들이 하늘의 제단 아래에 있다는 것은 하나님 바로 옆에 있다는 것을 말하는 것으로 이해할 수 있다. 그러나 이것은 완전한 구원을 위한 상징으로 볼 수 없다. 왜냐하면 계시록 저자가 의도적으로 6장 9절과 연결시켜 언급한 소위 천년왕국에 대한 본문인 20장 4~6절에는 바로 우리가 지금 언급하고 있는 6장 9절의 '순교자들의 영혼들'이 첫째 부활에 참여할 것이라는 내용이 나오기 때문이다. 따라서 6장 9~11절에 나오는 순교자들의 특권이 부활 이전에 있을 특별한 보상을 말하는 것이라면, 이것은 마지막 구원의 계승권을 가리키는 것으로 보아야 할 것이다.

③ 계시록 6장 9절에 나오는 ψυχή가 육체로부터 벗어나는 영혼을 의미하지 않고 죽음 후에도 계속되는 생명을 의미한다고 보는 입장은 분명한 근거를 제시하지 못하고 있다. 오니(Aune, 『요한계시록 6~16』, 113)가 지적한 바와 같이, 어의론의 영역과 관련해서 높은 평가를 받고 있는 류(J.

P. Louw)와 나이다(E. A. Nida)의 헬라어 사전(*Greek-Englisch Lexicon of the New Testament Based on Semantic Domains*, 2.266)은 *ψυχή*의 세 가지 의미('내적 자아', '생명', '인격')가 계시록 6장 9절과 무관함을 보여주고 있다는 것을 주목할 필요가 있고, 다른 두 헬라어 사전들은 이 구절의 *ψυχή*가 '육체와 다르고 죽음에 의해 분해되지 않는 본질'(J. H. Thayer, *A Greek-Englisch Lexicon of the New Testament*, 677) 또는 '땅의 영역을 떠나서 땅 밖에 있는 어떤 다른 곳에서 사는 영혼'(W. Bauer, BAGD, 893. 그런데 Aune(『요한계시록 6~16』, 113)가 BAGD에 나오는 *ψυχή*의 의미 중 1. a. *α*의 것을 인용하지 않고 1. c의 것을 인용하는 것은 잘못이다.)을 나타낸다고 기술하고 있음을 참고할 필요가 있다.

지금까지의 고찰에 근거해서 필자는 계시록 6장 9~11절을 하늘에 있는 순교자들의 영혼의 중간 상태의 복에 대해 말하는 단락으로 이해하는 많은 주석가들의 견해와 의견을 같이 한다.

이르시되 아직 잠시 동안 쉬되 그들의 동무 종들과 형제들도 자기처럼 죽임을 당하여 그 수가 차기까지 하라 하시더라 이 어구에는 10절에서의 탄식에 대한 하늘의 음성이 나타난다. 여기서 순교자들의 영혼은 자신들처럼 죽임을 당할 사람들의 수가 차기까지 잠시 동안 더 쉬어야 한다는 말을 듣는다. '저희 동무 종들과 형제들'은 기독교 공동체 안에 있는, 상이한 두 그룹을 말하는 것이 아니라, 같은 신자들을 표현한 말로 이해할 수 있다. 왜냐하면 여기에 사용되는 접속사 *καί*(카이)는 보충 설명 기능의 접속사로 볼 수 있기 때문이다. 여기서 요한은 순교자들의 수가 차야 한다는 모티브를 통해 고난이 그리스도인들에게 필요 불가결한 것이라는 점과 그것이 시간적으로 한정되어 있다는 점을 강조한다.

그런데 우리는 이 구절을 임박한 종말 기대의 표현으로 볼 수 있다. 왜냐하면 여기서 요한은 종말 대망과 관련하여 '잠시 동안' 이라는 표현을 사용하기 때문이다. 물론 '죽임을 받아 그 수가 차기까지' 라는 표현은 여기서 요한이 종말이 곧 닥칠 것으로 생각하지 않았다는 것을 인식케 해 준다. 여기서 요한은 종말의 시기에 대해 유연하게 생각하는 모습을 보여 준다. 요한이 여기서 말하고자 한 것은 심판이 다가오고 그 때까지 남은 기간은 짧지만, 아직 더 경과해야 한다는 것과 이 기간 동안 인내해야 한다는 점이다.

3) 설교 가이드

이 본문에서는 '순교자들의 절규' 나 '우리는 얼마나 더 오래 기다려야 합니까?' 라는 제목으로 설교를 작성할 수 있을 것이다.

본문은 세 부분으로 이루어져 있다.

① **6:9** : 요한은 하나님의 말씀과 예수 그리스도의 증언 때문에 죽임을 당한 순교자들의 영혼이 하늘 제단 아래 있는 것을 본다.

② **6:10** : 그들은 하늘의 제단 아래에서 자신들을 죽인 땅의 사람들을 심판하여 자신들이 흘린 피의 원한을 풀어 달라고 하나님께 부르짖는다.

③ **6:11** : 그들은 흰 옷을 한 벌씩 받고 아직 더 쉬어야 한다는 대답을 듣는다. 그 시기는 그들과 같은 동료 종들과 형제자매 가운데 그들처럼 죽임을 당하기로 되어 있는 사람들의 수가 차기까지를 말하며, 그 후에야 비로소 악에 대한 하나님의 심판이 있을 것이다.

여기서 우리는 다음과 같은 메시지를 들을 수 있다. 하나님은 이 책을 읽는 교회의 신자들에게 하늘의 제단 아래에서 부르짖었던 영혼들처럼 하나님의 말씀과 예수 그리스도를 증언 했다는 이유로 죽임을 당할 각오를 해야 한다고 경고한다. 그러나 그들처럼 하나님께서 궁극적으로 악의 세력을 심판하신다는 확신과 함께 우리도 하늘로 가서 하나님 곁에 그 영혼들과 함께 하게 될 것이라는 소망을 가질 수 있다. 설교를 위한 대지로는 다음과 같이 세 부분으로 나누어 볼 수 있다.

① 진정한 신앙은 하나님과 그리스도를 위해 순교할 수 있는 신앙이다.
② 하나님은 악의 세력에 대해 반드시 심판하신다.
③ 그리스도인들은 하나님의 자녀가 누릴 영광된 자유를 얻으리라는 소망을 가지고 참으면서 기다려야 한다.(롬8:18~25 참조)

3. 3. 6:12~17: 여섯째 봉인: 우주의 대 이변과 하나님 및 어린 양의 심판의 날

12내가 보니 여섯째 인을 떼실 때에 큰 지진이 나며 해가 검은 털로 짠
상복 같이 검어지고 달은 온통 피 같이 되며 13하늘의 별들이 무화과나
무가 대풍에 흔들려 설익은 열매가 떨어지는 것 같이 땅에 떨어지며 14
하늘은 두루마리가 말리는 것 같이 떠나가고 각 산과 섬이 제 자리에서
옮겨지매 15땅의 임금들과 왕족들과 장군들과 부자들과 강한 자들과 모
든 종과 자유인이 굴과 산들의 바위 틈에 숨어 16산들과 바위에게 말하

되 우리 위에 떨어져 보좌에 앉으신 이의 얼굴에서와 그 어린 양의 진노
에서 우리를 가리라 [17]그들의 진노의 큰 날이 이르렀으니 누가 능히 서
리요 하더라

1) 본문 소개

본문은 요한이 여섯째 봉인의 개봉 때 본 환상을 묘사한 단락이다. 앞에서 본 바와 같이, 네 봉인의 개봉이 지상적, 역사적 경험의 테두리 안에서 발생하는 재앙들을 일으키는 데 반해서, 본문에서는 지평이 우주적 재앙으로 확대된다. 이 본문은 다음과 같이 두 개의 소 단락으로 이루어져 있다. ① 우주의 대이변(12~14절) ② 사람들의 반응(15~17절)

①은 요한이 유대적, 묵시사상적 배경 하에서 전통적인 모티브들을 모방하여 묘사한 부분이다.

㉠ 대지진이 일어남(12a절)

㉡ 해가 빛을 잃음(12b절)

㉢ 달이 온통 피같이 됨(12c절)

㉣ 별들이 우수수 떨어짐(13절)

㉤ 하늘이 사라져 버림(14a절)

㉥ 모든 산과 섬이 제 자리에서 떠남(14b절)

②에서는 우주의 대이변에 대한 사람들의 반응이 언급되고 있다.

㉠ 지상의 거주민들, 즉 땅의 왕들, 고관들, 장군들, 부자들, 힘센 자들, 모든 노예, 자유인이 동굴과 산에 있는 바위들 틈에 숨음(15절)

㉡ 절망의 외침(16절)

㉢ 동기 부여(17절)

ⓐ 큰 진노의 날이 왔음(17a절)

ⓑ 누가 하나님과 어린 양의 진노를 견디어 낼 수 있겠는가?(17b절)

2) 본문 주석

12절 내가 보니 여섯째 인을 떼실 때에 큰 지진이 나며 성서적 전통에서 지진은 하나님 현현의 전조(왕상19:11) 또는 수반 현상(사29:6 LXX)에 속한다. 특히 지진을 심판의 맥락 속에서 언급하고 있는 이사야 13장 13절이 이 구절과 관련해서 시사하는 바가 크다. "나 만군의 여호와가 분하여 맹렬히 노하는 날에 하늘을 진동시키며 땅을 흔들어 그 자리에서 떠나게 하리니."(암8:8, 9:5; 겔38:19; 욜2:10, 3:16; 합3:6 참조) 요한은 이런 배경하에서 '지진'을 야훼의 날에 관한 심판 메타포로 사용한 것이 틀림없다. 한편 마가복음 13장 8절에서는 복수로 사용되는 데 반해 본 구절에서는 '큰 지진'이라는 단수를 사용하며, 16장 18절에 이르러서는 마지막 심판과 연결된다.

해가 검은 털로 짠 상복 같이 검어지고 달은 피 같이 되며 해와 달이 변하게 되는 것에 관한 언급은 이미 구약에 나오는데(암8:9; 사13:10; 겔32:7~8; 욜2:31), 이 어구는 특히 요엘 2장 31절(여호와의 크고 두려운 날이 이르기 전에 해가 어두워지고 달이 핏빛같이 변하려니와)에 가깝다. 우리말 개역개정 성경에서 '검은 털로 짠 상복'으로 번역된 헬라어 *σάκκος τρίχινος*(삭코스 트리키노스)는 '머리털로 짠 자루 옷'을 말하는데, 이것은 검은 상복을 가리킨다. 해가 꺼멓게 되는 것을 상복과 비교하는 것은 이사야 50장 3절을 상기시킨다. 물론 이사야서의 구절에서는 머리털로 만들어진 옷이 나오지 않을 뿐만 아니라, 해가 아니고 하늘이 언급된다. 이 우주적 사건들은 16절 이하에 나오는 심판의 날을 가리킨다.

13절 하늘의 별들이 무화과나무가 태풍에 흔들려 설익은 열매가 떨어지는 것 같이 땅에 떨어지며 고대인들은 별들이 궁창에 부착되어 있다고 생각했다. 별들이 하늘에서 떨어진다는 것은 별들이 궁창에서 떼어진다는 것을 의미한다. 그리고 고대 유대교에서 특히 별들은 해와 달과 함께 우주 질서의 중요한 대들보로 간주되어 별들의 마지막은 곧 세계의 마지막을 의미하는 것이다.

14절 하늘은 두루마리가 말리는 것 같이 떠나가고 여기서는 하늘이 땅 위에 있는 평평한 지붕처럼 묘사되고 있다. 하늘이 사라지는 것을 두루마리처럼 말리는 것에 비유한 표현은 이사야 34장 4절(하늘의 만상이 사라지고 하늘들이 두루마리같이 말리되 그 만상의 쇠잔함이 포도나무 잎이 마름 같고 무화과나무 잎이 마름 같으리라)에도 있다. 요한은 16~17절에 나오게 될 묘사의 정점을 본 구절에서 이미 바라보고 있다. 하늘이 두루마리처럼 말릴 때 곧 하나님의 보좌가 나타난다. 그리고 심판이 임박해 있다. 이와 같은 전(全) 장면이 의도하는 바는 우주적 파국의 묘사에 있는 것이 아니라, 심판 현현 장면에서 벌어지는 불신자들의 두려움을 말하고자 하는 데에 있다.

각 산과 섬이 제자리에서 옮겨지매 이 표현은 12절에 언급된 큰 지진의 결과로 생각될 수 있다. 성서적 전통에서 모든 산과 섬이 흔들리고 옮겨진다는 것은 신적 현현, 또는 신적 심판의 맥락에서 나타나고 있다.(삿5:5; 시18:7, 46:2~3; 사5:25, 54:10, 64:1; 렘4:24; 겔26:18, 38:20; 미1:4; 나1:5)

15절 땅의 임금들과 왕족들과 장군들과 부자들과 강한 자들과 모든 종과 자유인이 굴과 산들의 바위 틈에 숨어 요한은 우주적 재앙을 묘사한 후 여기서 일곱 가지 계층의 인간들을 나열하고 있다. 여기서 우리는 두 가지 점에 유의해 볼 수 있다. 하나는 그 당시 사회적으로 가장 높은 왕들로부터 가장 낮은 종들에 이르는 사회 전체의 사람들을 모두 포함시키려고 한 점이고, 다른 하나는 이들이 10절의 '땅 위에 사는 자들'을 가리킨다고 보는 것이다. 다시 말해서 이들은 사회 전체에 속한 사람 중에서 그리스도인들을 제외한 일체의 불신앙인들을 말한다고 볼 수 있다.(10절의 주석 참조) 따라서 우리는 요한의 의도가 하나님과 어린 양의 큰 진노의 날(17절 참조)에 불신앙인들이 두려움에 떠는 광경을 묘사하고자 한데 있다는 것을 알 수 있다.

이러한 증거는 본 구절이 내용적으로 14절에 모순되는 것에서도 잘 드러난다. 즉, 14절에서는 모든 산이 제자리에서 떠나가 버렸다고 언급되어 있는데, 여기서는 사람들이 동굴과 산에 있는 바위들 틈에 숨었다고 말하기 때문이다. 여기서 다시 확인할 수 있는 것은 요한이 마지막 때에 일어날 사건들에 관한 하나님의 역사 시간표를 전하고 있는 것이 아니라, 자신의 환상 경험을 문학적으로 형상화해서 구상적으로 표현하고 있다는 점이다.

16절 산들과 바위에게 말하되 우리 위에 떨어져 보좌에 앉으신 이의 얼굴에서와 그 어린 양의 진노에서 우리를 가리라 사람들이 산과 바위를 향하여 자신들을 숨겨달라고 애원하는 장면은 호세아 10장 8절(…그 때에 그들이 산더러 우리를 가리라 할 것이요 작은 산더러 우리 위에 무너지라 하리라.)의 표현에 상응한다. 요한은 호세아서의 구절을 인유(引喩)하면서 하나님과 어린 양의 진노 앞에서 사람들이 두려워 떠는 모습을 본 구절과 같이 묘사하고 있다.

17절 그들의 진노의 큰 날이 이르렀으니 누가 능히 서리요 하더라 여기서 요한은 마지막 때의 하나님과 어린 양이 심판하는 날을 구약의 예언자들에 의해 예고된 '큰 진노의 날' 이라고 말하면서 누가 이 큰 진노의 날을 견디어 낼 수 있겠는가 하는 물음으로 본 단락의 끝을 맺는다. 이 물음은 그리스도인들 외에 아무도 없다는 대답을 내포한다.

3) 설교 가이드

지금 전 세계에는 세상의 종말을 예언하는 사교(邪敎)가 수없이 많고 종말론 히스테리가 끊임없이 급증하고 있다. 한국에서는 1992년에 이장림의 종말 시나리오가 퍼져 혹세무민하다가 해프닝으로 끝난 적이 있는가 하면, 지금도 곧 인류가 최후를 맞을 것이라는 시한부 종말론이 판을 치고 있다. 이처럼 임박한 종말에 대한 예언이 빗나갔음에도 불구하고, 사람들은 핵전쟁의 위협, 환경오염, 소행성과 지구의 충돌 등에 대한 불안으로 여전히 종말에 관한 생각을 떨쳐 버리지 못하고 있다. 한 열렬한 기독교 신자가 영화 '터미네이터 2' 를 보고 나서 다음과 같이 소감을 피력한 바 있다.

> "정말 끔찍하다. 성경말씀대로다. 요한계시록에 인류는 불의 심판을 받는다더니 과연 그대로가 아닌가."

본문 말씀에 나오는 우주에 대한 심판 묘사를 축자적으로 이해하면 그렇게 말할 수도 있다. 그러나 여기서 우리가 잊지 말아야 할 것은, 본문 주석에서 보았듯이 본문 말씀은 마지막 때에 일어날 사건들에 관한 하나님의 역사 시간표를 전하고 있는 것이 아니라, 요한이 자신의 환상 경험을 문학적으로 형상화해서 구상적으로 표현한 것이라는 점이다.

소위 '7년 대환란설'을 주장하는 이들이 있는데, 이들의 가장 큰 오류도 바로 이점에 있다. 이들 역시 앞서 언급한 한 기독교인처럼 요한계시록을 마지막 때에 일어날 사건들에 관한 하나님의 역사 시간표를 기록한 책으로 보고 있다는 사실이다. 국내의 목회자들이 쓴 대부분의 요한계시록 강해서들에서 이와 같은 사실이 현재에도 보편적으로 사용되고 있음을 볼 수 있다. 어느 강해서의 저자는 다음과 같이 말한다. "이제 공부할 요한계시록 6장부터 시작하여 19장까지의 내용은 바로 우리가 늘 말하는 7년 환난의 기간에 일어날 일들입니다." 이 입장에 속한 이들은 계시록 6~19장에 묘사된 심판 장면을 교회가 휴거되어 세상으로부터 벗어난 후에 일어날 미래의 7년 대환란으로 규정한다. 그러나 이 해석도 요한계시록의 세 재앙 시리즈의 문학적 성격과 언어의 특색을 올바로 이해하지 못하는 데에서 비롯된다.(이에 대해 자세한 것은 본 주석서의 '일곱 봉인' 부분의 서론부를 참조할 것)

또한 7년 대환란설을 주장하는 이들은 적어도 두 가지 면에서 요한계시록의 심판 개념을 오해하고 있다.

① 이들은 계시록 2~3장에 나오는 교회에 대한 심판 예고를 진지하게 다루지 못한다.

② 이들은 요한계시록에 나오는 예비적 심판과 최후의 심판 사이의 구별과 각 심판의 독특한 성격을 인식하지 못한다. 다시 말해서 이들은 요한계시록에 나오는 예비적 심판들의 교육적인 목적을 보지 못하고 있다.

그러므로 본문에서는 이 두 가지 사항에 초점을 맞추어 '하나님의 심판'이라는 제목으로 설교를 작성할 수 있을 것이다.

하나님의 심판은 하나님과 그의 아들 예수 그리스도에 대해 반항하는 사람들을 제지하는 하나님의 최종적 방법이다. 사람들은 하나님에게 오랫동안 반항할 수 있다. 그러나 하나님의 완전한 의 앞에서 악이 더 이상 서 있을 수 없을 때 심판의 때가 궁극적으로 올 것이다. 왜냐하면 하나님은 최종적으로 이루실 그의 목표를 분명히 가지고 계시기 때문이다.

요한계시록에는 심판의 두 유형, 즉 예비적 심판(역사 안에서의 잠정적인 심판)과 최후의 심판이 나타난다. 예비적 심판은 교회와 세상을 회개시키기 위해 내리는 형벌이다. 따라서 교회에 임하든지 불신앙적인 세상에 임하든지 이 예비적 심판은 교육적인 목적을 가지고 있다. 이 심판은 하나님께서 교회와 세계를 회개시켜서 그들이 최후의 심판에서 영원히 멸망당하는 것을 피할 수 있도록 하기 위해 있다.

교회에 임하는 예비적 심판의 교육적인 목적은 계시록 3장 19절에서 가장 분명히 드러난다. 여기서 주님은 이렇게 말씀하신다. "나는 내가 사랑하는 사람은 누구든지 책망도 하고 징계도 한다. 그러므로 너는 열심을 내어 노력하고, 회개하여라."

이 예비적 심판의 교육적인 목적은 세 재앙 시리즈의 형식으로 세상에 나타나는 재앙들 속에서도 드러난다. 이것은 세 재앙 시리즈에 나오는 재앙들이 단순한 반복의 의미만을 갖는 것이 아니라, 점진적으로 증가되어 나타나는 것을 통해 확인할 수 있다. 다시 말해서 일곱 봉인의 재앙에서는 단지 세상의 1/4만 심판을 받고, 일곱 나팔의 재앙에서는 세상의 1/3이 심판을 받으며, 일곱 대접의 재앙은 마지막 재앙으로서 나타난다. 여기서 요한의 목적은 주로 재앙의 부분적인 성격을 강조하는 데 있다. 다시 말해서 인류의 파괴가 아니라, 진지한 경고에 그 목적이 있다. 이러한 재앙들이 이 세상을 회개시키기 위한 교육적인 목적을 위해 있다는 것은 여러 구절들에서 부정적인 방식으로 반영되고 있다.(9:20, 16:9, 16:11) 그리고 14장 6~7절의 예비적 심판에서는 아직도 주님이 회개할 사람들을 찾고 계시다는 것을 인식할 수 있다.

하나님은 현재도 개인과 민족들을 향한 심판 활동을 쉬지 않으신다. 그는 많은 경우에 인간들을 심판의 도구로 사용하신다.

그러나 요한계시록은 회개를 위한 예비적 심판들 외에 최후의 심판에 대해서도 언급한다. 이 심판은 이전의 임시적인 심판들과는 다른 성격과 목적을 가지고 있다. 최후의 심판 때 내려지는 결정은 돌이킬 수 없고 구원으로의 회개를 불가능하게 한다. 이 심판은 하나님 자신과 그의 아들 예수 그리스도에 대해 반항하는 세력을 영원히 멸망시키는 그의 수단이다.

모든 사람들은 큰 자든 작은 자든 그리스도인이든 비그리스도인이든 마지막에 하나님의 심판대 앞에 서야 한다.(계20:11~13) 그러나 그리스도 안에서 신실하게 산 그리스도인들에게는 최후의 심판도 두렵지 않을 것이다.

3.4. 7:1~17: 막간 환상: 신자들의 보호와 구원

3.4.1. 7:1~8: 인 찍힌 144,000명

1이 일 후에 내가 네 천사가 땅 네 모퉁이에 선 것을 보니 땅의 사방의
바람을 붙잡아 바람으로 하여금 땅에나 바다에나 각종 나무에 불지 못

하게 하더라 2또 보매 다른 천사가 살아 계신 하나님의 인을 가지고 해
돋는 데로부터 올라와서 땅과 바다를 해롭게 할 권세를 받은 네 천사를
향하여 큰 소리로 외쳐 3이르되 우리가 우리 하나님의 종들의 이마에 인
치기까지 땅이나 바다나 나무들을 해하지 말라 하더라 4내가 인침을 받
은 자의 수를 들으니 이스라엘 자손의 각 지파 중에서 인침을 받은 자들
이 십사만 사천이니 5유다 지파 중에 인침을 받은 자가 일만 이천이요
르우벤 지파 중에 일만 이천이요 갓 지파 중에 일만 이천이요 6아셀 지
파 중에 일만 이천이요 납달리 지파 중에 일만 이천이요 므낫세 지파 중
에 일만 이천이요 7시므온 지파 중에 일만 이천이요 레위 지파 중에 일
만 이천이요 잇사갈 지파 중에 일만 이천이요 8스불론 지파 중에 일만
이천이요 요셉 지파 중에 일만 이천이요 베냐민 지파 중에 인침을 받은
자가 일만 이천이라

1) 본문 소개

앞에서 보았듯이, 본문은 재앙들을 예고하는 묵시적 사건들의 진행 중간에 끼워 넣은 막간 환상에 속한다. 첫째 봉인~여섯째 봉인에서는 반신적인 세력들에 대한 재앙들이 예고되는 데 반해 본 장에서는 신실한 그리스도인들의 보호와 구원이 예고된다. 여기서 요한은 하나님이 늘 그에게 속한 자들 옆에 계신다는 기독교 신앙의 기본 확신을 인 맞은 자에 관한 표상으로 진술한다. 왜냐하면 그들은 그리스도가 십자가의 죽음을 통해 얻은 하나님의 백성에 속하기 때문이다.

본문은 다음과 같이 이루어져 있다.

① 1절에는 땅이나 바다나 모든 나무에 바람이 불지 못하도록 땅의 네

바람을 붙잡고 있는 네 천사에 관한 환상이 나온다.

② 2~3절에는 또 하나의 천사가 네 천사에게 하나님의 종들의 이마에 인을 찍을 때까지는 땅이나 바다나 나무들을 해치지 말라고 명령을 하는 새로운 장면이 나온다.

③ 4~8절은 이미 인을 찍은 결과를 전한다. 이스라엘의 모든 지파에서 나온 144,000명이 인 찍힘을 받는다.

2) 본문 주석

1절 이 일 후에 내가 네 천사가 땅 네 모퉁이에 선 것을 보니 땅의 사방의 바람을 붙잡아 여기에 사용된 땅의 네 모퉁이(겔7:2 참조)라는 표상의 배경에는 지구를 정방형이라고 여긴 고대인들의 생각이 들어 있다.(20:8, 21:16 참조)

고대 이스라엘에서 네 바람은 공간의 네 주요 지점을 나타내고, 모든 바람을 내포했다. 에티오피아어 에녹서 18장 1절과 슬라브어 에녹서 40장 10절에는 바람의 저장소가 언급되고 있다. 하나님은 바람을 조종하시며, 저장소로부터 그것을 가져오신다고 생각했다.(시135:7; 렘10:13, 51:16) 에티오피아어 에녹서 76장 1~14절은 열두 문을 묘사하는데, 그 중 네 문을 통해서는 선한 바람이, 여덟 문으로는 형벌의 바람이 나온다고 한다. 그런가 하면 네 바람은 땅을 토대로 한 하늘의 창공으로 묘사되기도 하고(에티오피아어 에녹서18:2), 사람들을 분산시키는 신적 심판의 대리자들이 되기도 한다.(렘49:36) 여기서 네 바람은 하나님의 대리 심판자들로 나타난다.

바람으로 하여금 땅에나 바다에나 각종 나무에 불지 못하게 하더라 본 구절에서는 우주적 재앙들을 묘사하는 앞 단락과 다르게 피조물들의 보호에 대해 언급하고 있다. 이 언급은 신실한 그리스도인들이 하나님의 보호를 경험하고 그의 심판을 두려워 할 필요가 없다는 것에 대한 표징이다.

2a절 또 보매 다른 천사가 살아 계신 하나님의 인을 가지고 해 돋는 데로부터 올라와서 또 하나의 천사가 해 돋는 동쪽서 올라온다. 동쪽으로부터 올라온다는 것은 구원을 암시한다. 고대인들은 낙원이 있는 곳을 동쪽으로 생각했기 때문에(창2:8, 3:24, 에티오피아어 에녹서 32:2~3 참조) 그곳으로부터 하나님(겔43:2)과 메시아(시빌의 신탁 3:652, 마2:1~2)가 오실 것으로 기대했다. 그리고 '살아 계신' 하나님 표현은 영원한 한 분인 하나님을 생명 없는 거짓 신들과 대조하고, 고난과 환란을 당할 그리스도인들에게 희망과 확신을 심어주려는 의도와 연관되어 있다.

2b~3절 땅과 바다를 해롭게 할 권세를 받은 네 천사를 향하여 큰 소리로 외쳐 이르되 우리가 우리 하나님의 종들의 이마에 인치기까지 땅이나 바다나 나무나 해하지 말라 하더라 고대 근동의 군주는 자신의 소유에 대한 공문서의 법률상의 효력 발생을 위해 인장을 사용했다. 특히 노예와 짐승들에게는 소유주의 인장으로 낙인을 찍어 그들의 소속을 표시했다.

본 구절에 대한 좋은 병행구를 에스겔 9장 1~6절에서 찾아볼 수 있다. 에스겔은 한 환상에서 인간의 모양을 한 여섯 천사를 본다. 하나님은 그들 중 하나에게 예루살렘의 죄로 인해 심히 괴로워하는 사람들의 이마에 히브리어 알파벳의 마지막 글자인 t를 새겨 넣으라고 명령을 하신다. 그리고 나머지 다섯 천사에게는 이마에 이 표가 없는 사람을 쳐죽이라고 명령하신다. 그러니까 이마에 t가 표시된 사람들만 보호를 받게 하신 것이다.

요한계시록에서 특징적인 것은 신실한 그리스도인들이 받는 하나님의 인과 짐승 표시의 인이 영생과 죽음의 표시로 대비되고 있다는 점이다.(계 13:16~17, 14:9, 16:2, 19:20, 20:4) 인 맞은 사람들은 하나님께 속한 사람들이기 때문에 이 땅에서의 위험, 시련, 고난 등으로부터 하나님의 특별한 보호를 받는다. 이러한 하나님의 보호로 인해 신실한 그리스도인들은 마지막 구원(7:9~17)에 이르게 될 것이다. 그러므로 하나님의 종들의 이마에 찍히는 인장은 하나님께 속한 사람으로서 하나님의 보호를 받는다는 표징이다. 따라서 살아계신 하나님의 인장을 가지고 있는 천사가 땅과 바다를 해칠 권한을 받은 네 천사에게 하나님의 종들, 즉 구원공동체의 구성원들(1:1 참조)이 인장을 받기 전에 그들의 위임을 실행에 옮기지 말라고 명령을 내리는 것은 당연하다.

4~8절 내가 인침을 받은 자의 수를 들으니 이스라엘 자손의 각 지파 중에서 인침을 받은 자들이 십사만 사천이니 유다 지파 중에 인침을 받은 자가 일만 이천이요 르우벤 지파 중에 일만 이천이요 갓 지파 중에 일만 이천이요 아셀 지파 중에 일만 이천이요 납달리 지파 중에 일만 이천이요 므낫세 지파 중에 일만 이천이요 시므온 지파 중에 일만 이천이요 레위 지파 중에 일만 이천이요 잇사갈 지파 중에 일만 이천이요 스불론 지파 중에 일만 이천이요 요셉 지파 중에 일만 이천이요 베냐민 지파 중에 인침을 받은 자가 일만 이천이라

본 구절에서 인장이 찍히는 것은, 헬라어 동사 *σφραγίζω*(스프라기조)가 현재완료분사(4, 5, 8절)로 사용되는 것에서도 알 수 있듯이, 그 영향이 현재에 이르기까지 작용하는 과거의 수행 행동을 말한다. 요한은 이 행위를 특별히 세례와 그 작용으로 인식했다고 볼 수 있다. 초기 기독교의 이해에 의하면 세례 안에서 통치의 교체가 일어난다. 세례 이래로 그리스도인들은 하나님의 소유가 되며, 계속해서 하나님의 통치를 받는다. 그리고 세례는 신약에서 때때로 인 찍힘으로 불린다.(고후1:22; 엡1:13, 4:30 참조, 클레멘트 2서 7:6, 8:6; 헤르마스의 목자 비유 VIII 6:3, IX 13:3~5)

인 맞은 자들은 요한계시록에서 묘사되는 모든 재앙들 앞에서 보호를 받는다. 6장과 9장의 구절들에서 이것이 분명해진다. 즉, 6장 12~17절에 묘사되는 재앙들은 오직 불신자들과 관련되고, 9장 4절에는 하나님의 인이 찍히지 않은 사람들만 해하라는 언급이 그것이다.

그런데 여기서 우리의 주목을 끄는 것은, 요한이 인 맞은 자들의 수효를 144,000명이라고 하면서 이들이 이스라엘 자손의 모든 지파에서 나온 사람들이라고 말한다는 점이다.

그러면 이 144,000명은 누구를 가리키는 것인가? 이 문제와 관련해서는 다음과 같은 견해들이 있다. ① 이스라엘의 신실한 남은 자 ② 유대인 기독교인들 ③ 기독교의 순교자들 ④ 이방인 기독교인들 ⑤ 모든 기독교인들.

이 중에서 ⑤가 가장 설득력이 있는 것으로 보인다. 144,000은 두 말할 것 없이 상징수다. 이 수는 12×12×1000이다. 12는 하나님의 백성의 수인 동시에 구원의 숫자다.(열두 지파, 열두 사도) 12×12는 선택된 모든 사람들을 가리키고 1000은 충만함을 의미한다.

본문에서 요한은 이스라엘의 열두 지파가 장차 다시 회복될 것이라는 유대 전통을 받아들인다.(사49:6 참조) 그러나 그는 이 기대를 구속사적으로 옛 약속의 백성과 연속선상에 있는 새 이스라엘, 즉 교회와 관련시킨다. 이것은 초기 기독교에서 널리 보급되어 있었던 개념이다.(갈3:29, 6:16; 약1:1; 벧전1:1, 2:9 참조)

본문에 나오는 열두 지파의 명부는 구약의 명부들과 비교해 볼 때 다음과 같은 차이점들을 보여 준다.

① 르우벤 대신에 유다가 맨 앞에 나온다. 이것은 메시아가 유다로부터 나온다는 기대에서 비롯된 것으로 보인다.(창 49:9~10 참조)

② 단 지파가 빠져 있다. 많은 주석가들은 그 이유를 단 지파에 대한 구약과 유대교 전통의 부정적인 판단 때문이었을 것이라고 생각한다. 다시 말해서 사사기 17~18장(왕상12:28~33, 렘8:16 참조)에서 단 지파는 우상숭배자라고 되어 있고, 열두 족장의 유훈 중 단의 유훈 5장 6절에 의하면 사탄이 이 지파의 통치자로 간주되어 있기 때문이라는 것이다.

그러나 7장 4~8절의 문맥에서 볼 때 다음과 같은 해석도 가능하다. 앞에서 언급했듯이 7장은 하나님과 어린 양의 진노 앞에서의 보호받는 그리스도인들에 대해 다루고 있지만. 차명 요나단 타르굼 민수기 22장 41절에서는 이와 다르게 서술되고 있다. 이 구절에 의하면 광야를 통과할 때, 단 지파는 이스라엘 백성의 가장자리에 위치해 있었기 때문에 영광의 구름에 의해 보호를 받지 못했다는 것이다. 그 결과 단 지파는 원수들에 의해 점령당하여 약속된 땅에 이르지 못했다는 것이다. 이러한 맥락에서 요한은 그리스도인들의 보호에 대해 언급하는 7장에서 이 지파의 이름을 쓸 수 없었다는 것이다. 이러한 설명은 요한이 교회론적 콘텍스트에서 출애굽 전통을 즐겨 사용하는 것과 일맥상통한다고 볼 수 있다.(가령, 1:5~6, 5:9~10, 12장 참조)

그리고 요한은 숫자 12를 채우기 위해 8절에 요셉 지파가 언급되고 있음에도 불구하고 단 대신에 요셉의 아들 므낫세를 넣었다.

3) 설교 가이드

본문에서는 '인 맞은 자들' 이라는 제목으로 설교를 작성할 수 있을 것이다.

① 144,000명이 누구를 가리키고 있는지를 설명해 준다.

② 인장이 찍힌다는 표현의 의미를 설명해 준다. 본문 주석에서 보았듯이, 이것은 세례 신학과 관련이 있으므로 세례의 의미를 신약의 다른 구절들과 연관시켜서 설명해 주면 좋을 것이다.

③ 그리스도인들은 하나님께 속한 사람들이기 때문에, 하나님의 특별한 돌봄 속에서 그의 보호를 받는다. 따라서 어떠한 시련과 고난 속에서도 불안에 떨거나 절망에 빠져서는 안 된다.

3.4.2. 7:9~17: 마지막 구원에 대한 묘사

> 9이 일 후에 내가 보니 각 나라와 족속과 백성과 방언에서 아무도 능히
> 셀 수 없는 큰 무리가 나와 흰 옷을 입고 손에 종려 가지를 들고 보좌
> 앞과 어린 양 앞에 서서 10큰 소리로 외쳐 이르되 구원하심이 보좌에 앉
> 으신 우리 하나님과 어린 양에게 있도다 하니 11모든 천사가 보좌와 장
> 로들과 네 생물의 주위에 서 있다가 보좌 앞에 엎드려 얼굴을 대고 하나
> 님께 경배하여 12이르되 아멘 찬송과 영광과 지혜와 감사와 존귀와 권능
> 과 힘이 우리 하나님께 세세토록 있을지어다 아멘 하더라 13장로 중 하
> 나가 응답하여 나에게 이르되 이 흰 옷 입은 자들이 누구며 또 어디서
> 왔느냐 14내가 말하기를 내 주여 당신이 아시나이다 하니 그가 나에게
> 이르되 이는 큰 환난에서 나오는 자들인데 어린 양의 피에 그 옷을 씻어
> 희게 하였느니라 15그러므로 그들이 하나님의 보좌 앞에 있고 또 그의
> 성전에서 밤낮 하나님을 섬기매 보좌에 앉으신 이가 그들 위에 장막을
> 치시리니 16그들이 다시는 주리지도 아니하며 목마르지도 아니하고 해나
> 아무 뜨거운 기운에 상하지도 아니하리니 17이는 보좌 가운데에 계신 어

린 양이 그들의 목자가 되사 생명수 샘으로 인도하시고 하나님께서 그들의 눈에서 모든 눈물을 씻어 주실 것임이라

1) 본문 소개

본문은 하나님의 보좌 앞에서 벌어지는 셀 수 없을 만큼 큰 무리의 찬양(9~10절)과 천사들의 찬양(11~12절), 그리고 그 환상에 대한 해석(13~17절)으로 구성되어 있다. 앞 단락인 7장 1~8절에서 144,000명에 대한 환상 보도가 지상과 관련해서 묘사되는 데 반해, 본문에서는 셀 수 없는 큰 무리가 이미 하늘에 있는 하나님의 보좌와 어린 양 앞에 있다. 14절은 그들을 이미 마지막 때의 큰 환란을 거치고 마지막 때의 싸움에서 이겨 마지막 구원에 도달된 사람들이라고 말한다.

2) 본문 주석

9절 이 일 후에 내가 보니 각 나라와 족속과 백성과 방언에서 아무도 능히 셀 수 없는 큰 무리가 나와 흰 옷을 입고 손에 종려 가지를 들고 보좌 앞과 어린 양 앞에 서서 앞 단락에서 언급되는 이스라엘의 모든 지파에서 나온 144,000명과 달리 본 구절에서는 모든 민족에서 나온 셀 수 없이 큰 무리가 언급되고 있다. 이에 대해 주석가들 중에는 144,000명을 유대인 기독교인들로, 그리고 본문에 나오는 큰 무리를 이방인 기독교인들 및 구원받은 자들로 보는 이들이 있다. 그러나 이러한 구별은 합당치 않은 것으로 보인다. 144,000명(4절의 주석 참조)이나 본문에 나오는 큰 무리는 다만 묘사에 차이가 있을 뿐 모든 기독교인들을 말한다. 다시 말해서 앞 단락에서는 교회의 의미로 이스라엘의 자손들이 전용되어 나타나는 데 반해서,

본문에서는 경험적인 의미로서 모든 민족('각 나라와 족속과 백성과 방언'에 대해서는 10장 11절의 주석을 참조할 것)으로부터 나온, 온전한 그리스도인들로 나타난다. 이밖에 큰 무리를 기독교의 순교자들에 국한시켜 이해하려는 시도가 있는데, 이 견해 역시 설득력이 약하다. 왜냐하면 흰 옷을 입는 것이나 큰 환란을 극복하는 것(14절 참조)은 순교자들에만 관련되는 것이 아니기 때문이다. "흰 옷을 입고"는 하나님의 새로운 도성 안에서 변모된 자들이 누릴 영광스러운 미래의 삶을(3:5의 주석을 참조할 것), "손에 종려 가지를 들고"는 승리를 상징한다.(1마카 13:51; 2마카 10:7 참조) 따라서 우리는 요한이 본문을 통해 말하고 있는 것이 큰 환란을 극복하고 승리한 모든 기독교인들의 마지막 구원이라는 것을 인식할 수 있다.

10절 큰 소리로 외쳐 이르되 구원하심이 보좌에 앉으신 우리 하나님과 어린 양에게 있도다 하니 온전한 그리스도인들은 찬양을 시작한다. 이 찬양은 12장 10절과 19장 1절에 나타난 승리의 외침 혹은 환호와 같은 성격을 지닌다. 또한 이것은 본 구절이 형식과 진술 면에서 시편 3편 8절과 요나 2장 9절에 상응하며, 여기서 말하는 구원은 하나님과 어린 양이 쟁취하신 종말론적 승리를 의미한다.

11~12절 모든 천사가 보좌와 장로들과 네 생물의 주위에 서 있다가 보좌 앞에 엎드려 얼굴을 대고 하나님께 경배하여 이르되 아멘 찬송과 영광과 지혜와 감사와 존귀와 권능과 힘이 우리 하나님께 세세토록 있을지어다 아멘 하더라 보좌와 보좌 가까이에 있는 존재들의 주위에 있는 천사들이 하나님을 찬양한다. 이들의 찬송은 앞 구절에서 구원받은 자들이 외치는 승리를 다시 한 번 아멘으로 화답하는 확인의 성격을 지닌다. 찬송은 잘 알려진 송

영의 기본 구성 요소들로 이루어져 있다. 일곱 개의 찬사들이 바로 그것인데, 이 찬사들의 선택은 5장 12~13절과 비교될 수 있다.

본문에 있는 찬송 부분은 교창(交唱)의 형식을 갖추고 있어서 가장 먼저 구원받은 자들의 승리의 외침이 나오고, 천사들의 아멘과 송영이 마지막을 장식한다. 이 하늘에서의 찬양은 종말론적인 심판 장면(6:12~17)과 온전한 기독교인들의 구원에 대한 묘사(7:9~17)에서처럼 요한계시록의 그 밖의 묘사에 대한 선취적인 성격을 가지고 있다. 그러므로 사탄과의 싸움(12장)과 바빌론의 패망(18장), 그리고 그 밖의 일련의 재앙들의 결과가 돌입하기 전에 여기서 하나님과 어린 양이 승리자로 선포된다.

13절 장로 중 하나가 응답하여 나에게 이르되 이 흰 옷 입은 자들이 누구며 또 어디서 왔느냐 이 구절부터는 앞에서 묘사된 환상에 대한 해석이 시작된다. 이 구절의 대화체는 오직 환시자(幻視者)와의 대화를 시작할 때 사용되는 수사학적 질문에 해당한다.(렘1:11, 겔37:3~4 참조)

14절 내가 말하기를 내 주여 당신이 아시나이다 하니 이 어구는 에스겔 37장 3절에 있는 하나님의 질문에 대한 에스겔의 답변과 거의 유사한데, 종속, 정중, 그리고 존경의 태도를 표현한다. 구약에서도 천사는 '주' 로 불린다.(창19:2; 단10:16~17; 슥1:9, 4:5, 13 참조)

그가 나에게 이르되 이는 큰 환난에서 나오는 자들인데 어린 양의 피에 그 옷을 씻어 희게 하였느니라 본 구절은 7장 9절의 '셀 수 없는 큰 무리' 에 대한 해석이다. 이들은 종말 이전에 해당하는 마지막 큰 환란(단12:1; 막13:19 참조)을 거쳐 온 사람들로(계3:10 참조) 곧, 그리스도인들을 말한다. 이때 요한은 이 그리스도인들의 마지막 구원에 대한 근거로 예수 그리스도의 죽으심을 언급한다. 즉, '어린 양의 피'는 구원의 의미를 담고 있는 예수의 죽음을 위한 메타포다. 그러나 1장 5절에서는 이것이 오직 그리스도의 행위로 기술되는 데 비해, 본 구절에서는 그리스도인들의 능동성으로 표현된다. '옷을 씻는 것'은 하나님께 가까이 가는 사람들의 정결과 성결을 말하는 구약의 구상적 어법의 영향 하에서 사용된 표현이다.(출 19:10, 14) 그래서 옷을 어린 양의 피로 빨아 희게 했다는 역설적인 표현이 나온 것이다. 본 구절에 내포되어 있는 의미를 정리해보면, 온전한 그리스도인들은 그리스도의 피를 통해 구원받은 것에 대한 신앙고백에 일치되게 행동하고 환란 속에서도 이겨내기 때문에, 그들은 한 번 일어난 그리스도의 구원 행위에 영속적으로 참여하게 된다는 것이다.

15절 그러므로 그들이 하나님의 보좌 앞에 있고 또 그의 성전에서 밤낮 하나님을 섬기매 본 구절부터 17절까지는 21~22장에서처럼 그리스도인들이 받게 될 마지막 구원에 대해 묘사다. 본 구절에서 요한은 신실한 그리스도인들이 하나님께 가까이 접근하여 그와 영원히 함께 있으면서 그에게 끊임없이 찬양과 예배를 드릴 것이라는 점을 강조한다.(1:6, 5:10, 22:3~5 참조) 여기서 혹자는 이런 질문을 할 수 있을 것이다. 21장 22절에 의하면 새 하늘과 새 땅에는 성전이 없다고 하는데, 왜 여기서는 성전이 언급되고 있는가? 그러나 본 구절에 나오는 "그의 성전에서 밤낮 하나님을 섬기며"는 하나님을 향한 신실한 그리스도인들의 끊임없는 예배를 말하는 상징적인 표현이다. 이 상징 언어의 목적은 구원받은 자들의 제의적 행동이 아니라, 모든 제의를 초월하여 하나님의 임재를 직접 경험한다는 데 있다.

보좌에 앉으신 이가 그들 위에 장막을 치시리니 본 구절은 에스겔 37장 27절(내 처소가 그들의 가운데 있을 것이며)의 인유(引喩)로 볼 수 있다.

여기에 나오는 "장막을 치시리니"라는 표현은 적합한 번역으로 볼 수 없다. 왜냐하면 장막을 의미하는 명사 *σκῆνος*(스케노스)와 달리 본 구절에 나오는 동사 *σκηνοῦν*(스케눈)은 '산다, 거하다' 라는 뜻을 가지고 있을 뿐 거주 형태를 뜻하지는 않기 때문이다. 요한은 본 구절을 통해 하나님께서 신실한 그리스도인들의 보호와 안전을 보증해 주실 것을 표현한다.

16~17a절 그들이 다시는 주리지도 아니하며 목마르지도 아니하고 해나 아무 뜨거운 기운에 상하지도 아니하리니 이는 보좌 가운데 계신 어린 양이 그들의 목자가 되사 생명수 샘으로 인도하시고 이 구절은 분명히 이사야 49장 10절(그들이 주리거나 목마르지 아니할 것이며 더위와 볕이 그들을 상하지 아니하리니 이는 그들을 긍휼히 여기는 자가 그들을 이끌되 샘물 근원으로 인도할 것임이니라.)에서 취한 것으로 보인다.

이사야서의 구절은 원래 바빌론으로부터 이스라엘로 귀환하는 사람들을 위해 기록되었는데, 이것은 출애굽 때 선택된 백성을 위해 하나님의 임재와 돌봄을 회상시키면서 이스라엘의 회복에 대한 희망을 불어 넣어 준 말씀이다. 요한은 여기서 이 이사야서의 구절을 자유롭게 사용하여 그리스도인들의 구원이 이스라엘의 회복에 대한 예언의 성취라고 말하고 있다. 특히 그는 여기서 이사야서의 '그들을 긍휼히 여기는 자' 를 '보좌 가운데 계신 어린 양' 으로 바꾸어 놓음으로써, 그리스도인들을 보호하고 인도하는 그리스도의 책임성의 강조와 영생을 위한 그리스도의 중요한 위치를 전해 주고 있다.

어린 양의 역할에 대해 말해 주는 "저희의 목자가 되사"라는 표현은 아마도 에스겔 34장 23절(내가 한 목자를 그들의 위에 세워 먹이게 하리니 그는 내 종 다윗이나 그가 그들을 먹이고 그들의 목자가 되리라.)에 뿌리를 두고 있는 것으로 보인다. 이 표현은 인도자와 그 아래에 있는 사람들(대개 왕과 그의 백성)간의 관계를 목자와 그의 양떼에 비유해서 말하던 고대의 목양 메타포를 반영한다. '목자' 라는 용어는 특히 왕을 위한 전문 용어였다. 이 이미지는 구약에 자주 나타난다.(사44:28; 렘3:15, 10:21, 25:34~36; 나3:18) 본 구절에 나오는 동사 *ποιμαίνειν*(포이마이네인)은 요한계시록에서 네 번 사용되는데, 2장 27절과 12장 5절 그리고 19장 15절에서는 '다스린다' 라는 의미로 쓰인 반면, 7장 17절에서는 '목양하다' 또는 '인도하다, 돕는다' 라는 뜻으로 사용되고 있다. 본 구절에서 목자의 역할을 하는 자가 어린 양이라는 점이 특이하다. 이것은 요한계시록에서 어린 양이 목자로 묘사되는 인물인 다윗과 같은 메시아로 나타나는 데서 기인한다고 볼 수 있다.

본 구절에서 마지막으로 우리의 눈길을 끄는 것은 이사야서의 '샘물 근원으로' 가 '생명수 샘으로' 로 바뀌었다는 점이다. '생명수 샘으로' 는 헬라어 *ἐπὶ ζωῆς πηγὰς ὑδάτων*(에피 조에스 페가스 휘다톤)의 번역이다. 그런데 소유격 *ζωῆς*(조에스, 생명의)가 형용사적인 소유격으로 이해될 수 있기 때문에 '생명수 샘' 은 '살아있는 물(생수)의 샘' 으로 번역될 수 있다. 이와 같은 표현을 우리는 예레미야 2장 13절(칠십인역)에서 찾을 수 있는데, 거기서는 이 말이 야훼 하나님의 메타포로 사용되고 있다.

그런데 요한계시록에서 이와 같은 표현 방식은 본 구절 외에 새 하늘과 새 땅에 관한 내용이 나오는 21장 6절(목마른 자에게는 내가 생명수 샘에서 거저 마시게 하겠다.)에서도 사용된다. 그리고 22장 1절에는 이와 비슷한 표현인 '생명수의 강' 이 나오는데, 이 강은 하나님과 어린 양의 보좌로부터 흘러나온다고 한다. 따라서 본 구절에 나오는 "생명수 샘으로 인도하시고"라는 표현은 하나님과 그리스도와의 영원한 교제의 삶을 의미한다는 것을 알 수 있다.

17b절 하나님께서 그들의 눈에서 모든 눈물을 씻어 주실 것임이라 이 구절은 분명히 이사야 25장 8절(여호와께서 모든 얼굴에서 눈물을 씻기시며)에서 취한 것으로 보인다. 요한계시록에서 이와 같은 표현은 21장 4절(모든 눈물을 그 눈에서 씻기시매)에서도 사용된다.

이사야서의 구절에서는 하나님께서 사망을 영원히 멸하실 것이기 때문에 슬픔이 종결될 것이라고 한다. 요한은 그 이유를 생략하고 있지만, 아마도 이사야서의 내용을 생각하면서 썼을 가능성이 크다. 그리고 그는 이것을 계시록 21장 4(다시 사망이 없고)절에서 모든 눈물을 씻어 주실 것이라는 언급 다음에 기술하고 있다. 원래 이 묘사는 이사야가 앞으로 올 이스라엘의 회복을 위해 사용한 메타포다. 이 메타포를 통해 이사야는 포로기간 동안 믿음으로 고난을 잘 견딘 사람들이 하나님의 임재와 그들이 기대한 구원의 기쁨으로 받게 될 위로의 메시지를 전한 것이다. 요한은 이스라엘의 회복에 대한 구약의 희망이 궁극적으로 그리스도를 위해 믿음으로 고난을 잘 견디어 낸 그리스도인들의 구원으로 성취된다는 것을 말하고 있다.

3) 설교 가이드

본문에서 요한은 하늘 보좌 앞에 있는 구원받은 자들에 대한 환상을 묘사한다.

여기서 요한이 보는 공동체는 박해와 멸시와 고난을 당한 사람들의 천상적인 완성 공동체다. 이 공동체는 순결하고 환호하는 공동체다.(9~10절) 천사들은 이들의 환호에 동의한다.(11~12절) 장로들의 질문(13절)은 이 무리의 정체성에 관한 것이며, 이에 대해 그들 자신이 대답을 한다. 여기에 나오는 진술은 네 가지 주도적인 질문으로 나눌 수 있다.

① 그들은 어디에서 오는가?

② 그들은 어떻게 오는가?

③ 그들은 무엇을 하는가?

④ 그들에게는 무엇이 일어나는가?

이 네 질문을 대지로 해서 '구원받은 큰 무리들' 이라는 제목으로 설교를 작성할 수 있을 것이다.

① 그들은 어디에서 오는가?

그들은 큰 환란에서 나온 자들이다. 환란을 겪는 것은 예수님의 행동양식이기도 하다. 예수님은 그의 제자들을 부르실 때, 제자직의 수행에는 가난, 조롱, 불이익이 따른다는 것을 말씀하셨다. 성서는 교회 공동체가 나아갈 길에 대해 다음과 같이 분명히 밝히고 있다. "우리가 하나님의 나라에 들어가려면 반드시 많은 환란을 겪어야 합니다."(행14:22)

요한은 교회가 큰 환란에서 나오는 것을 본다. 그리고 아무도 그 수를 셀 수 없을 만큼 큰 무리의 공동체는 찬양한다. 그들은 하나님으로부터 떨어져 있었는데, 이제 하나님과 직접적인 교제 속에 있다.

② 그들은 어떻게 오는가?

본문은 이렇게 말씀한다. 교회는 흰 옷을 입고 온다. 이것은 가장 깊고 내적인 정결의 표시로서 이제 이 공동체는 완전히 깨끗한 모습을 하고 서 있는 것이다. 이런 일이 어떻게 일어나며, 그 공동체는 엘리트 신자들을 말하는가? 아니다. 우리는 성서의 메시지를 오해하지 말아야 한다. 그들은 예수님의 피, 즉 그의 죽음에 의존했기 때문에 깨끗하게 되었다. 14절의 묘사는 독특하다. 어떻게 옷을 피로 깨끗하게 할 수 있는가? 우리의 보통 상식으로는 이 묘사를 이해할 수 없다. 여기서 우리는 어린 양의 피로 옷을 빠는 것이 구체적으로 무엇을 의미하는지를 말해야 한다(14절 주석을 참조할 것). 우리는 "저는 오직 주님에 의해 속량되고 깨끗하게 됨으로써 매일을 살 수 있습니다."라고 고백해야 한다.

③ 그들은 무엇을 하는가?

그들은 하나님과 직접 교제를 하면서 거닌다(15절). 인간은 하나님과 직접적인 교제 속에서 거닐 수 있을 때, 궁극적 비밀이 인간에게 선사된다. 이때 우리는 우리 안에 깊이 잠복해 있는 모든 불안으로부터 해방된다.

④ 그들에게는 무엇이 일어나는가?

여기서 설교자는 증인이 되어야 한다. 설교자는 회중들의 피할 수 없는 상황들을 구체적으로 나열해 볼 수 있다.(가령, 다른 길을 가는 자녀들을 걱정하는 부모들, 늘 경쟁 속에 있는 직업인들 등) 우리는 피할 수 없는 어려운 것들을 견디어 내야 한다. 굶주린 자는 누구인가? 목마른 자는 누구인가? 해와 그 밖의 빛들이 누구 위에 내려 쬐는가? 눈물을 흘리는 자는 누구이고 그 이유는 무엇인가? 설교자는 이에 대해 설명을 해 주고 16~17절의 약속의 말씀으로 위로와 소망을 전해 주어야 한다.

3.5. 8:1: 일곱째 봉인의 개봉

1일곱째 인을 떼실 때에 하늘이 반 시간쯤 고요하더니

1) 본문 소개

원래는 어린 양이 일곱째 봉인을 뗐을 때 책이 펼쳐지고 그 내용이 최종적으로 전개되어야 할 것이다. 그러나 여섯째 봉인이 열렸을 때 이미 선취적으로 하나님의 심판 현현이 일어났다. 그러나 일곱째 봉인이 열렸을 때는 앞에서 묘사된 봉인 환상들과 달리 재앙이 일어나지 않는다. 오히려 여기서는 약 반 시간 동안 하늘에 침묵이 흐른다. 여기서 우리는 이 일곱째 봉인의 개봉이 봉인 환상의 마지막이며 일곱 나팔 환상(8:2~11:19)으로 넘어가는 통로의 역할을 하고 있음을 알 수 있다.

2) 본문 주석

1절 일곱째 인을 떼실 때에 하늘이 반 시간쯤 고요하더니 여기서 '반 시간'이 ἡμιώριον(헤미오리온)으로 표현되고 있는 것은 아주 독특하다. 왜냐하면 이 표현은 이 외에 칠십인역이나 신약성서에서 찾아볼 수 없기 때문이다.

아무튼 '반 시간'은 요한계시록의 다른 숫자들처럼 상징적 의미의 시간이다. 요한계시록에서 '시간'(ὥρα(호라))은 매우 짧은 시간이나 특별한 시점을 표시하기 위해 사용된다. 17장 12절에서 '한 시간'(μία ὥρα(미아 호라))은 단시간을 강조하는 표현으로 사용되고, 18장 10, 17, 19절에서는 사건의 갑작스러운 도래를 위해 사용된다. 따라서 여기에 나오는 '반 시간'은 갑작스럽게 도래하는 아주 짧은 기간을 나타낸다고 볼 수 있다.

이에 반해서 리시(M. Rissi, *Zeit und Geschichte in der Offenbarung des Johannes*, 34~35)는 '반 시간'을 마지막 사건의 일부분, 즉 새 창조 이전에 있을 옛 세계의 멸망의 기간으로 이해하지만, 이 견해는 설득력이 약하다. 왜냐하면 그는 아래에서 볼 수 있는 바와 같이 설득력이 약한 ②의 입장에 근거하고 있기 때문이다.

그런데 본 구절에는 약 반 시간 동안 왜 하늘이 고요했는지에 대한 언급이 나오지 않기 때문에, 주석가들이 하늘의 침묵이 갖는 의미에 대해 다음과 같이 다양한 해석들을 내놓고 있다.

① 하늘의 침묵은 성도들의 기도(8:3~5)가 보좌 앞에서 들릴 수 있도록 해주기 위해 있다는 것이다. 이 입장은 특히 바빌로니아 탈무드 하기가(Hagigah) 12b에 근거를 둔다. 그곳에는 다섯째 하늘의 천사들이 나오는데, 이들은 낮 동안에만 노래를 부른다. 왜냐하면 밤에는 이스라엘이 하나님께 돌리는 영광의 찬양이 하늘에서 들릴 수 있도록 침묵해야 하기 때문이다.

② 이 침묵은 태고 시대의 침묵이 역사의 마지막에 다시 나타날 것에 대한 기대를 반영한다는 것이다. 이들이 근거로 제시하는 초기 유대교의 관념에 의하면, 옛 창조 이전 이 세계에는 완전한 침묵이 있었으므로(제4 에스라서6:3; 시리아어 바룩 묵시록3:7 참조), 종말론적 새 창조 이전에도 그와 같을 것이라는 사상이 있었다는 것이다.

③ 하늘의 침묵은 심판을 나타낸다는 것이다. 왜냐하면 구약에서 침묵은 하나님의 심판과 연관되어 있기 때문이다.(시115:17, 31:17; 사47:5; 암8:2~3; 애2:10~11; 삼상2:9~10; 합2:20; 슥2:13 참조)

④ 이 침묵은 하나님 현현을 위한 전조라는 것이다. 이 입장은 특히 열왕기상 19장 11~12절을 근거로 제시한다. 왜냐하면 거기서 침묵은 하나님 현현을 준비하는 기호로 나타나기 때문이다.(합2:20; 슥2:13 참조) 계시록 8장 1절에서 하나님 현현은 특별히 새로운 심판 사건의 시작을 알리고 있는데, 여기서 침묵은 앞으로 올 심판을 더 인상적으로 느끼도록 하기 위한 극적인 막간 장면으로 이해할 수 있다는 것이다.

⑤ 이 침묵은 하나님의 임재 속에서, 특히 제의의 어떤 단계 동안에(시62:1; 합2:20) 지속되어야 한다는 것이다. 유대교 문헌(가령, 미쉬나 타미

드 5:1~6; 아담의 유훈 1:12)에 의하면 예루살렘 성전 제의에서 향을 제단에 드리는 동안 침묵이 지속되었다고 하는데, 이것은 계시록 8장 1절과 3~5절의 배경이 된다는 것이다.

⑥ 하나님의 장엄은 말보다는 침묵을 통해 더 깊이 선포될 수 있다는 것이다. 이 입장의 근거로는 초기 기독교의 문헌들(가령, 에베소 교회에 보내는 이그나티우스의 편지6:1, 15:1~2; 빌라델비아 교회에 보내는 이그나티우스의 편지 1:1)이 제시된다.

이 견해들 중에서 어느 한 가지 해석만을 따르는 것은 무리한 일이다. 왜냐하면 본 구절을 이해하기 위해서는 바로 뒤에 이어지는 8장 2절의 문맥과 구약 및 유대교적 배경을 함께 연관지어 생각해야 하기 때문이다. 필자가 보기에는 ①, ③, ④, ⑤를 함께 고려해서 이해하는 것이 좋다.

3) 설교 가이드

우리는 신앙생활을 하는 동안에도 답답함과 허무감을 느낄 때가 있다. 이럴 때일수록 우리는 하나님의 음성을 직접 듣고 싶어한다. 그러나 하나님은 우리에게 자세히 말씀해 주시지 않고 침묵하신다. 그러면 하나님은 왜 침묵하시는가?

본문에서는 '하늘의 침묵' 이라는 제목으로 설교를 작성할 수 있을 것이다. 우리는 본문 주석에서 '하늘의 침묵' 의 의미에 대한 여러 해석들을 보았었는데, 이 중 설득력이 있다고 간주되는 몇몇 해석들에 근거해서 다음과 같이 대지를 만들 수 있을 것이다.

① 하늘의 침묵은 하나님께서 성도들의 기도를 들으신다는 역설적 표현이다.

② 하늘의 침묵은 하나님 현현을 위한 전조다.

③ 하늘의 침묵은 하나님의 심판을 나타낸다.

④ 하늘의 침묵은 하나님의 임재 속에서도 진행된다.

4. 8:2~6: 일곱 나팔의 서막

2내가 보매 하나님 앞에 일곱 천사가 서 있어 일곱 나팔을 받았더라 3또
다른 천사가 와서 제단 곁에 서서 금 향로를 가지고 많은 향을 받았으니
이는 모든 성도의 기도와 합하여 보좌 앞 금 제단에 드리고자 함이라 4
향연이 성도의 기도와 함께 천사의 손으로부터 하나님 앞으로 올라가는
지라 5천사가 향로를 가지고 제단의 불을 담아다가 땅에 쏟으매 우레와
음성과 번개와 지진이 나더라 6일곱 나팔을 가진 일곱 천사가 나팔 불
기를 준비하더라

1) 본문 소개

이 본문은 8장 7절~9장 21절과 11장 15~18절에 묘사되고 있는 일곱 나팔 시리즈의 서막이다. 이 서막은 다음과 같이 이루어져 있다.

① 일곱 천사가 받는 위임(2절)

㉠ 묘사: 그들은 하나님 앞에 서 있었다.(2a절)

㉡ 위임: 그들은 일곱 나팔을 받았다.(2b절)

② 향 제물의 메타포(3~5절)

㉠ 제사장으로서의 천사의 행위(3절)

ⓐ 금 향로를 들고 제단에 서 있었다.(3a절)

ⓑ 많은 향을 받아 가지고 있었다.(3b절)

ⓒ 이것은 모든 성도들의 기도와 함께 향을 보좌 앞 금 제단에 드리기 위함(3c절)

㉡ 하나님께 올라가는 제물들(4절)

ⓐ 향의 연기

ⓑ 성도들의 기도

㉢ 기도가 응답됨(5절)

ⓐ 천사가 향로를 제단불로 채움(5a절)

ⓑ 천사는 제단불을 땅에 던짐(5a절)

ⓒ 하나님 현현(5b절)

③ 일곱 나팔을 가진 일곱 천사가 나팔을 불 준비를 함(6절)

2) 본문 주석

2절 내가 보매 하나님 앞에 일곱 천사가 서 있어 일곱 나팔을 받았더라 하나님 앞에 있는 일곱 천사는 아마도 일곱 천사장을 의미한다고 볼 수 있다.(토비 12:15 참조) 이들의 이름은 에티오피아어 에녹서 20장에 열거되어 있다. 우리엘, 라파엘, 라구엘, 미카엘, 사라카엘, 가브리엘, 레미엘. 일곱 천사는 하나님의 보좌 앞에 있는 일곱 영과 동일하다.(1:4 참조) 여기서 일곱 천사가 하나님 앞에 서 있다는 것은 하나님의 지시가 떨어지면 즉시 행동할 준비가 되어 있다는 것을 의미한다. 그리고 이들은 행동에 사용할 나팔을 하나님으로부터 받는다.

구약-유대교적 전통에서 나팔 소리는 결정적 전환을 알린다. 그것은 하나님 현현(출19:16, 19), 야훼의 임박한 심판의 날(욜2:1; 습1:16), 종말론적 전환(제4 에스라서 6:23), 메시아의 출현(아브라함 묵시록 31:1~2)을 예고한다. 신약에 의하면 천사들은 나팔을 불어서 그리스도의 임박한 재림을 알리거나 죽은 자들의 부활을 예고한다.(마24:31; 살전4:16; 고전15:52) 여기서 요한은 일곱 나팔 환상에서 묘사된 하나님의 심판과 구원의 행동을 예고한다.

3절 또 다른 천사가 와서 제단 곁에 서서 금 향로를 가지고 많은 향을 받았으니 이는 모든 성도의 기도와 합하여 보좌 앞 금 제단에 드리고자 함이라 본 구절에서는 일곱 천사가 아닌 다른 천사가 와서 금 향로를 들고 하늘의 제단 곁에 선다. 이 제단은 이미 6장 9절에 언급된 것과 같은 제단이라고 볼 수 있다. 그러나 거기서는 순교당한 성도들의 영혼이 이 제단 아래에 서 있었다는 내용이 본 구절과 다르다. 6장 9절에서처럼 본 구절에서도 지상과 같은 원형의 제단이 하늘에도 있다는 것이 전제된다. 그런데 몇몇 주석가들은 이 제단이 본 구절 후반부에 나오는 금 제단과 구별되어야 한다고 주장한다. 일련의 주석가들은 3절의 첫째 제단과 5절에 나오는 제단을 번제단으로, 3절의 금 제단을 향 제단으로 간주한다. 그러나 찰스(R. H. Charles, *Revelation*, 1. 227)에 따르면 유대교나 기독교의 묵시문학에는 하늘에 두 제단이 있다는 증거가 없다.

본 구절에 나오는 천사에게는 많은 향이 주어지는데, 이것은 모든 성도들의 기도와 함께 그 향을 보좌 앞 금 제단에 드리기 위한 것이었다고 한다. 향은 고대 이스라엘의 성전 제의의 필수적인 물품이었다. 향을 바치는 일은 구약성서에서 언급되는 곳마다 매우 신성한 의식으로 비춰지고 있다. 향 제물은 이스라엘 전통에서 몇 가지 의미를 지니고 있다. 예를 들어 역병이 도는 재앙의 시대에는 향을 태움으로 병을 정화시키려 했고, 도살과 희생 제사 때는 위생상의 영향을 끼친다는 이유에서 향을 태웠다. 또한 이스라엘 사람들은 향이 불에 탈 때 피어나는 향기가 하나님을 기쁘시게 해드리는 제사라고 생각했다. 게다가 향 제물로 인해 하나님이 더 잘 받으신다고 여긴 그들의 생각은 향 자체에 속죄하는 기능을 부여하기도 했다.

4절 향연이 성도의 기도와 함께 천사의 손으로부터 하나님 앞으로 올라가는지라 이 구절에서 향의 연기는 5장 8절에서처럼 성도들의 기도와 동일화되지 않고 기도가 하나님께 더 잘 상달되도록 보충하는 기능을 한다. 사실 요한은 여기서 성도들의 기도 내용에 대해 말하지 않는다. 그러나 문맥을 보면 요한이 중요하게 다루는 문제가 불신앙인들에 대한 하나님의 의의 집행을 역설적으로 말하고 있음을 알 수 있다. 본 구절의 기도는 언제나 하나님의 주권을 인정하는 감사와 찬양의 표현이다. 이것은 향이 가득 담긴 금대접을 가지고 있는 네 생물과 스물네 장로의 어린 양에 대한 찬양에 상응한다.(5:8 참조) 그런 점에서 본 구절에 나오는 기도는 하나님께 그의 의를 실현해달라고 탄원하는 순교자들의 외침과도 일치한다.(6:9~10 참조)

5절 천사가 향로를 가지고 제단의 불을 담아다가 땅에 쏟으매 이 어구는 에스겔 10장 2절의 인유(引喩)로 볼 수 있다. 한 천사가 그룹 사이에서 숯불을 두 손에 가득히 움켜쥐고 죄를 진 예루살렘 위에 뿌리라는 명령을 받는 에스겔서의 표상은 불순종하는 하나님의 백성에 대한 하나님의 진노를 상징적으로 표현하기 위해 사용된다. 그러나 요한은 이 표상을 이방인들에 대한 형벌에 사용한다. 이때 하나님의 형벌은 암시적으로 4절에서 향과 함께 하나님께로 올라가는 성도들의 기도의 응답임을 말하고 있다.

하늘로부터 땅으로 떨어지는 불은 종종 심판과 형벌을 상징하며(창 19:24; 왕하 1:10, 12, 14; 시11:6; 살후1:8 참조), 불을 땅에 쏟는 장면은 앞으로 닥쳐올 일곱 나팔 심판을 예기하는 메타포다.

우레와 음성과 번개와 지진이 나더라 여기에 나오는 천둥, 요란한 소리, 번개 그리고 지진은 하나님 현현의 전형적인 수반현상들로서 시내산에서의 하나님 현현의 인유(引喩)로 볼 수 있다. 왜냐하면 거기서도 나팔이 천둥, 번개(출19:13, 16, 19, 20:18 참조), 지진과 연관되어(출19:18 참조) 언급되고 있기 때문이다. 이 우주적 사건들은 심판의 전조들이다.

6절 일곱 나팔을 가진 일곱 천사가 나팔 불기를 준비하더라 일곱 나팔을 가진 일곱 천사는 5절에 언급된 전조들을 이해하고 하나님께서 그들에게 위임하신 역할을 수행할 준비를 한다. 이것은 앞서 언급한 성도들의 기도가 이루어지도록 한다는 것을 암시한다. 따라서 이 구절은 이제 전개될 일곱 나팔 환상으로 인도하는 서론적 구절이라는 것을 알 수 있다.

3) 설교 가이드

이 단락은 8장 1절과 함께 한 본문으로 정해서 설교를 작성할 수 있을 것이다. 따라서 8장 1절의 설교 가이드에 나오는 대지들을 설명할 때 이 단락에 나오는 내용들을 사용할 수 있을 것이다.

5. 8:7~12: 처음의 네 나팔

7첫째 천사가 나팔을 부니 피 섞인 우박과 불이 나와서 땅에 쏟아지매

땅의 삼분의 일이 타 버리고 수목의 삼분의 일도 타 버리고 각종 푸른
풀도 타 버렸더라 8둘째 천사가 나팔을 부니 불 붙는 큰 산과 같은 것이
바다에 던져지매 바다의 삼분의 일이 피가 되고 9바다 가운데 생명 가진
피조물들의 삼분의 일이 죽고 배들의 삼분의 일이 깨지더라 10셋째 천사
가 나팔을 부니 횃불같이 타는 큰 별이 하늘에서 떨어져 강들의 삼분의
일과 여러 물샘에 떨어지니 11이 별 이름은 쓴 쑥이라 물의 삼분의 일이
쓴 쑥이 되매 그 물이 쓴 물이 되므로 많은 사람이 죽더라 12넷째 천사
가 나팔을 부니 해 삼분의 일과 달 삼분의 일과 별들의 삼분의 일이 타
격을 받아 그 삼분의 일이 어두워지니 낮 삼분의 일은 비추임이 없고 밤
도 그러하더라

1) 본문 소개

본문은 다음과 같은 묵시적 사건들의 진행 묘사로 이루어져 있다.

① 첫째 나팔(8:7): 피가 섞인 우박과 불이 땅에 떨어짐(땅과 나무의 1/3이 타고 푸른 풀이 다 타버림)

② 둘째 나팔(8:8~9): 바다의 1/3이 피가 되고 그 피조물의 1/3이 죽음(배의 1/3이 깨짐)

③ 셋째 나팔(8:10~11): 강들과 샘물들의 1/3이 쓴 쑥이 되어서 많은 사람들이 죽음

④ 넷째 나팔(8:12): 태양과 달과 별들의 1/3이 어두워지고 낮과 밤의 1/3이 어두워짐

앞에서 이미 언급한 바와 같이, 여기에 나오는 묵시적 사건들의 진행 묘

사는 마지막 때에 역사 속에서 연속적으로 발생할 사건들에 대한 기록이 아니다. 이것은 요한이 일정한 목적을 가지고 쓴 문학적 구성물이다. 여기에 나오는 재앙 묘사를 이해하기 위해서는 일곱 대접 환상과의 관련성, 요한이 처한 특정한 상황, 전통의 전용, 언어 사용, 그리고 소위 세 재앙 시리즈의 기록 목적을 잘 파악하는 것이 중요하다.(이에 대해서는 '일곱 봉인' 부분의 서론부를 참조할 것)

2) 본문 주석

7절 첫째 천사가 나팔을 부니 피 섞인 우박과 불이 나와서 땅에 쏟아지매 땅의 삼분의 일이 타 버리고 수목의 삼분의 일도 타 버리고 각종 푸른 풀도 타 버렸더라 첫째 천사가 나팔을 불자 피 섞인 우박과 불이 땅에 떨어진다. 이것은 요한이 이집트의 일곱째 재앙 묘사를 수용한 것이라고 볼 수 있다.(출9:23~25) '피가 섞인' 이라는 말은 주의 날의 징조로서 피와 불과 연기 기둥이 나타나는 요엘 2장 30절을 상기시키며, 마지막 때에 있을 재앙의 차원을 지닌다. 불이 태워버리는 '삼분의 일' 은 상징수로서 국한된 부분에 한정됨을 의미하는 것으로, 요한은 이것을 보다 구체적으로 표현하기 위해 수목과 각종 푸른 풀의 삼분의 일이라는 표현을 첨가한다. 이 재앙은 사람들의 삶에 꼭 필요한 식물들의 파괴를 뜻한다.

8~9절 둘째 천사가 나팔을 부니 불 붙는 큰 산과 같은 것이 바다에 던져지매 바다의 삼분의 일이 피가 되고 바다 가운데 생명 가진 피조물들의 삼분의 일이 죽고 배들의 삼분의 일이 깨지더라 첫째 나팔과 함께 오는 재앙이 땅의 것들에 해당되는 데 반해, 둘째 재앙은 바다와 관련된다. 불타는 큰 산과 같은 것이 바다에 던져지자 바다의 삼분의 일이 피가 되었다는 것이다. 불

타는 큰 산과 같은 것이 바다에 던져졌다는 것은 화산의 분출을 연상케 한다. 그래서 주석가들 중에는 요한이 베수비우스(Vesuvius)나 에게 해 군도의 테라에서 생긴 화산 폭발(A.D. 79) 등의 현상을 염두에 두고 이러한 재앙 묘사를 했을 것으로 보는 이들도 있다. 그러나 이보다는 유대교의 묵시문학에서 그 배경을 살펴보는 견해가 더 설득력이 있는 것으로 보인다. 후자의 지지자들은 에티오피아어 에녹서 18장 13절의 불타오르는 거대한 산과 같은 일곱 개의 별에 대한 언급과 시빌의 신탁 5권 157절의 거룩한 바다에 떨어진 하늘의 큰 별을 그 증거로 든다.

"바다의 삼분의 일이 피가 되고"는 요한이 이집트의 재앙 중에서 첫째 모티브를 받아들인 것으로 볼 수 있다.(출7:20~21 참조) 그런데 이집트의 재앙이 한 번에 나일강의 모든 물을 피로 변화시키고 물고기를 죽였고 또 물을 먹을 수 없게 만든 반면, 본 구절의 재앙은 우주적으로 확대되는 양상을 보이면서도 바다와 바다의 생명 있는 피조물 그리고 배들의 '삼분의 일' 이라는 국한된 부분에 가해지고 있음을 볼 수 있다.

10~11절 셋째 천사가 나팔을 부니 횃불 같이 타는 큰 별이 하늘에서 떨어져 강들의 삼분의 일과 여러 물샘에 떨어지니 이 별 이름은 쓴 쑥이라 물의 삼분의 일이 쓴 쑥이 되매 그 물이 쓴 물이 되므로 많은 사람이 죽더라 셋째 나팔과 함께 내린 재앙은 바다 이외의 물들에 가해진다. 큰 별 하나가 횃불처럼 타면서 하늘에서부터 강들의 삼분의 일 위에와 샘물들 위에 떨어지니 물의 삼분의 일이 쑥으로 변하여 물이 써서 많은 사람이 그 때문에 죽는다는 것이다. 이 셋째 재앙에서는 이집트의 재앙 모티브가 사용되지 않는다. 여기서는 큰 별 하나가 새로운 재앙을 일으킨다. 별은 땅 위에 있는 강물과 샘물의 일부분을 파괴한다. 쑥은 독성이 없는 매우 쓴 고미소

(苦味素)를 지니고 있는 식물이다. 그러나 구약에서 쑥은 독이 있는 물이나 독과 함께 하나님의 심판을 위한 메타포로 사용되며(렘9:15 참조, 렘23:15; 애3:15, 19), 우상숭배의 결과로 얻게 되는 심한 고통, 재앙, 심판을 상징한다.(신29:17; 렘9:14~15, 23:15) 이러한 구약적 배경 하에서 요한은 '쑥' 이라는 별을 불신앙적인 세계의 일부에 대한 심판의 표상으로 사용하고 있다. 재앙의 목적은 분명히 불신앙인들의 회개에 있다. 이것은 무엇보다도 재앙을 당하는 자들이 회개하기를 거부하는 데에서 드러난다.(9:20~21, 16:9, 11, 12 참조)

12절 넷째 천사가 나팔을 부니 해 삼분의 일과 달 삼분의 일과 별들의 삼분의 일이 타격을 받아 그 삼분의 일이 어두워지니 낮 삼분의 일은 비추임이 없고 밤도 그러하더라 넷째 나팔에 따른 재앙은 천체들에 내려진다. 즉, 낮의 해 그리고 밤의 달과 별들은 발하던 빛을 각각 삼분의 일씩 잃게 되는 공격을 당한다. 재앙으로 말미암아 세상이 삼분의 일이 어두워진다는 구상적 표현은 아직 이것이 최후의 심판이 아니라는 것을 짐작케 한다. 이 재앙은 최후의 심판에 앞서 지상의 일부분에 심한 고통을 주는 시련으로서의 심판의 진행을 말한다. 그런데 이 구상적 표현은 아마도 요한이 이집트의 아홉째 재앙(출10:21~23)을 모방한 것일 수 있다. 마지막 때에 해와 달과 별들이 빛을 잃는다는 것은 구약 예언자들의 심판 기대에 속하는 것이다.(사13:10; 렘4:23; 겔32:7~8; 욜2:2, 3:15; 암8:9 참조)

3) 설교 가이드

6장 12~17절 단락의 설교 가이드를 참조하여 '하나님의 심판' 이라는 제목으로 설교를 작성할 수 있을 것이다.

6. 8:13: 남은 세 나팔 환상의 서론

13 내가 또 보고 들으니 공중에 날아가는 독수리가 큰 소리로 이르되 땅
에 사는 자들에게 화, 화, 화가 있으리니 이는 세 천사들이 불어야 할 나
팔 소리가 남아 있음이로다 하더라

1) 본문 소개

본문은 처음의 네 나팔 환상과 다섯째 나팔 환상 사이에 나오는 한 단락에 해당하는 구절이다. 여기서 요한은 독수리 한 마리가 하늘 한 가운데로 나는 것을 본다. 독수리는 땅에 거하는 자들에게 세 번 화를 외친다. 이 화는 계속해서 재앙을 일으킬 세 천사들의 나팔 소리와 관련되어 있다. 따라서 우리는 여기서 요한이 나팔 환상을 두 그룹(4+3)으로 나누고 후반부의 세 나팔 환상의 서론으로 본 구절인 8장 13절을 사용하고 있다는 것을 알 수 있다.

2) 본문 주석

13절 내가 또 보고 들으니 공중에 날아가는 독수리가 큰 소리로 이르되 여기서 독수리가 화를 외치는 사자로 나타나는 것은 해석사에 어려움을 겪게 한다. 왜냐하면 초기 유대교적 전통에 따르면 독수리는 하나님의 사자가 아닌 불순한 짐승으로 등장하고 있기 때문이다. 그러나 요한은 독수리가 가장 큰 날개를 가지고 있고 가장 높이 날을 수 있는 새라는 점에서 무서운 재앙을 예고하는 데 매우 적합하다고 생각한 것이다. 시리아어 바룩묵시록(77:19~26)에서는 한 독수리가 바빌론에 유배된 유대인들에게 지체 없이 날아가서 저자의 환상을 전달하라는 임무를 맡는다.

땅에 사는 자들에게 화, 화, 화가 있으리니 이는 세 천사들이 불어야 할 나팔 소리가 남아 있음이로다 하더라 여기에는 독수리의 세 번 화 외침이 나온다. 그 중에서 첫째 화는 다섯째 나팔 환상에서 이루어지며(9:12 참조), 둘째 화는 여섯째 나팔 환상에서 이루어지나 11장 14절에 이르러서야 비로소 재앙이 지나갔음이 확인된다. 그리고 마지막 세째 화는 대접 환상(16:1~21)이 전하는 마지막 일곱 재앙과의 연관을 알려주는 예고다. 이 화 외침의 수신자들인 '땅에 거하는 자들'은 이미 앞에서 본 바와 같이 불신앙인들을 가리킨다.(3:10, 6:10, 11:10, 13:8, 12, 14, 17:2, 8 참조) 그러나 신실한 그리스도인들은 이 재앙으로부터 벗어나 있다.(7:1~8, 9:4 참조)

7. 9:1~12: 다섯째 나팔

1다섯째 천사가 나팔을 불매 내가 보니 하늘에서 땅에 떨어진 별 하나가
있는데 그가 무저갱의 열쇠를 받았더라 2그가 무저갱을 여니 그 구멍에
서 큰 화덕의 연기 같은 연기가 올라오매 해와 공기가 그 구멍의 연기로
말미암아 어두워지며 3또 황충이 연기 가운데로부터 땅 위에 나오매 그
들이 땅에 있는 전갈의 권세와 같은 권세를 받았더라 4그들에게 이르시
되 땅의 풀이나 푸른 것이나 각종 수목은 해하지 말고 오직 이마에 하나
님의 인침을 받지 아니한 사람들만 해하라 하시더라 5그러나 그들을 죽
이지는 못하게 하시고 다섯 달 동안 괴롭게만 하게 하시는데 그 괴롭게
함은 전갈이 사람을 쏠 때에 괴롭게 함과 같더라 6그 날에는 사람들이
죽기를 구하여도 죽지 못하고 죽고 싶으나 죽음이 그들을 피하리로다 7
황충들의 모양은 전쟁을 위하여 준비한 말들 같고 그 머리에 금 같은 관

비슷한 것을 썼으며 그 얼굴은 사람의 얼굴 같고 8또 여자의 머리털 같은 머리털이 있고 그 이빨은 사자의 이빨 같으며 9또 호심경 같은 호심경이 있고 그 날개들의 소리는 병거와 많은 말들이 전쟁터로 달려 들어가는 소리 같으며 10또 전갈과 같은 꼬리와 쏘는 살이 있어 그 꼬리에는 다섯 달 동안 사람들을 해하는 권세가 있더라 11그들에게 왕이 있으니 무저갱의 사자라 히브리어로는 이름은 아바돈이요 헬라 음으로는 그 이름이 아볼루온이더라 12첫째 화는 지나갔으나 보라 아직도 이 후에 화 둘이 이르리로다

1) 본문 소개

다섯째 나팔 소리는 이집트의 여덟째 재앙을 상기시키는 메뚜기 재앙을 일으킨다. 그러나 이 재앙의 범위는 전 세계적으로 확대된다. 이 본문은 다음과 같이 세 부분으로 이루어져 있다.

① 1~2절: 서론
② 3~6절: 메뚜기의 활동
③ 7~11절: ②에 대한 더 자세한 묘사

2) 본문 주석

1절 다섯째 천사가 나팔을 불매 내가 보니 하늘에서 땅에 떨어진 별 하나가 있는데 그가 무저갱의 열쇠를 받았더라 이 구절은 하늘로부터 땅으로 떨어진 별에 대해 언급한다. 이 별은 하나님의 위임을 받아 활동한다는 점과 계시록 20장 1~3절에서 천사로 불리는 것을 볼 때, 천사적 존재로 사용되고 있다는 것을 알 수 있다. 그러나 이 별은 타락한 천사가 아니라 하나님

의 많은 사자들 중 하나로서 악한 영들의 감옥으로 생각되는 무저갱(아비소스)을 열 수 있는 권한을 하나님으로부터 부여받는다.

2절 그가 무저갱을 여니 그 구멍에서 큰 화덕의 연기 같은 연기가 올라오매 해와 공기가 그 구멍의 연기로 말미암아 어두워지며 무저갱('아비소스' =심연)은 고대인들이 땅의 표면 아래 깊은 곳에 있다고 생각한 장소다. 고대인들은 이곳이 생물과 같은 깊은 곳을 통해 땅과 연결되어 있고 좀처럼 열리지 않도록 굳게 닫혀 있다고 생각했다. 왜냐하면 이곳은 불로 가득 차 있어서 열면 연기가 올라오고(출19:18 참조) 이 연기로 인해 해와 달과 별들이 어두워진다고 생각했기 때문이다.(창19:28; 욜2:10 참조)

신약은 유대교에서처럼 고대 근동의 우주론을 보여 준다. 이 관점에 의하면 세상은 하늘, 땅 그리고 지하세계로 이루어져 있다. 그 중에서도 지하세계와 관련하여 하데스(죽은 자들의 거처), 게엔나(지옥), 그리고 우리말 개역 성서에서 무저갱으로 번역된 아비소스(심연)라는 용어들이 사용된다. '아비소스'는 신약에서 아홉 번 나타나는데, 이 중 일곱 번(9:1, 2, 11, 11:7, 17:8, 20:1, 3)이 요한계시록에 나온다.

초기 유대교의 묵시사상적 문헌들에 의하면(에티오피아어 에녹서 10:4~6, 18:11~16, 19:1, 21:1~10; 슬라브어 에녹서 28:3; 희년서 5:6~10; 제4 에스라서 7:36) '아비소스'는 악령들의 감옥이다. 계시록 20장 1~3절에 의하면 사탄이 '아비소스'에 천 년 동안 갇힌다. 그리고 '아비소스'로부터 사자 아바돈을 왕으로 모시고 있는 메뚜기들(악령들)이 잠시 동안 풀려 나오기도 하며(9:1~2, 11 참조), 적그리스도가 올라오는 곳도 이곳이다(11:7, 17:8 참조). 그런데 요한계시록에서 '아비소스'는 단지 시간적으로 한정된 형벌의 장소다. 최후의 심판 이후 반신적인 세력들과 이들의 추종자들은 불못(지옥)으로 던져진다.

3절 또 황충이 연기 가운데로부터 땅 위에 나오매 그들이 땅에 있는 전갈의 권세와 같은 권세를 받았더라 이 구절부터 본문의 목표인 메뚜기의 활동에 관한 묘사가 시작된다. 연기 속에서 메뚜기들이 나와 땅에 퍼지고 그들에게 권세가 주어지는데, 이 권세는 땅의 전갈들이 가지고 있는 권세와 같다는 것이다.

구약에서 메뚜기는 파멸과 위협의 상징이다.(왕상8:37; 시78:46 참조) 특히 요엘 1~2장은 메뚜기에 의한 이스라엘의 황폐를 야훼의 날에 임할 멸망의 전조로 해석한다. 따라서 이 메뚜기는 자연적인 곤충으로서 언급되고 있는 것이 아니라, 악령의 세력에 속한 존재를 가리키는 구상어로 사용되고 있음이 분명하다.

그런데 여기서 요한은 메뚜기의 권세를 전갈의 권세와 동일화시킨다. 이 의미는 5절에 나타나 있다. 즉, 메뚜기들은 사람들을 죽여서는 안 되고 다섯 달 동안만 괴롭히라는 권세를 받는데, 그것들이 주는 아픔은 마치 전갈에 쏘일 때 받는 고통과 같다는 것이다. 여기서는 전갈도 메뚜기가 그렇듯 악마적 존재의 표상으로 사용되고 있다고 볼 수 있다. 왜냐하면 여기서 전갈은 악마적 존재의 표상으로 사용되는 메뚜기와 함께 나타날 뿐만 아니라, 누가복음 10장 17~19절에 의하면 귀신들이 뱀과 전갈들로 불리기 때문이다.

4절 그들에게 이르시되 땅의 풀이나 푸른 것이나 각종 수목은 해하지 말고 오직 이마에 하나님의 인침을 받지 아니한 사람들만 해하라 하시더라 메뚜기들은 땅에 있는 풀이나 푸성귀나 나무는 하나도 해하지 말고 하나님의 인이 찍히지 않은 사람들만 해하라는 하나님의 명령을 받는다. 이스라엘 사람들이 이집트의 재앙들로부터 보호를 받은 것처럼(출8:22, 9:4, 26, 10:23, 11:7 참조), 하나님의 새 백성도(1:6, 5:10 참조) 묵시적 재앙들로부터 보호를 받는다.

5절 그러나 그들을 죽이지는 못하게 하시고 다섯 달 동안 괴롭게만 하게 하시는데 그 괴롭게 함은 전갈이 사람을 쏠 때에 괴롭게 함과 같더라 여기서 요한은 하나님이 그의 목표 실현을 위해 악령의 세력들도 도구로 사용한다는 것을 말하고 있다. 그러나 메뚜기-악령들의 권세는 사람들에게 전갈에 쏘인 듯 심한 고통은 줄 수 있어도 죽이지는 못하며, 이 권세에는 다섯 달 동안이라는 시간적 제한이 주어진다. 다섯 달은 봄부터 늦은 여름에 이르는 메뚜기의 수명 기간에 상응한다. 그러나 여기서 요한이 메뚜기의 수명 기간을 암시했는지에 대해서는 확실히 알기가 어렵다. 왜냐하면 요한은 여기서 메뚜기를 자연적인 곤충으로서가 아니라, 파멸과 위협의 상징으로 사용하기 때문이다. 아마도 요한은 '다섯' 을 긴 시간을 일컫는 어림수의 의미로 사용한 것으로 보인다.(창7:24; 마25:15; 눅14:19; 16:26; 고전14:19 참조)

6절 그 날에는 사람들이 죽기를 구하여도 못하고 죽고 싶으나 죽음이 그들을 피하리로다 이 구절은 고통을 당하는 자들의 반응에 대해 말하고 있다. 전갈이 쏘는 독침은 다른 어떤 곤충들이 쏘는 것보다 더 고통스럽지만, 생명을 위험스럽게 하는 경우는 드물다.(신8:15; 겔2:6; 집회26:7 참조) 오랜 기간의 아픔은 사람들로 하여금 절망에 빠지게 하여 차라리 죽음을 구하게 되나 그것을 얻지 못할 것이라고 한다. 이것은 마지막 때에 불신앙인들이 죽고 싶어도 죽을 수 없는 그런 심한 고통을 당하게 될 것을 말하는 것이다. 그러나 이 고통의 목적은 불신앙인들이 절망에 빠지도록 하는 데 있는 것이 아니라, 그들을 회개시키는 데 있다.(9:20~21 참조)

7절 황충들의 모양은 전쟁을 위하여 준비한 말들 같고 그 머리에 금 같은 관 비슷한 것을 썼으며 그 얼굴은 사람의 얼굴 같고 이 구절에서 요한은 메뚜기들의 악마적인 본질을 강조하기 위해 그것들의 모습에 대해 더 자세히 묘사한다. 이 묘사는 무엇보다도 요엘 1~2장의 표상들에 뿌리를 두고 있다. 요엘 1장은 메뚜기들로 인한 무서운 곤궁을 묘사하며, 요엘 2장은 메뚜기의 대군을 그로테스크하게 확대시키고 야훼의 날에 앞서 나타날 마지막 때의 적으로 묘사한다. 여기서 요엘서의 것을 능가하는 계시록의 소름끼치는 메뚜기들의 모양은 재앙을 일으키는 마지막 때의 한 왕을 따르는 대군으로 나타난다.

본 구절의 메뚜기들 모양을 좀 더 자세히 살펴보자. 우선 그 모습은 전쟁을 위해서 준비된 말과 같고 머리에 금 같은 관 비슷한 것을 쓰고 있으며, 얼굴은 사람과 같고, 보통 메뚜기들에 비해 엄청나게 크다. 이 묘사는 요엘 2장 4절(그 모양은 말 같고 그 달리는 것은 기병 같으며 그들의 산 꼭대기에서 뛰는 소리가 병거 소리와도 같고 불꽃이 초개를 사르는 소리와도 같으며 강한 군사가 항오를 벌이고 싸우는 것 같으니)에 뿌리를 두고 있다.

이처럼 메뚜기를 머리에 금 관 같은 것을 쓴 사람의 얼굴 같다고 한 것은 소름끼치게 사나우면서도 교활하기 짝이 없는 악령들의 본색을 드러내게 하는 신인동형론적 표현으로 볼 수 있다. 그리고 이들의 머리에 금 면류관 같은 것을 썼다고 한 것에는 메뚜기들을 사람들의 불안과 두려움을 불러일으키는 대정복자로 인식시키려고 한 의도가 숨어 있다.

8절 또 여자의 머리털 같은 머리털이 있고 여자의 머리털 같은 머리털은 긴 머리털을 말한다. 긴 머리털은 활력의 상징일 수 있다.(삿16:13, 19; 삼하14:25~26 참조) 여기서 요한은 이 표상을 통해 악령의 모습을 그리고 있는 공상 이야기에서처럼 메뚜기들의 활력을 표현하려고 시도한 것으로 보인다.

그 이빨은 사자의 이빨 같으며 이것은 요엘 1장 6절에 뿌리를 두고 있다. 거기서는 이스라엘을 침략하는 이방 민족이 수사자의 이와 암사자의 어금니를 가진 것으로 묘사된다. 요한은 이 표상을 통해 메뚜기들의 사나움과 위험성을 강조하려고 한 것으로 보인다.

9절 또 철 호심경 같은 호심경이 있고 그 날개들의 소리는 병거와 많은 말들이 전쟁터로 달려 들어가는 소리 같으며 여기서 다시 한 번 메뚜기들의 호전적인 특징들이 강조된다. 철 호심경은 군인의 갑옷의 일부분에 대한 일반적인 묘사다. 메뚜기들의 날개 소리를 전쟁하러 달려가는 많은 말들의 병거 소리 같다고 묘사하는 것은 요엘 2장 4~5절의 인유(引喩)로 볼 수 있다.

10절 또 전갈과 같은 꼬리와 쏘는 살이 있어 그 꼬리에는 다섯 달 동안 사람들을 해하는 권세가 있더라 여기에 묘사되는 메뚜기들은 자연적인 메뚜기들과는 다르게 전갈처럼 꼬리에 쏘는 침을 지니고 있다. 본 구절에서 요한은 5절에서 언급한 다섯 달이라는 시간을 반복함으로써 불신앙인들이 제한된 기간 동안 고통을 받는다는 것을 강조한다.

11절 그들에게 왕이 있으니 무저갱의 사자라 히브리어로는 그 이름이 아바돈이요 헬라어로는 그 이름이 아볼루온이더라 이 구절에서 요한은 메뚜기의 대군이 아비소스의 사자를 그들의 왕으로 모셨다고 언급함으로써 이 대군이 궁극적으로 악한 세력임을 보여 주려고 한다. 아비소스의 사자에 대해서는 알려진 것이 아무것도 없다. 하지만 이 사자는 1절의 천사와 동일화될 수 없다. 그럼에도 불구하고 요한이 그 이름을 언급하는 것은 의도적으로 그의 본질을 말하기 위해서다. 히브리어로 אֲבַדּוֹן(아바돈)은 원래 죽은 자들의 나라(잠15:11; 욥26:6, 28:22, 31:12; 시88:11 참조)를 의미하는데, 욥기 28장 22절에서는 파멸의 의미로 의인화되어 나타나며, 칠십인역에서는 종종 *ἀπώλεια*(아폴레이아, 파멸)로 번역되고 있다. 본 구절에서 요한은 '아바돈' 을 악마국의 군주로 의인화시켜 사용하고 있다. '아볼루온' 의 더 명확한 발음은 '아폴뤼온' (*ἀπολλύων*)으로 파괴자라는 뜻을 가지고 있다. 여기서 요한은 메뚜기 대군의 왕을 악마와 같은 파괴자로 묘사하고 있다.

12절 첫째 화는 지나갔으나 보라 아직도 이 후에 화 둘이 이르리로다 요한은 8장 13절에서 예고된 첫째 화, 즉 메뚜기들로 인한 재앙만 지나갔고, 이 뒤에 아직도 두 재앙이 더 올 것이라고 선포한다. 그런데 둘째 화는 여섯째 나팔 환상에서 묘사될 것이므로 이 구절은 다섯째 나팔 환상의 결말인 동시에 다음에 나오는 환상의 서론인 셈이다.

3) 설교 가이드

여기서도 6장 12~17절 단락에서처럼 '하나님의 심판' 이라는 제목으로 설교를 작성할 수 있고, 다음과 같이 '하나님과 우상을 아울러 섬길 수 없다' 라는 제목으로 설교를 작성할 수 있을 것이다.

일곱 나팔 환상에 나오는 재앙들은 잠정적인 정점에 이른다. 악마적 세력들은 하나님으로부터 위임을 받고 불신앙적인 인류의 1/3만을 살육한다. 많은 사람들은 본문의 묘사를 보면서 다음과 같이 질문할 수 있을 것이다. "어떻게 하나님이 이렇게 잔인할 수 있는가? 이것이 아버지로서의 하나님 상에 부합될 수 있는가?"

이에 대한 답으로서 우선 본문에 묘사된 재앙들이 우리의 영적 현실에 대한 상징적 성격을 지닌다는 점을 들 수 있다. 즉, 이 재앙 묘사의 중요한 목적이 하나님께 반항하는 사람들의 회개에 있다는 점을 이해해야 한다.

그리고 본문을 통해 드러나듯이, 하나님께 대적하는 원수들은 너무 완고해서 하나님의 통치에 좀처럼 자신들을 예속시키지 않는다는 점이 그 두 번째 답이다. 다시 말해서 그 원수들은 본질적으로 우상숭배에 젖어 있으며 그것으로부터 얻는 쾌락에 빠진 삶에서 벗어나지 못한다는 것이 요한의 생각이다.

요한에게 있어 오직 중요한 것은 하나님을 예배할 것인가, 아니면 우상을 숭배할 것인가 하는 양자택일의 문제다. 하나님 예배와 우상숭배는 서로 타협될 수 없다. 하나님의 통치를 인정하는 것을 강력하게 거부하는 이방 세계와 하나님의 통치가 이미 지금 진행 중인 것을 믿는 그리스도인들 사이에는 건널 수 없는 경계선이 그어져 있다. 반신적인 세계로부터 우상숭배를 강요당하는 상황 속에서 요한은 하나님 예배에 대치되는 모든 타협책을 거부해야 했다. 그러나 요한에게는 하나님께서 반신적인 세계에 맞서서 반드시 그의 의를 이루실 것이라는 확신이 있었다.

이 땅에서의 그리스도인들(8:2~5)과 하늘에서의 기도는 아직 궁극적으로 이루어지지 않았고, 많은 사람들은 여전히 하나님께 반항하고 있다. 그러나 요한이 전해준 바대로, 하나님께서는 반드시 악의 세력을 무찌르실 것이므로 우리는 확신을 갖고 믿음으로 악의 세력과 싸워 나아가야 한다.

8. 9:13~21: 여섯째 나팔

13여섯째 천사가 나팔을 불매 내가 들으니 하나님 앞 금 제단 네 뿔에서
한 음성이 나서 14나팔 가진 여섯째 천사에게 말하기를 큰 강 유브라데
에 결박한 네 천사를 놓아 주라 하매 15네 천사가 놓였으니 그들은 그
년 월 일 시에 이르러 사람 삼분의 일을 죽이기로 준비된 자들이더라 16
마병대의 수는 이만 만이니 내가 그들의 수를 들었노라 17이같은 환상
가운데 그 말들과 그 탄 자들을 보니 불빛과 자줏빛과 유황빛 호심경이
있고 또 말들의 머리는 사자 머리 같고 그 입에서는 불과 연기와 유황이
나오더라 18이 세 재앙 곧 자기들의 입에서 나오는 불과 연기와 유황으
로 말미암아 사람 삼분의 일이 죽임을 당하니라 19이 말들의 힘은 입과
그 꼬리에 있으니 꼬리는 뱀 같고 또 꼬리에 머리가 있어 이것으로 해하
더라 20이 재앙에 죽지 않고 남은 사람들은 손으로 행한 일을 회개하지
아니하고 오히려 여러 귀신과 또는 보거나 듣거나 다니거나 하지 못하
는 금, 은, 동과 목석의 우상에게 절하고 21또 그 살인과 복술과 음행과
도둑질을 회개하지 아니하더라

1) 본문 소개

이 본문은 여섯째 천사가 나팔을 불었을 때 요한이 보았다는 환상 이야기다. 이 단락에서 요한은 여섯째 나팔 소리와 함께 앞서 일어난 화보다

강도가 더 높은 재앙에 대해 묘사한다. 다섯째 나팔 환상이 불신앙인들의 생명에 위협을 가하는 수준인 반면, 이번 재앙 환상에서는 불신앙인들의 삼분의 일이 죽임을 당한다. 이 재앙 역시 세계를 포괄하는 성격과 초자연적인 힘을 가진 것으로 묘사되고 있다. 본문의 여섯째 환상에서는 바로 앞 환상의 무서운 메뚜기 대군 대신 악마와 같은 기마대가 등장한다.

본문은 세 부분으로 나눌 수 있다.

① 13~16절: 재앙의 준비
② 17~19절: 기마대의 모습과 활동
③ 20~21절: 아직 생존한 사람들의 반응

2) 본문 주석

13절 여섯째 천사가 나팔을 불매 내가 들으니 하나님 앞 금단 네 뿔에서 한 음성이 나서 앞서 묘사된 재앙들과 달리 본 구절에서는 나팔 소리가 직접 재앙을 일으키지 않는다. 요한은 다만 하나님 앞에 있는 금 제단의 네 뿔로부터 나오는 한 음성을 듣는다. 이 도입부의 변형은 특별한 의미를 가지고 있다. 이로써 요한은 다시 일곱 나팔 환상의 서막, 그 중에서도 특히 8장 3~5절로 돌아간다. 거기에는 하나님께서 그의 의를 실현하시기를 간절히 바라는 모든 성도들의 기도가 하나님의 보좌 앞 금 제단에 드려진다는 내용이 나온다. 금 제단으로부터 한 음성이 나온다는 이 여섯째 나팔 환상은 성도들의 간구에 대한 특별한 대답이라는 것을 암시한다고 볼 수 있다.

그런데 여기서 눈에 띄는 것은 한 음성이 하나님 앞에 있는 금 제단의 네 뿔에서 나온다는 점이다. 여기에는 상징적인 의미가 들어 있을 수 있다. 숫자 '넷'은 완전을 의미하고 '뿔'은 능력을 나타낸다. 따라서 '금 제단의 네 뿔'은 성도들의 간구에 대한 응답으로서 악한 자들을 심판하시는 하나님의 충만한 능력과 관련된다고 볼 수 있다. 이것은 계시록 14장 18절에 의해 뒷받침되며 여기서 제단은 직접 심판에 대한 능력과 연관된다.

14절 나팔 가진 여섯째 천사에게 말하기를 큰 강 유브라데에 결박한 네 천사를 놓아 주라 하매 한 음성이 나팔을 가진 여섯째 천사에게 큰 강 유프라테스에 매여 있는 네 천사를 풀어 주라는 명령을 한다. 요한은 이때 네 천사 앞에 정관사를 사용함으로써 이들을 잘 알려져 있는 존재로 소개한다. 앞에서 본 바와 같이 7장 1절에도 네 천사가 나왔지만 그 천사들과 여기에 나오는 네 천사들을 동일하다고는 볼 수 없다. 왜냐하면 7장 1절에서는 네 천사가 땅의 네 모퉁이에 있는 데 반해, 본 구절에서는 유프라테스강에 있기 때문이다. 그리고 그 상황에 있어서도 7장 1절에서는 네 천사가 땅의 네 모퉁이에 있는 바람을 붙잡고 있지만, 여기서는 그들 자신이 강에 묶여 있다.

구약에서 유프라테스는 약속의 땅과 동쪽 사이에 있는 이상적인 경계선으로 나타난다.(창15:18; 신1:7, 11:24; 수1:4 참조) 유프라테스강 저편의 민족들은 이스라엘의 적들을 말할 때 상징적으로 사용되었다.(사7:20, 8:7; 렘46:10 참조) 본 구절에서 요한은 그리스도인들로 하여금 불신앙적인 인간들이 어떻게 될 것인지에 주목하도록 하기 위해 이러한 전통적인 표상을 사용했다고 볼 수 있다.

15절 네 천사가 놓였으니 그들은 그 년 월 일 시에 이르러 사람 삼분의 일을 죽이기로 준비된 자들이더라 유프라테스강에 매여 있던 천사들을 풀어

준 것은 그들로 하여금 사람들 중 삼분의 일을 정해진 날짜에 맞춰 죽이기 위해서다. 그런데 그들의 행동의 시점을 정하는 것은 그들 자신이 아니라 하나님이시다. 하나님의 승낙 없이 그들은 아무 것도 할 수 없다. 앞의 화에서처럼 여기서도 신자들은 제외된다.(9:4, 20~21 참조) 사람의 1/3이라는 명수의 제한 역시 하나님의 권한 하에 있다. 다만 그 대상에 대해서는 몇 구절들에서 신자들을 제외한 오직 불신자들에게만 해당된다는 것을 분명히 밝히고 있다.(9:4, 20~21 참조) 그런데 이것은 세상 사람들의 1/4을 죽이는 넷째 봉인 환상(6:8 참조)에 비해서 화의 강도가 더 증가된 것이다.

16절 마병대의 수는 이만 만이니 내가 그들의 수를 들었노라 요한이 들은 바로는 네 천사가 거느린 기마대의 수가 2억(20,000×10,000)이나 된다는 것이다. 이 수는 산술적인 의미에서 언급되는 것이 아니라, 헤아릴 수 없이 많다는 것을 말하기 위해 사용되고 있다. 다시 말해서 이 언급은 단지 거대한 양을 표시하는 대략적인 수로 사용되고 있다.

이같은 환상 가운데 그 말들과 그 위에 탄 자들을 보니 불빛과 자줏빛과 유황빛 호심경이 있고 또 말들의 머리는 사자 머리 같고 그 입에서는 불과 연기와 유황이 나오더라

17절 이같은 환상 가운데 그 말들과 그 탄 자들을 보니 불빛과 자줏빛과 유황빛 호심경이 있고 또 말들의 머리는 사자 머리 같고 그 입에서는 불과 연기와 유황이 나오더라 이 구절부터 19절까지에는 기마대에 관한 묘사가 계속되는데, 말에 대한 묘사가 지배적이고 기마자(騎馬者)는 단지 17a절에서만 언급된다. 그런데 말들과 기마자들 간에는 뗄 수 없는 통일성이 존재한다. 기마자들이 가지고 있는 세 가지 색(불빛색, 청색, 유황색)의 호심경은

말들의 입에서 나오는 세 재앙(불, 연기, 유황)에 상응한다. 여기서 불과 유황은 기마자들의 악마적 특성을 나타내 준다. 왜냐하면 불과 유황은 반신적인 세력들과 그들의 추종자들에 대한 형벌의 장소(지옥)에 속한 것들이기 때문이다.(14:10, 19:20, 20:14, 21:8 참조) 연기는 바로 앞에서 벌어진 상황 즉, 아비소스(무저갱)에서 연기와 함께 올라오는 다섯째 재앙의 메뚜기와 연결된다. 말들은 머리가 마치 사자같이 기괴한 모습을 지니고 있다. 이것은 이 말들의 위험성과 파괴적이고 악마적인 본질을 힘주어 강조하는 것이다. 이 묘사의 배후에는 다섯 째 나팔 환상에서처럼 요엘 2장 1~22절이 들어 있다고 볼 수 있다. 그리고 여기에는 뱀들과 사자들을 악마적 존재의 표상으로 사용했던 고대 근동 사회의 신화적 요소가 들어 있는 것으로 볼 수 있다. 그리고 불을 뿜어내는 말 표상도 고대 사회에서 널리 퍼져 있던 것으로, 여기서 말들은 마지막 때의 괴물들로 나타난다.(욥41:19~21 참조)

이 괴물들은 말과 같은 몸, 사자 같은 머리, 뱀 같은 꼬리 그리고, 입에서 불과 연기와 유황이 나오는 등 17b~19절 안에서 분할되어 묘사되고 있다. 이 모습은 그리스와 로마 신화에 나오는 괴물인 키마이라(Chimaera)의 모습과 상당히 유사하다. 키마이라는 사자의 머리와 용 또는 뱀의 꼬리, 그리고 염소의 몸에 활활 타는 불길을 뿜어내는 괴물로 묘사된다. 따라서 우리는 여기서 이 키마이라에 관한 묘사가 계시록 9장 17~19절에 나오는 괴물들의 모델로 사용되었을 가능성이 많다는 것을 생각해 볼 수 있다.

18절 이 세 재앙 곧 자기들의 입에서 나오는 불과 연기와 유황으로 말미암아 사람 삼분의 일이 죽임을 당하니라 말들의 입에서 나오는 세 재앙, 즉 불과 연기와 유황 때문에 사람들 중 삼분의 일이 죽임을 당한 이 장면은 하나님의 심판으로 소돔과 고모라에 떨어진 불과 유황을 상기시킨다.(창 19:24, 28; 유1:7절 참조) 사람의 삼분의 일이 죽임을 당하는 것에 관해서는 15절의 주석을 참조할 것.

19절 이 말들의 힘은 입과 꼬리에 있으니 꼬리는 뱀 같고 또 꼬리에 머리가 있어 이것으로 해하더라 말들의 힘은 입뿐만 아니라 꼬리에도 있으며, 꼬리는 뱀과 같고, 또 꼬리에 머리가 달려 있다. 그리고 이 말들은 9장 3~5절의 메뚜기들처럼 꼬리로 해를 끼친다. 꼬리를 뱀에 비유한 것은 아마도 다시 한 번 이 말들의 악마적 근원을 강조하려 한 것 같다. 왜냐하면 고대 사회에서는 뱀과 악마 사이에 많은 연상들이 있었기 때문이다. 12장 9절에서는 악마가 '옛 뱀' 으로 불린다.

20절 이 재앙에 죽지 않고 남은 사람들은 손으로 행하는 일을 회개하지 아니하고 오히려 여러 귀신과 또는 보거나 듣거나 다니거나 하지 못하는 금, 은, 동과 목석의 우상에게 절하고 이제 요한은 이 재앙으로 죽임을 당하지 않은 나머지 사람들, 즉 불신앙적인 인간들의 반응에 대해 언급한다. 이들은 엄청난 재앙 속에서도 자기 네 손으로 행한 일들을 회개하지 않는다. 여기서 요한은 전에 하나님께서 이스라엘 백성들을 종살이 하던 이집트로부터 구해내려고 재앙을 내렸을 때, 이집트인들의 마음이 완고해서 하나님의 통치를 인정하지 않은 것처럼 이들도 마음이 완고했다는 점을 강조한다. 그러나 이들은 회개는 하지 않고 귀신들과 이 세상의 여러 물질들로 만들어진 우상들에게 경배하기를 그치지 않는다. 다시 말해서 이들은 하나님의 진리를 거짓으로 바꾸고 창조주 대신 피조물을 숭배하며 섬기기까지 한다.(롬1:25 참조)

21절 또 그 살인과 복술과 음행과 도둑질을 회개하지 아니하더라 우상숭배와 밀접하게 연관된 불신앙인들의 행위는 살인과 마술과 음행과 도둑질로 나타난다. 이 네 가지 악덕들 중 셋(살인, 음행, 도둑질)은 십계명으로 금지하고 있는 근본적인 죄악이다.(출20:13~15; 신5:17~19 참조) 이 세 종류의 악덕에 대해서는 로마서 3장 9절과 마가복음 7장 21~22절에서도 언급하고 있다. 그리고 우상숭배와 관련하여 마술이 언급되는 것은 갈라디아서 5장 20절에서도 볼 수 있다. 특히 요한은 마술에 대해 계시록 18장 23절에서 로마가 열국을 속이는 방법 중의 하나라고 기술하고 있으며, 22장 15절에서는 마술사들을 음란한 자들이나 살인자들 그리고 우상숭배자들과 거짓말쟁이들처럼 새 예루살렘에 들어가지 못할 자들로 언급하고 있다. 고대 세계에서 마술은 널리 퍼져 있었는데, 특히 소아시아와 이집트에서 널리 행해지면서 민속 신앙에 깊이 뿌리를 내리고 있었다. 더구나 이것은 음행과도 같이 사람들을 유혹하는 큰 힘을 가지고 있었다.

그러나 여기서 요한의 생각이 단지 악덕들에만 미치고 있는 것이 아니라, 더 근본적인 문제를 다루고 있다는 것을 알아야 한다. 그에게 있어 근본적인 것은 단지 윤리적인 문제가 아니라, 신앙의 결단의 문제다. 따라서 요한은 우상숭배가 모든 악의 뿌리라는 점을 강조하고 있는 것이다. 그리고 이와 함께 그는 하나님께서 분명히 경고를 하셨음에도 불구하고 자신들의 죄를 회개하지 않는 세상 사람들의 고집이 얼마나 무서운 악행인지를 강조한다.

3) 설교 가이드

앞 단락의 설교 가이드를 참조할 것.

9. 10:1~11:14: 막간 환상: 신자들을 향한 위로

일곱 봉인 시리즈에서 우리는 여섯째 봉인과 일곱째 봉인 사이에 신자들의 보호와 구원에 대해서 말하는 막간 환상(7:1~17)이 있는 것을 보았었다.

10장 1절~11장 14절은 7장에서처럼 시선을 기독교 공동체의 운명으로 돌린다. 여기서 요한은 세째 화(11:14)가 도래하기 전에 있을 기독교 공동체의 보호를 상징적으로 묘사한다. 다시 말해서 마지막 때의 충격이 정점에 이르기 전에 교회 공동체는 위로와 약속의 말씀을 듣는다. 즉 그리스도인들에게는 마지막 때의 구원이 확실하다는 것, 그러나 그들에게도 아직 어떤 시험들이 임박해 있다는 것이다.

9.1. 10:1~11: 서론: 천사와 작은 두루마리

1내가 또 보니 힘센 다른 천사가 구름을 입고 하늘에서 내려오는데 그
머리 위에 무지개가 있고 그 얼굴은 해 같고 그 발은 불기둥 같으며 2그
손에는 펴 놓인 작은 두루마리를 들고 그 오른발은 바다를 밟고 왼발은
땅을 밟고 3사자가 부르짖는 것 같이 큰 소리로 외치니 그가 외칠 때에
일곱 우레가 그 소리를 내어 말하더라 4일곱 우레가 말을 할 때에 내가
기록하려고 하다가 곧 들으니 하늘에서 소리가 나서 말하기를 일곱 우
레가 말한 것을 인봉하고 기록하지 말라 하더라 5내가 본 바 바다와 땅
을 밟고 서 있는 천사가 하늘을 향하여 오른손을 들고 6세세토록 살아계
신 이 곧 하늘과 그 가운데 있는 물건이며 땅과 그 가운데 있는 물건이

며 바다와 그 가운데 있는 물건을 창조하신 이를 가리켜 맹세하여 이르
되 지체하지 아니하리니 7일곱째 천사가 소리 내는 날 그의 나팔을 불려
고 할 때에 하나님이 그의 종 선지자들에게 전하신 복음과 같이 하나님
의 그 비밀이 이루어지리라 하더라 8하늘에서 나서 내게 들리던 음성이
또 내게 말하여 이르되 네가 가서 바다와 땅을 밟고 서 있는 천사의 손
에 펴 놓인 두루마리를 가지라 하기로 9내가 천사에게 나아가 작은 두루
마리를 달라 한즉 천사가 이르되 갖다 먹어버리라 네 배에는 쓰나 네 입
에는 꿀 같이 달리라 하거늘 10내가 천사의 손에서 작은 두루마리를 갖
다 먹어버리니 내 입에는 꿀 같이 다나 먹은 후에 내 배에서는 쓰게 되
더라 11그가 내게 말하기를 네가 많은 백성과 나라와 방언과 임금에게
다시 예언하여야 하리라 하더라

1) 본문 소개

10장은 11장의 서론으로 볼 수 있다. 여기에는 요한이 받은 새로운 계시 내용이 나온다. 내용에 따르면 그는 작은 두루마리 책을 삼켜야 하고 이 책의 내용(11:1~13)을 교회에 전해야 하며, 백성과 민족들 및 언어들과 여러 왕에게 다시 예언을 해야 한다. 이 예언은 12~18장의 환상 보도들을 가리킨다.

10장은 세 부분으로 나뉠 수 있다.

① 1~4절: 한 힘센 천사가 작은 두루마리를 들고 나타난다.
② 5~7절: 선포하는 천사의 맹세 행동: "때는 얼마 남지 않았다."
③ 8~11절: 요한이 받은 위임

1절 내가 또 보니 힘센 다른 천사가 구름을 입고 하늘에서 내려오는데 그 머리 위에 무지개가 있고 그 얼굴은 해 같고 그 발은 불기둥 같으며 요한은 하늘로부터 내려오는 다른 힘센 한 천사를 본다. 여기서 우리는 영 안에서 하늘로 올라갔던 요한이(4:1) 이제 다시 땅에 머물게 되었음을 알 수 있다. 여기서 주목을 끄는 것은, 여기에 나오는 천사가 5장 2절에서 "누가 두루마리를 펴며 그 봉인들을 떼기에 합당한 자인가?"라고 큰 소리로 외치던 천사처럼 힘센 천사로 불리고 있다는 점이다. 그런데 5장 2절에 언급되었던 천사가 본 구절에서 다시 등장한 것인지, 아니면 또 다른 힘센 한 천사가 나타난 것인지는 분명하지 않다. 주석가들 중에는 5장의 '힘센'(*ἰσχυρός*(이스퀴로스))을 히브리어 גִּבּוֹר(gibbôr(깁보르))로 옮기고, 그것으로 미루어 이 천사를 가브리엘로 해석하는 이들이 있지만, 이는 설득력이 약하다.

이 천사의 외적 모습에 대해서는 그의 천상적인 본성과 우월한 위치가 강하게 묘사되고 있다. 다시 말해서 이 천사에게는 신적 속성이 부여된다. 하나님이 구름 속에서 나타나시고(출16:10; 왕상8:10~12; 시104:3 참조) 그리스도가 인자 같은 이로서(계1:7) 구름을 타고 오신다는 것처럼, 이 강한 천사도 구름을 입는다. 이것은 이 천사를 계시록 1장 7절에 있는 그리스도 현현과 간접적으로 연결시키는 것이며, 동시에 이 메시지의 종말론적, 구원론적 차원을 가리키는 것이다.

이 천사의 머리 위에 있는 무지개는 4장 3절에서처럼 창세기 9장 13절과 에스겔 1장 28절을 상기시키는 것으로서 하나님의 보좌의 영광을 가리킨다. 그리고 이 천사의 얼굴이 1장 16절의 그리스도처럼 태양과 같다는 것은 하나님의 영광이 그에게 반영되고 있음을 나타낸다. 또한 이 천사의 발이 불기둥과 같다는 것은 그가 하나님 현현의 실체임을 나타내고자 한 것이다. 왜냐하면 이 불기둥은 하나님이 이스라엘의 광야 시대에 그의 백성에게 길을 가리켜 줄 때 사용한 불기둥을 암시하는 것으로 볼 수 있기 때문이다.(출13:21 참조) 이러한 묘사를 통해 요한은 이 천사가 주의 천사이며, 지상에서 활동하면서 스스로를 보여 주는 하나님의 모상이라는 것을 말하고 있는 것이다.

그런데 앞에서 본 바와 같이, 이 천사의 모습에서 계시록 1장에 나오는 그리스도의 모습과 비슷한 면을 볼 수 있다고 하여 이 천사를 그리스도로 해석하는 주석가들이 있는데, 이 견해는 지지하기 어렵다. 왜냐하면 요한계시록에서는 그리스도를 천사로 부르지 않을 뿐만 아니라 그 기능에 있어서도 상당히 한정되어 나타나기 때문이다.

2절 그 손에는 펴 놓인 작은 두루마리를 들고 천사는 그의 손 안에 펼쳐진 두루마리를 들고 있는데, 이것은 작은 두루마리로 불린다.

우리는 5장에서 요한이 메시지의 권위화와 정당화를 고조시키기 위한 수단으로 '하늘의 책' 표상을 사용한 것을 보았다. 여기서도 요한은 그러한 목적에서 작은 책으로 불리는 하늘의 책을 언급하고 있는 것이다.

그런데 문제는 여기에 나오는 책이 5장에 나오는 책과 같은 책이냐 하는 점이다.

주석가들 중에는 이 두 책을 동일한 책으로 보는 이들이 있다. 이들이 내세우는 중요한 논거들은 다음과 같다.

① 여기서 사용되는 *βιβλαρίδιον*(비블라리디온)은 *βιβλίον*(비블리온)의 축소형이 아니다. 왜냐하면 요한은 한 번도 축소형 명사를 축소적인 의미에서 사용하지 않기 때문이다.

② 10장 8절에서 *βιβλίον*은 *βιβλαρίδιον*과 동의어로 사용된다. 그리고

헤르마스의 목자(환상 2.1.3과 2.4.1~3)에서는 *βιβλαρίδιον*과 *βιβλίον*이 동의어로 사용된다.

그러나 이에 대해 다음과 같은 반론을 제기할 수 있다.

① 대다수 중요한 사전들에 의하면 *βιβλαρίδιον*은 작은 책을 의미한다. 그리고 대다수의 성서 번역본들에도 계시록 10장에 나오는 *βιβλαρίδιον*이 작은 책(두루마리)으로 번역되어 있다.

② 10장 8절에 나오는 *βιβλίον*은 이 문맥으로 보아 그것의 본래적인 축소적 의미(*βιβλίον*은 원래 *βίβλος*(비블로스)의 축소형임)를 지니고 있다고 말할 수 있다. 또한 여기서는 작은 책을 단순히 책으로 표현한 것으로 볼 수도 있다.

③ 10장 2절에 나오는 책이 정관사 없이 사용되고 있는 것은 여기서 요한이 이 책을 처음 본 것임을 암시한다.

④ 요한은 *βίβλος*를 다섯 번, *βιβλίον*을 약 스무 번이나 사용하는 반면에, *βιβλαρίδιον*은 오직 10장에서만 사용한다.

⑤ 10장에 나오는 책은 요한이 삼킬 수 있을 정도로 작다.

⑥ 10장에 나오는 책은 5장에 나오는 책과 구별된다. 5장에서는 봉인된 책이 나오지만(5:1), 여기서는 펼쳐진 책에 대해 언급한다. 그리고 5장에서는 그리스도가 하나님의 오른손에서 직접 받지만(5:7), 여기서는 요한이 천사의 손을 통해서 작은 책을 받는다.(10:10)

지금까지의 고찰에 근거해서 볼 때, 10장과 5장에 나오는 책은 서로 다른 책으로 보는 것이 더 합당하다.

그러면 이 작은 책의 내용은 어느 구절들을 가리키고 있는 것인가? 이에 대해서는 정확히 알기가 매우 어렵다. 그래서 주석가들은 다음과 같은 견해들을 내놓고 있다.

① 12장 1절~22장 5절로 보는 설: 이 견해는 일곱째 나팔까지의 사건들이 바로 12장 앞에서 언급되고 있는 반면, 12장은 하나님의 기쁜 비밀로 시작하는 것과, 이 장의 전반부가 요한의 입에 꿀 같이 달았다는 것(10:10)에 해당되는 하늘에서의 환호로 끝난 다음, 그 이후로부터는 땅의 거주민들에 내리는 쓴 화와 마지막 때의 무서운 곤궁에 대한 묘사가 나오는 것에 주목한다.

② 11장 1절~15장 4절로 보는 설: 이 견해는 작은 책의 내용이 10장에서 예언의 말씀으로 특징지어지고 있는 것에 주목하면서 이 내용이 나팔 환상과 대접 환상 사이에 끼워 넣어진 것으로 이해한다. 10장 바로 다음에 나오는 11장은 테마 면에서 볼 때 한편으로는 재앙 환상에 속한다는 것이다. 왜냐하면 두 증인은 온갖 재앙으로 땅을 칠 수 있는 권세를 가지고 있고, 땅 위에 사는 사람들을 괴롭히기 때문이다. 그러나 다른 한편으로 11장은 12장 1절~15장 4절의 내용에 상응한다는 것이다. 왜냐하면 거룩한 도성의 재난과 두 증인의 활동은 광야에서의 여인의 시련기간(12:6, 15) 및 적그리스도의 활동(13:5)과 동시에 땅에서 일어나기 때문이라는 것이다. 다시 말해서 재앙 시리즈는 우주적 성격을 가지고 있는 데 반해서, '작은 책'의 주요 모티브는 박해를 받은 기독교 공동체의 상황에 대한 예언적 해석에 있다는 것이다.

③ 11장 1~13절로 보는 설: 이 견해는 9장 21절에서 중단되었던 나팔 환상의 도식이 11장 14절에서 다시 나타나는 것에 주목한다. 여기서는 5장에 나오는 책의 내용을 6~8장으로 보는 입장과 11장 1~13절을 제외하고 6장 1절~22장 5절로 보는 입장이 있다.

④ 11장~16장으로 보는 설: 이 견해는 "너는 여러 백성과 민족과 언어와 왕들에 관해서 다시 예언을 하여야 한다."는 10장 11절의 말씀에 주목하면서 이 진술은 11장 1~13절에 국한시킬 수 없다고 본다. 왜냐하면 10장 11절과 같은 표현이 11장 이후의 장들(13:7~8, 14:6~8, 17:15)에도 나타나기 때문이라는 것이다. 그런데 11장 이후 또 하나의 예언적 위임에 관한 말씀이 17장 1~3절에 나오기 때문에 작은 책의 내용을 11장~16장으로 볼 수 있다는 것이다.

⑤ 11장~18장으로 보는 설: 10장 11절에서 많은 왕들에 대한 언급이 나오는데, 이것은 요한에게 주는 명령이 11장뿐만 아니라 12~18장을 내포하고 있다는 것을 말해준다는 것이다.

필자는 ③을 지지한다. 왜냐하면 5장에 나오는 책의 내용을 6장 1절~22장 5절로 보는 반면, 10장에 나오는 작은 책의 내용은 이 중 11장 1~13절에 해당된다고 볼 수 있기 때문이다.(10:1의 주석을 참조할 것)

그 오른발은 바다를 밟고 왼발은 땅을 밟고 힘센 천사는 오른 발로는 바다를, 왼발로는 땅을 디디고 설 정도로 거대하다. 이것은 이 천사에게 전 세계에 대한 권세가 주어져 있다는 것을 말한다고 볼 수 있다.(전 세계를 의미하는 '바다와 땅'에 대해서는 출20:4, 11; 시69:34를 참조할 것) 요한은 이 천사가 바다와 땅에 서 있다는 것을 두 번 더(5, 8절) 언급함으로써 이것을 강조한다. 이러한 묘사를 통해 요한은 그의 메시지가 전 세계와 관련이 있다고 말하는 것이다.

3절 사자가 부르짖는 것 같이 큰 소리로 외치니 이 천사가 마치 사자의 노호(怒號)처럼 큰 소리로 외친다는 것은 그의 무서움을 암시하는 동시에 그 음성이 듣는 자들의 주의를 끌 정도로 깊은 공명을 지니고 있다는 것을 암시한다.

그가 외칠 때에 일곱 우레가 그 소리를 내어 말하더라 힘센 천사가 맡은 본래의 임무를 수행하기 전에(5절 이하) 일곱 천둥이 각각 제 소리를 낸다. '일곱 천둥' 앞에 정관사가 사용되는 것은 이 표상이 요한의 독자들에게 이미 잘 알려져 있었음을 시사한다. 이 '일곱 천둥'이라는 표현은 시편 29편 3~9절과 관련이 있다고 볼 수 있다. 왜냐하면 거기에서 하나님의 음성이 천둥소리로 표현되어 있기 때문이다.(요12:28~29 참조) 이 시편 구절의 영향 하에서 요한은 하늘에서 들린 음성을 이렇게 표현했을 가능성이 있다. 일곱은 완전을 상징하는 수로서 요한이 애용하는 숫자다. 그러나 이 일곱 천둥소리가 하나님의 음성을 가리킨다고 보기는 어렵다. 왜냐하면 19장 6절에는 천사의 음성이 천둥소리와 같은 소리로 표현되고 있기 때문이다. 그렇다면 일곱 천둥은 아마도 일곱 봉인, 일곱 나팔, 일곱 대접 시리즈에 나오는 일곱 천사들처럼 천사적 존재들을 가리킨다고 보는 것이 옳을 것이다.

4절 일곱 우레가 말을 할 때에 내가 기록하려고 하다가 곧 들으니 하늘에서 소리가 나서 말하기를 일곱 우레가 말한 것을 인봉하고 기록하지 말라 하더라 요한이 일곱 천둥으로부터 들은 것을 기록하려고 하자 하늘로부터 그것을 인봉하고 기록하지 말라는 음성이 들린다. "인봉하라."는 5장 1절에서 본 바와 같이 유대교의 묵시문학에서 통용된 문체 수단이었는데, 화자는 이를 사용하여 어떤 기록에는 마지막 때까지 알려지지 말아야 하는 절대 불가침의 비밀이 담겨 있다는 생각을 표현했다. 여기서 요한은 "기록하지 말라."라는 명령문으로 '봉인' 관념을 한층 더 강화하고 있다. 이 금령은 "네가 본 것과 지금의 일들과 다음에 일어날 일들을 기록하라."는 1장 19절과 "이 책의 예언의 말씀을 인봉하지 말라."는 22장 10절에 대조된다. 그러면 왜 일곱 천둥의 소리는 인봉되어야 한다고 하는 것인가? 이에 대해서는 다음과 같은 몇 가지 해석이 있다.

① 모든 신적 지식에 관여하지 말아야 한다는 것을 말하기 위함이라는 것이다. 그러나 요한은 이미 일곱 천둥소리를 들었고 그것을 기록하려고 했다는 점을 고려할 때 이 해석은 설득력이 약하다.

② 하나님은 인간에게 모든 것을 계시할 의도가 없으시기 때문에 현재와 미래의 신비에 관해 부분적인 계시만 주신다는 것을 말하기 위함이라는 것이다. 다시 말해서 하나님만 그리스도의 재림의 분명한 때를 아시기 때문에(막13:32; 마24:36), 천둥이 말한 것을 기록하지 말라는 명령은 오히려 아무도 마지막 날과 시간을 알 수 없다는 것을 강조하기 위한 문학적 수단으로 이해되어야 한다는 것이다.

5~6절 내가 본 바 바다와 땅을 밟고 서 있는 천사가 하늘을 향하여 오른손을 들고 세세토록 살아계신 이 곧 하늘과 그 가운데 있는 물건이며 땅과 그 가운데 있는 물건이며 바다와 그 가운데 있는 물건을 창조하신 이를 가리켜 맹세하여 이르되 지체하지 아니하리니 요한은 앞에서 잠시 일곱 천둥소리에 대해서 언급한 후 여기서 다시 바다와 땅을 밟고 서 있는 힘센 천사에게로 시선을 돌린다. 이 천사는 영원히 살아계시며 이 세계의 창조주이신 하나님께 오른손을 들고 맹세한다. 5~7절에 있는 맹세 장면의 배경에는 다니엘 12장 4~7절이 있는 것으로 보인다. 다니엘서의 구절에서는 세마포를 입고 강물 위에 있는 자가 그의 오른손과 왼손을 하늘로 쳐들고, 영원히

살아계신 분에게 맹세하면서 다음과 같이 말한다.

"한 때와 두 때와 반 때가 지나야 한다. 거룩한 백성이 받는 핍박이 끝날 때에, 이 모든 일이 다 이루어질 것이다."

이와 같이 계시록 10장 5~7절과 다니엘 12장 4~7절은 상당히 유사하다. 그런데 다니엘 12장에 있는 진술은 시리아 제국의 왕인 안티오쿠스 4세 하에서의 이스라엘의 핍박과 관련이 있다. 따라서 우리는 여기서 다음과 같이 말할 수 있다. 요한은 그리스도 사건을 마지막 때의 시작으로 본 사람이기 때문에, 그는 다니엘의 메시지를 재해석해서 이것을 로마 제국 하에서 핍박을 받는 그리스도인들을 위해 사용한 것이다.

"지체하지 아니하리니(때가 얼마 남지 않았다.)"는 6장 10절에 나오는 순교자들이 제기한 질문과 8장 2~5절에 나오는 그리스도인들의 기도에 대한 대답으로 볼 수 있다. 다니엘 12장 7절의 표현대로 해서 한 때와 두 때와 반 때가 걸리는 기간이 임박해 있다는 것이다. 요한은 마지막 때를 가리키는 이 표현을 11장부터 비로소 교회의 때를 위한 상징적인 표현으로 사용한다.

7절 일곱째 천사가 소리 내는 날 그의 나팔을 불려고 할 때에 하나님이 그의 종 선지자들에게 전하신 복음과 같이 하나님의 그 비밀이 이루어지리라 하더라 요한은 앞서 언급한 "지체하지 아니하리니"가 무엇에 관련되는지를 여기서 분명히 말하고 있다. 즉, 그것은 일곱째 천사가 나팔을 불 때에 일어날 사건들이라는 것이다. 여기서 요한은 이것을 하나님의 비밀이라고 부르면서 이것이 이루어질 것이라고 한다. 우리는 이에 대한 내용을 일곱째 나팔이 울려 퍼질 때 일어날 일들이 묘사되고 있는 계시록 11장 15~19절에서 찾아볼 수 있다. 이와 관련해 볼 때 하나님의 비밀의 완성은 하나님께서 그리스도와 함께 그의 세계 통치에 대한 궁극적 실현과 그 결과들을 말하는 것임을 알 수 있다. 불신자들에게 있어서 이것은 심판이지만, 신실한 그리스도인들에게는 구원의 완성이다.

그런데 여기서 우리는 하나님의 비밀이 하나님께서 그의 종들 곧 예언자들에게 전하신 그대로 이루어질 것이라는 점에 주목해야 한다. 이와 비슷한 내용을 구약의 아모스 3장 7절에서 찾아볼 수 있는데, 거기서 '그의 종들 곧 예언자들'은 구약의 예언자들을 가리킨다. 그러나 여기에는 신약의 예언자들도 내포되어 있다고 볼 수 있다. 왜냐하면 요한계시록의 그 밖의 구절들에서 복수 '종들'은 항상 모든 그리스도인들을 의미하고 있고(1:1, 11:18~19, 19:2, 5, 22:16 참조), 그리스도의 증언자들이 예언자들(11:10, 18, 16:6, 22:6, 9, 18:24)로 불리고 있기 때문이다. 요한 자신은 신약의 예언자들 중의 한 사람이다.(1:3, 22:7, 10, 18~19 참조)

8절 하늘에서 나서 내게 들리던 음성이 또 내게 말하여 이르되 네가 가서 바다와 땅을 밟고 서 있는 천사의 손에 펴 놓인 두루마리를 가지라 하기로 4절에서 요한에게 일곱 천둥의 말을 인봉해 두라고 한 하늘의 음성은 또 다시 힘센 천사의 손에 펼쳐진 작은 책을 받으라고 요한에게 촉구한다.(2절의 주석을 참조할 것)

9절 내가 천사에게 나아가 작은 두루마리를 달라 한즉 천사가 이르되 갖다 먹어 버리라 네 배에는 쓰나 네 입에는 꿀 같이 달리라 하거늘 요한은 하늘의 음성에 복종하여 천사에게 가서 작은 두루마리를 달라고 요청한다. 그때 이 천사는 그 작은 두루마리를 받아먹으라고 명령하면서 그 효과에 대해 미리 말한다. 즉, 요한의 배에는 쓰겠지만 입에는 꿀 같이 달 것이라는 것

이다.(이것의 의미는 다음 절의 주석을 참조할 것)

10절 내가 천사의 손에서 작은 두루마리를 갖다 먹어 버리니 내 입에는 꿀 같이 다나 먹은 후에 내 배에서는 쓰게 되더라 요한이 그 천사의 손에서 작은 두루마리를 받아 삼키자마자 즉시 앞서 말한 그 효과가 나타난다. 이 장면은 에스겔 2장 8절~3장 3절의 장면과 유사하다. 에스겔은 이스라엘 백성처럼 반항하지 말고 하나님께서 주시는 것을 받아먹으라는 명령을 받는다. 그래서 에스겔이 바라보니 손 하나가 그 앞으로 뻗쳐 있고, 그 손에는 온갖 조가(弔歌)와 탄식과 재앙의 글이 앞뒤로 적혀 있는 두루마리 책이 있는데, 거기서 하나님은 에스겔에게 이 책을 먹여 주시며, 이 책으로 배를 불리며, 속을 가득히 채우라고 말씀하셨다는 것이다. 에스겔이 그것을 먹어보니, 그것이 꿀같이 달았다는 것이다.

이것은 에스겔이 예언자로 활동하기 전에 이미 하나님의 말씀에 대한 기쁨으로 가득 차 있었다는 것을 상징적으로 표현한 것이다.(시119:103; 렘15:16 참조) 요한의 체험도 분명히 이와 유사하다. 그러나 요한은 먹고 나니 배에는 썼다는 것을 첨가하였다. 하지만 왜 배에 쓰다는 것인지는 확실하게 나와 있지 않아서 이에 대한 해석이 분분한데, 다음과 같은 견해가 있다.

① 이것은 하나님의 말씀이 요한과 다른 선포자들에게 고난과 박해 그리고 죽음까지도 야기한다는 것을 가리킨다.(1:9, 11:3~14 참조)

② 작은 책이 요한의 입에서 꿀처럼 단 것은 그 책의 말씀이 기독교 공동체의 보존을 위해 힘을 불어 넣어 주기 때문이요(11:1~2 참조), 그것이 요한의 배에 쓴 이유는 교회가 견디어야 하는 환란을 예고하고 있기 때문이다.(11:3~10 참조)

③ 작은 책의 내용이 불신자들의 세계에 임할 심판과 화를 강조하기 때문이다.

④ 이것은 작은 책의 내용을 11장이라고 보는 전제 하에 교회를 위한 메시지로 보아야 한다. 이것은 최후의 승리에 앞서 신자들이 견디어야 하는 큰 환란을 예고하기 때문이다.

11절 그가 내게 말하기를 네가 많은 백성과 나라와 방언과 임금에게 다시 예언하여야 하리라 하더라 이 구절과 앞에 나오는 구절들과의 관계를 규정하는 것은 어려운 일이다. 만일 백성과 민족과 언어와 왕들을 향한 예언 명령이 작은 책을 삼킨 요한의 행동과 직접적으로 연관되어 있다고 볼 경우, 본 구절의 예언에서 작은 책의 내용을 찾을 수 있어야 할 것이다. 왜냐하면 작은 책의 내용은 12장, 13장 그리고 17장에 묘사되어 있는 백성과 왕들과 관련되어 있기 때문이다.

그러나 이렇게 이해하면 10장과 11장과의 밀접한 연관은 완전히 무시된다. 또한 본 구절인 11절도 상징적 장면인 8~10절과 구분해서 이해해야 한다. 왜냐하면 11절에는 요한에게 명령하는 새로운 주어가 나타나기 때문이다. 우리말 개역성경의 "그가 내게 말하기를"이라는 표현은 좋지 못한 번역이다. *καὶ λέγουσίν μοι*(카이 레구신 모이)는 직역하면 "그리고 그들이 내게 말한다."이다. 여기에 나오는 삼인칭 복수 '그들'은 부정수의 사람들을 말하는 것으로 이해할 수 있다. 설령 '그들'을 천사(1절)나 하늘의 음성(4, 8절)과 관련시킬 경우라도 11절의 주어는 내용으로 볼 때 새로운 것이어야 한다. 여기서 요한은 11절 앞에 나오는 것과 다른 예언을 다시 하게 될 것이라는 명령을 받는다. 따라서 11절에서 예고된 예언은 12장 이후, 특히 13, 17, 18장의 환상들과 관련되어 있다고 볼 수 있다.

여기에 나오는 "백성, 민족, 언어, 왕들 '와 비슷한 표현을 우리는 요한계시록에서 자주 볼 수 있다.

5:9 : "모든 종족과 언어와 백성과 민족"

7:9 : "모든 민족과 종족과 백성과 언어"

11:9 : "여러 백성과 종족과 언어와 민족"

13:7 : "모든 종족과 백성과 언어와 민족"

14:6 : "모든 민족과 종족과 언어와 백성"

17:15 : "백성들과 무리들과 민족들과 언어들"

이 표현들은 때로는 단수로(5:9, 13:7, 14:6), 때로는 복수로(7:9, 10:11, 11:9, 17:15), 그리고 가끔 다른 순서로 나타나기 때문에, 요한이 이 표현들을 개념적으로 자세히 구분해서 말한 것 같지는 않다. 아무튼 이 표현들은 세상 사람들 전체를 말하기 위한 의도에서 나온 것이다.(종족(φυλαί, 퓔라이): 동일한 혈통의 공동체, 언어(γλῶσσαι, 글로사이): 동일한 언어의 공동체, 백성(λαοί, 라오이): 동일한 역사를 가진 정치적 공동체, 민족(ἔθνη, 에트네): 동일한 관습과 문화를 가진 자연적 공동체) 그러나 이 표현들은 문맥에 따라 긍정적인 의미에서(5:9, 7:9) 구원받은 자들을 위해 사용되기도 하고, 부정적인 의미에서(10:11, 11:9, 13:7, 14:6, 17:15) 심판을 받을 불신앙인들을 위해 사용되기도 한다.

그런데 여기서 눈에 띄는 것은 다른 비슷한 구절들과 달리 '왕들' 로 표현되는 네 표현이 모두 부정적인 의미에서 사용되고 있다는 점이다. 왜냐하면 '왕들' 은 이후의 환상들에서 심판을 받을 자로 예견되고 있기 때문이다.(가령, 16:12, 14, 17:2, 9, 12, 14, 15, 18, 18:3, 9, 19:18~19)

3) 설교 가이드

본문에서는 7절에 나오는 '하나님의 비밀' 이 이루어질 것이라는 약속과 8~10절의 상징적 장면에 초점을 맞추어 설교를 작성할 수 있을 것이다.

① 본문 주석에서 보았듯이, 여기에 나오는 '하나님의 비밀' 의 내용은 11장 15~19절에서 찾아볼 수 있다.(7절의 주석을 참조할 것) 따라서 이 부분은 11장 15~19절의 설교 가이드를 참고하면 좋을 것이다.

② 10절에는 요한이 작은 두루마리를 받아먹으니, 입에는 꿀같이 다나 먹은 후에 배에는 썼다는 내용이 나온다. 꿀처럼 단 것은 11장 1~2절과 관련이 있고, 쓴 것은 11장 3~10절과 관련이 있다고 볼 수 있다. 따라서 설교자는 11장 1~2절을 설명해 주면서 설교를 듣는 자들이 교회 공동체의 보존과 구원에 대한 약속의 말씀을 굳게 믿을 수 있도록 도와주는 동시에, 11장 3~10절의 설명을 통해 그리스도인들이 저마다 겪는 환란을 잘 견딜 수 있도록 용기를 주어야 한다.

9. 2. 11:1~14: 성전 측량과 두 증인의 활동

1또 내게 지팡이 같은 갈대를 주며 말하기를 일어나서 하나님의 성전과
제단과 그 안에서 경배하는 자들을 측량하되 2성전 바깥 마당은 측량하
지 말고 그냥 두라 이것은 이방인에게 주었은즉 그들이 거룩한 성을 마
흔두 달 동안 짓밟으리라 3내가 나의 두 증인에게 권세를 주리니 그들이
굵은 베옷을 입고 천 이백육십 일을 예언하리라 4그들은 이 땅의 주 앞
에 서 있는 두 감람나무와 두 촛대니 5만일 누구든지 그들을 해하고자
하면 그들의 입에서 불이 나와서 그들의 원수를 삼켜 버릴 것이요 누구

든지 그들을 해하고자 하면 반드시 그와 같이 죽임을 당하리라 6그들이
권능을 가지고 하늘을 닫아 그 예언을 하는 날 동안 비가 오지 못하게
하고 또 권능을 가지고 물을 피로 변하게 하고 아무 때든지 원하는 대로
여러 가지 재앙으로 땅을 치리로다 7그들이 그 증언을 마칠 때에 무저갱
으로부터 올라오는 짐승이 그들과 더불어 전쟁을 일으켜 그들을 이기고
그들을 죽일 터인즉 8그들의 시체가 큰 성 길에 있으리니 그 성은 영적
으로 하면 소돔이라고도 하고 애굽이라고도 하니 곧 그들의 주께서 십
자가에 못 박히신 곳이라 9백성들과 족속과 방언과 나라 중에서 사람들
이 그 시체를 사흘 반 동안을 보며 무덤에 장사하지 못하게 하리로다 10
이 두 선지자가 땅에 사는 자들을 괴롭게 한 고로 땅에 사는 자들이 그
들의 죽음을 즐거워하고 기뻐하여 서로 예물을 보내리라 하더라 11삼 일
반 후에 하나님께로부터 생기가 그들 속에 들어가매 그들이 발로 일어
서니 구경하는 자들이 크게 두려워하더라 12하늘로부터 큰 음성이 있어
이리로 올라오라 함을 그들이 듣고 구름을 타고 하늘로 올라가니 그들
의 원수들도 구경하더라 13그 때에 큰 지진이 나서 성 십분의 일이 무너
지고 지진에 죽은 사람이 칠천이라 그 남은 자들이 두려워하여 영광을
하늘의 하나님께 돌리더라 14둘째 화는 지나갔으나 보라 셋째 화가 속히
이르는도다

1) 본문 소개

본문은 요한계시록에서 가장 난해한 장 중의 하나로 간주된다. 주석가들에 의해 지금까지 연구된 매우 다양한 해석들이 이를 증명해 주고 있다.

이 다양한 해석들을 크게 두 부류로 나누어 본다면, 하나는 문자적인 해석이고, 다른 하나는 상징적인 해석이라고 할 수 있다. 특히 세대주의적

입장에 속하는 이들은 11장을 다른 어떤 장들보다 더 문자적으로 해석하고 있다. 그리스도의 재림 바로 전에 임할 대환란의 때에 대한 예언의 말씀으로 이해하여 1절에 나오는 '성전'은 거룩한 도시 예루살렘의 회복된 성전으로, '그 안에서 경배하는 자들'은 믿는 유대인들이며 남은 자들로 이해한다.

그러나 이러한 문자적인 미래적 해석은 신학적으로 문제가 있다. 왜냐하면 예루살렘 성전의 미래적 회복은 구약의 제사제도의 회복을 나타내는데, 히브리서 10장 1~12절에 의하면 그리스도는 오직 한 번 영원한 희생 제물을 드리심으로써 죄를 사하기 위한 제사를 영원히 폐하셨다는 말씀에 위배되기 때문이다.

따라서 현재 대다수의 주석가들은 11장을 상징적으로 해석하는 데 동의하고 있다. 11장에서 요한은 예루살렘과 성전을 상징어로 사용하고 있다. 요한은 이 본문에서 교회의 길과 그리스도인들의 운명에 대해 언급하고 있다. 본문의 목표는 여섯째 나팔 환상이 묘사하는 충격적인 사건들이 신실한 그리스도인들과는 관련이 없을 뿐만 아니라, 오히려 그들에게 그것은 구원을 의미한다는 것을 보여 주고자 하는 데에 있다. 다시 말해서 요한은 본문을 통해 그리스도인들에게 여러 환란 가운데서도 그리스도에 대한 신앙을 포기하지 말고 매일 매일의 삶을 충실하게 영위할 것을 촉구하고자 한 것이다. 이것은 7장 1~17절에 나오는 144,000명의 인침이 그리스도인들의 보호를 상징하는 것에 상응한다.

이 단락은 다음과 같이 이루어져 있다.

① 1~2절: 요한이 성전을 측량하라는 명령을 받음

② 3~13절: 두 증인의 활동과 운명

③ 14절: 둘째 재난이 지나갔음을 알리는 공표(14a절)와 셋째 재난에 대

한 예고(14b절)

2) 본문 주석

1절 또 내게 지팡이 같은 갈대를 주며 말하기를 일어나서 하나님의 성전과 제단과 그 안에서 경배하는 자들을 측량하되 여기서 요한은 지팡이와 같은 측량자 하나를 받고 하나님의 성전과 제단과 그 안에서 예배하는 자들을 측량하라는 명령을 받는다. 이 명령을 하는 이가 누구인지는 분명하지 않다. 아마도 10장에서 본 힘센 천사를 생각해 볼 수 있을 것이다.

이 구절에 대한 해석은 논란이 많으나, 이를 요약하면 다음과 같다.

① 세대주의적 입장에서 미래적 해석을 시도하는 일련의 주석가들이 있다. 이들은 본 구절을 그리스도의 재림 직전에 임하게 될 대환란에 대한 예언의 말씀으로 이해한다. 본문 소개에서도 밝혔듯이 이들은 11장 전체를 다른 어떤 장들보다 더 문자적으로 해석하여, 성전과 제단을 거룩한 도시 예루살렘의 회복된 성전으로, '그 안에서 경배하는 자들'을 믿는 유대인들로서 남은 자들로 이해한다. 그리고 성전과 제단, 예배하는 자들에 대한 측량은 그들이 육체적으로 하나님에 의해 보호받게 될 것을 가리키며, 2a절의 바깥 마당은 남은 자들을 박해하고 마흔 두 달 동안 예루살렘을 짓밟을 이방인들을 가리킨다는 것이다.

② 시대사적 해석이 있다. 이 입장은 위의 해석과 유사하게 문자적으로 해석해서 성전, 제단, 그리고 바깥 마당을 예루살렘에 있는 실제적인 성전 건물로 이해한다. 그러나 위의 해석처럼 이것을 단지 미래적인 의미에서 보는 것이 아니라, 본 구절에 묘사되는 예루살렘 성전 파괴(A.D. 70년) 당시이거나 혹은 그 이전 시기에 있었던 사건을 반영한다는 것이다.

③ 이들은 ①의 입장처럼 한편으로는 해당 구절을 미래와 관련시키고

있지만, 다른 한편으로는 상징적인 것으로 이해한다. 이들은 성전, 제단, 그리고 예언자들을 역사의 마지막에 구원이 보장된 이스라엘 안에 있는 사람들과 관련시킨다. 그리고 2절에 나오는 바깥 마당과 거룩한 도시는 구원의 보장을 받지 못하는 유대인 불신자들을 나타내는 것으로 본다.

④ 이 입장은 ③처럼 상징적으로 해석하지만, 각 이미지들을 ③과 다르게 이해한다. 여기서는 하나님의 '성전' 을 참되고 영적인 이스라엘의 교회로 보는 한편, 2절의 '바깥 뜰' 은 신앙고백을 하지만 변절한 교회로 본다. 이들은 요한이 교회들 가운데 하나님의 순수한 예배자들이 아닌 몇몇 교회가 있음을 지적하고 있다고 주장한다.(가령, 2:6, 14~16, 20~23, 3:1~3, 16) 게다가 이들은 2a절에 나오는 "그냥 두라"라는 말이 신약성서에서(가령, 마5:13; 눅13:28, 14:35; 요6:37, 12:31, 15:6) 신실한 신앙공동체로부터의 배제라는 부정적인 의미를 가지고 있다고 말한다.

⑤ 이 입장도 본문을 상징으로 해석하여 ④의 입장처럼 '하나님의 성전' 을 참되고 영적인 이스라엘인 교회로 보고 있지만, 2a절에 나오는 '바깥 마당' 은 박해받을 교회에 대한 표현으로 본다. 이들의 주장에 의하면 2a절의 "그냥 두라"가 불신앙적인 세계로부터 박해와 거부를 당하는 하나님의 참된 백성과 관련 있다는 것이다. 여기서 '측량' 은, 하나님의 참된 백성이 육체적으로는 고난을 당하지만 구원을 보장받는 것을 의미한다는 것이다.

⑥ 이 입장도 ④와 ⑤의 입장처럼 '하나님의 성전' 을 문자적으로 이해하지 않고 교회로 해석한다. 그러나 여기서는 '바깥 뜰' 을 이방인들의 세계로 해석한다.

⑦ 이 입장은 ④, ⑤, ⑥의 입장처럼 '하나님의 성전' 을 교회로 해석하지만, '바깥 뜰' 을 그리스도를 믿지 않는 유대교로 해석한다는 점에서 차이

를 보인다.

지금까지 본 바와 같이, 계시록 11장 1~2a절은 입장의 차이에 따라 다양한 해석들이 나올 정도로 난해한 부분이다. 그러나 여기서 우리가 어느 정도 확실히 말할 수 있는 것은 세대주의자들의 문자적인 해석이 설득력이 매우 약하다는 점이다. 이 해석은 공관복음서에 나오는 예수의 말씀(마24:2; 막13:2; 눅21:6)과 모순된다. 그리고 우리는 요한계시록 어디에서도 믿는 유대인들과 믿지 않는 유대인들의 구분을 볼 수 없다. 이는 계시록 저자의 관심이 유대인들의 역사적 운명에 있지 않기 때문이다. 현재 대다수의 주석가들은 본 구절을 상징적으로 해석하는 데에 동의하고 있다.

본 구절을 바로 이해하기 위해서는 우선 구약적 배경이 되고 있는 에스겔 40장 3절~42장 20절과 스가랴 2장 1~5절에 주목할 필요가 있다. 에스겔 40~42장에는 성전의 천사가 여러 부분들을 측량하는 이야기가 나오는데, 이것은 종말론적 성전의 확실한 보호를 은유적으로 묘사하는 장면이다. 스가랴 2장 1~5절에는 예루살렘을 측량하는 한 사람(아마도 천사)이 나타난다. 여기서 측량은 상징적 행동이다. 구약에서 '측량'은 파괴(삼하8:2a; 왕하21:13; 암7:7~9; 사34:11)를 위한 메타포로 사용되는 경우가 있지만, 인용한 에스겔서와 스가랴의 구절들에서는 보존을 위한 메타포로 사용된다.

요한은 11장 1~2절에서뿐만 아니라, 한 천사가 그 도시(새 예루살렘)와 그 문들과 성벽을 측량하는 21장 15~17절에서도 앞서 언급한 에스겔과 스가랴 텍스트에 의존한다. 거기서 측량은 새 예루살렘의 거주민들을 속되고 가증한 사람들에 대한 해로부터 보호하는 것을 나타낸다. 이 차단은 하나님의 종말론적 공동체의 보호를 보증한다는 것을 말한다. 따라서 우리는 계시록 21장의 '측량'이 순결한 공동체의 한 가운데 영원히 거할 하나님의 임재에 대한 약속이라는 것을 인식할 수 있다.

이러한 맥락에서 볼 때 계시록 11장에 나오는 '측량'은, 마지막 완성 이전에 지상에서 살고 있는 하나님의 참된 백성인 교회와 함께 계시겠다고 보증하는 하나님의 종말론적 임재의 약속이 기독교 공동체의 설립으로부터 시작된다는 것을 의미한다. 따라서 11장 1절에 나오는 하나님의 성전이 솔로몬의 성전을 가리키는 것인가, 아니면 헤롯의 성전을 가리키는 것인가 하는 문제나, 제단이 번제단인가 아니면 향단인가를 따지는 것은 그다지 가치가 없는 일이다. 오직 요한이 '하나님의 성전'을 교회를 위한 메타포로 사용하고 있으며(고전3:10; 고후6:16; 갈2:9; 엡2:19~22; 계3:12 참조), '제단과 그 안에서 경배하는 자들'을 그리스도인들을 위한 메타포로 사용하고 있다는 것만이 중요한 사실이다. 왜냐하면 계시록 1장 6절과 5장 10절에 의하면 그리스도인들이 하나님을 위한 제사장들로 표현되고 있기 때문이다.

2절 성전 바깥 마당은 측량하지 말고 그냥 두라 이것은 이방인에게 주었은즉 그들이 거룩한 성을 마흔두 달 동안 짓밟으리라 앞에서 본 바와 같이 여기에 나오는 '성전 밖 마당'과 '거룩한 성'은 다양하게 해석되고 있으나, 필자는 이것을 박해를 받을 교회에 대한 표현으로 보는 입장에 동의한다. 왜냐하면 여기서 '거룩한 성(도시)'은 지상의 예루살렘을 말하는 것이 아니라, 영적으로 소돔과 이집트 즉, 불신앙의 장소로 불리고 있기 때문이다.(8절) 요한은 본 구절에서 '거룩한 성(도시)'을 하나님의 성전처럼 교회를 나타내는 상징어로 사용하고 있다.(20:9 참조) 이처럼 요한이 성전을 교회를 위한 상징어로 사용하는 것을 볼 때, 성전의 바깥 마당도 역시 교회와 관련이 있다는 것을 알 수 있다. 여기서 요한은 '성전의 바깥 마당' 과 '거룩한 도시' 를 육체적 해를 입기 쉬운 교회, 즉 박해 받을 교회에 대한 상징어로 사용하고 있다. 왜냐하면 "측량하지 말고 그냥 두라."와 "짓밟으리라."가 박해를 암시하기 때문이다. 따라서 본 구절은 하나님의 참된 백성인 교회가 불신앙적인 세계로부터 거부당하고 박해당할 것을 예고하는 말씀으로 이해할 수 있다. 이렇게 보면 본 구절은 마지막 때에 이방인들(불신앙적인 세계)이 교회를 마흔 두 달 동안 짓밟을 것임을 말한 것으로 이해된다.

그런데 요한계시록에서 '마흔 두 달' 은 상징수로서 여러 곳에서 사용되는데, 1,260일과 '한 때와 두 때와 반 때' 라고도 한다. 13장 5절에 의하면 바다에서 올라오는 짐승에게 마흔 두 달 동안 세도를 부릴 권세가 주어진다. 11장 3절에는 두 증인이 1260일 동안 상복을 입고 예언할 것이라는 내용이 나오며, 12장 6절에는 하나님이 1260일 동안 한 여인을 광야에서 먹고 살게 하실 것이라는 내용이 나온다. 그리고 12장 14절에서는 이 기간이 '한 때와 두 때와 반 때', 즉 3년 반으로 표현되며, 12장 12절에서는 악마에게 주어진 짧은 기간으로 불린다.(3절의 주석을 참조할 것)

3절 내가 나의 두 증인에게 권세를 주리니 그들이 굵은 베옷을 입고 천이백육십 일을 예언하리라 3절부터 13절까지 계속 이어지는 두 증인과 이들의 운명에 관한 이야기는 1~2절보다 더 해석하기가 어렵다. 왜냐하면 무엇보다도 두 증인이 누구인지에 대해 알기가 쉽지 않기 때문이다.

이해를 돕기 위해서는 이 단락을 두 부분으로 나누어 볼 수 있다. 우선 3~6절은 두 증인을 소개하면서 이 두 인물에 대해 자세히 묘사한다. 그 다음으로 7~13절은 아비소스로부터 올라오는 짐승이 두 증인과 싸워 그들을 죽임으로써 이긴다는 것과 이에 대한 두 증인의 적들의 반응을 묘사한다.

본 구절에서는 또 하나의 위임을 알려주는 분으로서 새로운 인물이 등장한다. 그런데 그 인물은 단지 단수 일인칭으로 불릴 뿐 누구인지를 밝히지 않고 있다. 그러나 두 증인 앞에 '나의' 라는 소유격이 나온다. 이를 볼 때, 여기에 나오는 화자로서의 '나' 는 하나님, 또는 그리스도를 말하는 것으로 생각된다. 특히 요한계시록에서 '증언' 또는 '증인' 이 그리스도와 관련해서 언급되고 있고(1:2, 5 참조), 2장 13절에서는 안디바가 그리스도의 신실한 증인으로 불리는 것을 볼 때, 여기에 나오는 화자인 '나' 는 그리스도로 이해될 수 있다.

그런데 '두 증인' 이 누구인지에 대해서는 학자들 간에 논란이 많다. 이 문제는 크게 세 가지 관점에서 논쟁되어 왔다.

(1) '두 증인' 은 유대의 전통적인 종말론적 인물들에 대한 기대에서 유래한다.

(2) '두 증인' 은 역사적 인물들을 가리킨다.

(3) '두 증인' 은 상징적 인물들이다.

(1)의 관점에서는 다음과 같은 해석들이 있다.

① 에녹과 엘리야라는 설: 이 해석은 죽지 않고 하늘로 올라간 에녹과 엘리야가 선교를 완성하기 위해 마지막 때에 다시 올 것이라고 생각한 초기 유대교의 기대에 기초한다.

② 모세와 엘리야라는 설: 이 설에 의하면 계시록 11장 5절은 열왕기하 1장 10, 12절에 나오는 엘리야의 행위를 암시하며, 11장 6절은 출애굽기 7장 20절에 나오는 모세의 행위를 암시한다는 것이다. 유대교에서 널리 퍼

진 전승에 의하면 모세와 엘리야는 하늘로 올리어져서 마지막 때에 다시 올 예언자로 기대되었으며, 기독교의 전승 안에서는 예수의 변모사화(막 9:4~5; 마17:3~4; 눅9:30~33)에서 이 둘이 함께 나타난다는 것이다.

③ 엘리야와 예레미야라는 설: 이 설은 예레미야가 엘리야처럼 죽지 않고 하늘로 옮겨졌다고 생각한 초기 유대교의 기대에 기초한다.

④ 특별히 과거의 이스라엘 예언자들과 동일화시키지 말아야 하는 마지막 때의 예언자들이라는 설.

(2)의 관점에서는 다음과 같은 해석들이 있다.

① 베드로와 바울이라는 설: 이 해석은 사도적 교부들의 문헌들(가령, 로마인들에게 보낸 이그나티우스의 편지4:3; 클레멘트1서5:4~7)에서 베드로와 바울이 둘 다 순교자들로 언급되고 있다는 점에 기초를 둔다.

② 스데반과 예수의 형제 야고보라는 설: 이것은 이들이 실제로 예루살렘에서 죽임을 당했다는 사도행전 7장 54~60절을 기초로 한다.

③ 세베대의 아들들인 야고보와 요한이라는 설: 이 설은 세베대의 두 아들의 순교를 암시한다고 간주되는 마가복음 10장 35~40절 및 마태복음 20장 20~28절과 세베대의 아들 야고보가 헤롯 아그립바 1세에 의해 죽임 당한다는 보도가 나오는 사도행전 12장 2절에 기초한다.

④ 세례자 요한과 예수라는 설: 이 설은 세례자 요한을 오게 되어 있는 엘리야로(마11:14), 예수를 부활한 모세로 생각한 초기 기독교인들의 견해에 기초하고 있다. 여기에는 유대교의 두 메시아, 즉 아론의 메시아(제사장적 메시아)와 이스라엘의 메시아(다윗적 메시아)에 대한 기대도 고려된 것으로서 세례자 요한은 제사장적 메시아에, 예수는 다윗적 메시아에 상응한다는 것이다.

⑤ 주의 형제 야고보와 세베대의 아들 야고보라는 설: 이 해석은 주의 형제 야고보와 세베대의 아들 야고보가 둘 다 사도적 세대에 속했고 예루살렘에서 죽었다는 점에 기초를 두고 있다.

⑥ 대제사장들인 아나누스와 예수라는 설: 이 설은, 이들이 이두매인들에 의해 살해되고 장례 절차도 없이 시체가 내팽개쳐져 버렸다고 하는 요세푸스의 기록(『유대전쟁사』 4. 314~317)에 기초한다.

(3)의 관점에서는 다음과 같은 해석들이 있다.

① 구약과 신약, 또는 모세와 엘리야로 대표되는 율법과 예언자들이라는 설

② 교회의 예언자적 증언이라는 설: 유대 전통에 의하면 두 증인은 증언의 진실성을 보증하는 기능을 갖는다. 따라서 이 두 증인의 증언은 곧 기독교의 진리성을 상징한다는 것이다.

③ 기독교 안에 그대로 보존된 이스라엘 종교의 참된 영적 가치라는 설

④ 하나님의 말씀과 예수 그리스도의 증언, 즉 구약의 예언자적 메시아와 신약의 사도적 증언이라는 설

⑤ 기독교 공동체의 일부라는 설

㉠ 유대인 기독교인들이라는 설

㉡ 기독교의 예언자들이라는 설

㉢ 기독교의 순교자들이라는 설

⑥ 교회를 상징한다는 설: 기본적으로 전(全) 세계를 향해 예언적 증언을 해야 하는 기능을 가지고 있는 교회 전체를 가리킨다는 것이다.

지금까지 살펴본 바와 같이, 계시록 11장 3절에 나오는 '두 증인'에 대

해서 단정적인 해석을 하기는 매우 어려운 일이다. 그럼에도 불구하고 필자는 (3)의 관점인 상징적 해석들 중 ⑥을 가장 설득력이 있는 견해로 간주한다. 이에 대해서는 4절의 주석에서 자세히 밝히겠지만, '두 증인'을 교회로 해석할 경우 본 구절은 그리스도가 교회에 예언적 증언을 하도록 위임하신 것으로 이해할 수 있다.

그런데 여기서 주목을 끄는 것은, 두 증인으로 하여금 천이백육십 일 동안 상복을 입고 예언하게 하겠다는 언급이다. 물론 천이백육십 일은 2절에 나오는 마흔 두 달과 같은 숫자로서 그리스도가 다시 오시기 전에 있을 시험과 증언의 때로서의 교회의 때를 의미하는 상징수다.(2절의 주석을 참조할 것)

4절 그들은 이 땅의 주 앞에 서 있는 두 감람나무와 두 촛대니 이 구절에서 요한은 앞 절에 언급된 두 증인이 이 땅의 주 앞에 서 있는 두 감람나무와 두 촛대라고 밝힌다. 그런데 스가랴 4장 1~14절에 의하면 두 감람나무는 두 기름부음을 받은 왕권과 제사장권의 대표자들인 스룹바벨과 요수아를 상징하는 말이다.

다윗적 기름부음을 받은 자와 제사장적 기름부음을 받은 자에 관한 이 표상은 초기 유대교의 메시아 기대에 영향을 끼쳤다. 그래서 쿰란 공동체는 왕적 메시아와 제사장적 메시아의 도래를 기대했다. 물론 본 구절은 이런 전통에 서 있지 않다. 요한은 스가랴 4장 1~14절에서처럼 두 감람나무 표상을 사용하고 있지만, 스가랴서와는 차이점을 보인다. 예를 들어 스가랴서에는 한 촛대가 나오는 반면, 본 구절에는 두 촛대가 나온다. 따라서 본 구절의 두 증인은 감람나무인 동시에 촛대다. 또한 스가랴서에서는 왕권과 제사장권이 구분되는 데 반해서, 본 구절에서는 두 증인이 왕적, 제사장적 기능을 동시에 가지고 있다. 따라서 우리는 요한이 스가랴서의 예언을 그대로 전하지 않고 자신의 목적을 위해 스가랴서의 '두 감람나무' 표상을 사용하고 있다는 것을 확인할 수 있다. 이처럼 요한계시록의 촛대는 교회를 상징한다.(1:20, 2:5 참조) 그런데 두 증인을 그리스도의 증인들이라고 볼 때(1:2, 5, 2:13 참조), 우리는 본 구절의 '두 감람나무' 가 그리스도인들의 왕적, 제사장적 기능을 가리킨다는 것을 알 수 있다.(1:6, 2:26~28, 3:21, 5:10 참조) 물론 이 구절에서 촛대 앞에 '둘' 이라는 숫자가 나오는 것은 '두 증인' 과 '두 감람나무' 를 조화를 이루게 하려는 요한의 의도에서 비롯된 것으로 볼 수 있다. 따라서 두 증인은 예언적 선포를 위해 위임을 받은 모든 그리스도인들을 상징한다고 볼 수 있다.(3절 참조)

5절 만일 누구든지 그들을 해하고자 하면 그들의 입에서 불이 나와서 그들의 원수를 삼켜 버릴 것이요 누구든지 그들을 해하고자 하면 반드시 그와 같이 죽임을 당하리라 이 구절에서 요한은 두 증인(교회)이 위임받은 증언을 다 할 때까지 하나님의 특별한 보호 하에 있을 것이라고 말한다. 이를 위해 요한은 두 증인의 입에서 나오는 불에 관한 표상을 사용한다. 이것은 하늘로부터 떨어지게 한 불로 적대자들을 모두 태운 엘리야의 행위를 암시한다.(왕하1:10~12 참조) 그러나 요한은 예레미야 5장 14절의 영향 하에서 그 표현을 변형시켜 불이 하늘로부터가 아니라, 두 증인의 입에서 나온다고 묘사한다. 두 증인은 그리스도의 구원의 메시지를 선포하기 위한 예언자들(교회)이다. 그런데 여기에는 땅에 거하는 자들을 괴롭게 하는 이들의 심판 설교를 염두에 둔 요한의 의도가 들어 있다고 볼 수 있다.(10절 참조) 왜냐하면 두 증인의 입에서 나오는 불은 그리스도의 입에서 나오는 칼(1:16, 2:16 참조)처럼 그림말로 이해되어야 하기 때문이다.

6절 그들이 권능을 가지고 하늘을 닫아 그 예언을 하는 날 동안 비가 오지 못하게 하고 또 권능을 가지고 물을 피로 변하게 하고 아무 때든지 원하는 대로 여러 가지 재앙으로 땅을 치리로다 여기서 요한은 5절에 이어 두 증인이 가지고 있는 권세에 대해 세 가지를 덧붙이고 있다.

① 두 증인이 예언하는 동안 하늘을 닫아 비가 내리지 못하게 할 수 있는 권세

② 물을 피로 변하게 하는 권세

③ 그들이 원하는 대로 몇 번이고 어떤 재앙으로든지 땅을 칠 수 있는 권세

이 묘사들은 구약의 묘사를 상기시킨다. ①은 엘리야의 위협과(왕상17:1 참조), ②는 모세의 이적과(출7:17, 19~20 참조), ③은 그 밖의 이집트 재앙들과 관련된다고 볼 수 있다.(삼상4:8 참조)

그러면 요한은 왜 두 증인의 이적 능력을 구약과 관련지어 언급하는 것인가?

우리는 여기서 5절을 다시 살펴보아야 한다. 거기서 우리가 발견하게 되는 것은 두 증인의 이적 행위의 동기가 그들을 향한 적들의 공격이라는 점이다. 다시 말해서 특별한 권세에 해당하는 두 증인의 이적 행위는 그들의 보호를 위한 방어의 의미를 갖는다는 것이다. 이들의 권세에 의해 적들이 멸망당하는 것은 하나님의 뜻에 상응하는 것이다. 5b절의 말씀이 이것을 가리킨다. 그러므로 여기에 나오는 두 증인의 권세 묘사는 그들이 곤궁한 상황 속에서도 일정한 기간 동안 하나님의 보호 아래 있게 된다는 것을 말한다고 볼 수 있다. 여기서 요한은 두 증인이 엘리야와 모세처럼 특별한 권세를 가지고 있음을 강조한다. 앞에서 언급했듯이, 두 증인은 전 세계를

향해 예언적 증언을 해야 하는 기능을 가지고 있는, 전 교회를 가리킨다. 따라서 우리는 요한이 마지막 때의 교회의 예언적 활동을 정당화하기 위해 교회의 특별한 권세에 대해 말하는 것을 알 수 있다.

7절 그들이 그 증언을 마칠 때에 무저갱으로부터 올라오는 짐승이 그들과 더불어 전쟁을 일으켜 그들을 이기고 그들을 죽일 터인즉 이 구절은 두 증인(교회)의 사역이 완수되자 이들은 육체적인 해로부터 보호받지 못한다는 것을 말한다. 이들을 박해하고 죽일 악한 존재인 이 '아비소스로부터 올라오는 짐승'은 13장과 17장에 나오는 짐승과 연관해서 이해할 필요가 있다. 13장 1절에는 '바다에서 올라오는 짐승'이 나오는데, 17장 8절에서는 이 짐승이 '아비소스로부터 올라오는 짐승'으로 나타난다. 그런데 13장 1절의 '바다에서 올라오는 짐승'은 로마 제국을 상징하는 표상이다.(13:1의 주석 참조) 따라서 본 구절에서 아비소스로부터 올라오는 짐승이 두 증인(교회)과 싸워 이기고 그들을 죽일 것이라고 언급하는 것은 교회에 대한 로마의 박해를 가리킨다는 것을 알 수 있다. 여기서 요한은 교회가 그들의 예언적 선포 때문에 사탄적 적대자에 의해 순교를 당하게 될 것임을 말하고 있는 것이다.

8절 그들의 시체가 큰 성 길에 있으리니 그 성은 영적으로 하면 소돔이라고도 하고 애굽이라고도 하니 곧 그들의 주께서 십자가에 못 박히신 곳이라 순교를 당한 증인들의 시체가 매장되지 못하고 큰 도시의 넓은 거리에 내버리게 될 것이라는 것은 증인들(교회)이 당할 최악의 굴욕을 말하는 것이다.(렘8:2, 16:4; 토비 1:18~20, 2:3~4 참조) 여기에 나오는 '큰 성(도시)'을 로마로 해석하는 주석가들이 있다. 왜냐하면 요한계시록의 다른 구절들에서 로마가 큰 도시로 불리고 있기 때문이다.(14:8, 16:19, 17:18, 18:2, 10) 그러나 8c절에서 이 도시를 예수께서 십자가에 달리신 곳이라고 밝히고 있는 것을 보면, 이 도시는 예루살렘을 가리키는 것이 틀림없다. 동시대의 문헌에서도 예루살렘은 큰 도시로 불렸다.(요세푸스 『아피온 반박』 1.197, Plinius *Hist. nat*. 5. 14. 70; 시빌의 신탁 5: 154, 226, 413) 그러나 여기서 예루살렘은 실제적 도시가 아니라 상징적 도시로 이해되어야 한다. 왜냐하면 본 구절에서 이 도시는 영적으로 소돔, 혹은 이집트로 불리고 있기 때문이다. 소돔은 하나님의 뜻과 계명을 짓밟은 곳이고, 이집트는 하나님의 백성을 억압한 대표적인 적대민족이다. 따라서 이 도시는 하나님께 적대적인 전 세상을 가리킨다.

9절 백성들과 족속과 방언과 나라 중에서 사람들이 그 시체를 사흘 반 동안을 보며 무덤에 장사하지 못하게 하리로다 본 구절의 '백성들과 족속과 방언과 나라 중에서 사람들'은 '여러 백성과 종족과 언어와 민족에 속한 사람들'로 번역하는 것이 더 좋을 것이다. 이 표현은 그리스도인들에게 맞서는, 하나님께 적대적인 온 세상 사람을 가리킨다.(10:11의 주석을 참조할 것) 그리고 온 세상 사람들이 사흘 반 동안 두 증인의 시체를 보고서도 그 시체가 무덤에 안장되는 것을 허락하지 않는다는 것은 성서적 사고에 의하면 잔악한 행위요 아주 심한 멸시다.(시79:2~4; 왕상13:22; 렘8:2 참조) 여기서 이 표현은 사람들에게 회개할 것을 촉구하는 교회에 대한 불신앙적인 사람들의 멸시를 나타낸다. 그러나 이 멸시의 기간은 '사흘 반 동안'으로 한정된다. 물론 여기서 '사흘 반'은 상징 숫자로서 교회에 대한 적그리스도 세력의 승리가 짧은 기간에 한정되어 있다는 것을 말하기 위해 사용되고 있다.

10절 이 두 선지자가 땅에 사는 자들을 괴롭게 한 고로 땅에 사는 자들이 그들의 죽음을 즐거워하고 기뻐하여 서로 예물을 보내리라 하더라 '땅에 거하는 자들' 은 하나님께 적대적인 자들로, 앞 절에 나오는 여러 민족에 속한 사람들을 말한다. 이들이 두 증인의 죽음을 즐거워하여 서로 선물을 주고받는다는 언급은 승리에 대한 이들의 환호를 표현하는 것이다.(에 9:18~20; 느8:10~11 참조)

11절 삼 일 반 후에 하나님께로부터 생기가 그들 속에 들어가매 하나님은 그의 증인들을 버리지 않으신다. 증인들의 원수는 너무 일찍 환호를 한 것이다. 사흘 반이 지난 뒤에 생기가 하나님께로부터 나와서 증인들 속으로 들어갔다는 표현의 배경에는 에스겔 37장 10절(…생기가 그들에게 들어가매 그들이 곧 살아 일어나서 서는데 …)이 있다. 이 배경은 두 증인을 집합적(교회)으로 해석하는 입장의 또 하나의 근거가 된다. 왜냐하면 에스겔 37장 5절은 구원의 때에 하나님의 백성(마른 뼈들)이 다시 살아날 것을 약속하기 때문이다. 여기서도 '삼 일 반' 은 상징의 숫자로 사용되고 있다.(9절의 주석을 참조할 것)

그들이 발로 일어서니 구경하는 자들이 크게 두려워하더라 이 어구는 두 증인(교회)에 대한 하나님의 구원 행동 앞에서 두 증인의 원수들의 환호가 큰 두려움으로 바뀐다는 것을 말해 주고 있다. 다시 말해서 이것은 교회의 원수들이 경악하는 모습에 대한 표현이다.

12절 하늘로부터 큰 음성이 있어 이리로 올라오라 함을 그들이 듣고 구름을 타고 하늘로 올라가니 그들의 원수들도 구경하더라 이제 두 증인은 하늘로부터 큰 음성을 듣는다. 명령문 "이리로 올라오라."는 4장 1절에서 요한에게 전해진 명령을 상기시킨다. 그러나 4장 1절의 명령문은 계시를 받기 위한 하늘로의 여행과 관련되는데 비해, 여기서는 두 증인의 승천과 관련하여 사용되고 있다. 이것은 엘리야(왕하2:11)와 에녹(집회 44:16), 그리고 모세(요세푸스 『유대 고대사』 4. 326)의 승천을 상기시킨다. 특히 모세에 대한 암시는 이 단락을 요한이 애호하는 주제인 '새 출애굽' 과의 관련 속에서 이해하도록 해 준다. 여기서 다루는 문제는 교회의 때의 마지막, 즉 그리스도의 재림 때에 있을 구원 사건이다. "저희 원수들도 구경하더라."라는 어구는 최종적으로 구원을 받을 교회와는 다르게 하나님께 적대적인 불신앙적인 사람들은 구원에서 배제된다는 것을 말한다.

13절 그 때에 큰 지진이 나서 성 십분의 일이 무너지고 지진에 죽은 사람이 칠천이라 여기서 요한은 하나님께 적대적인 사람들의 운명을 묘사한다. 여기에 나오는 '큰 지진' 은 16장 18절에서처럼 하나님께 적대적인 사람들에게 내리는 재앙의 기능을 가지고 있다.(6:12절의 주석을 참조할 것) '그 때에' 라는 말은 하나님의 징벌의 긴급성을 강조하기 위해 사용되고 있다. 그리고 성(도시)의 십분의 일이 무너지고 죽은 사람이 칠천이라는 것은 지진의 부분적인 영향을 말하는 것이다. 여기서 성(도시)을 예루살렘으로 생각한다면, 성의 십분의 일은 7,000명으로 계산될 수 있다. 왜냐하면 1세기경 예루살렘에는 약 70,000명의 사람들이 살았기 때문이다.

그 남은 자들이 두려워하여 영광을 하늘의 하나님께 돌리더라 살아남은 사람들은 두려움에 싸여서 하나님께 영광을 돌렸다고 한다. 주석가들 중에는 이 표현이 회개와 아무런 관련이 없다고 보는 이들이 있다. 이들은 이 표현을 9장 21절과 연관시키면서 요한계시록에서는 불신앙인들이 결코 회개하지 않는 사람들로 나타난다고 주장한다. 그러나 구약에서 "하나님께 영광을 돌리다"라는 어구는 회개와 긴밀하게 연관되는 경우가 있다.(수 7:19; 삼상6. 5 참조) 그리고 계시록 16장 9절에서는 회개하지 않았다는 말과 하나님께 영광을 돌리지 않았다는 말이 함께 사용되는 것을 볼 수 있다. 또한 14장 6~7절에 나오는 '영원한 복음'에 대한 선포에서 사람들은 "하나님을 두려워하고 그에게 영광을 돌리라"라는 권고를 받는데, 이 표현은 곧 회개를 의미한다. 따라서 필자는 본 구절이 두 증인의 순교적 증언 사역을 통해 사람들의 회개를 이끌어냈다고 보는 견해에 동의한다.

14절 둘째 화는 지나갔으나 보라 셋째 화가 속히 이르는도다 둘째 화는 여섯째 나팔 환상에서 묘사된다.(9:12의 주석을 참조할 것) 둘째 재난이 지나가도 셋째 재난이 곧 닥칠 것이라는 예고는 우리를 어리둥절하게 만든다. 왜냐하면 이 예고 바로 다음에 나오는 일곱째 나팔 환상에서는 하나님에 대한 찬양이 나오기 때문이다. 따라서 이 셋째 재난 예고는 일곱째 나팔 표상 뒤에 오는 16장의 일곱 대접 환상의 재앙들을 미리 내다보고 한 것으로 보아야 한다. 15장 1절에 의하면 하나님의 분노는 이 재난으로 끝을 맺는다.

3) 설교 가이드

본문으로는 '교회의 때'라는 제목으로 설교를 작성할 수 있을 것이다.

본문은 분명히 요한계시록의 이원론적 입장에 의해 규정되어 있다. 한편에는 하나님의 보호 하에 있는 교회가 있고, 다른 한편에는 교회를 핍박하는 정치권력과 불신앙적인 인류가 있다. 하나님과 불신앙적인 세계 사이에는 독특한 적대감이 있다. 이 양 편 사이에는 중단할 수 없는 싸움이 있지만, 결국 이 싸움은 하나님의 승리로 끝날 것이다. 왜냐하면 불신앙적인 세력들도 하나님 없이는 아무 것도 할 수 없기 때문이다.

교회의 때는 마지막 때로 이해된다. 기독교적 실존은 종말론적 실존이다. 물론 구원의 완성이 아직 이루어지지 않았지만, 세상 안에서 그리스도인들에게 보증해주시는 하나님의 구원은 그들에게 이미 선사된 구원 외의 어떤 다른 것이 아니다. 요한계시록은 그리스도인들에게 결코 평화스러운 삶만을 약속하지 않는다. 세상에서 그리스도인들은 멸시와 조롱을 받을 때도 많고, 그들의 원수에 비해서 힘이 센 것도 아니며, 심지어 적대자들에 의해 죽임을 당하기까지 한다. 그러나 교회를 핍박하고 조롱하는 적대자들은 하나님의 구원 행동으로 인해 멸망당한다. 죽임을 당한 그리스도인들은 다시 살게 되고 결국에는 하늘로 올리어져 전적으로 하나님의 공동체에서 산다.

본문은 전 기독교 공동체의 운명에 대해 말씀한다. 세상에서의 그들의 과제는 예수님의 증언을 계속 전하는 것이다. 두 증인은 특정한 인물들로 규정짓지 말아야 한다. 이들은 교회의 예언적 증인으로서, 예수님의 증인이 되어 하나님의 명령을 세상에서 완성해야 한다. 이와 같은 행위가 가능한 것은 하나님이 그들과 함께 계시기 때문이다. 그러나 세상은 이러한 교회의 증언을 받아들이지 않을 수 있다. 그리스도인들에게는 이것이 고통이다.

또한 본문은 교회의 때의 마지막에 증인들이 죽임을 당한다고 말한다. 물론 이전까지 순교자가 하나도 없었던 것은 아니다. 왜냐하면 교회 안에 개별적인 이유로 순교당한 자들이 이미 있었기 때문이다. 따라서 우리는 마지막에 예수의 모든 증인이 죽임을 당할 것이라는 말씀을 오해하지 말아야 한다. 여기서 설교자는 본문을 통해 그리스도인들에게는 죽음이 끝이 아니라는 기독교 신앙의 기본 진리를 분명하게 가르침으로써 그리스도인들에게 용기를 북돋아 주는 것이 중요하다. 세상이 그리스도인들의 증언을 멈추게 할 때조차도 하나님의 구원의 약속은 계속된다.

하나님 앞에서 하는 신앙의 결단은 영원한 구원을 위해 포기할 수 없는 중요한 전제다. 이 결단을 했거나 결단의 준비가 되어 있는 사람은 현재 당하는 환란을 두려워하지 않는다. 본문에서 이것은 죽임을 당한 증인들이 직접 하늘로 올라가는 데에서 드러난다.(13절) 이러한 이해는 그리스도인들의 승리에 관한 요한계시록의 입장과 연관되어 있다. 그리스도인들은 어떤 환란 속에서도 실망하지 말고 하나님의 승리를 확신하면서 굳세게 증언해야 한다.

10. 11:15~19: 일곱째 나팔

15일곱째 천사가 나팔을 불매 하늘에 큰 음성들이 나서 이르되 세상 나
라가 우리 주와 그의 그리스도의 나라가 되어 그가 세세토록 왕 노릇 하
시리로다 하니 16하나님 앞에서 자기 보좌에 앉아 있던 이십사 장로가
엎드려 얼굴을 땅에 대고 하나님께 경배하여 17이르되 감사하옵나니 옛
적에도 계셨고 지금도 계신 주 하나님 곧 전능하신 이여 친히 큰 권능을
잡으시고 왕 노릇 하시도다 18이방들이 분노하매 주의 진노가 내려 죽은
자를 심판하시며 종 선지자들과 성도들과 또 작은 자든지 큰 자든지 주
의 이름을 경외하는 자들에게 상 주시며 또 땅을 망하게 하는 자들을 멸
망시키실 때로소이다 하더라 19이에 하늘에 있는 하나님의 성전이 열리
니 성전 안에 하나님의 언약궤가 보이며 또 번개와 음성들과 우레와 지
진과 큰 우박이 있더라

1) 본문 소개

이 단락은 일곱째의 나팔 소리가 울려 퍼졌을 때의 장면 묘사다. 요한은 이미 10장 7절에서 일곱째의 나팔 소리가 나는 날에는 하나님의 비밀이 이루어질 것임을 예고했다. 여기서 다루는 문제는 하나님의 통치의 실행에 관한 것이다. 본문은 하나님의 궁극적인 통치의 도래에 관해 선포한다. 다시 말해서 본문에는 구원의 완성을 확인하는 하늘의 외침이 나온다. 여기서 요한은 그의 수신 교회들에게 이 구원의 완성에 관한 선포를 들려줌으로써 그들이 어떤 환란 속에서도 신앙을 포기하지 말고 소망 중에 살아야 한다는 것을 강조하고 있다.

이 단락은 다음과 같이 이루어져 있다.

① 하나님과 그리스도의 통치의 도래에 관한 선포(15절)
② 이에 대한 반응으로서 장로들의 감사와 찬양의 기도(16~18절)

2) 본문 주석

15절 일곱째 천사가 나팔을 불매 하늘에 큰 음성들이 나서 이르되 일곱째 천사가 나팔을 불 때 하늘에서 큰 소리가 들려온다. 그러나 여기서 요한은 이 큰 소리가 누구의 음성인지에 대해 명확히 말하지 않는다. 그래서 주석가들은 이에 대해 다음과 같은 여러 가지 추측을 해 왔다. ① 천사들의 합창단 ② 네 생물 ③ 스물네 장로 ④ 완성된 그리스도인들. 이 중에서 아마도 ④가 가장 합당할 것이다. 왜냐하면 본 구절과 병행구절인 19장 1절에 근거해서 볼 때 이것은 수많은 무리의 음성이라 말할 수 있기 때문이다. 또한 7장 9절에서도 볼 수 있는 바와 같이, 이 무리는 다수의 완성된 그리스도인들을 말하며, 이들은 지상에서 억압받는 교회 공동체를 위로하고 격려하기 위해 하나님의 통치의 도래에 관한 승리의 노래를 부르기 시작한다.

세상 나라가 우리 주와 그의 그리스도의 나라가 되어 그가 세세토록 왕 노릇 하시리로다 하니 이 어구는 7장 10절과 12장 10~12절에서 볼 수 있는 것들에 상응하는 승리의 노래다. 이 승리의 노래의 주제는 하나님과 그리스도의 왕권과 통치다. 이 선포는 하나님과 그리스도의 통치가 이미 시작되었다는 것과 주께서 영원히 다스릴 것임을 강조한다.

16절 하나님 앞에서 자기 보좌에 앉아 있던 이십사 장로가 엎드려 얼굴을 땅에 대고 하나님께 경배하여 하나님 보좌 둘레에 있는 보좌들에 앉은 스물네 장로가 하나님과 그리스도의 통치의 도래에 관한 선포에 대해 반응한다.(4:4 참조) 그 반응은 보는 바와 같이 엎드려 얼굴을 땅에 대고 하나님께 경배하는 행위다. 4장 10절에 비해 여기서 새로운 것은 이들이 하나님의 궁극적인 통치의 도래에 감사해서 하나님께 경배 드린다는 점이다.

17절 이르되 감사하옵나니 옛적에도 계셨고 지금도 계신 주 하나님 곧 전능하신 이여 친히 큰 권능을 잡으시고 왕 노릇 하시도다 이 감사의 기도, 또는 노래에는 하나님의 칭호와 감사 그리고 감사의 이유가 나타나 있다. '옛적에도 계셨고 지금도 계신' 에 대해서는 1장 4, 8절과 4장 8절의 주석을 참조할 것. 그러나 본 구절에는 참조 구절과 달리 '앞으로 오실 이' 가 없다. 이것은 15절에서 하나님의 궁극적인 통치가 이미 시작되었다는 점이 언급되고 있는 것에 기인한다.

'주 하나님 곧 전능하신 이' 는 4장 8절, 15장 3절, 16장 7절, 19장 6절, 그리고 21장 22절에도 나타난다. 이 칭호의 의미에 대해서는 4장 8절의 주석을 참조할 것.

감사의 이유는 하나님께서 큰 권능을 잡으시고 왕 노릇 하시기 때문이다. 이것은 의미상으로 볼 때 하나님의 왕권에 대해 찬양하는 시편의 구절들에 관련된다.(시 93:1, 97:1, 99:1~3 참조) 여기서 요한은 하나님께서 궁극적으로 그의 권력을 잡으셨다는 점을 강조한다.

18절 이방들이 분노하매 주의 진노가 내려 죽은 자를 심판하시며 종 선지자들과 성도들과 또 작은 자든지 큰 자든지 주의 이름을 경외하는 자들에게 상 주시며 또 땅을 망하게 하는 자들을 멸망시키실 때로소이다 하더라 이 구절에는 감사의 둘째 이유가 나온다. 즉, 하나님의 궁극적인 왕적 통치가 어떻게 수행되는지에 대한 내용이 전개되고 있다. 하나님에 대한 이방 나라들의 반역이 일어나고 그 결과로 하나님의 진노가 나타난다. 하나님의 진노의 날은 하나님의 궁극적인 통치의 도래와 연결되어 있는 심판의 시점이다. 요한은 여기서 20장 11~15절의 내용을 선취적으로 다루고 있다. 이것은 부활을 전제하는 죽은 자들에 대한 심판이다. 이것은 한편으로 하나님을 경외하는 자들(여기서 종은 선지자들과 성도들을 다 포함하는 대개념으로서 교회 공동체의 전 구성원을 말한다.(19:5 참조))에게는 최종적 구원이요, 다른 한편으로 땅을 망하게 하는 자들에게는 궁극적 파멸을 의미한다.

19절 이에 하늘에 있는 하나님의 성전이 열리니 성전 안에 하나님의 언약궤가 보이며 또 번개와 음성들과 우레와 지진과 큰 우박이 있더라 일곱째 나팔 소리를 통해 일어난 하나님의 궁극적인 통치의 도래 사건은 구약의 하나님 현현 묘사들의 요소들을 지니고 있는 환상 장면으로 끝난다. 번개(출

19:16; 시18:14, 77:18 등), 요란한 소리(출19:16; 시47:5 등), 천둥(시18:13, 77:17~18, 104:7 등), 지진(시46:2, 68:8, 99:1 등), 우박(시18:12~13; 사30:30 등)은 종말론적인 상황의 의미를 보여주기 위한 수단이다. 그리고 하늘에 있는 성전이 열리고 하나님의 언약궤가 보인다는 것은 구원의 완성의 때가 동터오고 있다는 것에 대한 상징이다. 왜냐하면 유대 전승에 의하면 하나님의 언약궤는 성전이 파괴되기 이전에는 감추어져 있다가 하나님의 영광이 계시될 때 비로소 나타날 것이라는 기대가 있었기 때문이다.(2마카 2:5~8; 시리아어 바룩 묵시록 6:5~10 참조)

3) 설교 가이드

이 본문에서는 '끝까지 자신의 백성과 함께 하시는 하나님' 이라는 제목으로 설교를 작성할 수 있을 것이다.

11장 14절에서 요한은 "둘째 재난은 지나갔습니다. 그러나 이제 셋째 재난이 곧 닥칠 것입니다."라고 예고한다. 그러나 셋째 재난은 곧 닥치지 않고 그 대신에 일곱째 천사가 그의 나팔을 분다. 그리고 하늘에서 다음과 같은 큰 음성이 들려온다. "세상 나라는 우리 주님의 것이 되고, 그리스도의 것이 되었다. 주님께서 영원히 다스리실 것이다." 그리고 스물네 장로도 엎드려 경배하고 찬양한다.(17~18절)

여기서 우리는 세계를 완전히 파괴한다는 셋째 화 선언 대신 찬양과 감사의 노래를 듣는다. 하나님은 하나님의 백성이 살고 있는 세계를 결코 파괴하지 않으려고 하신다. 아니 하나님은 땅을 망하게 하는 자들을 심판하시기 위해 그가 만드신 모든 것을 파괴하실 수는 없는 것이다. 하나님은 노아와 그의 후손들에게 주신 약속을 기억하시기 때문에 쉽게 땅을 멸망시키지 않으신다. 그는 땅의 파괴자들 즉, 하나님의 자녀를 살인하는 자들을 멸망시키기 원하신다. 땅은 보호되고 새로워져야 한다. 그래서 교회는 찬송을 부른다. 죽음과 파괴의 세력들이 강탈한 세상 통치권은 이제 영원히 다스리실 하나님과 그리스도의 것이 되었기 때문이다.

그런데 우리는 이 세상의 기쁨과 슬픔 사이에서, 순간의 우울과 내일에 대한 희망 사이에서 갈팡질팡한다. 우리는 죄로 인해 생기는 파괴의 규모와 하나님을 외면하는 사람들의 완고함을 보고 놀란다. 그리고 우리는 다음과 같이 말한다. "사탄은 아직 죽지 않았다. 재앙들은 마지막 때까지 계속 닥칠 것이다."

그러나 요한은 하늘에 있는 하나님의 성전이 열리고 그 성전 안에 하나님의 언약궤가 있는 것을 본다. 언약궤는 하나님이 그의 백성 가운데 현존하신다는 약속의 표징이며, 확실한 하나님의 실현에 대한 약속의 봉인이다. 따라서 우리는 어떤 환란 속에서도 끝까지 자신의 백성과 함께 하시는 하나님과 그리스도에 대한 신앙을 잃어버리지 말고 끝까지 소망 중에 살아야 한다.

11. 12:1~17: 여인과 아이 그리고 용에 관한 환상

1하늘에 큰 이적이 보이니 해를 옷 입은 한 여자가 있는데 그 발 아래에
는 달이 있고 그 머리에는 열두 별의 관을 썼더라 2이 여자가 아이를 배
어 해산하게 되매 아파서 애를 쓰며 부르짖더라 3하늘에 또 다른 이적이
보이니 보라 한 큰 붉은 용이 있어 머리가 일곱이요 뿔이 열이라 그 여
러 머리에 일곱 왕관이 있는데 4그 꼬리가 하늘의 별 삼분의 일을 끌어
다가 땅에 던지더라 용이 해산하려는 여자 앞에서 그가 해산하면 그 아

이를 삼키고자 하더니 5여자가 아들을 낳으니 이는 장차 철장으로 만국
을 다스릴 남자라 그 아이를 하나님 앞과 그 보좌 앞으로 올려가더라 6
그 여자가 광야로 도망하매 거기서 천이백육십 일 동안 그를 양육하기
위하여 하나님께서 예비하신 곳이 있더라 7하늘에 전쟁이 있으니 미가엘
과 그의 사자들이 용과 더불어 싸울새 용과 그의 사자들도 싸우나 8이기
지 못하여 다시 하늘에서 그들이 있을 곳을 얻지 못한지라 9큰 용이 내
어 쫓기니 옛 뱀 곧 마귀라고도 하고 사탄이라고도 하며 온 천하를 꾀는
자라 그가 땅으로 내쫓기니 그의 사자들도 그와 함께 내쫓기니라 10내가
또 들으니 하늘에 큰 음성이 있어 이르되 이제 우리 하나님의 구원과 능
력과 나라와 또 그의 그리스도의 권세가 나타났으니 우리 형제들을 참
소하던 자 곧 우리 하나님 앞에서 밤낮 참소하던 자가 쫓겨났고 11또 우
리 형제들이 어린 양의 피와 자기들이 증언하는 말씀으로써 그를 이겼
으니 그들은 죽기까지 자기들의 생명을 아끼지 아니하였도다 12그러므로
하늘과 그 가운데에 거하는 자들은 즐거워하라 그러나 땅과 바다는 화
있을진저 이는 마귀가 자기의 때가 얼마 남지 않은 줄을 알므로 크게 분
내어 너희에게 내려갔음이라 하더라 13용이 자기가 땅으로 내쫓긴 것을
보고 남자를 낳은 여자를 박해하는지라 14그 여자가 큰 독수리의 두 날
개를 받아 광야 자기 곳으로 날아가 거기서 그 뱀의 낯을 피하여 한 때
와 두 때와 반 때를 양육 받으매 15여자의 뒤에서 뱀이 그 입으로 물을
강같이 토하여 여자를 물에 떠내려 가게 하려 하되 16땅이 여자를 도와
그 입을 벌려 용의 입에서 토한 강물을 삼키니 17용이 여자에게 분노하
여 돌아가서 그 여자의 남은 자손 곧 하나님의 계명을 지키며 예수의 증
거를 가진 자들과 더불어 싸우려고 바다 모래 위에 서 있더라

1) 본문 소개

이 환상 이야기는 여인과 그녀의 아이 그리고 이들의 적대자인 용의 운명을 묘사하고 있다. 이 환상 이야기의 구조를 개관(槪觀)하면 다음과 같이 세 부분으로 나눌 수 있다.

① 1~6절은 우선 하늘에 있는 두 표징, 즉 하늘의 특징을 가지고 있는 여인과 무시무시한 특정 권력의 속성을 지니고 있는 인물로 나타나는 용을 첫 장면으로 묘사한다. 그런 다음 장면은 하늘에서 땅으로 교체되고 만삭 중에 있는 여인은 이미 화의 한 가운데 와 있다. 용은 아이를 곧 삼킬 준비를 하지만 용의 계획은 수포로 돌아가고 만다. 왜냐하면 여인의 아들은 출생되자마자 곧 하늘에 계신 하나님께로 들려 올라가기 때문이다. 그런 다음 여인은 광야로 피신한다.

② 7~12절은 다시 하늘에서 일어나는 장면으로, 미가엘 및 그의 천사들과 용 및 그의 부하들 간에 벌어지는 전쟁이 묘사된다. 용은 이 전쟁에서 패배하여 땅으로 추락하게 되고, 하늘에서는 하나님의 승리에 대한 찬양이 울려 나온다. 이 노래는 단지 짧은 시간동안 용의 분노를 참아내야 하는 땅에서의 화에 대한 외침으로 끝난다.

③ 13~17절은 다시 여인의 운명을 다룬다. 여인은 땅 위에서 용에게 쫓기지만 특별한 보호를 받아 기적적으로 구원된다.

2) 본문 주석

1절 하늘에 큰 이적이 보이니 여기 '이적'(새번역과 표준새번역 개정판에서는 '표징'으로 번역됨)으로 번역된 헬라어 *σημεῖον*(세메이온)은 요한계시록에서 단수 형태로는 세 번 나오고(12:1, 3, 15:1), 칠십인역에서는 히브리어 אוֹת(오트)를 번역할 때 이 단어를 사용했다. 이 단어는 특별한 방식의 표징을 의미하는 단어로서 다음과 같은 뜻을 가지고 있다.

① 어떤 것을 알려 주는 특징적인 표시(창1:14; 출12:13; 수2:12; 마16:3, 26:48)

② 과거의 사건을 상기시키는 표시(창9:12, 17, 17:11; 출13:9; 신6:8, 11:18)

③ 미래에 일어날 어떤 일에 대한 징조(사7:14; 겔4:3; 마24:3; 눅21:11; 25; 행2:19)

④ 이적(출7:3; 시78:43; 막13:22, 16:20; 요2:11, 4:48, 6:30; 고전14:22; 살후2:9~10; 계13:13~14, 16:14)

⑤ 그레코~로만 점성학에서는 '성좌'의 의미로 사용되기도 했다.

그러나 계시록 12장 1, 3절에서 *σημεῖον*(세메이온)은 아주 색다른 의미를 가지고 있는 것으로 보인다. 왜냐하면 여기서 이 단어는 계시 사건을 기대하게 하는 깊은 뜻의 상징적 의미를 갖고 있기 때문이다.

신약에서 *σημεῖον*(세메이온)은 두 가지 의미로 사용된다.

① 인간의 행위와 관련해서 사용될 때는 대부분 이적, 또는 권능을 가리킨다. 요한계시록에서 이러한 의미로 사용될 때는 늘 동사 *ποιεῖν*(포이에인, '행하다')과 함께 사용된다.(13:13~14, 16:14, 19:20 참조)

② 하늘로부터 오거나(막8:11) 하늘에서 일어나는 것(마24:3, 30 (병행))과 관련해서 사용될 경우에는 ①의 의미와 다르다. 이때는 하늘 표징의 의미로 사용된다. 이 경우 우리는 *σημεῖον*이 구약의 예언서들에서 자주 사용되는 히브리어 אות(오트)와 동의어라는 것에 주목할 필요가 있다. 구약의 예언서들에서 이 말은 기본적으로 상징적 행위 또는 상징적 이름을 표시한다. 이와 같이 אות 또는 *σημεῖον*을 상징적으로 이해하는 것, 다시 말

해서 계시의 진리를 상징적으로 묘사하는 것이 '표징'에 속한다는 것을 아는 것이 계시록 12장 1절에 나오는 '표징'의 이해를 위해 중요하다. 요한은 이 명사 앞에(헬라어 본문에서는 뒤임) '큰'이라는 형용사를 놓음으로써 이 '표징'의 특별한 의미를 강조하고 있다.

다음으로 '보이니'로 번역된 헬라어 동사 *ὤφθη*(오프테, 새번역과 표준새번역 개정판에서는 '나타났다'로 번역되어 있음)는 초기 유대교와 초기 기독교 문헌에서 종종 하나님 현현을 소개하는 데 사용된 단어다.(창12:7, 26:2; 출6:3, 16:10; 행7:2; 천사 현현: 출3:2; 삿6:12, 13:3 참조) 요한계시록에서 이 단어는 오직 11장 19절, 12장 1, 3절에만 나오는데, 그때마다 이 단어는 큰, 초지상적인 것들과 관련해서 사용되고 있다. *ὤφθη*는 신적 수동태로서 하나님의 행동에 대해 우회적으로 말하는 표현법이다. 따라서 하늘에 큰 표징이 나타났다는 말은 하나님에 의해 일어난 초자연적인 현상을 가리키는 것으로서, 특히 마지막 때의 비밀스러운 하나님의 행동을 넌지시 묘사하는 데에 기여하는 표현법이다.

해를 입은 한 여자가 있는데 그 발 아래에는 달이 있고 그 머리에는 열두 별의 관을 썼더라 본 구절에 나오는 '여자'는 누구인가? 이에 대해서는 여러 해석들이 있는데, 여기서는 대표적인 해석들만 요약하고자 한다.

① 마리아론적 해석: 카톨릭적 주석에서 오랫동안 사랑받아 온 이 해석은 12장 5절에 나오는 아이의 출생이 예수의 출생을 의미한다는 관점에 기초하고 있다. 그러나 이 여자가 실제로 개별적인 한 인물을 말하는지는 의심스럽다. 그리고 12장에는 마리아에 적합하지 않은 내용들이 많이 있다.(가령, 6절과 17절)

② 이스라엘 민족으로 보는 입장: 이 해석은 무엇보다도 12장 5절과 7절의 진술들을 중요하게 다룬다. 5절에 나오는 아들은 메시아를 말하는 것

이므로 여자는 메시아의 어머니이며, 17절에 나오는 그 밖의 자손들은 그리스도인들을 말하는 것이므로 여자는 그리스도인들의 어머니이기도 하다는 것이다. 그리고 이 둘은 이스라엘로부터 나왔다는 것이다. 따라서 이 여자는 이스라엘을 말한다는 것이다.

그러나 이 해석에서 문제가 되는 것은 12장이 과연 이스라엘과 그 민족의 미래의 운명에 몰두하는가 하는 점이다. 이 입장의 약점은 요한의 관심이 철저히 억압당하는 그리스도인들의 운명에 지대하게 모아져 있다는 점을 간과한 데 있다.

③ 하나님께서 이스라엘과 함께 종말론적으로 새롭게 시작하는 것을 상징하는 것으로 보는 입장: 이 입장에 의하면 '여자' 라는 표징은 이스라엘의 정체성의 표지들에 의해 특징지어진다고 한다. 즉, 열두 별의 면류관은 왕적 품위를 지니고 있는 이스라엘을 보여주며, 해와 달은 이스라엘의 특별한 선택을 암시한다는 것이다. 왜냐하면 창세기 37장 9절에 나오는 요셉의 꿈에서도 해와 달, 그리고 열한 별이 요셉에게 절하는 내용이 있기 때문이라는 것이다. 그리고 '여자' 는 특히 예언서들과 유대교의 묵시사상적 문헌들에서와 같이 이스라엘을 위해 사용된 전통적인 표현이라는 것이다. 또한 '아이의 출생' 도 이스라엘의 전통 안에서 확고히 고정된 모티브이며, 여기서 '아이' 는 이스라엘 안에서의 새로운 시작에 대한 약속을 상징한다는 것이다.

그러나 이 해석의 약점은 바로 위에서 본 ②의 약점과 연관된다.

④ 교회로 보는 입장: 이 입장에 의하면 여자는 천상적이며 지상적인 현실 속에서의 교회를 의미한다. 즉, 교회는 하늘로부터 내려오는 마지막 때의 구원 공동체라는 것이다. 이렇게 여자를 개인적 인물로 보지 않고 집합적으로 이해할 경우, 아이의 출생은 당연히 메시아의 개인적 출생으로 이

해할 수 없다. 그래서 이 입장은 아이의 출생을 메시아적 심판과 구원의 때의 도래를 위한 상징으로 본다.

그러나 일부 주석가들은 이 해석이 다음과 같은 약점을 지니고 있다고 지적한다. 즉, 17절에 나오는 여자의 남은 자손들이 그리스도인들을 가리키고 있기 때문에 5절에 나오는 아들은 개인적인 인물, 즉 메시아가 틀림이 없다는 것이다. 설령 여기에 나오는 아들의 출생을 개인적 출생으로 이해한다 하더라도 큰 문제가 될 것이 없다. 교회를 메시아의 어머니라고 하는 것에 대해 역사적으로 이해할 필요가 없다. 이것은 메시아가 의인들의 공동체로부터 나온다는 것을 의미한다고 볼 수 있다.(P.A.de Souza Nogueira, Der Widerstand gegen Rom in der Apokalpyse des Johannes, 45 참조)

⑤ 통일체로 이해된 구약과 신약의 하나님의 백성으로 보는 입장: 이 해석은 한편으로는 여자의 운명을 이미 억압받은 교회의 운명을 의미한다고 보는 동시에, 다른 한편으로는 여자의 상(像)에 이스라엘이 내포되어 있다고 본다. 왜냐하면 여자를 교회로만 보면 우리는 교회를 메시아의 어머니로 만드는 결과를 초래하게 되는데, 이것은 신약의 전통에 반하기 때문이라는 것이다. 그러나 이 해석의 약점은 여기서 이스라엘과 교회의 관계가 분명하게 설명되고 있지 못하는 데에 있다. 그리고 여기서는 교회 개념도 더 토론해야 할 필요가 생긴다.

필자는 ④가 가장 설득력 있는 것으로 본다.

여기서 우리의 주목을 끄는 것은 태양을 입고 달을 그 발 아래에 밟고 머리에는 열두 별의 면류관을 쓰고 나타나는 한 여자의 출현에 있다. 이것은 무엇을 의미하는 것일까? 여기서 여자는 모든 빛의 총체 개념으로 나타난다. 그러니까 본 구절에서는 해와 달 그리고 별들은 오직 여자의 장식품

일 뿐 정작 빛을 발하는 것은 그 여자가 되는 것이다. 그러나 그녀 자신은 빛이 아니다. 유대교의 문헌에서는 빛이 하늘에 올리어져 있는 의인들과 구원받은 자들의 특징으로 묘사되고 있는데, 거기서 의인들은 하늘의 빛처럼 때때로 빛을 발하는 천상적 존재다. 지혜서 3장 7절에 의하면 그들이 빛을 발하는 이유는 마지막 심판 때를 위해서다. 그리고 다니엘 12장 3절에서는 "지혜 있는 사람은 하늘의 밝은 빛처럼 빛날 것이요, 많은 사람을 옳은 길로 인도한 사람은 별처럼 영원히 빛날 것이다."라고 한다. 또한 제 4 에스라서 7장 97절에 의하면 "의인들의 모습이 해처럼 빛나고, 별빛과 같다"고 하며, 에티오피아어 에녹서 58장 3~6절은 "햇빛 속에 있는 의인들의 모습"을 보여 준다.

그런데 구약의 아가 6장 10절에서 우리는 계시록 12장 1b절과 유사한 내용을 발견한다. "이 여인이 누구인가? 새벽처럼 밝고, 보름달처럼 환하고, 해처럼 눈부시고, 깃발을 앞세운 군대처럼 장엄하구나."(표준새번역 개정판)

그러나 아가에는 여인이 단지 빛들과 비교되는 데 비해서, 요한계시록에서는 여인이 빛으로 장식되어 있다고 표현되어 있다. 오히려 이것은 빛으로 휘감는다는 표현이 나오는 시편 104편 2절과 유사하다. 하지만 시편에서 이 표현이 하나님의 존귀와 영광을 가리키는 데에 사용되는 데 비해서, 계시록 12장 1b절에서는 우주적 광채가 여인과 관련해서 사용된다. 따라서 앞에서 본 대로 여인이 새 계약의 이스라엘인 교회를 의미한다면, 이것은 교회의 영광스러움을 나타내는 표현이라고 볼 수 있다.

그런데 여기서 더 눈여겨보아야 할 것은 여인이 머리에 열두 별의 면류관을 쓰고 있었다는 언급이다. 요한계시록에서 면류관은 아주 특별한 의미를 지닌다. 예를 들면 계시록 2~3장에서 면류관은 영생을 상징하고

(2:10, 3:11 참조), 4장 4절과 6장 2절 그리고 14장 14절에서의 면류관은 초자연적으로 하나님에 의해서 선사되는 마지막 때의 승리와 영생의 영광을 상징한다. 다시 말해서 요한계시록에서 면류관은 종말론적 승리를 가리키는 말이다. 따라서 하나님만이 이것을 수여하실 수 있다. 그러므로 여인이 열두 별의 관을 쓰고 있다는 것은 그녀를 이겨낼 자가 없다는 것을 암시한다. 독자들은 여기서 이미 여인이 하나님의 보호 하에 있다는 것을 알아차릴 수 있게 된다. 열두 별은 이스라엘의 열두 지파, 또는 열두 사도를 상징한다고 볼 수 있다.

2절 이 여자가 아이를 배어 해산하게 되매 아파서 애를 쓰며 부르짖더라 이것은 단지 5절에서 언급될 아이의 출생에 따른 전(前) 단계를 묘사하기 위해 기록되었다고 볼 수 없다. 임신과 고통의 부르짖음은 하늘의 표징에 대한 본질을 규정한다. 여기서 요한은 여인의 출현을 마지막 때의 사건으로 말하기 위해 이 표현을 사용했다고 볼 수 있다. 왜냐하면 동시대의 유대교에서 해산의 고통은 메시아가 오기 전에 일어날 고통의 메타포로 사용되었기 때문이다. 다시 말해서 여기서 여인의 고통은 예수의 탄생과 부활 승천으로 시작되는 마지막 때를 가리키는 것이다.

3절 하늘에 또 다른 이적이 보이니 보라 한 큰 붉은 용이 있어 둘째 표징이 하늘에 나타나는데, 그것은 한 큰 붉은 용이다. 고대 근동 세계와 성서 전통에서 용은 혼돈의 세력과 인간을 위협하는 반신적인 세력의 상징으로 사용되었다.(욥7:12; 사27:1, 51:9; 시74:13~14 등 참조) 계시록 12장 8절을 통해 우리는 요한이 이 큰 용을 악마 또는 사탄을 위한 구상어로 사용하고 있다는 것을 알 수 있다. 용의 색깔이 붉다는 것은 살인하고자 하는 용의 잔인성을 드러내는 것으로 보인다.

머리가 일곱이요 뿔이 열이라 그 여러 머리에 일곱 왕관이 있는데 용이 일곱 머리를 가졌으며 각 머리마다 왕관(개역에는 면류관으로 번역되어 있지만, 새번역과 표준새번역 개정판의 '왕관'이 더 나은 번역임)을 쓰고 있었다는 것은 사탄의 막강한 권능을 상징한다. 왜냐하면 왕관은 통치자의 권력을 상징하고, 일곱은 충만을 의미하는 상징수이기 때문이다.

그리고 권력을 상징하는 뿔이 열이라는 것은 반신적인 권력의 한계를 암시한다. 2장 10절에 의하면 마귀가 활동할 수 있는 시간이 열흘로 한정되어 있는데, 여기서 '열흘 동안'이란 꼭 열흘이란 뜻이 아니라, 다니엘 1장 12, 14절에서처럼 비교적 짧은 기간을 표시할 때 사용되는 말이다.

4절 그 꼬리가 하늘의 별 삼분의 일을 끌어다가 땅에 던지더라 이 묘사는 다니엘 8장 10절을 상기시키면서, 사탄의 폭력과 참람함을 인식케 한다. 계시록 6장 13절과 8장 10~12절에 의하면 별이 떨어지는 것은 마지막 때의 우주적 재앙에 속한다. 사탄의 활동은 재앙을 초래하고, 사탄은 신뢰와 기쁨보다는 불안과 충격을 준다. 여기서도 '삼분의 일'은 상징수로서 큰 재난이기는 하나 아직 전반적인 것이 아니라 국한된 일부분에 가해진 것임을 가리킨다.(8:7~9의 주석을 참조할 것)

용이 해산하려는 여자 앞에서 그가 해산하면 그 아이를 삼키고자 하더니 사탄은 하나님의 피조물의 일부를 파괴하는 데에 만족하지 못한다. 사탄의 엄청난 증오는 여인의 아들에게로 향한다.

5절 여자가 아들을 낳으니 이는 장차 철장으로 만국을 다스릴 남자라 이 구절은 초기 기독교에 의해서 메시아적으로 해석된 시편 2편 9절을 약간 변형시켜 인용한 표현이다. 요한은 19장 15절에서 마지막 때의 징벌의 심판 때에 있을 이방 민족들에 대한 그리스도의 메시아적 기능을 분명히 하기 위해 이 시편 구절을 사용한다. 따라서 여기에 나오는 아들은 예수 그리스도를 말하는 것임을 알 수 있다.

그 아이를 하나님 앞과 그 보좌 앞으로 올려가더라 앞 뒤 문맥 안에서 볼 때 이 어구는 예수의 승천과 관련시킬 수 있을 것이다. 그러나 여기에는 다음과 같은 의문점들이 있다.

① 누가복음 24장과 사도행전 1장에 나오는 승천 이야기와 다르게 본 구절에서의 아이는 출생하자마자 곧 올리어진다.

② 다른 곳에서 예수의 승천은 사탄으로부터의 초자연적인 구조로 표현되지 않는다.

③ 이 이야기에서는 십자가와 부활에 관한 언급이 없다.

이와 관련해서는 리시(M. Rissi, *Zeit und Geschichte in der Offenbarung des Johannes*, 44)의 견해를 참고할 수 있다. 즉, 고대 근동에서는 어떤 이야기를 할 때 그 중간 과정에서 일어난 일들을 생략하고 이야기의 처음과 마지막에 초점을 맞추는 경향이 있었는데, 5c절은 이러한 셈어적 특성과 연관지어 이해할 수 있다는 것이다.

6절 그 여자가 광야로 도망하매 거기서 천이백육십 일 동안 그를 양육하기 위하여 하나님께서 예비하신 곳이 있더라 5절에서 요한은 그리스도가 용의 공격으로부터 벗어났다는 것을 분명히 제시했다. 그러나 지금 그 여인은 위험에 처해 하나님이 준비해 둔 장소인 광야로 도망간다. 여기서 광야는 하나님의 특별한 보호를 위한 상징으로 사용된다. 이스라엘 백성이 약속의 땅으로 가기 위해 광야를 지나갈 때 이미 하나님이 성실과 임재하심으로 그들을 지켜주셨던 경험을 했다. 요한은 이 광야 모티브를 사용해서 하나님의 참된 백성을 상징하는 그 여인이 하나님의 보호 하에서 산다는 것을 보여 주고 있다. 다시 말해 요한은 하나님이 광야에 있었던 이스라엘 백성을 지켜주셨던 것처럼 마지막 때의 이스라엘인 교회를 그리스도의 재림 때까지 지켜주실 것에 대해 말하고 있다. '천이백육십 일'(14절에 의하면 한 때와 두 때와 반 때)은 상징수로서 그리스도의 재림 때까지의 교회의 모든 때를 의미한다.(11:2~3의 주석을 참조할 것)

7절 하늘에 전쟁이 있으니 미가엘과 그의 사자들이 용과 더불어 싸울새 용과 그의 사자들도 싸우나 이 구절은 천사장 미가엘과 그의 천사들이 용과 그의 부하들과 전쟁하는 것을 묘사한다. 요한은 이것을 유대적-묵시문학적 전승에 의존해서 묘사한다. 다니엘 10장 13, 21절을 통해 우리는 이스라엘 백성이 미가엘을 하나님의 백성의 수호천사로서 이방 세력들의 모든 수호자들과 싸우는 전사로 생각했다는 것을 알 수 있다. 그리고 다니엘 12장 1절에서는 미가엘이 마지막 때에 이스라엘을 환란에서 건져 주는 수호자로 나타난다. 이와 같은 미가엘상은 다른 초기 유대교의 묵시사상적 문헌들에서도 찾아볼 수 있다. 가령, 단의 유훈 6장 2절에서 미가엘은 사탄에 대항해서 싸우는, 마지막 때의 중요한 임무를 맡는 자로 나타난다. 또한 쿰란의 전쟁 두루마리에 의하면 하나님은 마지막 때의 전쟁 때 이스라엘을 도울 것이라고 한다. 7~8절에는 이러한 유대적-묵시문학적 전승이 스며들어 있다.

하늘에서의 전쟁의 의미와 그 시점에 대해서는 논쟁의 여지가 있다. 딜러스베르거(J. Dillersberger, "Das Weib und der Drache," 259~260)와 크라프트(H. Kraft, 『요한묵시록』, 171)가 이 전쟁을 세상 창조 이전에 시작되었다고 보는 반면에, 많은 주석가들은 그리스도 사건과 연관시킨다. 비켄하우저(A. Wikenhauser, *Komm.*, 96)가 언급한 바와 같이 이 싸움은 메시아의 출현으로 시작된, 하나님과 어두움의 세력 간의 결전에서 사탄이 처음으로 당한 큰 패배를 묘사한 것이라고 볼 수 있다. 그 이유는 5절에 메시아의 출생과 올리어짐에 관한 묘사가 나오기 때문이며, 사탄의 권력은 시간적으로(12절 참조)나 공간적으로(땅 위에서) 아주 제한되어 있기 때문이다. 우리는 이와 아주 유사한 병행구를 누가복음 10장 18절에서 볼 수 있다. 이 구절에서 예수는 사탄이 번갯불처럼 하늘에서 떨어지는 것을 보는데, 여기서 사탄의 몰락은 하나님 나라의 도래에 대한 표징이다.

8절 이기지 못하여 다시 하늘에서 그들이 있을 곳을 얻지 못한지라 용과 그의 부하들은 미가엘 및 그의 천사들과의 전쟁에서 패한다. 그 결과로 하늘에는 더 이상 그들이 있을 자리가 없게 된다. 이것은 용과 그의 부하들이 하늘의 최하층에 그들의 자리를 가지고 있었다는 것을 전제한다. 이사야 승천기 7장 9~13절 의하면 창조 이래로 천사들과 악마들 간의 싸움이 하늘의 최하층에서 일어난다고 묘사되어 있다. 그러니까 여인에게는 광야에 하나님이 예비해 두신 곳이 있는 반면에, 용은 하늘에 있는 그의 자리를 잃어버린 것이다.

9절 큰 용이 내쫓기니 옛 뱀 곧 마귀라고도 하고 사탄이라고도 하며 온 천하를 꾀는 자라 땅으로 내쫓기니 그의 사자들도 그와 함께 내쫓기니라 이 구절에서 요한은 용의 본질에 대해 더 자세히 언급한다. 여기서 용은 옛 뱀으로 불리는데, 이것은 유대교 문헌에서 사탄의 명칭으로 사용된다.(아셀의 유훈 7:3 참조) 개역성경에서 마귀로 번역된 *διάβολος*(디아볼로스)는 칠십인역에서 히브리어 שָׂטָן(사탄)에 해당되는 단어이며, 신약성서(마4:10)에서는 *σατανᾶς*(사타나스)와 동의어로 사용된다.

우리는 초기 유대교 문헌에서 이 단어가 악령의 우두머리 명칭으로 사용되는 것을 볼 수 있다. 지혜서 2장 24절에 의하면 디아볼로스는 최초의 인간 커플을 유혹했고 그로 인해 인간은 죽음을 면할 수 없게 되었다고 한다. 납달리의 유훈 8장 4~6절에서 디아볼로스는 인간이 선을 행하면 그 사람에게서 도망가고, 선을 행하지 않을 때는 그 사람을 자기 그릇으로 삼고 지배한다고 한다. 그리고 모세의 승천기 10장 1절에 보면 디아볼로스는 하나님의 통치가 나타날 때 종말을 고하게 될 것이라고 되어 있다

구약(욥기 1장, 슥3:1)에서는 사탄이 하나님의 요청에 따라 행동하는 고발자로 나타나는 데 비해, 초기 유대교에서는 이 단어가 악령들의 우두머리 명칭으로 사용된다. 여기서 사탄은 인류의 타락의 근원이며(슬라브어 에녹서 31:6) 이 세상의 주(에티오피아어 에녹서 54:6; 단의 유훈 5:6; 유다의 유훈 19:4(허위의 군주))요 지옥의 주(슬라브어 에녹서 31:4)로서 그의 왕국(단의 유훈 6:2)을 이루고 있다. 이사야의 순교 2장 2절에 의하면 사탄은 자신 아래에 그의 천사들과 여러 세력들을 두며, 에티오피아어 에녹서 53장 3절과 56장 1절에서는 사탄이 그의 징벌의 천사들과 함께 지옥에 그의 왕국을 이루고 있다고 한다.

사탄은 사람들로 하여금 죄를 짓도록 유혹하고 그들을 꽉 잡는다.(이사야의 순교 2:1) 그는 인간을 맹목적으로 만들어 인간으로 하여금 죄 가운데에 타락하고 있으면서도 그것을 알아차리지 못하게 한다.(유다의 유훈 19:4) 그는 갖가지 모습으로 인간을 더럽히고 미혹하게 하여 마치 신이라도 대하는 것처럼 희생제물을 바치게 한다.(에티오피아어 에녹서 19:1) 그

는 하나님께 부름을 받은 자를 힘껏 넘어뜨리려고 한다.(단의 유훈 6:3) 그리고 증오의 영혼은 매사에 사탄과 협력한다고 한다.(갓의 유훈 4:7)

마지막으로 사탄은 마지막 때가 오면 영원히 멸망할 것이라고 한다.(희년서 23:29, 50:51) 단의 유훈 6장 4절에서는 이스라엘이 회개하는 날에 사탄의 왕국(원수의 왕국)이 끝날 것이라고 하며, 아셀의 유훈 7장 3절에 의하면 마지막 때에 하나님이 용(사탄)의 머리를 가루로 만들 것이라고 한다.

본 구절에서 요한은 사탄이 하늘에서의 권력을 상실한 것으로 묘사한다. 그러나 사탄과 그의 부하들이 땅으로 내어 쫓겼다는 것은 사탄이 아직도 땅 위에서 인간의 유혹자로서 계속 활동한다는 것을 의미한다.

10절 내가 또 들으니 하늘에 큰 음성이 있어 이르되 이제 우리 하나님의 구원과 능력과 나라와 또 그의 그리스도의 권세가 나타났으니 우리 형제들을 참소하던 자 곧 우리 하나님 앞에서 밤낮 참소하던 자가 쫓겨났고 10~12절에는 찬송이 나오는데, 10절에 나오는 하늘의 큰 음성을 전쟁에서 승리하는 천사들의 무리로 보는 것은 설득력이 약하다. 11장 15절과 19장 1절에 상응해서 하늘에서의 큰 음성을 큰 무리의 음성, 즉 완성된 그리스도인들의 음성으로 이해하는 것이 좋을 것이다. 여기서 찬송을 부르는 자는 지상의 그리스도인들을 '우리 형제들' 이라고 부른다.

이 찬송은 본 구절에서 승리의 외침, 즉 이제는 우리 하나님의 구원과 권능과 나라와 그의 그리스도의 권세가 나타났다는 내용으로 시작한다.(7:10, 11:15, 19:1 참조) 요한은 그 이유로 밤낮 지상의 그리스도인들을 하나님 앞에 고소하던 사탄이 내던져졌기 때문이라고 말한다.

11절 또 우리 형제들이 어린 양의 피와 자기들이 증언하는 말씀으로써 그를 이겼으니 그들은 죽기까지 자기들의 생명을 아끼지 아니하였도다 이 구절에서 요한은 앞 절에서 언급한 승리의 외침에 대한 또 하나의 근거를 제시한다. 즉, 그리스도인들이 지상에서 사탄을 이겼기 때문에 하늘에서 승리의 외침이 울려나왔다는 것이다.

그러나 이들은 자신의 힘으로 사탄을 이긴 것이 아니라, 어린 양의 피와 자신들의 증언의 말씀 때문이라고 밝힌다. 이것은 여기서 요한이 사탄의 추락과 관련된 그리스도인들의 구원의 의미를 5장의 구원론과 연결시킨 것이다. 5장 9절에 근거해서 볼 때, 본 구절에 나오는 '어린 양의 피'는 속량을 위한 그리스도의 죽음을 의미한다. 그러나 그리스도인 됨은 그리스도의 피를 통해 구원받은 것을 의미할 뿐만 아니라, 동시에 그리스도의 증언의 말씀을 붙잡는 것, 다시 말해서 그리스도의 말씀을 밖으로 증언할 준비가 되어 있음을 내포한다. 그리스도인들의 승리는 하나님과의 궁극적인 교제 속에서의 구원의 완성을 위한 전제다. 그렇기 때문에 그리스도인들은 죽기까지 자기들의 목숨을 아끼지 않을 수 있다. 따라서 요한은 그리스도인들이 죽기까지 그리스도에 대해 충성할 때만 승리가 끝까지 지탱될 수 있다는 점을 강조한다.

12절 그러므로 하늘과 그 가운데에 거하는 자들은 즐거워하라 그러나 땅과 바다는 화 있을진저 이는 마귀가 자기의 때가 얼마 남지 않은 줄을 알므로 크게 분내어 너희에게 내려갔음이라 하더라 10~11절에서 포괄적으로 묘사된 구원 사건에 이어 본 구절에서는 하늘과 그 안에 사는 자들에게 환호할 것을 촉구하는 내용이 나온다. 왜냐하면 지상에서는 그리스도인들의 승리를 다시 잃어버릴 수 있으나, 하늘에서의 사탄에 대한 승리는 궁극적이며 불변한 것이기 때문이다. 다시 말해서 하늘의 영역에서는 종말론적 승리가 이미 결정되었으나, 그와 동시에 땅과 바다에 대한 화의 외침이 나타난다. 왜냐하면 사탄이 얼마 남지 않은 자기 때를 알고 크게 분노를 품은 채 지상에 내려왔기 때문이다. 지상의 영역에서는 궁극적 승리가 아직 이루어지지 않고 있다. 화의 외침은 파멸의 위협을 받는 세계와 인간들에게 해당된다.(사1:4; 렘4:13; 겔24:9 참조) 다시 말해서 불신자들에게 있어서 화의 외침은 심판과 궁극적인 몰락의 위협을 의미하고, 그리스도인들에게는 그들이 지상에서 사탄의 공격을 차단할 것이라는 예고를 의미한다. 왜냐하면 땅 위로 추락한 사탄에게 주어진 시간이 너무 짧아서 자신의 일을 모두 행하기에 곤란하기 때문이다. 따라서 여기에는 그리스도인들이 끝까지 성실히 견디어 내야 한다는 권면의 말씀이 내포되어 있다고 볼 수 있다.

13절 용이 자기가 땅으로 내쫓긴 것을 보고 남자를 낳은 여자를 박해하는지라 이 구절에서 요한은 1~6절에 묘사된 여인의 운명에 관한 이야기로 다시 되돌아가서 왜 여인이 도망가는지를 설명한다. 여기서 요한은 그리스도 사건(5절)으로 말미암은 사탄의 추락과 여인을 향한 사탄의 핍박을 강조한다. 사탄은 마치 바로가 이스라엘을 뒤쫓듯이 여인을 뒤쫓는다. 앞서 언급한 바와 같이, 이것은 사탄으로부터 핍박받는 교회의 운명에 대해 말하고 있는 것이다.(1절의 주석 참조)

14절 그 여자가 큰 독수리의 두 날개를 받아 광야 자기 곳으로 날아가 거기서 그 뱀의 낯을 피하여 한 때와 두 때와 반 때를 양육 받으매 요한은 6절에서 짧게 언급한 내용을 본 구절에서 더 자세히 묘사한다. 여인에게는 그녀의 보호를 위해 예비된 장소인 광야로 날아갈 수 있도록 큰 독수리의 두 날개가 주어진다. 여기서 요한이 말하는 것은 교회가 하나님의 도우심을 받는 것에 대한 것이다. '독수리의 날개' 모티브는 출애굽 전승을 상기시킨다.(출19:4) 구약의 다른 곳에서 독수리의 날개는 하나님의 안전과 보호의 상징으로 사용된다.(신32:10~12; 시103:5; 사40:30~31 참조) 본 구절에서 요한이 큰 독수리라는 말을 사용한 것은 아마도 로마의 군기에 나타나는 독수리(주피터를 상징함)와 구별하기 위한 것으로 보인다.

여인이 광야에서 보호를 받는 기간인 '한 때와 두 때와 반 때'는 상징수로서 마지막 때의 교회가 겪을 환란의 때를 말한다.(11:2의 주석 참조)

15절 여자의 뒤에서 뱀이 그 입으로 물을 강같이 토하여 여자를 물에 떠내려 가게 하려 하되 여기서 요한은 그 여인을 쓸어버리기 위해 물을 강같이 토해내는 바다의 괴물로서 용을 묘사한다.(시74:13 참조) 이것은 반신적인 세력들을 대표하는 용을 바다의 괴물(레비아단)로 묘사하고 있는 고대의 신화들을 상기시킨다.(사27:1; 시74:13~14 참조) 이러한 신화적인 표현을 통해 요한은 마지막 때에 사탄이 교회를 얼마나 심하게 핍박할 것인지에 대해 말하고 있는 것이다.

16절 땅이 여자를 도와 그 입을 벌려 용의 입에서 토한 강물을 삼키니 여기서 인격화된 땅은 강물을 삼킴으로써 여인을 도와준다. 요한이 이 구절에서 분명히 말하고자 하는 것은 마태복음 16장 18절(너는 베드로라, 내가 이 반석 위에 내 교회를 세우리니 음부의 권세가 이기지 못하리라.)에서처럼 교회가 하나님의 보호하심에 관한 약속을 받는 것이다. 다시 말해서 교회는 주님의 재림 때까지 그 존재에 대해 보장을 받는다.

17절 용이 여자에게 분노하여 돌아가서 그 여자의 남은 자손 곧 하나님의 계명을 지키며 예수의 증거를 가진 자들과 더불어 싸우려고 이제 용은 자기 뜻을 이루지 못한 좌절로 인해 분노하여 여인으로부터 돌아서서 다른 희생물을 찾는다. 요한이 그 희생물을 '그 여자의 남은 자손' 곧 하나님의 계명을 지키고 예수의 증거를 가진 자들이라고 부르는 것을 볼 때, 이들은 모든 그리스도인들을 가리키고 있는 것이 분명하다.

본 구절에서 눈에 띄는 것은 요한이 교회와 각 그리스도인들을 구분해서 말하고 있다는 점이다. 여기서는 각 그리스도인들의 운명을 전면에 등장시키고 있다. 요한은 본 구절을 통해 교회에 다음과 같은 메시지를 주고 있다. 궁극에 가서 사탄은 교회를 공격하는 일을 포기한다. 그러나 사탄은 각 그리스도인들을 자기편으로 만들기 위해 그들을 핍박한다.

3) 설교 가이드

이 본문에서는 '영적인 눈을 뜹시다' 라는 제목 하에 다음과 같이 세 대지로 나누어서 설교를 작성할 수 있을 것이다.

① 본질적인 것은 우리의 눈에 감추어져 있다.

우리는 우리의 길을 조금이라도 예견하여 대비하고 싶어서 우리를 향해 가까이 다가오는 일들을 알고 싶어 한다. 그래서 때때로 우리의 관심은 우리가 살고 있는 세계뿐만 아니라 이 생 이후의 세계로 향한다. 그러나 미래의 일들은 컴퓨터의 전산 자료처럼 제시될 수 없으며, 우리의 지식으로 극복할 수 없을 만큼 비밀로 가득 차 있어서 늘 한계에 부딪힌다.

그렇다고 요한계시록이 이단의 교주들처럼 모든 것을 안다고 주장하듯이 우리가 알고 싶어 하는 비밀들을 모두 벗겨주는 것도 아니다. 오히려 요한계시록이 다루는 중요한 문제는 본질적인 것, 즉 사건들 뒤에 있는 것을 보이게 하는 데 있다. 요한계시록은 우리에게 바르게 생각하라고 경고한다. 이 책은 우리가 사건들에 나타나는 천상적인 것, 본질적인 것을 우리의 말로 나타낼 수 있다고 여기는 우리의 생각에 대해 엄히 경고한다. 왜냐하면 그것은 개념적으로 말할 수 있는 것이 아니라, 상징으로 표현할 수밖에 없기 때문이다.

② 시험을 받는 그리스도인들은 영적인 눈을 떠야 한다.

요한계시록은 우선 1세기 말경(또는 중엽) 억압과 박해를 받는 교회에 선포되었다. 기독교 공동체에 대한 적대자들의 핍박과 조롱은 교회 공동체를 피곤하고 지치게 만들며, 다음과 같은 질문을 하게 한다. 예수 그리스도는 실제로 모든 세력과 역사의 주인인가, 아니면 조롱자들이 말하는 것처럼 단지 주변 인물에 불과한가? 자연의 법칙에 따라 발전하는 것으로 보이는 이 세계에서 신앙고백은 영원히 계속될 수 있을 것인가? 이러한 문제에 직면할 때, 그리스도인들은 당황하게 되고, 의심 때문에 고통스러워한다.

본문은 이 모든 고난과 시험들을 견디는 것이 헛된 일일지도 모른다고 생각하는 사람들에게 웅대한 장면을 보여 준다. 계시록 저자는 이들에게 영적인 눈을 뜨게 해 주기 위해 자신이 경험한 세계를 참된 세력과의 관계, 역사의 진행, 교회와 세계의 미래와 관련해서 명료하게 전하고 있다. 이것은 사물들에 대한 바른 척도를 발견하고 그에 따르는 연계들을 조사하는 것에 해당된다.

하늘에서 전투가 벌어져, 최종적으로 미가엘과 그의 천사들이 용(사탄)과 그의 부하들을 이긴 것으로 결판이 났다. 그래서 사탄과 그의 부하들은 하늘에서 쫓겨나 땅으로 떨어진다. 이 전투 묘사에서 중요한 점은 결판이

났다는 것, 즉 모든 권세가 하나님과 그의 아들 그리스도에게만 속한다는 것이다. 또한 악의 권세는 시간적이든 공간적이든 한정되기는 하지만, 이 땅 위에서 아직 악의 힘을 가지고 있다는 점이다. 마지막으로 이 권세의 목적은 온 땅, 즉 사람들을 하나님으로부터 멀어지도록 하여 자신에게 복종하도록 하는 데에 있다. 사탄은 예수님께 "네가 나를 경배하면 나는 모든 것을 주겠다."고 말했다. 이것이 사탄의 권세요 한결같은 목표다. 따라서 사탄의 분노는 언제나 자신의 권한에 속한 요구에 저항하는 사람들과 교회를 향해 큰 박해를 한다.

③ 그리스도인들은 사탄과 싸워 이겨야 한다.

사탄과의 싸움은 그리스도인들의 운명이다. 교회는 분명히 예수 그리스도의 통치권을 선포하는데, 우리는 불신앙적인 세력의 저항과 미움을 경험한다. 이것은 우리의 시대에서도 쉬지 않고 소리 없이 바이러스처럼 우리를 침공하는 사탄의 계교 때문이다.

우리는 예수 그리스도의 공동체로서 그의 증거를 소중히 간직하는 곳에서, 좋을 때나 나쁠 때나 확고하게 그의 이름 가운데 평화, 사랑, 이해, 용서, 정의 자비를 실천하기 위해 애쓰지만, 이득을 추구하는 사람들로부터 종종 조롱을 당하고 웃음거리가 된다. 그러나 우리는 하나님의 구원과 왕권이 도래하고, 그가 궁극적으로 악의 세력을 물리쳐 주실 것이라는 확신을 가지고 우리의 믿음을 끝까지 지켜야 한다.

12. 12:18~13:18: 바다에서 올라오는 짐승과 땅에서 올라오는 짐승

12:18바다 모래 위에 서 있더라 13:1내가 보니 바다에서 한 짐승이 나오는
데 뿔이 열이요 머리가 일곱이라 그 뿔에는 열 왕관이 있고 그 머리들에
는 신성 모독하는 이름들이 있더라 2내가 본 짐승은 표범과 비슷하고 그
발은 곰의 발 같고 그 입은 사자의 입 같은데 용이 자기의 능력과 보좌
와 큰 권세를 그에게 주었더라 3그의 머리 하나가 상하여 죽게 된 것 같
더니 그 죽게 되었던 상처가 나으매 온 땅이 놀랍게 여겨 짐승을 따르고
4용이 짐승에게 권세를 주므로 용에게 경배하며 짐승에게 경배하여 이
르되 누가 이 짐승과 같으냐 누가 능히 이와 더불어 싸우리요 하더라 5
또 짐승이 과장되고 신성 모독을 말하는 입을 받고 또 마흔 두 달 일할
권세를 받으니라 6짐승이 입을 벌려 하나님을 향하여 비방하되 그의 이
름과 그의 장막 곧 하늘에 사는 자들을 비방하더라 7또 권세를 받아 성
도들과 싸워 이기게 되고 각 족속과 백성과 방언과 나라를 다스리는 권
세를 받으니 8죽임을 당한 어린 양의 생명책에 창세 이후로 이름이 기록
되지 못하고 이 땅에 사는 자들은 다 그 짐승에게 경배하리라 9누구든
지 귀가 있거든 들을지어다 10사로잡힐 자는 사로잡혀 갈 것이요 칼에
죽을 자는 마땅히 칼에 죽을 것이니 성도들의 인내와 믿음이 여기 있느
니라 11내가 보매 또 다른 짐승이 땅에서 올라오니 어린 양 같이 두 뿔이
있고 용처럼 말을 하더라 12그가 먼저 나온 짐승의 모든 권세를 그 앞에
서 행하고 땅과 땅에 사는 자들을 처음 짐승에게 경배하게 하니 곧 죽게
되었던 상처가 나은 자니라 13큰 이적을 행하되 심지어 사람들 앞에서
불이 하늘로부터 땅에 내려오게 하고 14짐승 앞에서 받은 바 이적을 행

함으로 땅에 거하는 자들을 미혹하며 땅에 거하는 자들에게 이르기를
칼에 상하였다가 살아난 짐승을 위하여 우상을 만들라 하더라 15그가 권
세를 받아 그 짐승의 우상에게 생기를 주어 그 짐승의 우상으로 말하게
하고 또 짐승의 우상에게 경배하지 아니하는 자는 몇이든지 다 죽이게
하더라 16그가 모든 자 곧 작은 자나 큰 자나 부자나 가난한 자나 자유
인이나 종들에게 그 오른손에나 이마에 표를 받게 하고 17누구든지 이
표를 가진 자 외에는 매매를 못하게 하니 이 표는 곧 짐승의 이름이나
그 이름의 수라 18지혜가 여기 있으니 총명한 자는 그 짐승의 수를 세어
보라 그것은 사람의 수니 그의 수는 육백육십육이니라

1) 본문 소개

13장은 12장 17절에 언급된 내용, 즉 하늘에서 추락한 용이 하나님의 계명을 지키며 예수의 증언을 간직하고 있는 사람들과 싸우려고 따라갔다는 것이 무엇을 의미하는지를 다룬다. 이를 위해 요한은 두 악마적 존재인 바다에서 올라오는 짐승과 땅에서 올라오는 짐승의 표상을 사용한다. 여기서 요한은 황제숭배를 통해 소아시아의 기독교인들을 억압한 로마 제국에 대해 다루고 있다. 2~5절에서 요한은 로마의 통치 배후에는 용, 즉 사탄이 있음을 지적하면서 로마 제국을 사탄의 대변자로 그리고 있다. 6~8절에서는 이 국가를, 오직 하나님과 그리스도에게 해야 할 충성을 자신에게 하라고 요구하면서 그리스도인들을 박해하는 세력으로 특징짓고 있다. 이러한 박해와 관련하여 10절에서는 그의 수신 교회들에게 황제숭배에 대한 기독교인들의 올바른 자세를 위한 기본적인 권고의 말씀을 준다. 그리고 13~15절에서 요한은 둘째 짐승이 땅 위에 사는 사람들에게 행하는 큰 기적과 함께 첫째 짐승의 우상을 만들라고 강요하고, 그 우상에게 경배하지

않는 자는 모두 죽이게 했다고 말한다. 이 둘째 짐승은 소아시아에서 정교한 제도를 갖춤으로써 번영했던 황제숭배의 사제단을 가리키는 표상으로 이해할 수 있다.

2) 본문 주석

18절 바다 모래 위에 서 있더라 개역에는 이 구절이 없고 앞의 문장인 17절에 포함되어 있다. 그러나 18절이 나와 있는 새번역과 표준새번역 개정판, 그리고 공동번역이 옳다.(헬라어 신약 성서 참조) 이 18절은 "그리하여 그 용이 바닷가 모래 위에 섰습니다."로 번역될 수 있으며, 이 문장은 13장 1~10절에 묘사된 바다에서 올라오는 짐승의 출현을 기다리기 위해 용이 바닷가에 서 있는 장면을 나타내는 것으로 이해될 수 있다.

13장 1절 내가 보니 바다에서 한 짐승이 나오는데 12장에서 요한은 사탄이 그리스도와 교회를 멸망시킬 수는 없으나, 그리스도인들을 위태롭게 할 수 있다는 것을 보여 주었다. 13장에 와서 요한은 특히 12장 13~17절과 관련해서 사탄이 교회와의 싸움을 구체적으로 어떻게 전개하는지에 대해 설명한다.

통속적인 주석에서는 본 구절에 나오는 짐승을 오늘날 적그리스도 국가로 불리는 공산주의 나라들로 해석하는 경우가 있다. 그러나 이것은 근거 없는 자의적인 해석일 뿐이다. 정확한 주석을 위해서는 요한계시록에서 사용된 표상들의 유래와 그 의미를 잘 살펴보는 것이 중요하다.

바다에서 나오는 이 짐승은 부분적으로 유대 전승에 있는 레비아단을 암시한다. 유대 전승에 의하면 레비아단은 창조의 다섯째 날에 베헤모드와 분리되어 바다를 위해 임명된 괴물 이름이다.(에티오피아어 에녹서

60:7~11, 24; 제4 에스라서 6:47~52 참조) 그런데 유대교에서 바다의 괴물은 이스라엘을 억압하는 이방 민족들에 대한 상징어로 사용되었으며, 때때로 혼돈의 괴물인 라합 또는 레비아단은 이집트와 같은 특별한 이방 억압자를 나타내기 위해 사용되었다.(시74:14; 사30:7; 겔29:3, 32:2~3) 이 중에서 요한은 레비아단에 관한 전승을 참고해서 '바다에서 나오는 짐승' 표상을 사용했을 수 있다. 그러나 이에 전적으로 의존하지 않고 바다에서 나오는 네 짐승에 대해 언급하는 다니엘 7장 1~7절을 염두에 두면서 그 나름대로 창조했을 가능성이 더 많다. 이것은 2절까지 주석을 해 보면 더 분명하게 드러나게 될 것이다.

뿔이 열이요 머리가 일곱이라 '열 뿔'과 '일곱 머리'는 계시록 17장 9~12절에서 요한에 의해 분명하게 해석된다. 요한은 17장 9절에서 '일곱 머리'에 대해 "일곱 머리는 여인이 타고 앉은 일곱 산이며 또 일곱 왕을 가리킨다."고 해석한다. 그리고 여인에 대해서는 17장 18절에서 세상의 임금들을 다스리는 왕권을 가진 큰 도시를 가리킨다고 언급하고 있는데, 로마의 문헌들(Vergil *Aen.* 6.782, Horaz *Carm. Saec.* 7, Juvenal *Satires* 9.130, Propertius 3.10, Ovid *Trist.* 1.4.69, Pliny *Hist. nat.* 3.66~67, Claudian *Bell. Gild.* 104 등 참조)에서 로마가 일곱 산(언덕)의 도시로 불리는 것을 볼 때, 우리는 17장 9절을 일곱 개의 작은 산 위에 세워진 로마를 암시하는 구절로 이해할 수 있다. 일곱 왕은 대부분의 주석가들이 동의하는 바와 같이 로마 황제들을 가리키는 것으로 볼 수 있다.(17:10의 주석을 참조할 것)

'열 뿔'은 17장 12절에서 열 왕으로서 이 왕들은 아직 나라를 차지하지는 못했지만, 그 짐승과 함께 한 때 왕 노릇 할 권세를 받을 것이라고 한다. 이 17장 12절에 의거해서 우리는 열 뿔이 열 명의 종속 국왕들을 가리키는 것으로 이해할 수 있다. 그러므로 계시록 13장에 나오는 바다에서 올라오는 짐승은 로마 제국을 상징하는 표상으로 이해할 수 있다.

그 뿔에는 열 관이 있고 여기에 나오는 면류관은 헬라어 *διάδημα*(디아데마)의 번역인데, 이 단어는 새번역과 표준새번역 개정판처럼 왕관으로 번역하는 것이 더 좋다고 본다. 따라서 앞에서 살펴본 대로 열 뿔이 열 명의 종속국왕들을 가리키는 것이라면 본 구절의 왕관은 분명히 왕권을 상징하는 것이다.

그 머리들에는 신성 모독 하는 이름들이 있더라 앞에서 본 대로, '일곱 머리'가 로마 황제들을 가리키는 것이라면, 여기에 나오는 '참람된 이름들', 즉 '하나님을 모독하는 이름들'이라는 표현은 황제숭배를 위해 사용된 칭호들(가령, '주 하나님')을 가리키는 것임을 알 수 있다.

2절 내가 본 짐승은 표범과 비슷하고 그 발은 곰의 발 같고 그 입은 사자의 입 같은데 요한은 앞에서 짐승의 뿔과 머리에 대한 언급을 하고 여기서는 짐승의 몸에 대해서 묘사한다. 짐승은 상상하기 힘든 괴물의 모양을 가지고 있다. 여기서 요한은 이 짐승이 표범과 비슷하고 그 발은 곰의 발과 같으며 그 입은 사자의 입과 같다고 말한다. 이 짐승의 모습은 다니엘 7장 2~7절에 나타난 네 강대국을 상징하는 네 짐승의 모습을 하나로 합쳐 놓은 것으로 볼 수 있는데, 그 중에서 특히 넷째로 출현했던 열 개의 뿔을 가진 짐승과 유사하다. 그런데 유대교에서는 다니엘 7장의 넷째 짐승을 다니엘서 저자가 의도했던 바대로 시리아 제국과 관련시키지 않고, 로마 제국을 위한 상징으로 사용한 때가 있었다. 요한은 이것을 따른 것으로 보인다.

용이 자기의 능력과 보좌와 큰 권세를 그에게 주었더라 짐승과 용 사이의 관계에 대해서 말하는 본 구절에서는 땅으로 내던져진 용의 활동(12:13~17)과 바다에서 올라오는 짐승의 활동을 연결시키고자 한 저자의 의도를 엿볼 수 있다. 여기서 요한은 로마의 통치 배후에는 용, 즉 사탄이 있음을 지적하면서 로마 제국을 사탄의 대리인으로 그리고 있다.

3절 그의 머리 하나가 상하여 죽게 된 것 같더니 그 죽게 되었던 상처가 나으매 이 문장은 다음과 같이 번역하는 것이 좋을 것이다. "그리고 그의 머리들 가운데 하나는 죽도록 난도질을 당한 것 같았는데, 그의 치명적인 상처가 나았습니다."

'그의 머리들' 은 1절에서 본 바와 같이, 로마 황제들을 가리키므로 여기에 나오는 '그의 머리들 가운데 하나' 는 로마 황제들 중 한 사람이라는 것을 알 수 있다. 이 문장은 죽을 정도로 난도질을 당한 것 같던 그 한 왕의 치명적인 상처가 나았다는 것을 말한다.

'죽도록 난도질을 당한 것 같았는데' 라는 표현은 분명히 "살육 당한 것 같았다"라는 표현이 나오는 5장 6절의 어린 양에 대한 묘사를 상기시킨다. 이것은 어린 양이 살육 당한 후 부활한 것과 비슷하게 머리에 치명적인 상처를 입은 그 한 짐승의 머리도 다시 소생했다는 것을 말하고 있다. 다시 말해서, 그리스도가 하나님이듯이 적그리스도인 짐승은 그리스도의 악마적 표상으로 나타났다는 것을 인식케 해준다. 여기서 중요한 것은 한 머리의 운명이 짐승의 운명과 동일시되고 있다는 점이다. 왜냐하면 본 구절에서 한 머리의 회복에 대해 "그의(짐승의) 치명상이 다시 나았다."고 언급하고 있기 때문이다. 이미 여기서 환상 이야기의 또 하나의 경향이 드러난다. 즉, 로마 제국의 화신으로서의 짐승과 그의 통치자 중 하나를 동일시한다.

이제 우리는 요한이 여기서 어떤 황제를 염두에 두고 이런 언급을 했는지에 대해 고찰할 필요가 있다. 이 문제에 대해서는 네로의 재생 또는 귀환에 관한 전설이 도움을 준다. 네로는 68년에 31세의 나이로 자살을 함으로써 생을 마감했다. 그런데 그 당시 사람들은 그가 죽었는데도 불구하고 다시 살아난다거나 실제로 죽은 것이 아니라 단지 숨은 것이라고 생각했다. 이러한 생각은 네로가 파르티아로 도망간 후에 권력을 다시 잡기 위해 파르티아의 군사적인 지원을 받아 다시 되돌아 올 것이라는 전설을 낳게 했다. 그러나 그 후 네로는 사탄적인 특징이 부여되면서 벨리알의 모습으로 나타나고, 마지막 때의 하나님의 원수로 간주된다.(이사야 승천기 4:2~4 참조)

온 땅이 놀랍게 여겨 짐승을 따르고 '온 땅'은 세상 사람들을 가리키는 은유다.(17:8 참조) '짐승을 따르고'라는 표현은 로마 또는 로마 황제에 대한 숭배를 뜻한다. 따라서 이 구절은 요한이 로마 또는 로마 황제를 숭배하는 모든 사람들의 태도를 표현한 것임을 알 수 있다.

4절 용이 짐승에게 권세를 주므로 용에게 경배하며 "용이 짐승에게 권세를 주므로"라는 표현은 이미 2절에서 살펴본 표현과 같은 내용이다. 따라서 이 구절은 사탄이 로마에게 권세를 주었기 때문에 세상 사람들이 사탄을 숭배했다는 것을 말하는 것임을 알 수 있다. 하나님 숭배가 어린 양 그리스도를 숭배하도록 해 주는 것처럼 사탄의 숭배는 곧 로마를 숭배하게 만드는 요인이 된다는 것이다. 요한에게 있어 황제숭배는 사탄을 숭배하는 것이었다.

짐승에게 경배하여 이르되 누가 이 짐승과 같으냐 누가 능히 이로 더불어 싸우리요 하더라 로마 황제를 신으로 숭배하는 것은 하나님을 모독하는 행위에서 그 정점에 이른다. "누가 이 짐승과 같으랴?"라는 질문을 구약에 나오는 하나님에 대한 찬양문과 관련해서 읽으면 이것이 얼마나 하나님을 모독하는 말인지를 더 분명히 알 수 있다. "여호와여 신 중에 주와 같은 자 누구이니까…."(출15:11; 시35:10, 89:8 참조) 세상 사람들의 생각으로는 아무도 로마에 저항할 수 없다. 따라서 또 하나의 수사학적인 질문이 나온다, "누가 이 짐승과 싸울 수 있으랴?"

5절 또 짐승이 과장되고 신성 모독을 말하는 입을 받고 이 문장은 다음과 같이 번역하는 것이 더 좋다. "그리고 그 짐승에게는 오만한 말과 하나님을 모독하는 말을 하는 입이 주어졌고." 짐승이 하나님을 모독하는 말을 한다는 것은 무엇보다도 로마 황제가 하나님의 자리에 자기를 올려놓고 자신을 하나님이라고 주장한 것과 관련이 있다. 아마도 요한은 당시 로마 황제를 위해 사용되고 있던 '주 하나님' 이라는 칭호를 염두에 둔 것으로 보인다. "입이 주어졌다."는 어떤 사람에게 무엇인가 말할 것을 준다는 의미를 가지고 있는 셈어적 표현이다.

또 마흔 두 달 동안 일할 권세를 받으니라 이 문장은 "마흔 두 달 동안 휘두를 권세가 주어졌다."로 번역하는 것이 더 좋다. '마흔 두 달' 은 12장 14절에 있는 '한 때와 두 때와 반 때' 에 상응하는 것으로(12:14의 주석 참조) 하나님에 의해 예정된 마지막 때에 있을 환란의 기간을 말한다. 따라서 여기서 우리는 요한이 로마로 인한 소아시아의 기독교인들의 환란을 마지막 때의 도래로 해석했다는 것을 인식할 수 있다.

6절 짐승이 입을 벌려 하나님을 향하여 비방하되 그의 이름과 그의 장막 곧 하늘에 사는 자들을 비방하더라 '비방하더라' 는 *βλασφημεῖν*(블라스페메인)의 번역인데, 이 말은 '모독하다'로 번역하는 것이 더 좋다. 이 동사는 요한계시록에서 네 번 사용되는데, 두 번은 하나님과 함께(16:11, 21), 그리고 두 번은 하나님의 이름과 함께(13:6, 16:9) 사용된다.

여기서 요한은 신성모독을 하나님의 이름과 그의 장막으로 표현되는 하늘에 사는 자들과 관련시킨다. '하나님의 장막'과 '하늘에 사는 자들'을 동격화하고 있는 것에서 우리는 하나님의 장막이 하나님과 밀접한 교제를 나누는 자들에 대한 은유라는 것을 알 수 있다. 따라서 신성 모독은 하나님에게 뿐만 아니라, 그와 교제하며 살고 있는 자들과도 관련된다.

7절 또 권세를 받아 성도들과 싸워 이기게 되고 여기서 요한은 그리스도인들과 싸우도록 로마에게 권세가 주어졌다고 기술한다. 이와 매우 유사한 병행구가 다니엘 7장 21절에 있다. "내가 본 즉 이 뿔이 성도들과 더불어 싸워 이겼더니." 다니엘 7장에서 뿔은 하나님의 백성을 잔인하게 억압한 안티오쿠스 4세를 가리키는데, 본 구절에서 요한은 로마 제국을 그리스도인들에 대한 박해 세력으로 특징짓고 있다.

각 족속과 백성과 방언과 나라를 다스리는 권세를 받으니 이 어구는 로마 제국의 권세가 미치는 전역을 반영한다.(10:11의 주석을 참조할 것) 계시록 5장 9절에는 어린 양이 모든 족속과 언어와 백성과 나라 가운데서 사람들을 사서 하나님께 드렸다는 내용이 나온다. 그러나 본 구절에서 요한은 로마 제국에게 모든 족속과 백성과 언어와 나라를 다스리는 권세가 주어졌다고 언급하여 대조를 보인다.

8절 죽임을 당한 어린 양의 생명책에 창세 이후로 이름이 기록되지 못하고 이 땅에 사는 자들은 다 그 짐승에게 경배하리라 여기서 요한은 땅 위에 사는 사람들 중 일부를 제외하고는 모두 로마 황제를 숭배할 것이라고 말한다. 이것은 바로 로마에 대한 충성 요구가 광범위하게 나타날 것을 암시한다.

그런데 여기서 눈여겨보아야 할 것은, 땅 위에 사람들은 어린 양의 생명책에 기록되지 않은 사람들이라는 점이다. '땅 위에 사는 사람들' 은 요한계시록에서 모두 아홉 번 사용되는데(3:10, 6:10, 8:13, 11:10(두 번), 13:8, 14(두 번), 7:8), 여기서 이 표현은 하나님과 교회에 적대적인 사람들을 호칭하는 일반적인 용어로 사용되고 있다. 다시 말해서 그들은 어린 양 그리스도와 관련이 없는 사람들이다. 따라서 생명의 책에 기록되는 사람들은 그리스도인들이라는 것을 알 수 있다.

그런데 여기서 문제는 '창세 이후로' 라는 어구가 덧붙여졌다는 데 있다. 일련의 주석가들은 이 어구를 죽임을 당한 어린 양과 관련시킨다. 이럴 경우 '창세 이후로' 는 창세 때부터 계획된 그리스도의 구속적 희생의 죽음이라는 의미로 강조된다고 말할 수 있다. 그러나 대다수의 주석가들이 보는 바와 같이, '창세 이후로' 는 생명의 책과 관련된다고 보는 것이 더 합당할 것이다. 왜냐하면 계시록 17장 8절의 '창세 이후로' 는 생명의 책에 기록되는 이름도 관련이 있을 뿐만 아니라, '생명의 책' 표상에는 전통적으로 하나님의 선택 사상이 내포되어 있기 때문이다.(시139:16 참조) 또한 본 구절인 8절과 17장 8절을 20장 15절과 관련지어 보면, 우리는 요한이 에베소서 1장 4절과 유사하게 하나님께서는 그리스도인들을 창세 때부터 미리 택하신 것으로 간주하고 있으며 구원을 하나님의 선물로 여기고 있다는 것을 인식할 수 있다.

9절 누구든지 귀가 있거든 들을지어다 이 어구는 유대교와 초기 기독교에서 듣는 자로 하여금 각기 자기를 두고 하는 말로 생각하도록 촉구하는 특별한 계시에 대한 신호로 사용된 말이다. 계시록 2~3장에서 요한은 '성령이 교회들에게 하시는 말씀을' 이라는 부가어를 통해 각 교회에 그때그때 개별적으로 말해진 것들이 모든 교회에 적용되어야 한다는 점을 강조한다.

10절 사로잡힐 자는 사로잡혀 갈 것이요 칼에 죽을 자는 마땅히 칼에 죽을 것이니 이 어구는 본문 형태로 보아 두 가지 독법을 고려해 볼 수 있다. 하나는 "잡혀 갈 사람은 잡혀 갈 것이며 칼을 맞아 죽을 사람은 칼에 맞아 죽을 것입니다."인데, 이것은 알렉산드리아 사본에만 나온다. 또 다른 독법은 "포로가 될 자는 포로가 되어 갈 것이요 검으로 죽이는 자는 자기도 검으로 죽게 될 것이다."인데, 부셋(W. Bousset, *Komm.*, 365)과 그라프트(H. Kraft, 『요한묵시록』, 275)는 이 독법을 더 적합한 것으로 간주한다. 왜냐하면 이 문장이 다음 문장과 잘 어울리며 또한 마태복음 26장 52절에서 유래했을 것이라고 여겨지기 때문이다. 이들에 의하면 여기서 요한은 박해자들에게 자신들이 행한 폭행을 결국엔 고스란히 되돌려 받을 것이라고 위협하며, 그의 수신 교회들 안에 있는 과격한 무리, 즉 무장을 해서라도 박해자들에게 적극적으로 저항을 해야 한다고 생각하는 사람들에게는 자중할 것을 경고한다는 것이다. 그러나 요한계시록의 교회들 안에 사실상 이러한 경향이 있었는지는 의심스럽다. 노게이라(P. A. de S. Nogueira, "Der Widerstand gegen Rom in der Apokalypse des Johannes," 51)가 적절하게 언급한 바와 같이, 이것은 적극적인 저항을 선호한 교회 안의 어떤 그룹에 대한 논박이 아니라, 온 교회들을 향해 하나님의 뜻을 받아들일 것을 촉구하는 권고다.

10a절은 그 유래에 있어서 마태복음 26장 52절보다는 오히려 예레미야

15장 2절에 더 가깝다고 볼 수 있으며, 10b절의 문장과 잘 어울린다. 그리스도인들이 감옥에 갇히거나 죽임 당하는 것을 피할 수 없었다는 사실은 7절의 문장인 "또 권세를 받아 성도들과 싸워 이기게 되고…."에서도 알 수 있다.

성도들의 인내와 믿음이 여기 있느니라 여기서 요한은 박해 상황에 직면하여 그리스도인들이 하나님께 끝까지 충성하기 위해 가져야 할 중요한 덕목으로 '인내'와 '믿음'을 강조한다. 본 구절에서 이 두 덕목은 거의 동의어로 사용되고 있는데, 여기서 믿음은 그리스도인이 되기 위해 기본적으로 갖추어야 할 덕목으로서의 '믿음'을 뜻하는 것이 아니라, '인내'와 동일하게 곤궁 속에서도 끝까지 지켜야 할 하나님을 향한 충절의 의미로 사용되고 있다. 이처럼 인내와 믿음이 서로 연결되어 나타나는 것은 유대교의 순교자 전통과 관련된다.(4마카 16:21~17:5 참조)

11절 내가 보매 또 다른 짐승이 땅에서 올라오니 어린 양 같이 두 뿔이 있고 용처럼 말하더라 여기서 요한은 땅에서 올라오는 둘째 짐승을 본다. 이 짐승은 바다에서 올라오는 짐승과는 달리 열 뿔을 가지고 있지 않고 어린 양처럼 두 뿔만을 가지고 있다. 구약에서 뿔이 권력을 상징하는 말로 사용되는 것을 볼 때(슥1:18~21; 렘48:25; 시132:17; 단8:8 참조), 이것은 둘째 짐승이 첫째 짐승에게 종속되었다는 것을 암시하는 것으로 보인다.

그런데 '새끼 양같이'라는 번역은 문제가 있는 것 같다. 왜냐하면 헬라어 *ἀρνίον*(아르니온)은 보통 어린 양으로 번역되지만, 어린 양은 뿔이 없기 때문이다. 따라서 여기서는 수양으로 번역하는 것이 좋을 것 같다. 또 다른 둘째 짐승이 용처럼 말한다는 것은, 이 짐승이 궁극적으로 사탄의 대변자로 행동한다는 것을 의미한다.

12절 그가 먼저 나온 짐승의 모든 권세를 그 앞에서 행하고 이 어구는 둘째 짐승의 권력 행사에 대해서 말하고 있다. 이 짐승은 분명히 첫째 짐승의 대변자 역할을 맡고 있다. '그 앞에서'는 헬라어 *ἐνώπιον αὐτου*(에노피온 아우투)를 문자적으로 번역한 말이다. 그러나 여기서 이 어구의 실제적인 의미는 '그의 권위로', '그를 위하여', '그의 허가를 얻어'이다. 이 어구는 셈어적 표현법으로서 14절에서도 사용된다. 거기에서는 둘째 짐승이 '짐승의 권위로' 기적을 행한다는 언급이 나온다.

땅과 땅에 사는 자들을 처음 짐승에게 경배하게 하니 로마를 상징하는 첫째 짐승의 대리 행동자인 둘째 짐승이 땅과 땅에 거하는 자들로 하여금 첫째 짐승에게 경배하도록 한다는 것은, 로마 황제에 대해 제의적 숭배를 하도록 한다는 의미다. 본 구절을 통해 요한은 8절에 이어 땅에 거하는 불신앙적인 자들만이 첫째 짐승, 즉 로마를 경배한다고 다시 한 번 강조한다. 그리고 뒤에 가서 요한은 둘째 짐승을 거짓 예언자로 특징짓는다.(16:13, 19:20, 20:10 참조) 따라서 대부분의 주석가들이 해석하는 바와 같이, 이 둘째 짐승은 소아시아의 정교한 제도로 번영했던 황제숭배의 사제단을 가리키는 표상으로 이해할 수 있다.

곧 죽게 되었던 상처가 나은 자니라 이 어구는 3절과 관련이 있다. 우리는 이미 3절에서 첫째 짐승의 머리들 중 하나가 죽도록 난도질을 당한 것 같았는데, 그의 치명상이 어느새 나았다는 언급을 보았다. 그러나 여기서는 그 치명상을 입은 대상이 첫째 짐승의 머리들 중 하나가 아니라, 바로 그 첫째 짐승 자체다. 따라서 우리는 여기서도 요한이 로마(첫째 짐승)와 황제들(첫째 짐승의 머리들)을 동일화시켜서 말하고 있다는 것을 확인할 수 있다.

13절 큰 이적을 행하되 심지어 사람들 앞에서 불이 하늘로부터 땅에 내려오게 하고 둘째 짐승(황제숭배 사제단)은 말뿐만 아니라, 이적을 통해서도 자신들의 로마 황제숭배를 선전한다. 이들은 예언자 엘리야(왕상18:38; 왕하1:10)와 두 증인(계11:5)처럼 하늘로부터 땅에 불을 내리게 한다. 이것은 로마 황제숭배를 위해 자신들이 참된 예언자들인 것처럼 행세했다는 것을 암시한다.

14절 짐승 앞에서 받은 바 이적을 행함으로 땅에 거하는 자들을 미혹하며 땅에 거하는 자들에게 이르기를 칼에 상하였다가 살아난 짐승을 위하여 우상을 만들라 하더라 요한은 여기서 둘째 짐승(황제숭배 사제단)이 이적을 통해 땅에 거하는 자들(불신앙적인 사람들)을 유혹하며 칼의 상처를 지닌 채 살아난 그 짐승을 위해 우상을 만들라고 했다는 것을 증언하고 있다. 여기서 '미혹하다' 는 둘째 짐승이 땅과 땅에 거하는 자들로 하여금 첫째 짐승을 경배하게 했다는(12절) 말의 다른 표현이다. 이 표현은 12장 9절에서 '온 세상을 유혹하는 자' 라는 말로 사탄에게 쓰인 것에 상응하는 어구로서 본 구절에서는 둘째 짐승을 위해 사용되고 있다.

15절 그가 권세를 받아 그 짐승의 우상에게 생기를 주어 그 짐승의 우상으로 말하게 하고 둘째 짐승(황제숭배의 사제단)은 로마 황제의 입상(立像)에 생기를 불어넣어 주어 그것으로 하여금 말을 할 수 있도록 했다는 것이다. 이것은 신들의 형상에 생기를 불어넣는 것이 신탁을 보증하는 중요한 수단이었던 고대의 마술 세계를 반영한다. 입상으로 하여금 말하게 하는 이적은 고대 마술사들의 레퍼토리 중 하나였다. 그 당시 마술사들은 복화술을 사용해서 자연적인 사건들을 마치 이적인양 교묘하게 속였다.

또 짐승의 우상에게 경배하지 아니하는 자는 몇이든지 다 죽이게 하더라 이 어구는 로마 황제의 우상에게 경배하지 않은 수많은 그리스도인들이 순교를 당했다는 것을 암시한다. 플리니우스가 트라얀 황제에게 보낸 서신(112년 경)을 통해 우리는 그 당시 그리스도인들에게 강요된 몇 가지 행위를 알 수 있다. 예를 들어 기독교를 거부한다는 입증을 하기 위해 이방신들에게 제물을 갖다 바쳐야 했고 황제의 상 앞에 향료를 피워야 했다. 이러한 일은 도미티안 황제 때에도 일어났다고 볼 수 있다. 그러나 일련의 주석가들이 말하는 바와 같이 1세기 말경에 이르러는 로마 제국이 광범위하게 조직적으로 기독교인들을 박해한 적이 없다. 그렇다면 우리는 이렇게 말할 수 있을 것이다. 요한계시록은 부분적인 박해 경험을 전제한다.(가령, 계시록 저자의 유배 생활(1:9), 안디바의 순교(2:13)) 그리고 황제숭배는 1세기 후에 더 공격적인 박해의 수단으로 등장한다. 이러한 박해의 경험 속에서 요한은 예언자적인 예지를 가지고 기독교인들과 로마 사이에 잠재하고 있던 근본적인 갈등을 인식한다. 그래서 그는 자신이 처한 당시의 환란을 마지막 때의 도래로 해석했고, 기독교인들이 장차 당할 대량 학살을 예고하면서 이에 대한 기독교인들의 자세와 하나님의 지상 통치권 확립에 대한 물음에 답하고자 요한계시록을 쓴 것이다.

16절 그가 모든 자 곧 작은 자나 큰 자나 부자나 가난한 자나 자유인이나 종들에게 그 오른 손에나 이마에 표를 받게 하고 둘째 짐승(황제숭배의 사제단)은 모든 사람들에게 오른 손에나 이마에 첫째 짐승(로마)의 표를 받으라고 강요한다. 여기에서 말하는 '표' 는 헬라어 *χάραγμα*(카라그마)를 번역한 것으로서 '낙인' 으로 번역할 수도 있다. 그런데 '낙인' 이 오른 손에나 이마에 똑같이 찍히는 경우에 대해서는 아는 바가 없기 때문에 만족할 만한 설명을 하기가 쉽지 않다. 아마도 요한은 낙인찍는 특정한 방법에 대해서는 심각하게 고려하지 않은 것 같고, 그리스도인들이 이마에 인침을 받듯이(7:3~4, 9:4, 14:1) '낙인' 을 다만 소속에 대한 은유로 사용한 것으로 보인다.

그런데 그동안 많은 주석가들은 이 '낙인' 을 그 당시의 관습과 관련지어 해석하려고 노력해 왔다. 이것을 요약하면 다음과 같다.

① 유대인들의 테필린(tephillin)에 해당한다고 보는 관점이다. 이것은 성경 구절들을 기록한 양피지를 담은 가죽 상자나 부적으로서 왼손과 이마에 매달았다.

② 노예들이나 군인들의 문신에 대한 언급으로 해석한다. 이 경우 '낙인' 은 화인(火印)을 의미한다.

③ 로마의 화폐에 대한 언급이라는 것이다. 이 견해는 표를 가지고 물건을 사거나 팔게 했다는 17절의 언급과 관련해서 로마 황제의 초상화나 이름이 새겨져 있는 로마의 동전을 염두에 둔 것이다.

④ 로마 제국의 인(印)에 대한 언급이라는 것이다. '카라그마' 라는 용어는 상업 문서에 황제의 이름과 날짜를 찍은 인에 대한 전문 용어였다는 것이다. 이 견해도 16절과 17절과의 관련성을 중요하게 여기고 있다. 네 견해 중 이것이 개연성이 가장 높다고 볼 수 있다.

17절 누구든지 이 표를 가진 자 외에는 매매를 못하게 하니 이 표는 곧 짐승의 이름이나 그 이름의 수라 황제숭배를 위해 결단하는 사람에게만 물건을 사거나 팔 수 있는 특권을 누리게 된다. 왜냐하면 상인들이나 수공업자들은 무역 조합원으로 가입이 되며 종교적 성격을 가진 축제에 항상 참여해야 했기 때문이다. 1세기 말경 소아시아에서의 황제숭배는 지방적 제의와 협조 체제를 유지했으며, 길드의 다신숭배(多神崇拜)에 포함되었다. 이에 타협하지 않고 자신의 신앙을 고수한 그리스도인들은 생계유지가 어려웠다.

18절 지혜가 여기 있으니 총명한 자는 그 짐승의 수를 세어 보라 그것은 사람의 수니 그의 수는 육백육십육이라 이 구절에서는 바로 위에서 언급된 이름의 짐승에 대한 숫자가 나온다. 그것이 바로 그 유명한 666이다. 요한은 독자들에게 이 숫자를 풀이해 보라고 하면서 여기에는 지혜가 필요하다고 말한다. 따라서 666은 지각이 있는 사람만이 풀이할 수 있는 상징적인 숫자로서 은유라는 것을 알 수 있다.

이 구절을 미래에 대한 예언으로 생각한 사람들은 이 숫자를 자신들의 경험 범위 안에 있는 역사적 인물과 동일화시키려고 노력해왔다.(가령, 교황, 히틀러, 스탈린, 호메이니, 사담 후세인 등) 심지어 미국의 대통령이었던 레이건이 포함되기도 했다. 왜냐하면 그의 이름 Ronald Wilson Reagon이 각각 6개의 문자로 이루어져 있기 때문이다. 그런가 하면 세대주의자들 가운데는 666을 컴퓨터, 신용카드, 세계 통일화폐, 바코드로 해석하는 사람들도 있다. 그러나 이러한 해석들은 요한계시록의 역사적 배경을 전혀 고려하지 않은 자의적 해석에 불과하다.

오늘날 대부분의 주석가들은 소위 게마트리아(gematria) 해독법에 의거해서 666을 로마 황제 네로를 가리키는 숫자로 이해한다. 그 당시 대부분의 사람들은 그들이 사용하는 알파벳으로 숫자를 표기했다. 이와 같이 글자가 수를 나타내기도 했기 때문에, 사람들은 저마다 숫자를 포함한 이름을 갖고 있었다. 이러한 이름과 숫자의 체계를 게마트리아라고 부른다. 이에 근거해서 히브리어 알파벳을 통해 666을 풀면 네로 황제라는 답이

나온다. נרון(네론) קסר(카이사르): 이것은 '네로 황제' 라는 헬라어 또는 라틴어를 히브리어 글자로 취음한 것이다.(ן = 50 + ר = 200 + ו = 6 + נ = 50 + ק = 100 + ס = 60 + ר = 200)

3) 설교 가이드

본문에서는 '짐승의 나라와 하나님의 나라' 라는 제목으로 설교를 작성할 수 있을 것이다.

본문의 이해를 돕기 위해 설교자는 먼저 요한계시록이 쓰인 역사적 배경을 설명할 필요가 있는데, 이를 다음과 같이 간략하게 설명할 수 있을 것이다.

요한계시록은, 1세기 말경 로마 제국이 지배할 때 자신의 신앙 때문에 밧모섬에 유배되었던 요한이라는 초기 기독교의 예언자가 핍박을 받고 있던 소아시아의 기독교인들에게 위로와 권면을 해 주기 위해 편지의 형식으로 기록한 목회서신이다. 로마 제국은 여러 민족들을 정복한 후 상이한 언어들과 문화들 그리고 종교들을 가진 여러 민족이 공동 조직을 통해 하나로 묶이기를 원했다. 그리고 이 모든 사람들이 로마 황제를 하나님으로 숭배하기를 강요했다. 그래서 이 제국은 큰 도시들에 황제숭배를 위한 신전을 짓게 했고, 이 신전 안에 황제의 입상을 세우게 했다. 모든 사람들은 신전으로 와서 황제 상 앞에서 향료에 불을 붙이고 제물을 바치면서 "우리 주 하나님 만세"라고 외쳐야 했다. 이것을 행한 사람은 일자리를 얻을 때나 물건을 사고 팔 때 제시해야 할 표를 받았다. 반면에 황제 상 앞에서 제사를 지내지 않은 사람은 국가의 적으로 간주되어 감옥으로 보내지거나 처형을 당할 각오를 해야 했다.

그 당시 소아시아의 많은 사람들에게는 로마 제국의 이러한 요구를 들어 주는 것이 자연스러웠고 문제될 것이 없었다. 그들은 “우리는 이미 많은 신들을 숭배한다. 그러므로 한 신을 더 숭배하는 것은 문제가 되지 않는다.”라고 말했다. 그러나 황제의 명령을 수용할 수 없는 사람들이 있었다. 그들은 결코 이 명령을 따를 수 없다고 여기는 그리스도인들이었다. 그들은 다음과 같이 말했다.

> “우리에게는 오직 예수 그리스도를 보내주신 아버지 하나님과 그의 참된 아들인 예수 그리스도만이 있을 뿐이다. 그만이 우리의 주님이시다. 그러므로 우리는 오직 그에게만 복종할 수 있고 그에게만 기도를 할 수 있다. 만일 우리가 황제 상 앞에 제물을 갖다 바치면, 우리는 예수 그리스도를 부인하게 되는 것이다.”

그래서 그리스도인들에 대한 박해가 일어났고, 계시록 저자는 그 희생자들 중 한 사람이었다. 그는 아마도 공중 예배 시간에 참석한 그리스도인들에게 그리스도에 대한 신앙을 잘 지키기를 권고하고, 황제숭배에 대해 저항할 것을 촉구했던 것 같다. 로마 관청은 그를 주시해오다가 체포해서 급기야 밧모섬으로 유배시키게 된다. 그러나 그는 유배지에서도 늘 소아시아의 교회들에 대한 염려를 떨쳐 버릴 수가 없었다. 그들에게 무슨 일이 일어나고 있는가? 박해가 더 심해지는 것은 아닌가? 무엇보다 그들이 예수 그리스도를 부인하도록 유혹하는 모든 시험을 잘 이겨내고 있는지를 심각하게 걱정했던 것 같다.

그래서 요한은 소아시아의 그리스도인들에게 마침내 긴 편지를 쓰는데, 그것이 바로 성서의 맨 뒤에 실려 있는 요한계시록이다. 이 서신에서 그는 소아시아의 그리스도인들을 안타까운 마음으로 위로하면서도 분명한 어투로 권면하고 있다. 그의 권면은 그리스도인들이 현재의 박해나 눈에 보이는 사물이 아니라 그 뒤에 있는 본질적인 것, 즉 하나님의 세계로 시선을 돌려야 한다는 것이다. 왜냐하면 예수 그리스도가 부활 승천하셔서 현재 하나님의 보좌에 함께 앉아 계시기 때문에 만물, 모든 민족, 뿐만 아니라 로마 황제 역시 그의 손 안에 있다는 것이다. 그러므로 예수 그리스도를 믿는 사람들은 이 세상에 아무리 악한 일들이 벌어질지라도 두려워할 필요가 없다고 그는 위로한다.

그러나 요한은 이 모든 것을 공개적으로 쓸 수 없었다. 실제로 그는 자신의 편지가 로마 제국의 감시를 피할 수 없다고 예상해야 했다. 그가 오직 그리스도인들만이 이해할 수 있는 일종의 은어로 써야 했던 이유가 여기에 있다.

본문은 황제숭배를 통해 소아시아의 기독교인들을 억압한 로마 제국에 대해 다룬 장이다. 설교자는 본문 주석을 참고하여 이 장에서 말하고자 한 저자의 의도를 먼저 설명해 준 다음, 이 본문이 오늘날 우리에게 주는 의미가 무엇인지를 말해 주어야 한다.

본문에서 우리는 인간의 모든 권력의 오만 불손을 폭로하고, 불신앙적인 권력에 대한 저항의 정신을 촉발시키는 성서 언어의 전복적인 힘을 감지할 수 있다. 우리는 이 본문을 오늘날의 전체주의적인 국가에서 겪는 다양한 경험들, 권력의 절대화, 물신 숭배, 무신론적인 인본주의와 과학만능주의, 소비를 부추기는 광고 산업 등의 상황과 연관지어 해석할 수 있다. 설교자는 이 본문을 통해 오늘날 그리스도인들이 정신을 차리고 하나님과 그리스도에 대한 신앙을 약화시키려고 유혹하는 위협적인 여러 세력들에 맞서 저항할 수 있도록 용기를 주어야 한다.

13. 14:1~5: 어린 양과 속량된 자들

1또 내가 보니 보라 어린 양이 시온산에 섰고 그와 함께 십사만 사천이
서 있는데 그들의 이마에는 어린 양의 이름과 그 아버지의 이름을 쓴 것
이 있더라 2내가 하늘에서 나는 소리를 들으니 많은 물 소리와도 같고
큰 우렛소리와도 같은데 내가 들은 소리는 거문고 타는 자들이 그 거문
고를 타는 것 같더라 3그들이 보좌 앞과 네 생물과 장로들 앞에서 새 노
래를 부르니 땅에서 속량함을 받은 십사만 사천 밖에는 능히 이 노래를
배울 자가 없더라 4이 사람들은 여자와 더불어 더럽히지 아니하고 순결
한 자라 어린 양이 어디로 인도하든지 따라가는 자며 사람 가운데에서
속량함을 받아 처음 익은 열매로 하나님과 어린 양에게 속한 자들이니 5
그 입에 거짓말이 없고 흠이 없는 자들이더라

1) 본문 소개

본문의 이해를 위해서는 본 단락이 어떤 문맥에 있는지를 살펴보는 것이 중요하다. 요한은 13장에서 짐승의 표를 지니지 않은 그리스도인들에 대한 박해를 예고한 후, 시온산 위에 서 있는 어린 양과 함께 그와 그의 아버지 이름이 이마에 적혀 있는 144,000명에 대해 묘사한다. 이것은 분명히 짐승의 표를 받은 사람들에 대한 묘사에 반대되는 내용이다. 144,000명은 황제숭배를 거절한 사람들이다. 이 환상 보도에서 중요한 것은 어린 양 편에 있는 사람들의 운명에 대한 문제다. 본문이 속한 14장에서도 6~12절은 짐승과 그의 경배자들에 대한 최후의 심판을 다루고 있다. 그리고 13절에는 주님 안에서 죽는 사람들을 위한 약속이 들어 있다. 14~20절은 다시 심판을 묘사한다. 따라서 본문인 1~5절은 종말론적 미래에 관한

진술의 맥락에서 이해되어야 한다. 이 단락은 짐승의 표를 받지 않고 어린 양과 그의 아버지 이름을 받은 사람들의 궁극적 구원에 대한 문제를 다룬다. 여기서 요한은 박해에 직면한 그리스도인들에게 위로와 용기를 주고 있다.

본문은 다음과 같이 이루어져 있다.

① 서론: "또 내가 보니"(1a절)

② 어린 양과 144,000명에 대한 환상(1a~1c절)

③ 새 노래를 들음(2~3절)

④ 144,000명에 대한 묘사(4~5절)

2) 본문 주석

1절 또 내가 보니 보라 어린 양이 시온 산에 섰고 여기서 어린 양은 시온 산 위에 서 있는 분으로 묘사되고 있다. 여기에는 메시아가 마지막에 시온 산 위에서 자신을 계시할 것이라는 다음의 생각이 반영되고 있다.

> "그리고 이러한 일들이 이루어지고 전에 내가 너에게 보여준 표적이 일어나게 되면 그때 내 아들이 나타날 것이다. 그는 네가 본 바다에서 올라온 사람이다. 모든 민족들은 그 소리를 듣고 그 나라도 또 서로의 전쟁도 버릴 것이다. 또 네가 본 것처럼 그를 쓰러뜨리려고 하는 무수한 군중이 하나로 되어 모여들 것이다. 그러나 그는 시온의 산 꼭대기에 설 것이다. 그러면 이에 대비하여 건설되고 있던 시온이 도래하여 모든 사람이 나타날 것이다…."(제4 에스라서 13:32~36)

유대교의 종말론적 기대 속에서 시온 산은 마지막 때를 장식하게 될 왕국의 중심지로 간주되었다.(욜2:32; 사24:23, 31:4; 미4:7; 희년서1:28; 제4 에스라서 13:29~50; 시리아어 바룩 묵시록 40:1~4 참조) 특히 유대교의 묵시문학적 텍스트들에서 시온산은 메시아가 그의 적들을 패배시키고 그들을 심판할 장소다.(가령, 시리아어 바룩 묵시록 40:1~3 참조)

요한은 이러한 전통 하에서, 어린 양이 그의 적들을 멸망시키기 위해 준비되어 있는 전사로서의 기능을 가지고 있다는 것을 암시하기 위해 그를 시온산 위에 서 있는 자로 묘사한다.

그런데 문제는 요한이 염두에 둔 것이 지상의 시온인지 아니면, 하늘의 시온인지 하는 점이다. 요한계시록에서 어린 양은 일반적으로 하늘에 나타나기 때문에(17장 14절을 제외하고), 여기서는 하늘의 시온이라고 생각하는 것이 옳을 것이다. 이 환상 보도는 앞으로 올 완성의 선취이며, 요한은 지상에서 환란을 당하는 그리스도인들의 구원의 완성을 생각하고 있다.

그와 함께 십사만 사천이 서 있는데 144,000명은 7장 3~8절에서처럼 참된 이스라엘에 속하는 셀 수 없는 무리를 나타내는 은유다. 물론 여기서 이스라엘은 하나님의 보호 하에 있는 마지막 때의 하나님의 백성으로서의 예수 그리스도의 교회라는 의미로 전용된다. 그런데 7장 3~8절이 마지막 때의 환란 속에 있는 참된 이스라엘의 상황에 주목하는 반면, 본장의 1~5절은 시험을 이긴, 완성된 자들의 상황을 묘사하고 있다는 차이점이 있다.

그들의 이마에는 어린 양의 이름과 그 아버지의 이름을 쓴 것이 있더라 이것은 외관상 7장 3~8절에 있는 144,000명의 인장(印章)과 관련되어 있는 듯하다. 그러나 144,000명의 이마에 쓰인 인장이 7장 3~8절에서는 더 간단히 묘사되어 있는 반면에, 여기서는 어린 양과 그의 아버지 이름으로 이루어져 있다고 더 자세히 언급한다. 현재완료형 *γεγραμμένον*(게그람메논)은 이들이 전에(세례시) 기록된 어린 양과 그의 아버지의 이름을 구원의 완성에 이르기까지 보유한다는 것을 말해 준다.

2절 내가 하늘에서 나는 소리를 들으니 많은 물 소리와도 같고 큰 우렛소리와도 같은데 여기서부터 3절까지는 요한이 하늘에서 울려오는 소리를 들었다는 내용이 나온다. 이 소리가 얼마나 우렁찼는지는 많은 물소리, 큰 천둥소리와의 비교가 보여 준다.

내가 들은 소리는 거문고 타는 자들이 그 거문고를 타는 것 같더라 요한이 들은 소리가 거문고 타는 자들의 음악에 비유되는 것은 하늘에서 나는 소리가 찬양의 소리라는 것을 가리킨다.

3절 저희가 보좌와 네 생물과 장로들 앞에서 새 노래를 부르니 땅에서 속량함을 얻은 십사만 사천 밖에는 능히 이 노래를 배울 자가 없더라 '저희'는 2절의 '거문고 타는 자들'을 가리킨다. 5장 8절에서도 네 생물과 스물네 장로가 거문고를 가지고 새 노래를 부르는 장면이 나오지만, 여기서 거문고 타는 자들은 그들을 말하는 것이 아니다. 왜냐하면 여기서는 네 생물과 장로들 앞에서 새 노래를 부르는 자들이기 때문이다. 15장 2절에서는 짐승을 이긴 사람들이 거문고를 들고 어린 양의 노래를 부른다고 묘사되어 있다. 이에 대해서는 두 가지로 생각할 수 있는데, 그것은 '하늘에 있는 천사들'과 '구속받은 자들'이다. 만일 본 구절에 나타난 이들을 천사군이라고 생각한다면 이것은 144,000명이 궁극적으로 천사들의 예배에 참여할 것임을 말하는 것이고, 만일 구속받은 자들로 여긴다면 이 144,000명은 구원의 완성을 통해 그들과 결합되게 된다는 것을 말하는 것이 된다.

그런데 여기서 우리는 새 노래의 내용에 관해서 아무 것도 듣지 못한다. 하지만 우리는 이것이 어린 양의 구원활동에 대한 찬양이라고 생각할 수 있다.(5:9, 15:3 참조)

이 새 노래는 144,000명만이 배울 수 있는데, 그들은 아직 함께 부르지 못하고 있다가 19장 1~10절에 가서야 비로소 종말론적 승리의 노래를 부를 것이라고 요한은 전한다. 이 장면은 14장 1~5절이 종말론적 완성을 묘사하지만, 이것은 암시적으로 일어난다는 것을 알게 해준다. 따라서 14장 1~5절은 19장 1~10절에 대한 선취적 묘사라고 말할 수 있다.

완성 가운데 있는 그리스도인들은 땅으로부터 속량된 자들이다. 땅으로부터 속량되었다는 것은 세상에서 구원받았다는 말이다.

4절 이 사람들은 여자와 더불어 더럽히지 아니하고 순결한 자라 여기서는 속량함을 받은 자들을 여자와 더불어 몸을 더럽힌 일이 없는 사람들이라고 언급한다. 이에 대해서는 다음과 같은 해석들이 있다.

① 축자적으로 성적인 금욕의 의미에서 이해하는 입장이 있다. 이 입장에 속하는 주석가들은 144,000명을 그리스도인들 가운데 특별한 그룹, 즉 살아 있는 동안에 어떤 성적 교제도 행하지 않은 금욕주의자들로 이해한다. 그러나 이러한 이해는 14장 1~5절의 맥락에 부합되지 않는다. 여기서는 분명히 구원의 완성에 이르는 전 기독교인들에 대해 말하고 있기 때문이다.

② 짐승(로마)에 대한 우상숭배에 빠지지 않은 신실한 그리스도인들에 대한 상징적인 표현으로 이해하는 입장이 있다. 이 입장에 속하는 주석가들은 구약에서처럼(가령, 호2:14~21; 렘2:2~6) 요한계시록에서도 음행이 불신앙에 대한 상징적인 표현으로 사용되고 있다는 것을(14:8, 17:2, 4,

18:3, 9, 19:2) 근거로 제시한다.

③ 올슨(D. C. Olson, "'Those Who Have Not Defiled Themselves with Women': Revelation 14:4 and the Book of Enoch," 493~501)은 계시록 14장 4a절과 에티오피아어 에녹서 간의 유사점을 인식하고, 계시록 14장 4a절을 에티오피아어 에녹서를 의식하면서 언급한 구절이라고 주장한다. 그에 따르면 '여자로 더불어 더럽히지 아니하고'는 에티오피아어 에녹서(7:1, 9:8, 10:11, 15:3)에 나오는 불침번들의 행동과 관련해서 사용된 표현으로, 이들은 천사들로서 결혼이 금지된 자들을 말한다. 이 고찰에 근거해서 올슨은 계시록 14장 4a절을 144,000명의 천사적 신분을 묘사한 구절로 이해한다.

④ 본서의 서론(I. 요한계시록의 기원상황)에서 이미 언급한 바와 같이, 베르거(K. Berger)는 이 구절이 유대인 기독교인들과 이방인 파트너들의 결혼을 금지해야 한다고 강하게 주장한 유대인 기독교적 입장을 보여준다고 주장한다.

필자가 보기에 ①은 설득력이 별로 없고 이를 제외한 나머지 세 해석들은 가능성이 열려 있다고 본다.

어린 양이 어디로 인도하든지 따라가는 자며 어린 양이 인도하는 대로 따라간다는 것을 순교로 이해하는 이들이 있으나 이는 옳다고 보기 어렵다. 본 구절은144,000명이 어린 양과 긴밀한 관계를 가진 사람들임을 말하는 표현이다. 다시 말해서 구원의 완성에 도달된 그리스도인들은 어린 양 그리스도와 함께 밀접히 교제하며 사는 사람들이다. 목자로서의 어린 양에 대해서는 7장 17절의 주석을 참조할 것.

사람 가운데에서 속량함을 받아 처음 익은 열매로 하나님과 어린 양에게 속한 자들이니 요한은 그리스도인들의 구원에 어린 양의 구속의 죽음이 전제된다는 점을 본 구절에서 다시 회상시킨다.(5:9 참조) 그들은 그리스도의 죽음을 통해 사람들 가운데서 속량되었다. 오직 이로 말미암아 그들은 하나님과 어린 양에게 드리는 첫 열매가 된다.

'첫 열매' 라는 말은 고대 근동 세계의 제의 언어에서 유래하는 전문 용어이므로 본 구절에서도 제물의 의미로 사용되었다는 인상을 줄 수 있다. 그러나 이러한 의미로서의 용례는 이미 칠십인역에서 상당히 감소되는데, 본 구절이 이 경우에 해당될 수 있다. 여기서 중요하게 생각해야 할 점은, 이 단어가 주어인 '이 사람들' (144,000명을 지칭함: 헬라어 본문에 있음)과 동격 명사로서, 동사 *ἀγοράζειν*(아고라제인: 속량하다)의 주어로 사용되는 것을 인식하는 것이다. 우리는 여기서 '이 사람들' 이 하나님께 속한 자들에 대한 표현임을 인식할 수 있다. 그러므로 본 구절의 첫 열매는 그리스도인들 중 특별한 한 그룹을 지칭하는 것이 아니라, 모든 신실한 그리스도인들을 말하고 있는 것으로 보아야 한다.

5절 그 입에 거짓말이 없고 요한은 144,000명의 입에서 거짓말을 찾을 수 없었다고 진술한다. 이 어구는 스바냐 3장 13절(이스라엘의 남은 자는 악을 행치 아니하며 거짓을 말하지 아니하며 입에 궤휼한 혀가 없으며….)을 상기시킨다. 요한은 예언자 스바냐처럼 이방 신들을 좇는 것을 거짓으로 이해한다. '거짓' 은 부정직을 의미할 뿐만 아니라, 반신적(反神的)인 것에 속한다. 따라서 거짓 예언자들을 따르는 것은 사탄을 따르는 것을 의미한다.(16:13, 19:20, 20:10) 20장 15절에서 요한은 그리스도인들이 '거짓을 사랑하고 행하는 자들' 에 속하지 않는다는 것을 강조한다. 그리고 21장 27절에서는 그리스도인들이 거짓을 행하는 자들과 달리 새 예루살렘으로 들어갈 수 있다고 말한다. 이에 반해서 그는 거짓말쟁이들이 모두 심판을

받고 둘째 사망에 참여하게 될 것이라고 강조한다.(21:8 참조)

흠이 없는 자들이더라 여기서 요한은 구약의 제의 언어(출12:5; 레23:12~13)로부터 유래하는 표현인 '흠이 없는' 이라는 단어로 구원 받은 자들의 본질을 규정한다. 그들은 흠 없는 희생 제물처럼(민6:14, 19:2 참조) 전적으로 하나님 편에 속한 자들이며, 하나님에 의해 거룩하게 되었으므로 그의 마음에 든다.(벧전1:13~21 참조)

3) 설교 가이드

본문은 그리스도인들의 구원의 완성을 전망하고 환란과 시험 속에 있는 그리스도인들에게 하나님과 그리스도에 대한 신앙을 흔들림 없이 잘 지키도록 용기를 주고 있다. 따라서 설교자는 '구원의 길' 이라는 제목으로 설교를 작성할 수 있을 것이다.

① 본문은 최종적 구원을 받을 수 있는 사람들을 구속함을 얻은 144,000명이라고 말씀한다. 설교자는 이 말씀의 의미를 잘 설명해 주어야 한다.

② 144,000명이 부를 수 있는 종말론적 승리의 노래는 19장 1~10절에 나오기 때문에 여기서 19장 1~10절의 의미를 함께 전해주면 좋을 것이다.

③ 그리스도의 은혜로 구속받은 자들은 구원의 완성에 대한 희망을 가지고 어떤 환란과 시험 속에서 흔들리지 말고 4~5절에 묘사되어 있는 바와 같이 살도록 노력해야 한다는 메시지를 전달한다.

14. 14:6~13: 복음과 권고로서의 심판 예고

6또 보니 다른 천사가 공중에 날아가는데 땅에 거주하는 자들 곧 모든
민족과 종족과 방언과 백성에게 전할 영원한 복음을 가졌더라 7그가 큰
음성으로 이르되 하나님을 두려워하며 그에게 영광을 돌리라 이는 그의
심판의 시간이 이르렀음이니 하늘과 땅과 바다와 물들의 근원을 만드신
이를 경배하라 하더라 8또 다른 천사 곧 둘째가 그 뒤를 따라 말하되 무
너졌도다 무너졌도다 큰 성 바벨론이여 모든 나라에게 그의 음행으로
말미암아 진노의 포도주를 먹이던 자로다 하더라 9또 다른 천사 곧 셋째
가 그 뒤를 따라 큰 음성으로 이르되 만일 누구든지 짐승과 그의 우상에
게 경배하고 이마에나 손에 표를 받으면 10그도 하나님의 진노의 포도주
를 마시리니 그 진노의 잔에 섞인 것이 없이 부은 포도주라 거룩한 천사
들 앞과 어린 양 앞에서 불과 유황으로 고난을 받으리니 11그 고난의 연
기가 세세토록 올라가리로다 짐승과 그의 우상에게 경배하고 그의 이름
표를 받는 자는 누구든지 밤낮 쉼을 얻지 못하리라 하더라 12성도들의
인내가 여기 있나니 그들은 하나님의 계명과 예수에 대한 믿음을 지키
는 자니라 13또 내가 들으니 하늘에서 음성이 나서 이르되 기록하라 지
금 이후로 주 안에서 죽는 자들은 복이 있도다 하시매 성령이 이르시되
그러하다 그들이 수고를 그치고 쉬리니 이는 그들의 행한 일이 따름이
라 하시더라

1) 본문 소개

앞 단락에서는 신실한 그리스도인들에게 임할 미래의 운명(마지막 때의 구원)이 묘사되고 있는 데 반해, 이 단락은 불신앙적인 세계에 대한 심판

을 예고한다. 이 단락에서는 천사들이 서수(序數)로 나열되며 구성적인 요소로 출현하여 각자 중요한 메시지를 선포하는 역할을 한다. 첫째 천사는 19장에서 정점에 이르는 모든 민족에 대한 심판을 본문에서 미리 예고한다.(6~7절) 그리고 둘째 천사는 18장에서 묘사하게 될 바벨론(로마)의 멸망을 본문에서 미리 선포한다.(8절) 마지막으로 셋째 천사는 황제를 신적으로 숭배하지 말라는 18장의 권고를 본문에서 미리 전해 준다.(9~11절) 본문 12절의 권고와 13절의 복 선언은 이 단락의 불가결한 요소다. 왜냐하면 이것은 심판 장면들과 관련해서 신실한 그리스도인들에게 구원을 약속하는 요한의 이야기 방식이기 때문이다.

2) 본문 주석

6절 또 보니 다른 천사가 공중에 날아가는데 8장 13절의 화를 외치는 독수리처럼 이 천사도 공중을 날고 있다. 이것은 지상에 있는 모든 사람들이 어디서나 천사를 보고 들을 수 있다는 것을 의미한다. 왜냐하면 그의 메시지가 직접 땅에 살고 있는 모든 사람들에게로 향하기 때문이다.

땅에 거주하는 자들 곧 모든 민족과 종족과 방언과 백성에게 전할 영원한 복음을 가졌더라 다른 천사의 선포는 전 세계와 관련되어 있다. 앞에서 언급한 대로, 다른 천사는 8장 13절에 있는 독수리처럼 하늘 한 가운데서 날고 있다는 진술이 이것을 가리키고 있다.

그런데 세 가지 화를 외치는 독수리와는 달리 이 천사는 영원한 복음을 선포하라는 위임을 받는다. 선포 대상은 '땅에 거하는 자들'(3:10, 6:10, 8:13, 11:10 참조)이라는 표현에서 알 수 있듯이 죄로 물든 세상이다.

여기서 우리의 주목을 끄는 것은 '~에게 전할 영원한 복음'이라는 표현이다. 명사 '복음'은 요한계시록에서 오직 여기에만 나타나는데, 어법이 특이하다. 왜냐하면 신약에서는 일반적으로 '복음' 이라는 단어 앞에 정관사가 사용되는 데 반해서(이 경우 복음은 예수 그리스도의 십자가와 부활에 관한 좋은 소식을 의미한다), 여기서는 정관사가 사용되지 않기 때문이다.

본 구절에서 말하는 복음의 내용은 7절에 나온다. 그것은 임박한 심판의 맥락(8절) 안에서 하늘과 땅을 만드신 하나님께로의 회개에 대한 촉구다. 따라서 여기서 '복음' 은 신약의 다른 문서들에서처럼 예수 그리스도의 십자가와 부활에 관한 좋은 소식이라는 의미에서 사용되는 것이 아니라, 하나님의 심판의 도래에 관한 영원한 메시지라는 의미에서 사용되고 있다.

7절 그가 큰 음성으로 이르되 하나님을 두려워하며 그에게 영광을 돌리라 천사가 그의 메시지를 큰 음성으로 선포한다는 것은 그의 메시지가 매우 중요하다는 것을 암시한다. 천사에 의해 선포된 메시지의 내용은 하나님을 두려워하고 그 분께 영광을 돌리라는 것이다. '하나님을 두려워하는 것' , 다시 말해서 '하나님을 공경한다는 것' 은 구약에서 자주 발견되는 개념으로서 사람들이 하나님에 대해 가져야 하는 경외와 존경을 말한다.

하나님이 하늘과 땅을 만드셨기 때문에(7c절 참조) 그 분을 두려워하며 그 분께 영광을 돌리라는 촉구는, 신명기 10장 12~15절에서 발견되는 테마이며 십계명 중 둘째 계명(출20:4~6)과도 관련된다. 여기서 이 메시지는 임박한 하나님의 심판과 관련해서(7b절) 촉구하는 회개로의 부름이다.

이는 그의 심판의 시간이 이르렀음이니 여기서 요한은 7a절의 회개 촉구에 대한 근거로 하나님의 심판 날의 임박성을 제시한다. 그리고 하나님의 심판 날이 가까이 왔다고 하여 7a절의 회개 촉구에 긴박성을 더한다.

하늘과 땅과 바다와 물들의 근원을 만드신 이를 경배하라 하더라 요한은 천사로부터 한 번 더 하나님을 경배하라는 촉구를 듣는다. 여기서 천사는 하나님 경배의 근거로 창조신앙을 제시하는데, 이것은 9절에 나오는 '짐승과 그의 우상에 대한 경배'에 강하게 반대하는 진술이다. 요한은 이 어구를 통해 당시 기독교 신앙으로부터 멀어지는 것이 무엇을 의미하는지를 가르쳐 주고 있다. 황제 숭배에 참여하는 것은(9절의 주석 참조) 피조물을 하나님의 자리에 올려놓는 엄청난 죄를 짓는 일이라는 것이다.

이 어구에서 한 가지 더 살펴보아야 할 것은 창조주 하나님을 가리키는 표현이다. 계시록 10장 6절에서 요한은 하나님의 창조의 대상으로 '하늘과 그 안에 있는 것들과 땅과 그 안에 있는 것들과 바다와 그 안에 있는 것들'을 언급하지만, 여기서는 하늘과 땅 그리고 바다 외에 '물들의 근원'을 더 첨가한다. '물들의 근원'이라는 어구는 땅 밑으로부터 흘러나와서 바다와 강 그리고 샘으로 흘러들어가는 물의 근원을 가리킨다. 여기에는 고대의 우주관이 반영되어 있다. 고대인들은 바다와 강 그리고 샘이 모두 지하에 있는 대양에서 공급된다고 생각했다.

8절 또 다른 천사 곧 둘째가 그 뒤를 따라 말하되 무너졌도다 무너졌도다 큰 성 바벨론이여 또 다른 둘째 천사의 심판 예고는 영원한 복음에 관한 첫째 천사의 선포와 직접 연관된다. 하나님께서 심판하실 때가 이르렀다는 영원한 복음의 내용이 7절에서 우선 구체적으로 묘사되고, 큰 도시 바빌론의 심판 내용이 둘째 천사에 의해 본 구절에서 선포된다. 바빌론의 멸망은 그리스도인들을 억압하는 세력에 대한 하나님의 승리를 의미한다. 여기서 요한은 도시의 멸망이 이미 일어났다고 선포하는 구약 예언자들의 말씀들을 사용한다.(사21:9; 렘50:2, 51:8 참조) '큰 성 바빌론'이라는 표현은 다니엘 4장 30절을 상기시킨다.

본 구절은 18장에 나오는 바빌론의 멸망에 관한 최종적 묘사에 대한 예고에 해당한다. 구약에서 '바빌론'은 우상숭배와 불신앙의 도시로 간주되나 여기서 '바빌론'은 로마에 대한 멸망으로 사용되고 있다.(계17:5; 벧전5:13 참조) 그러나 '바빌론'은 유대 전쟁(66~70년) 이후 유대교와 기독교에서 사용된 어법이다.(제4 에스라서 3:1~2, 28~31; 시리아어 바룩 묵시록 67:7; 시빌의 신탁 5:143, 159; 벧전5:13 참조)

모든 나라에게 그의 음행으로 말미암아 진노의 포도주를 먹이던 자로다 하더라 이 어구는 로마의 죄를 보여 준다. 즉, 로마는 자기 음행으로 말미암은 분노의 포도주를 모든 민족에게 마시게 했다는 것이다. '진노'를 뜻하는 헬라어 *θυμός*(튀모스)는 '격정'과 '분노'의 의미를 포함한다. 따라서 '격정의 포도주를 먹이던 자'로 번역 할 수도 있다. 본 구절에서 음행은 우상숭배를 가리키며, 포도주는 하나님의 진노의 잔을 말한다.(10절 참조)

9절 또 다른 천사 곧 셋째가 그 뒤를 따라 큰 음성으로 이르되 만일 누구든지 짐승과 그의 우상에게 경배하고 이마에나 손에 표를 받으면 이 구절은 13장 15~17절에 있는 이야기를 상기시킨다. 거기서 요한은 이미 짐승과 그의 우상에 대한 예배와 오른손이나 이마에 표를 받는 것에 대해 언급한다. 짐승의 우상은 로마 황제를 가리키며, 이마에나 손에 표를 받는 것은 로마 제국의 인(印)을 말하는 것이다.(13:15~17의 주석을 참조할 것)

10절 그도 하나님의 진노의 포도주를 마시리니 그 진노의 잔에 섞인 것이 없이 부은 포도주라 '진노의 잔'이라는 은유는 구약에서 자주 볼 수 있다.(시11:6, 75:8; 사51:17, 22; 렘49:12, 51:7; 애4:21; 겔23:31~34; 합

2:15~16; 옵1:16; 슥12:2 참조) 이 구절들의 공통된 요소는, 하나님이 그의 적들로 하여금 취하도록 마시게 하는 분으로 나타난다는 점이며, 이것은 심판으로 간주된다.

'섞인 것이 없이 부은 포도주' 는 하나님의 심판의 강도를 위한 표현이다. 왜냐하면 희랍인들은 대개 특별한 용기에다 포도주와 물을 똑같은 분량, 또는 1:3으로 섞었기 때문이다. 따라서 이 표현은 매우 강하다는 뜻을 내포하고 있음을 알 수 있다. 그러므로 이 구절은 로마의 황제숭배에 가담하는 사람들에게 하나님의 심판의 진노가 아주 강하게 임할 것이라고 경고한 말씀이라는 것을 알 수 있다.

거룩한 천사들 앞과 어린 양 앞에서 불과 유황으로 고난을 받으리니 거룩한 천사들과 어린 양 앞에서 벌을 받게 된다는 것은 유대적, 묵시문학적 관념에 상응한다.(에티오피아어 에녹서 48:9; 눅12:9 참조) 아마도 거룩한 천사들은 하나님의 현존을 돌려 말하는 것일 수 있다. 따라서 이것은 하나님 자신과 그리스도의 심판대를 말하는 것으로 볼 수 있다. 불과 유황으로 고통을 받게 될 것이라는 표현은 대다수의 주석가들이 말하는 바와 같이, 소돔과 고모라의 멸망에 관한 이야기로부터 유래하는 표현으로 볼 수 있다. 이 이야기에 나오는 '불과 유황' 은 에스겔 38장 22절에서 최후의 심판의 무서움을 위한 특징적 상징어로 사용된다. 따라서 이 구절의 '불과 유황' 은 19장 20절의 '유황이 타오르는 불못' 과 같은 뜻으로 사용된 것으로 볼 수 있다. 여기서 계시록 저자는 '불못' 이 영원히 고통을 당하는 곳으로 묘사한다.(11절 참조)

11절 그 고난의 연기가 세세토록 올라가리로다 짐승과 그의 우상에게 경배하고 그의 이름 표를 받는 자는 누구든지 밤낮 쉼을 얻지 못하리라 하더라 이 구절은 황제숭배의 추종자들이 받을 형벌 묘사를 위해 점층법을 써서 닥칠 고통이 영원하다는 것을 다시 한 번 강조한다.(사34:9~10 참조)

12절 성도들의 인내가 여기 있나니 그들은 하나님의 계명과 예수데 대한 믿음을 지키는 자니라 여기에는 그리스도인들을 향한 격려의 말씀이 나온다. 요한은 9~11절을 통해 황제숭배에 복종하는 사람들에게 심판 예고로 위협을 가하면서 이 구절에서는 그리스도인들에게 하나님의 계명과 예수를 믿는 믿음을 잘 지켜나갈 것을 권고하고 있다. 이 권고 안에는 2장 13절에서처럼 '예수를 믿는 믿음' 이라는 표현이 나타나는데, 이 표현은 박해 상황을 전제하고 있다.(2:13의 주석을 참조할 것) 이러한 박해 상황에 직면하여 예수를 믿는 믿음을 지켜나가야 할 그리스도인들에게는 인내가 절실하게 요구된다. 본 구절에도 2장 19절과 3장 10절에서처럼 '인내' 가 '믿음' 과 함께 연결되어 나타나는 것을 볼 수 있는데, 이것은 유대교의 순교자 전통과 관련된다. 여기서 '인내' 는 그리스도인들이 죽음의 위협을 받는 곤궁 속에서도 끝까지 지켜야 할 하나님에 대한 충절의 의미로 사용되고 있다.

13절 또 내가 들으니 하늘에서 음성이 나서 이르되 기록하라 지금 이후로 주 안에서 죽는 자들은 복이 있도다 하시매 여기에는 복 선언이 나온다. 이 복 선언은 12절의 권고의 말씀을 강화시켜준다. '지금 이후로' 는 '죽는다' 와 관련되며, 이것은 교회의 시작으로 인해 도래하게 되는 새로운 구원의 상황을 의미한다.(12:5 참조) 따라서 14장은 그리스도인들이 억압당하는 상황 속에서도 어린 양과 그의 아버지 하나님 안에 속해 있다는 것을 묘사하는 12~13장과 밀접한 관계를 가지고 있다. '주 안에서' 는 그리스도와의 교제를 말하는 표현이다. 따라서 복 선언은 순교자들에게 해당될 뿐만 아니라 신앙생활을 하다가 죽는 모든 그리스도인들에게도 해당된다.

성령이 이르시되 그러하다 여기서 성령은 2~3장에서처럼 말하는 자로 나타난다. "성령께서 말씀하셨습니다."라는 문장은 기독교 전승 안에서 예언적 담론 전통으로부터 유래하는 '영의 말씀' 의 문체에 상응한다. 예언적 담론 전통에서는 예언자가 자신의 것을 말하는 것이 아니라, 오직 하나님의 영이 그 안에서 말한다. 우리는 신약성서에서 이러한 말씀들을 많이 찾아볼 수 있다. 그 중에서 요한계시록에 나오는 말하는 자로서의 성령과 관련해서 사도행전의 몇몇 구절들이 주목할 만한 가치가 있다.(행 10:19, 22, 13:2, 16:6, 21:11) 이 구절들에서 성령에 충만한 사람들의 말은 성령의 말씀으로 나타난다. 특히 이 구절과 사도행전 21장 11절과의 비교는 기독교 전승에서 예언적 담론 전통으로부터 유래하는 '영의 말씀' 의 문체가 이 구절에 있는 묵시문학적 도식과 상당히 유사하다는 것을 보여준다. 여기서 성령은 하나님의 계시의 기관으로 나타난다.

그들이 수고를 그치고 쉬리니 이는 그들의 행한 일이 따름이라 하시더라 성령은 주 안에서 죽는 자들에게 그들이 그들의 수고로부터 벗어나 쉬게 될 것을 확신시켜 준다. 이 약속은 그리스도인들의 종말론적 휴식, 즉 하늘의 고향에서 사는 것을 의미하며, 이는 신실한 그리스도인들의 행위에 대한 보상이다. 여기서 '행한 일' 은 그리스도인들의 품행을 의미한다.

3) 설교 가이드

본문으로는 '충절의 신앙' 이라는 제목으로 설교를 작성할 수 있을 것이다. 본문에는 우상숭배에 대한 심판 예고와 환란과 핍박 속에서 그리스도인들이 가져야 할 바른 자세에 대한 권고의 말씀이 나온다. 여기서 설교자는 오늘날 현대인들이 숭배하는 우상들에는 어떤 것들이 있는지를 말해주면서, 이에 대한 하나님의 심판 예고를 전해야 한다. 그리고 신앙의 절개를 끝까지 지키기 위해 중요한 것이 무엇인지를 잘 전해 주어야 한다.

① 우리는 오직 하나님만을 두려워하며 그에게 영광을 돌려야 한다(7절).

② 인내의 중요성을 알아야 한다(12절).

③ 주님 안에서 죽는 사람들이 복이 있다는 것을 알아야 한다(13절).

15. 14:14~20: 마지막 추수

14또 내가 보니 흰구름이 있고 구름 위에 인자와 같은 이가 앉았는데 그
머리에는 금 면류관이 있고 그 손에는 예리한 낫을 가졌더라 15또 다른
천사가 성전으로부터 나와 구름 위에 앉은 이를 향하여 큰 음성으로 외
쳐 이르되 당신의 낫을 휘둘러 거두소서 땅의 곡식이 다 익어 거둘 때가
이르렀음이니이다 하니 16구름 위에 앉으신 이가 낫을 땅에 휘두르매 곡
식이 거두어지니라 17또 다른 천사가 하늘에 있는 성전에서 나오는데 역
시 예리한 낫을 가졌더라 18또 불을 다스리는 다른 천사가 제단으로부터
나와 예리한 낫 가진 자를 향하여 큰 음성으로 불러 이르되 네 예리한
낫을 휘둘러 땅의 포도송이를 거두라 그 포도가 익었느니라 하더라 19천
사가 낫을 땅에 휘둘러 땅의 포도를 거두어 하나님의 진노의 큰 포도주
틀에 던지매 20성 밖에서 그 틀이 밟히니 틀에서 피가 나서 말 굴레에까
지 닿았고 천육백 스다디온에 퍼졌더라

1) 본문 소개

본문은 앞 단락과 마찬가지로 뒤에 묘사될 심판 사건(19:11~21)에 대한 암시적 언급에 해당한다. 여기서 요한은 심판 테마를 위해 곡식 추수(14~16절)와 포도 추수(17~20절) 표상을 사용한다. 본문에서 포도주 틀을 밟는 자(심판자)는 올리어진 그리스도가 아니라 하나님 자신이다. 14장 17~20절과 19장 11~21절 간의 유사점들을 통해 두 텍스트가 같은 사건을 다루고 있다는 것을 인식할 수 있다. 다만 한 쪽은 하나님으로, 다른 한 쪽은 그리스도를 심판자로 언급하고 있다는 점에서 차이점이 있을 뿐이다.

본문은 다음과 같은 요소들로 이루어져 있다.

① 서론적인 어구: "또 내가 보니"(14절)

② 환상 속의 주요 인물: 사람의 아들과 같은 이(14절)와 한 천사(17절)

③ 인물 묘사(14절과 17절)

④ 또 다른 천사들의 소개(15a절과 18a절)

⑤ 이들이 인자 같은 이와 날이 선 낫을 들고 있는 천사에게 내리는 명령(15b절 과 18b절)

⑥ 명령의 수행(16절과 19~20절)

14절 또 내가 보니 흰구름이 있고 구름 위에 인자와 같은 이가 앉으셨는데

이 구절부터는 다시 요한이 본 새로운 환상 이야기가 나온다. 여기서 요한은 흰 구름과 그 위에 앉아 있는 사람의 아들과 같은 이를 보는데, 이는 다니엘 7장 13절을 상기시킨다. 그러나 다니엘 7장 13절에서 사람의 아들과 같은 이가 마지막 때의 이스라엘을 위한 상징으로 나타나는 반면, 여기서는 계시록 1장 13~16절에서처럼 분명히 그리스도를 지칭한다.

여기서 우리가 주목해야 하는 것은, 사람의 아들과 같은 이를 다니엘서에서처럼 구름을 타고 오는 것이 아니라 구름 위에 앉아 있다고 묘사한 점이다. 이것은 인자가 그의 영광의 보좌 위에 앉아 있다고 묘사되어 있는 에티오피아어 에녹서 69장 27절(45:3, 51:3 참조)로부터 영향을 받아 나온 것으로 보인다.

그리스도가 구름 위에 앉아 있다는 것은 그의 심판자의 지위를 가리킨다. 이것은 심판을 위해 사용되는 추수의 비유(16절)에서 구름 위에 앉으신 이가 나타나는 것을 통해 분명히 알 수 있다. 그리고 본문인 14장 14~20절의 배후 텍스트라고 할 수 있는 요엘 3장 12~13절을 보아서도 이것을 인식할 수 있다. 요엘 3장 12절에 의하면 하나님은 사방의 민족들을 심판하기 위해 여호사밧 골짜기에 앉아 계실 것이라고 한다.

그 머리에는 금 면류관이 있고 '인자 같은 분(사람의 아들과 같은 이)'은 스물네 장로처럼(4:4) 금 면류관을 쓰고 있다. 이것은 그리스도의 신적 영광과 왕적인 권위에 대한 표현이다. 여기서 요한은 '금 면류관' 표상을 다니엘 7장 14절의 영향 하에서 사용한 것으로 보인다. 왜냐하면 다니엘 7장 14절에는 하나님이 '인자 같은 분'에게 권세와 영광과 나라를 주셔서 민족과 다른 뭇 백성이 그를 경배하게 하셨다는 내용이 나오기 때문이다.

그 손에는 예리한 낫을 가졌더라 '인자 같은 분'은 날이 선 낫을 들고 있다는 것은 마지막 때의 그리스도의 심판자직에 대해 말하는 것이다. 왜냐하면 본문에서 날이 선 낫은 마지막 때의 심판 도구로 나타나고 있기 때문이다.

15절 또 다른 천사가 성전으로부터 나와 구름 위에 앉은 이를 향하여 큰 음성으로 외쳐 이르되 당신의 낫을 휘둘러 거두소서 땅의 곡식이 다 익어 거둘 때가 이르렀음이니이다 하니 하늘의 성전으로부터 또 다른 천사가 나타나서 '인자 같은 분' 에게 낫을 들어 추수하라고 명령한다. 이것은 우리를 당혹케 한다. 왜냐하면 천사가 그리스도께 심판을 행하라고 명령을 하기 때문이다. 그러나 이로써 그리스도가 천사 밑에 예속되어 있다는 것을 의미하는 것이 아니라, 다만 천사가 하나님을 대신해서 말하는 것일 뿐이다. 따라서 궁극적으로는 하나님 자신이 명령을 내리는 것이다.

'추수' 는 구약(사17:5, 27:12; 렘51:33; 욜3:13)과 신약(마3:12, 9:37, 13:30)에서 심판을 위해 사용되는 표상이다. 본 구절은 16~19절과 함께 특히 요엘 3장 13절과 연관되어 있다. 왜냐하면 요엘 3장 13절은 하나님이 민족들을 심판하시는 마지막 때를 위해 본문에 나타나는 표상들과 매우 유사한 표상들을 사용하고 있기 때문이다.

16절 구름 위에 앉으신 이가 낫을 땅에 휘두르매 땅의 곡식이 거두어지니라 이는 마지막 때에 심판자로서 행하실 그리스도의 역할에 대한 언급이다. 그러나 일련의 주석가들이 주장하는 것처럼 여기에 나오는 '추수' 를 마지막 때에 있을 선택된 자들의 모임에 대한 표상으로 보는 것은 설득력이 약하다. 왜냐하면 이 구절의 배후 구절인 요엘 3장 13절의 의미와 본문의 17~19절의 병행 진술들에 근거해서 볼 때, 여기의 '추수' 표상은 오직 불신앙적인 세계에 대한 심판을 위해 사용되고 있다는 것을 알 수 있기 때문이다.

17절 또 다른 천사가 하늘에 있는 성전에서 나오는데 역시 예리한 낫을 가졌더라 이 구절부터는 포도 수확이 '심판' 표상으로 사용된다. 우선 14절의 '인자 같은 분' 처럼 날이 선 낫을 가진 한 천사가 등장하고, 이 천사는 하늘에 있는 성전에서 나온다. 이것은 그의 일이 신적 권위를 갖고 있다는 의미다.

18절 또 불을 다스리는 다른 천사가 제단으로부터 나와 예리한 낫 가진 자를 향하여 큰 음성으로 불러 이르되 네 예리한 낫을 휘둘러 땅의 포도송이를 거두라 그 포도가 익었느니라 하더라 여기서는 하늘의 제단으로부터 나오는 또 다른 천사가 땅의 포도송이를 거두라는 명령을 내린다. 이 천사가 하늘의 제단으로부터 나오는 것은 이 구절을 6장 9~11절과 8장 3~5절과의 관련 속에서 이해해야 한다는 것을 말해 준다. 6장 9~11절에서 순교자들의 영혼은 하늘의 제단 밑에서 심판의 수행을 위해 탄원한다. 그리고 8장 3~5절에서 한 천사는 성도들의 기도를 향료와 함께 하나님의 보좌 앞에 가져온다. 나팔 환상의 심판 행위는 이 기도의 상달과 관련이 있다. 본문의 17~20절에서의 심판 수행은 바로 성도들의 기도에 대한 하나님의 응답으로 해석될 수 있다. 여기서 인류는 수확을 해야 하는 '큰 포도원'의 표상으로 나타난다.

19절 천사가 낫을 땅에 휘둘러 땅의 포도를 거두어 하나님의 진노의 큰 포도주 틀에 던지매 천사는 앞 절에서 명령받은 임무를 낫을 들고 수행한다. 그는 땅의 포도를 거두어서 하나님의 진노의 큰 포도주 틀에 던져 넣는다. 이사야 63장 3절에 의하면 하나님은 큰 포도주 틀을 밟는 자로 나타나는데, 이것은 하나님의 진노를 상징하는 표현이다. 따라서 본 구절에서의 천사의 행위는 하나님의 심판을 준비하는 행위다.

20절 성 밖에서 그 틀이 밟히니 앞에서 언급한 바와 같이, 이사야 63장 3절에는 하나님이 큰 포도주 틀을 밟는 자로 나타나는데, 여기서는 심판 행위가 신적 수동태 형식을 취하여 우회적으로 표현된다. '성 밖에서' 라는 표현은 아마도 예루살렘을 염두에 두고 사용된 것 같다. 왜냐하면 요엘 3장 2, 12절에는 마지막 때에 하나님이 모든 민족을 예루살렘 성 밖에 있는 여호사밧 골짜기에서 심판하실 것이라는 언급이 있기 때문이다. 따라서 이 구절 배후에는 거룩한 도성을 둘러싼 마지막 때의 전쟁에 관한 유대 전승이 들어 있다는 것을 알 수 있다.

틀에서 피가 나서 말 굴레에까지 닿았고 천육백 스다디온에 퍼졌더라 이 어구는 무서운 격전을 암시하는 것으로 이와 유사한 묘사를 에티오피아어 에녹서 100장 3~4에서 찾아볼 수 있다. "말은 죄인들의 피로 가슴까지 빠진 채로 달려갈 것이며, 마차는 지붕까지 피로 물들여질 것이다. 그때 천사들은 은밀한 곳에 내려 불의의 일에 합세한 자들을 모두 한 곳에 모을 것이다. 그 날 지극히 높으신 분은 모든 죄인에 대하여 큰 심판을 집행하시기 위하여 일어서신다."

1600은 상징수로서 4×4×1000이라는 계산 방식을 사용한 것인데, 여기서 4는 세상을 가리키는 숫자이므로 1600은 결국 피가 온 세상을 덮었다는 것을 뜻한다. 이러한 특징들을 고려해 볼 때, 14장 11~20절은 19장 11~21절에 나오는 그리스도의 재림에 관한 묘사의 선취라는 것을 알 수 있다.

3) 설교 가이드

본문으로는 '마지막 추수' 라는 제목으로 설교를 작성할 수 있을 것이다.

본문의 실제적 목표는 앞 단락에 있는 14장 12절에 있다. "하나님의 계명과 예수를 믿는 믿음을 지키는 성도들에게는 인내가 필요하다."

그리스도인들은 현재의 불의와 박해를 참을 수 있다면, 그리고 마지막 추수 때가 이르기까지 실족하지 않고 인내하면, 그들은 궁극적으로 하나님의 약속의 실현을 보게 될 것이다. 현재의 역사 안에서는 하나님의 목표가 확실히 보이지 않을 수 있다. 그러나 우리는 하나님의 계획이 완전히 이루어지는 마지막 추수의 때가 있다는 것을 믿어야 한다.

계절이 바뀌는 동안에 농부는 예기치 않은 일들로 고통당하고 실망할 수 있다. 우박, 잡초, 가뭄, 그리고 질병이 농작물에 손상을 가할 수 있고, 농부를 위협할 수 있다. 그러나 소산이 어떻게 될 것인지는 오직 마지막 추수를 담당하실 하나님만이 알고 계신다.

이 세상에서 하나님의 일의 현재 상태를 평가하기란 불가능한 일이다. 이 세상에는 반목과 갈등이 많고, 악의 세력이 판을 치고 있으며, 온갖 종류의 부조리와 역경이 우리로 하여금 복음이 실제로 효과가 있는지를 의심하게 만든다. 그러나 우리는 본문이 알려 주는 바대로 마지막 수확을 기다려야 한다.

① 수확의 주체는 그리스도다. 그는 우리의 연약함과 필요를 다 아신다. 그의 심판은 의롭고 자비롭다. 그의 머리 위에 있는 면류관이 악에 대한 그의 승리를 상징한다.

② 농작물이 무르익을 때 추수의 때가 오는 것처럼, 마지막 심판의 때가 올 것이다. 그러나 그 때에 대해서는 오직 하나님만이 아신다.

③ 하나님만 아시는 그 마지막 때에 그리스도는 그의 백성들을 하나님께로 데려가기 위해 다시 오실 것이다. 왜냐하면 그는 자기 백성들을 고아처럼 내버려두기를 원치 않으시기 때문이다. 그러니까 결국 그리스도인들은 그들의 영원한 집으로 옮겨질 것이다.

④ 악도 익처럼 무르익는다. 소돔과 고모라의 죄가 극에 달했을 때 하나

님은 행동하셨다. 사람들은 무한정으로 죄를 지을 수 없다. 악이 싹트는 동안 하나님은 기다리시며, 악이 자랄 때 그는 그것을 제지하신다. 그리고 악이 무르익을 때 하나님은 그것을 파괴시키신다.

악의 수확물은 포도에 비유된다. 왜냐하면 포도는 쉽게 으깨져 보존이 어렵기 때문이다. 여기서 하나님은 큰 포도주 틀을 밟는 자로 나타나는데, 이것은 하나님의 진노를 상징한다.

⑤ 하나님은 성도들이 원숙할 수 있도록, 그리고 죄인들에게 회개할 기회를 주기 위해 그의 마지막 추수를 연기하신다. 그는 확실히 행동하시지만, 급하게 행동하지 않으신다.

따라서 우리는 정해진 추수 때까지 참고 기다려야 한다. 하나님의 때가 오기까지는 모든 잘못된 열심을 포기하고 곡식이 익도록 참을성 있게 기다리며 믿음으로 모든 일을 하나님께 맡겨야 한다. 이 세계를 완성시킬 수 있는 분은 오직 하나님뿐이다. 우리는 다른 사람들보다 먼저 나 자신을 평가해야 하고 심판의 때가 오기까지 참고 기다리면서 부지런히 하나님께서 명하신 의의 열매를 맺기 위해 힘써야 한다.

16. 15:1~8: 구원받은 성도들의 노래

1또 하늘에 크고 이상한 다른 이적을 보매 일곱 천사가 일곱 재앙을 가
졌으니 곧 마지막 재앙이라 하나님의 진노가 이것으로 마치리로다 2또
내가 보니 불이 섞인 유리 바다 같은 것이 있고 짐승과 그의 우상과 그
의 이름의 수를 이기고 벗어난 자들이 유리 바다 가에 서서 하나님의 거
문고를 가지고 3하나님의 종 모세의 노래, 어린 양의 노래를 불러 이르

되 주 하나님 곧 전능하신이시여 하시는 일이 크고 놀라우시도다 만국
의 왕이시여 주의 길이 의롭고 참되시도다 4주여 누가 주의 이름을 두려
워하지 아니하며 영화롭게 하지 아니하오리이까 오직 주만 거룩하시니
이다 주의 의로우신 일이 나타났으매 만국이 와서 주께 경배하리이다
하더라 5 또 이 일 후에 내가 보니 하늘에 증거 장막의 성전이 열리며 6
일곱 재앙을 가진 일곱 천사가 성전으로부터 나와 맑고 빛난 세마포 옷
을 입고 가슴에 금 띠를 띠고 7네 생물 중의 하나가 영원토록 살아 계신
하나님의 진노를 가득히 담은 금 대접 일곱을 그 일곱 천사들에게 주니
8하나님의 영광과 능력으로 말미암아 성전에 연기가 가득 차매 일곱 천
사의 일곱 재앙이 마치기까지는 성전에 능히 들어갈 자가 없더라

1) 본문 소개

본문은 16장을 위한 하늘의 전주곡의 기능을 가지고 있다. 4장 1절~5장 14절이 일곱 봉인 시리즈의 도입부이고, 8장 2~6절이 일곱 나팔 시리즈의 도입부인 것처럼, 15장은 일곱 대접 환상(16장)의 도입부다. 이 환상의 묘사는 세 부분으로 이루어져 있다.

① 1절은 15장 2절~16장 21절의 표제어에 해당된다.

② 2~4절은 짐승(로마제국)과 그의 우상에 대한 승리자들이 부르는 '모세와 어린 양의 노래'를 담고 있다. 7장 9~17절과 12장 10~12절에서 마지막 때의 구원이 예기적인 방식으로 찬양되는 것처럼, 하나님의 마지막 형벌 행위가 전개되기 전에 이기는 자들이 하나님의 최종 구원을 찬양한다.

③ 5~8절에는 일곱 천사가 일곱 가지 재앙을 가지고 나타난다.

2) 본문 주석

1절 또 하늘에 크고 이상한 다른 이적을 보매 일곱 천사가 일곱 재앙을 가졌으니 곧 마지막 재앙이라 이 구절은 앞에서 언급한 바와 같이 15장 2절~16장 21절의 요약, 또는 표제어에 해당된다. '다른 이적(표징)'은 천상의 셋째 표징을 말하는 것이다. 12장에서 빛나는 여자(1절)와 큰 붉은 용(3절)이 표징으로 불리는 것을 통해 알 수 있다. 여기서 요한은 일곱 재앙을 가진 일곱 천사를 소개하는데, 그는 이 일곱 재앙이 마지막 재앙이라는 점을 분명히 말한다. 그는 이 마지막 재앙의 내용을 16장에서 언급하고 있다.

하나님의 진노가 이것으로 마치리로다 '하나님의 진노'라는 말은 요한계시록에서 여섯 번 나타난다.(14:10, 19, 15:1, 7, 16:1, 19:15) 구약에서 '하나님의 진노'는 하나님의 왕권과 통치에 대한 이스라엘의 모반과 관련되어 사용되는 데 반해, 요한계시록에서는 기본적으로 하나님의 최후 심판과 관련된 종말론적인 의미에서 사용되고 있다. 이 표현의 초점은 하나님의 법칙을 따르지 않는 사람들이 심판을 받게 될 것이라는 예기에 있다.

여기서 '마치리로다'의 헬라어 *ἐτελέσθη*(에텔레스테)는, 역사를 마치게 하는 분은 하나님이라는 것을 강조하는 말로서 하나님의 활동에 대한 신적 수동태 형식이다.

2절 또 내가 보니 불이 섞인 유리 바다 같은 것이 있고 짐승과 그의 우상과 그의 이름의 수를 이기고 벗어난 자들이 유리 바다 가에 서서 하나님의 거문고를 가지고 요한은 재앙을 묘사하기 전에 찬송의 형식을 빌어서(2~4절) 로마 제국의 종교적 핍박에 맞서 끝까지 인내로 승리한 자들의 운명을 조명한다. 우선 요한은 그리스도인들이 유리 바다 같은 무대에 서 있는 것을 본다. 그것은 고대인들이 창궁 위에 있다고 생각한 위 바다를 말한다.(4장

6절의 주석을 참조할 것)

그런데 요한이 사용하고 있는 '불이 섞인 유리 바다' 라는 말은 4장 6절에 나오는 '유리 바다' 모티브와 다니엘 7장 10절에 묘사된 '하나님의 보좌로부터 흐르는 불 바다' 모티브를 결합한 것이다. 이는 다가오는 하나님의 심판을 염두에 두고 '불' 이라는 단어를 사용한 것으로 보인다.

3절 하나님의 종 모세의 노래, 어린 양의 노래를 불러 이르되 주 하나님 곧 전능하신 이시여 하시는 일이 크고 놀라우시도다 만국의 왕이시여 주의 길이 의롭고 참되시도다 하늘의 무리들(이기는 자들)은 손에 거문고를 들고 모세의 노래와 어린 양의 노래를 부르나 여기서 요한이 생각하고 있는 것은 두 노래가 아니다. 이 두 명칭의 노래는 문맥으로부터 이해될 수 있듯이 3~4절에서 보여주는 완성된 자들의 찬송으로 어린 양의 노래다. 왜냐하면 이 찬송 안에서는 어린 양을 통해 구원 사업을 실행하시는 하나님이 찬양되고 있기 때문이다. 예를 들면, 짐승에 대한 승리자는 어린 양의 피의 공로를 통해 이 승리를 쟁취한다. 그런가 하면 다른 한편으로 이 찬송은 모세의 노래로 불린다. 왜냐하면 어린 양에 의한 구원은 하나님의 백성을 이집트에서 인도해 낸 모세에 의한 이스라엘 백성의 구원에 상응하는 점이 있기 때문이다. 즉, 모세와 이스라엘 백성이 홍해를 건넌 후 감사의 노래를 부른 것처럼(출애굽기 15장), 짐승에 대한 승리자도 어린 양의 승리에 참여하기 때문이다. 어찌됐든 분명한 것은 이스라엘의 구원이 마지막 때의 백성을 위한 하나님의 구원 행동의 전형으로 간주된다는 것이다.

하나님을 찬양하는 찬송은 시적으로 구성되어 있다. 처음 두 행은 평행법으로 이루어져 있고(3b,c절), 셋째 행은 긍정적인 대답을 요구하는 두 가지 수사학적 질문으로 되어 있다.(4a절) 그런 다음 마지막 행에는 '왜냐하면' 으로 시작되는 세 개의 뒷받침 문장들이 나온다.

첫째 행의 찬양은 하나님의 일을 크고 기이하다고 칭송한다. 이것은 1절의 표징의 특징화에 상응한다. 따라서 마지막 재앙들이 보여 주는 표징은 궁극적으로 하나님의 구원 수행을 위해 사용되는 하나님의 포괄적인 행위의 일부분으로 나타난다. 표현에 있어서 요한은 시편 111편 3절과 138편 5절(LXX) 같은 구절들을 따르는데, 이때 그는 계시록 4장 8절, 11장 17절, 16장 7절과 같은 우주적인 하나님 칭호를 사용한다.

둘째 행에 나오는 하나님의 길에 대한 찬양은 시편 145편 17절(LXX)을 상기시킨다. 여기서 요한은 하나님의 심판과 구원 행위가 의롭고 참되다는 것을 강조한다. '만국의 왕' 칭호는 예레미야 10장 7절에서 유래한다고 볼 수 있다.

4절 주여 누가 주의 이름을 두려워하지 아니하며 영화롭게 하지 아니하오리이까 하나님을 두려워하는 것은 앞 행에서 언급된 하나님의 일과 길의 결과다. 이 수사학적 질문은 이 사건이 피할 수 없다는 것을 표현한다. 전능자, 만국의 왕으로서의 하나님의 위치는 세상으로 하여금 그를 승인케 한다. 여기서 요한은 아무도 하나님의 이름을 두려워하지 아니할 수 없으며, 모든 사람들이 그의 이름을 영화롭게 할 것이라는 점을 강조한다.

오직 주만 거룩하시니이다 주의 의로우신 일이 나타났으매 만국이 와서 주께 경배하리이다 하더라 여기에는 앞의 내용을 뒷받침하는 문장이 나온다.(헬라어 본문에는 '왜냐하면' 이라는 접속사가 세 번 나온다) 여기서 우선 강조되는 것은 하나님만이 거룩하다는 점이다.(출15:11, 신32:4 참조) 다시 말해서 하나님만이 유일하고 참된 신이라는 것이다. 그의 의로우심은 인간적인 척도에 예속되어 있지 않다. 하나님은 그의 척도를 그 자신

안에서만 발견한다. 따라서 모든 백성은 그의 뜻에 복종해야 하고 그를 경배해야 한다.

5절 또 이 일 후에 내가 보니 하늘에 증거 장막의 성전이 열리며 이 일 후에, 다시 말해서 짐승과 그의 우상과 그 이름의 숫자를 이긴 사람들이 하나님의 거문고를 들고 모세의 노래와 어린 양의 노래를 부른 후에(2~4절), 요한은 하늘의 성전이 열리는 것을 본다. 우리는 이미 11장 19절(하늘에 있는 하나님의 성전이 열리니)에서 이와 병행되는 구절을 본 바 있다.

요한계시록에서 '성전' (ναός(나오스))이라는 용어는 네 가지 다른 의미, 즉 ① 예루살렘에 있는 성전(11:1~2), ② 하나님의 백성을 위한 은유로서의 성전(3:12), ③ 하늘의 성전(7:15, 11:19, 15:5, 6, 8, 16:1, 17), ④ 새 예루살렘에 있는 성전으로서의 하나님의 임재(21:22)로 사용되는데, 여기서는 ③의 의미로 사용되고 있다.

그런데 여기서 우리의 주목을 끄는 것은 '증거의 장막의 성전' (ὁ ναὸς τῆς σκηνῆς τοῦ μαρτυρίου(호 나오스 테스 스케네스 투 마르튀리우)) 이라는 표현이 사용된다는 점이다. 여기서 우리는 첫 번째 소유격 τῆς σκηνῆς(테스 스케네스)를 동격의 소유격으로 이해할 수 있다. 따라서 이 표현은 성전, 즉 증거의 장막으로 번역될 수 있다. 이 '증거의 장막' 이라는 말은 구약에서 찾아볼 수 있다. 구약 시대의 성막은 '증거의 장막' 으로 불렸는데(민17:7, 18:2), 그 이유는 그 곳에 모세가 시내산에서 가지고 내려온 두 증거판이 간직되었기 때문이다.(출32:15; 신10:5) 이 증거의 장막은 이스라엘 백성들이 특히 광야 기간 동안 하나님의 처소로 여기며 자신들의 한 가운데 두었던 이동 장막을 말한다. 이러한 배경에서 볼 때, 우리는 요한이 하늘의 성전을 하나님의 변함없는 계약과 인류에 대한 그의 윤리적 요구에 대한 증거를 담고 있는 하나님의 처소로 생각했다는 것을 알 수 있다.

6절 일곱 재앙을 가진 일곱 천사가 성전으로부터 나와 맑고 빛난 세마포 옷을 입고 가슴에 금 띠를 띠고 또한 요한은 위에서 말한 열린 성전으로부터 나오는 일곱 재앙을 가진 일곱 천사를 본다. 이 천사들은 1장 13절에 나오는 올리어진 그리스도의 모습과 비슷한 모습을 보여주고 있다. 맑고 빛난 세마포 옷은 제사장들의 옷을 상기시키며 그리스도와 결합되어 있는 이들의 제의적 정결을 가리킨다. "가슴에 금띠를 띠고"에 대해서는 1장 13절의 주석을 참조할 것.

7절 네 생물 중의 하나가 영원토록 살아 계신 하나님의 진노를 가득히 담은 금 대접 일곱을 그 일곱 천사들에게 주니 4장 6절에 의하면 네 생물은 천상의 존재들 중 하나님의 보좌에 가장 가까이 있는 존재들로서 파수꾼의 기능을 가지고 있다. 이들 중 하나가 일곱 천사에게 하나님의 진노를 가득 담은 금 대접을 넘겨준다. 이것은 마지막 재앙 역시 하나님의 섭리 가운데서 일어난다는 것을 말하는 것이다.

8절 하나님의 영광과 능력으로 말미암아 성전에 연기가 차매 일곱 천사의 일곱 재앙이 마치기까지는 성전에 능히 들어갈 자가 없더라 11장 19절에서 성전이 열린 후의 경우처럼, 여기서도 하나님 현현이 나온다. 성전을 가득 채운 연기는 하나님의 임재의 표징이다.(출19:18; 사6:4 참조) 따라서 이 구절에 나오는 '연기'는 악에 대한 심판을 적극적으로 시행하기 위해 모든 영광과 권능으로 나타난 하나님의 임재를 가리킨다. 그리고 하나님의 영광과 그의 권능의 임재는 하나님의 진노로서 그 진노가 끝나기까지는 아무도 성전에 들어갈 수 없다.

3) 설교 가이드

본문을 가지고는 '찬송을 부르는 공동체' 라는 제목으로 설교를 작성할 수 있을 것이다.

교회는 찬송을 부르는 공동체로서 하나님은 기도와 찬송을 통해 대답하라고 우리에게 말씀하신다. 따라서 살아있는 교회에서는 끊임없이 찬송이 울려 퍼진다. 물론 교회를 보이는 교회로만 한정지어서는 안 된다. 우리가 찬송을 부를 수 있는 곳은 어디에서든지 불러야 한다.

우리는 리듬과 멜로디를 통해 생명의 움직임을 표현한다. 심장의 박동 소리, 숨소리, 글의 운율, 우리의 생각과 감정의 상승과 하강, 이 모든 것이 음악으로 표현된다. 고통과 비탄의 소리, 경탄과 환희의 외침, 이 모든 것이 음악 속에서 형태를 드러낸다. 우리에게서 음악이 떠난다면, 그것은 죽음이나 다름없다. 그러므로 성서는 찬송으로 가득 차 있다. 본문은 그리스도인들이 박해를 받을 때에 불린 기독교의 가장 오래된 찬송 중 하나다.

요한계시록의 환상들은 마지막 때, 최후의 심판, 그리고 다시 오실 주님, 구원의 완성과 관련이 있다. 물론 이것들은 미래의 길흉화복 따위를 헤아리는 값싼 예언과 동일하게 이해하면 안 된다. 요한계시록의 환상들은 즉각 이해할 수 없는 구상어들과 상징들로 가득 차 있다. 이 언어들은 우리로 하여금 이 책의 내용을 이해하기 어렵게 만든다.

그러나 우리는 이러한 구상어들과 상징을 통해 하나님의 영이 요한에게 전하는 "나는 또 불이 섞인 유리 바다와 같은 것을 보았습니다."는 메시지를 듣는다.

이것은 요한이 그리스도인들의 박해를 생각하며 추방된 밧모섬의 바닷가에서 안타까움으로 깊은 사색에 잠겨 있던 모습을 연상시킨다. 그는 성령 안에서 하늘의 바다를 본다. 이 바다는 하나님의 불의 광채에 의해 활활 타오르는 것과 같고 유리 바다처럼 투명하다. 확실히 하나님의 불(심판)은 역사 속에서 자주 일어난다. 그리고 이것은 하나님의 약속을 믿는 자들에게 종종 길고도 심한 고통과 시련을 준다.

그러나 요한은 이 환상 속에서 교회가 겪는 고난의 마지막을 본다. 시련과 시험을 받은 자들은 패배하지 않고 승리자로서 유리 바다에 서 있다. 믿음, 소망, 사랑을 가지고 있는 사람들의 악마적 세력과의 싸움은 지금도 역사에서 일어나고 있다.

그러나 승리자가 있는 곳에는 승리의 노래가 울려 퍼진다. 승리자가 들고 있는 하나님의 거문고는 더 이상 인간의 자기 영광을 위해 사용할 수 없는 하늘 세계의 악기다.

본문에서 거문고의 소리와 노래는 하나님의 영광을 위해 울려 퍼진다. 승리자는 모세의 노래와 어린 양의 노래를 부른다. 구약은 모세가 그의 승리의 노래를 어떻게 불렀는지에 대해 이야기한다. 이스라엘은 홍해를 지나 바로의 권세로부터 기적적으로 해방된다. 하나님의 강한 손이 그들을 구해 주었으며, 이것으로 모든 시대를 위한 구원의 징표를 보여 주셨다. 그리고 이것은 기독교 공동체를 위한 새롭고 궁극적인 진리, 즉 그리스도를 통한 하나님의 구원에 관한 복음이 되었다. 교회는 계속해서 이 세상에서의 실망과 조롱 그리고 경멸 속에서도 구원을 체험한다. 어린 양의 노래는 우리가 모든 죄와 죽음으로부터 자유를 얻어 영원히 하나님을 찬양하기 위해 자신을 희생 제물로 바친 예수 그리스도의 승리를 의미한다.

예수 그리스도가 아주 힘든 곤궁의 때에도 늘 그의 백성의 마음속에 승리의 노래를 주신 것처럼, 그는 모든 시간의 마지막에 감사의 예배를 드리게 한다. 요한계시록 전체는 하나님의 영원한 세계로 인도하는 찬송들로 가득 차 있다.

교회는 하나님을 찬양해야 하는 특별한 과제를 가진 공동체다. 많은 사람들은 교회의 음악에서 예배를 축제적으로 드리도록 만들어 주는 기능 외에 다른 의미가 있음을 보지 못하는 경우가 있다. 교회의 음악은 그 이상을 원한다. 음악과 찬송이 그치면, 신앙은 아주 빈약해진다. 신앙은 표현 형식을 필요로 하는 체험이 이루어져야 한다. 그리스도인의 기도 생활에서 하나님 찬양이 얼마나 깊은 뿌리를 내리고 있는가? 형식적인 그리스도인들도 예배음악의 도움을 필요로 한다. 음악은 단지 물질적인 도움이나 단순한 말로 사람들을 사로잡을 수 없을 때에 종종 우리의 심금을 울릴 수 있다. 왜냐하면 그것은 언어로 표현할 수 없는 것을 이해하게 하는 기능을 가지고 있기 때문이다. 우리에게는 찬송이 매우 필요하기 때문에 교회음악과 찬송이 그 자리를 잃어 버려서는 안 된다. 우리에게는 인간의 능력과 업적에 따른 의존보다 하나님의 약속에 근거를 둔 소망이 필요하다.

17. 16:1~21: 일곱 대접 환상

1 또 내가 들으니 성전에서 큰 음성이 나서 일곱 천사에게 말하되 너희
는 가서 하나님의 진노의 일곱 대접을 땅에 쏟으라 하더라 2첫째 천사가
가서 그 대접을 땅에 쏟으매 짐승의 표를 받은 사람들과 그 우상에게 경
배하는 자들에게 악하고 독한 종기가 나더라 3둘째 천사가 그 대접을 바
다에 쏟으매 바다가 곧 죽은 자의 피 같이 되니 바다 가운데 모든 생물

이 죽더라 4셋째 천사가 그 대접을 강과 물 근원에 쏟으매 피가 되더라
5내가 들으니 물을 차지한 천사가 이르되 전에도 계셨고 지금도 계신 거
룩하신 이여 이렇게 심판하시니 의로우시도다 6그들이 성도들과 선지자
들의 피를 흘렸으므로 그들에게 피를 마시게 하신 것이 합당하니이다
하더라 7또 내가 들으니 제단이 말하기를 그러하다 주 하나님 곧 전능하
신 이시여 심판하시는 것이 참되시고 의로우시도다 하더라 8넷째 천사
가 그 대접을 해에 쏟으매 해가 권세를 받아 불로 사람들을 태우니 9사
람들이 크게 태움에 태워진지라 이 재앙들을 행하는 권세를 가지신 하
나님의 이름을 비방하며 또 회개하지 하니하고 주께 영광을 돌리지 아
니하더라 10또 다섯째 천사가 그 대접을 짐승의 왕좌에 쏟으니 그 나라
가 곧 어두워지며 사람들이 아파서 자기 혀를 깨물고 11아픈 것과 종기
로 말미암아 하늘의 하나님을 비방하고 그들의 행위를 회개치 아니하더
라 12또 여섯째 천사가 그 대접을 큰 강 유브라데에 쏟으매 강물이 말라
서 동방에서 오는 왕들의 길이 예비되었더라 13또 내가 보매 개구리 같
은 세 더러운 영이 용의 입과 짐승의 입과 거짓 선지자의 입에서 나오니
14 그들은 귀신의 영이라 이적을 행하여 온 천하 왕들에게 가서 하나님
곧 전능하신 이의 큰 날에 있을 전쟁을 위하여 그들을 모으더라 15보라
내가 도둑 같이 오리니 누구든지 깨어 자기 옷을 지켜 벌거벗고 다니지
아니하며 자기의 부끄러움을 보이지 아니하는 자는 복이 있도다 16세 영
이 히브리어로 아마겟돈이라 하는 곳으로 왕들을 모으더라 17일곱째 천
사가 그 대접을 공중에 쏟으매 큰 음성이 성전에서 보좌로부터 나서 이
르되 되었다 하시니 18번개와 음성들과 우렛소리가 있고 또 큰 지진이
있어 얼마나 큰지 사람이 땅에 있어 온 이래로 이같이 큰 지진이 없었더
라 19큰 성이 세 갈래로 갈라지고 만국의 성들도 무너지니 큰 성 바벨론

이 하나님 앞에 기억하신 바 되어 그의 맹렬한 진노의 포도주 잔을 받으
매 [20]각 섬도 없어지고 산악도 간 데 없더라 [21]또 무게가 한 달란트나 되
는 큰 우박이 하늘로부터 사람들에게 내리매 사람들이 그 우박의 재앙
때문에 하나님을 비방하니 그 재앙이 심히 큼이러라

1) 본문 소개

본문은 세상에 대한 최종적 재앙을 묘사한다. 일곱 대접 환상에서는 일곱 나팔 환상에 비해서 피해의 규모가 극적으로 더 증가된다. 예를 들면, 일곱 나팔 환상에서는 육지(8:7), 바다(8:8~9), 물(8:10~11), 그리고 별들(8:12)의 1/3에만 재앙이 일어나는 데 비해, 여기서는 전 영역이 완전히 피해를 받는다. 그러나 앞에서 언급한 바와 같이, 일곱 나팔 환상이나 일곱 대접 환상은 마지막 때에 역사 속에서 연속적으로 발생할 사건들에 대한 예언이 아니다.('일곱 봉인' 부분의 서론을 참조할 것) 여기서 우리는 특히 두 가지 점에 주목해야 한다.

① 일곱 대접 환상에 나오는 재앙들은 출애굽기 7~10장에 나오는 열 가지 재앙들과 매우 유사하다.

일곱 대접의 재앙	출애굽기의 재앙
첫째 대접: 종기가 생김	출 9:9: 종기가 생김
둘째 대접: 물이 피로 변함	출 7:17~19: 물이 피로 변함
셋째 대접: 물이 피로 변함	출 7:17~19: 물이 피로 변함
넷째 대접: 태양이 사람을 태움	
다섯째 대접: 짐승의 나라가 어두워짐	출 10:21~22: 어두움이 땅을 덮음
여섯째 대접: 개구리와 같이 생긴 더러운 영이 나옴	출 8:2~15: 개구리 소동
일곱째 대접: 우박이 떨어짐	출 9:22~25: 우박이 떨어짐

따라서 우리는 일곱 대접의 재앙 묘사가 출애굽기에 나오는 재앙들 중 일부를 모방해서 이루어진 것임을 알 수 있다.

② 여기서 우리가 간과하지 말아야 할 것은, 로마에 대한 심판을 선포하는 17장과 18장이 일곱 대접 환상의 일부분으로서 묘사되고 있다는 점이다. 일곱 대접 재앙들은 로마에 대한 심판과 관련이 있다. 다시 말해서 큰 도시 바벨론, 즉 로마가 하나님의 진노의 본래 목표다.(더 자세한 것은 '일곱 봉인' 부분의 서론을 참조할 것)

2) 본문 주석

1절 또 내가 들으니 성전에서 큰 음성이 나서 일곱 천사에게 말하되 또한 요한은 하늘의 성전으로부터 울려 나오는 큰 음성을 듣는다. 일곱 재앙이 끝나기까지는 아무도 성전에 들어갈 수 없다는 15장 8절의 진술로 볼 때, 이 구절의 성전에서 울려 나오는 큰 음성은 뒤에 나오는 17절과 함께 하나님의 음성인 것으로 보인다. 하나님을 말하는 자로 언급하기를 피하는 이러한 화법은 요한계시록에서 자주 발견되는 특징이다.(6:6, 9:13, 16:17, 18:4, 19:5)

너희는 가서 하나님의 진노의 일곱 대접을 땅에 쏟으라 하더라 '쏟아 붓다'의 헬라어 ἐκχεῖν(엑케인)은 전문적인 종교 언어가 아님에도 불구하고 종종 헌주(獻酒)를 쏟아 붓는다는 제의적 의미로 사용되었는데, 기름과 포도주의 헌주는 이스라엘의 성전 제의의 일부분이었다. 여기서 ἐκχεῖν을 대접과 연관시켜 사용하는 것은 분명히 이러한 제의적 관습에 기초를 두고 있다. 그러나 본 구절에서 이 말은 하나님의 심판을 위한 상징으로 사용되고 있다. 이를 위한 전례를 우리는 구약에서 찾아볼 수 있다.(시69:24; 렘 7:20, 10:25 참조)

2절 첫째 천사가 가서 그 대접을 땅에 쏟으매 짐승의 표를 받은 사람들과 그 우상에게 경배하는 자들에게 악하고 독한 종기가 나더라 첫째부터 일곱째에게 이르는 천사들은 각각 그들에 내려진 위임을 즉시 수행한다. 첫째 천사의 임무는 짐승의 표를 받은 사람들과 그 우상에게 경배하는 자들, 즉 황제숭배의 추종자들에게 고약하고 지독한 종기가 나도록 하는 것이다. 이 첫째 재앙은 이집트의 여섯째 재앙을 상기시킨다.(출9:9~11 참조)

3절 둘째 천사가 그 대접을 바다에 쏟으매 바다가 곧 죽은 자의 피 같이 되니 바다 가운데 모든 생물이 죽더라 둘째 천사가 하나님으로부터 받은 임무를 따라 그의 대접을 바다에 쏟자 바다는 죽은 사람의 피 같이 되고 바다에 있는 모든 생물이 죽는다. 이 재앙은 이집트의 첫째 재앙을 상기시킨다.(출7:17~21 참조)

4절 셋째 천사가 그 대접을 강과 물 근원에 쏟으매 피가 되더라 셋째 천사에게 내려진 위임은 강과 샘물을 온통 피로 변하게 하는 재앙이다. 이것은 둘째 재앙처럼 이집트의 첫째 재앙을 상기시킨다.

5절 내가 들으니 물을 차지한 천사가 이르되 전에도 계셨고 지금도 계신 거룩하신 이여 이렇게 심판하시니 의로우시도다 5절부터 7절까지에는 지금까지의 세 대접 환상의 사건들, 특히 둘째와 셋째 환상을 해석하는 심판 송영이 나타난다. 5절에서는 우선 물의 천사가 말하고 그 다음으로 7절에서 의인화된 제단이 말한다. 이렇게 두 화자가 거론되는 것은 두 증인의 증언이 참되다는 구약의 증언 모티브에 뿌리를 두고 있기 때문으로 보인다.

앞서 언급한 세 재앙이 끝난 후에 요한은 계속해서 들은 것들을 전한다.

여기서 요한이 물의 천사를 언급한 것은 앞에서 대접을 쏟아 물을 피로 변하게 한 것과 무관하지 않다고 볼 수 있다.

이 송영은 다음과 같은 심판 송영의 진형적인 표현으로 시작한다. "주님은 의로우십니다…."(시119:137 참조) 본 구절에서는 하나님의 호칭이 1장 4, 8절, 4장 8절에 사용된 '지금도 계시고 전에도 계셨고 또 장차 오실 그 분' 중 앞의 두 칭호가 사용된다. '또 장차 오실 그 분' 이라는 칭호가 빠진 것은 하나님의 심판이 이미 집행되고 있어 더 이상 미래적이라고 볼 수 없기 때문이다. 여기서 요한은 '또 장차 오실 그 분' 칭호 대신에 유대교에서 자주 사용한 하나님의 칭호인 '거룩하신 분' 이라는 칭호를 사용한다.

6절 그들이 성도들과 선지자들의 피를 흘렸으므로 그들에게 피를 마시게 하신 것이 합당하니이다 하더라 이 구절은 앞 절에서 언급된 하나님의 의로운 심판에 관한 진술을 뒷받침하는 문장이다. 헬라어 성경에서 이 구절은 ὅτι(호티, 왜냐하면)로 시작한다. 여기서 요한은 첫째부터 셋째에 이르는 진노의 대접을 통해 하나님의 심판이 일정한 그룹의 악행에 대한 응답이라는 점을 강조한다. '그들' 은 2절에서 언급된 짐승의 낙인을 받은 사람들과 그의 우상에 경배한 자들을 말한다. 이들은 성도들과 선지자들의 피를 흘리게 하였으므로, 3~4절에 묘사된 바와 같이 하나님은 적절한 보복의 원칙에 따라(사49:26; 롬1:22~32; 행7:42 참조) 그들에게 피를 주어 마시게 했다는 것이다. 다시 말해서 신앙인들은 마지막 때의 구원을 받기에 합당하고, 불신자들은 심판을 받기에 합당하다는 것이다.

7절 또 내가 들으니 제단이 말하기를 그러하다 주 하나님 곧 전능하신 이시여 심판하시는 것이 참되시고 의로우시도다 하더라 본 구절의 의인화된 제단은, 순교자들의 영혼이 하나님께 피의 원수를 갚게 해달라고 외칠 때 나오는 6장 9~11절의 그 제단이라고 할 수 있다. 따라서 여기서 말하는 '제단'은 6장 9~11절에 나오는 제단 아래에 있는 순교자들을 상징한다고 볼 수 있다. 그들은 물의 천사의 찬양에 "그렇습니다."라고 화답하면서 심판 송영을 부른다. 왜냐하면 하나님의 개입을 원하는 그들의 절박한 간구(6:9~11)가 이루어졌기 때문이다.

하나님 칭호 '주 하나님 곧 전능하신 분'은 15장 3절에 나오는 칭호와 똑 같다. 본 구절에서 요한은 이 칭호를 통해 하나님이 가지고 계신 제한 없는 권력뿐만 아니라, 그것을 심판에 사용하신다는 점을 다시 한번 강조한다. 송영은 하나님이 참되시고 의로우시다는 진술로 끝난다.

8절 넷째 천사가 그 대접을 해에 쏟으매 해가 권세를 받아 불로 사람들을 태우니 하나님의 위임에 따라 넷째 천사가 그의 대접을 해 위에 쏟자 햇빛이 강렬하게 사람들을 태운다. 다른 대접 재앙에서처럼 이 재앙도 이와 병행구인 8장 12절의 나팔 재앙에 비해 해가 어두워지는 현상에서 해의 열기가 더 뜨거워지는 현상으로 그 강도가 더 높아진다. 따라서 본 구절에서도 완성된 그리스도인들의 지복에 대한 불신자들의 대조상이 나타난다. "…해와 아무 뜨거운 기운에 상하지 아니할지니."(7:16)

9절 사람들이 크게 태움에 태워진지라 8절에서 언급한 해의 열기가 이 문구를 통해 다시 한번 더 강조된다.

이 재앙들을 행하는 권세를 가지신 하나님의 이름을 비방하며 또 회개하지 아니하고 주께 영광을 돌리지 아니하더라 이 구절은 위의 재앙들을 받은 사람들의 반응에 대한 언급이다. 그들의 반응은 완고하여 회개하지 않는 이집트의 바로를 보는 듯하다. 그들은 하나님의 이름을 비방하며 하나님께 영광을 돌리지 않는다. 이것은 불신자들이 회개해서 하나님께 돌아오는 것이 얼마나 어려운 것인지를 잘 대변해주는 내용이다.

10절 또 다섯째 천사가 그 대접을 짐승의 왕좌에 쏟으니 그 나라가 곧 어두워지며 다섯째 대접은 짐승의 왕좌에 쏟아진다. 요한계시록에서 '왕좌'는 권력을 상징한다. 여기서 요한은 사탄의 대리자로서의 로마 황제의 권력을 문제 삼고 있다. 로마 제국 전체가 어두움 속에 잠기게 된다고 한다. 이것은 이집트의 아홉째 재앙(출10:21~23)에 상응하는데, 시편 105편 28절도 흑암 재앙에 대해서 언급하고 있다. 여기서 '어두움'은 분명히 하나님의 하늘 세계의 빛과 대조되는 말로서(18:1, 21:23~24, 22:5 참조) 심판을 상징한다.(삼상2:9; 암5:20 참조)

사람들이 아파서 자기 혀를 깨물고 흑암 재앙이 어떻게 짐승의 나라 사람들을 아프게 했기에 그들이 자신의 혀를 깨물게 되었는지에 대해서 본 구절은 분명히 밝히지 않고 있다. 그래서 일련의 주석가들은 여기서 말하는 고통이 선행하는 8~9절의 넷째 재앙의 결과로 해석하기도 한다. 초자연적 어두움은 그 자체만으로도 큰 공포를 갖게 함은 물론이거니와 선행된 재앙들의 고통을 더욱 심하게 해준다. 어두움의 고통은 지혜서 17장에서 생생하게 묘사되고 있다.

11절 아픈 것과 종기로 말미암아 하늘의 하나님을 비방하고 그들의 행위를 회개하지 아니하더라 재앙을 당한 사람들은 자신들의 고통과 종기 때문에 하나님을 모독한다. 이것은 불신앙적인 사람들이 그들의 상황을 제대로 통찰하지 못하고 있음을 지적하는 것이다. 그들은 완고하여 자신들의 행위에 대해 회개하지 않는다. 그들의 행위는 9장 20~21절에서처럼 황제숭배와 관련된 불신앙인들의 행위를 말한다.

12절 또 여섯째 천사가 그 대접을 큰 강 유브라데에 쏟으매 유프라테스는 여섯째 나팔(9:14)과 여섯째 대접 재앙과 관련하여 언급되고 있다. 구약에서 유프라테스는 약속의 땅과 동쪽을 구분 짓는 이상적인 경계선으로 여겨져 이스라엘의 적들을 말할 때 상징적으로 유프라테스 강 저편의 민족들이라고 표현하기도 했다.(구약의 구절들에 대해서는 9장 14절의 주석을 참조할 것) 9장 14절에서처럼 본 구절에서도 요한은 그리스도인들로 하여금 불신앙적인 인간들이 어떻게 될 것인지에 대해 주목하도록 하기 위해 이 전통적인 표상을 사용했다고 볼 수 있다.

강물이 말라서 동방에서 오는 왕들의 길이 예비되었더라 천사가 대접을 유프라테스 강에 쏟으니, 강물이 말라버려서 동방에서 오는 왕들의 길이 마련된다. 여기서 시대사적 배경을 생각해 볼 필요가 있다. 왜냐하면 유프라테스 강은 로마 제국과 파르티아 왕국 간의 경계선이기도 했기 때문이다. '동방에서 오는 왕들' 은 로마인들이 두려워한 파르티아 군대를 암시한다고 볼 수 있다.

그런데 여기서 우리의 주목을 끄는 표현은 "강물이 말라서"이다. 왜냐하면 구약에서 하나님의 구속적 행위가 종종 물이 마르는 것과 연관되어 있기 때문이다. 예를 들어 출애굽기 14장 21절에서는 모세가 바다 위로 팔을 내밀었더니 하나님께서 밤새도록 강한 동풍으로 바닷물을 뒤로 밀어내셔서 바다를 말리셨다고 한다. 그리고 이사야 11장 15~16절에는 다음과 같은 말씀이 있다. "주께서 이집트 바다의 큰 물굽이를 말리시고, 뜨거운 바람을 일으키셔서, 유프라테스 강물을 말리실 것이다." 이와 같이 구약에서 강물을 마르게 하는 것은 이스라엘 백성의 구원을 위한 진술로 사용된다.

계시록 저자는 앞서 언급한 시대사적 배경 속에서 이스라엘 백성의 구원에 사용된 표현을 새 이스라엘인 기독교인들의 구원에도 사용한다. 다시 말해서 요한이 유프라테스 강물을 마르게 한다는 표현을 사용한 것은 그리스도인들의 적을 무찌르기 위해 파르티아 군대로 하여금 로마로 갈 수 있는 길을 열어주기 위해서라고 볼 수 있다.

13절 또 내가 보매 개구리 같은 세 더러운 영이 용의 입과 짐승의 입과 거짓 선지자의 입에서 나오니 이것은 요한이 본 악마의 삼두체제에 대한 언급이다. 용은 12장 9절에서 사탄으로 불리고, 짐승은 13장 1~10절에 묘사된 대로 바다에서 나온 짐승으로서 로마를 가리킨다. 그리고 거짓 선지자는 13장 11~17절에서 언급된 땅에서 나온 짐승을 말한다.

세 입으로부터 개구리 같은 더러운 영 셋이 나온다는 것은, 개구리가 재앙과 죽음을 가져온다고 생각한 고대 사회의 일반적 통념에서 따왔다고 볼 수 있다. 페르시아에서 개구리는 어두움의 신 아리만(Ahriman)의 대리자요 종의 의미로 사용되었으며, 많은 민족들에 있어 개구리는 마귀로 간주되었다. 요한이 세 불순한 영들을 개구리에 비유하는 것은 이러한 배경에서 이해될 수 있다.

14절 그들은 귀신의 영이라 이적을 행하여 온 천하 왕들에게 가서 하나님 곧 전능하신 이의 큰 날에 있을 전쟁을 위하여 그들을 모으더라 앞에서 언급한 더러운 영 셋을 요한은 이 구절에서 이적을 행하는 귀신들의 영이라고 설명한다. 앞에서 본 바와 같이, 더러운 세 영은 요한계시록에서의 마귀의 삼두체제 즉, 사탄, 로마 제국, 거짓 예언자를 말한다. 이 셋을 귀신의 영으로 부르는 것은 계시록 저자가 로마 제국과 거짓 예언자를 사탄과 그의 부하들인 악령의 지배를 받는 존재들로 규정한다는 것을 말해준다. 그리고 그는 이 영들이 전능하신 하나님의 큰 날에 일어날 전쟁에 대비하여 온 세계의 왕들을 모으려고 그들에게 간 것이라고 말한다. 이 왕들은 12절에 나오는 동방의 왕들과는 동일하지 않다. 왜냐하면 그들은 하나님이 아니라, 더러운 세 영으로부터 위임을 받기 때문이다. 그 밖에 그들의 위임 내용도 서로 다르다. 동방의 왕들은 로마에 대항해서 싸우는 데 반해서, 온 세계의 왕들은 하나님과 그리스도인들에 맞서서 싸운다.

'하나님의 큰 날'은 구약에서 사용된 '주의 날'을 가리키며, 이 날은 마지막 때에 하나님이 그의 백성의 원수들을 멸망시키는 대승리의 날을 의미한다.(욜2:11, 31 참조) 그리고 종말론적 전투를 위해 하나님의 백성에 적대적인 여러 민족을 모은다는 것은 계시록 16장 16절, 19장 17, 19절, 20장 8절에서도 볼 수 있는데, 이것은 구약과 초기 유대교에서 자주 사용된 표상이다.(겔38~39장; 욜3:2; 슥14:2; 에티오피아어 에녹서 56:7, 90:16~19; 제4 에스라서 13:34~35 등 참조) 따라서 우리는 요한이 본 구절을 통해 기독교인들과 로마 간의 싸움을 종말론적인 관점에서 다루고 있다는 것을 알 수 있다.

15절 보라 내가 도둑 같이 오리니 누구든지 깨어 자기 옷을 지켜 벌거벗고 다니지 아니하며 자기의 부끄러움을 보이지 아니하는 자는 복이 있도다 이 구절은 복 선언의 형식을 갖추고 있으나 문맥상 어색하다. 14절 다음에는 15절보다 16절이 오는 게 더 적합하다. 그래서 많은 주석가들은 15절을 이차적인 편집구로 간주하고 15절의 원래 위치를 3장 3a절과 3b절 사이로 보아야 한다고 주장한다. 그러나 필자는 꼭 그렇게만 생각하지는 않는다. 왜냐하면 본 구절의 복 선언은 내용으로 보아 위기의 상황에도 잘 어울리기 때문이다. 아마도 하나님의 큰 날에 대한 언급이 요한으로 하여금 복 선언을 바로 여기에 삽입하도록 유도했을 수 있다. 또한 14절의 마지막 전투에 관한 언급 바로 뒤에 신자들에 대한 경구인 15절이 삽입되는 것은 적절하다고 본다. 그 이유는 짐승의 모든 세력이 마지막 전투를 위해 모일 때에 신자들은 극한적인 위기의 시대에 접어들게 되기 때문이다.

여기서 눈에 띄는 것은 요한이 3장 2절에서처럼 그리스도의 재림과 관련하여 '깨어 있다' 와 '도둑' 이라는 표상을 사용하고 있다는 점이다. 이에 대해서는 3장 2절의 주석을 참조할 것.

그런데 여기서 우리가 주목해야 할 것은 본 구절에서는 3장 2절과 달리 도둑의 비유가 복 선언과 연결되어 나타난다는 점이다. 이것은 누가복음 12장 37절과 유사하다. "주인이 와서 종들이 깨어 있는 것을 보면, 그 종들은 복되다." 또한 도둑의 비유 다음에 나오는 누가복음 12장 43절도 이와 유사하다. "주인이 돌아와서 볼 때 그렇게 하고 있는 그 종은 복이 있다."

요한이 이 구절에서 "누구든지 깨어 자기 옷을 지켜 …자가 복이 있도다."라고 말한 것은 위에 언급된 예수의 말씀들을 의역한 것으로 볼 수 있다. 자기 옷을 지키는 것은 3장 4절의 '자기 옷을 더럽히지 않는 것' 과 같은 의미다. 다시 말해서 이 표현은 일련의 주석가들이 생각하듯이 단지 성적 순결만을 뜻하는 것이 아니라, 그리스도인들이 받은 은혜의 상태를 간직하는 것을 상징하는 표현으로서, 그리스도인들이 세상적으로 살지 않고 거룩하고 정결한 삶을 사는 것을 말하는 것이다.

16절 세 영이 히브리어로 아마겟돈이라 하는 곳으로 왕들을 모으더라 요한은 다시 14절의 화제로 돌아간다. 그는 여기서 더러운 영 셋이 왕들을 집결시킨 장소 이름을 언급한다. 개역성경에 나오는 '아마겟돈' 이라는 이름의 원어는 'Αρμαγεδών(하르마게돈)으로 문자적으로 번역하면 '므깃도의 산' 이다.

그런데 이 말은 해석하기가 매우 어렵다. 왜냐하면 구약은 단지 '므깃도 평야' (슥12:11; 역대하35:22) 또는 '므깃도 물가' (삿5:19)로만 말하고 있기 때문이다. 따라서 요한계시록의 '하르마게돈' 을 특정한 지리적인 장소로 보기는 어렵다. 다만 여기서 우리가 주목해야 할 것은, 하나님의 적대적 세력이 하나님 및 그의 백성과의 마지막 전투를 위해 모이는 신화적-묵시문학적 장소 명으로 사용된다는 점이다. 이와 비슷한 것을 우리는 에스겔 38~39장에서도 볼 수 있다. 거기에서는 이스라엘의 침략자 곡과 그의 연합군이 전투하다가 패배하는 장소가 '이스라엘의 산' 으로 불린다. 에스겔서에 나오는 이 곡은 요한계시록 20장 8절에서도 언급되고 있는데, 거기서는 최후의 심판 전에 사탄이 하나님과 그의 백성과의 마지막 전투를 위해 땅의 사방에 있는 민족들을 미혹하려고 나아갈 것이라는 대목에서 언급된다. 따라서 요한계시록의 '하르마게돈' 은 구약의 두 모티브 즉, 잘 알려진 전쟁터였던 므깃도와 곡이 이스라엘의 산 위에서 싸운다는 신화적 전투 이야기의 결합된 표현으로 볼 수 있다.

17절 일곱째 천사가 그 대접을 공중에 쏟으매 큰 음성이 성전에서 보좌로부터 나서 이르되 되었다 하시니 일곱째 천사는 그의 대접을 공중에 쏟음으로써 재앙을 일으킨다. 이때 성전 보좌로부터 큰 소리로 "다 되었다."는 말이 울려나온다. 이것은 16장 1절에 있는 큰 소리를 상기시키며 동시에 일곱째 대접 재앙이 최종적 재앙임을 가리키는 표현이다.

18절 번개와 음성들과 우렛소리가 있고 또 큰 지진이 있어 얼마나 큰지 사람이 땅에 있어 온 이래로 이같이 큰 지진이 없었더라 일곱째 대접을 쏟은 결과는 번개와 요란한 소리와 천둥뿐만 아니라, 지금까지 유사 이래 한 번도 없었던 큰 지진이다. 이것은 전통적으로 하나님 현현에 속하는 현상들로서(계4:5, 8:5, 11:19; 출9:24, 19:18; 단12:1; 시68:8, 77:17~18, 114; 사64:3; 합3:6, 7, 10) 본 구절에서는 심판 수행의 한 수단으로 사용된다.

그런데 여기서 주목해야 할 것은 각 재앙 시리즈의 끝에서 지진이 나온다는 점이다. 8장 5절에 의하면 일곱째 봉인이 개봉된 후 천둥과 요란한 소리와 번개와 지진이 일어난다. 그리고 일곱째 천사의 나팔이 울려 퍼졌을 때도 번개와 요란한 소리와 천둥과 지진이 일어난다.(11:10) 그런데 일곱째의 대접이 쏟아졌을 때에는 번개와 요란한 소리와 천둥에 큰 지진이 더해진다. 이런 큰 지진은 사람이 땅 위에 생겨난 이래 한 번도 없었다고 저자는 전한다. 이러한 묘사는 일곱 대접 재앙의 최종적 성격과 관련이 있다.

19절 큰 성이 세 갈래로 갈라지고 큰 지진은 '큰 성(도시)' 을 세 조각낸다. 여기에 나오는 '큰 성(도시)' 은 로마를 가리킨다. 왜냐하면 이 도시는 19c절에서 '큰 도시 바벨론' 으로 불리고 있으며, 요한계시록에서 바벨론은 로마의 별칭으로 사용될 뿐만 아니라, 여러 구절들에서 '큰 도시' 로 불리기 때문이다.(17:18, 18:10, 16, 18, 19, 21 참조)

만국의 성들도 무너지니 18절에서 언급된 큰 지진은 만국의 성들(도시들)까지도 모두 무너뜨린다. 이것은 사람들이 거주하는 온 세상에 형벌이 가해진다는 것을 말하는 것이다.

큰 성 바벨론이 하나님 앞에 기억하신 바 되어 '큰 성 바벨론' 에 대해서는

14장 8절의 주석을 참조할 것. '기억하다' 라는 동사는 요한계시록에서 여기서만 나타난다. 한편 구약에서는 하나님을 주어로 하여 쉰 번 이상이나 '기억하다' 동사가 나온다. 기억의 모티브는 고대 그리스인들에게 있어 기도의 콘텍스트로 중요하게 쓰였다. 또한 하나님의 정의는 자주 하나님의 기억의 모티브와 밀접하게 연관되어 있다. 본 구절은 로마에 대한 심판을 선포하는 18장과 연관되어 있다. 왜냐하면 이 구절의 "큰 성 바벨론이 하나님 앞에 기억하신 바 되어"는 18장 5절의 "하나님은 그의 불의한 일을 기억하신지라"에 상응하기 때문이다. 여기서 우리는 일곱 대접 재앙을 통한 하나님의 진노가 바빌론으로 불리는 로마에 대한 심판과 관련이 있다는 것을 분명히 인식할 수 있다. 다시 말해서 로마가 하나님의 진노의 본래 목표다.

그의 맹렬한 진노의 포도주 잔을 받으매 이에 대해서는 14장 8, 10절의 주석을 참조할 것.

20절 각 섬도 없어지고 산악도 간 데 없더라 큰 지진의 결과로 섬들과 산들도 완전히 사라진다. 섬들과 산들의 사라짐은 구약과 초기 유대교의 문헌에서 마지막 때의 심판과 관련된 하나님 현현의 표징으로 자주 사용된다.(시97:5; 사40:4, 42:15, 45:2, 54:10; 겔38:20; 에티오피아어 에녹서 1:6, 83:4; 시빌의 신탁 8:234~238 참조) 요한은 이 전통의 영향 하에서 이러한 묘사를 한 것이다.

21절 또 무게가 한 달란트나 되는 큰 우박이 하늘로부터 사람들에게 내리매 사람들이 그 우박의 재앙 때문에 하나님을 비방하니 그 재앙이 심히 큼이러라 대접 재앙은 무게가 한 달란트나 되는 큰 우박이 하늘에서 사람들 위에 떨어짐으로 그 절정에 이른다. 우박 재앙은 이집트의 일곱째 재앙(출9:18~30)을 상기시킨다. 그리고 우박은 지진과 함께 심판의 도구로서 반신적인 사람들의 형벌을 위해 사용된다. 하늘에서 떨어지는 우박의 무게로 정해진 한 달란트는 민족과 시대에 따라 달랐지만, 약 26~41kg정도였다. 아무튼 이 우박의 재앙도 3~4절에서 피로 변화하는 물이나 2절의 종기처럼 하나님과 불신앙인들 간의 적대관계를 표현하는 은유적 진술이다.

심판 사건에 대한 우박 재앙의 은유적 이해는 이미 이사야 28장 2절에 있는 사마리아의 멸망에 관한 예고에 나타나 있다.(겔38:22 참조) 본 구절의 우박 재앙이 요한에 의해 에스겔 38장의 멸망 예고가 간접 인용된 것으로 볼 수 있는 것은, 20장 8절이 에스겔 38장 18~23절에 있는 곡-마곡에 관한 전승과 관련이 있다는 것에 의해 뒷받침될 수 있다. 그러나 요한은 아마도 에스겔서보다도 이집트의 우박재앙을 생각했을 가능성이 더 많다.(출9:24 참조)

그 배경이 어떠하든 중요한 것은 이 무서운 마지막 재앙 역시 불신앙적인 세계를 회개로 이끌지 못한다는 점이다. 출애굽 당시 이집트의 바로처럼 그들은 하나님을 비방하고 미워한다. 여기서 요한은 세계의 마지막을 보는 것이 아니라, 불신앙적인 로마 제국의 몰락을 본다. 다시 말해서 사람들은 이 재앙 사건들 후에도 회개할 준비를 하지 않는다. 왜냐하면 그들은 무엇보다도 황제숭배의 신봉자들이기 때문이다.

3) 설교 가이드

본문으로는 '하나님의 진노' 라는 제목으로 설교를 작성할 수 있다.

분노는 유쾌한 정서가 아니다. 우리는 이것을 삼가려고 노력해야 한다.

그러나 분노가 잘못에 대한 정의로운 반응의 기능을 하기도 한다. 어떤 사람이 순진한 어린이를 무자비하게 때리는 것을 보고도 그냥 내버려 둘 수 있는가? 어느 누가 인간의 존엄성을 말살하거나 사회의 질서를 파괴하는 일을 그대로 방치할 수 있는가?

① 하나님은 그의 피조물의 파손을 허락할 수 없고, 악에 대한 아무런 반응 없이 인간의 영적 가치를 떨어뜨리는 것을 허락할 수 없다. 하나님의 진노는 괴팍한 기질의 발작이 아니다. 오히려 그것은 죄에 대한 그의 본성에서 나오는 정상적인 반응이요, 악에 대한 불가피한 적대적 행위다. 하나님은 신하들에게 고통을 가하면서 즐거워하는 변덕스러운 폭군이 아니다. 그의 인내는 위대하다. 그러나 그는 죄의 존재에 대해서는 관용을 베풀지 않는다. 그는 죄의 세력에 영구적으로 대립하여 멸절시키려 하신다. 하나님은 온전히 죄에 대해 진노하신다.

② 하나님의 진노는 어떤 연민도 모르는, 또는 상처받은 자아에 의해 촉발되는 격렬한 분개가 아니다. 그는 사람들의 악한 행위가 그들 자신과 서로에게 해를 가한다는 것을 아신다. 그리고 그는 우리들의 안녕과 행복을 위해 세심하게 애쓰신다. 그는 모든 방법으로 그의 용서하는 사랑이 알려지기를 시도하신다. 그럼에도 불구하고 그는 평화스럽게 사람들의 모반과 공존할 수 없다. 우리가 빛보다 어두움을 더 사랑한다면 우리는 불가피하게 그의 징벌을 받아야 한다.

③ 일곱째 천사의 음성인 "다 되었다"(17절)라는 표현은 하나님의 심판이 다 이루어졌다는 것을 의미한다. 하나님의 진노는 단순히 겁주는 위협에 머물지 않는다. 이것은 하나님을 향해 계속 반항하는 악의 세력에 대한 결정적인 대답이다. 하지만 세상 사람들은 하나님 모독하기를 끝까지 고집한다.(9, 11, 21절) 인간의 반항이 더 심해지고 뻔뻔스러울수록 하나님의 진노는 더 확실해지고 빨라진다.

하나님의 진노의 성취는 모든 변명을 일축할 것이고, 모든 무력을 없애 버릴 것이며, 타락한 문명을 제거하실 것이다. 정치적, 경제적, 사회적 사악함의 극치인 바빌론(불신앙적인 제국주의적 문명)은 전복될 것이다. 하나님의 진노는 만물의 마지막이 아니라 그의 영원한 왕국 수립을 위해 필요한 준비 단계다. 새로운 왕국이 수립되기 전에 부패와 타락을 말끔하게 청소시키신다.

④ 그러나 그리스도인들은 미래를 두려워할 필요가 없다. 왜냐하면 하나님께서는 그리스도인들에게 진노를 내리시지 않기로 작정하시고 예수 그리스도를 통해 구원의 길을 열어 두셨기 때문이다.(살전5:9 참조) 그러므로 그리스도인들은 하나님의 진노를 넘어서 도래할 의의 통치를 바라볼 수 있는 것이다.

18. 17:1~19:10: 큰 음녀 바빌론의 운명

16장의 일곱 대접 환상은 세상에 대한 최종적 재앙 묘사가 분명하다. 그러나 17~21절에서는 하나님의 심판 행동을 큰 음녀 바빌론 즉, 로마와 연관 짓고 있다. 17장 1절~19장 10절에서는 바로 이 테마에 해당하는 로마의 권력과 그 운명에 대해 더 자세히 다루고 있다.

17장은 우선 로마를 상징하는 큰 음녀 바빌론으로 우리의 시선을 돌리게 한다. 이미 6장 19절에서 불신앙의 중심 세력인 로마에 대해 심판 선고가 내려졌다. 하지만 요한에게 있어서 이 선고의 집행에 관한 문제는 17장~19장에서 넓게 다룰 정도로 매우 중요하다. 17장 1절에서 대접 천사 중 하나가 해석의 천사로 나타나는 것은 17장 1절~19장 10절과 16장의 일곱 대접 환상 간에 내용의 연속성이 있다는 것을 말해 준다.

큰 음녀(로마)에 대한 17장 1절의 심판 예고는 18장 1~24절에서 더 자세하게 묘사된다. 17장에서는 바다에서 올라오는 짐승(17:2~6)과 그것의 정체성(7~18절) 문제가 다루어진다.

여기서 언급되는 '바빌론'(로마)의 멸망은 마지막 때의 결정적 심판 행위로 나타나는데, 이 심판 행위는 하나님의 극도의 진노에 대한 표현이며, 하나님의 통치의 완성을 위한 전제에 해당한다. 요한은 하나님 통치의 완성에 관해서 말하기 위해 본론부의 맨 끝부분에 '바빌론'과 대조되는 '새 예루살렘'에 관한 환상 보도를 기술한다. 이에 대해서는 21장 9절의 주석을 참조할 것.

18.1. 17:1~18: 큰 음녀 바빌론과 짐승에 관한 환상

1또 일곱 대접을 가진 일곱 천사 중 하나가 와서 내게 말하여 이르되 이
리 오라 많은 물 위에 앉은 큰 음녀가 받을 심판을 네게 보이리라 2땅의
임금들도 그와 더불어 음행하였고 땅에 사는 자들도 그 음행의 포도주
에 취하였다 하고 3곧 성령으로 나를 데리고 광야로 가니라 내가 보니
여자가 붉은 빛 짐승을 탔는데 그 짐승의 몸에 하나님을 모독하는 이름
들이 가득하고 일곱 머리와 열 뿔이 있으며 4그 여자는 자주 빛과 붉은
빛 옷을 입고 금과 보석과 진주로 꾸미고 손에 금 잔을 가졌는데 가증한
물건과 그의 음행의 더러운 것들이 가득하더라 5그 이마에 이름이 기록
되었으니 비밀이라, 큰 바벨론이라, 땅의 음녀들과 가증한 것들의 어미
라 하였더라 6또 내가 보매 이 여자가 성도들의 피와 예수의 증인들의

피에 취한지라 내가 그 여자를 보고 놀랍게 여기고 크게 놀랍게 여기니
7천사가 이르되 왜 놀랍게 여기느냐 내가 여자와 그가 탄 일곱 머리와
열 뿔 가진 짐승의 비밀을 네게 이르리라 8네가 본 짐승은 전에 있었다
가 지금은 없으나 장차 무저갱으로부터 올라와 멸망으로 들어갈 자니
땅에 사는 자들로서 창세 이후로 그 이름이 생명책에 기록되지 못한 자
들이 이전에 있었다가 지금은 없으나 장차 나올 짐승을 보고 놀랍게 여
기리라 9지혜 있는 뜻이 여기 있으니 그 일곱 머리는 여자가 앉은 일곱
산이요 10또 일곱 왕이라 다섯은 망하였고 하나는 있고 다른 하나는 아
직 이르지 아니하였으나 이르면 반드시 잠시 동안 머무르리라 11전에 있
었다가 지금 없어진 짐승은 여덟째 왕이니 일곱 중에 속한 자라 그가 멸
망으로 들어가리라 12네가 보던 열 뿔은 열 왕이니 아직 나라를 얻지 못
하였으나 다만 짐승과 더불어 임금처럼 한동안 권세를 받으리라 13그들
이 한 뜻을 가지고 자기의 능력과 권세를 짐승에게 주더라 14그들이 어
린 양과 더불어 싸우려니와 어린 양은 만주의 주시요 만왕의 왕이시므
로 그들을 이기실 터이요 또 그와 함께 있는 자들 곧 부르심을 받고 택
하심을 받은 진실한 자들도 이기리로다 15또 천사가 내게 말하되 네가
본 바 음녀가 앉아 있는 물은 백성과 무리와 열국과 방언들이니라 16네
가 본 바 이 열 뿔과 짐승은 음녀를 미워하여 망하게 하고 벌거벗게 하
고 그의 살을 먹고 불로 아주 사르리라 17하나님이 자기 뜻대로 할 마음
을 그들에게 주사 한 뜻을 이루게 하시고 그들의 나라를 그 짐승에게 주
게 하시되 하나님의 말씀이 응하기까지 하심이라 18또 네가 본 그 여자
는 땅의 왕들을 다스리는 큰 성이라 하더라

1) 본문 소개

17장은 바빌론, 즉 로마에 대한 심판의 선포(18장)를 위한 안내의 역할을 한다. 이 단락은 다음과 같이 구성되어 있다.

① 환상의 도입부(1~3a절)

이 부분은 큰 음녀(로마)에 대한 심판의 예고로서 18장을 염두에 둔 상태에서 내용이 전개된다.

② 환상 이야기(3b~6a절)

여기서 요한은 짐승 위에 앉아 있고 '큰 바빌론'으로 불리는 한 여인의 출현을 묘사한다. 이 부분 역시 17장에 있는 그 밖의 내용들뿐만 아니라 18장과도 관련이 있다.

③ 환상 이야기에 대한 포괄적인 해석(7~18절)

이 해석 부분은 복잡하게 구성되어 있다. 여기서 눈에 띄는 것은 7절의 서론 이후 여인이 아닌 짐승으로 시작하고 있다는 점이다.(8절) 여인에 대한 해석은 18절에 가서야 비로소 나타난다.

8~11절은 12~14장과 16~17장에 나타나는 짐승에 대한 설명으로서 이 짐승이 바로 요한이 이 장에서 묘사하려고 하는 중심인물에 해당한다.

12~14절은 짐승의 열 뿔을 어린 양과의 전쟁시 짐승을 도울 열 왕으로 설명하는 부분이다. 여기서 요한은 최후의 전투가 묘사되는 19장 11~21절을 미리 바라본다.

15절에서 여인이 앉아 있는 물에 대해 언급한 다음 16~17절에서 열 뿔에 대한 새로운 해석을 펼친다. 이 부분에서 요한은 18장의 테마를 미리 암시하고 있다.

2) 본문 주석

1절 또 일곱 대접을 가진 일곱 천사 중 하나가 와서 내게 말하여 이르되 이리로 오라 많은 물 위에 앉은 큰 음녀가 받을 심판을 네게 보이리라 요한은 16장에서 언급한 일곱 대접을 가진 일곱 천사 중의 하나가 그에게 와서 큰 음녀가 받을 심판을 보여주겠다고 한 말로 도입부의 시작을 알린다. 여기서 중요한 것은 심판을 받게 될 큰 음녀가 누구를 지칭하는 것인가 하는 문제다. 구약에서 '음녀'는 하나님으로부터 멀어져 타락한 존재에 대한 은유로 사용된다. 구약의 예언자들은 예루살렘이 하나님을 떠나 다른 낯선 신들에게로 향했을 때 그 도시를 음녀로 부르거나 음행을 행하는 곳이라고 비판한다.(사1:21; 겔16:15~63, 23:1~49 참조) 그런가 하면 두로(사23:15~18)와 니느웨(나3:4~7)는 다른 민족들과의 무역 때문에 음녀로 불리기도 한다. 그러면 본 구절에서 '큰 음녀'는 누구를 위한 은유로 사용되고 있는 것인가? 아래에서 볼 수 있는 바와 같이, 8~18절에 나오는 이 환상에 대한 요한의 해석을 자세히 보면, 요한이 '큰 음녀'를 로마에 대한 상징어로 사용한다는 것을 알 수 있다.

2절 땅의 임금들도 그와 더불어 음행하였고 구약에서 '음행하다'(זנה(자나))라는 말은 하나님에 대한 이스라엘의 불신앙적인 행동을 말할 때 비유적으로 자주 사용된다. 이것은 하나님과 이스라엘 사이의 계약을 결혼에 비유해서 말하는 것에 기초를 두고 있다.(레17:7, 20:5~6; 신31:16; 삿2:17, 8:27; 대하21:11; 시73:27 참조) 이 비유는 특히 예언자 호세아(1:2, 2:4, 4:15, 9:1), 예레미야(2:20, 3:2, 9, 13, 5:7, 11, 13:27), 그리고 에스겔(6:9, 16:23~43, 43:7, 9)에서 자주 발견된다.

이 구약적 배경에서 볼 때, 본 구절의 음행에 대한 언급은 얼핏 로마에 대한 요한의 비판과 별 관련이 없는 것으로 보일 수 있다. 그러나 구약에서 한 도시의 무역이 음행으로 묘사된다. 왜냐하면 경제적 관계가 자주 종교의식의 변화를 가져오게 했기 때문이다.(미1:7; 나3:4; 왕하9:22) 특히 이사야 23장 17절에서는 두로의 상업적 접촉이 '음행'으로 불리는데, 아마도 요한이 이 구절에 기초해서 본 구절을 기술한 것 같다. 본 구절에서 요한은 로마와 가신 국가들 간의 정치적, 경제적 동맹 관계를 비난하고 있는 것으로 보인다. 다시 말해서 요한은 로마에 의존하는 모든 민족들에게 황제숭배를 지나치게 강요하는 로마의 권력을 비판하고 싶은 것이다. 로마의 황제숭배는 1세기 당시 로마의 지배하에 있던 지역의 경제 구조에 상상을 초월할 정도로 깊숙이 침투해 있었다. 그 당시 황제숭배와 상업은 길드 회관, 금융업, 그리고 시장에서 서로 융합되어 로마 통치 지역에 새로운 상징 세계를 만드는 데 있어 결정적인 역할을 했다. 따라서 로마에 의존한 민족들은 전통적으로 오랫동안 자신의 신들에게 해왔던 방식으로 로마 황제숭배에 참여함으로써 새로운 로마 제국의 권력에 대한 자신들의 입장을 이해하게 되었다.

땅에 거하는 자들도 그 음행의 포도주에 취하였다 하고 '땅에 거하는 자들'이라는 말은 요한계시록에서 자주 나타난다.(3:10, 6:10, 8:13, 11:10(2번), 13:8, 4, 17:8) 이 말은 요한계시록에서 늘 부정적인 의미로서 그리스도인들을 박해하는 비그리스도인들을 가리키는 데 사용된다. 본 구절에서 요한은 '음행' 은유와 '술 취함' 은유를 통해 가신 국가들의 왕들뿐만 아니라 대부분의 주민들까지 로마의 황제숭배에 참여했다는 것을 말하고 있다.

3절 곧 성령으로 나를 데리고 광야로 가니라 "성령으로 나를 데리고"라는 표현과 유사한 표현을 구약과 유대교 문헌 그리고 초기 기독교 문헌에서도 찾아볼 수 있다.(겔3:12, 14, 8:3, 11:1, 24, 37:1, 43:5; 시리아어 바룩 묵시록 6:3; 요세푸스, 『유대 고대사』 4.6.5; 헤르마스의 목자 환상 1.1.3, 환상 2.1.1 참조) 요한은 환상 중에 이끌려 올라간 경험을 나타내기 위해 전통적인 용어를 사용했다고 볼 수 있다. 이 표현은 바울의 "이 몸을 떠나서"(고후12:2)에 상응하는 표현일 수 있는데, 이는 요한이 이 표현을 통해 환상 속에서 무아의 경지를 경험한 자신의 상태를 묘사하고자 한 것이라고 말할 수 있다. 여기서 요한은 그의 환상 경험 속에서 주도적으로 활동하는 성령을 강조한다.

'광야'라는 말은 계시의 장소라는 의미로 사용되고 있다. 그러나 요한계시록에서 계시의 장소로서의 광야는 계시의 장소로서의 산과 대조를 이룬다.(21:10 참조) 요한은 광야에서 멸망한 불신앙적인 도시를 보는 데 반해, 크고 높은 산에서는 거룩한 도시를 본다.

내가 보니 여자가 붉은 빛 짐승을 탔는데 그 짐승의 몸에 하나님을 모독하는 이름들이 가득하고 일곱 머리와 열 뿔이 있으며 여자가 짐승 위에 앉아 있는데, 그 짐승이 13장에서 본 바와 같이 로마 제국을 뜻한다면, 여자는 도시 로마를 상징하는 말이라는 것을 알 수 있다.(18절 참조) 용의 붉은 색(12:3)을 상기시키는 짐승의 붉은 색은 로마 권력의 사치와 화려함에 대한 상징이다. 붉은 용은 신격화된 황제의 몸 전체가 하나님을 모독하는 이름으로 가득하다는 내용으로 구체화된다. 이것은 로마 황제의 신적 칭호(가령, '우리의 주 하나님')를 가리키는 것으로 볼 수 있다. 짐승의 머리가 일곱이고 뿔이 열이라는 것은 13장 1절의 표현을 반복한 것이다. 따라서 이에 대해서는 13장 1절의 주석을 참조할 것.

4절 그 여자는 자주 빛과 붉은 빛 옷을 입고 금과 보석과 진주로 꾸미고 고대 시대에 자주색 옷은 높은 신분, 특히 왕족을 상징하는 옷이었고, 붉은색 옷은 부와 연관된 신분을 나타내는 옷이었다. 여인이 이렇게 화려한 옷을 입고 금과 보석과 진주로 꾸몄다는 것은 로마의 사치와 화려함에 대한 표현이다. 요한은 로마의 이러한 매력적인 모습에서 그리스도인들이 유혹당하게 될 위험성을 감지한다. 그래서 그는 성도들의 의로운 행위에 대해 언급하는 19장 8절에서 이 음녀의 화려한 옷에 대조되는 어린 양의 신부가 입고 있는 빛나고 깨끗한 고운 베옷의 상징을 사용한다.

손에 금잔을 가졌는데 가증한 물건과 그의 음행의 더러운 것들이 가득하더라 이 어구는 부분적으로 예레미야 51장 7절의 인유(引喩)로 볼 수 있다. 그러나 예레미야서에서는 금잔이 바빌론 자체를 위한 은유로 사용되는 반면, 여기서는 로마의 죄를 위한 은유로 사용되고 있다.

'가증한 물건' ($\beta\delta\acute{\epsilon}\lambda\upsilon\gamma\mu\alpha$(브델뤼그마))은 요한계시록에서만 세 번 나타나고(17:4, 5, 21:27) 그 외에 신약의 마가복음 13장 14절(병행, 마24:15)의 종말론적 담화에서 사용된다. 마가복음 구절의 '황폐하게 하는 가증스러운 물건' 은 다니엘 12장 11절(LXX)의 인유(引喩)인데, 다니엘 구절에서 그것은 시리아 왕 안티오쿠스 4세에 의해 유다 성전에 세워진 제우스 신의 제단에 관한 언급에 쓰인다. 많은 주석가들은 마가복음에 나오는 이 표현을 주후 70년 로마에 의한 예루살렘 성전의 파괴와 신성모독에 대한 언급으로 본다. 이러한 배경에서 볼 때, 요한이 본 구절에서 사용한 '가증한 물건' 은 요한 당시의 우상숭배와 직접 관련된 표현이라는 것을 알 수 있다. 따라서 잔 속에 가증한 물건과 그의 음행의 더러운 것들이 가득했다는 것은 단지 로마의 도덕적 타락만을 암시하는 것이 아니라, 정치적, 사회적 함의를 가지고 있던 로마의 신들과 황제에 대한 숭배의 번창과도 관련된 표현으로 볼 수 있다. 다시 말해서 이것은 소아시아에 있었던 혼합주의적 종교의 모습을 포괄적으로 표현한 것이라고 말할 수 있다.

5절 그의 이마에 이름이 기록되었으니 비밀이라, 큰 바벨론이라, 땅의 음녀들과 가증한 것들의 어미라 하였더라 로마법에 의하면 창녀들은 이마에 이름을 적게 되어 있었다. 그래서 주석가들 중에는 요한이 여기서 이것을 암시한 것 같다고 생각하는 이들이 있다. 아무튼 이것은 하나님과 어린 양의 이름이 이마에 쓰여 있는 그리스도인들과 음녀를 구분 짓기 위한 상징이다.(14:1 참조) 음녀의 이마 위에 쓰인 이름은 '큰 바벨론'으로 불린다. 8절부터 드러나는 것은 기록된 이름의 비밀이 '큰 바벨론'이라는 것뿐만 아니라, 음녀와 짐승 간의 상호 관계와도 연관되어 있다는 점이다.

앞에서 본 바와 같이 '큰 바벨론'은 로마에 대한 별명이다.(14:8의 주석을 참조할 것) 여기서 로마는 '땅의 음녀들과 가증한 것들의 어미'가 덧붙여져서 불린다. '땅의 음녀들'은 로마의 신들과 황제숭배를 위한 신전에서 제의를 행한 속주들을 가리킨다고 볼 수 있다.(17:2의 주석을 참조할 것) '가증한 것들'은 바로 앞 절에서 보았듯이 우상숭배와 관련된 표현이다. 따라서 이것은 로마의 부도덕성 면에서뿐만 아니라 종교-정치적인 면에서도 이해되어야 한다. 왜냐하면 그 당시의 많은 우상숭배, 특히 황제숭배는 로마에서 행해졌으며, 로마의 정치적 상황과 소아시아의 종교적 혼합주의가 함께 속했기 때문이다. 여기서 우리는 요한이 로마를 땅의 모든 우상숭배의 근원으로 간주하고 있음을 알 수 있다.

6절 또 내가 보매 이 여자가 성도들의 피와 예수의 증인들의 피에 취한지라 본 구절에서는 '성도들'과 '예수의 증인들'을 구분해서 말한다고 보기 어렵다. 왜냐하면 요한계시록에서는 그리스도인들이 곧 예수의 증거를 가지고 있는 성도들이기 때문이다. 따라서 '성도들의 피'와 '예수의 증인들의 피' 사이에 있는 접속사 *καί*(카이)를 동격적 의미로 보고 '성도들의 피 즉, 예수의 증인들의 피'로 이해하는 것이 좋을 것이다. 이 구절은 그리스도인들을 박해한 로마의 죄에 대해 언급하고 있다. 음녀가 성도들의 피에 취했다는 것은 로마가 그리스도인들을 죽이기까지 했다는 것을 말한다.

내가 그 여자를 보고 놀랍게 여기고 크게 놀랍게 여기니 요한이 1~6a절의 환상을 볼 때 크게 놀랍게 여겼다는 것은 이 환상의 의미에 대해 그가 놀랍게 여겼다는 것을 전하고자 한 것이다. 이것은 7~18절에 계속 이어져 나오는 천사의 설명으로부터 분명히 인식할 수 있다.

7절 천사가 가로되 왜 놀랍게 여기느냐 내가 여자와 그의 탄바 일곱 머리와 열 뿔 가진 짐승의 비밀을 네게 이르리라 천사의 질문은 질책이 아니라 설명을 준비하는 문체다. 천사는 요한에게 음녀와 짐승의 비밀을 벗겨주리라고 약속한다. 일곱 머리와 열 뿔을 가진 짐승은 3절의 묘사를 다시 반복한 것이다. 따라서 이에 대해서는 3절의 주석을 참조할 것.

8절 네가 본 짐승은 전에 있었다가 지금은 없으나 장차 무저갱으로부터 올라와 멸망으로 들어갈 자니 천사는 우선 짐승의 비밀을 벗기기 위해 설명한다. 여기서 '전에 있었다가 지금은 없으나'라는 어구는 짐승이 실제적으로 전에는 살았으나 지금은 더 이상 살지 않는, 즉 죽었다는 것을 말한다. '장차 무저갱으로부터 올라와'라는 어구는 11장 7절과 아주 유사한 병행구다. 무저갱은 헬라어 *ἄβυσσος*(아뷔쏘스)를 번역한 말로서 고대인들이 땅 속 깊은 곳에 있다고 생각한 장소다.(이에 대해서는 9장 2절의 주석을 참조할 것) 따라서 이 어구는 짐승이 다시 살아났다는 것을 말한다. '멸망으로 들어갈 자'는 11절에서 반복되는 말이며, 특히 짐승이 불 못에 던져진다고 언급하는 19장 20절과 관련이 있다.

여기서 요한이 짐승으로 표현하고 있는, 죽었다가 다시 살아날 한 인물은 아마도 네로의 환생, 또는 귀환에 관한 전설과 관련되고 있는 것 같다. 네로에 관한 전설에 대해서는 13장 3절의 주석을 참조할 것. 그러나 네로 전설에 대한 동시대적인 전거들을 보면 분명히 네로의 죽음과 환생에 대해 말하고 있지 않기 때문에, 이 구절에 나타나는 죽은 자의 세계에서의 그의 체류와 다시 나타남은 그리스도의 운명과 대비시키기 위해 요한이 엮어 낸 묘사로 보인다. 따라서 본 구절은 요한이 네로 전설을 자신의 의도대로 변형시켰다고 말할 수 있다.

땅에 사는 자들로서 창세 이후로 그들이 생명책에 기록되지 못한 자들이 이전에 있었다가 지금은 없으나 장차 나올 짐승을 보고 놀랍게 여기리라 땅에 거하는 자들로서 창세 이후로 생명책에 이름이 적혀 있지 않은 사람들은 하나님과 교회에 적대적인 불신앙적인 사람들을 가리킨다.(이에 대해서는 3:8의 주석을 참조할 것) 이들이 이 짐승(네로)을 보고 놀라는 이유는 이 짐승이 지금은 없으나 장차 다시 나타날 것이기 때문이다.

9절 지혜 있는 뜻이 여기 있으니 그 일곱 머리는 여자가 앉은 일곱 산이요 666의 해석처럼(13:18 참조), 여기서도 지혜로운 이해력이 필요하다. 요한은 그의 수신자들이 로마 권력의 사탄적 성격을 인지하도록 하기 위해 13장 1절에서 설명되지 않은 일곱 머리와 열 뿔을 본 구절에서 해석하고 있다. 일곱 머리는 일곱 산을 상징한다. 이 일곱 산은 분명히 로마를 가리킨다. '일곱 언덕' 또는 '일곱 산'은 B.C. 1세기 후와 A.D. 2세기 초 동안에 로마시에 대한 은유로 널리 사용되었다. 로마에 대한 상징으로서의 '일곱 언덕' 이라는 말은 로마의 저술가들의 작품들 속에 자주 나타난다.(13:1의 주석 참조) 따라서 여기서 역사적 상황과의 관련성을 부정하고 오직 초역사적으로만 해석하려는 시도는 거부되어야 한다.

10절 또 일곱 왕이라 다섯은 망하였고 하나는 있고 다른 하나는 아직 이르지 아니하였으나 이르면 반드시 잠시 동안 머무르리라 여기서 일곱 왕은 로마의 일곱 황제를 말한다. 왜냐하면 앞 절에서 로마를 상징하는 일곱 머리를 일곱 왕이라고 하기 때문이다. 그리고 로마 제국의 동쪽에서는 로마 황제들을 대개 왕들로 불렀다.(벧전2:13~17; 딤전2:2 참조) 여기서 일곱 황제는 세 그룹으로 나뉜다. 다섯은 이미 망하였고, 하나는 있고, 또 다른 하나는 아직 나타나지 않았는데 그가 나타나더라도 잠깐밖에 머물지 못할 것이라고 한다.

여기서 우리에게 제기되는 문제는 과연 어느 황제부터 시작해야 할 것인지에 있다. 왜냐하면 로마와 유대 저술가들 중에는 율리우스 카이사르를 첫 황제로 간주한 이들이 있는 반면(가령, 수에톤, 요세푸스, 시빌의 신탁), 아우구스투스를 첫 황제로 간주한 이들이 있기 때문이다.(가령, 타키투스)

카이사르부터 트라얀까지의 역대 로마 황제들의 이름은 다음과 같다.

- 카이사르(B.C. 101~44)
- 아우구스투스(B.C. 27~A.D. 14)
- 티베리우스(A.D. 14~37)
- 칼리굴라(A.D. 37~41)

- 클라우디우스(A.D. 41~54)
- 네로(A.D. 54~68)
- 갈바(A.D. 68년 6월~69년 1월)
- 오토(A.D. 69)
- 비텔리우스(A.D. 69)
- 베스파시안(A.D. 69~79)
- 티투스(A.D. 79~81)
- 도미티안(A.D. 81~96)
- 트라얀(A.D. 98~117)

만약 카이사르부터 시작하면, 이미 망한 다섯은 카이사르부터 클라우디우스까지가 되고, 계시록 저술 당시의 황제는 네로가 되며, 앞으로 나타날 자는 갈바가 된다. 그러나 만약 아우구스투스부터 시작하면, 이미 망한 다섯은 아우구스투스부터 네로까지가 되고, 계시록 저술의 때의 황제는 갈바가 되며, 앞으로 나타날 자는 오토가 된다. 주석가들 중에는 소위 '삼 황제 시대'에 잠시 통치한 갈바, 오토, 비텔리우스 황제를 제외시켜서 해결하고자 시도한 이들도 있다. 이 세 명을 뺄 경우 카이사르부터 시작하면, 계시록 저술 당시의 황제는 네로가 되고, 앞으로 나타날 자는 베스파시안이 되며, 아우구스투스부터 시작하면, 계시록 저술의 때의 황제는 베스파시안이 되고, 앞으로 나타날 자는 티투스가 된다.

그러나 갈바와 오토, 그리고 비텔리우스 이 세 명을 제외시키는 것은 설득력이 약하다. 왜냐하면 로마의 역사가들인 타키투스와 수에톤 그리고 디오 카시우스가 그들을 황제들로 여겼고, 서구의 후기 고대사회에서 로마 황제들의 명단 중 어느 것도 그들을 제외시키지 않기 때문이다. 따라서 그들을 제외시키지 않은 상태에서 13장 3절과 17장 8절에서 엿볼 수 있는 네로의 재생, 또는 귀환에 관한 전설을 고려해 볼 때, 본 구절에서 말하는 이미 망한 다섯은 아우구스투스부터 네로까지를, 계시록 저술 당시의 황제는 갈바를 염두에 두고 말했다고 볼 수 있다.

한편 여기에 나오는 일곱 왕은 요한이 선택한 로마 황제들을 가리킨다는 견해가 있다.

① 몇몇 주석가들은 "다섯은 망하였고"라는 표현에 주목한다. 왜냐하면 이 표현은 자연적으로 죽지 않고 폭력적인 죽음을 당한 황제들을 말하고 있기 때문이라는 것이다.('망하다' (πίπτειν)라는 말이 유대와 그리스 문헌에서 대개 어떤 사람의 폭력적인 죽음에 매해 말할 때 사용된다는 것이다) 이 견해에 따르면 망한 다섯은 칼리굴라(살해당함), 클라우디우스(독살당함), 네로(자살함), 베스파시안(심한 열병으로 사망 또는 독살당함), 티투스(열병으로 사망 또는 암살당함)고, 계시록 저술의 때의 황제는 도미티안이며, 앞으로 나타날 자는 적그리스도 또는 환생한 네로라는 것이다.

그러나 이 견해의 약점은 잠시 통치한 갈바, 오토, 비텔리우스를 제외시키는 데 있다. 왜냐하면 이들도 폭력적인 죽음(갈바: 살해당함, 오토:자살함, 비텔리우스:살해당함)을 당했을 뿐만 아니라, 로마의 역사가들인 타키투스와 수에톤 그리고 디오 카시우스가 그들을 황제들로 여겼고, 서구의 후기 고대 사회에서 로마 황제들의 명단 중 어느 것도 그들을 제외시키지 않기 때문이다. 그리고 동사 '망하다'를 꼭 폭력적인 죽음과 연관시켜야 하는가 하는 문제도 제기될 수 있다. 왜냐하면 사망한 것으로 발표된 자들의 탁월한 위치를 암시하는 그 당시 관습이 황제를 망한 자로 언급했을 수도 있다는 견해 때문이다.

② 스트로벨(A. Strobel, "Abfassung und Geschichtstheologie der

Apokalypse nach Kap. XVII. 9~12," 440~441)도 "다섯은 망하였고"라는 표현을 폭력적인 죽음과 연관시켜 이해한다. 그러나 그는 신학적-역사적 입장에서 이 문제를 풀어나간다. 그에 의하면 요한은 그리스도의 십자가와 부활 승천에서 옛 시대의 마지막을 보았다는 것이며, 십자가를 옛 시대와 새 시대의 근본적인 전환점으로 표현했다는 것이다. 그러므로 그리스도 이후에 권력을 잡은 황제인 칼리굴라부터 시작해서 이해해야 한다는 것이다.

그러나 이 견해의 약점은 요한계시록이 어느 곳에서도 그리스도 사건을 로마 제국에 있어서의 새로운 시대의 시작으로 언급하지 않는 데 있다. 그리고 앞서 언급한 바와 같이 동사 '망하다'를 폭력적인 죽음과 연관시킬 수 있는지 의문이 제기된다.

③ 일련의 주석가들은 자료 비평에 근거해서 본 구절에는 베스파시안 치하에서 작성된 기초 자료가 들어 있다고 보는데, 이때 이들은 여기의 리스트를 아우구스투스부터 시작하고 잠시 밖에 통치하지 못한 갈바와 오토 그리고 비텔리우스는 제외시킨다.(이렇게 되면 이미 망한 다섯은 아우구스투스, 티베리우스, 칼리굴라, 클라우디우스, 네로가 되고, 여섯째는 베스파시안, 일곱째는 티투스가 됨) 그리고 도미티안 때에 요한계시록을 저술한 저자가 이 자료를 손질했다고 보며, 11절의 여덟째 황제를 도미티안 또는 환생한 네로로서의 도미티안으로 간주한다.

그러나 이 해석의 약점은 17장 10절에 베스파시안 치하에서 작성된 기초자료가 들어 있다는 주장이 추측에 불과할 뿐 분명히 입증될 수 없다는 데 있다. 그리고 앞서 언급한 바와 같이, 갈바와 오토 그리고 비텔리우스를 제외시키는 것도 설득력이 약하다.

④ 몇몇 주석가들은 요한계시록에서 짐승이 계속해서 그리스도의 종말

론적 적대자로 묘사되고 있다는 점에 주목하고, 본 구절의 황제 리스트의 처음을 적그리스도적 성격을 보여주는 황제인 네로부터 시작해야 한다고 주장한다. 그리고 잠시 통치했다는 이유로 제외되기도 하는 갈바, 오토, 비텔리우스는 다 버리면 안 되고 이들 중 두 명은 포함시켜야 한다고 주장한다,. 왜냐하면 제4 에스라서 11장 26~27절은 네로 이후와 베스파시안 전에 있었던 두 황제(이름은 밝히지 않음)를, 그리고 유세비우스의 『교회사』 3.5.1은 갈바와 오토를 언급하고 있기 때문이다. 이렇게 되면 이미 망한 다섯은 네로, 갈바(또는 오토), 비텔리우스(또는 오토), 베스파시안, 티투스가 되고, 여섯째는 도미티안, 일곱째는 네르바가 된다.

그러나 이 해석의 약점은 본 절의 '이미 망한 다섯'의 처음을 네로로 생각하는 것이 ①과 ②에서 칼리굴라로 생각하는 것처럼 인위적이라는 데 있다.

⑤ 11절에 나오는 여덟째 황제를 환생한 네로로 간주된 도미티안으로 보는 입장에는 황제 리스트를 네로부터 시작하고 잠시 통치한 세 명의 황제들을 포함시키는 견해가 있다. 이렇게 되면 이미 망한 다섯은 네로, 갈바, 오토, 비텔리우스, 베스파시안이 되고, 여섯째는 티투스, 일곱째는 도미티안이 된다. 그런데 11절에 의하면 환생한 네로로서의 여덟째 황제는 갑자기 일곱째 황제에서 드러날 것이다. 그러나 이 입장은 여덟째 황제를 황제 개인으로가 아니라 일곱째에서 정점에 이른 로마의 사탄적 권력으로 이해한다. 이 입장은 텍스트들이 이미 티투스 때에 요한에 의해 예언으로 작성되었으며, 요한이 계시록을 도미티안 때에 완성했을 때 비로소 그 완전한 의미가 드러나게 되었다는 것을 전제한다.

그러나 이 입장의 약점은 1세기의 로마, 그리스, 유대교, 그리고 기독교 문헌들 중 어디에서도 다시 살아난 네로가 도미티안과 동일시된 적이 없다는 데에 있다. 그리고 본 절의 황제 리스트를 네로부터 시작하는 것은 앞서 언급한 바와 같이 인위적이다.

지금까지 본 바와 같이, 일곱 왕이 구체적으로 누구를 지칭하는지 알기가 어렵기 때문에 본 구절을 상징적으로 해석하는 견해가 있다. 즉, 숫자 7은 완전을 의미하는 상징수이기 때문에, 일곱 왕은 개별적인 황제들을 가리키는 것이 아니라 로마 제국 전체의 권력을 말하는 것으로 본다.

그러나 이 상징적인 해석도 만족스럽다고 볼 수는 없다. 왜냐하면 10a절에 나오는 여섯째 왕은 계시록 저술 당시 살아 있었던 왕이었기 때문에 요한계시록의 수신자들은 이 왕이 누구였는지 알고 있었던 것이 분명하다. 따라서 주석가들 중에는 역사적 해석과 상징적 해석을 결합해서 이해하는 이들이 있다. 9c~10절의 초점은 계시록 저술 당시 살아 있었던 왕과 앞으로 나타날지라도 잠시간밖에 머물지 못할 왕에 맞추어져 있기 때문에, 망했다는 다섯 왕은 특정한 다섯 명의 왕을 말하는 것이 아니라고 이해할 수 있다는 것이다. 그리고 앞으로 나타날 왕이 잠간밖에 머물지 못할 것이라는 언급은 종말의 가까움을 강조하는 상투적인 묵시문학적 모티브로 간주할 수 있다는 것이다.

우리는 지금까지 요약한 여러 해석들 중 어느 것이 옳은 지를 판단하기가 매우 어렵다. 필자에게는 아우구스투스부터 시작하는 방법과 갈바, 오토, 비텔리우스를 제외시키지 않고 맨 마지막에 기술한 역사적 해석과 상징적 해석의 결합 방식이 각각 나름대로 개연성을 가지고 있는 것으로 보인다.

그런데 요한은 왜 현재 다스리는 자의 후계자로서 잠시 동안 있을 일곱째 황제를 언급하는가? 이에 대해서는 주석가들이 여러 견해들을 내놓았다.

① 11절의 여덟째 황제를 도미티안으로 해석하는 경우, 일곱째 황제의 짧은 기간은 사후 예언으로서 티투스의 때를 두고 하는 말로 설명된다.

② 11절의 여덟째 황제를 트라얀으로 해석하는 경우, 일곱째 황제의 짧은 기간은 그의 전임자였던 네르바의 때(재위 기간 96~98)로 설명된다.

③ 일곱째 황제를 도미티안으로 이해하는 경우, 본 구절은 이미 티투스 때에 요한에 의해 예언으로 작성되었으며, 요한이 계시록을 도미티안 때에 완성했을 때, 비로소 그 완전한 의미가 드러나게 되었다고 본다.

④ 11절의 여덟째 황제에 대한 언급을 앞으로 올 적 그리스도에 대한 요한의 순수한 예언으로 이해할 경우, 일곱째 황제의 짧은 기간은 아마도 종말론적 드라마에서의 전통적인 것일 수 있다.(제4 에스라서 12:30 참조)

⑤ 계시록 저자는 마지막 때가 가까이 왔다고 확신했기 때문에, 앞으로 나타날 로마 황제는 잠시밖에 통치하지 못할 것이라고 생각했다.

⑥ 본 구절을 상징적으로 해석하는 경우, 계시록 저자는 과거에 대한 세심한 도표에는 관심이 없이 일반적으로 인정되는 일곱이라는 수의 일람표를 사용하여 종말이 가까이 오고 있음을 선언하는 것으로 설명된다.

앞에서 기술한 본 구절에 대한 주석을 고려해 볼 때, 필자에게는 ④와 ⑤가 가장 설득력이 있는 것으로 보인다.

11절 전에 있었다가 지금 없어진 짐승은 여덟째 왕이니 일곱 중에 속한 자라 그가 멸망으로 들어가리라 이 구절은 8절과 거의 유사한 병행구다.(8절의 주석을 참조할 것) 많은 주석가들은 이 구절에서 요한이 네로의 환생에 관한 전설을 사용한 것으로 보고 여덟째 왕을 환생한 네로로 이해한다. 앞에서도 언급했듯이 주석가들 중에는 도미티안을 환생한 네로로 간주하는 이들이 있다. 그러나 8절과 10절의 진술들을 축자적으로 이해하면, 도미티안에게서 환생한 네로를 보는 것은 합당하지 않다. 따라서 많은 주석가들은 이 환생한 네로를 도미티안이 죽자마자 나타날 적그리스도로 이해한다.

한편 여기서 우리는 숫자 8을 상징적으로 해석할 수 있다. 왜냐하면 초기 유대교와 초기 기독교에서 8은 종말론적 의미를 가지고 있기 때문이다. 슬라브어 에녹서 33장 1~2절과 바나바서 15장 9절에 의하면 최초의 7일 후 여덟째 날이 만들어졌는데, 이 날은 다른 세상, 즉 새 창조의 시작이라고 한다. 마찬가지로 그리스도는 주간 중 여섯째 날에 죽으셨고, 안식일에 무덤에서 쉬신 다음 지금의 일요일에 해당하는 여덟째 날에 부활하셨다. 따라서 여기서 짐승을 여덟째 왕으로 부르는 것은 그리스도의 부활을 모방하게 될 적그리스도의 미래에 대해 언급하는 또 하나의 방식으로 이해할 수도 있다.

12절 네가 보던 열 뿔은 열 왕이니 아직 나라를 얻지 못하였으나 다만 짐승과 더불어 임금처럼 한동안 권세를 받으리라 열 뿔이 열 왕이라는 해석은 다니엘 7장 7, 24절에서 유래한다. 그러나 다니엘서에서 열 뿔은 연속적으로 나타나는 열 왕을 가리키는 데 반해서, 여기서는 열 왕이 동시에 나타난다. 그들은 아직 나라를 차지하지 못하였지만 그 짐승(로마)과 함께 한동안 왕권을 차지할 것이라고 한다. 따라서 그들은 로마 황제들이 아니라는 것을 알 수 있다. 이들은 아마도 열 명의 종속 국왕들을 가리키는 것으로 보인다. 그러므로 요한이 숫자 10을 사용한 것은 특정한 왕들을 거론하기 위한 것이라기보다는 반신적(反神的)인 세력들의 한정된 권력에 대한 상징이라고 볼 수 있다.(12:3의 주석을 참조할 것)

13절 그들이 한 뜻을 가지고 자기의 능력과 권세를 짐승에게 주더라 '한 뜻'(μία γνώμη(미아 그노메))은 어떤 일치된 행동을 하기 위한 전제로서 경쟁하는 세력들의 하나됨을 강조하는 정치적 개념이다. 따라서 이 구절은 로마의 종속 국왕들이 한 마음이 되어 로마에게 복종할 것임을 말하는 어구라는 것을 알 수 있다.

14절 그들이 어린 양으로 더불어 싸우려니와 어린 양은 만주의 주시요 만왕의 왕이시므로 그들을 이기실터이요 열 왕이 어린 양에게 싸움을 걸어오겠으나 어린 양이 그들을 이길 것이다. 그 이유는 어린 양이 만주의 주요 만왕의 왕이기 때문이라는 것이다. 여기에 나오는 칭호 '만주의 주요 만 왕의 왕'은 원래 고대 근동의 통치자들에게 사용한 유명한 칭호다. 구약(신 10:17; 시136:2~3; 단2:37, 47)과 초기 유대교(2마카 13:4; 3마카 5:35; 에티오피아어 에녹서 9:4, 63:4, 84:2; 희랍어 에녹서 63:4)에서는 이 칭호가 종종 하나님을 위한 칭호로 사용된다. 여기서 요한이 이 칭호를 그리스도를 위해 사용하는 것은 이 세상의 참된 통치권자는 로마 황제가 아니라 그리스도라는 것을 말하기 위함이다.

또 그와 함께 있는 자들 곧 부르심을 받고 택하심을 받은 진실한 자들도 이기리로다 요한은 어린 양의 승리 이유를 또 하나 제시한다. 그것은 어린 양 편에 부르심을 받고 택하심을 받은 신실한 사람들이 있기 때문이라는 것이다. 이들은 큰 음녀(로마)와 열 왕들의 유혹에 넘어가지 않고 죽기까지 그리스도께 신실한 사람들이다.

15절 또 천사가 내게 말하되 네가 본 바 음녀가 앉아 있는 물은 백성과 무리와 열국과 방언들이니라 여기서는 1절에 언급된 '음녀가 앉아 있는 물'에 대한 해석이 나온다. 즉 물은 백성들과 무리들과 민족들과 언어들로 해석된다. 이것은 로마에 모인 많은 사람들과 민족들을 말하는 것이 아니라, 로마가 그의 팽창 욕구에 따라 많은 나라들과 민족들을 정복한 것에 대한 언급이다. '백성과 무리와 열국과 방언들' 표현에 대해서는 10장 11절의 주석을 참조할 것.

16절 네가 본 바 이 열 뿔과 짐승은 음녀를 미워하여 망하게 하고 벌거벗게 하고 그의 살을 먹고 불로 아주 사르리라 이 구절의 묘사는 예루살렘을 발가벗긴 한 여인에 비유하고 있는 에스겔 23장 25~34절에 기초를 두고 있다고 볼 수 있다. 다만 거기서는 예루살렘에 남아있는 자들이 불에 타 죽을 것이라고 하는 데 반해, 여기서는 로마가 그와 비슷하게 될 것이라고 묘사하는 점에 차이를 보이고 있다.

여기서 열 뿔(로마의 종속 국왕들)과 짐승(로마 황제, 아마도 네로)은 음녀(도시 로마)를 미워해서 황량하게 만들고 벌거벗은 꼴로 만들 것이며, 그의 살을 먹고 그를 불살라 버릴 것이라고 한다. 아마도 여기에는 네로가 파르티아로 도주했다가 나중에 파르티아의 군사적인 지원 하에 다시 되돌아 올 것이라는 소위 네로 전설이 반영된 것으로 보인다.(13:3의 주석을 참조할 것)

17절 이는 하나님이 자기 뜻대로 할 마음을 그들에게 주사 한 뜻을 이루게 하시고 그들의 나라를 그 짐승에게 주게 하시되 하나님의 말씀이 응하기까지 하심이라 요한은 이 사건 속에서 하나님 자신이 활동하고 계심을 본다. 여기서 요한은 하나님이 악의 세력들을 이용해서 그의 뜻을 이루신다는 점을 말하고 있다. 다시 말해서 지상에 있는 사탄의 대리자들은 자신들이 하나님의 말씀을 이루고 있다는 것을 의식하지 못하고 하나님의 심판을 수행한다는 것이다. 하나님은 그의 목표를 위해 그의 원수들을 물리치심으로써 그가 역사의 주이심을 증명하신다. 궁극적으로 아무도 그의 뜻으로부터 피할 수 없다.

18절 또 네가 본 그 여자는 땅의 왕들을 다스리는 큰 성이라 하더라 이제 요한은 17장에서 본 음녀를 세상의 임금들을 다스리는 통치권을 가진 큰 도시를 가리킨다고 말한다. 지금까지 살펴본 바와 같이 이 도시는 로마를 가리킨다.

3) 설교 가이드

이 본문에서는 '바빌론의 비밀'이라는 제목으로 설교를 작성할 수 있을 것이다.

바빌론의 비밀은 마지막에 하나님의 도성에서 완성되는 하나님의 계시의 비밀에 대한 안티테제다.

요한이 본문을 기록할 때 로마 제국을 염두에 두었다 할지라도 본문의 진리는 오늘날 이와 유사한 문명에 똑같이 적용될 수 있다.

① 4절에 나오는 자주 빛과 붉은 옷은 오직 부한 자들만 구매할 수 있을 정도로 비싼 옷이고 금, 보석, 진주도 오직 귀족층에서만 사용할 수 있는 장식품이다. 화려하게 장식된 음녀는 부와 황홀한 매력과 방종에 도취된 사악함 속에서 흥청대면서 죄 속에 탐닉하는 세상을 나타낸다. 이러한 세상의 탐닉은 정지선이 없어서 계속적으로 새롭고 더 강도 높은 흥분을 추구하게 한다. 불신앙적인 세속 사회의 주요 가치는 흥분, 이익, 그리고 안락이다.

구약의 가르침에서 음행과 우상숭배는 밀접하게 연관되어 있다. 왜냐하면 이교도의 신들은 자주 비도덕적 제의에 의해 예배되었고, 우상숭배는 영적 간음으로 불렸기 때문이다.

② '바빌론' 은 결코 그리스도와 같은 목적을 위해 협력하지 않는다. 이 세력은 성도들과 순교자들의 피에 취해 왔다.(6절 참조) 그리스도인들과 이 세상 사이에는 우정이 있을 수 없다. 왜냐하면 그 둘의 목표는 서로 완전히 다르기 때문이다. 그리스도인들은 그리스도를 사랑하는 데 반해, 이 세상 사람들은 자기 자신을 사랑한다. 그리스도인들은 우선 하나님의 나라와 그의 의를 구하는 데 반해, 이 세상은 힘과 부를 추구한다. 이러한 극단 사이에는 우정이 있을 수 없다. 그리스도인들은 끝까지 불신앙적인 세상에 동화되지 말아야 한다. 그리스도인들은 심지어 죽을 때까지 이 세상으로부터 미움 받을 것을 각오해야 한다.

③ '바빌론' , 즉 하나님께 반항하고 그의 백성을 핍박하는 세력은 결국 하나님의 심판을 받아 멸망당한다. 한 사회가 정치적, 경제적, 군사적 힘을 통해 아무리 번영하게 될지라도, 하나님의 의의 기반 없이는 결국 허물어질 것이다. 이 땅의 불신앙적인 세속적 문명은 하나님의 심판을 피할 길이 없다. 이 땅의 어떤 사상, 철학, 예술, 교육도 불신앙적 인간들의 쇠망을 막지 못할 것이다. '바빌론' 은 멸망할 수밖에 없다. 그러나 왕 중의 왕이신 그리스도와 그를 따르는 자들은 영원히 지속할 것이다. 왜냐하면 그들은 하나님과 그리스도의 부름을 받아 선택되었고 신실하여 구별된 삶을 살기 때문이다. 하나님의 뜻을 행하는 자는 영원히 살게 될 것이다.

18.2. 18:1~24: 바빌론의 패망

[1]이 일 후에 다른 천사가 하늘에서 내려오는 것을 보니 큰 권세를 가졌
는데 그의 영광으로 땅이 환하여지더라 [2]힘찬 음성으로 외쳐 이르되 무
너졌도다 무너졌도다 큰 성 바벨론이여 귀신의 처소와 각종 더러운 영
의 모이는 곳과 각종 더럽고 가증한 새의 모이는 곳이 되었도다 [3]그 음
행의 진노의 포도주로 말미암아 만국이 무너졌으며 또 땅의 왕들이 그
와 더불어 음행하였으며 땅의 상인들도 그 사치의 세력으로 치부하였도
다 하더라 [4]또 내가 들으니 하늘로부터 다른 음성이 나서 이르되 내 백
성아, 거기서 나와 그의 죄에 참여하지 말고 그가 받을 재앙들을 받지
말라 [5]그의 죄는 하늘에 사무쳤으며 하나님은 그의 불의한 일을 기억하
신지라 [6]그가 준 그대로 그에게 주고 그의 행위대로 갑절을 갚아주고 그
가 섞은 잔에도 갑절이나 섞어 그에게 주라 [7]그가 얼마나 자기를 영화롭
게 하였으며 사치하였든지 그만큼 고통과 애통함으로 갚아 주라 그가
마음에 말하기를 나는 여왕으로 앉은 자요 과부가 아니라 결단코 애통
함을 당하지 아니하리라 하니 [8]그러므로 하루 동안에 그 재앙들이 이르
리니 곧 사망과 애통함과 흉년이라 그가 또한 불에 살라지리니 그를 심
판하시는 주 하나님은 강하신 자이심이니라 [9]그와 함께 음행하고 사치
하던 땅의 왕들이 그가 불타는 연기를 보고 위하여 울고 가슴을 치며 [10]
그의 고통을 무서워하여 멀리 서서 이르되 화 있도다 화 있도다 큰 성,
견고한 성 바벨론이여 한 시간에 네 심판이 이르렀다 하리로다 [11]땅의
상인들이 그를 위하여 울고 애통하는 것은 다시 그들의 상품을 사는 자
가 없음이라 [12]그 상품은 금과 은과 보석과 진주와 세마포와 자주 옷감
과 비단과 붉은 옷감이요 각종 향목과 각종 상아 그릇이요 값진 나무와

구리와 철과 대리석으로 만든 각종 그릇이요 [13]계피와 향료와 향과 향유
와 유향과 포도주와 감람유와 고운 밀가루와 밀이요 소와 양과 말과 수
레와 종들과 사람의 영혼들이라 [14]바벨론아 네 영혼의 탐하던 과일이 네
게서 떠났으며 맛있는 것들과 빛난 것들이 다 없어졌으니 사람들이 결
코 이것들을 다시 보지 못하리로다 [15]바벨론으로 말미암아 치부한 이 상
품의 상인들이 그의 고통을 무서워하여 멀리 서서 울고 애통하여 [16]이르
되 화 있도다 화 있도다 큰 성이여 세마포 옷과 자주 옷과 붉은 옷을 입
고 금과 보석과 진주로 꾸민 것인데 [17]그러한 부가 한 시간에 망하였도
다 모든 선장과 각처를 다니는 선객들과 선원들과 바다에서 일하는 자
들이 멀리 서서 [18]그가 불타는 연기를 보고 외쳐 이르되 이 큰 성과 같
은 성이 어디 있느냐 하며 [19]티끌을 자기 머리에 뿌리고 울고 애통하여
외쳐 이르되 화 있도다 화 있도다 이 큰 성이여 바다에서 배 부리는 모
든 자들이 너의 보배로운 상품으로 치부하였더니 한 시간에 망하였도다
[20]하늘과 성도들과 사도들과 선지자들아, 그로 말미암아 즐거워하라 하
나님이 너희를 위하여 그에게 심판을 행하셨음이라 하더라 [21]이에 한 힘
센 천사가 큰 맷돌 같은 돌을 들어 바다에 던져 이르되 큰 성 바벨론이
이같이 비참하게 던져져 결코 다시 보이지 아니하리로다 [22]또 거문고 타
는 자와 풍류하는 자와 퉁소 부는 자와 나팔 부는 자들의 소리가 결코
다시 네 안에서 들리지 아니하고 어떠한 세공업자든지 결코 다시 네 안
에서 보이지 아니하고 또 맷돌 소리가 결코 다시 네 안에서 들리지 아니
하고 [23]등불 빛이 결코 다시 네 안에서 비치지 아니하고 신랑과 신부의
음성이 결코 다시 네 안에서 들리지 아니하리로다 너의 상인들은 땅의
왕족들이라 네 복술로 말미암아 만국이 미혹되었도다 [24]선지자들과 성
도들과 및 땅 위에서 죽임을 당한 모든 자의 피가 이 성중에서 발견되었

느니라 하더라

1) 본문 소개

요한은 17장 16~17절에서 바빌론(로마)의 패망을 예고한 후, 18장에서는 이에 대해 더 자세히 언급한다. 그러나 여기서 요한은 로마 패망의 과정을 묘사하지 않고, 그 도시의 부와 화려함으로부터 이익을 얻었으나 이제 그 패망으로 말미암아 해를 당하는 자들의 반응을 묘사한다. 여기에 나오는 심판 선포는 장르상 구약의 예언자들이 사용한 것과 같은 만가(輓歌)에 속한다.(사21:9; 렘51:8; 암5:2) 이 단락은 다음과 같이 이루어져 있다.

① 1~3절: 로마의 멸망에 대한 결정적인 선포

② 4~20절: 로마의 패망에 대한 애가(4~19절)와 환호(20절)

③ 21~24절: 한 힘 센 천사가 로마의 패망을 가리키는 상징적 행동

2) 본문 주석

1절 이 일 후에 다른 천사가 하늘에서 내려오는 것을 보니 큰 권세를 가졌는데 그의 영광으로 땅이 환하여지더라 이제 대단히 빛나는 다른 천사가 나타나는데, 이를 통해 이 환상이 지금까지의 환상들을 더 능가할 것이라는 점이 암시된다. 이 천사는 신적 권세를 가지고 땅을 환하게 하는 영광을 가지고 있다. '영광'(*δόξα*(독사))은 대개 70인역과 신약에서 하나님의 현현과 선포를 표시하는 말이나, 이 구절에서는 천사의 영광이 언급되고 있다. 이렇게 하나님의 영광이 천사의 영광으로 전용되는 예는 이미 유대교에 있었다.(출15:11(LXX); 열두 족장의 유훈 중 레위의 유훈 18:5 참조) 본 구절은 에스겔 43장 2절의 하나님 현현을 상기시킨다.

2절 힘찬 음성으로 외쳐 이르되 무너졌도다 무너졌도다 큰 성 바벨론이여 귀신의 처소와 각종 더러운 영이 모이는 곳과 각종 더럽고 가증한 새들이 모이는 곳이 되었도다 "무너졌도다. 무너졌도다. 큰 성(도시) 바벨론아"는 이미 수행된 심판에 대한 선포다.(무너졌도다(ἔπεσεν[에페센])는 πίπτω(핍토)의 단순과거형이다) 이것은 앞으로 임할 로마의 멸망 즉, 어린 양(그리스도)의 승리를 확신하는 요한의 예언자적 표현이다.(17:14 참조)

아직 살아 있는 자를 죽은 자로 간주하고 곡을 한다는 것은 심한 조롱의 표현이다. 이제 큰 도시 바벨론(로마)은 멸망하여 사람들은 온데간데없어지고 그 자리에는 단지 귀신만이 거처하여 온갖 더러운 영들과 더럽고 미움 받는 새들의 소굴이 되었다. 여기에 나오는 '귀신들', '온갖 더러운 영들', 그리고 '온갖 더럽고 미움 받는 새들'은 모두 유대교의 마귀론에 나오는 악령들의 명칭들과 같은 것이다. 여기서 요한은 전통적인 마귀론에 근거해서 로마 제국을 악령의 지배를 받는 영역으로 묘사하고 있는 것이다.

3절 그 음행의 진노의 포도주로 말미암아 만국이 무너졌으며 또 땅의 왕들이 그와 더불어 음행하였으며 땅의 상인들도 그 사치의 세력으로 치부하였도다 하더라

여기서 요한은 로마 멸망의 이유를 세 가지로 진술한다.

① 모든 민족이 로마의 음행에서 비롯된 분노의 포도주를 마셨기 때문이다.

② 세상의 왕들이 로마와 더불어 음행했기 때문이다.

③ 세상의 상인들이 로마의 사치 바람을 틈타 부정한 방법으로 치부하였기 때문이다.

여기에 나오는 '음행'은 로마의 우상숭배, 특히 황제숭배로의 유혹을 의미한다. 이미 구약의 예언자들도 바빌론(사47:10), 두로(사23:15~17), 그리고 니느웨(나3:4, 습2:13~14)의 우상숭배에 대해 질책할 때 '음행'은 유를 사용했다. 따라서 ①은 로마의 불신앙이 분명히 하나님의 진노를 일으켰다는 것을 강조하는 문장이라는 것을 알 수 있다.('진노의 포도주'에 대해서는 14:8, 10절의 주석을 참조할 것)

②는 로마와 함께 우상숭배(로마의 신들과 황제에 대한 숭배)에 빠진 세상의 왕들에 대한 언급이다. 여기서 요한은 특히 로마의 황제숭배의 확장에 있어서 그들의 적극적 역할에 대해 비판을 가한다.

③은 로마와의 교역을 통해 치부한 상인들에 대한 비판의 말씀이다. 우상숭배와 함께 상인들의 교역에 대해 언급하는 것은 우상숭배와 무역으로부터 챙긴 이익을 음녀의 보수에 비유해서 말씀하는 구약의 예언적 진술들에서 영감 받은 것이다.(사23:17~18; 나3:4 참조) 로마는 그의 경제 활동을 통해서도 여러 나라들에게 황제숭배를 촉구했고, 또한 상인들은 이를 기꺼이 행했다. 왜냐하면 그들은 로마의 큰 번영을 통해 부를 얻을 수 있었기 때문이다.

4절 또 내가 들으니 하늘로부터 다른 음성이 나서 이르되 내 백성아, 거기서 나와 그의 죄에 참여하지 말고 그가 받을 재앙들을 받지 말라 이 구절에서는 하늘로부터 들려오는 또 다른 음성의 긴 말씀이 시작된다. 하나님의 백성은 로마에 대한 심판이 수행되기 전에(6~8절), 로마의 죄에 가담하여 그가 받을 재앙들을 함께 받지 말고 로마를 떠나라고 촉구 받는다. 로마로부터 떠나라는 것은 분명히 전용된 의미를 가지고 있다. 천사는 실제로 도시 로마를 떠나라고 촉구하는 것이 아니다. 왜냐하면 요한의 의도는 로마 교회가 아니라 소아시아의 교회들로 향하기 때문이다. 여기서 요한이 말하고자 하는 것은 그리스도인들이 로마 황제의 숭배로부터 확실하게 거리를 두라는 것이다. 여기에는 사회적 고립도 내포되어 있다. 그리스도인들이 이렇게 행동할 때, 그들은 로마가 맞을 재앙들을 받지 않을 것이라는 것이다. 다시 말해서 여기서는 그리스도인들이 로마의 불신앙에 참여하지 않을 때 심판으로부터 제외된다는 것이 강조되고 있다.

5절 그의 죄는 하늘에 사무쳤으며 하나님은 그의 불의한 일을 기억하신지라 이 구절에는 그리스도인들이 로마를 떠나야 하는 이유가 기술되고 있다. 그 이유는 로마의 죄가 하늘에까지 닿았고 하나님께서는 로마의 불의한 행위를 기억하시기 때문이다. 그래서 로마는 하나님의 심판을 피할 수 없다. 이것은 하나님께서 큰 도시 바빌론을 기억하셔서 그의 진노를 그 도시에 내리신다는 것이 언급되고 있는 16장 19절을 상기시킨다.

6절 그가 준 그대로 그에게 주고 그의 행위대로 갑절을 갚아 주고 그가 섞은 잔에도 갑절이나 섞어 그에게 주라 6~7a절의 명령문에서는 어떤 수신자도 언급되고 있지 않다. 그래서 주석가들은 이 명령문의 수신자를 바빌론에 대한 형벌을 내릴 천사, 또는 그리스도인들로 추측해 왔다. 그러나 이 명령문은 아마도 하나님의 선고를 위한 수사학적 표현일 것이다. 여기서 로마는 그의 악한 행위 때문에 갑절의 벌을 받아야 한다는 것, 즉 하나님의 심판을 엄격하게 받아야 한다는 것이 강조되고 있다. 여기서 심판을 위해 사용되는 '잔' 메타포는 17장 2, 4절에서 로마의 악행을 위해 사용된 메타포에 상응하는 것이다.

7절 그가 얼마나 자기를 영화롭게 하였으며 사치하였든지 그만큼 고통과 애통함으로 갚아 주라 그가 마음에 말하기를 나는 여왕으로 앉은 자요 과부가 아니라 결단코 애통함을 당하지 아니하리라 하니 로마는 자기를 영화롭게 하고 사치했기 때문에 벌을 받는다. 이 구절은 이사야 47장 7~8절(내가 영영히 여주인이 되리라 하고 …사치하고 평안히 지내며 마음에 이르기를 나뿐이라 나 외에 다른 이가 없도다. 나는 과부로 지내지도 아니하며….)을 모형으로 삼고 있는 것으로 보인다.

로마의 자기 평가에 의하면, 로마는 여주인의 자리에 앉아 있고 가난의 전형적 인물인 과부가 아니니 절대로 슬픔을 맛보지 않을 것이라고 생각했다는 것이다.

8절 그러므로 하루 동안에 그 재앙들이 이르리니 곧 사망과 애통함과 흉년이라 그가 또한 불에 살라지리니 그를 심판하시는 주 하나님은 강하신 자이심이라 로마는 자신을 잘못 평가하고 있다. 이 심판 예고는 로마의 실제적 운명을 밝혀 준다. 갑자기 하루 동안 도시를 사망에 이르게 할 수 있는 재앙들이 내려진다는 것이다. 이때 언급되는 사망은 2장 23절에서처럼 페스트를 가리킨다고 볼 수 있다. 그런데 여기서는 그 사망에 슬픔과 기근이 덧붙여진다. 이어서 이 도시는 17장 16절의 예고에 상응해서 불에 타버릴 것이라고 한다. 이 도시의 멸망은 하나님이 종교적으로 행세하는 정치권력보다 더 강하시다는 것에 대한 결정적 입증이다. 이 확언은 그리스도인들로 하여금 하나님을 전적으로 신뢰하도록 용기를 준다.

9절 그와 함께 음행하고 사치하던 땅의 왕들이 그가 불타는 연기를 보고 위하여 울고 가슴을 치며 여기에는 땅의 왕들에 대한 이야기가 나온다. 이들이 로마와 함께 음행하고 사치했다는 것은 이들이 로마의 신들과 황제숭배를 온 세상에 보급시켰으며(18:3의 주석 참조) 그와 함께 사치한 생활을 한 것을 말한다. 이들은 이제 로마가 불에 타는 연기를 보고 울며 가슴을 칠 것이라고 한다. 여기에 나오는 '땅의 왕들'은 축자적인 의미에서 왕들만을 가리키기보다는 더 일반적으로 로마 제국의 권력에 참여하는 지배계층까지 포함시켜 표현한 것으로 보아야 한다.

10절 그의 고통을 무서워하여 멀리 서서 이르되 화 있도다 화 있도다 큰 성, 견고한 성 바벨론이여 한 시간에 네 심판이 이르렀다 하리로다 로마의 권력의 상실로 땅의 왕들도 그들 자신의 권력을 잃어버린다. 그래서 그들은 로마에 무언가 도움을 주기 위해 서두르지 못하고 멀리 서 있다. 그들은 이 도시가 받는 고통을 함께 받을까 두려워한다. 여기서 땅의 왕들이 부른다는 만가는 로마에 심판이 한 순간에 닥친 데 대한 탄식의 노래를 말한다.

11절 땅의 상인들이 그를 위하여 울고 애통하는 것은 다시 그들의 상품을 사는 자가 없음이라 여기서는 땅의 상인들, 즉 세상의 상인들의 애통이 언급되고 있다. 상인들에 대해서는 이미 에스겔 27장 12~36절에서 부한 도시 두로가 더 이상 상업을 할 수 없다는 것에 대해 탄식하는 특정한 그룹으로 알려져 있다. 이 전통 하에서 요한은 여기서도 특정한 그룹으로서의 상인들의 애통에 대해 언급하고 있다. 그 이유는 로마의 멸망으로 인해 그들의 상품을 살 사람이 하나도 없기 때문이라는 것이다.

12~13절 그 상품은 금과 은과 보석과 진주와 세마포와 자주 옷감과 비단

과 붉은 옷감이요 각종 향목과 각종 상아 그릇이요 값진 나무와 구리와 철과 대리석으로 만든 각종 그릇이요 계피와 향료와 향과 향유와 유향과 포도주와 감람유와 고운 밀가루와 밀이요 소와 양과 말과 수레와 종들과 사람의 영혼들이라 이 구절에는 더 이상 판매를 할 수 없는 상품들의 목록이 나온다. 여기서 우선 눈에 띄는 것은 여기에 나오는 상품들이 부자들과 귀족들에게만 소용되는 것들이라는 점이다. 요한은 이 목록을 통해 로마의 탐욕과 사치를 부각시키고 있다. 이 목록에 대해서는 더 쉽게 번역이 되어 있는 새번역이나 표준새번역 개정판을 참조하는 것이 좋다.

14절 바벨론아 네 영혼이 탐하던 과일이 네게서 떠났으며 맛있는 것들과 빛난 것들이 다 없어졌으니 사람들이 결코 이것들을 다시 보지 못하리로다 11~13절과 15~17절에는 상인들에 대한 언급이 나오는데, 이 테마를 잠시 중단하고 본 구절을 사이에 집어넣어 직접 로마로 눈을 돌린다. 그래서 주석가들 중에는 원래의 텍스트를 복원하기 위해 본 구절을 23절과 24절 사이나 21절 22절 사이 중 한 곳에 끼워 넣어야 한다고 주장하는 이들도 있다. 그러나 사본 전승은 이러한 재배열 시도에 대해 어떤 뒷받침도 제공해 주지 않는다. 게다가 요한은 다른 여러 곳에서도 이처럼 갑자기 주제에서 벗어나는 경우를 보여 준다.(13:9~10, 18, 14:12~13, 16:15 참조) 그리고 3인칭으로 칭하던 바빌론을 2인칭으로 바꿔 지칭함으로써 천사(4절)를 화자로 기억하도록 하고 있다.

요한은 땅의 왕들과 상인들의 손실에 대해 앞에서 길게 언급한 후, 본 구절에서는 로마 스스로가 심판을 통한 고통을 받는다고 다시 강조한다. 이제 이 도시에서는 더 이상 시민들이 탐내던, 맛있는 것들과 호화찬란한 온갖 것들을 얻을 수 없게 된 것이다. 로마는 영원히 가난에 처하게 된 것이다.

15절 바벨론으로 말미암아 치부한 이 상품의 상인들이 그 고통을 무서워하여 멀리 서서 울고 애통하여 앞 구절에 이어 다시 한 번 상인들의 탄식이 나온다. 그들은 땅의 왕들처럼(10절) 이 도시의 고통에 참여할 것이 두려워 멀리 서서 울며 슬퍼하게 될 것이라고 한다.

16절 가로되 화 있도다 화 있도다 큰 성이여 세마포와 자주와 붉은 옷을 입고 금과 보석과 진주로 꾸민 것인데 10절에서처럼 또 다시 로마에 대한 화 선언이 나온다. 그리고 상인들은 로마가 얼마나 화려하게 옷을 입고 금과 보석과 진주로 꾸몄는지를 회상한다. 이것은 상인들이 행복하다고 여긴 잘못된 근거에 대한 언급인 셈이다.

17절 그러한 부가 한 시간에 망하였도다 그렇게도 많던 로마의 재물이 한 순간에 잿더미로 변한다. 이 사건은 부를 누리던 상인들에게 엄청난 탄식의 원인으로 작용할 수 있으나, 가난의 고통을 인내로 견뎌온 그리스도인들에게는 구원을 위한 하나님의 심판을 의미한다.

모든 선장과 각처를 다니는 선객들과 선원들과 바다에서 일하는 자들이 멀리 서서 본 구절에는 로마의 멸망을 탄식하는 인간의 셋째 그룹인 뱃사람들이 나타난다. 땅의 왕들과 상인들과는 달리 이들은 3절에서 예고된 바 없는 그룹이다. 요한이 본 구절에서 뱃사람들을 언급하는 것은 아마도 에스겔 27장 27~33절의 두로의 만가로부터 동기 부여를 받은 것 같다.

하지만 선장을 제외한 뱃사람들에 대한 여러 명칭들의 이해가 간단하지 않다. 많은 주석가들은 둘째로 언급되는 '선객들'에 대해서는 원양 선박과 구분되는 근해 항해선의 선원으로 해석하며, 셋째로 언급되는 '선인(선원)들' 은 직업적으로 배를 타는 모든 사람을 일컫는 집합 개념으로 이해한다. 마지막으로 바다에서 일하는 모든 사람들에 대한 언급으로부터 우리는 요한에게 있어 이 사람들이 개별적인 직업 명칭을 붙이기 어려운 사람들이라는 것을 알 수 있다. 여기서 우리는 요한이 중요하게 여긴 것이 각 사람들에 대한 직업 명칭보다는 이들이 큰 도시 로마에 의존해 있었다는 것이며, 로마가 멸망하자 이들이 슬픔에 빠질 것이라는 점이다.

18절 그가 불타는 연기를 보고 외쳐 이르되 이 큰 성과 같은 성이 어디 있느냐 하며 요한은 본 구절에서도 뱃사람들이 땅의 왕들처럼 큰 도시 로마가 불타며 내뿜는 연기를 보고 안타까이 외쳐대는 탄식에 초점을 맞춘다. 여기서 뱃사람들의 실망은 감탄적 의문으로 표현된다. "저렇게 큰 도시가 또 어디 있겠는가!"

19절 티끌을 자기 머리에 뿌리고 울며 애통하여 외쳐 이르되 화 있도다 화 있도다 이 큰 성이여 바다에서 배 부리는 모든 자들이 너의 보배로운 상품으로 치부하였더니 한 시간에 망하였도다 요한은 뱃사람들이 자기 머리에 먼지를 뿌리는 행위를 통해 그들의 슬픔을 더 심화시킨다. 또한 요한은 그들의 탄식 내용을 통해 그들의 이기적인 모습을 분명하게 밝힌다. 즉, 선박의 소유주들은 한 도시의 멸망이 안타까워서가 아니라, 자신들에게 부를 축적케 해 줄 이 도시의 값진 상품들이 한 순간에 잿더미가 되어 사라져버린 사실에 애통하고 있는 것이다.

20절 하늘과 성도들과 사도들과 선지자들아, 그로 말미암아 즐거워하라 이 구절은 문체로 볼 때 하늘과 땅에게 하나님의 행위에 대해 환호할 것을 촉구하는 구약의 노래들을 상기시킨다.(사49:13; 시69:34; 대상16:31 참조) 그리고 이 구절의 사상 전개는 예레미야 51장 48절(하늘과 땅과 그 안에 있는 모든 것이 바빌론의 파멸을 보며 기뻐서 노래할 것이다.)에 가깝다. 따라서 요한계시록의 구절에서 하늘에게 환호할 것을 촉구하는 내용은 바로 위에서 언급한 구약의 노래들에 뿌리를 두고 있다고 할 수 있다.

그런데 요한계시록의 구절과 구약의 노래들 간에는 우리의 주목을 끄는 차이점이 있다. 그것은 하늘과 땅에게 환호할 것을 촉구하고 있는 구약과 달리 본 구절에서는 땅 대신 하늘과 신자들에게로 촉구의 대상을 달리하고 있다는 점이다.

우리는 본 구절에서 땅이 언급되지 않는 이유를 쉽게 설명할 수 있다. 우선 요한계시록에서 종종 피조물의 일부로 언급되고 있는 땅은(10:6, 5:13, 14:7, 20:11, 21:1), 유대교의 묵시 사상적 문헌들에서처럼 자주 부정적인 의미로 사용된다. 이것은 이원론적으로 각인된 요한계시록의 세계관에 기인하는 특이한 경향으로, '땅에 거하는 자들' 이라는 표현에서 확인할 수 있다. 계시록에서 이 표현은 오직 하나님께 불순종하는 자들을 가리키며(6:10의 주석 참조), 땅은 하나님의 적대적 세력들이 활동하는 장소로서(13:12, 14:1~5 참조) 하늘에 대립되는 성격으로 나타날 뿐, 그리스도인을 내포하는 곳이 한 곳도 없다. 이와 같이 요한계시록에서는 땅이 부정적인 성격을 가지고 있기 때문에 요한은 본 구절에서 이 표현을 언급하지 않은 것이다. 그리고 하늘에게 즐거워하라고 촉구하는 것은 이 환호의 우주적 차원을 신인동형론적으로 표현한 것이다.

다음으로 신자들의 세 그룹 즉, 성도들과 사도들, 그리고 예언자들이 언급된다. 요한계시록에서 '성도들' 은 그리스도인들 일반을 가리키는 호칭이다.(5:8의 주석 참조) 그러나 문맥상 본 구절의 경우는 지상의 모든 그리스도인들을 가리키는 것이 아니라, 지상에서 모든 시험을 이긴 후 하늘에서 하나님과 교제 중에 있는 그리스도인들을 말한다고 할 수 있다. 물론 일련의 주석가들은 이들을 순교자들에 국한시켜야 한다고 주장하지만, 이 해석에는 큰 무리가 있다.

그런데 여기서 눈에 띄는 것은 요한계시록에서 이 구절에서만 성도들과 예언자들과 함께 사도들까지 언급되고 있다는 점이다. 여기에 나오는 예언자들은 소아시아의 교회들에 있던 직분 명칭이었을 가능성이 높다. 그러나 사도들이 누구인지는 확실히 알기 어렵다. 왜냐하면 여기에 나오는 사도들은 소아시아의 교회들에 있었던 유랑 사도들을 위한 호칭으로 볼 수도 있고, 21장 14절에서처럼 열두 사도를 위한 전문 용어로 볼 수도 있기 때문이다.

하나님이 너희를 위하여 그에게 심판을 행하셨음이라 하더라 이 어구에서는 앞 구절에서 촉구하고 있는 환호의 이유로서 하나님께서 신자들을 위해 로마를 심판하셨다고 밝힌다. 요한은 하나님이 불신앙의 도시에 대한 심판의 행동으로써 정의를 세우신다는 것과 이 심판은 성도들과 사도들, 그리고 예언자들을 위해 내린 것이라고 강조한다.

21절 이에 한 힘 센 천사가 큰 맷돌 같은 돌을 들어 바다에 던져 이르되 큰 성 바벨론이 이같이 비참하게 던져져 결코 다시 보이지 아니하리로다 요한은 한 힘센 천사를 등장시켜 로마를 멸망시키는 상징적 행동으로 로마에 대한 심판의 메시지를 끝마친다. 이러한 상징적 행동은 장차 닥치게 될 사건들을 현재의 상징적 사건으로 묘사하는 구약의 예언적 상징 행동에서 근거를 찾을 수 있다.(왕상11:29~30; 사8:1~4, 20:1~6; 렘19:1~5, 27:2~22

참조) 본 구절은 예레미야 5장 63~64절의 인유(引喩)로 볼 수 있다. 예레미야는 스가랴가 바빌론으로 여행할 때, 그에게 바빌론에 관해 기록한 말씀들이 들어 있는 책을 넘겨주면서 나음과 같이 권면한다. "그대가 이 책을 다 읽은 다음에는, 책에 돌을 하나 매달아서, 유프라테스 강물에 던지십시오. 그런 다음에 '주께서 이곳에 내리는 재앙 때문에 바빌론도 이렇게 가라앉아, 다시는 떠오르지 못하고 쇠퇴할 것이다' 하고 말하십시오."

본 구절의 상징적 행동은 예레미야의 텍스트에 비해 좀 더 강한 면은 있지만, 보다 보편적인 내용이라고 볼 수 있다. 예를 들어 상징적 행동의 주체가 인간이 아니라 힘 센 한 천사를 등장시킨다든지, 예레미야서에서처럼 돌에 어떤 자료를 매달지 않고 큰 맷돌 자체에 더 큰 상징적 의미를 부여하고 있다든지 하는 점들이 이에 해당한다. 물론 여기서 요한이 천사가 바다 속으로 던진 돌을 큰 맷돌과 비교하고 있는 것은 맷돌이나 돌을 설명하기 위한 것이 아니라, 마치 바다에 던져진 맷돌이나 돌이 순식간에 가라앉아 버리는 것처럼 로마의 멸망이 그렇게 갑작스럽게 속히 이루어질 것이라는 점을 말하는 것이다. 이것은 또한 한 순간에 그 도시가 망하는 것을 보고 탄식하는 세상의 왕들과 상인들 그리고 선원들을 상기시킨다.(18:10, 17, 19 참조)

또한 본 구절의 물은 유프라테스강이 아니라, 요한계시록의 극적인 장면 속에서 큰 의미를 지니고 있는 바다다.(7:1~2, 8:8~9, 10:2, 5, 8, 12:12, 18, 13:1, 16:3~4, 18:19 참조) 그리고 바빌론은 예레미야서의 경우와 다르게 요한계시록의 콘텍스트에 맞추어서 큰 성(도시)으로 불린다.(14:8, 16:19, 17:5, 18, 18:2, 10, 16, 19 참조)

"결코 다시 보이지 아니하리로다."는 바다에 던져진 돌처럼 더 이상 흔적을 찾을 수 없을 정도로 로마가 완전히 멸망한다는 것을 강조하는 표현이다. 이 표현은 에스겔 26장 21절에 있는 두로에 대한 심판 예언과 매우 유사하다. "내가 너를 완전히 멸망시켜서 없애 버리겠다. 사람들이 너를 찾아도 다시는 영원히 만날 수 없을 것이다." 요한은 이 구약의 말씀을 그의 콘텍스트 안에서 변형시켜 인용함으로써 그 의미를 좀 더 생생하게 묘사했다고 볼 수 있다.

22절 또 거문고 타는 자와 풍류하는 자와 퉁소 부는 자와 나팔 부는 자들의 소리가 결코 다시 네 안에서 들리지 아니하고 어떠한 세공업자든지 결코 다시 네 안에서 보이지 아니하고 또 맷돌 소리가 결코 다시 네 안에서 들리지 아니하고 22~23절은 로마의 멸망이 이 도시의 거주민들에게 끼친 영향을 묘사한다. 요한은 이 묘사를 위해 또 다시 두로에 대한 심판 예언이 나오는 에스겔서의 말씀을 참고한다.(겔 26:13) "내가, 네 모든 노랫소리를 그치게 하며, 네 수금 소리가 다시는 들리지 않게 하겠다." 로마 안에서 거문고를 타는 사람들과 노래를 부르는 사람들과 피리를 부는 사람들과 나팔을 부는 사람들의 음악이 다시는 들리지 않을 것이라고 하는 것은 이 도시 안에 더 이상 삶의 기쁨이 없다는 것을 의미한다. 그리고 이 도시 안에서 어떤 종류의 기술자도 보이지 않을 것이고 맷돌 소리도 다시는 들리지 않을 것이라고 하는 것은 이 도시가 완전히 멸망한다는 것을 말한다. 맷돌 소리는 요한계시록의 저술 당시 여인들이 매일 아침에 그 날을 위해 일일분의 곡식을 맷돌로 간 관습을 반영하는 표현이다.

23절 등불 빛이 결코 다시 네 안에서 비치지 아니하고 신랑과 신부의 음성이 결코 다시 네 안에서 들리지 아니하리로다 너의 상인들은 땅의 왕족들이라 네 복술로 말미암아 만국이 미혹되었도다 아침에 맷돌 소리가 없고 저녁에 등불 빛이 없다는 것은 이제 더 이상 로마에는 삶이 없다는 것을 말하는 것이다. 본 구절에서는 더 이상 신랑과 신부의 음성을 듣지 못한다(렘 25:10, 7:34, 16:9, 33:11 참조)고 요한은 말한다. 한 사회에 결혼식이 없으면 그 사회는 더 이상 미래가 없는 사회다. 여기서 요한은 로마에 이러한 상황이 온 데에 상인들의 책임이 있다고 지적한다. 상인들의 죄는 로마와의 교역을 통해 쌓은 부를 가지고 세상의 세도가로 행세한 것이다. 그리고 요한은 이들이 모든 민족을 마술로 속인 것에 대해서도 강하게 비판한다. 이것도 음행과 같이(17:2, 18:3) 우상숭배와 관련이 있는데(나3:4 참조), 그 이유는 로마가 무역과 우상숭배로 얻은 부를 가지고 백성들을 가혹하게 지배했다는 것이다. 여기서 우리는 이 비판이 특히 두로의 무역 행위에 대해 강하게 비판했던 옛 이스라엘의 것과 같다는 것을 인식할 수 있다.

24절 선지자들과 성도들과 및 땅 위에서 죽임을 당한 모든 자의 피가 그 성 중에서 발견되었느니라 하더라 이 구절로 요한은 다시 요한계시록 전체를 관통하는 비판을 가한다. 로마는 예언자들과 성도들의 피와 땅에서 죽임을 당한 모든 사람의 피 때문에 하나님의 심판을 받을 수밖에 없었다는 것이다.

그런데 여기서 좀 더 살펴보아야 할 것은, 예언자들과 성도들에 이어 나오는 땅에서 죽임을 당한 모든 자가 누구인가 하는 점이다.

요한계시록에서 '죽임을 당한'(σφάζω(내가 죽이다)의 수동태)이라는 말은 이 구절 외에도 여섯 번이나 나타나는데, 어린 양 그리스도의 죽음과 관련해서 네 번(5:6, 9, 12, 13:8), 기독교의 순교자들과 관련해서 한 번(6:9), 그리고 짐승의 머리들 중 하나와 관련해서 한 번(여기서도 어린 양의 죽음이 암시되고 있음) 사용된다. 이것은 요한계시록에서 '죽임을 당한' 이라는 말이 무엇보다 기독교의 순교와 관련해서 사용되고 있다는 것을 인식케 해준다. 그러므로 이 구절에 나오는 '죽임을 당한 자들' 은 땅에서 죽임을 당한 모든 자들이 아니라, 특히 기독교의 순교자들을 가리킨다는 것을 알 수 있다.

그러면 이 순교자들은 바로 앞 구절에 나오는 예언자들이나 성도들과 어떤 관련을 맺고 있는 것일까?

얼핏 보면 땅에서 죽임을 당한 모든 자들이 예언자들이나 성도들과는 다른 사람들로 구분되는 듯이 간주될 수 있다. 그러나 여기서 요한이 '예언자들과 성도들' 을 '죽임을 당한 자들' 과 구분해서 특별한 그룹으로 말하고 있다고 보는 것은 설득력이 약하다. 성도들과 예언자들의 박해에 대해 언급하는 다른 모든 구절들에서 우리는 이러한 구분을 찾아볼 수 없다. 가령 13장 7절에서 말하는 '성도' 들이 짐승에 의해 박해를 받는 그리스도인 전체를 말한다는 것을 쉽게 인식할 수 있다. 왜냐하면 13장 8절에서 이들과 대조적으로 어린 양의 생명책에 이름이 기록되지 못한 '땅에 거하는 자들' 이 언급되고 있기 때문이다. 이것은 본 구절에 나오는 '죽임을 당한 모든 자' 가 '예언자들과 성도들' 외에 또 다른 그룹을 말하는 것이 아니라, '예언자들과 성도들' 을 설명하는 명칭(여기에 나오는 *καί*(카이)는 보충 설명의 기능을 가지고 있는 접속사로 보아야 함)이라는 것을 인식케 해준다. 따라서 24절은 "예언자들과 성도들의 피, 즉 땅에서 죽임을 당한 모든 사람의 피…."라고 번역하는 것이 합당하다고 본다.

그러나 요한이 오직 이미 순교적인 죽임을 당한 그리스도인들만을 염두에 두고 이 말을 한 것으로 보아서는 안 된다. 왜냐하면 요한은 로마의 멸망에 대해 언급하는 전체적인 맥락 속에서 모든 것을 최후 심판적 관점으로 조망하고 있기 때문이다. 모든 그리스도인들 앞에는 언제나 순교적인 죽음의 가능성이 놓여 있다. 여기서 우리는 이 구절을 순교의 준비를 위한 격려의 말씀으로 이해할 수 있을 것이다.

3) 설교 가이드

본문으로는 '내 백성아, 그 도시에서 떠나가라' 라는 제목으로 설교를 작성할 수 있을 것이다.

17장과 18장에서 묘사하는 바빌론은 단지 요한 시대의 로마 제국만을 의미하는 것이 아니다. 그것은 자기만족을 위해 하나님을 포기하고 욕망의 극대화를 위해 노력하는 인간의 불신앙적인 세속 문명을 의미할 수 있다.

'바빌론' 은 실제로 그 당시 매우 발달된 사회였다. 그러나 하나님을 인정하지 않는 사회였으며, 그들의 종교는 악마적이기까지 했다. 그곳에서는 사탄으로부터 위임받은 권한을 가지고 진리와 의를 서툴게 모방한 이데올로기를 내세웠다. 이 사회가 상당한 부를 축적하는 데 근간이 된 것은 무역이었는데, 그 주요 품목은 온갖 사치품들이었으며(12~13절 참조), 심지어 사람의 목숨까지도 상품으로 취급했을 정도다.(13절)

이 사회의 음악가들과 예술가들은 온갖 스릴과 재미를 제공했고, 화려한 파티와 결혼식에서는 환락과 쾌락을 베풀었다. 그러나 하나님은 이러한 문명을 그냥 내버려 두시지 않는다.

본문은 '바빌론' 을 자신의 몸을 팔고 모든 명예와 순결을 포기한 음녀에 비유한다. 이 음녀는 하나님에 대한 불신앙 때문에 파멸되는 운명을 얻게 된다. 자신의 은사를 잘못 사용하고 신앙을 포기한 세상에는 오직 심판이 기다릴 뿐이다. 하나님은 그의 피조물이 영원히 타락하는 것을 허락하기보다는 오히려 그것을 멸망시키신다. 그리고 그를 사랑하는 사람들로 구성된 새로운 공동체를 만드신다.

그러므로 하나님은 그의 백성들에게 '바빌론'을 떠나서 그 도시의 죄에 가담하지 말고, 그 도시가 당할 재난을 피하라고 촉구하신다. 이것은 그리스도인들에게 그리스도를 위해 세상의 황홀한 쾌락을 버려야 한다는 것을 의미한다. 그러기 위해서 그들은 소유, 특권, 자신의 이익보다 그리스도께 더 높은 가치를 두는 법을 배워야 한다. 아무리 하나님의 백성이라 할지라도 '바빌론'의 죄에 빠지게 되면, 그들은 이 도성의 멸망에 함께 포함될 것이다.

우리는 하나님의 원수들과 같은 부류가 되어서는 안 된다. 야고보서 4장 4절이 말씀하는 바와 같이 누구든지 세상의 친구가 되려고 하는 사람은 하나님의 원수가 되는 것이다. 세상과의 타협에 대한 유일한 대안은 그것을 떠나서 그리스도의 길을 선택하는 것이다. 본문은 우리에게 결단을 촉구한다.

여기서 말하는 결단은 단순히 세상 사람들과의 교제를 거부하는 태도를 말하는 것이 아니다. 그것은 그리스도에 대한 신앙을 뜻하는 것으로, 탐욕과 속물적인 삶 그리고 물신주의적인 가치관을 버리고 그리스도께 헌신하는 태도를 말한다. 그리스도인은 세상에서 살 수 있지만 그곳에 속해서는 안 된다. 그리스도인의 삶은 하나님 앞에서 정결해야 하며, 자신을 위한 사치는 십자가의 희생적인 정신으로 이겨내야 한다. 왜냐하면 자신을 위한 삶과 그리스도를 따르는 이 두 삶은 양립될 수 없기 때문이다. 다시 말해서 물질을 소유하고자 하는 열망은 그리스도께 헌신해야 하는 사람에게 이로움을 주지 못한다. 그리스도인은 세상의 이상과 용법에 예속되어서는 안 되며, 그들은 오히려 세상에서 그리스도의 증인이 되려고 노력해야 한다.

18.3. 19:1~10: 바빌론의 심판에 대한 하늘과 땅에서의 환호

1이 일 후에 내가 들으니 하늘에 허다한 무리의 큰 음성 같은 것이 있어
이르되 할렐루야 구원과 영광과 능력이 우리 하나님께 있도다 2그의 심
판은 참되고 의로운지라 음행으로 땅을 더럽게 한 큰 음녀를 심판하사
자기 종들의 피를 그 음녀의 손에 갚으셨도다 하고 3두 번째로 할렐루야
하니 그 연기가 세세토록 올라가더라 4또 이십사 장로와 네 생물이 엎드
려 보좌에 앉으신 하나님께 경배하여 이르되 아멘 할렐루야 하니 5보좌
에서 음성이 나서 이르시되 하나님의 종들 곧 그를 경외하는 너희들아
작은 자나 큰 자나 다 우리 하나님께 찬송하라 하더라 6또 내가 들으니
허다한 무리의 음성과도 같고 많은 물소리와도 같고 큰 우렛소리와도
같은 소리로 이르되 할렐루야 주 우리 하나님 곧 전능하신 이가 통치하
시도다 7우리가 즐거워하고 크게 기뻐하여 그에게 영광을 돌리세 어린
양의 혼인 기약이 이르렀고 그의 아내가 자신을 준비하였으므로 8그에
게 빛나고 깨끗한 세마포 옷을 입도록 허락하셨으니 이 세마포 옷은 성
도들의 옳은 행실이로다 하더라 9천사가 내게 말하기를 기록하라 어린
양의 혼인잔치에 청함을 받은 자들은 복이 있도다 하고 또 내게 말하되
이것은 하나님의 참되신 말씀이라 하기로 10내가 그 발 앞에 엎드려 경
배하려 하니 그가 나에게 말하기를 나는 너와 및 예수의 증언을 받은 네
형제들과 같이 된 종이니 삼가 그리하지 말고 오직 하나님께 경배하라
예수의 증언은 예언의 영이라 하더라

1) 본문 소개

요한은 큰 음녀 바빌론(로마)에 대한 심판에 관한 단락(17:1~19:10)을 다섯 개의 찬송들로 이루어진 소단락(19:1~10)으로 끝맺는다. 여기에 나오는 환호는 18장에서 묘사되는 로마의 멸망에 관한 예고와 관련되어 있다. 우선 하늘의 큰 무리가 찬송을 부르는데(1~2절), 이것은 18장 20절에 나오는 환호에의 촉구에 대한 대답이다. 그들은 로마에 대해 의로운 심판을 행하신 하나님의 승리를 찬양한다. 이 찬양은 하나님께 엎드려 경배하는 천상적 존재인 스물네 장로와 네 생물에게로 확대된다.(4절)

그러나 이 찬양은 하늘 세계에 제한되지 않고, 땅의 신자들을 통해 계속 이어진다.(5~8절) 땅 위에 사는 신자들은 하늘의 찬양에 찬동해야 한다. 따라서 그들을 향한 환호에의 촉구가 나오며(5절), 그들은 전적으로 이 촉구를 따라 찬송으로 대답한다.(6~8절) 이 찬송들은 어린 양의 혼인잔치에 초대를 받은 사람들에게 복이 있음을 선포하는 복 선언과 연결된다.(9절) 이 복 선언은 마지막 구원의 때를 상징하는 혼인잔치 표상을 사용하여 그리스도인들에게 끝까지 하나님과 그리스도께 충성하도록 용기를 주기 위해 쓰인 것이다.

2) 본문 주석

1절 이 일 후에 내가 들으니 하늘에 허다한 무리의 큰 음성 같은 것이 있어 이르되 할렐루야 구원과 영광과 능력이 우리 하나님께 있도다 요한은 로마에 대한 심판 환상을 본 후 하늘에 있는 수많은 무리의 음성을 듣는다. 주석가들 중에는 이 무리를 천사의 무리, 또는 충성된 순교자들이라고 생각하는 이들이 있다. 그러나 7장 9~10절과 관련해서 볼 때 이 무리는 큰 환란을 극복하고 승리한 기독교인들로 이해하는 것이 옳을 것이다. 이들은 요한계시록에서 19장에만 나오는 할렐루야-외침으로 하나님을 찬양라고 촉구한다. 할렐루야는 "야훼를 찬양하라"는 뜻을 가진 말로서 시편에서 하나님 찬양을 촉구하기 위해 자주 사용된다. 요한이 이 단락에서 네 번 '할렐루야'를 사용하는 것은 마지막 사건의 드라마가 정점에 이르렀다는 것을 말해 준다. 여기서 요한은 '할렐루야'를 마지막 때와 연관시키는 유대적 전통을 따르고 있음을 보여 준다. 탈무드 베라콧 9b에 의하면 다윗이 시편을 통해 103편의 시를 노래하고 있지만, 그가 불신앙적인 자들의 멸망을 보았을 때에야 비로소 '할렐루야'를 외쳤다고 전한다. 그리고 토비트서 13장 17~18절에 의하면 '할렐루야'는 예루살렘 성의 재건을 알리기 위해 울려 퍼지는 종말론적 찬양으로 나타난다.

이 할렐루야-외침 다음에 나오는 "구원과 영광과 능력이 우리 하나님께 있도다."는 로마에 대한 하나님의 승리를 환호하는 승리의 노래다. 하나님의 승리는 신실한 그리스도인들에게 구원을 의미하나 여기에는 정치적 함의가 내포되어 있다고 볼 수 있다. 로마 황제 아우구스투스는 그 당시에 '그리스도인들과 전 세계 거주민들의 구원자', '구원자요 신', '구원자요 은혜를 베푸는 자' 등으로 불렸다. 사람들은 그의 통치가 평화와 행복을 보장해 준다고 생각했다. 이에 반해서 본 구절의 하늘의 합창은 구원의 능력이 로마 황제에게 있지 않고, 오직 하나님께만 있다고 강조한다.

2절 그의 심판은 참되고 의로운지라 음행으로 땅을 더럽게 한 큰 음녀를 심판하사 자기 종들의 피를 그 음녀의 손에 갚으셨도다 하고 앞 절에서 본 승리의 노래의 근거는 로마에 대한 하나님의 심판이 참되고 의롭다는 사실에 있다. 18장에서 본 바와 같이 하나님은 큰 음녀(로마)를 멸망시킴으로써 그의 의를 보여주신다. '자기 종들의 피'는 기독교의 순교자들의 피를 말한다. 이 순교자들의 피는 값없이 흘려진 것이 아니라, 6장 10절에 나오는 순교자들의 탄원이 여기서 완전히 이루어진 것이다.

3절 두 번째로 할렐루야 하니 그 연기가 세세토록 올라가더라 하늘에 있는 수많은 무리가 두 번째로 "할렐루야"하고 외침으로써 하나님을 찬양할 것을 촉구한다. 이어서 찬양에 대한 이유가 제시된다. 여기에 나오는 '연기'는 음녀(로마)가 불에 타는 연기를 말한다. 이 연기가 영원하도록 올라간다는 것은 로마가 완전히 멸망한다는 것을 말한다.

4절 또 이십사 장로와 네 생물이 엎드려 보좌에 앉으신 하나님께 경배하여 이르되 아멘 할렐루야 하니 스물네 장로와 네 생물도 의로운 심판에 대해 하나님께 경배를 드린다. 이것은 하늘에서의 찬양이 그 정점에 이르렀음을 암시한다. 여기서 하나님을 보좌에 앉으신 분으로 묘사한 것은 우리의 시선을 보좌 환상(4:2, 9, 10, 5:1, 7, 13 참조)으로 돌리고자 한 요한의 의도가 분명하다.

이십 사 장로와 네 생물은 "아멘"으로 앞에서 언급된 수많은 무리의 찬양에 동의한다. "아멘"과 연관되어 나오는 "할렐루야"는 또 다시 하나님을 찬양할 것을 촉구하는 말이다.

5절 보좌에서 음성이 나서 이르시되 하나님의 종들 곧 그를 경외하는 너희들아 작은 자나 큰 자나 다 우리 하나님께 찬송하라 하더라 하나님의 보좌로부터 다시 한 번 절박하게 하나님을 찬양하라는 소리가 울려 나온다. 여기서 수신자들은 하늘의 거주민들이 아니라, 하나님을 경외해야 하는 지상의 믿는 자들이다. 이것은 '하나님의 종들'이라는 호칭에서 인식할 수 있다. 요한계시록에서 이 호칭이 나오는 대부분의 구절들에서처럼 여기서도 이 호칭은 교회 공동체 안에 있는 어떤 특별한 그룹을 의미하는 것이 아니라, 믿는 자들 일반을 가리킨다.(1:1, 2:20, 7:3, 22:6 등 참조) '하나님의 종들' 이라는 표현은 그리스도인 됨이 무엇을 의미하는지를 설명해 준다. 즉, 그리스도인이 된다는 것은 하나님을 하나님으로 고백하고 전적으로 그의 사람이 된다는 것을 의미한다.

6절 또 내가 들으니 허다한 무리의 음성과도 같고 많은 물 소리와도 같고 큰 우렛소리와도 같은 소리로 이르되 할렐루야 주 우리 하나님 곧 전능하신 이가 통치하시도다 이제 요한은 수많은 무리의 소리와도 같고 대단한 물소리와도 같고 요란한 천둥소리와도 같은 소리를 듣는다. 요한은 이 표현으로 마지막 때에 셀 수 없이 많은 믿는 자들(1절 참조)이 부를 찬미가(6b~8절)를 대신 전하고 있다. 이들은 다시 한 번 하나님을 찬양할 것을 촉구하는데, 이들의 하나님 찬양의 근거는 주께서 궁극적으로 그의 왕적 통치를 시작하셨고 자신이 하나님 곧 전능하신 분인 것을 입증하셨다는 데에 있다.

7절 우리가 즐거워하고 크게 기뻐하며 그에게 영광을 돌리세 어린 양의 혼인 기약이 이르렀고 그의 아내가 자신을 준비하였으므로 이제 하늘의 수많은 믿는 자들은 다시 한 번 기뻐하고 즐거워하며 하나님께 영광을 돌릴 것을 촉구한다. 왜냐하면 어린 양의 혼인날이 다가와 그의 신부가 몸단장을 끝냈기 때문이라는 것이다. 여기서 요한은 '그리스도와 그의 공동체와의 혼인잔치' 메타포를 사용하고 있다.(고후11:2; 엡5:24~27, 31~32에 의하면 그리스도는 신랑에, 교회는 그의 신부에 비유되고 있다) 물론 이 비유의 배경에는 구약의 하나님과 그의 백성과의 혼인잔치에 관한 표상이 들어 있다.(호2:9~18; 렘2:2, 31:32; 사54:1~8, 61:10, 62:4~5 등 참조) 그리고 성서적 어법에서 혼인잔치는 구원의 때를 위해 사용되는 경우가 있다. 따라서 요한이 본 구절에서 혼인잔치 표상을 사용한 것은 교회를 위해 마지막 구원의 때가 도래했음 알리고자 한 것으로 볼 수 있다.

8절 그에게 빛나고 깨끗한 세마포 옷을 입도록 허락하셨으니 이 세마포 옷은 성도들의 옳은 행실이로다 하더라 빛나고 깨끗한 모시옷을 입은 신부는 사치스러운 옷을 입고 금과 보석과 진주로 꾸몄던 큰 음녀(로마)에 대조되는 표상이다.(17:4~5, 18:16 참조) 여기서 우리는 요한이 교회와 큰 음녀(로마)를 의도적으로 대조시키고 있음을 인식할 수 있다. 그러기 위해 요한은 빛나고 깨끗한 모시옷을 성도들의 옳은 행실의 상징으로 사용하고 있다. 그런데 신부가 이처럼 빛나고 깨끗한 모시옷을 입도록 허락 받았다는 것은 그리스도인들이 오직 하나님께서 능력을 주시기 때문에 옳게 행할 수 있다는 것을 말해 주는 것이다. 여기서 요한은 선물로서의 구원이라는 성격과 동시에 부름 받은 사람들의 책임성을 강조하고 있다.

9절 천사가 내게 말하기를 기록하라 어린 양의 혼인 잔치에 청함을 받은 자들은 복이 있도다 하고 또 내게 말하되 이것은 하나님의 참되신 말씀이라 하기로 9~10절은 요한이 19장 1~8절에 기록한 내용의 타당성을 뒷받침하기 위해 천사가 말하는 형식으로 기록한 단락이다. 이 구절에서 천사는 우선 어린 양의 혼인잔치에 초대받은 사람이 복이 있다는 것을 기록하라고 명령한다. 이것은 기독교인들이 마지막 때의 구원에 참여할 것임을 분명히 약속하는 진복(眞福) 선언에 해당한다.

혼인잔치에 관한 표상은 7절에 나오는 어린 양의 결혼 날이 이르렀다는 말씀을 상기시킨다. 구약(사25:6 참조)과 신약(마22:1~14; 눅14:15~24 참조)에서 혼인잔치는 하나님 및 그리스도와 그의 백성 간의 교제를 위한 메타포로 사용된다. 이미 혼인잔치에 초대받은 사람이 있다는 것은 구원의 때가 도래된다는 것을 말한다. 천사는 계속해서 이 약속이 하나님의 참된 말씀이라는 점을 강조한다. 그렇기 때문에 그리스도인들은 이 복 선언에 있는 구원의 약속을 믿을 수 있는 것이다.

10절 내가 그 발 앞에 엎드려 경배하려 하니 그가 나에게 말하기를 나는 너와 및 예수의 증언을 받은 네 형제들과 같이 된 종이니 삼가 그리하지 말고 오직 하나님께 경배하라 예수의 증언은 예언의 영이라 하더라 요한은 자신에게 9절의 내용을 알려 준 천사에게 경배하려고 그의 발 앞에 엎드린다. 이때 천사는 자신을 요한이나 요한의 형제들과 같은 종이라면서 자신에게 경배하려는 요한을 말리며 오직 하나님께 경배할 것을 권고한다.

본 구절의 장면은 22장 8~9절과 약간의 차이가 있을 뿐 서로 병행 관계를 이루고 있다는 것을 알 수 있다. 찰스(R. H. Charles, *Revelation*, 2. 128~129)는 22장 8~9절을 원 텍스트로 보고, 본 구절은 요한계시록 전체를 편집하는 과정에서 한 제자에 의해 삽입된 어구로 본다. 그에 의하면 만일 본 구절이 원 텍스트라면 22장 8~9절에서 다시 천사의 발 앞에 엎드려 경배하려고 한 계시록 저자의 행동을 이해하기 어렵다는 것이다.

그러나 필자는 이러한 자료비평적 분석에 동의하고 싶지 않다. 왜냐하면 이러한 자료비평적 분석은 가설적이며, 모순점을 찾아 판단할 경우 본문을 너무 현재의 논리에 입각해서 보는 위험이 있기 때문이다. 베르거(K. Berger, *Exegese des Neuen Testaments*, 31)에 따르면 자료구분으로서의 문학비평은 최후의 비상수단이다. 하나의 텍스트가 편집의 결과물이라 할지라도 그 텍스트는 적어도 편집자와 그의 수신자들에게는 그것대로 큰 의미를 주었을 것임에 틀림이 없기 때문에, 필자는 이 구절을 요한계시록 전체와의 통일적인 관점에서 이해하고자 한다.

본 구절의 '예수의 증거를 받은 네 형제들' 이라는 표현의 의미를 바로 이해하기 위해서는 병행구인 22장 9절이 함께 고찰되어야 한다. 22장 9절의 천사는 자신과 같은 종들로서 계시록 저자 외에 예언자들과 이 책의 말씀들을 지키는 사람들을 언급한다. 여기서 우리는 본 구절의 '예수의 증거를 받은 네 형제들' 과 22장 9절의 '이 책의 말을 지키는 자들' 의 유사성을 볼 수 있는데, 이것은 계시록 저자가 이 두 표현을 같은 사람들, 즉 일반적인 교인들을 지칭하는 용어로 사용했다는 것을 추측케 해 준다. 이것은 또 다시 12장 17절에 의해 뒷받침된다. 거기서도 '예수의 증거를 가진 자들' 이 언급되고 있는데, 거기서는 이 표현이 분명히 모든 믿는 자들을 가리키고 있다. 따라서 본 구절의 '예수의 증거를 받은 네 형제들' 은 예언자들을 의미하는 것이 아니라, 모든 믿는 자들을 의미한다고 볼 수 있다.

그런데 일련의 주석가들은 요한이 당시에 소아시아의 교회들 내에 있던 천사 숭배의 경향을 강하게 공격하고자 이 구절을 썼다고 생각한다. 그러나 이 구절은 천사 숭배에 대한 공격과는 아무런 관련이 없기 때문에 이것을 문학적 수단으로 보는 것이 더 적합하다고 본다. 천사의 계시와 관련해서 예언자로부터의 경배를 거절하는 천사의 모티브는 묵시문학적 문헌에 많이 나타나는 문학적 모티브다. 본 구절에서 요한은 천사에게 계시의 근원이 하나님이라는 것을 말할 수 있는 기회를 줌으로써 계시록의 메시지가 천사의 창작품이 아니라 하나님에게서 비롯되었다는 것을 강조하고 있는 것이다. 따라서 모든 믿는 자들은 오직 하나님께만 경배를 드려야 한다.

예수의 증언은 예언의 영이라 하더라 이 어구의 더 정확한 번역은 "왜냐하면 예수의 증언은 예언의 영이기 때문이다."이다. 이 어구를 이해하려면 본 장의 전체문맥을 살펴보아야 한다. 9~10절은 1~8절에 기록한 내용의 타당성을 뒷받침하기 위해 천사가 말하는 형식을 빌어서 기록한 단락이다. 9절에서 천사는 우선 어린 양의 혼인잔치에 초대를 받은 사람이 복이 있다는 것을 기록하라고 명령한다. 이것은 기독교인들이 구원에 참여할 것임을 분명히 약속하는 복 선언이다. 천사는 계속해서 이 약속이 하나님의 참된 말씀이라는 점을 강조한다. 이 정당화의 진술과 관련하여 10절에서 우리는 주목할 만한 장면을 이미 살펴본 바 있다. 즉, 천사는 요한의 경배를 거부하면서 자신에게가 아니라 하나님께 할 것을 권고한다. 요한은 자신에게 앞 절의 내용을 알려 준 천사를 경배하려고 그의 발 앞에 엎드리는데, 그런 다음 "왜냐하면 예수의 증언은 예언의 영이기 때문이다."라는 이유를 덧붙인다. 여기서 주목해야 할 것은 이 어구가 바로 앞에 있는 "하나님께 경배하라."라는 권고와 직접적으로 관련이 있는 것이 아니라, 10b절의 '예수의 증언을 받은 네 형제들' 이라는 표현과 관련이 있다는 점이다. 앞에서 보았듯이 이들은 22장 9절의 '이 책의 말을 지키는 자들' 을 의미한다고 볼 수 있다. 따라서 본 구절에 나오는 '예수의 증언' 은 1장 2절에 나오는 '예수의 증언' 처럼 사실상 계시록 전체의 내용과 관련되고 있다는 것을 알 수 있다. 그러므로 요한이 여기서 강조하고 있는 것은, 성령은 예언에 영감을 주는 영이라는 것과, 그 예언의 내용이 곧 계시록 전체의 내용이라는 점이다.

3) 설교 가이드

본문으로는 '어린 양의 혼인잔치에 초대를 받은 사람은 복이 있다' 라는 제목으로 설교를 작성할 수 있을 것이다. 본문 주석에서 보았듯이, 여기서 요한은 교회와 바빌론(로마)을 의도적으로 대조하면서 불신앙적인 악의 세력에 대한 하나님의 심판과 그리스도인들의 구원에 대해 말하고 있다. 따라서 설교자는 하나님의 참되고 의로운 심판 선포의 말씀인 2절의 의미를 먼저 설명하고 난 후, 어린 양의 혼인잔치의 비유의 의미를 전해 주면 좋을 것이다.(어린 양의 혼인잔치의 비유에 대해서는 본문 주석과 함께 21:1~8의 설교 가이드를 참조할 것)

19. 19:11~22:5: 그리스도의 재림과 구원의 완성

19장 1~10절에서 우리는 하나님의 궁극적 통치의 도래에 관한 찬양, 즉 어린 양의 혼인잔치 표상이 보여 주는 바와 같이 마지막 때의 교회의 구원에 관한 환호를 보았다. 그러나 거기에는 하나님의 궁극적 통치의 전제인 사탄과 그의 세력들의 최종적 운명에 관한 묘사라든가 이미 여러 번 예기적인 방식으로 언급한(7:9~17, 14:1~5, 19:6~8), 구원의 때에 관한 마지막 묘사가 나타나지 않는다. 이에 관한 더 자세한 묘사는 요한계시록 본론부의 마지막 부분인 19장 11절~22장 5절에 나타난다.

이 부분은 다음과 같이 구성되어 있다.

① 19:11~21 : 짐승과 그의 부하들에 대한 그리스도의 승리

② 20:1~10 : 천년 왕국과 사탄에 대한 심판

③ 20:11~15 : 최후의 심판

④ 21:1~8 : 새 창조

⑤ 21:9~22:5 : 새 예루살렘

그런데 우리는 요한이 마지막 사건들의 경과에 관한 묘사를 위해 에스겔 37~48장과 제4 에스라서 7장 26~44, 91~99절에서 이와 상이한 순서로 나타나는 전통적인 종말론적 도식을 받아들여 이것을 자신의 진술 의도대로 개작했다는 것을 알 수 있다.

제4 에스라서 7장 26~44, 91~99절에는 마지막 때의 사건들이 다음과 같은 경로로 기술되고 있다. ① 보이지 않는 도시와 보이지 않는 땅의 출현(26절) ② 메시아의 도래와 그의 400년간의 왕국(27~30절) ③ 죽은 자들의 일반적 부활과 최후의 심판(31~44절) ④ 새로운 세계로 들어감(91~99절)

이에 반해서 에스겔 37~48장에는 마지막 때의 사건들이 다음과 같은 순서로 묘사되고 있다.

① 죽은 자들의 부활(메시아의 때)(37장)

② 마곡 땅의 곡의 돌격과 곡의 멸망(38:1~39:20)

③ 새 예루살렘과 새 성전(40:1~48:35)

여기서 우리는 요한이 이 전통적인 위의 두 도식을 서로 결합시켰다는 것을 알 수 있다. 그러나 요한은 단순히 이 도식들을 따르지는 않았다. 그는 사건들의 순서를 약간 변경했으며, 새로운 요소들을 첨가했다. 예를 들면 메시아의 왕국이 제4 에스라서와 달리 천년 왕국으로 나타나고, 이 왕국 다음에 곡과 마곡의 돌격이 나온다는 점이다. 이때 곡과 마곡을 미혹하는 자로 사탄이 나타나는 것 또한 계시록에서 새롭게 첨가된 점이다. 그리고 이 단락의 마지막 부분인 21장 1절~22장 5절이 이사야 60~65절을 통해서도 영향을 받은 것도 역시 눈에 띄는 점이다.

19.1. 19:11~21: 그리스도의 재림과 짐승 및 거짓 예언자들에 대한 심판

[11]또 내가 하늘이 열린 것을 보니 보라 백마와 그것을 탄 자가 있으니 그
이름은 충신과 진실이라 그가 공의로 심판하며 싸우더라 [12]그 눈은 불꽃
같고 그 머리에는 많은 관들이 있고 또 이름 쓴 것 하나가 있으니 자기
밖에 아는 자가 없고 [13]또 그가 피 뿌린 옷을 입었는데 그 이름은 하나
님의 말씀이라 칭하더라 [14]하늘에 있는 군대들이 희고 깨끗한 세마포 옷
을 입고 백마를 타고 그를 따르더라 [15]그의 입에서 예리한 검이 나오니
그것으로 만국을 치겠고 친히 그들을 철장으로 다스리며 또 친히 하나
님 곧 전능하신 이의 맹렬한 진노의 포도주 틀을 밟겠고 [16]그 옷과 그
다리에 이름을 쓴 것이 있으니 만왕의 왕이요 만주의 주라 하였더라 [17]
또 내가 보니 한 천사가 태양 안에 서서 공중에 나는 모든 새를 향하여
큰 음성으로 외쳐 이르되 와서 하나님의 큰 잔치에 모여 [18]왕들의 살와
장군들의 살과 장사들의 살과 말들과 그것을 탄 자들의 살과 자유인들
이나 종들이나 작은 자나 큰 자나 모든 자의 살을 먹으라 하더라 [19]또
내가 보매 그 짐승과 땅의 임금들과 그들의 군대들이 모여 그 말 탄 자
와 그의 군대와 더불어 전쟁을 일으키다가 [20]짐승이 잡히고 그 앞에서
표적을 행하던 거짓 선지자도 함께 잡혔으니 이는 짐승의 표를 받고 그
의 우상에게 경배하던 자들을 표적으로 미혹하던 자라 이 둘이 산채로

유황불 붙는 못에 던져지고 21그 나머지는 말 탄 자의 입으로부터 나오
는 검에 죽으매 모든 새가 그들의 살로로 배불리더라

1) 본문 소개

본문은 예수 그리스도의 재림에 관한 묘사다. 여기서 그는 민족들을 멸망시키기 위해 흰 말을 타고 하늘의 군대를 이끌고 올 분으로 나타난다. 그리고 그는 짐승(로마)과 그의 거짓 예언자들, 그리고 그들의 군대를 멸망시키는 분으로 묘사된다.

본문은 세 환상 이야기로 이루어져 있다.

(1) 11~16절 : 그리스도를 상징하는 흰 말을 탄 자의 모습, 정체성, 그리고 임무에 대한 묘사

① 흰 말을 탄 자의 모습

㉠ 그의 눈은 불꽃과 같다.(12a절)

㉡ 그는 머리에 많은 관을 쓰셨다.(12b절)

㉢ 그는 피로 물든 옷을 입으셨다.(13a절)

㉣ 그의 입에서는 날카로운 칼이 나온다.(15a절)

② 그의 정체성

㉠ 그는 신실하시고 참되신 분이다.(11절)

㉡ 그분밖에는 아무도 알지 못하는 이름이 그의 몸에 적혀 있었다.(12b절)

㉢ 그의 이름은 하나님의 말씀이다.(13b절)

㉣ 그의 옷과 넓적다리에는 '만왕의 왕' 과 '만주의 주' 라는 이름이 적혀 있었다.(16b절)

③ 그의 임무

㉠ 그는 의로 심판하시고 싸우신다.(11b절)

㉡ 그는 그의 입에서 나오는 날카로운 칼로 모든 민족을 치신다.(15a절)

㉢ 그는 쇠지팡이를 가지고 모든 민족을 다스리실 것이다.(15b절)

㉣ 그는 전능하신 하나님의 맹렬하신 진노의 포도주틀을 밟으실 것이다.(15c절)

(2) 17~18절 : 그리스도의 승리가 확실하기 때문에 천사는 모든 새들에게 죽임을 당한 자들의 살을 먹으라고 외친다. 그래서 21절에서 모든 새들은 이들의 살점을 배부르게 먹는다. 이것은 신실한 그리스도인들이 초대받는 어린 양의 혼인잔치(7~9절)에 대한 대조그림이다. 반신적인 세력들은 영원한 혼인잔치로 초대를 받지 못할 뿐만 아니라 새들의 밥이 된다.

3) 19~21절 : 짐승(로마)과 그의 종속 국왕들 및 그들의 군대와 거짓 예언자들에 대한 심판의 결과가 묘사된다.

2) 본문 주석

11절 또 내가 하늘이 열린 것을 보니 이 어구는 새로운 환상을 소개하는데 사용되는 표현이다. 하늘이 열려 있다는 모티브는 기본적으로 신적 계시와 연관된다. 이러한 모티브를 우리는 에스겔 1장 1절에서도 찾아볼 수 있으며, 또한 유대교의 묵시사상적 문헌들에서도 동사 '보다'와 함께 자주 사용되는 것을 볼 수 있다.(시리아어 바룩 묵시록 22:2; 열두 족장의 유훈 중 레위의 유훈 2:6; 요셉과 아세네트 14:3 등 참조)

보라 백마와 그것을 탄 자가 있으니 그 이름은 충신과 진실이라 그가 공의로 심판하며 싸우더라 요한은 흰 말과 그 위에 탄 자를 본다. 흰 말을 탄 자는 분명히 올리어진 그리스도다. 이것은 그리스도가 재림 때 왕적인 권세를 가지고 오신다는 것을 의미한다. 왜냐하면 말은 특히 왕과 군사들이 타는 동물이고, 흰 색은 천상적인 순수함과 승리를 상징하는 색깔이기 때문이다.

여기서 그리스도는 신실하고 참된 분으로 불리는데(이 부분은 새번역이나 표준새번역 개정판이 더 좋음), 이것은 그리스도가 자신의 공동체에 하나님의 계시를 따라 전하는 신실하고 참된 증인으로 나타나는 1장 5절과 3장 14절을 상기시킨다. 그러나 이 사상이 본 구절에도 들어 있느냐 하는 것은 의문이다. 왜냐하면 본 구절에서 중요한 문제는 그리스도와 그의 공동체간의 관계가 아니라, 하나님의 원수들에 대한 그리스도의 심판자적 행동에 있기 때문이다. 다시 말해서 본 구절에서의 그리스도는 공의로 심판하시고 싸우시는 분으로 나타난다. 따라서 우리는 여기서 요한이 그리스도를 신실하고 참된 심판자로 강조하고 있다는 것을 알 수 있다.

그런데 여기서 눈에 띄는 것은 그리스도가 공의를 가지고 적과 교전하는 분으로 나타난다는 점이다. 이 묘사는 11장 7절, 12장 7, 17절, 13장 7절, 17장 14절과의 연관 속에서 이해되어야 한다. 앞에서 본 바와 같이 지금까지는 반신적인 세력들이 성도들과 교전했지만, 이제는 다시 오시는 그가 직접 이 반신적인 세력들과 교전해서 승리할 것이라는 점이 강조된다. 여기서 말하는 교전은 심판을 더 자세히 표현하는 말이다.

12절 그 눈은 불꽃 같고 여기서 요한은 말 탄자의 눈을 불꽃과 같다고 함으로써 말 탄자를 1장 13절에 나오는 인자와 같은 이와 동일시한다. 그러나 여기서 이 눈은 1장 14절에서처럼 교회가 아니라 반신적(反神的)인 세력들에게로 향한다.

그 머리에 많은 관들이 있고 또 이름 쓴 것 하나가 있으니 자기밖에는 아는 자가 없고 이 어구는 용(12:3, 일곱 왕관)과 바다로부터 나오는 짐승(13:1: 열 왕관)을 그리스도와 대비시켜 볼 때, 그리스도가 그들을 훨씬 더 능가하시는 분이라는 점을 강조하고 있다. 관은 그리스도의 왕적 위치를 강조하는 표현으로서 그의 권세가 얼마나 막강한지는 그만이 그의 이름을 안다는 데에서 드러난다. 고대시대의 관념에 의하면 이름을 안다는 것은 곧 이름을 지닌 자의 본질을 아는 것이므로 누군가를 이기려면 이름을 알아야 한다고 생각했기 때문이다.

13절 또 그가 피 뿌린 옷을 입었는데 그리스도는 피로 물든 옷을 입고 나타난다. 주석가들 중에는 여기에 나오는 피를 그리스도의 원수의 피 또는 순교자들의 피로 생각하는 이들이 있지만, 그리스도 자신의 피로 보는 것이 더 온당할 것이다. 피로 물든 옷은 그리스도가 십자가에서 승리하셨고(5:5, 9 참조), 그리스도인들이 그리스도의 피의 공로로 이미 현재 승리했다는 것을 상기시킨다.(12:11 참조) 이에 근거해서 볼 때, 그리스도가 피로 물든 옷을 입고 나타난다는 것은, 그리스도가 십자가에서의 승리의 결과로 하나님으로부터 받은 권세를 가지고 마지막 때의 통치자요, 승리의 전사로서 나타난다는 것을 의미한다.

그 이름은 하나님의 말씀이라 칭하더라 여기서 하나님의 말씀으로 불리는 그리스도의 이름은 단순히 이름을 말하는 것이 아니라 그리스도와 하나님과의 관계를 표현한다. 그리스도가 하나님의 말씀이라는 것은 그 자신이 하나님의 계시라는 것을 뜻하는 것이다.(1:2, 9, 6:9, 20:4 참조)

14절 하늘에 있는 군대들이 희고 깨끗한 세마포 옷을 입고 백마를 타고 그

를 따르더라 여기에 나오는 하늘에 있는 군대들에 대해서는 몇 가지 해석들이 있다. ① 천사들 ② 천사들과 순교자들 ③ 구원을 이룬 그리스도인들

이 세 해석 중에서 ③이 가장 설득력이 있는 것으로 보인다. 왜냐하면 희고 깨끗한 베옷은 어린 양과의 혼인을 위해 준비한 신부의 빛나고 깨끗한 베옷을 상기시키기 때문이다.(19:8 참조) '입고'로 번역된 헬라어 동사 *ἐνδεδυμένοι*(엔데뒤메노이: *ἐνδύω*(엔뒤오)의 현재완료 분사형)는 그리스도인들이 늘 입어 왔던 옷이라는 의미를 담고 있다. 다음에 오는 15절 역시 ③의 해석을 뒷받침해 준다. 거기서 그리스도가 그의 입에서 나오는 칼로 만국을 치실 것이라는 표현은 이미 2장 26절에서 그리스도가 그리스도인들과 맺은 약속이다. 그리고 17장 14절도 참고할 필요가 있다. 왜냐하면 거기에는 어린 양과 함께 있는 자들을 부르심과 택하심을 받은 신실한 사람들로 규정짓는 말씀이 나오기 때문이다.

15절 그의 입에서 예리한 검이 나오니 그것으로 만국을 치겠고 이 어구에 대해서는 1장 16절의 주석을 참조할 것.

친히 그들을 철장으로 다스리며 이것은 유대교에서 메시아적으로 해석된 구절인 시편 2편 9절(LXX)을 약간 변형시켜 인용한 표현이다.(솔로몬의 시편 17:23~24 참조) 요한이 이러한 표현을 사용한 것은 흰 말을 타신 분의 메시아성을 말함이라고 할 수 있다.

또 친히 하나님 곧 전능하신 이의 맹렬한 진노의 포도주 틀을 밟겠고 여기서 요한은 잘 알려진 또 하나의 심판-메타포를 사용한다.(사63:2~6; 애1:15; 욜3:13 참조) 이 표현에 대해서는 14장 19~20절의 주석을 참조할 것이나, 진노의 포도주 틀을 밟는 자가 14장 19~20절에서처럼 하나님이 아니라 그리스도라는 차이점이 있다. 이것은 심판 수행자가 하나님 대신 그

리스도라는 점을 강조하고 있다는 것이다.

16절 그 옷과 그 다리에 이름 쓴 것이 있으니 만왕의 왕이요 만주의 주라 하였더라 지금까지 본 바와 같이, 그리스도의 심판 행위는 하나님으로부터 받은 그의 권세에 상응하는 행동이다. 여기에 나오는 그리스도의 칭호인 '만왕의 왕이요 만주의 주' 도 이것을 강조한다.(17:14 참조) 이 칭호는 원래 고대 근동의 대왕들을 위해 사용된 칭호다. 구약(신10:17; 시136:2~3; 단2:37, 47 참조)과 초기 유대교(2마카 13:4; 3마카 5:35; 에티오피아어 에녹서 9:4, 63:4, 84:2 참조)에서 이스라엘의 하나님이신 야훼께 전용되었던 하나님 칭호가 여기서는 그리스도를 위해 사용되고 있다. 왜냐하면 그리스도는 십자가에서의 죽음을 통해 하나님으로부터 마지막 때의 통치권을 받을 만한 분이라는 것을 입증해 보이셨기 때문이다.(5:5~14 참조)

그런데 여기서 주목을 끄는 것은, 이 칭호가 그리스도의 옷과 다리에 쓰여 있었다고 하는 점이다. 그리스도의 옷은 아마도 로마 황제의 자주색 옷을 염두에 두고 하는 말일 수 있고, 이름이 다리에 쓰인 것은 동상의 다리에 해당 인물의 이름을 새겨 넣는 관습에서 비롯된 것으로 보인다. 여기서 우리는 만왕의 왕이요 만주의 주가 로마 황제가 아니라, 그리스도라는 것을 강조하고자 한 요한의 의도를 엿볼 수 있다.

17~18절 또 내가 보니 한 천사가 태양 안에 서서 공중에 나는 모든 새를 향하여 큰 음성으로 외쳐 이르되 와서 하나님의 큰 잔치에 모여 왕들의 살과 장군들의 살과 장사들의 살과 말들과 그것을 탄 자들의 살과 자유인들이나 종들이나 작은 자나 큰 자나 모든 자의 살을 먹으라 하더라 요한은 또 하나의 환상을 보는데, 여기서 천사는 도처에서 그를 볼 수 있고 그의 음성을 들

을 수 있도록 하기 위해 창공의 최고점인 태양 안에 서 있다. 그는 모든 새에게 그리스도의 적들의 살을 먹을 것을 촉구한다. 이는 에스겔 30장 17~20절에서 유래된 표상으로서 하나님이 인자를 통해 각종 새와 들짐승에게 곡의 멸망 때 죽임을 당한 이스라엘의 살을 먹으라고 촉구하는 장면을 상기시킨다. 그러나 여기서는 새들의 먹이로 왕과 장군 및 힘센 자들뿐만 아니라, 로마의 신들과 황제숭배에 빠진 모든 계층의 사람들이 언급된다.

또한 이 모든 사람들의 살을 먹는 장소로서 하나님의 큰 잔치가 언급되고 있다는 점이 눈길을 끈다. 이 하나님의 큰 잔치는 9절에 나오는 어린 양의 혼인잔치에 대조되는 표상이다. 다시 말해서 어린 양의 혼인잔치는 그리스도인들의 구원과 관련되어 있는 반면, 여기에 나오는 하나님의 큰 잔치는 반신적인 세력들과 이들의 추종자들의 심판과 관련되어 있다.

19절 또 내가 보매 그 짐승과 땅의 임금들과 그들의 군대들이 모여 그 말 탄 자와 그의 군대와 더불어 전쟁을 일으키다가 13장 1~10절에서 적그리스도로 그려진 짐승은 이제 직접 그리스도와 대결하게 된다. 11절에 근거해서 볼 때, 여기서는 반신적인 세력들과 인간들에 대한 그리스도의 싸움이 묘사될 것을 기대할 수 있다. 그러나 본 구절에서는 짐승과 세상의 왕들 그리고 그 군대들이 모여서 흰 말을 타신 이와 그의 군대에 맞서 싸움을 벌이는 것을 보게 된다. 이것은 17장 12~14절의 내용, 즉 전쟁은 어린 양의 원수들로부터 시작된다는 것에 상응한다.

20절 짐승이 잡히고 그 앞에서 표적을 행하던 거짓 선지자도 함께 잡혔으니 이는 짐승의 표를 받고 그의 우상에게 경배하던 자들을 표적으로 미혹하던

자라 이 둘이 산 채로 유황불 붙는 못에 던져지고 이 구절에서 계시록 저자는 짐승과 짐승의 낙인을 받은 자들 및 그의 우상에게 예배한 자들을 미혹케 한 거짓 예언자들이 잡혀서 산 채로 유황이 타오르는 불못에 던져졌다고 말한다.

여기서 계시록 저자는 독자들로 하여금 두 악마적인 존재인 짐승과 거짓 예언자들을 주목케 한다. 왜냐하면 그들은 사람들을 우상숭배로 이끈 자들이기 때문이다. 13장과 17장에서 볼 수 있는 대로, 짐승은 자신을 신성화하는 로마제국을 가리키는 상징어이고, 거짓 예언자는 로마의 황제숭배의 사제단을 말한다. 이들이 유황이 타오르는 불못에 던져진다는 것은 이들이 그리스도를 통해서 행동하시는 하나님에 의해 영원한 형벌의 장소로 버려진다는 것을 말한다.

그런데 여기서 눈에 띄는 것은 영원한 형벌의 장소가 '불못' 이라는 용어에 '유황이 타오르는' 이라는 수식어가 붙는다는 점이다. 이것은 14장 10절의 주석에서 본 바와 같이 소돔과 고모라의 멸망에 관한 이야기로부터 유래하는 표현으로 볼 수 있다.

21절 그 나머지는 말 탄 자의 입으로부터 나오는 검에 죽으매 모든 새가 그들의 살로 배불리더라 남은 자들은 흰 말을 타신 분의 입에서 나오는 칼에 맞아 죽고 모든 새가 그들의 살로 배를 불린다. 여기서 남은 자들은 모든 사람들을 의미하는 것이 아니라, 지금까지 언급된 반신적인 사람들 모두, 즉 군대를 가지고 있는 지상의 왕들(19절)과 짐승을 경배하는 모든 다른 사람들(18절)을 의미한다. 이들은 앞 절에서 언급된 짐승과 거짓 예언자들과는 달리 아직 영원한 형벌의 장소로 들어가지는 않는다. 이들의 시체는 우선 새들의 음식으로 사용될 뿐 이들에 대한 최종적 심판은 아직 남아 있다.(20:13, 15 참조) 그러나 여기서 중요한 것은, 요한이 불신앙인들의 회개 가능성을 더 이상 열어두고 있지 않다는 점이다. 그에게는 오직 그리스도인들의 구원에 대한 확신이며, 이를 위해 그들에게 불신앙적인 사람들에 대한 그리스도의 확실한 승리를 보여 주고 있는 것이다.

3) 설교 가이드

본문으로는 '영원한 승리자로 오시는 예수 그리스도' 라는 제목 하에 다음과 같이 세 대지로 나누어서 설교를 작성할 수 있을 것이다.

① 예수 그리스도는 악을 정복하고 영원히 다스리기 위해 다시 오신다.

② 그리스도는 신실하고 참된 분이기 때문에 그의 심판은 공의롭다.

③ 그리스도는 왕 중의 왕이요 주 중의 주로서 영원히 승리하실 것이다.

그리스도의 승리의 두 가지 측면은 교회를 위한 계획의 완성이요, 세상 안에서의 죄의 통치의 제거다. 첫째 측면은 앞 단락에 나오는 어린 양의 혼인잔치 비유로 묘사되고, 둘째 측면은 본문의 17~21절에서 묘사된다.

19.2. 20:1~10: 천년 왕국과 사탄에 대한 심판

1또 내가 보매 천사가 무저갱의 열쇠와 큰 쇠사슬을 그의 손에 가지고
하늘로부터 내려와서 2용을 잡으니 곧 옛 뱀이요 마귀요 사탄이라 잡아
서 천년 동안 결박하여 3무저갱에 던져 넣어 잠그고 그 위에 인봉하여
천 년이 차도록 다시는 만국을 미혹하지 못하게 하였는데 그 후에는 반
드시 잠깐 놓이리라 4또 내가 보좌들을 보니 거기에 앉은 자들이 있어
심판하는 권세를 받았더라 또 내가 보니 예수를 증언함과 하나님의 말

씀 때문에 목 베임을 당한 자들의 영혼들과 또 짐승과 그의 우상에게 경
배하지고 아니하고 그들의 이마와 손에 그의 표를 받지 아니한 자들이
살아서 그리스도와 더불어 천 년 동안 왕 노릇 하니 5(그 나머지 죽은
자들은 그 천 년이 차기까지 살지 못하더라) 이는 첫째 부활이라 6이 첫
째 부활에 참여하는 자들은 복이 있고 거룩하도다 둘째 사망이 그들을
다스리는 권세가 없고 도리어 그들이 하나님과 그리스도의 제사장이 되
어 천 년 동안 그리스도로 더불어 왕 노릇 하리라 7천 년이 차매 사탄이
그 옥에서 놓여 8나와서 땅의 사방 백성 곧 곡과 마곡을 미혹하고 모아
싸움을 붙이리니 그 수가 바다 모래 같으리라 9그들이 지면에 널리 퍼져
성도들의 진과 사랑하시는 성을 두르매 하늘에서 불이 내려와 그들을
태워버리고 10또 그들을 미혹하는 마귀가 불과 유황 못에 던져지니 거기
는 그 짐승과 거짓 선지자도 있어 세세토록 밤낮 괴로움을 받으리라

1) 본문 소개

구성적인 면과 내용적인 면에서 볼 때 본문의 중심은 4~6절이다. 이 단락은 요한계시록 연구에서 논란이 많은 단락들 중 하나다. 여기에는 다시 살아난 이들이 그리스도와 함께 천 년 동안 다스릴 것이라는 내용이 나오기 때문에, 사람들은 "예수 그리스도의 지상 통치를 의미하는 천년 왕국의 존재 유무와, 존재할 경우 그리스도 재림의 시기에 대해 의문을 제기하게 된다. 이 문제 제기와 관련해서는 대략 세 가지 천년왕국설이 제시되었는데, 그것은 전천년설(Premillennialism), 후천년설(Postmillennialism), 무천년설(Amillennialism)로 불리고 있다. 우리는 본문 주석에서 이 설들이 과연 설득력이 있는지를 보게 될 것이다.

본문은 세 환상 이야기로 구성되어 있다.

(1) 1~3절: 여기서 요한은 한 천사가 용, 즉 사탄을 붙잡아 결박한 후 천 년 동안 무저갱(아비소스)에 가두어 두는 것을 묘사한다.

(2) 4~6절: 이 단락은 환상묘사와 복 선언으로 이루어져 있다. 그리고 환상묘사는 두 부분으로 나눌 수 있는데, 첫째 부분은 "또 내가 보았다(καὶ εἶδον(카이 에이돈))"에 의해, 둘째 부분은 "그들은 살아났다(ἔζησαν(에제산))"에 의해 규정되고 있다.

환상의 첫째 부분을 규정하는 "또 내가 보았다"는 세 가지 대상을 가지고 있다.

① 사람들이 앉아 있는 보좌들

② 예수의 증언과 하나님의 말씀 때문에 목이 베인 사람들

③ 그 짐승이나 그 짐승의 우상에게 예배하지 않고 그들의 이마와 손에 낙인을 받지 않은 사람들

요한은 환상의 둘째 부분에서 이들이 살아나서 그리스도와 함께 천 년 동안 다스렸다고 말한다. 그리고 이들 외의 나머지 죽은 자들은 천 년을 채울 때까지 살아나지 못한다는 부정적인 언급을 통해 이 진술을 강조한다. 그리고 난 후 요한은 이 환상의 내용을 다음과 같은 진술로 요약한다. "이것이 첫째 부활이다."

다음으로 6절에 복 선언이 나타나는데, 여기서 요한은 이 첫째 부활에 참여하는 자들을 복이 있고 거룩하다고 말한다. 그리고 그들에게는 '둘째 사망'이 아무런 세력도 부리지 못하고, 오히려 그들은 하나님과 그리스도의 제사장이 되어서 천 년 동안 그와 함께 다스릴 것이라고 한다.

피오렌자(E. S. Fiorenza, *Priester für Gott*, 298)가 보여 준 바와 같이, 우리는 4~6절의 구조를 다음과 같이 정리할 수 있다.

Ⅰ. 또 내가 보았습니다.

1. 보좌들을(4a절)

   ① 그 위에 사람들이 앉아 있었는데

   ② 그들은 복권을 받은 사람들이었습니다.

2. 목이 베인 사람들의 영혼을(4b절)

   ① 예수의 증언 때문에

   ② 하나님의 말씀 때문에

3. 사람들을(4c절)

   ① 그 짐승이나 그 짐승의 우상에게 예배하지 않고

   ② 그들의 이마와 손에 낙인을 받지 않은

Ⅱ. 그들은 살아났습니다.

1. 그들은 살아나서 그리스도와 함께 천 년 동안 다스렸습니다.(4d절)
2. 그 나머지 죽은 사람들은 천 년이 끝날 때까지 살아나지 못했습니다.(5a절)
3. 이것이 첫째 부활입니다.(5b절)

Ⅲ. 이 첫째 부활에 참여하는 사람은 복이 있고 거룩합니다.(6a절)

1. 이 사람들에게는 둘째 사망이 아무런 세력도 부리지 못합니다.(6b절)
2. 이 사람들은 하나님과 그리스도의 제사장이 되어서,
3. 천 년 동안 그와 함께 다스릴 것입니다.(6c절)

이 구조 분석을 통해 우리는 II와 III이 밀접하게 연관되어 있음을 이해할 수 있다. 왜냐하면 Ⅲ은 Ⅱ의 '첫째 부활'에 대한 진술을 그대로 받아들

이기 때문이다. 여기서 4~6절의 주요 테마가 천년왕국이 아니고 첫째 부활이라는 것이 확인된다. 여기서 왜 요한이 부활한 자들의 천 년 간의 통치에 대해 말하는지에 관해서는 아래의 주석에서 고찰할 것이다.

이에 반해서 1은 '첫째 부활' 이라는 이 주요 테마와 어떤 관계가 있는지를 알기가 어렵다. 특히 4a절에 나오는 *ἐκάθισαν*(에카티산)의 주어가 언급되지 않을 뿐만 아니라, 복권을 받은 사람들이 누구인지도 명확히 규정되고 있지 않기 때문에 더욱 그러하다. 이에 대해서는 이 구절의 주석에서 더 자세히 고찰할 것이다.

(3) 7~10절: 여기서 요한은 용이 천 년 동안 감금당했다가 잠시 풀려나 있는 동안 곡과 마곡의 도움으로 하나님의 교회를 파멸시키기 위해 진력하는 마지막 시도에 대해 묘사한다. 그러나 하늘에서 불이 내려와 바다의 모래만큼이나 많은 악마적 세력들을 파멸시켜버린다. 결국 민족들을 유혹하던 사탄까지도 불과 유황의 바다에 던져져 영원한 형벌을 받는다.

2) 본문 주석

1절 또 내가 보매 천사가 무저갱의 열쇠와 큰 쇠사슬을 그의 손에 가지고 하늘로부터 내려와서 12장 9절에서 사탄과 그의 부하들은 하나님에 의해 지상으로 추락된다. 그러나 아직 그에게는 사람들을 유혹할 짧은 시간이 주어져 있다.(12:10) 사탄이 하나님의 참된 백성을 상징하는 여인과의 싸움에서 실패하여 얻게 되는 분노는 그를 그리스도인들과 교전하도록 만든다.(12:17)

이제 요한은 사탄이 지상에서 유혹하는 행위를 막기 위해 하늘에서 한 천사가 내려오는 것을 본다. 이 천사는 자신의 임무 수행을 위해 지하 세계의 잠정적인 감옥인 아비소스의 열쇠와 큰 쇠사슬을 손에 들고 있다.('아비소스'에 대해서는 9:2의 주석을 참조할 것)

2~3절 용을 잡으니 곧 옛 뱀이요 마귀요 사탄이라 잡아서 천 년 동안 결박하여 무저갱에 던져 넣어 잠그고 그 위에 인봉하여 천 년이 차도록 다시는 만국을 미혹하지 못하게 하였는데 그 후에는 반드시 잠깐 놓이리라 용은 12장 9절에서처럼 악마요 사탄인 그 옛 뱀으로 불린다.(12:9절의 주석을 참조할 것) 여기서 사탄은 무저갱(아비소스)의 열쇠와 큰 쇠사슬을 손에 들고 있는 천사에 의해 잡혀서 천 년 동안 결박당한다. 천사는 사탄을 아비소스에 던져 놓고 닫아 버린 다음 그 위에 인봉하여 천 년이 끝나기까지는 민족들을 미혹하지 못하게 하였다가, 그 후에 사탄을 잠시 풀어줄 것이라고 한다. 파멸의 세력이 감금당한다는 표상은 고대의 신화적인 관념에서 유래한다. 옛 이란의 한 신화는 아쯔히 다하카(Azhi Dahaka)라는 뱀에 대해 이야기하는데, 이 뱀은 우선 붙잡혀 묶였다가 나중에 최종적으로 정복당하기 위해 다시 풀려난다고 한다. 이 신화가 구약과 초기 유대교에 영향을 끼쳤을 가능성을 배제할 수 없다.(사24:21~22; 에티오피아어 에녹서 18, 21장 참조)

그러나 요한은 이러한 내용을 단지 신화적인 이야기로만 전하지 않는다. 그는 그리스도와 순교자들의 천 년 통치를 말하기 위해(4절), 그에게 잘 알려져 있던 이 표상을 사용하고 있는 것이다.

4절 또 내가 보좌들을 보니 거기에 앉은 자들이 있어 심판하는 권세를 받았더라 요한은 "또 내가 보았다"라는 말로 새로운 장면의 묘사를 시작한다. 여기서 그는 우선 보좌들을 언급하고 나서 곧 이어 거기에 앉은 자들을 언급한다. 그러나 여기서 눈에 띄는 것은 보좌들에 앉아 있는 자들이 누구인지 자세히 언급되고 있지 않다는 점이다. 따라서 그들에 대해서는 다음과 같은 여러 해석을 낳고 있다.

① 사도들과 성도들: 이 해석을 주장하는 주석가들은 우선 이 장면이 다니엘 7장 9절 이하에 뿌리를 두고 있다고 본다. 이들은 다니엘 7장 9절에 "내가 바라보니, 보좌들이 놓이고, 한 보좌에 옛적부터 계신 분이 앉으셨는데"라는 문장에 주목하면서, 여기서도 보좌들에 앉아 있는 자들이 누구인지 언급되고 있지 않지만, 10절에 근거해서 그들을 심판자를 돕는 보좌인들로 간주한다. 그리고 13~14절에 인자 같은 이가 옛적부터 항상 계신 분에게서 영원한 나라를 받는다고 하는 내용과, 이에 대한 해석이 나오는 27절을 주목케 한다. "나라와 권세와 온 천하 열국의 위력이 가장 높으신 분의 거룩한 백성에게로 돌아갈 것이다." 그리고 이들은 요한이 이 다니엘서의 진술들을 초기 기독교 전통의 관점에서 해석했다고 보고, 마태복음 19장 28절과 고린도전서 6장 2절에 근거해서 보좌들에 앉은 자들을 사도들과 성도들로 이해한다.

그러나 계시록 20장 4절이 과연 다니엘 7장 9절 이하의 영향 하에서 기술된 것인지는 의심의 여지가 있다. 양자 간에는 유사점 외에 차이점들도 분명히 있다. 예를 들면 다니엘 7장 9~10절에서는 계시록 20장 4절과는 달리 오직 옛적부터 항상 계신 이, 즉 하나님이 심판을 행하시기 위해 보좌에 앉아 계신다. 그리고 책들이 펼쳐진다는 언급과 관련해서 다니엘 7장 9~10절은 계시록 20장 4절보다는 20장 11~15절에 나오는 최후의 심판 장면과 더 유사점이 많다. 따라서 계시록 20장 4절을 다니엘 7장 9~10절의 배경에서 보는 것은 설득력이 약하다. 또한 요한계시록에서는 보좌가 심판관의 의자로서가 아니라, 늘 권력의 상징어로 나타난다는 점에서도 위 해석의 약점을 찾을 수 있다.(요한계시록에서 '보좌'는 '사탄의 보좌'(2:13)와 '짐승의 보좌'(13:2, 16:10)를 제외하고는 늘 하늘의 보좌임) 그리고 계시록 20장 4절을 마태복음 19장 28절과 고린도전서 6장 2절과 관련지어 해석하는 것은 너무나 자의적이다.

② 스물네 장로들: 이 입장에 속하는 주석가들은 계시록 4장 4절과 11장 16절을 근거로 제시한다. 물론 이 두 구절에는 그들의 주장대로 하나님 보좌의 둘레와 그 위에 스물네 장로들이 앉아 있다는 기술이 있다. 그러나 요한계시록의 어느 곳에도 그들이 심판자의 역할을 한다는 언급은 없다.

③ 하늘의 법정: 여기서는 본 구절의 장면이 다니엘 7장 9절과 22절에 뿌리를 둔다고 보고 계시록의 구절을 다니엘서의 의미에서 해석한다. 즉, 이 입장은 수장이라고 할 수 있는 그리스도와 함께 있으면서 기독교 순교자들에게 메시아 통치에의 참여를 약속하는 하늘의 법정을 생각한다.

그러나 앞에서 언급했듯이 본 구절을 다니엘 7장의 배경에서 이해하는 것은 설득력이 약하다.

④ 그리스도와 천사: 이 입장도 다니엘 7장 9절의 영향을 고려한다. 이 입장에 의하면 다니엘서의 구절에서 보좌에 앉아 있는 자들이 하나님 옆에 있는 심판관들이라는 것이다. 이 주석가들의 주장은 요한이 단순히 다니엘서의 구절을 그대로 수용한 것이 아니라면, 본 구절에서 하나님 옆에 있는 심판관들은 그리스도와 천사를 가리킨다고 볼 수 있다는 것이다.

그러나 이 입장도 바로 앞서 언급한 입장과 같은 약점을 가지고 있다. 따라서 본 구절에 나오는 보좌에 앉은 자들을 그리스도와 천사로 보는 것은 단지 추측에 불과하다.

⑤ 완성된 그리스도인들(환란을 이긴 그리스도인들): 이 입장은 본 구절

이 다니엘 7장 22절에 뿌리를 두고 있다고 본다. 다니엘 7장 22절은 지극히 높으신 자의 성도들의 권리 회복, 즉 그들의 복권에 대해 말하기 때문에, 본 구절은 환란을 이긴 그리스도인들의 복권에 대해 언급하고 있다는 것이다.

그러나 본 구절을 주로 다니엘 7장 22절의 배경 하에서 이해하는 것으로는 설득력이 약하므로 좀 더 자세한 주석이 요구된다.

⑥ 순교자들: 필자에게는 이 입장이 가장 설득력이 있는 것으로 보인다. 이를 위해 다음과 같은 근거들을 제시할 수 있다.

㉠ 5절의 '그 나머지 죽은 자들' 은 분명히 4절에서 언급된 사람들이 죽은 자들에 속한 사람들이라는 뜻을 내포하고 있다.

㉡ 이 단락의 이야기는 순서가 적절하지 못하다. 왜냐하면 먼저 보좌들을 보고 그 다음에 그 위에 앉아 있는 사람들, 즉 목 베임을 당한 후 첫째 부활을 경험한 순교자들의 영혼을 보았다고 하기 때문이다. 이것은 이야기의 논리적 순서를 바꾸는 요한의 경향에서 비롯된 것이다.(계 3:3, 17, 5:5, 6:4, 10:4, 9, 20:4~5, 22:4 참조) 요한은 개인 또는 특정한 인물들의 그룹을 묘사하기 전에 그들이 앉아 있는 곳을 먼저 묘사하는 경향을 보여 준다.(4:2, 4, 14:14, 20:11 참조) 따라서 4b절의 '예수의 증언과 하나님의 말씀 때문에 목 베임을 당한 자들의 영혼들' 은 4a절의 '보좌들에 앉아 있는 사람들의 영혼들' 로 볼 수 있다.

㉢ 계시록 20장 4b절과 6장 9절은 다음과 같은 유사점들을 보여 주고 있다.

계 20:4b	계 6:9
καὶ εἶδον (또 나는 보았다)	εἶδον (나는 보았다)
	ὑποκάτω τοῦ θυσιαστηρίου (제단 아래에서)
τὰς ψυχὰς (영혼들)	τὰς ψυχὰς' (영혼들)
τῶν πεπελεκισμένων (목 베임을 당한 사람들의)	τῶν ἐσφαγμένων (죽임을 당한 자들의)
διὰ τὴν μαρτυρίαν Ἰησοῦ καὶ διὰ τὸν λόγον τοῦ θεου (예수의 증언과 하나님의 말씀 때문에)	διὰ τὸν λόγον τοῦ θεοῦ καὶ διὰ τὴν μαρτυρίαν (하나님의 말씀과 증언 때문에)
	ἣν εἶχον (그들이 가진(말한))

여기서 우리는 요한이 의도적으로 20장 4b절을 6장 9절과 연결시켜 언급한 것을 확인할 수 있다. 따라서 4b절에 나오는 '보좌들에 앉아 있는 자들' 은 6장 9절에 나오는 순교자들의 영혼을 지칭한다고 말할 수 있다.

㉣ 4c절에 나오는 '그 짐승이나 그 짐승의 우상에게 예배하지 않고 그들의 이마와 손에 낙인을 받지 않은 사람들' 은 4b절의 순교자들과 같은 사람들로 볼 수 있다. 왜냐하면 4c절의 관계대명사 οἵτινες(호이티네스)는 '~하는 사람은 누구나' 라는 뜻을 가지고 있지만, 헬레니즘 시대에는 ὅστις((호스티스)누구나)와 ὅς((호스)누구(일정한 사람을 가리키는))가 명확하게 구분되어 사용되지 않았기 때문이다. 그리고 οἵτινες앞에 나오는 접속사 καί(카이)는 보충설명을 하는 동격의 기능을 가지고 있다고 볼 수 있다. 따라서 4b, c절은 "나는 목이 베인 사람들의 영혼, 즉 그 짐승이나 그 짐승의 우상에게 예배하지 않고 …사람들을 보았습니다."로 번역될 수 있다.

㉤. ㉣은 계시록 13장 15절에 의해 뒷받침 될 수 있다. "그리고 둘째 짐승이 …그 짐승의 우상에게 경배하지 않는 자는 모두 죽임을 당하게도 하였습니다." 이 구절은 로마 황제의 우상에게 경배하지 않은 많은 그리스도인들이 순교를 당했다는 것을 암시한다. 그러나 이 구절이 계시록 저술 당시 로마 제국이 황제숭배에 참여하지 않은 기독교인들을 모두 죽였다고 말하는 것은 아니다. 요한의 주요 관심은 순교의 가능성을 생각해야 하는 그리스도인들에게 위로와 용기를 주는 데에 있었다.(이에 대해서는 13:15의 주석을 참조할 것)

㉥ 4a절에 나오는 '보좌들에 앉아 있는 자들'이 누구인지를 알기 위해서는 4~6절이 첫째 부활이라는 주제에 초점을 맞추고 있는 한 단락이라는 점을 인식하는 것이 중요하다. 20장 11~15절에서 요한은 죽은 자들이 모두 최후의 심판을 받는 장면을 묘사하는 반면, 4~6절에서는 첫째 부활에 참여할 특정한 그룹에 속한 사람들에 대해 언급하고 있다. 이 첫째 부활은 죽은 자들의 일반적 부활과 구분되기 때문에, 4~6절은 특별히 순교자들이 받을 복에 대해 묘사하고 있다고 볼 수 있다.

㉦ 4a절의 "심판하는 권세를 받았더라"라는 표현에 나오는 헬라어 κρί μα(크리마)는 요한계시록에서 심판자의 행동을 말하기보다는 행동의 결과 또는 판결의 의미로 사용되고 있다.(계17:1, 18:20 참조) 따라서 우리는 계시록 20장 4절을 순교자들의 복권에 대해 언급하는 구절로 이해할 수 있다.

또 내가 보니 예수를 증언함과 하나님의 말씀 때문에 목 베임을 당한 자들의 영혼들과 또 짐승과 의 우상에게 경배하지 아니하고 그들의 이마와 손에

그의 표를 받지 아니한 자들이 살아서 그리스도와 더불어 천 년 동안 왕 노릇하니 이 구절은 개역보다는 표준새번역 개정판이 더 좋다. "또 나는, 예수의 증언과 하나님의 말씀 때문에 목이 베인 사람들의 영혼을 보았습니다. 그들은, 그 짐승이나 그 짐승 우상에게 절하지 않고, 그들의 이마와 손에 그 짐승의 표를 받지 않은 사람들입니다. 그들은 살아나서, 그리스도와 함께 천 년 동안 다스렸습니다."

그런데 맨 앞에 '또'로 번역된 접속사 *καί*(카이)는 보충설명을 하는 동격의 기능을 가지고 있으므로 '즉'으로 번역하는 것이 더 좋을 것이다. 앞서 언급한 바와 같이 요한은 '예수의 증언과 하나님의 말씀 때문에 목이 베인 사람들의 영혼' 어구를 6장 9절과 연결시켜 언급하고 있다.(위의 ㉢을 참조할 것)

그런데 여기서 주목을 끄는 것은, 4절에서는 6장 9절에서처럼 '죽임을 당한 자들의'(*τῶν ἐσφαγμένων*(톤 에스파그메논))라는 표현이 사용되지 않고 '목 베임을 받은 자들의'(*τῶν πεπελεκισμένων*(톤 페펠레키스메논))라는 표현이 사용된다는 점이다. 여기서 후자의 표현은 *πελικίζειν*(펠리키제인)의 현재완료 수동태 분사형으로서 도끼로 목을 베는 것을 뜻하지만, 여기서 우리가 간과하지 말아야 할 것은, 로마의 사형제도에는 여러 방법들이 있었기 때문에 모든 순교자들이 도끼로 목 베임을 당했다고 볼 수 없다는 점이다. 예를 들어 로마의 사형 방법에는 목을 베는 참수형 외에 산채로 태워 죽이는 방법, 십자가형, 그리고 야생 동물에 잡혀 죽게 하는 방법이 있었다. 목을 베는 참수형에도 칼로 베는 방법과 도끼로 베는 방법이 있었다. 아마도 요한은 안디바(2:13)를 포함해서 몇몇 그리스도인들이 도끼로 목 베임을 당했기 때문에 여기서 이 표현을 사용한 것으로 보인다. '예수의 증거(증언)'와 하나님의 말씀에 대해서는 1장 2절의 주석을 참조할 것.

또한 "그 짐승이나 그 짐승 우상에게 예배하지 않고 그들의 이마와 손에 낙인을 받지 않은 사람들"은 앞서 언급한 바와 같이, 4b절의 순교자들과 같은 사람들이다.(이에 대해서는 위의 ㉥과 ㉦, 그리고 계시록 13:15~16의 주석을 참조할 것)

다음으로는 "그들은 살아나서"라는 어구를 어떻게 해석해야 하는가 하는 것이다. 요한은 다음 절에서 이것을 첫째 부활이라고 말한다. '첫째 부활' 이라는 용어는 20장 5~6절에서 2번 나타나고 있는데, 이 용어는 4절의 "그들은 살아나서 그리스도와 함께 천 년 동안 다스렸습니다."와 관련해서 사용되고 있다.

그런데 여기서 문제는 '첫째 부활' 이 무엇을 의미하는지를 이해하기가 상당히 어렵다는 데에 있다. 왜냐하면 이 개념은 소위 천년왕국에 대한 이해 문제와 밀접히 연관되어 있는데다가, 4d절의 '그들은 살아나서' (ἔζησαν)를 어떻게 이해하느냐에 따라 그리고 5절의 '그 나머지 죽은 자들' 과 12~13절의 '죽은 자들' 을 누구로 이해하느냐에 따라 '첫째 부활' 의 의미가 달라지기 때문이다. 지금까지의 연구에서 이 용어에 대한 해석들이 분분한 것은 이런 이유에서다.

(1) 첫째 부활을 최후의 심판 전에 있을 불신자들의 부활과 구분하여, 지상에서의 천년왕국의 처음에 일어날 신자들의 육체적 부활로 이해하는 입장이 있다. 이 입장은 5절에서 언급되고 있는 '나머지 죽은 자들의 다시 살아남' 이 분명히 육체적 부활이라는 점에 기초한다. 다시 말해서, 5절에 나오는 악한 자들의 육체적 부활이 '그들이 살아나서' (ἔζησαν)로 기술되고 이와 같은 단어가 4절에 나오는 성도들의 부활을 위해 사용된다면, 4절

의 부활 역시 육체적 부활임에 틀림없다는 것이다. 또한 이 입장은 신약에서 40번 이상이나 나오는 명사 '부활'(ἀναστασις)이 누가복음 2장 34절을 제외하고는 다 몸의 부활을 말하고 있다는 점을 논거로 제시한다.

물론 이 입장은 '첫째 부활'을 중간 상태와 연관시키려는 시도, 즉 신자들이 죽었을 때 그들의 영혼이 하늘로 올려지는 것을 말하는 것으로 이해하는 입장보다 더 설득력이 있을 수 있다. 왜냐하면 신약에 나오는 죽은 자들의 부활 사상은, 몸은 죽지만 영혼은 하늘로 올라간다는 영혼불멸설과 구분되는 사상으로서 주로 몸의 부활을 말하기 때문이다.

그러나 다음과 같은 이유에서 볼 때, 첫째 부활을 지상에 건설될 천년왕국 바로 전에 일어날, 믿는 자들의 육체적 부활로 보는 것은 타당치 않다.

① 4절에 나오는 '그들'은 순교자들이다. 따라서 4절의 '그들은 살아나서' 어구는 순교자들의 부활에 대해 말하고 있다고 볼 수 있다.

② 계시록 20장 4~6절에 나오는 소위 천년왕국은 지상적인 것이 아니라 천상적인 것이다.

③ 최후의 심판 장면(계 20:11~15)에서 계시록 저자는 그리스도인이든 불신앙인이든 죽은 자들 모두가 자기 행위에 따라 심판을 받는다는 것을 강조하고 있다. 그렇다면, 20장 4절의 '그들은 살아나서'를 모든 신자들의 육체적 부활로 이해하는 것은 합당하지 않다.

④ 같은 문맥에서는 같은 단어들이 꼭 같은 의미로 사용된다는 법이 없다. 신약의 다른 곳(가령, 롬6:4~13, 8:10~11; 요5:24~29)에서 우리는 '부활'(ἀναστασις)과 '내가 산다'(ζάω) 또는 '생명'(ζωή)이 동의어로서 같은 근접 문맥 안에서 영적 부활과 육체적 부활을 위해 서로 바꿔가며 사용되고 있는 것을 볼 수 있다. 물론 필자는 계시록 20장 4~5절에서 계시록 저자가 '첫째 부활'을 바로 위에서 언급한 신약의 다른 구절들에 나오는 영

적 부활과 같은 의미로 사용했다고 말하는 것이 아니다.

(2) 첫째 부활을 성도들의 영적 부활로 이해하는 입장이 있다. 다시 말해서 여기서는 '첫째 부활'을 신자들이 죽었을 때 그들의 영혼이 하늘로 올라가는 것, 즉 중간 상태(육체적 죽음과 육체적 부활 사이의 상태)로 옮겨지는 것으로 이해한다. 이 입장에 속하는 주석가들은 다음과 같은 논거들을 제시한다.

① 계시록 20장 4d절의 '그들은 살아나서'(ἔζησαν)는 육체적 부활을 말하는 것이 아니라 영적 부활을 말하는 것이다. 왜냐하면 4절에서는 몸에 대한 언급은 없고 오직 '영혼들'에 대해서만 말하기 때문이다. 4b절에 나오는 '예수의 증언과 하나님의 말씀 때문에 목이 베인 사람들의 영혼'은 계시록 6장 9절의 '하나님의 말씀 때문에, 또 그들이 말한 증언 때문에, 죽임을 당한 사람들의 영혼'에 상응한다. 이 표현들은 몸을 떠난 영혼들을 말한다. 영혼은 몸처럼 결코 죽지 않기 때문에 영혼이 다시 살아나는 것은 불가능하다.

② 신약성서에서 '부활'이라는 용어는 몸에만 국한되어 사용되지 않는다. 가령, 누가복음 20장 35절은 '죽은 자들 가운데서 부활하는 것'과 '저 세상으로 들어가는 것'을 동일하게 여긴다.

③ 신약에서 명사 '부활'(ἀναστασις)은 모두 41번 나오는데, 이 명사는 누가복음 2장 34절과 요한복음 11장 25절을 제외하고는 다 육체적 부활을 가리킨다. 그러나 신약 중 로마서 6장 4~13절과 8장 10~11절, 그리고 요한복음 5장 24~29절에서는 '부활'(ἀναστασις)과 '내가 산다'(ζάω(또는 관련 명사 ζωή [생명]))가 동의어로서 같은 근접 문맥들 안에서 영적 부활과 육체적 부활을 위해 서로 번갈아 가며 사용된다.

④ 신자들의 '첫째 사망'(계20:4에 내포됨)이 육체적인 죽음인 반면에 6

절에 나오는 불신자들의 '둘째 사망'은 영적인 죽음인 것처럼, 불신자들의 '둘째 부활'(계20:5에 내포됨)이 육체적 부활인 반면에 신자들의 '첫째 부활'은 영적인 부활을 말하는 것일 수 있다.

⑤ 두 부활 간의 질적인 구분은 계시록 21장 1절에 나오는 옛 창조와 새 창조 간의 대조와 계시록 21장 4~8절에 나오는 육체적인 죽음과 영적인 죽음 간의 대조와 조화를 이룬다.

⑥ '첫째 – 둘째'와 '옛 – 새로운' 대조들이 다른 곳(가령, 고전15:22, 42~49에서의 '첫째/마지막 아담'과 히8:6~10:9에서의 '옛 계약과 새 계약')에서 동일한 종류 것들에 대한 대조 개념으로 사용하지 않는 것처럼, 여기서 두 부활도 다른 종류의 것일 수 있다.

⑦ 신약과 유대교의 문헌들에서 중간 상태와 '생명' 및 '살아나다'가 서로 연결되어 있는 증거들은 충분히 찾아볼 수 있다.

그러나 이 입장의 약점은 과연 신자들이 죽었을 때 그들의 영혼이 하늘로 올라가는 것(중간 상태)을 부활이라고 말할 수 있느냐 하는 데에 있다. 왜냐하면 신약에 나오는 죽은 자들의 부활 사상은 몸은 죽지만 영혼은 하늘로 올라간다는 영혼 불멸설과 달리 주로 새로운 형태로서의 몸의 부활을 말하기 때문이다. 물론 논거 ①에서 말한 것처럼 계시록 20장 4b절과 6장 9절은 상당한 유사점을 보여준다. 여기서 우리는 계시록 저자가 의도적으로 20장 4b절을 6장 9절과 연결시켜 언급한 것을 확인할 수 있다. 그러나 6장 9절과 20장 4절의 문맥은 다르다. 6장 9절은 현재 상태로서의 중간기의 맥락에서 이해할 수 있는 구절이지만, 20장 4b절은 미래의 사건의 맥락에서 이해해야 하는 구절이다. 계시록의 '첫째 부활' 문제는 계시록 20장 1~10절 전체의 맥락에서 이해되어야 한다. 그리고 앞에서 언급한 바와 같이, 계시록 20장 4절의 '그들은 살아나서' 어구는 순교자들의 부활에 대해 말하고 있다고 볼 수 있다. ① 외의 다른 논거들은 대체로 신약성서 전체의 맥락에서 언급되고 있는데, 이 경우에는 주석상의 오류들 중의 하나인 '전체의 불합리한 전이(illegitimate totality transfer)' 에 해당된다. 물론 논거 ④는 이에 해당되지 않는다. 이 논거의 약점에 대해서는 아래에서 클라인의 입장을 논할 때 따로 언급할 것이다.

(3) 첫째 부활을 영적 신생으로 이해하는 입장이 있다. 이 입장은 계시록 20장 4~6절을 문자적, 역사적으로 해석하는 입장은 물론 성도들의 영혼이 하늘로 올라가는 것을 '첫째 부활' 로 보는 입장에도 동의하지 않는다. 이 입장에 속하는 주석가들은 다음과 같은 논거들을 제시한다.

① '첫째 부활' 을 이해하는 길은 '첫째 사망' 이 무엇인지를 아는 데에 있다. '첫째 사망' 의 기본적인 의미는 영혼의 죽음이다.(창2:17; 엡2:1; 딤전5:6; 마8:22) 이와 같이 첫째 사망이 기본적으로 인간 영혼의 죽음이기 때문에, 첫번째로 부활되어야 하는 것은 바로 영혼이다. 신약성서에는 이 영혼의 부활, 즉 영적 신생에 대한 많은 전거들이 있다.(가령, 엡2:5~6; 요5:24~29; 골2:12~13; 요일3:14)

② 신약성서는 두 부활에 대해 언급하는데, 하나는 그리스도의 재림 때 일어나는 모든 신자들의 몸의 부활이고, 다른 하나는 세례 때 일어나는 부활, 즉 영적 신생이다. 신약성서는 여러 곳에서 후자에 대해 증언한다.(골2:12, 3:1; 롬6: 4, 8:10; 엡2:6; 요5:24~29, 11:24~25) 계시록 20장 4~5절의 '첫째 부활' 은 세례 때의 체험과 관련이 있는 것으로 이해해야 한다.

그러나 이 입장은 '첫째 부활' 이 나오는 요한계시록 텍스트의 문맥을 무시하는 오류를 범하고 있다. 위의 논거들은 앞에서도 언급했듯이 주석상의 오류들 중의 하나인 '전체의 불합리한 전이' 에 해당된다.

(4) 첫째 부활을 상징적인 부활로 이해하는 입장이 있다. 이 견해를 제시

하는 스웨트(H. B. Swete, *Comm.*, 263)는 계시록의 상징주의가 천년왕국, 부활, 그리고 그리스도와 함께 하는 성도들의 통치에 대한 문자적 이해를 허락하지 않는다고 말하면서, 여기서 상징화된 사실은 순교자들이 죽고 신앙고백자들이 곤경과 손실을 참고 견디는 데 필요한 원칙들의 승리라고 주장한다.

그러나 이 입장도 '첫째 부활' 이 나오는 요한계시록 텍스트의 문맥을 무시하고 있다. 물론 요한계시록에는 상징주의가 들어 있지만, 계시록 20장 4~5절에 나오는 '첫째 부활' 을 단지 일정한 그룹의 원칙들의 승리라는 상징적인 부활로 이해하는 것은 합당치 못하다. 계시록 20장 4~6절에서 '첫째 부활' 용어는 인간의 죽음과 사후의 생에 대한 기대와 관련해서 사용되고 있으며, 이미 앞에서 언급한 바와 같이 여기서 '첫째 부활' 은 순교자들의 부활에 대해 말하고 있다고 볼 수 있다.

(5) '첫째 부활' 을 그리스도 자신의 부활에 상당하는 어구로 보는 입장이 있다. 이 견해를 주창한 휴즈(Ph. E. Hughes, "The First Resurrection," 315~318, *Comm.*, 214)는 우선 첫째 부활과 둘째 부활 둘 다 몸의 부활이라는 것을 강조한다. 그 이유는 성서에서 죽은 자로부터 일으킴을 받는 것은 반드시 몸의 부활을 내포하기 때문이라는 것이다. 즉, 몸의 부활이 아닌 것은 전혀 부활이 아니라는 것이다. 이런 전제 하에서 그는 먼저 마지막 때에 있을 모든 사람들의 일반적 부활을 둘째 부활로 명명한다. 그렇다면 그는 첫째 부활을 어떻게 이해하는가? 그는 신약성서에서 분명한 답을 찾을 수 있다고 하면서 첫째 부활을 생명과 복으로 인도하는 부활로 이해한다. 왜냐하면 계시록 20장 4절에서 그것의 혜택을 받은 사람들은 천 년 동안 그리스도와 함께 살고 통치할 것이라고 하기 때문이라는 것이다. 하지만 그는 신약 전체에서 경쟁자 없이 첫째 부활로 명명할

수 있는 제일 중요한 부활은 오직 하나, 예수의 부활이며, 실제로 이 특별한 부활이 일반적(둘째) 부활의 결정 요인이라고 주장한다. 다시 말해서, 그리스도의 부활 없이는 생명과 복은 물론 어느 누구도 부활 할 수 없다는 것이다.

그러나 이 견해도 본문의 문맥을 너무나 무시하고 있다. 여기서 '첫째 부활'은 4d절의 '그들이 살아나서'를 지칭하는 용어인데, 여기서 주어는 그리스도가 아니라 순교자들이다. 다시 말해서, 계시록 저자가 5절에서 "이것이 첫째 부활입니다."라고 말할 때, 그는 그리스도 자신의 부활을 염두에 두고 이 말을 한 것이 아니라, 4절의 "그들(순교자들)이 살아나서 그리스도와 함께 천 년 동안 다스렸습니다."라는 사건과 관련해서 이 문장을 쓴 것이다.

(6) 두 번의 부활이라는 개념이 문제가 있다고 보고, 실제로는 계시록 저자가 오직 하나의 부활만을 염두에 두고 썼다고 주장하는 입장이 있다. 그러나 계시록 저자는 분명히 20장 4~5절에서 '첫째 부활'이라는 표현을 12~13절에서 묘사되는 일반적 부활과 다른 의미에서 사용하고 있다.

(7) 첫째 부활을 부활의 기쁨을 맛보는 첫 번째 무리들로 이해하는 입장이 있다. 그러나 이 입장의 논거는 매우 빈약하다. 왜냐하면 이 입장은 기독교 문헌에서 첫째 부활에 대한 믿음에 관한 증거가 없다는 점만을 논거로 제시할 뿐, 첫째 부활이 왜 부활의 기쁨을 맛보는 첫 번째 무리들이라고 말할 수 있는지에 대해서는 전혀 언급하지 않기 때문이다.

(8) 첫째 부활은 성도들의 죽음을 위한 역설적인 표현이라고 주장하는 입장이 있다. 이 입장을 내세운 클라인(M. G. Kline, "The First Resurrection," 366~375)은 '첫째 부활'이라는 용어에서 우선 형용사 '첫째'(πρῶτος)에 주목하면서, 이 형용사의 의미를 알기 위해 계시록 21

장 1절 이하에 나오는 세계의 재창조에 관한 환상을 출발점으로 삼는다. 여기서 그는 '새로운' 과 '둘째' 가 서로 교대로 사용되고 있다고 강조하면서 '첫째' 는 이 '새로운' 과 '둘째' 의 대조어로 사용된다고 주장한다. 다시 말해서 여기서의 '첫째' 는 같은 종류의 대상 중에서 단순히 순서를 말하기 위해 사용되는 것이 아니라 '둘째' 와는 다른 종류의 것, 즉 완성과 영속에 정반대되는, 사라지는 현 세계의 질서에 속하는 것을 말하기 위해 사용된다는 것이다. 그리고 그는 이러한 용법을 히브리서('첫째' 와 '새로운' 또는 '둘째' 계약(8:7~10:9))와 고린도전서('첫째' 와 '둘째' 또는 '마지막' 아담(15:42~49))에서도 볼 수 있다고 주장한다.

이러한 이해에 기초해서 그는 계시록 20장 5~6절에 나오는 '첫째 부활' 의 의미를 탐구한다. 왜냐하면 그는 계시록 20장과 21장의 문맥의 근접성과 두 장 간의 테마의 연속성을 중요시하기 때문이다. 이와 함께 그는 첫째-(둘째) 부활 패턴이 '천년 왕국' 문맥 안에서 21장의 첫째-(둘째) 사망 패턴과 서로 합쳐서 짜여 있다고 본다. 그러니까 첫째-(둘째) 부활 패턴 안에서 '첫째' 의 용법은 서로 맞물려 있는 첫째-(둘째) 사망 패턴 안의 '첫째' 의 용법과 틀림없이 같다는 주장이다. 이러한 관점 하에서 그는 '첫째 부활' 을 같은 종류의 부활 시리즈 중 가장 이른 것, 다시 말해서 두 육체적 부활 중 첫 번째를 가리키는 것으로 보는 소위 전천년왕국론적 입장을 비판한다. 둘째 부활이 육체적 부활이라면, 첫째 부활은 비육체적 부활이어야 한다는 것이다. 왜냐하면 이 문맥 안에서 '첫째' 의 의미는 완성과 영속에 정반대되는 현 세대의 질서에 속하므로 '첫째 부활' 은 최종 상태를 말하는 몸의 부활과는 다른 상태의 것을 말한다는 것이다.

이와 함께 클라인은 '첫째 부활' 의 의미를 알기 위해서는 이 표현이 나오는 문맥 안에서의 역설적인 도식, 즉 복잡한 이중 패턴에 주목해야 한다고 주장한다. 여기서 그가 언급하는 복잡한 이중 패턴이란 두 쌍 안에 있는 부분들 간의 대조(즉, '첫째'-'새로운' 대조)와 두 쌍 자체 간의 대조(하나는 죽음과 관련이 있고, 다른 하나는 부활과 관련이 있음)가 서로 맞물려 있다고 말한다. 이러한 패턴 안에서는 '첫째 사망'이 육체적이고 문자적인 면에서 '둘째 부활'과 서로 연결되어 있는 데 반해, '둘째 사망'은 은유적인 면에서 '첫째 부활'과 서로 연결되어 있다는 것이다. 또한 이 도식적 패턴으로 볼 때, '둘째 부활'에 대한 언급을 기대하는 곳에서 '둘째 사망'을 발견하게 된다는 것이다. 다시 말해서 여기서 '둘째 부활'인 악한 자들의 부활의 실제적 의미는 죽음의 역설적 은유, 즉 '둘째 사망'에 의해서 전달되고 있다는 것이다. 이러한 고찰에 근거해서 클라인은 다음과 같이 결론을 내린다. 이중 패턴 도식 속에서는 불의한 자들의 부활이 역설적으로 '둘째 사망'으로 규정되는 것과 마찬가지로 그리스도인들의 죽음은 역설적으로 '첫째 부활'로 규정된다. 따라서 '첫째 부활'은 그리스도인들의 궁극적인 영광의 상태를 말하는 것이 아니라, 단지 죽음 후의 중간 상태를 말하는 것이다.

그러나 이미 미하엘스(J. R. Michaels, J. R. Michaels, "The First Resurrection: A Response," 100~109. 이에 대한 클라인의 반론에 대해서는 M. G. Kline, "The First Resurrection: A Reaffirmation," 110~119를 참조할 것. 여기서 필자는 미하엘스의 지적들 중 일부에는 동의하지만, 미하엘스가 전천년왕국적 입장에서 클라인을 비판하는 것에 대해서는 동의하기가 어렵다. 여기서는 미하엘스의 지적들 중 두 가지만 인용함)가 지적한 바와 같이, 클라인의 견해는 그다지 설득력이 있는 것으로 보이지 않는다.

① '둘째 사망'이 은유적인데 반해, '둘째 부활'은 문자적이라는 주장은

설득력이 약하다. 왜냐하면 이 둘은 인간 경험의 영역을 뛰어넘는 현상을 나타낸다고 말할 수 있기 때문이다.

② '둘째 사망' 의 의미를 알기 위해서는 종교사적(전통사적) 배경에 대한 이해도 필요한데, 클라인은 이에 대한 고찰을 전혀 하지 않고 있다.

③ '첫째 부활' 은 그것이 사라지는 현재의 질서에 속하는 것이기 때문에 첫째라 불린다고 말하는 것도 설득력이 약하다. 부활로서의 첫째 부활은 결코 일시적인 것으로 기술될 수 없다. 그것은 죽음이나 바다나 옛 하늘과 땅처럼 사라지는 것을 말하는 것이 아니다. 그리스도인들의 죽음은 실제로 덧없는 것이지만, 부활로서의 그들의 죽음은 새 시대에 속하는 것이다.

④ '첫째 부활' 문제는 계시록 20~21장에 나오는 복잡한 이중 패턴에 대한 이해가 있을 때 해결될 수 있다는 주장도 설득력이 약하다. 클라인은 계시록 20장과 21장의 문맥의 근접성을 중요시 하지만, 막상 '첫째 부활' 개념이 나오는 계시록 20장 4~6절에 대한 텍스트 분석은 자세히 하지 않는다. 이미 앞에서 언급한 바와 같이, 여기의 '첫째 부활' 은 순교자들의 부활에 대해 말하고 있다고 볼 수 있다.

(9) '첫째 부활' 을 죽은 자들의 일반적 부활이 있기 전에 있을 그리스도인들의 특별한 부활로 이해하는 입장이 있다. 이 견해를 제시한 크로델(G. A. Krodel, *Comm.*, 336)은 '첫째 부활' 이 그것을 자신들의 세계와 연결시킨 사람들의 슬로건이었을 것이라고 가정하면서, 계시록 저자가 이것을 초기 기독교(바울적)의 전통선에 따라 해석했다고 말한다. 바울적 전통과 관련해서 그는 데살로니가전서 4장 16절을 인용한다. 이에 근거하여 그는 계시록 저자가 그리스도 안에서 죽은 자들의 우선권을 천 년의 시간적 우선성의 관점에서 해석했다고 주장한다.

이 입장도 그다지 설득력이 있는 것으로 보이지 않는다. 여기서 우리는 주석상의 오류들 중 하나인 소위 '한 작품의 특성을 나타내는 특수성들에 대한 부당한 경시'를 볼 수 있다. 계시록 20장 4~6절에서 바울적 전통을 찾아 '첫째 부활'을 데살로니가전서 4장 16절과 연관시켜 이해하는 것은 무리가 있어 보인다. 그리고 요한계시록이 죽은 자들의 일반적 부활과 그리스도인들의 특별한 부활을 구분해서 언급한다는 주장도 설득력이 약하다. 왜냐하면 최후의 심판 장면(계20:11~15)에서 계시록 저자는 그리스도인들이든 불신앙인들이든 죽은 자들 모두가 자기 행위에 따라 심판을 받는다는 것을 강조하고 있고, 20장 4~6절의 '첫째 부활'은 순교자들의 부활에 대해 말하는 표현으로 보아야 하기 때문이다.

(10) 첫째 부활을 세례 때 이미 부활이 일어났다고 주장하는 열광주의적 세례 이해에 대한 논박으로 이해하는 입장이 있다. 이 견해를 주장한 카러(M. Karrer, Die *Johannesoffenbarung als Brief*, 275~276)는 우선 요한계시록에는 '둘째 부활' 개념이 한 번도 나오지 않는다는 점을 지적한다. 그렇기 때문에 우리는 요한계시록이 오직 한 부활에 대해 언급한다는 전제 하에서 '첫째 부활'의 문제를 다루어야 하고, 그리스도인들의 사망 이전 부활을 선포한 소아시아의 기독교 그룹들에 관한 보도들로부터 출발해야 한다고 그는 강조한다. 그 예로서 그는 부활이 이미 지나갔다고 말하는 후메내오와 빌레도에 대해 언급하는 디모데후서 2장 17~18절과 요한계시록의 니골라당에 대한 비판과 같은 방식으로 행하는 히폴리트(Hyppolyt(De resurrectione fr.1))의 비판을 든다. 이에 근거해서 그는 계시록 20장 5b절을 열광주의적 세례 이해에 대한 논박으로 이해해야 한다고 주장한다.

그러나 이 입장도 설득력이 약하다. 이 견해도 주석 상의 오류들 중의 하나인 소위 '불합리한 전체의 전이'에 해당된다. 우리는 요한계시록 텍스트의 어디에서도 소아시아의 교회들 안에 열광주의적 세례 이해를 지녔던 그룹들이 있었다는 내용을 찾아볼 수 없다.

(11) 월(W. Wall, *Comm.*, 239)은 첫째 부활을 기독교 승리자들이 다스리는 공동체에 하나님이 부여해주시는 종말론적 우선성을 위한 상징으로 이해한다. 이들은 그리스도가 영광 중에 다시 오실 때 마지막 때의 복과 거룩을 경험하는 첫 번째 사람들이라는 것이다.

그러나 이 주장의 논거는 매우 빈약하다. 왜냐하면 월은 단지 계시록 저자가 둘째 부활에 대해 언급하지 않기 때문에 이렇게 이해해야 한다고 주장하고 있기 때문이다. 우리는 계시록 20장 12~13절에서 계시록 저자가 간접적으로 둘째 부활에 대해 언급하고 있다고 말할 수 있으며, 설령 그렇지 않다 하더라도 이 이유 하나만으로 꼭 이렇게 주장할 수 있는 것은 아니다.

(12) 첫째 부활을 구원의 완성으로 이끄는 진실한 모든 그리스도인들의 궁극적인 몸의 부활로 이해하는 입장이 있다. 이 입장에 속하는 주석가들이 제시하는 논거들은 다음과 같다.

① 계시록 20장 4절의 '보좌들에 앉아 있는 자들'은 완성된 그리스도인들을 가리킨다. 왜냐하면 이 구절은 지극히 높으신 자의 성도들의 권리를 회복시켜 주시는 것, 즉 그들의 복권에 대해 말하는 다니엘 7장 22절에 뿌리를 두고 있기 때문이다. 따라서 계시록 20장 4절은 환란을 이긴 그리스도인들의 복권에 대해 언급하고 있다.

② 계시록 20장 5절의 '그 나머지 죽은 자들'은 불신앙인들과 그리스도의 적대자들을 가리킨다.

③ 모든 신자들의 부활은 시간적으로나 정도에서 첫째다.

④ 이 입장은 부활의 순서에 대해 말하는 고린도전서 15장 23절에 부합

된다.

⑤ 계시록 20장 6절의 복 선언은 모든 성도들이 영원한 거룩한 도시(21:2, 10, 22:19)에서 그리스도의 거룩함에 참여하는 복된 상태를 진술한다.

그러나 이 입장도 그다지 설득력이 있는 것으로 보이지 않는다. 계시록 20장 4절의 '보좌에 앉아 있는 자들' 은 순교자들을 가리키며, 5절의 '그 나머지 죽은 자들' 은 순교자들 외의 모든 그리스도인들과 불신자들을 가리킨다고 보는 것이 더 합당하다. 왜냐하면 최후의 심판 장면(계20:11~15)에서 계시록 저자는 그리스도인들이든 불신앙인들이든 죽은 자들 모두가 자기 행위에 따라 심판을 받는다는 것을 강조하기 때문이다. 또한 논거 ③과 ④는 주석상의 오류들 중의 하나인 소위 '한 작품의 특색을 나타내는 특수성들에 대한 부당한 경시' 에 해당된다. 논거 ⑤는 ①~④ 논거들이 설득력을 잃으면 자동적으로 설득력을 잃게 된다.

(13) 첫째 부활을 순교자들의 부활로 이해하는 입장이 있는데, 이 입장은 또한 다음과 같이 여러 견해들로 나누어진다.

① 미래의 천년 왕국 전에 있을 순교자들의 영화된(glorified) 영적 몸으로서의 부활

② 미래에 있을 순교자들의 부활

③ 천년 왕국 끝에 일어날 순교자들의 부활

④ 순교자들의 영적 부활

필자는 지금까지 본 여러 견해들 중 계시록 20장 4~6절에 나오는 '첫째 부활' 을 순교자들의 부활로 이해하는 입장을 가장 설득력이 있다고 본다. 왜냐하면 앞에서 언급한 바와 같이 4a절의 '보좌들에 앉아 있는 자들' 과

4d절의 '그들' 은 순교자들을 가리킨다고 보는 것이 가장 합당하기 때문이다. 그런데 필자는 (13) 중에서 견해 ①에 동의하고 싶다. 왜냐하면 ②는 ①보다 덜 구체적이고, ③은 '천년왕국 끝' 이라는 표현이 적절치 않으며, ④는 '영적 부활' 이라는 표현이 적절치 않기 때문이다.

다음으로 "그리스도와 함께 천 년 동안 다스렸습니다"라는 어구는 그리스도의 천년왕국에 관한 언급 때문에 기독교의 역사에서 매우 유명해졌고, 교회사에 나타난 여러 천년왕국 운동들에 큰 영향을 끼쳤다. 이 구절에 대한 해석은 매우 다양하지만, 여기서는 크게 세 가지로 나누어 요약하고자 한다.

(1) 문자적, 역사적 해석

이 해석은 가장 오래된 해석 중의 하나로서 처음 4세기 동안 기독교인들에게 매우 인기가 있었다. 몇몇 교부들(가령, 파피아스, 저스틴, 이레니우스, 터툴리안)은 이 구절이 그리스도의 재림 후에 지상에 도래할 그리스도의 천년왕국에 대한 문자적 예언으로 믿었다. 오늘날에도 19세기에 영국에서 플리머스 형제단(Plymouth Brethren)을 창설한 다비(John Nelson Darby)라는 사람의 가르침에 뿌리를 두고 있는 독특한 신학체계인 세대주의적 입장에 속한 사람들은 이 입장을 따르고 있다. 이들은 자신들을 전천년왕국론자들이라고 부른다. 왜냐하면 이들은, 그리스도가 지상에서의 천 년 통치 이전에 재림할 것이라고 믿기 때문이다. 이들은 자신들이야말로 교회의 역사적 신앙을 고수하고 있다고 주장한다. 이들은 어거스틴의 해석에 뿌리를 두고 있는 주요 교파들의 종말론적 가르침에 반대하면서 이것을 무천년왕국설이라고 부른다. 왜냐하면 이것은 그리스도의 재림과 최종적으로 임할 새 하늘과 새 땅 사이에 있을 지상에서의 그리스도의 통치를 인정하지 않기 때문이라는 것이다. 이 입장은 미국에서 라디오와 TV 설교자들 그리고 대중적인 출판물에 의해 널리 확산되어 왔고, 소위 시한부 종말론의 이론적 근거가 되고 있다. 지상에 도래할 그리스도의 천년왕국에 대한 기대는 이단적 종파들(가령, 여호와의 증인, 몰몬교, 제칠일 안식교)에서도 매우 큰 의미를 가지고 있음을 볼 수 있다.

(2) 영적, 역사적 해석

앞서 언급한 고대 교회의 천년왕국설은 점차적으로 변화를 겪게 되었다. 그리스도의 재림은 예상처럼 빨리 일어나지 않았고, 4세기 초에 이르러 기독교는 국가 종교가 되었다. 유대적 사고방식은 그레코-로만 사고방식으로 대체되었고, 교회에 대한 새로운 강조점이 나타나게 되었으며, 알렉산드리아 학파에 의해 주도된 성서의 알레고리적 해석은 천년왕국에 대한 희망의 열기를 식게 만들었다. 특히 오리겐은 천년왕국에 대한 문자적, 역사적 해석을 오직 글자의 겉 의미에만 매달리는 어리석은 입장이며 욕망과 정욕에 탐닉하는 짓이라고 비판했다. 알렉산드리아의 디오니시우스(Dionysius)도 천년왕국설을 강하게 비판했다. 그는 요한계시록이 천년왕국의 이념을 제공한다고 해서 아예 이 책의 사도적 기원을 부정하기까지 했다. 디오니시우스의 비판은 교회의 신앙으로부터 모든 물질주의적 기대들을 추방시키는 데에 큰 영향을 끼쳤다. 그러나 알렉산드리아 학파는 계시록 20장 4~6절을 자세히 주석하지 못했다.

이 구절들을 영적, 역사적으로 해석한 대표자는 어거스틴이라고 말할 수 있는데, 그는 4세기에 요한계시록 주석서를 쓴 티코니우스(Tychonius)로부터 큰 영향을 받았다고 말한다. 티코니우스는 그의 요한계시록 주석서에서 성서해석의 여러 규칙들을 사용했는데, 이 중에서 어거스틴에게 영향을 끼친 해석 방법은 두 가지였다. 하나는 반복의 원칙이었는데, 이것은 요한계시록의 이야기들이 계속되는 내용들이 아니라 여러 상징들을 통해 같은 기초 위에서 반복되는 내용들이라는 것이다. 또 하나는 '시간에 관한 것' 이었는데, 성서의 숫자들은 상징적으로 이해해야 한다는 것이다. 다시 말해서 예언에서는 하루가 일 년이나 한 달을, 그리고 일 년이나 한 달이 하루를 나타낸다는 것이다.

티코니우스는 미래에 있을 천년왕국에 대한 기대를 거부했다. 왜냐하면 그는 천년왕국이 이미 시작되었다고 생각했기 때문이다. 다시 말해서 그것은 역사의 마지막에 하나님이 개입하심으로 도래하는 것이 아니라, 그리스도의 첫 번째 내림으로부터 재림까지의 전 기간을 의미한다는 것이다. 그러나 티코니우스는 천년왕국이 곧 끝날 것이라고 생각한 것이 아닌가 하는 의심을 갖게 한다. 왜냐하면 그는 계시록 11장의 두 증인이 활동하는 3 $1/_{2}$주를 예수가 십자가에 달려 죽은 후 350년 기간으로 설명했기 때문이다. 그가 이 350년을 문자적인 의미로 말했다면, 천년왕국은 약 380년 경에 끝날 것으로 기대했다고 말할 수 있다. 그러나 그가 이런 의미로 말했는지는 분명하지 않다.

또한 티코니우스는 죽은 자들의 두 육체적 부활(하나는 천년왕국이 시작될 때 일어나는 신자들을 위한 부활이요, 다른 하나는 천년왕국이 끝날 때 있을 인류의 나머지를 위한 부활)에 대한 천년왕국론자들의 믿음을 거부했다.

천년왕국을 그리스도의 첫 번째 내림으로부터 재림까지의 기간으로 이해한 티코니우스의 견해는 어거스틴의 지지를 받았다. 초기에 어거스틴은 천년왕국론자들과 의견을 같이 했으나, 후기에 가서 그는 견해를 바꾸었다. 그는 계시록 20장 5~6절에 나오는 첫째 부활을 영적 부활로 이해했고, 천 년을 문자적으로 이해하지 않았다. 그에게 천 년은 세계 역사의 여섯 번째 세례 주간의 남은 기간 또는 시간의 충만을 의미하는 것이었다. 어거스틴은 마지막 때의 사건들의 시기에 관한 사변을 삼갔고, 천 년 동안에 걸친 그리스도의 통치를 교회의 시대로 이해했다. 현재 카톨릭 교회와 개혁 교회, 그리고 장로 교회에서 이 입장을 견지하는 사람들이 많이 있다.

그런데 이 해석 유형 가운데 후천년왕국설로 불리우는 견해가 있다. 이 견해는 그리스도의 왕국을 그리스도인들의 마음 속에 내재하고 있는 실재로 이해한다. 이 견해에 의하면 그리스도의 왕국은 현재도 복음 설교와 성령의 구원 사업을 통해 세상에서 확장되고 있으며, 세상은 결국 기독교화 될 것이고, 의와 평화의 긴 기간의 마지막 시점에서 그리스도의 재림이 일어날 것이라고 한다.

우리는 이 견해의 대표자도 어거스틴이라고 말할 수 있다. 일반적으로 어거스틴은 무천년왕국론자인 동시에 후천년왕국론자로 불리고 있다. 그가 무천년왕국론자로 불리는 이유는 그가 현 시대 이후 최후의 심판 전에 지상에 도래할 그리스도의 천년왕국을 믿지 않기 때문이고, 후천년왕국론자로 불리는 이유는 그가 복음 증거의 전(全) 시대를 그리스도의 재림 전에 도래하는 천년왕국으로 생각하기 때문이다.

(3) 상징적, 초월적 해석

앞서 언급한 두 해석 유형이 천년왕국을 지상에서 실현되는 것으로 이해하는 반면, 이 해석 유형은 천년왕국이 초월적인 세계에 속하는 것을 묘사한 것으로 본다. 이 입장은 4~6절의 문자 해석에 반대하고, 상징적으로 해석해야 한다고 주장한다. 이 입장에 속하는 많은 주석가들은 이 단락을 역사 안에서의 실제적인 기간에 대한 예언으로 보지 않고, 순교자들의 승리와 그들이 받을 특별한 보상에 대해 언급한 것으로 본다.

4절에 대해 지금까지 주석 한 것에 근거해서 볼 때 필자에게는 ③의 입장이 가장 설득력이 있는 것으로 보인다.

그런데 우리가 4d절을 좀 더 자세히 이해하려면, 소위 '천년왕국'이 유대적-묵시문학적 관념의 배경에서 나온 개념이라는 것을 아는 것이 중요하다. 이 개념은 유대인들의 두 가지 상이한 종말론적 기대들을 서로 조화시키려는 의도에서 나왔다. 원래 유대인들이 가졌던 종말론은 민족적인 것이었다. 유대인들은 메시아가 이스라엘의 원수들을 이긴 후 자신들을 위한 평화의 왕국이 지상에 건설될 것을 기대했고, 이 왕국이 무한정 지속될 것으로 생각했다. 그러나 이와 함께 아주 다른 또 하나의 종말론적 기대가 나타났다. 이 종말론에 의하면, 악한 현 시대가 지나면 새로운 시대가 도래하는데, 이 새 시대의 시작 전에는 최후의 심판이 있어서 이때 미래의 영원한 복에 참여할 자가 결정된다는 것이다. 후세에 이르러 이 두 종말론은 서로 결합되는 양상을 보이며 지상의 메시아 시대를 이 세상의 종말 전, 즉 새로운 시대의 도래 앞에 설정해 놓게 되었다. 이로 말미암아 민족적 메시아 왕국은 시간적으로 한정된 기간에 속하게 되었다. 그 결과 메시아도 다른 모든 사람들처럼 죽는다는 생각이 나타나기도 했다.(가령, 제4 에스라 7:28 참조) 요한계시록에서 저자가 그리스도의 왕국을 천 년 동안이라는 한정된 기간으로 언급하는 것을 볼 때, 우리는 요한이 이러한 두 종말론의 결합을 받아들인 것으로 인식할 수 있다.

그런데 유대교의 문헌은 메시아의 중간왕국의 기간에 대해서 상이한 내용을 보여 주고 있다. 제4 에스라서는 메시아가 400년 동안 다스릴 것이라고 말하지만, 유대교의 랍비들은 400년 외에 40년, 60년, 70년, 100년, 354년, 365년, 600년, 1,000년, 2,000년, 4,000년, 7,000년 등 여러 숫자를 사용했다.

그러면 요한은 어째서 메시아 왕국의 기간을 천 년이라고 말하는가?

대다수의 주석가들이 주장하는 바와 같이, 요한계시록의 '천 년'이라는 숫자는 7×1,000년의 세계 주간 도식에 뿌리를 두고 있는 것으로 보인다. 창세기 2장 2절에 의하면 하나님은 창조의 사업을 엿샛날까지 다 마치시고, 이렛날에는 하시던 모든 일에서 손을 떼고 쉬셨다고 한다. 그러나 시편 90편 4절에 의하면 하나님께는 하루가 천 년 같다고 한다. 따라서 옛 이스라엘 사람들은 세계의 역사가 6일, 즉 6,000년 동안 진행될 것이며, 그 후 세계의 안식일로서 일곱째 날, 즉 1,000년이 도래할 것이라고 생각했다.

그러나 여기서 우리가 간과하지 말아야 할 것은, 요한이 '천 년'을 시간의 일정한 기간의 의미로 사용하는 것이 아니라, 상징으로 사용하고 있다는 점이다. 요한이 단지 전통사적 배경에서만 '천 년' 개념을 수용한 것은 그가 천 년 간의 통치를 천상적인 것으로 말하고 있다는 점에서 드러난다. 이를 위해 우리는 다음과 같은 논거들을 제시할 수 있다.

① 4~6절에는 천 년 간의 통치가 지상에서 일어날 것이라는 어떤 암시도 없다.

② 4a절에는 "내가 또 보좌들을 보니"라는 어구가 있는데, 여기에 나오는 보좌들은 하늘의 보좌들을 가리킨다.

③ 그리스도와 함께 다스리는 자들은 순교자들이다.(4a~c절에 대한 주석을 참조할 것)

④ 4b절은 6장 9절과 매우 유사한데, 6장 9절에 나오는 영혼들은 하늘

에 있는 영혼들이다.

따라서 4~6절은 지상에서의 메시아의 중간 왕국 문제를 다루는 것이 아니라, 순교자들에 대한 하늘에서의 특별한 보상에 대해 언급하고 있다는 것을 분명히 인식할 수 있다. '천 년' 도 시간적인 의미로서가 아니라, 신학적 의미를 가지고 있는 상징 숫자로 사용되고 있다. 다시 말해서 '천 년' 은 세계 안식일의 평화 상태를 나타내는 상징수로 사용되고 있다.

5절 (그 나머지 죽은 자들은 그 천 년이 차기까지 살지 못하더라) 그 나머지 죽은 사람들은 천 년이 끝날 때까지 살아나지 못한다고 한다. 첫째 부활을 모든 그리스도인들의 부활로 보는 주석가들은 '그 나머지 죽은 자들' 을 그리스도인들 외의 모든 세상 사람들로 이해한다. 그러나 우리는 앞에서 4절이 오직 순교자들과 관련된 말씀이라는 것을 보았다. 따라서 '그 나머지 죽은 자들' 은 순교자들을 제외한 모든 그리스도인들과 불신자들을 가리킨다고 보아야 할 것이다.

이는 첫째 부활이라 여기서 요한은 4d절의 "그들이 살아나서"를 첫째 부활이라고 말하고 있다. 앞서 언급 한 바와 같이, 이것은 미래의 천년왕국 전에 있을 순교자들의 영화된(glorified) 영적 몸으로서의 부활을 말하는 것이다.(4절의 주석을 참조할 것)

요한계시록에서 '부활' (ἀνάστασις(아나스타시스))이라는 단어는 두 번(이 구절과 6a절) 나오는데, 두 번 다 '첫째 부활' 을 위해 사용될 뿐, '둘째 부활' 이라는 말은 나타나지 않는다. 그래서 주석가들 중에는 요한계시록의 종말론이 오직 한 가지 부활만을 말하고 있다고 보는 이들이 있다. 계시록 저자는 '둘째 부활' 이라는 용어를 사용하지 않지만, 세 군데에서 간접적으로 암시하고 있다.

첫째로, 20장 5절에서는 첫째 부활에 참여하는 순교자들 외의 나머지 죽은 자들이 천 년이 끝나기 까지 살아나지 못할 것이라고 한다. 이 진술은 20장 12a~c절 및 13a~b절과 관련해서 볼 때, 둘째 부활을 예기하고 있다는 것을 알 수 있다.

둘째로, 20장 12a~c절에서는 죽은 자들이 큰 자나 작은 자나 다 심판을 받기 위해 하나님의 보좌 앞에 설 것이라고 한다. 여기서 계시록 저자는 둘째 부활을 전제하고 있음을 알 수 있다.

셋째로, 20장 13a~b절에서는 죽은 자들이 심판을 받도록 하기 위해(13c절) 바다가 그 가운데 있는 죽은 자들을 내어주고 사망과 하데스도 그 가운데 있는 죽은 자들을 내어 놓을 것이라고 한다. 이 진술은 바로 위에서 언급한 12a~c절에 대한 더 자세한 설명이다. 여기서 죽은 자들의 장소가 죽은 자들을 내어 놓을 것이라고 하는 것은 부활에 대한 전통적인 이미지라고 말할 수 있다.

여기서 이 부활은 첫째 부활이 일어난 지 천 년이 지난 후 바로 최후의 심판 직전에 일어난다고 묘사되고 있다. 따라서 이 부활은 일반적 부활을 말한다는 것을 알 수 있다.

그런데 주석가들 중에는 이 부활을 단지 멸망을 위한 불신앙인들(악한 자들)의 부활로 이해하는 이들이 있다. 왜냐하면 이들은 20장 5절의 '그 나머지 죽은 자들' 과 12절 및 13절에 나오는 '죽은 자들' 을 그리스도인들을 제외한 불신앙인들(악한 자들)로 이해하기 때문이다.

그러나 우리는 여기서 '죽은 자들' 이 12a절의 '큰 사람이나 작은 사람이나 모두' 와 관련되어 있다는 점에 주목해야 한다. '큰 사람이나 작은 사람' 이라는 어구는 전통적으로 모든 연령 또는 모든 계층의 사람들 전체를 표현하기 위해 사용된 어법 중 하나다. 이 어구는 요한계시록에서 20장 12절 외에 4번 더 사용되는데, 13장 16절과 19장 18절에서는 전체를 구성하는 사회적 양극을 묘사할 때 사용되는 용어로 나타나고 있으며, 11장 18절과 19장 5절에서는 하나님을 두려워하는 모든 자들을 지칭할 때 사용되고 있다. 따라서 계시록 20장 12절에 나오는 행위의 책들에는 오직 불신앙인들의 행위만 기록된다고 볼 수 없다. 계시록 저자는 여기서 그리스도인들이든 불신앙인들이든 죽은 자들 모두가 자기 행위에 따라 심판을 받는다는 것을 강조하고 있다. 그러므로 계시록 20장 12~13절에 나오는 일반적 부활은 순교자들을 제외한 모든 죽은 자들(그리스도인들이든 불신자들이든)의 부활을 말한다고 보아야 할 것이다.

이것은 우리로 하여금 요한이 유대교의 부활 신앙을 넘겨받아서 그것을 그의 방식대로 변형시켰다는 것을 인식할 수 있게 해준다. 유대교에는 한편으로 오직 의인들만의 부활에 대한 신앙이 있었던 반면(솔로몬의 시편 3:12; 에티오피아어 에녹서 91:10, 92:3; 유다의 유훈 25:3~5), 다른 한편으로는 죽은 자들의 일반적 부활에 대한 신앙이 있었다.(단12:2; 에티오피아어 에녹서 51:1~2; 제4 에스라서 7:32~34; 시리아어 바룩 묵시록 30장과 50~51장에서는 이 두 부활이 결합되어 나온다) 요한은 순교자들의 부활을 묘사하기 위해 전자의 개념을 사용했다고 말할 수 있다.

6절 이 첫째 부활에 참예하는 자들은 복이 있고 거룩하도다 이것은 요한계시록에 나오는 일곱 개의 복 선언(1:3, 14:13, 16:15, 19:9, 20:6, 22:7, 14) 중 다섯째에 해당한다. 4~5절에서 보았듯이, 이 복 선언의 수신자들은 순교자들이다. 그런데 여기서 눈에 띄는 것은 요한이 다른 복 선언들과 달리 '복이 있는' (*μακάριος*(마카리오스))에 '거룩한' (*ἅγιος*(하기오스))이라는 말을 첨가하고 있다는 점이다. 이것은 요한이 순교자들의 천상에서의 기쁨에 덧붙여 그들의 거룩함을 강조한 것으로, 여기서 '거룩'은 불순하고 불신앙적인 세상으로부터의 분리와 하나님의 종말론적인 통치 영역에 속함을 의미한다.

둘째 사망이 그들을 다스리는 권세가 없고 이 구절은 순교자들을 향한 구원의 약속의 말씀이다. 이 말씀은 우선 부활한 순교자들이 이미 둘째 사망에서 벗어났다는 점을 강조한다. 첫째 사망이 육체의 사망인 반면, 둘째 사망은 최후 심판 후의 사망이다. 이에 대해서는 2장 11절의 주석을 참조할 것.

도리어 그들이 하나님과 그리스도의 제사장이 되어 '제사장'(ἱερεύς(히에류스))이라는 말은 요한계시록에서 모두 세 번 사용된다.(1:6, 5:10, 20:6) 1장 6절과 5장 10절에서 요한은 그리스도인들의 제사장적 기능에 대해 언급하고 있는 반면, 여기서는 부활한 순교자들의 제사장적 기능을 강조하고 있다. 제사장은 하나님과 인간 사이의 중재자다. 따라서 이 어구는 부활한 순교자들이 하나님과 올리어진 그리스도께 직접 접해 있으면서 하나님과 세상 사이의 중재자가 될 것임을 약속하는 말씀이라는 것을 알 수 있다.

천 년 동안 그리스도와 더불어 왕 노릇 하리라 이 어구에 대해서는 20장 4d절의 주석을 참조할 것.

7절 천 년이 차매 사탄이 그 옥에서 놓여 3절에서 예고된 바와 같이 사탄은 천 년이 끝난 후 옥에서 풀려날 것이라고 한다. 이 구절에 대해서는 3절의 주석을 참조할 것.

8절 나와서 땅의 사방 백성 곧 곡과 마곡을 미혹하고 모아 싸움을 붙이리니 그 수가 바다의 모래 같으리라 천 년이 끝난 후 사탄은 다시 풀려나서 정방형으로 생각된 지구의 네 모퉁이(7:1 참조)에 있는 민족들을 미혹하고자 그의 활동을 재개한다. 이 민족들은 곡과 마곡으로 불리는데, 이 민족들의 군대 수가 바다의 모래와 같다는 언급은 이 군대의 막강한 전투력을 강조하는 것이다. 이것은 요한이 에스겔 37~39장으로부터 영향을 받은 것으로 보인다. 에스겔 37~39장에는 메시아 왕국(겔 37장)의 묘사 다음에 가장 먼 북쪽에 있다고 생각된 민족인 마곡 땅(겔 38:1)의 왕, 즉 곡의 군대가 이스라엘을 침공하나 침략자 곡이 멸망하는 내용이 나온다. 그런 다음 에스겔 40~48장에서 새 예루살렘에 관한 환상을 말한다.

그러나 요한은 에스겔서에서처럼 곡을 마곡 땅의 왕 이름으로 사용하지 않고, 곡과 마곡을 마지막 때에 하나님 및 그의 백성들과 전쟁을 하려는 민족들의 이름으로 사용한다. 곡과 마곡을 민족들의 이름으로 사용하는 것은 유대교의 문헌들에서도 찾아볼 수 있다. 시빌의 신탁(3:319. 512)에서 곡과 마곡은 에티오피아인을 위한 이름으로 사용되고, 요세푸스의 유대 고대사(1.123(6:1))에서 마곡은 스구디아인을 위한 이름으로 사용된다. 그 밖의 문헌들에서 곡과 마곡은 마지막 때에 이스라엘을 침략할 이방 민족들의 리더들로 나타난다.(히브리어 에녹서 45:5; 미드라쉬 시프레 신명기 343; 바빌로니아 탈무드 아보다 짜라 3b; 바빌로니아 탈무드 베라코트 7b 참조) 랍비적 전승에 의하면 이 민족들의 군대는 예루살렘으로 진격하다가 메시아의 손에 의해 멸망당한다.(예루살렘 타르굼 Ⅱ 민수기 11:26) 여기서 우리는 요한이 유대교에서 마지막 때에 이스라엘을 침략할 이방민족들의 리더들로 생각한 곡과 마곡을 마지막 때에 그리스도인들과 전쟁을 하려는 민족들의 이름으로 사용한 것을 알 수 있다. 따라서 우리는 여기에 나오는 곡과 마곡을 역사적으로 이해해서는 안 된다. 곡과 마곡은 마지막 때의 악마적 민족들의 군대를 가리키는 신화적, 상징적 언어다. 그러므로 밀리(J. W. Mealy, *After the Thousand Years*, 140~142)처럼 곡과 마곡을 20장 5절에 나오는 죽은 자들의 나머지와 동일화시키거나 비슬리 머리(G. R. Beasley-Murray, *Comm.*, 297)처럼 19장 17~21절에 나오는 멸망당한 민족들 외의 나머지 세력들로 보는 것은 온당치 못하다.

9절 그들이 지면에 널리 퍼져 성도들의 진과 사랑하시는 성을 두르매 이 어구는 그리스도인들을 향한 곡과 마곡의 군대가 공격하는 내용이다. '사랑하시는 성'은 부활한 그리스도인들이 거주할 새 예루살렘(21:1~22:5)을 가리킨다. 이것은 거룩한 도성 새 예루살렘이 하나님께로부터 하늘에서 내려오는 것을 요한이 보았다고 언급하는 21장 2절과 10절의 말씀을 미리 암시하는 표현이다. 여기서 요한은 이 도성과 병행해서 '성도들의 진'이라는 표현을 사용하는데, 이 표현은 이스라엘 백성이 광야 시대에 진 안에 거한 것을 상기시킨다.(출14:19~20, 16:13, 17:1, 19:16~17; 민2:2~34; 신23:9~14 참조) 그런데 우리는 이 표현을 쿰란의 전쟁 두루마리(1QM 3:5, 4:9)에서도 찾아볼 수 있다. 거기서 이 표현은 마지막 때에 있을 빛의 아들들과 어두움의 아들들 간의 전투 장면에서 사용된다. 이런 점들을 고려해 볼 때, 우리는 요한이 유대교의 마지막 때에 관한 묵시문학적 사변으로부터 영향을 받았다는 점을 인식하게 된다.

하늘에서 불이 내려와 그들을 태워버리고 하나님께 적대적인 세력들이 그리스도인들을 죽이기 위해 그들의 진을 둘러싸지만, 그리스도인들은 기적적으로 구원을 받는다. 왜냐하면 사탄의 세력들은 하늘에서 내려오는 불에 의해 소멸될 것이기 때문이다. 하늘에서 불이 내려온다는 것은 전통적으로 하나님의 심판 장면에 나오는 모티브 중 하나다.(겔38:22; 창19:24; 왕하1:9~12; 습1:18, 3:8 참조)

10절 또 그들을 미혹하는 마귀가 불과 유황 못에 던져지니 이 어구는 사탄이 미혹한 곡과 마곡의 군대들뿐만 아니라 사탄 자신도 완전히 멸망당한다는 것을 말한다. 왜냐하면 불과 유황 못은 영원한 형벌의 장소인 게엔나(지옥)를 가리키는 표현이기 때문이다.(19:20, 20:14~15, 21:8 참조)

거기는 그 짐승과 거짓 선지자도 있어 세세토록 밤낮 괴로움을 받으리라 여기서 요한은 로마 제국과 이 제국의 거짓 예언자들에 대한 하나님의 심판을 다시 한 번 더 강조하기 위해 19장 20절을 반복한다. 따라서 이 어구에 대해서는 19장 20절의 주석을 참조할 것.

3) 설교 가이드

본문 주석에서 보았듯이, 본문은 지상에서의 메시아의 중간 왕국 문제를 다루는 것이 아니라, 하늘에서의 순교자들의 특별한 보상에 대한 말씀이다. 따라서 설교자는 잘못된 천년 왕국설에 대해 먼저 지적을 하고 난 후, 요한계시록이 왜 순교를 중요하게 여겨 강조하는지에 대해 비중을 두어 '진정한 신앙의 기준' 이라는 제목으로 설교를 작성할 수 있을 것이다.

① 설교자는 요한이 최후의 심판 그리고 새 하늘과 새 땅에 관한 본문에 앞서서 왜 여기서 순교자들의 특별한 보상에 대해 언급하는지 그 이유를 말해 주기 위해, 우선 요한계시록의 역사적 배경을 설명할 필요가 있다. 이에 대해서는 13장의 설교 가이드를 참조할 것.

② 요한계시록은 진정한 신앙의 기준이 순교라는 점을 가르쳐 주는 책이다. 이 책은 그리스도인들이 언제든지 하나님과 그리스도를 위해 순교

할 준비가 되어 있어야 한다는 것을 가르쳐 준다. 이를 위해 이 책은 그리스도를 최고의 순교자로 묘사한다. 이 책에서 순교자들의 원형은 예수 그리스도다. 요한 계시록에서 기독론적 칭호로서 제일 먼저 나오는 '신실한 증인' (1:5 참조, 3:14)은 순교자라는 의미를 내포하고 있다. 왜냐하면 2장 13절에 나오는 순교자 안디바도 '신실한 증인' 으로 불리고 있기 때문이다. 순교자를 뜻하는 영어 단어 martyr는 여기서 사용되는 헬라어 *μάρτυς*(마르튀스)에서 유래한 말이다.

이러한 순교자로서의 그리스도의 모습은 요한계시록에서 가장 중요한 기독론적 칭호로 간주되는 '어린 양' 에서도 찾아볼 수 있다. 5장 6, 9, 12절에서 그리스도는 도살당한 어린 양으로 묘사되는데, 이것은 예수의 죽음을 상기시킨다. 물론 5장 9절에 의하면 예수의 죽음은 인류의 구원을 위한 희생 제물로서의 죽음, 속량을 위한 죽음을 의미한다. 이와 함께 여기에는 앞서 언급한 '신실한 증인' 으로서의 그리스도 모습과 연관지어 볼 때, 그리스도를 최고의 순교자로 묘사하고자 한 요한의 의도를 엿볼 수 있다.

③ 이렇게 요한계시록이 예수를 최고의 순교자로 묘사하는 목적은 요한과 그의 수신 교회들이 처해 있던 상황과 관련이 있다. 소아시아의 교회들은 로마 제국의 박해 때문에 신앙의 위기에 직면해 있었다. 이런 상황 속에서 요한은 그의 수신 교회들에게 그리스도처럼 고난의 길을 걸어가야 한다는 것과 심지어 신앙 때문에 죽어야 할 상황이 오면 기꺼이 순교할 수 있어야 한다는 것을 강조한 것이다.

요한계시록은 기독교 순교자들에 대해 말할 때, 그리스도의 증언(증거)과 관련해서 언급한다. 순교자들은 예수의 증언을 끝까지 지킨 사람들이다.(6:9, 11:7, 12:17, 20:4) 12장 11절에서 순교자들은 어린 양의 피와 자기들의 증언의 말씀을 통해 사탄을 이겼고 죽기까지 자기들의 목숨을 아끼지 않은 사람들로 나타난다. 여기서 요한은 그리스도가 신실하고 참된 증인인 것처럼 그의 제자들도 신실하고 참된 증인이 되어야 한다는 점을 강조한다. 그러므로 요한에게 있어서 순교는 신실하고 참된 증인임을 증명해주는 행위다. 여기서 우리는 순교가 진정한 신앙의 기준임을 잊지 말아야 한다.

19.3. 20:11~15: 최후의 심판

> 11또 내가 크고 흰 보좌와 그 위에 앉으신 이를 보니 땅과 하늘이 그 앞
> 에서 피하여 간 데 없더라 12내가 보니 죽은 자들이 큰 자나 작은 자나
> 그 보좌 앞에 서 있는데 책들이 펴 있고 또 다른 책이 펴졌으니 곧 생명
> 책이라 죽은 자들이 자기 행위를 따라 책들에 기록된 대로 심판을 받으
> 니 13바다가 그 가운데서 죽은 자들을 내주고 또 사망과 음부도 그 가운
> 데에서 죽은 자들을 내주매 각 사람이 자기의 행위대로 심판을 받고 14
> 사망과 음부도 불못에 던지니 이것은 둘째 사망 곧 불못이라 15누구든지
> 생명책에 기록되지 못한 자는 불못에 던져지리라

1) 본문 소개

본문은 최후의 심판에 대해 묘사한다. 주석가들 중에는 이 심판을 불신앙인들만 받아야 하는 심판으로 이해하는 이들이 있지만, 본문 주석에서 볼 수 있는 바와 같이 이 심판은 불신앙인이든 그리스도인이든 모든 사람들이 최종적으로 받아야 할 최후의 심판을 말한다.

마지막 때의 사건들의 순서에 있어서 요한은 기본적으로 유대교의 묵시 문학적 전통을 따른다. 이 전통에 의하면 메시아 왕국 다음에는 세계의 종말, 죽은 자들의 일반적 부활, 최후의 심판이 뒤따른다.(제4 에스라서 7:26~44; 시리아어 바룩 묵시록 30, 40, 50~51 참조) 그러나 요한은 이 도식을 자신의 관점에 따라 약간 변형시킨다. 바로 위에서 언급한 전통에 의하면 죽은 자들의 일반적 부활이 최후의 심판 이전에 일어나야 한다. 그러나 이 단락에는 이 부활에 대한 언급은 없고 대신 4절에 순교자들의 부활이 언급되는 반면에, 5절에는 나머지 죽은 자들이 천 년이 끝나기까지 살아나지 못할 것이라고 한다. 단지 13절에서 이들의 부활이 전제될 뿐이다. 아마도 요한은 여기서 하나님의 최종적 심판에 초점을 맞추는 과정에서 죽은 자들의 일반적 부활 문제를 생략했을 가능성이 있다.

이 단락은 다음과 같이 이루어져 있다.

(1) 11절: 이 구절은 본문의 서론으로서 두 요소로 이루어진 하나님 현현의 형식을 취하고 있다.

① 하나님의 나타남: 하나님은 크고 흰 보좌 위에 앉아 계신다.(11a절)

② 자연의 반응: 땅과 하늘이 사라지고 그 자리마저 찾을 수 없다.(11b절)

(2) 12~15절: 여기서는 죽은 자들에 대한 최후의 심판 장면이 묘사된다.

① 죽은 자들은 하나님의 보좌 앞에 서 있다.(13a절)

② 두 종류의 책, 즉 행위의 책들과 생명의 책이 펼쳐진다.(12bc절)

③ 심판의 기준: 죽은 자들은 행위의 책들 안에 기록되어 있는 대로 자기들의 행위에 따라 심판을 받는다.(12d절)

④ 죽은 자들의 부활에 대한 암시: 바다, 사망, 그리고 하데스(음부)가 죽은 자를 내어놓는다.(13a절)

⑤ 반복되어 나오는 심판의 기준: 인간의 행위(13b절)

⑥ 죽음과 하데스가 받을 형벌: 이것들은 불바다(지옥)에 던져지는데, 이것은 둘째 사망으로 불린다.(14절)

⑦ 생명의 책에 기록되어 있지 않은 사람이 받을 형벌: 불바다(지옥)에 던져진다.(15절)

2) 본문 주석

11절 또 내가 크고 흰 보좌와 그 위에 앉으신 이를 보니 땅과 하늘이 그 앞에서 피하여 간 데 없더라 4장 2절에서처럼 요한은 보좌와 그 위에 앉아 있는 분, 즉 하나님을 본다. 그리고 그 보좌는 크고 희다는 것이다. 요한계시록에서 흰 색은 종말론적 색으로서 승리와 천상적 순결을 상징한다. 따라서 크고 흰 보좌는 심판을 위해 나타나는 하나님의 고결하고 장엄한 권위를 위한 표상이다. 요한은 하나님에 대한 경외심 때문에 하나님을 간접적으로 '그 위에 앉으신 분' 으로 칭한다. 그는 이 하나님의 장엄한 권위를 묘사하기 위해 우주적 파국을 묘사하는 구상어들을 사용한다. 하늘과 땅도 그 분 면전을 피하여 흔적도 찾을 수 없게 되어 버린다. 요한은 이것을 세계의 멸망에 관한 우주론적 진술의 의미에서 말하는 것이 아니라, 심판하시는 하나님의 장엄한 면과 두렵고 떨리게 하는 면을 위한 표상으로 사용하고 있다. 이것은 6장 14~16절의 선취적 심판 장면에서 볼 수 있듯이, 이 구상어들이 교대로 사용되고 있다는 점과 20장 13절에서 우주가 아직 있는 것으로 묘사되고 있다는 점에서 드러난다.

12절 내가 보니 죽은 자들이 큰 자나 작은 자나 그 보좌 앞에 서 있는데 요한은 또 죽은 자들이 큰 자나 작은 자나 다 하나님의 보좌 앞에 서 있는 것을 본다. 요한계시록에서 권력의 상징인 보좌는 여기서 하나님의 심판석으로 나타난다. 본 구절은 13절에서 비로소 암시되고 있는 죽은 자들의 부활을 전제한다. 요한은 하나님의 심판석 앞에 서 있는 부활한 죽은 자들의 무리를 본다. '큰 자나 작은 자나' 라는 표현은 심판의 보편성을 강조한다.(11:18, 13:16, 19:5, 18 참조) '큰 자나 작은 자나' 라는 어구는 전통적으로 모든 연령, 또는 모든 계층의 사람 전체를 표현하기 위해 사용된 어법 중의 하나다. 이 어구는 요한계시록에서 본 구절 외에도 네 번 더 사용되는데, 13장 16절과 19장 18절에서는 전체를 구성하는 사회적 양극 묘사에 사용되는 용어로 나타나고 있으며, 11장 18절과 19장 5절에서는 하나님을 두려워하는 모든 자들을 지칭할 때 사용되고 있다. 따라서 여기서 요한이 강조하고 있는 것은 그리스도인이든 불신앙인이든 죽은 자들 모두가 심판을 받는다는 것이다.

책들이 펴 있고 또 다른 책이 펴졌으니 곧 생명책이라 죽은 자들이 자기 행위를 따라 책들에 기록된 대로 심판을 받으니 본 구절에는 최후의 심판 때 펼쳐지는 두 종류의 책이 언급되고 있다. 한 가지는 사람들의 행위가 기록되어 있는 책들이고, 다른 하나는 '생명의 책' 이다.

요한계시록에서 '생명의 책' 은 이 구절 외에 다섯 번 더 사용된다.

3:5: "이기는 자는 이와 같이 흰 옷을 입을 것이며 내가 그의 이름을 생명의 책에서 결코 지워버리지 않을 것이며…."

13:8: "그러므로 땅 위에 사는 사람 중에 죽임을 당한 어린 양의 생명의 책에 창세 때부터 이름이 기록되어 있지 않은 자는 모두 그에게 경배할 것입니다."

17:8: "…그리고 땅 위에 사는 사람들로서 창세 때부터 생명의 책에 이

름이 적혀 있지 않은 자들은 그 짐승을 보고 놀랄 것이다."

20:15: "이 생명의 책에 기록되어 있지 않은 사람은 누구나 다 이 불바다에 던져졌습니다."

21:27: "모든 속된 것과 가증한 것과 거짓을 행하는 자는 결코 거기 들어가지 못하고 다만 어린 양의 생명의 책에 기록되어 있는 자들만 들어갈 것입니다."

전통사적 배경에서 본 바와 같이(계3:5의 주석을 참조할 것), 유대교의 묵시문학에서 '생명의 책'은 마지막 때 하나님의 왕국에 참여하게 될 사람들의 이름이 기록되는 하늘의 주민등록부의 의미로 사용된 표상이다. 요한계시록에서 '생명의 책'은 21~22장에서 묘사되는 하나님의 새로운 도성 안으로 들어가게 될 사람들의 이름이 기록되는 명부의 의미로 사용된다. 요한은 구약과 초기 유대교 전통 안에 있는 '생명의 책' 표상을 기독교화해서 어린 양의 생명의 책으로 표기한다.(계13:8, 21:27 참조) 그는 오직 그리스도인들만 구원을 받는다는 점에 초점을 맞춘다. 그리고 여기서 그가 강조하고 있는 것은, 그리스도인들이 하나님께서 미리 창세 때부터 택하신 사람들이라는 점과 구원이 하나님의 선물이라는 점이다.(계13:8, 17:8 참조)

이에 반해서 '행위의 책들'은 계시록 중에서는 본 구절에만 나오는데, 이 책들은 분명히 생명의 책과 성격이 다르다. 생명의 책에는 그리스도인들의 이름이 기록되는 데 반해서, 이 책들에는 사람들의 행위가 기록된다는 것이다.

여기서 우리는 다음과 같은 의문을 제기할 수 있다. 행위의 책들에는 오직 불신앙인들의 행위만 기록된다는 것인가, 아니면 그리스도인들의 행위도 기록된다는 것인가?

이 문제에 대한 답변으로는 12절의 "죽은 자들은 그 책들에 기록된 대로 자기 행실에 따라 심판을 받았다."라는 문장의 의미를 자세히 고찰할 필요가 있다. 여기서 '죽은 자들'은 12a절의 '큰 사람이나 작은 사람이나 모두'와 관련되어 있다. 12a절의 주석에서 본 바와 같이 이들은 그리스도인들이든 불신앙인들이든 죽은 자 모두를 말한다. 따라서 행위의 책들에는 오직 불신앙인들의 행위만 기록된다고 볼 수 없다. 계시록 저자는 여기서 그리스도인들이든 불신앙인들이든 죽은 자들 모두가 자기 행위에 따라 심판을 받는다는 것을 강조하고 있다.

그렇다면 우리는 또 다른 의문이 생긴다. 이미 앞에서 계시록 저자는 하나님의 선택에 의해 생명의 책에 이름이 기록된 그리스도인들만이 구원을 받는다고 하고서 여기서는 왜 불신앙인들뿐만 아니라, 그리스도인들도 자기 행위에 따라 심판을 받는다고 하는 것인가?

이를 위해서는 계시록 저자가 그리스도인들의 행위 문제를 어떻게 생각했는지에 대해 더 자세히 살펴볼 필요가 있다. 요한계시록에서 그리스도인들의 행위 문제를 가장 상세히 다루는 곳은 2~3장이다. 특히 계시록 2장 23b, c절(그리하면 모든 교회는 내가 사람의 생각과 마음을 살피는 이라는 것을 알게 될 것이다. 나는 너희 각 사람에게 그 행위대로 갚아 주겠다.)은 우리의 문제 제기와 관련해서 주목할 만한 가치가 있다.

여기서 우리의 시선을 끄는 것은 이 구절의 바로 앞에 나오는 예언자 이세벨과 그녀의 추종자들에 대한 심판 예고가 오직 두아디라 교회에 한하고 있는 반면, 이 구절은 모든 교회로 향한다는 점이다. 여기서 우리는 계시록 저자의 관심사가 단지 이세벨과 그녀의 추종자들에 대한 형벌 예고에만 있는 것이 아니라, 그리스도의 행동 가운데서 사람들이 인식해야 하는 그리스도의 자기 표명에 있다는 것을 알 수 있다. 여기서 계시록 저자는 올리어진 그리스도가 심판을 통해 사람의 생각과 마음을 살핀다는 것을 스스로 모든 교회에 알리시는 분으로 묘사한다. 다시 말해서 계시록 저자는 그리스도가 하나님처럼 인간의 가장 깊은 내면의 세계까지 안다는 것과 인간 내면의 세계는 그리스도의 심판 행동으로 드러난다는 것을 강조한다.

그런데 이와 관련해서 또한 주목해야 할 것은, 23b절 바로 다음에 "나는 너희 각 사람에게 그 행위대로 갚아 주겠다."라는 문장이 나온다는 점이다. 이것은 계시록 저자가 인간의 행위를, 인간의 본질을 나타내는 표시로 이해했다는 것을 인식케 해 준다. 다시 말해서 교회와 각 개인의 본질은 구체적인 행위 속에서 드러난다는 것이다. 그러므로 여기서 우리는 계시록 저자가 믿음과 행위를 따로 떼어 생각하지 않고 함께 속하는 것으로 이해했다는 것을 알 수 있다.

이것은 계시록 3장 5절에서도 인식할 수 있다. 앞에서 살펴본 바와 같이, 여기에 나오는 '생명의 책'은 하나님의 선택과 그리스도인들의 믿음을 위해 사용되는 표상이다. 그러나 이 구절에는 그리스도인들도 시련과 시험에서 이기지 못하면 생명의 책에서 지워질 수 있다는 의미가 들어 있다. 이것은 계시록 저자가 그리스도인들에게 얼마나 책임성을 강조하려 했는지를 알게 해 준다.

또한 여기서 우리가 주목해야 할 것은 2장 23c절의 문장이 본 구절에도 나온다는 점이다. 이것은 23c절의 문장이 최후의 심판을 목표로 하고 있다는 것을 분명히 말해주는 점이다. 계시록 저자는 이 진술을 통해 모든 그리스도인들이 최후의 심판 때 올리어진 그리스도 앞에서 평결을 받게 된다는 점을 강조한다. 여기서 우리는 인간의 생각과 마음을 살피시는 그리스도가 최후의 심판 때 각각의 그리스도인들에게 그 행위대로 갚는다는 것을 강조함으로써, 그리스도인들의 회개 문제를 더 절박하게 다루고자 한 저자의 의도를 알 수 있다.

13절 바다가 그 가운데에서 죽은 자들을 내주고 또 사망과 음부도 그 가운데에서 죽은 자들을 내주매 각 사람이 자기의 행위대로 심판을 받고 이 구절에서 계시록 저자는 죽은 자들이 심판을 받기 위해 하데스가 죽음과 함께 그 가운데 있는 죽은 자들을 내놓는다고 언급한다. 여기서도 1장 18절에서처럼 하데스가 죽은 자들의 거처로 사용되는지, 아니면 인격화되어(악령의 세력) 사용되는지에 대해 논란이 많다. 먼저 후자에 속한 주석가들이 제시하는 논거들을 살펴본다.

① 계시록에서 하데스는 늘(4번) 죽음과 쌍을 이루어 나오는데, 이 구절 외에 다른 세 구절(1:18, 6:8, 20:14)에서 하데스는 인격화되어 나타난다.(주석가들 중에는 이 세 구절 중 단지 한 구절만(6:8 또는 20:14) 또는 두 구절만(1:18과 6:8)을 언급하는 이들도 있다)

② 구약(사28:15, 18, 호13:14)에서도 죽음과 하데스는 인격화되어 나타난다.

③ 계시록 20장 13b절의 표현은 지하 세계의 신인 하데스에 대한 헬레니즘적 관념으로부터 영향을 받았다.

④ 이 구절에서는 죽음과 하데스가 그들(복수!) 안에 있는 죽은 자들을 내놓는다고 하는데, 지하 세계의 복수 표시는 흔하지 않다.

그러나 필자에게는 이 네 가지 논거들이 그다지 설득력이 있는 것으로 보이지 않는다.

① 물론 계시록에서는 하데스가 늘 죽음과 쌍을 이루어 나오지만, 이것이 다른 구절들(6:8, 20:14)에서 인격화되어 나온다고 해서 20장 13절에서도 반드시 인격화되어 나온다고 할 수 없다. 앞에서 보았듯이 1장 18절에서 하데스는 죽은 자들의 처소의 의미로 사용된다고 말할 수 있다. 여기서 '하데스'의 의미를 잘 알기 위해서는 20장 13a절의 맥락과 전통사적 배경을 자세히 살펴보아야 한다.

② 구약의 몇몇 구절들에서 하데스가 인격화되어 나타난다고 해서 계시록 20장 13a절에서도 인격화되어 나타난다고 말할 수 없다. 그리고 시편 49편 14절에서는 죽음이 인격화되어 나타나는 반면에 스올은 장소로 나타난다.

③ 계시록 20장 13a절의 표현이 지하 세계의 신인 하데스에 관한 헬레니즘적 관념으로부터 영향을 받았다는 증거는 없다. 오히려 이 구절의 표현에는 부활에 대한 표상으로서 죽은 자의 장소가 죽은 자를 돌려줄 것이라고 언급하는 초기 유대교의 전승이 들어 있다고 말할 수 있다.

④ 물론 지하세계의 복수 표시는 흔치 않다. 그러나 여기서 죽음과 하데스는 거의 동의어로 사용된다고 말할 수 있고, 전치사 ἐν으로부터 우리는 여기서 하데스가 죽은 자들의 장소의 의미로 사용되고 있다는 것을 인식할 수 있다.

따라서 필자는 계시록 20장 13절에 나오는 하데스를 인격화된 악령의 세력으로 보는 것보다는 죽은 자들의 거처로 보는 견해가 더 합당하다고 본다.

그런데 주석가들 중에는 여기서 말하는 하데스를 악인들 또는 불신앙인들의 영혼의 거처로 이해하는 이들이 있다. 찰스(R. H. Charles, *Revelation*, 2.196)는 계시록 20장 13a절에 나오는 '바다'를 육체적 부활

사상을 소개하기 위해 유대교 문헌에 나오는 *τὰ ταμεῖα* (타 타메이아: 영혼의 보고)가 바뀐 것으로 보면서, 이 '보고'에는 의인들의 영혼이 거주하는 반면에(이미 하늘에 있는 순교자들을 제외하고), 13a절에 나오는 하데스에는 악한 영혼들이 거처하는 것으로 이해했다. 왜냐하면 다음 절에서 이 하데스는 불못으로 던져지기 때문이다.

그러나 여기서 '바다'라는 단어를, *ταμεῖα*(타메이아)가 바뀐 것으로 보는 찰스의 견해는 분명한 증거가 없는 추측에 불과하다. 그리고 제2 성전기 유대교의 문헌에서 하데스는 중간 상태에 있는 모든 영혼들이 거처하는 장소 또는 악인들만 거처하는 장소로 나타날 때가 있는데, 이러한 하데스에 대한 이중의 관념은 신약에도 나타난다.(마10:28(마11:23); 눅16:23(눅10:13; 행2:27, 31) 참조) 따라서 계시록 20장 13절의 하데스를 악인들만의 거처로 보는 찰스의 주장은 그다지 설득력이 있는 것으로 보이지 않는다. 계시록 20장 5~6절에 나오는 첫째 부활에 참여하는 자들을 순교자들로 보는 것이 옳다면, 20장 13절에 나오는 하데스는 순교자들을 제외한 모든 죽은 자들의 영혼들이 거처하는 장소로 이해하는 것이 더 타당할 것이다. 왜냐하면 20장 12절에 나오는 '큰 자나 작은 자나'는 순교자들을 제외한 모든 죽은 자들을 가리키는 어구로 볼 수 있으며, 13절은 최후의 심판을 위한 일반적 부활에 대해 말하는 구절로 간주할 수 있기 때문이다.

또한 여기서 눈에 띄는 것은, 계시록 20장 13a절에는 죽은 자들이 심판을 받도록 하기 위해 바다가 사망과 하데스와 함께 그 가운데 있는 죽은 자들을 내놓을 것이라는 언급이 나온다는 점이다. 일련의 주석가들에 의하면, 여기서 바다는 실제적인 바다를 말하는 것이 아니라 인격화된 악령적 세력들을 가리킨다고 한다.

그러나 앞에서 본 바와 같이 계시록 20장 13a절에서 바다와 함께 나오는 하데스를 죽은 자들의 거처로 이해함과 동시에 이 구절을 최후의 심판을 위한 일반적 부활에 대해 말하는 구절로 간주하는 것이 옳다면, 여기에 나오는 바다도 인격화된 악령의 세력으로 보는 것보다는 죽은 자들의 거처로 보는 견해가 더 합당하다고 본다. 여기서 계시록 저자가 죽은 자들을 내어 주는 영역으로서 하데스만 언급하지 않고 바다를 같이 언급하는 이유는, 일련의 주석가들이 언급하는 바와 같이 아마도 바다에 빠져 죽은 사람들은 땅에 묻히지 못해서 하데스에 들어가지 못한다고 생각한 그 당시의 통속 신앙 때문이었을 수 있다. 여기서 계시록 저자는 일반적 부활과 심판의 우주적 성격을 강조하기 위해 하데스와 함께 특별히 바다까지 언급했다고 볼 수 있다.

14절 사망과 음부도 불못에 던져지니 이것은 둘째 사망 곧 불못이라 이 구절에는 죽음과 하데스가 불못에 던져졌다는 표현이 나오는데, 여기에서 하데스의 의미는 정확히 알기가 어려워 여러 해석들이 나오고 있다.

① 이 구절은 바울이 고린도전서 15장 26절에서 가르친 것, 즉 죽음 자체가 영원히 멸망당할 것이라는 점을 묘사한다고 보는 입장이 있다. 왜냐하면 계시록 20장 14b절은 불못과 '둘째 사망'을 동일시하고 있고, 계시록 21장 4절에 의하면 새 하늘과 새 땅에서는 더 이상 죽음이 없을 것이라고 하고 있기 때문이다. 따라서 여기서 하데스는 죽음 자체를 가리키기 위해 '죽음'과 동의어로 사용된 말로 이해된다.

② 이 구절의 죽음과 하데스를 인격화되어 나타나는 사탄적 세력들을 위한 상징으로 보는 입장이 있다. 그 이유는, 계시록에서 하데스는 늘 (1:18, 6:8, 20:13b, 14a) 죽음과 쌍을 이루어 인격화되어 나타나기 때문이

라는 것이다.

③ 이 구절에서 죽음과 하데스는, 생명책에 기록되어 있지 않은 사람은 다 불못에 던져질 것이라고 말하는 15절에 비추어 볼 때, 지옥으로 던져지는 모든 불의한 자들을 말하기 위한 환유일 수 있다고 보는 입장이 있다.

④ 이 구절의 죽음과 하데스를 첫째(육체적) 사망의 고통을 당한 사람들의 처소로 보는 입장이 있다. 이 입장에 따르면 이 구절은, 종말 이전 시대에 첫째 사망의 고통을 당한 사람들의 처소인 '죽음과 하데스'도 종말을 고하게 될 때가 있는데, 이때 이것은 종말 이후 시대에 둘째 사망의 고통을 당하는 사람들의 처소인 불못(지옥)으로 편입 또는 대체된다는 것을 말한다는 것이다.

필자는 위의 네 해석 중 ①과 ④에 동의하고 싶다. 왜냐하면 계시록 20장 14절에 나오는 죽음과 하데스를 동의어로 본다면, ①의 입장에서 이해할 수 있고, '죽음'을 죽음의 상태로, '하데스'를 죽은 자들의 거처로 볼 때는 ④의 입장에서 이해할 수 있기 때문이다.

여기서 계시록 저자는 사망과 하데스가 불못에 던져진다고 언급한 후, 이를 둘째 사망, 곧 불못이라고 한다. 14b절은 날마다 불이 타오르는 게엔나가 둘째 사망으로 표현되는 타르굼 이사야 65장 5~6절과 병행구다. 게다가 이 구절은 최후의 심판 맥락 속에서 사용되고 있다. 따라서 우리는 여기서 계시록 저자가 '불못'을 '게엔나'(지옥)의 의미, 즉 죽음의 궁극적인 멸망과 관련해서 사용한 것을 분명히 알 수 있다.

그런데 계시록 저자가 왜 병행구인 타르굼 이사야 구절이나 신약의 다른 문서들처럼 '게엔나'를 사용하지 않고, 이러한 표현을 사용했는지 그 이유를 알기는 어렵다. 지금까지의 연구에서 주석가들은 이 용어의 유래에 대해 다음과 같이 여러 견해들을 제시했다.

① 계시록의 '불못' 은 악한 영들의 형벌 장소로 간주된 사해에 관한 관념(에티오피아어 에녹서 67:4~7 참조)이 작용해서 생긴 용어일 수 있다는 견해가 있다. 그러나 에티오피아어 에녹서 67장 7절에는 '불못' 이 아니라 '불의 강' 이 나오기 때문에, 이 견해는 계시록 저자가 왜 '불못' 이라는 표현을 사용했는지에 대해서 충분히 해명을 해주지 못한다.

② 계시록의 '불못' 은 원시 시대에 바다를 하나님의 적인 바다–괴물의 집으로 여긴 관념에서 나온 표현이라는 견해가 있다. 그러나 이 견해는 ① 보다 더 설득력이 없다. 왜냐하면 우리는 바다–괴물의 집으로서의 바다에 관한 관념과 최종 형벌 장소로서의 '불못' 간의 연관성을 찾아보기가 매우 어렵기 때문이다. 또한 계시록 저자는 '바다' 라는 표현을 사용하지 않고 '못' 이라는 표현을 사용하는데, 그 이유는 '불못' 을 악의 상징인 '바다' (13:1)와 죽은 자들의 중간기 처소로서의 '바다' (20:13)를 구별하고자 한 데에 있다고 볼 수 있기 때문이다.

③ 계시록의 '불못' 은 다니엘 7장 10절에 나오는 '하나님의 보좌 앞에 있는 불의 강' 의 의역으로 보는 입장이 있다. 그러나 이 견해도 ①처럼 계시록 저자가 왜 '불못' 이라는 표현을 사용했는지에 대한 충분한 해명이 되지 못한다. 왜냐하면 다니엘서에는 에티오피아어 에녹서처럼 '불못' 이 아니라 '불의 강' 이 사용되기 때문이다.

④ 계시록의 '불못' 을 두 이미지의 결합으로부터 나온 표현으로 보는 입장이 있다. 즉, '불' 은 소돔의 멸망과 관련된 전승들로부터 유래하고(창 19:24; 에티오피아어 에녹서 21:7~10, 67:4~13, 90:25), '못' 은 지옥에 대한 헬레니즘적 신화의 묘사로부터 유래한다는 것이다.

그러나 이 견해도 그다지 설득력이 없어 보인다. 물론 아래에서 볼 수 있는 바와 같이, '불' 은 소돔의 멸망과 관련된 전승들로부터 유래한다고 말할 수 있다. 그러나 헬레니즘적 신화에서는 '불못'이 아니라 '불의 강'이 나온다.

⑤ 계시록의 '불못'은 유대교의 묵시문학적 사상에 그 배경을 두고 있다고 보는 입장이 있다. 이 입장은 관련 구절들로서 다니엘 7장 9~11절, 에티오피아어 에녹서 54장 1절과 90장 24~27절, 슬라브어 에녹서 10장 2절, 시빌의 신탁 2권 196절을 든다. 그러나 이 견해도 설득력이 약하다. 왜냐하면 바로 위에서 언급한 구절들에서는 '불못'이 아니라 '불의 강', '불타오르는 계곡', '뜨거운 심연'이 나오기 때문이다.

⑥ 계시록의 '불못'은 고대 이집트의 지하 세계 신화론의 영향 하에서 나온 표현일 수 있다고 보는 입장이 있다. 왜냐하면 '불못' 이미지가 고대 이집트의『사자의 서』(17.40~42, 24.4, 175.15, 20)에 나오기 때문이라는 것이다. 필자에게는 지금까지 언급한 견해들보다 이 견해가 더 설득력이 있는 것으로 보인다. 그러나 여기에도 난점이 있기는 하다. 왜냐하면 사실 이집트의『사자의 서』에 나오는 표현은 '불못'이 아니라 '이중 불못'이기 때문이다. 그러나 '불못'과 관련해서는 구약과 제2 성전기 유대교의 문헌들, 그리고 그레코-로만 문헌들에 비해서 이집트의 문헌이 요한계시록에 가장 가까운 것은 분명하다.

마지막 두 멸망의 세력들인 사망과 음부는 지상에 있는 사탄의 대리자들(19:20)과 사탄 자신(20:10)처럼 하나님으로부터 불못(지옥)에 던져져 궁극적으로 멸망하게 된다. 따라서 어떤 멸망의 세력으로부터도 위협받지 않는 새 하늘과 새 땅(21:1~22:5)을 위한 길이 열리게 된다.

15절 누구든지 생명책에 기록되지 못한 자는 불못에 던져지리라 이 구절에서 계시록 저자는 생명의 책에 기록되어 있지 않은 사람은 다 '불못'에 던져진다고 말한다. 계시록 저자는 최후의 심판 장면을 이 '생명의 책' 에 기록되어 있지 않은 사람들이 불못에 던져진다는 묘사로 끝을 맺고, '새 예루살렘' 환상에서 다시 한 번 '생명의 책' 에 기록된 사람들만이 하나님의 새로운 도성 안으로 들어가게 될 것임을 강조한다.(계21:27 참조) 이 생명의 책에 기록되어 있는 사람들은 그리스도인들을 말한다.(계13:8과 17:8 참조) 따라서 우리는 여기서 계시록 저자가 불신자들은 다 지옥에 던져진다고 말했다는 것을 인식할 수 있다.

3) 설교 가이드

이 본문으로는 '마지막에 우리는 모두 하나님 앞에 서야 한다.', 또는 '최후의 심판' 이라는 제목으로 설교를 작성할 수 있을 것이다.

모든 사람은 죽는다. 나를 대신해서 다른 사람이 죽어 줄 수는 없다. 우리는 모두 그리스도의 심판대 앞에 서게 될 것이다. 하나님께서 우리의 숨을 거두어 가시면 아무도 이를 거역하여 자신들의 목숨을 보존할 수 없다. 하나님께서 이 세계를 죽음에 이르게 하시면, 전 세계는 더 이상 존속할 수 없다.

요한계시록은 우리 모두가 겪게 될 우리 삶의 마지막과 최후의 심판에 대해서 어떻게 말하고 있는가? 이것을 네 가지로 요약할 수 있다.

① 마지막에는 하나님의 보좌 앞을 제외하고는 어떤 자리도 없다.

"나는 크고 흰 보좌와 거기에 앉으신 분을 보았습니다. 땅과 하늘이 그 앞에서 사라지고, 그 자리마저 찾아볼 수 없었습니다."

땅에서나 땅 아래에서나 하늘에나 어떤 자리도 없는 때가 온다. 이때에는 시·공간이 사라졌기 때문에 인간이 존재할 수 있는 곳도 어떤 과거의 시간도 없다. 오직 하나님께서 우리 모두가 그 앞에 서도록 하기 위해 보좌 위에 앉아 계신다.

② 마지막에는 하나님의 보좌 앞에서 어떤 사람도 예외가 없다.

"나는 또 죽은 사람들이, 큰 자나 작은 자나 할 것 없이, 다 그 보좌 앞에서 있는 것을 보았습니다."

마지막에는 큰 자나 작은 자나 죽은 사람들 모두가 하나님의 보좌 앞에서 있어야 한다. 폭력 범죄자나 폭행을 당한 피해자나 오래 산 사람이나 중상모략을 한 사람이나 비방을 받은 사람이나 그리스도인들이나 불신앙인들이나 모두가 하나님의 보좌 앞에 서야 한다. 왜냐하면 인간의 삶은 무에서, 무덤 속에서, 잊혀진 자들의 눈물 속에서, 탐욕스러운 자들의 이기적인 행복 속에서, 세계사라는 이름의 쓰레기 더미 위에서 끝나지 않기 때문이다.

"바다가 그 속에 있는 죽은 사람들을 내놓고, 사망과 음부도 그 속에 있는 죽은 사람들을 내놓았습니다."

바다도 인간을 가두어 두지 못한다. 이 세상의 바다도, 공포와 광기의 바다도, 눈물과 슬픔의 바다도 인간을 가두어 두지 못한다. 하나님은 바다의 심연으로부터 사람들을 다 불러 낼 것이며, 그의 보좌 앞에 서게 하실 것이다.

사망과 음부도 그 속에 있는 죽은 자들을 내놓는다. 인간의 명예는 오직 하나님의 손 안에 있으며, 인간의 가치는 오직 하나님의 판단에 달려 있다. 죽음이 인간 삶의 최종적인 말이 아니다. 최종적인 말은 오직 하나님의 입으로부터 나온다.

③ 마지막에 하나님의 보좌 앞에서는 어떤 변명도 할 수 없다.

"그리고 책들을 펴놓고, 또 다른 책 하나를 펴놓았는데, 그것은 생명의 책이었습니다."

세례 이래로 우리의 부활과 영생을 위해 우리의 이름들이 기록된 생명의 책과 함께 최후의 심판 때 펼쳐질 또 다른 책들이 있다. "죽은 사람들은 그 책에 기록되어 있는 대로 자기들의 행위대로 심판을 받았습니다."

그러면 하나님은 복식 부기와 같은 것을 가지고 있다는 말인가? 어떤 의미에서 그렇다. 여기서 요한은 우리에게 아주 중요한 두 가지를 가르쳐 주고 있다. '생명의 책' 은 하나님이 우리의 이름을 잊어버리지 않으신다는 것을 의미한다.(자세한 것은 주석을 참조할 것) 그리스도인들이 세례를 받은 이후 부활과 영생의 약속을 받는 것이 이에 속한다. 그러나 최후의 심판을 위해서는 각 사람들의 이름들에 대한 각각의 논평을 해 놓은 것이 필요한데, 그것이 곧 '행위의 책들' 인 것이다. 다시 말해서 그것은 나의 됨됨이, 나의 의무 이행 여부, 주님에 대한 나의 시인 여부나 비방 수위 등, 내가 말로나 침묵으로 행한 모든 것들에 대한 논평을 의미한다.

이를 다시 정리해 보면 행위의 책은 우리가 세례를 받고 생명의 책에 이름이 기록된 자들에 합당하게 행동하는가, 아니면 세례 사건이나 하나님의 뜻과 계명에 대해 아무 것도 모르는 사람처럼 행동하는가를 평가해주는 것이다.

④ 마지막에는 하나님의 보좌 앞으로 가는 길 외에 어떤 탈출구도 없다.

마지막에는 어떤 변명이나 해명을 할 수 있는 탈출구가 없다. 아담의 때 이래로 우리가 다른 사람들을 끌어 들이는 정죄는 여기서 끝이다. 하늘도 땅도 없는 마지막에 우리는 어디로 도망가며, 어디로 대피할 것인가? 사망과 음부마저 불바다에 던져져 더 이상의 탈출구가 없는 마지막에 우리는 모두 하나님의 보좌 앞에 서 있어야 한다.

19.4. 21:1~8: 하나님의 새 창조

1또 내가 새 하늘과 새 땅을 보니 처음 하늘과 처음 땅이 없어졌고 바다
도 다시 있지 않더라 2또 내가 보매 거룩한 성 새 예루살렘이 하나님께
로부터 하늘에서 내려오니 그 준비한 것이 신부가 남편을 위하여 단장
한 것 같더라 3내가 들으니 보좌에서 큰 음성이 나서 이르되 보라 하나
님의 장막이 사람들과 함께 있으매 하나님이 그들과 함께 계시리니 그
들은 하나님의 백성이 되고 하나님은 친히 그들과 함께 계셔서 4모든 눈
물을 그 눈에서 닦아 주시니 다시는 사망이 없고 애통하는 것이나 곡하
는 것이나 아픈 것이 다시 있지 아니하리니 처음 것들이 다 지나갔음이
러라 5보좌에 앉으신 이가 이르시되 보라 내가 만물을 새롭게 하노라 하
시고 또 이르시되 이 말은 신실하고 참되니 기록하라 하시고 6또 내게
말씀하시되 이루었도다 나는 알파와 오메가요 처음과 마지막이라 내가
생명수 샘물을 목마른 자에게 값없이 주리니 7이기는 자는 이것들을 상
속으로 받으리라 나는 그의 하나님이 되고 그는 내 아들이 되리라 8그러
나 두려워하는 자들과 믿지 아니하는 자들과 흉악한 자들과 살인자들과
음행하는 자들과 점술가들과 우상숭배자들과 거짓말하는 모든 자들은
불과 유황으로 타는 못에 던져지리니 이것이 둘째 사망이라

1) 본문 소개

본문은 바로 이어지는 21장 9절~22장 5절과 아주 밀접한 관계를 맺고 있다. 본문에서 간결하게 묘사되는 '새 창조' 테마는 21장 9절~22장 5절에 나오는 '새 예루살렘' 환상을 통해 더 자세히 묘사된다. 그러므로 21장 1절~22장 5절은 문학적인 통일성을 보여 주는 단락으로서 요한계시록의

절정을 이루는 부분이다.

21장 1절~22장 5절에서 요한이 묘사하는 새로운 세계에서의 영원한 삶은 궁극적으로 하나님의 통치가 실현되는 곳이며 구원의 완성을 이룬 예수 그리스도의 종말론적 공동체인 새 하늘과 새 땅을 말한다. 그 공동체에서는 최종적 구원을 받은 그리스도인들이 자유롭게 하나님 및 어린 양과 직접 교제를 나눌 수 있다.

본문은 다음과 같이 이루어져 있다.

⑴ 1~4절: 새로운 세계에 대한 환상 묘사
① 1~2절: 요한이 본 것에 대한 요약
② 3~4절: 요한이 하늘의 보좌로부터 나오는 음성을 들음

⑵ 5~8절: 하나님이 이미 계시하신 것을 재삼 확인하면서 수신자들에게 그들이 최종적 구원에 참여할 수 있도록 살아야 한다고 권고한다.

2) 본문 주석

1절 또 내가 새 하늘과 새 땅을 보니 처음 하늘과 처음 땅이 없어졌고 바다도 다시 있지 않더라 여기서 요한은 새 하늘과 새 땅을 본다. 이것은 제3 이사야의 약속을 상기시킨다. "내가 새 하늘과 새 땅을 창조할 것이니, 이전 것들은 기억되거나 마음에 떠오르거나 하지 않을 것이다.(사65:17 참조, 66:22) 이 약속은 초기 유대교에서 다양한 반향을 일으켰다.(희년서 1:29; 에티오피아어 에녹서 45:4~5, 72:1, 91:16; 제4 에스라서 7:75; 시리아어 바룩 묵시록 3:7~4:1, 32:4~6 등 참조) 구체적으로 사람들은 이 약속의 실현을 현 세계의 갱신 또는 죄나 재앙을 전혀 모르는 새로운 세계로의 변

화로 생각했다.

그러나 요한은 기존 세계의 변화를 생각한 것이 아니라, 절대적인 새 창조를 생각한 것이다.(벧후3:4~13 참조) 사실 하늘과 땅 앞에 나오는 형용사 '새로운'은 기본적으로 이사야 43장 29절에서처럼 갱신의 의미에서 이해될 수 있다. 그러나 신약의 경우 종말론적 진술에 있어서 '새로운'은 멸망당한 옛 것 대신에 나타나는 어떤 새로운 것을 의미한다. 여기서 말하는 새 하늘과 새 땅이 단순히 기존 세계의 갱신을 말하는 것이라면, 1b절에 나오는 처음 하늘과 처음 땅이 없어진 이유를 전혀 이해할 수 없게 만들 것이다.

여기에 나오는 새 창조는 세계 멸망에 관한 심판 진술(20:11)에 대비되는 구원 진술이며, 이것의 내용은 하나님과의 직접적인 교제다.(3절 이하 참조)

심판 장면(20:11~15)에서 요한은 바다의 운명에 대해 아무 것도 말하지 않고 새로운 세계에서는 더 이상 바다가 없다는 점을 강조한다. 고대인들에게 있어 바다는 반신적이고 인간에게 적대적인 세력들의 처소로 간주되었기 때문에, 요한이 여기서 처음 하늘과 처음 땅뿐만 아니라 바다까지 언급해야 했던 것이다.

2절 또 내가 보매 거룩한 성 새 예루살렘이 하나님께로부터 하늘에서 내려오니 1절에 언급된 새 하늘과 새 땅은 여기서 거룩한 성(도시) 예루살렘으로 불린다. 이것은 '새 창조' 개념과 '예루살렘' 약속을 결합시키고 있는 이사야 65장 17~18절에 뿌리를 두고 있는 것 같다. 여기서 '거룩한 성(도시) 새 예루살렘' 표상은 새 하늘과 새 땅의 본질을 규정한다.

그런데 거룩한 도시 새 예루살렘이 하늘로부터 내려온다. 이 표상은 유대적–묵시문학적 영역으로부터 유래한다. 우리는 유대적–묵시문학적 영역에서 새 예루살렘이 하늘에 이미 존재하는 곳으로서 파괴된 지상의 예루살렘을 대체시키기 위해 이 지상(팔레스타인)에 내려올 것이라는 기대를 볼 수 있다.(에티오피아어 에녹서 90:28~30; 제4 에스라서 7:26, 10:27~29, 50~54, 13:36; 시리아어 바룩 묵시록 4장 참조)

그러나 본 구절에서는 다르다. 여기서는 지상적, 민족적, 유대적 성격이 배제되고 구원받은 그리스도인들의 구원 공동체가 있는 하나님의 궁극적 통치 영역의 총체 개념으로 사용된다. 1절에서 하늘이 사라졌다고 말했음에도 불구하고, 여기서 요한이 하늘에서 내려오는 새 예루살렘을 보았다는 것은 그가 이것을 결코 우주론적으로 진술하고 있지 않다는 것을 보여준다. 요한에게 중요한 것은 하늘이 곧 하나님의 영역이라고 하는 신학적 메시지다.

그 준비한 것이 신부가 남편을 위하여 단장한 것 같더라 새 예루살렘은 남편을 위해 단장한 신부에 비유되고 있다. 이것은 19장 7~8절을 상기시키고 21장 9절을 예시하는 것으로서 새 예루살렘은 완전한 교회의 표상으로 사용되고 있다는 것을 말해 준다.

3절 내가 들으니 보좌에서 큰 음성이 나서 이르되 보라 하나님의 장막이 사람들과 함께 있으매 하나님이 그들과 함께 계시리니 하나님의 보좌로부터 나오는 큰 음성은 앞에 나오는 환상의 의미를 밝혀 주고 있다. 새 예루살렘은 사람들 가운데 있는 하나님의 장막으로 해석되고 있다. 구약과 초기 유대교에서 장막은 성전 모티브와 같은 기능을 가지고 있었다. 장막은 하나님이 거하시는 성소의 특징을 지녔는데, 이 구절의 배경 구절인 에스겔 37장 27절에 의하면 성전 역시 하나님이 늘 그의 백성들과 함께 하신다는 것을 보증한다. 따라서 이 장막 모티브를 통해 요한은 하나님이 사람들과 함께 거하는 장소가 새 예루살렘이라는 것을 강조하고자 한 것이다.

그들은 하나님의 백성이 되고 하나님은 친히 그들과 함께 계셔서 이 어구는 구약의 소위 계약 공식문인 "나는 그들의 하나님이 되고 그들은 내 백성이 될 것이다."를 약간 변형한 것이다. 여기서 주목할 만한 가치가 있는 것은 복수 '백성들' (*λαοί*(라오이))이다. 왜냐하면 구약의 계약 공식문에서 사용하고 있는 단수인 '내 백성' 이 아닌 복수를 사용하고 있기 때문이다. 요한은 스가랴 2장 10~11절로부터 영향을 받았을 가능성이 있다. 왜냐하면 스가랴는 "내가 네 안에 머무르면서 살겠다."라는 약속에 많은 백성들이 올 것이라고 덧붙이기 때문이다.

본 구절에 나오는 사람들은 구원을 이룬 기독교 공동체의 구성원들, 즉 옛 이스라엘처럼 단일 백성이 아닌, 다양한 백성들을 가리키는 것임에 틀림없다. 그것은 요한이 구원에 대해 말할 때 한 민족에 국한하지 않고 오직 기독교인들을 염두에 두고 있다는 점에서 의심의 여지가 없다. 이것은 이기는 자에게 미래의 구원을 약속해 주는 7절을 통해서도 입증되고 있다.

그러나 요한계시록에서 이기는 자들이란 가볍게 말할 수 있는 그리스도인들이 아니다. 그들은 현재의 삶 속에서 자신들의 신앙에 확신을 갖고 바른 삶을 살아서 온전한 하나님의 백성에 속하게 될 진정한 그리스도인들을 말한다.

4절 모든 눈물을 그 눈에서 닦아 주시니 이 어구는 계시록 7장 17절의 반복이다. 이에 대해서는 7장 17절의 주석을 참조할 것.

다시는 사망이 없고 애통하는 것이나 곡하는 것이나 아픈 것이 다시 있지

아니하리니 이것은 낙원에서의 영생에 대한 묘사다. 새 예루살렘에서는 하나님 자신이 친히 그의 백성들과 함께 계셔서 그들의 눈에서 모든 눈물을 씻겨 주시기 때문에 더 이상 죽음의 저주와 이와 관련된 고통들이 있을 수 없다.

처음 것들이 다 지나갔음이러라 이 어구는 바로 앞의 내용을 뒷받침하는 문장으로서 1b절의 내용을 다시 반복하고 있다. 처음 하늘과 처음 땅, 그리고 바다도 없어졌기 때문에, 새 하늘과 새 땅에서는 옛 세계에서의 부정적 경험인 슬픔이나 울부짖음 혹은 고통이나 죽음이 있을 수 없다.

5절 보좌에 앉으신 이가 이르시되 보라 내가 만물을 새롭게 하노라 하시고 요한계시록에서 '보좌에 앉으신 이'는 하나님을 말한다. 이 구절은 하나님 자신의 말씀으로 기록되어 있다. 이것은 이 말씀의 중요성을 강조하는 것인데, 이 구절은 이사야 43장 19절의 인유(引喩)로 볼 수 있다. "내가 이제 새 일을 하려고 한다." 하나님이 완전히 새롭게 재창조하신다면, 이전 것들을 기억되거나 마음에 떠오르게 하지 않을 것이다.(사65:17b 참조) 그러므로 새 하늘과 새 땅에서의 삶은 완전히 새로운 질을 가질 것이다. 새 창조는 완전한 생명을 선사하시는 하나님과의 직접적인 교제에 있다.

또 이르시되 이 말은 신실하고 참되니 기록하라 하시고 하나님은 요한에게 기록할 것을 촉구하시는데, 여기서 그는 그의 백성들에게 새 창조에서의 새로운 삶을 약속하는 말씀의 신실성을 보증하신다. '신실하고 참되니'는 계시의 신실성을 강조하는 말로서 두 어절로 나뉘어 표현하였으나 그 뜻은 하나다.

6절 또 내게 말씀하시되 이루었도다 나는 알파와 오메가요 처음과 마지막

이라 "이루었도다"의 헬라어 *γέγοναν*(게고난)을 축자적으로 번역하면 "그것들이 이루어졌다"이다. 3인칭 복수가 주어로 사용되는 것은 이것이 앞에서 언급된 말씀들, 즉 새 창조의 내용이 담긴 말씀들과 관련이 있다는 것을 암시해 준다. 여기서 하나님은 새 창조에 대한 그의 약속이 이루어졌다고 장중하게 선포하신다.

이 말씀의 확실성은 만물의 창조주와 완성자로서의 하나님의 본질에 근거한다. 그의 자기소개 말씀인 "나는 알파와 오메가요 처음과 나중이다."가 이것을 표현한다.

내가 생명수 샘물을 목마른 자에게 값없이 주리니 이어서 하나님은 목마른 자에게 생명수 샘물을 거저 마시게 하겠다고 약속하신다. 여기서 목마른 자들은 지상에서 새 하늘과 새 땅에서의 삶을 애타게 갈망하는 믿는 자들이다. 그리고 생명수 샘물을 마시게 하겠다는 것은 하나님 및 그리스도와의 영원한 교제의 삶을 의미하며(7:17a의 주석을 참조할 것), '값없이'는 하나님의 은혜를 강조하는 말이다.

7절 이기는 자는 이것들을 상속으로 받으리라 나는 그의 하나님이 되고 그는 내 아들이 되리라 여기서 이기는 자에게 주어지는 약속인 '이것들'이 무엇인지에 대해서는 다음 세 가지 설명이 가능하다.

① 이 약속의 말씀은 계시록 2~3장에 나오는 '이기는 자에게 주는 약속의 말씀'들과의 관련 속에서 기술되었다고 볼 수 있다. 이 경우 본 구절은 계시록 2~3장에 나오는 약속의 말씀들의 요약으로 간주될 수 있기 때문에, '이것들'은 2~3장에서 살펴본 약속의 말씀들 안에 나오는 구원의 선물들에 관련된다.

② 이 약속의 말씀의 소단락은 계시록 21장 5~8절이다. 따라서 '이것

들' 은 바로 앞 절에 있는 생명수나 5b절의 새 창조와 관련된다.

③ 이 약속의 말씀은 요한계시록 전체의 결말 부분인 '새 하늘과 새 땅' 환상 속에 포함되어 있다. 따라서 '이것들' 은 하나님의 새로운 도성에 대한 묘사 전체와 관련된다.

이처럼 이 구절의 약속의 말씀은 2~3장에서 살펴본 약속의 말씀들 안에 나오는 구원의 선물들과 생명수 및 새 창조와 하나님의 새로운 도성에 대한 묘사 전체와 관련된다고 볼 수 있다.

그런데 여기서 우리가 주목해야 할 것은 이기는 자가 하나님의 아들이 될 것이라고 언급하는 7b절에서 이 약속이 정점에 이른다는 것이다. 이 7b절은 사무엘하 7장 14절에 나오는 다윗 왕을 위한 나단의 약속에서 사용된 양자정형어구(Adoptionsformel)와 거의 축자적으로 일치한다. 계시록 저자는 원래 통치를 위해 임명된 이스라엘 왕을 위해 사용되었던 양자정형어구를 이기는 자에게 주는 약속으로 사용했다. 따라서 7b절에 나타난 계시록 저자의 의도는 다윗 왕이 즉위의 날에 하나님의 아들로 임명된 것처럼 이기는 자도 마지막 날에 하나님의 아들로 받아들여질 것이라는 점을 말하고자 한 데에 있다는 것을 알 수 있다. 그러므로 본 구절은 이기는 자에게 주는 약속의 말씀들 중에 이미 설명한 바 있는 2장 26~27절 및 3장 21절과 함께 이기는 자의 통치에 관해서 언급하는 중요한 구절이다. 여기서 계시록 저자는 이기는 자가 하나님의 궁극적 통치에 참여하는 자가 될 것이라는 점을 강조함으로써 하나님에게 적대적인 세상권력으로부터 억압을 당하는 기독교인들이 끝까지 배교하지 말고 하나님께 충성하도록 용기를 주고자 한 것이다.

8절 그러나 두려워하는 자들과 믿지 아니하는 자들과 흉악한 자들과 살인자들과 음행하는 자들과 점술가들과 우상 숭배자들과 거짓말하는 모든 자들은 불과 유황으로 타는 못에 던져지리니 이것이 둘째 사망이라 7절의 이기는 자에게 구원을 약속해 주는 말씀과는 대조적으로 여기에는 악덕 목록의 형식 속에서 영원한 멸망에 대한 경고가 나온다. 이 구절의 번역은 개역보다 표준새번역 개정판을 보는 것이 더 좋을 것이다. "그러나 비겁한 자와 신실하지 못한 자와 가증한 자와 살인자와 음행하는 자와 마술쟁이와 우상숭배자와 모든 거짓말쟁이들이 차지할 몫은 불과 유황이 타오르는 바다뿐이다. 이것이 둘째 사망이다."

여기에 해당되는 사람들의 몫은 불과 유황이 타오르는 못이라고 하며, 이것을 둘째 사망이라고 한다.(2:11의 주석을 참조할 것) 여기서도 '불과 유황이 타오르는 못' 은 분명히 영원한 형벌의 장소의 의미로 사용되는데, 이 표현의 유래는 14장 10절의 주석에서 보는 바와 같이, 소돔과 고모라의 운명에 관한 이야기라고 말할 수 있다.

그런데 여기서 우리의 주목을 끄는 것은 지옥에 들어갈 대상자들이 나오는 악덕 목록이다. 여기서 우선 분명한 것은 이 목록들에 나오는 죄들은 인간의 죄성에 대한 일반적인 진술이 아니라는 점이다. 랍비 유대교에서는 게힌놈 형벌을 받게 하는 윤리적인 죄목들이 많이 나온다. 21장 8절에 나오는 악덕 목록을 일반적인 진술로 간주한다면, 이 목록에 나오지 않는 죄들은 둘째 사망과 관련되지 않는다는 말이 되지 않겠는가? 따라서 이 악덕 목록은 계시록의 수신자인 소아시아의 그리스도인들의 구체적인 역사적 상황과 관련해서 이해되어야 할 것이다. 이것은 악덕 목록이 나오는 8절 바로 앞 구절인 7절에 이와 대조되는 '이기는 자에게 주는 구원 약속의 말씀' 이 나오는 것에 의해서도 증명된다. 왜냐하면 소위 '이기는 자에게 주는 구원 약속의 말씀' 은 계시록 2~3장에서 각 서신들의 본론에 나오는 소아시아의 교회들의 역사적 상황과 관련해서 각 서신들의 결론부에 나오는 어구다. 여기서 계시록 저자는 로마제국으로부터 억압을 당하고 헬레니즘 문화에 동화되어가는 위험에 처해 있었던 소아시아의 교회들을 향하여 이길 것을 촉구한다. 따라서 7절의 '이기는 자에게 주는 구원 약속의 말씀' 과 대조 어구인 8절에 나오는 죄인들은 로마제국으로부터의 억압(황제숭배)과 이방 세속 문화로의 동화로부터 이기지 못하는 자들을 염두에 두고 언급한 것이라는 것을 알 수 있다. 좀 더 구체적으로 말하면, 계시록 저자는 소아시아의 기독교인들에게 로마의 제국주의적 사회에 결코 순응하지 말 것을 강하게 촉구하기 위해, 이러한 사회에 순응하는 사람들은 그리스도인들이든, 불신앙인들이든 다 지옥 형벌을 받게 될 것이라고 경고한 것이다.

비겁한 자와 신실하지 못한 자는 신약의 악덕 목록들 중에서 여기에만 나타나는데, 요한은 이 둘을 강조하는 의미에서 앞에다 놓았다. 이들은 우상숭배적인 세상에 동화되어 그리스도인이 되는 것을 거부하는 자들을 말한다. 그 다음에 열거되는 자들은 전형적인 이방인들의 악덕 목록과 관련되어 있다. 가증한 자는 이방신들의 숭배와 황제숭배의 가증스러운 의식에 참여한 자들을 말한다. 살인한 자는 로마의 폭정 밑에서 살인 행위를 한 자들을 가리키는 것일 수 있다.(계13:15 참조) 특히 여기서 살인은 그리스도인들의 순교와 관련시킬 수 있다. 음행하는 자와 마술쟁이, 그리고 우상숭배자는 참된 하나님으로부터의 타락이라는 의미에서 가증한 자에 해당된다. 마지막에 요약하는 의미에서 이런 사람들을 일반적으로 거짓말쟁이들이라고 부른다.(21:27, 22:15 참조) 여기에 나오는 모든 이들에게 공통적인 것은 그들이 하나님과 그리스도에 대한 신앙고백을 하지 않는다는 점이다. 따라서 이들은 거짓예언자들처럼(16:13, 19:20, 20:10) 반신적인 사람들에 속하기 때문에 불과 유황이 타오르는 못, 즉 지옥에 들어가게 될 것이라고 한다.

3) 설교 가이드

새 하늘과 새 땅에 관한 선포는 기독교 복음의 중심에 해당된다. 5절의 "보아라, 내가 모든 것을 새롭게 한다."라는 문장은 요한계시록뿐만 아니라, 성서의 전(全) 메세지의 목표다.

설교자는 이 본문을 가지고 세계를 변화시키는 소망으로서의 복음의 내용이 잘 전달되도록 해야 한다. 고린도전서 13장을 사랑의 찬가로, 로마서 8장을 믿음의 찬가로 부른다면 본문은 소망의 찬가라고 명명할 수 있다.

소망은 우리의 삶에 없어서는 안 될 필수 요소다. 물론 우리의 소망의 내용은 매우 다양하다. 평화를 찾기가 힘든 이 세상에서 평화를 갈망하지 않을 사람이 어디에 있겠는가? 일자리를 잃어버린 사람에게는 일자리를 얻는 것이 무엇보다도 간절한 소망이 아니겠는가? 또한 제일 우선적으로 더 많은 봉급, 빠른 승진, 더 많은 휴가를 바라는 사람도 많다. 아무튼 우리는 끝없이 여러 희망을 가지고 살고 있다.

그런데 우리는 요한계시록으로부터 '구원받은 세계', '새 창조', '하나님과의 영원한 교제' 와 같은 소망에 대해 듣는다.

이것은 더 이상 고통과 슬픔, 울부짖음과 죽음이 없는 세계에 대한 소망이다. 물론 많은 사람들은 이러한 세계가 유토피아라고 생각할 것이다.

그러나 여기서 우리는 새 하늘과 새 땅에 관한 진술의 근거가 어디에 있는지를 진지하게 물어야 한다.

요한계시록 전체에서 요한은 하늘의 사자들을 통해 하늘의 메시지를 전달받는다. 그러나 이 책의 정점이 되는 본문에서 하나님은 "기록하여라. 이 말은 신실하고 참되다."고 스스로 말씀하신다.

그러므로 본문에 나타나는 소망은 우리의 망상이나 상상의 산물이 아니다. 그리스도인들은 운을 하늘에 맡길 수 있어서 소망하는 것이 아니라, 하나님 자신이 소망을 가능케 하시기 때문에 소망한다. 하나님은 예수를 죽은 자 가운데서 다시 살리심으로써 그가 세계의 창조주뿐만 아니라, 늘 새롭게 하실 수 있는 분이라는 것을 보여 주셨다.

하나님은 행동의 법칙을 자기 수중에 독특하게 남겨 놓으셨다. 느리지만 모든 것을 확실하게 다루는 제작자는 우리 인간이 아니다. 모든 것은 하나님이 통치하시고 이끄신다. 그는 처음에 창조하신 것을 그냥 내버려 두시지 않고, 새 창조를 위해 계속 일하신다. 여기서 새 창조는 기존의 것을 수리하는 것이 아니라, 완전히 새롭게 만드는 것을 의미한다. 설교자는 설교 제목을 5절의 '보아라, 내가 모든 것을 새롭게 한다.' 또는 '소망의 찬가'로 정하고 다음과 같이 세 대지로 나누어서 설교를 작성할 수 있을 것이다.

첫째로, 하나님은 옛 창조를 새롭게 하신다.

요한은 새 하늘과 새 땅을 본다. 혼돈과 위협을 상징하는 바다는 더 이상 없다. 하나님은 전 우주를 새롭게 만드신다. 왜냐하면 인간의 타락으로 말미암아 전 피조물이 함께 신음하며 썩어진 것들에 종살이를 하고 있기 때문이다.

요한계시록은 우리의 시선을 허무와 절망으로부터 만물의 목표로 돌릴 수 있도록 해 준다. 요한은 "나는 새 하늘과 새 땅을 보았습니다. 이전의 하늘과 이전의 땅이 사라지고, 바다도 없어졌습니다."라고 말한다. 그러나 새 창조가 어떻게 일어나는지에 대해서는 언급하지 않는다. 왜냐하면 여기서 중요한 것은 누가 새로운 세계를 만드는지에 대해 듣는 것이기 때문이다. 완전히 새로운 세계는 인간이 만들지 못한다. 인간은 고작해야 후에 또 다시 고칠 필요가 있는, 불완전한 것을 임시로 고칠 뿐이다. 그러나 하나님은 포괄적으로 새롭게 시작하신다.(사65:25 참조)

성서는 이러한 새로운 변화와 구원에 대한 소망으로 가득 차 있다. 그리스도인들은 이 소망을 가지고 우리의 세계를 위해 기도하고 일하고 각자 맡은 바 책임을 다 해야 한다. 피조물인 인간은 창조주인 체 해서는 안 된다(예: 인간복제). 우리는 생명, 특히 인간의 생명을 마음대로 처리해서는 안 된다는 것을 시인해야 하고, 과학기술의 능력을 전 피조물의 생명의 보호를 위해 사용하도록 해야 한다.

그러면 이러한 책임을 일상생활에서 인지할 수 있는 사람은 누구인가? 그들은 다시 오실 주 예수 그리스도께 소망을 두고 죽음의 위협을 받는 세계에 빛을 비출 수 있는 준비가 되어 있는 사람들, 즉 그리스도인들이다.

둘째로, 하나님은 교회를 새롭게 하신다.

본문의 2절에는 두 가지 깊은 진리가 들어 있다. 새 예루살렘에 대한 묘사(21:9~22:5)는 불신앙적인 도시 바빌론(17~18장)에 반대되는 그림이다. 가장 불신앙적인 사람들의 요새와 하나님 자신이 거하시는 도성이 대비되고 있다.

그런데 요한은 하나님의 도성, 즉 새 예루살렘을 남편을 위하여 단장한 신부와 같다고 한다. 여기서 남편은 그리스도, 신부는 교회를 의미한다.(19:7~9 참조) 어린 양의 혼인날에 이르러 신부는 단장을 끝내고 신랑을 맞이한다. 그런데 신부는 어디서 오는가? 그녀는 하늘로부터, 즉 하나님으로부터 온다. 이것은 새 창조가 오직 하나님의 일이라는 것을 말해 주는 것이다. 다시 말해서 우리가 성도들의 공동체를 만드는 것이 아니라,

하나님이 만드시고 새롭게 해 주신다는 것이다. 하나님 자신이 교회의 일들을 완성하신다. 믿음이 약해지고 교회가 타락해 가는 모습을 보면서 주님은 "보아라, 내가 모든 것을 새롭게 한다."라고 말씀하신다.

셋째로, 하나님은 전 인류를 새롭게 하신다.

하나님은 우리의 시선을 교회로부터 전 인류로 돌리게 하신다. 인류의 역사는 피와 눈물로 점철되어 있다. 수많은 전쟁과 재앙들, 기근과 권력 투쟁이 이 땅을 진동시킨다. 이 땅에는 너무나 많은 사람들이 불의와 재앙들로 인해 고통을 당하며 신음하고 있다. 모든 민족에게는 나름대로의 수난사가 있다.

그러나 본문은 우리에게 소망의 찬가를 들려준다. 요한은 하나님의 보좌에서 나오는 큰 음성을 듣는다. "하나님이 그들의 모든 눈물을 닦아주실 것이니, 다시는 죽음이 없고, 슬픔도 울부짖음도 고통도 없을 것이다. 이전 것들이 다 사라져 버렸기 때문이다."

이보다 더 좋은 위로의 말씀이 있을까? 여기에 나타나는 하나님의 모습은 우는 아이들을 위로하고 그들의 눈물을 닦아 주며 그들에게 깊은 비밀을 알려 주는 아버지의 모습과도 같다. 예수 그리스도 안에 나타났고 경험된 하나님의 인간성은 그의 가장 강렬한 사랑의 표명이 아닌가? 이 사랑은 임종을 맞이하는 사람들과의 작별로 인해 잠기게 되는 슬픔에서 우리를 위로해 주고 다시 일으켜 세워 준다. 우리는 종종 눈물을 흘린다. 이러한 상황 속에서 본문 말씀을 통해, 절망의 눈물이 우리의 길의 도착지가 아니라는 것을 듣는 것은 대단히 귀중한 도움이다. 실제로 우리는 눈물을 흘리며 하나님께 다가 갈 것이나, 그는 우리의 모든 눈물을 닦아 주실 것이다. 전 세계의 곤궁, 전쟁, 재앙, 잔인성, 핍박, 실업, 기아 때문에 비탄에 잠겨 우는 사람들의 눈물도 말이다. 하나님은 모든 눈물의 강을 고갈시키시고 생명수의 강을 흐르게 하셔서 목마른 사람에게는 생명수를 거저 마시게 하실 것이다. '거저'는 하나님의 무한한 은혜를 의미한다. 우리는 하나님의 이러한 은혜를 값싼 은혜로 만들지 말아야 한다.

우리는 본문의 "이기는 자는 이것들을 상속으로 받으리라."라는 말씀에 주목해야 한다. 오직 주님께 충성하며 그와 연합되어 있는 자만이 새로운 세계, 즉 영생에 참여하게 될 것이다.

하지만 영생을 먼 미래에 있을 삶으로만 생각하지 말자. 오늘 우리가 하나님의 말씀을 듣고 그에 따라 행동할 때, 오늘 우리가 성만찬에 참여하고 주님의 용서를 받을 때, 오늘 우리가 소망의 찬가를 부르고 이것을 우리의 일상생활에 적용시킬 때, 영생을 경험할 수 있다.

19.5. 21:9~22:5: 새 예루살렘

21:9일곱 대접을 가지고 마지막 일곱 재앙을 담은 일곱 천사 중 하나가
나아와서 내게 말하여 이르되 이리 오라 내가 신부 곧 어린 양의 아내를
네게 보이리라 하고 10성령으로 나를 데리고 크고 높은 산으로 올라가
하나님께로부터 하늘에서 내려오는 거룩한 성 예루살렘을 보이니 11하나
님의 영광이 있어 그 성의 빛이 지극히 귀한 보석 같고 벽옥과 수정 같
이 맑더라 12크고 높은 성곽이 있고 열두 문이 있는데 문에 열두 천사가
있고 그 문들 위에 이름을 썼으니 이스라엘 자손 열두 지파의 이름들이
라 13동쪽에 세 문, 북쪽에 세 문, 남쪽에 세 문, 서쪽에 세 문이니 14그
성에 성곽에는 열두 기초석이 있고 그 위에는 어린 양의 열두 사도의 열
두 이름이 있더라 15내게 말하는 자가 그 성과 그 문들과 성곽을 측량하

려고 금 갈대 자를 가졌더라 16그 성은 네모가 반듯하여 길이와 너비가
같은지라 그 갈대 자로 그 성을 측량하니 만 이천 스다디온이요 길이와
너비와 높이가 같더라 17그 성곽을 측량하매 백사십사 규빗이니 사람의
측량 곧 천사의 측량이라 18그 성곽은 벽옥으로 쌓였고 그 성은 정금인
데 맑은 유리 같더라 19그 성의 성곽의 기초석은 각색 보석으로 꾸몄는
데 첫째 기초석은 벽옥이요 둘째는 남보석이요 셋째는 옥수요 넷째는
녹보석이요 20다섯째는 홍마노요 여섯째는 홍보석이요 일곱째는 황옥이
요 여덟째는 녹옥이요 아홉째는 담황옥이요 열째는 비취옥이요 열한째
는 청옥이요 열두째는 자수정이라 21그 열두 문은 열두 진주니 각 문마
다 한 개의 진주로 되어 있고 성의 길은 맑은 유리 같은 정금이더라 22
성 안에서 성전을 내가 보지 못하였으니 이는 주 하나님 곧 전능하신 이
와 및 어린 양이 그 성전이심이라 23그 성은 해나 달의 비침이 쓸 데 없
으니 이는 하나님의 영광이 비치고 어린 양이 그 등불이 되심이라 24만
국이 그 빛 가운데로 다니고 땅의 왕들이 자기 영광을 가지고 그리로 들
어가리라 25낮에 성문들을 도무지 닫지 아니하리니 거기에는 밤이 없음
이라 26사람들이 만국의 영광과 존귀를 가지고 그리로 들어가겠고 27무
엇이든지 속된 것이나 가증한 일 또는 거짓말 하는 자는 결코 그리로 들
어가지 못하되 오직 어린 양의 생명책에 기록된 자들만 들어가리라 22:1
또 그가 수정 같이 맑은 생명수의 강을 내게 보이니 하나님과 및 어린
양의 보좌로부터 나와서 2길 가운데로 흐르더라 강 좌우에 생명나무가
있어 열두 가지 열매를 맺되 달마다 그 열매를 맺고 그 나무 잎사귀들은
만국을 치료하기 위하여 있더라 3다시 저주가 없으며 하나님과 그 어린
양의 보좌가 그 가운데에 있으리니 그의 종들이 그를 섬기며 4그의 얼굴
을 볼 터이요 그의 이름도 그들의 이마에 있으리라 5다시 밤이 없겠고

등불과 햇빛이 쓸 데 없으니 이는 주 하나님이 저희에게 비치심이라 그 들이 세세토록 왕 노릇 하리로다

1) 본문 소개

본문은 바로 앞 단락에서 언급한 하나님의 새 창조, 즉 하나님의 궁극적인 통치 영역 또는 구원의 완성을 이룬 예수 그리스도의 종말론적 공동체에 대해 '새 예루살렘' 표상으로 더 자세히 묘사한다. 여기서 우리는 다음과 같은 특징들을 발견할 수 있다.

(1) 여기에는 요한이 사용한 중요한 세 모티브가 있다.

① 구약-유대교의 기대로부터 유래하는 새 예루살렘 관념

② 하늘의 도시에 대한 고대인들의 관념

③ 마지막에 다시 나타나는 낙원에 대한 관념

(2) 요한은 새 예루살렘을 의도적으로 17장 1절~19장 10절에 나오는 바빌론(로마)과 대조 시킨다.(이에 대해서는 21:9의 주석을 참조할 것)

본문은 다음과 같이 이루어져 있다.

① 9~10절: 서론

②11~14절: 도시의 외적 모습에 대한 묘사

③ 15~17절: 도시의 규모에 대한 묘사

④ 18~21절: 도시의 건축 자재에 대한 묘사

⑤ 22~27절: 도시의 내적 영광에 대한 묘사

⑥ 22:1~5: 낙원으로서의 새 예루살렘

2) 본문 주석

21장 9절 일곱 대접을 가지고 마지막 일곱 재앙을 담은 일곱 천사 중 하나가 나아와서 우선 여기서 주목해야 할 것은 '새 예루살렘'과 '바빌론'(로마)에 관한 환상의 두 묘사의 서두(17:1)가 같다는 점이다. 로마에 관한 환상은 요한계시록에서 최종적 재앙을 묘사하는 일곱 대접 환상에 속하며, 여기서 언급되는 '로마'의 멸망은 마지막 때의 결정적 심판 행위로 나타나는데, 이 심판 행위는 하나님의 극도의 진노에 대한 표현이며, 하나님의 궁극적 통치를 위한 전제로 언급된다. 요한은 하나님의 궁극적 통치에 대해서 말하기 위해 본론부의 맨 마지막에 로마와 대조되는 '새 예루살렘'에 관한 환상을 기술한다. 아래의 비교는 요한이 두 도시를 의도적으로 대조시키고자 했다는 것을 인식케 해 준다.

바빌론(17:1~19:10)	새 예루살렘(21:9~22:8)
일곱 대접을 가진 그 일곱 천사 중의 하나가 내게 와서(17:1) "이리로 오너라. 큰 물 위에 앉은 큰 음녀가 받을 심판을 보여주겠다."(1절)	일곱 대접을 가진 일곱 천사 중의 하나가 내게 와서(21:9) "오라, 어린 양의 아내인 신부를 네게 보여주겠다."(9절)
그리고 그 천사는 성령으로 나를 이끌고(3절) 음녀에 관한 환상(3절부터)	그리고 그는 성령으로 나를 이끌어(10절) 거룩한 도시에 관한 환상(10절부터)
모독하는 이름들(3절)	열두 지파의 이름(12절)
바빌론에 관한 묘사 도시의 우아함(17:4, 18:12~13) "이 말씀은 하나님의 참된 말씀이다."(19:9)"	새 예루살렘에 관한 묘사 도시의 우아함(21:18~19) 이 말씀은 믿을 만하고 참되다."(22:6)
요한은 천사를 경배하고 그의 발 앞에 엎드렸습니다.(19:9)	요한은 천사의 발 앞에 엎드려 경배하려고 했습니다.(22:8)

내게 말하여 이르되 이리 오라 내가 신부 곧 어린 양의 아내를 네게 보이리라 하고 17장 1절에서 대접 천사는 요한에게 큰 음녀(로마)가 받을 심판을 보여 주겠다고 말하는 데 비해서, 본 구절에서는 어린 양의 아내인 신부를 보여 주겠다고 말한다. 어린 양의 신부는 완전한 교회를 상징한다.(19:7의 주석을 참조할 것) 그런데 다음 절에서 볼 수 있듯이 요한은 이 표상을 새 예루살렘에 사용한다. 따라서 요한계시록에 나오는 '새 예루살렘' 표상에는 교회론적 의미가 들어 있다는 것을 알 수 있다. 즉, 새 예루살렘은 완전한 교회상과 관련이 있다.

10절 성령으로 나를 데리고 크고 높은 산으로 올라가 계시록 17장 3절에서처럼 여기서 요한은 성령에 휩싸이게 된다. "성령으로 나를 데리고"라는 표현에 대해서는 17장 3절의 주석을 참조할 것. 그러나 여기서 요한은 17장 3절에서처럼 광야로 나가지 않고, 크고 높은 산으로 올라간다. 요한은 광야에서 멸망할 불신앙적인 도시를 본 반면(계17:3 참조), 산에서는 하늘에서 내려오는 거룩한 도시를 본다. 산은 전통적으로 광야와 함께 계시의 장소로 여겨졌다.(출19:11, 20 참조) 여기서 특히 크고 높은 산을 언급하는 것은 천상의 세계로의 근접을 말하고자 한 저자의 의도와 관련이 있다고 볼 수 있다.

하나님께로부터 하늘에서 내려오는 거룩한 성 예루살렘을 보이니 이 어구는 계시록 21장 2절의 반복이다.(21:2의 주석을 참조할 것)

11절 하나님의 영광이 있어 그 성의 빛이 지극히 귀한 보석 같고 벽옥과 수정 같이 맑더라 새 예루살렘에는 하나님의 영광이 거한다. 이것은 이사야 60장 1절(예루살렘아, 일어나서 빛을 비추어라. 구원의 빛이 너에게 비치었으며, 주의 영광이 아침 해처럼 너의 위에 떠올랐다.)의 약속의 말씀의 성취다. 하나님의 영광의 광채는 수정 같이 맑은 벽옥과 비교되고 있다. 벽옥에 매우 희고 투명한 보석이기 때문에 빛을 상징하는 말로 사용된 것으로 보인다.

12~13절 크고 높은 성곽이 있고 열두 문이 있는데 문에 열두 천사가 있고 그 문들 위에 이름을 썼으니 이스라엘 자손 열두 지파의 이름들이라 동쪽에 세 문, 북쪽에 세 문, 남쪽에 세 문, 서쪽에 세 문이니 고대에는 성곽 없는 도시를 생각할 수 없었다. 성곽은 도시 거주민들의 보호와 안전을 위해 불가피했다. 새 예루살렘의 벽은 이 도시 거주민들의 보호뿐만 아니라, 도시와 외부의 경계를 위해서도 필요하다. 열두 문은 에스겔 48장 30~35절을 모델로 한 것이다. 16절에 의하면 이 도시는 정방형의 모양을 하고 있기 때문에 문들은 사방팔방으로 위치해 있다. 즉, 각 측면마다 세 개의 문이 있다. 각 문들에 있는 열두 천사는 이사야 62장 6절(예루살렘아, 내가 너의 성벽 위에 파수꾼들을 세웠다. 그들은 밤이나 낮이나 늘 잠잠하지 않을 것이다.)에 있는 파수꾼들을 상기시킨다. 이들의 기능은 새 예루살렘에 들어가는 사람들을 규제하는 것이다.(27절 참조) 또한 에스겔 48장 30~35절의 예를 따라 문들마다 이스라엘의 열두 지파 이름들이 기록되어 있다. 이것은 새 예루살렘이 마지막 때의 하나님 백성의 도시임을 의미한다.(7:1~8 참조) 그러나 이것은 옛 계약의 이스라엘을 말하는 것이 아니다. 바로 다음 절을 보면 이것을 알 수 있다.

14절 그 성의 성곽에는 열두 기초석이 있고 그 위에는 어린 양의 열두 사도의 열두 이름이 있더라 이 구절은 13절의 언급이 이스라엘 백성이 아닌 참된 이스라엘로서의 완전한 교회와 관련 있음을 말해 준다. 도시의 성벽에는 어린 양의 열두 사도 이름들이 기록되어 있는 열두 기초석이 있다. 이것은 마지막 때의 구원을 경험할 새 이스라엘로서, 사도들이 세운 터 위에 세워진 교회를 가리킨다.

15절 내게 말하는 자가 그 성과 그 문들과 성곽을 측량하려고 금 갈대 자를 가졌더라 15~17절은 도시의 측량에 대해 언급하고 있다. 금 갈대 자는 천상적 도시의 측량과 관련이 있는데, 그것은 '금'이 하늘의 빛과 불멸을 상징하기 때문이다. 이 구절의 의미에 대해서는 계시록 11장 1절의 주석을 참조할 것.

16절 그 성은 네모가 반듯하여 길이와 너비가 같은지라 그 갈대 자로 그 성을 측량하니 만 이천 스다디온이요 길이와 너비와 높이가 같더라 도시의 평면은 정방형이다. 고대에 있어서 정방형은 완전을 상징했다. 전승에 의하면 바빌론과 니느웨의 평면도 정방형이었다. 그러나 새 예루살렘의 구조는 이 도시들을 훨씬 능가한다. 왜냐하면 새 예루살렘은 정방형일 뿐만 아니라 입방체의 형태를 갖추고 있기 때문이다. 다시 말해서 이 도시는 길이, 넓이 그리고 높이에 있어서 크기가 같다. 크기는 12,000 스타디온, 즉 약 2400km다. 12,000이라는 숫자는 아마도 이스라엘의 지파 숫자인 12에 대량을 의미하는 1,000을 곱한 수일 것이다.

17절 그 성곽을 측량하매 백사십사 규빗이니 사람의 측량 곧 천사의 측량이라 도시의 규모에 비해서 성곽의 규모는 훨씬 작다. 즉, 144 페큐스, 약 70m다. 여기서 요한은 독특하게 천사가 사람의 자로 측량한다는 점을 강조한다. 전술한 성곽의 높이는 도시의 넓이, 길이, 그리고 높이가 똑같다는 진술에 모순되는 듯하다. 이 문제와 관련해 주석가들은 여러 방식으로 해결하려고 노력했다. 부셋(W. Busset, *Komm.*, 448)은 요한이 천체의 토대를 좁은 경사면에 두고 있던 옛 관념을 이해하지 못한 채 받아들인 것이 문제라고 보았으며, 다른 주석가들은 성벽의 규모를 높이가 아니라 두께와 관련시켜야 한다고 여겼다.

그러나 여기서 우리가 고려해야 할 것은 계시록에 나오는 대부분의 숫자들이 그렇듯이 여기에 나오는 144도 상징수로 이해해야 한다는 점이다. 도시의 규모가 엄청나게 큰 데 반해, 성벽의 높이가 비교적 낮은 것은 도시가 구원의 공동체를 위한 표상이라는 것을 주목할 때 이해가 가능하다. 12,000과 144는 둘 다 도시가 완전한 구원의 공동체라는 점을 암시해 주고 있다. 전술한 바와 같이 12,000은 이스라엘의 지파 12에 대량을 의미하는 1,000을 곱한 수이며, 144는 12(열두 지파)에 12(열두 사도)를 곱한 수다.

18절 그 성곽은 벽옥으로 쌓였고 18~20절에는 새 예루살렘의 아름다움과 영광을 묘사하기 위해 값비싼 건축 자재들에 대한 언급이 나온다. 먼저 이 구절에서 요한은 벽옥을 성곽의 건축 자재로 언급한다. 여기서 요한이 말하고자 하는 의도를 알기 위해서는 요한계시록에 나오는 완전한 구원 공동체의 전체상을 고려해야 한다. 4장 3절에서는 하나님 자신이 벽옥과 같은 모양으로 나타나고, 21장 11절에서는 하나님의 영광의 광채가 빛나는 벽옥에 비유되고 있다. 이와 관련해서 볼 때 여기서도 우리는 요한이 하나님의 영광을 강조하고 있다는 것을 확인할 수 있다.

그 성은 정금인데 맑은 유리 같더라 도시는 맑은 유리 같은 순금으로 이루어져 있다. '금'은 하늘의 빛과 불멸을 상징한다. 이 어구는 이 도시의 빛나는 광채가 다른 어떤 것과도 비교할 수 없다는 것과 이 도시의 불멸성에 대해 말하고 있다.

19~20절 그 성의 성곽의 기초석은 각색 보석으로 꾸몄는데 첫째 기초석은 벽옥이요 둘째는 남보석이요 셋째는 옥수요 넷째는 녹보석이요 다섯째는 홍마노요 여섯째는 홍보석이요 일곱째는 황옥이요 여덟째는 녹옥이요 아홉째는 담황옥이요 열째는 비취옥이요 열한째는 청옥이요 열두째는 자수정이라 19~20절은 성곽의 열두 기초석이 어떤 보석들로 이루어져 있는지에 대해 언급한다. 열두 보석의 나열은 구약에 나오는 대제사장의 흉갑에 대한 묘사와 연관되어 있다.(출28:17~20, 39:10~13 참조, 겔28:13) 왜냐하면 거기에도 이스라엘 각 지파들의 이름이 기록되어 있는 열두 보석이 나오기 때문이다. 따라서 여기서도 12절과 14절에서처럼 참된 이스라엘로서의 교회를 암시하고 있다는 것을 알 수 있다.

또한 여기서 주목해야 하는 것은 이 보석들이 음녀 바빌론(로마)이 장식한 보석들과 대조를 이루고 있다는 점이다.(17:4 참조) 로마의 보석들이 우상숭배 및 사치와 관련이 있는 반면, 새 예루살렘의 보석들은 비할 데 없는 광채와 이 도시의 아름다움과 순결을 묘사하는 데에 사용되고 있다.

21절 그 열두 문은 열두 진주니 문마다 한 개의 진주로 되어 있고 끝으로 도시 문들의 자재가 묘사된다. 열두 문은 각각 한 개의 진주로 되어 있다. 신약 시대에 진주는 매우 귀중한 것으로 여겨졌다.(마13:45~46, 7:6 참조) 물론 여기서 진주는 상징적으로 사용되고 있다고 보아야 한다. 왜냐하면 12절에 나오는 열두 문이 참된 이스라엘로서의 교회를 상징하기 때문이다. 여기서 요한은 참된 하나님의 백성으로서의 교회의 고귀함에 대해 말하고 있다.

성의 길은 맑은 유리 같은 정금이더라 도시의 거리는 도시 자체처럼(18절) 맑은 유리와도 같은 순금으로 되어 있다고 한다. 이 어구에 대해서는 18절의 주석을 참조할 것.

22절 성 안에서 내가 성전을 보지 못하였으니 이는 주 하나님 곧 전능하신 이와 및 어린 양이 그 성전이심이라 22~27절에서 요한은 도시 내부의 모습을 묘사한다. 요한이 도시 안에 있는 성전을 보지 못했다는 것은 유대인들에게는 매우 당혹스러운 진술이다. 왜냐하면 유대인들의 마지막 때에 대한 기대에 있어서 성전 재건은 절대적으로 포기할 수 없는 것이기 때문이다. 그러나 유대적 기대는 단순히 무효로 끝나지 않고 새로운 의미에서 실현되고 있다. 우리는 성전 대신 하나님과 어린 양이 성전이라는 진술에서 이를 엿볼 수 있다. 이것은 곧 내용적으로 새 예루살렘에서는 하나님과 그리스도 그리고 구원 공동체 사이에 제의적인 중개가 필요 없고 하나님과의 직접 교통이 실현된다는 것을 의미한다. 새 하늘과 새 땅이 도래하기 전에는 성전이 하늘에 있었다.(14:15, 17, 15:5~7, 8, 16:1, 17) 그러나 이것은 잠정적인 것에 속한다. 새 예루살렘은 더 이상 제의적인 영역과 세속적인 영역의 구분이 없는 곳이다.

그런데 여기서도 우리는 이 말씀이 구상적이라는 점을 염두에 두어야 한다. 다시 말해서 하나님과 어린 양이 성전이라는 진술은 메타포다. 왜냐하면 그렇지 않을 경우 새 예루살렘에는 성전이 없다는 앞 진술이 불가능할 것이기 때문이다. 여기서 요한은 하나님 및 그리스도와 구원 공동체 간의 관계의 직접성을 강조하고 있는 것이다. 따라서 이 진술은 각기 다른 방식으로 새로운 세계에 성전이 있다고 언급하는 3장 12절과 7장 15절에 모순되는 것이 아니다. 3장 12절은 이기는 자들에게 그들이 하나님의 성전의 기둥이 되게 할 것이라고 약속하는데, 이것은 하나님, 그리스도, 그리고 새 예루살렘과 관련하여 이기는 자들의 소속성을 표현하는 것이다. 7장 15절에서 성전은 구원받은 자들을 위한 하나님의 임재 장소를 상징적으로 묘사하는 데에 사용되고 있다.

23절 그 성은 해나 달의 비침이 쓸 데 없으니 이는 하나님의 영광이 비치고 어린 양이 그 등불이 되심이라 이 도시에는 태양이나 달이 빛을 비출 필요가 없다. 왜냐하면 하나님의 영광이 도시를 밝게 하여 어린 양이 도시의 등불이시기 때문이라는 것이다. 이것은 이사야 60장 19~20절의 약속과 관련된 내용이다. 이 구절도 22절처럼 하나님 및 그리스도와 구원받은 자들 간의 직접적인 교제를 표현한다. 구원받은 자들은 더 이상 중개물을 거치지 않고 빛과 생명을 직접 받는다.

24절 만국이 그 빛 가운데로 다니고 땅의 왕들이 자기 영광을 가지고 그리로 들어가리라 여기서 만국으로 번역된 '민족들'(ἔθνη(에트네))은 요한계시록에서 스물 세 번 나타나는데, 이 단어는 문맥에 따라 의미의 차이를 보여 준다. 5장 9절과 7장 9절에서는 구원받은 자들과 관련해서(구원의 보편성을 위해서), 10장 11절과 14장 6절에서는 설교를 듣는 자들과 관련해서(메시지의 보편성을 위해서), 13장 7절과 17장 15절에서는 바벨론(로마)에 의해 지배를 받는 자들과 관련해서(로마 제국의 전체성을 위해서), 11장 9절에서는 하나님의 원수들과 관련해서(거부의 보편성을 위해서) 사용되고 있다. 따라서 '민족들'은 그때그때의 문맥에 따라 파악해야 한다.

그러면 이 구절에 나오는 '민족들' 은 누구를 가리키는가? 만국이 하나님의 도성의 빛 가운데로 다닐 것이라고 하는 것을 보면, 이들은 이방인들이거나 혹은 불신앙인들이 아니라는 것을 알 수 있다. 왜냐하면 불신앙인들은 하나님의 도성 안으로 들어갈 수 없기 때문이다.(21:27, 22:15 참조) 따라서 이들은 모든 민족들로부터 어린 양의 피를 통해 속량 받고(5:9, 7:9 참조), 우상숭배의 시험을 이긴 자들이다.(21:3 참조) 그러므로 이 구절은 회개하고 하나님을 잘 믿은 여러 민족들이 마지막 구원의 때에 하나님 그리고 어린 양과 직접 교제하며 영광스러운 삶을 살게 된다는 것을 말하고 있다는 것을 알 수 있다.

그런데 땅의 왕들이 자기 영광을 가지고 새 예루살렘으로 들어갈 것이라는 언급은 우리를 당혹케 한다. 어떻게 이 세상의 왕들이 자신의 영광을 가지고 새 예루살렘으로 들어갈 수 있다는 말인가? 요한계시록의 여러 구절들에서 '땅의 왕들' 은 로마와 함께 음란한 일을 행하고 방탕한 생활을 한 로마 제국의 분봉왕들을 가리킨다.(17:2, 18, 18:3, 9, 17:12) 이 왕들은 그리스도가 역사의 통치자요 왕 중의 왕이라는 것을 인정하지 않는다. 그들은 그리스도와 그의 공동체의 적대자들이다. 따라서 그들은 하나님과 그리스도의 진노의 심판을 받을 수밖에 없다.(6:15~16, 19:17~18, 21 참조) 이러한 땅의 왕들의 모습은 본 구절에서의 모습에 부합되지 않는다. 이 구절에 대해서는 두 가지 해석이 가능하다.

① 요한은 그리스도의 적대자들이 회개하여 구원을 얻게 하려고 '땅의 왕들' 을 본보기로 언급했다는 것이다. 그러나 이들이 언제 회개할 것인지에 대해서는 요한계시록에 암시되고 있지 않다.

② 이 구절은 이방 민족들과 왕들의 예루살렘으로의 순례에 대한 구약의 약속에 뿌리를 두고 있다는 것이다.(사60:5~13; 시22:10~11, 68:30,

138:4 참조) 요한은 왕들이 예루살렘을 섬기게 될 것이라는 구약의 기대에 많이 의존한 나머지 그의 지금까지의 어법(즉, 하나님께 적대적인 의미에서의 '땅의 왕들')을 고려하지 않았다는 것이다. 아마도 이 견해가 더 설득력이 있는 것으로 보인다.

25절 낮에 성문들을 도무지 닫지 아니하리니 거기에는 밤이 없음이라 이 도시의 문들은 늘 열려 있다. 이 묘사는 이사야 60장 11절(너의 성문은 언제나 열려 있어서, 밤낮으로 닫히지 않을 것이다.)과 관련이 있다. 그러나 여기서 문들은 이 도시의 거주민들이 그 곳을 떠났다가 훗날 다시 돌아올 수 있도록 하려고 열려 있는 것이 아니라, 오직 구원받은 자들을 위해 열려 있는 것이다.

26절 사람들이 만국의 영광과 존귀를 가지고 그리로 들어가겠고 여기에 나오는 사람들은 24절에 나오는 민족들과 왕들을 가리킨다고 볼 수 있다. 이 구절도 24절처럼 민족들의 예루살렘으로의 순례에 대한 구약의 약속에 뿌리를 두고 있다. 그러나 요한은 구약의 기대를 그대로 받아들이지 않고 이것을 기독교적으로 변형시켰다. 요한은 이사야 60장 3~13절에서처럼 이방 민족들과 왕들이 예루살렘으로 들어갈 때, 낙타들, 양들, 금, 유황, 은, 잣나무, 소나무, 회양목과 같은 비싼 물건들이 아닌, 영광과 존귀를 가지고 들어갈 것이라고 한다. '영광과 존귀'는 고대 사회에서 명성과 평판을 표현하기 위해 사용된 동의어다. 그리고 여기에 나오는 '민족들'(만국)은 24절에서 본 바와 같이 불신앙인들이 아니라 회개해서 하나님을 잘 믿은 민족들을 말한다. 따라서 여기서 우리는 요한이 이방 민족들의 회개에 대한 유대교적 희망을 따르지 않고 기독교, 또는 복음에 의한 이방 민족들의 회개에 대해 언급하고 있다는 것을 알 수 있다. 다시 말해서 교회의 선교를 통해 회개한 모든 사람들이 새 예루살렘으로 들어가게 될 것임을 강조하고 있다.

27절 무엇이든지 속된 것이나 가증한 일 또는 거짓말하는 자는 결코 그리로 들어가지 못하되 오직 어린 양의 생명책에 기록된 자들만 들어가리라 이 구절에서 요한은 이 도시로 들어가는 것을 허락하는 조건들에 대해 말한다. 도시의 문들이 열려 있음에도 부정한 것은 아무 것도 이 도시 안으로 들어가지 못한다고 한다. '부정한 것' 과 관련해서 요한은 특히 가증한 일과 거짓을 일삼는 사람을 언급한다. 요한계시록은 우상숭배, 특히 황제숭배를 가증한 일이라고 일컫고 있다.(17:4~5, 21:8 참고) 따라서 음녀 바빌론은 '가증한 물건들의 어미' 로 불린다.(17:5)

여기서도 거짓은 진실이 아닐 뿐만 아니라, 하나님의 하나님 되심을 부인하는 행동까지 포함한다. 따라서 거짓말하는 자는 전적으로 우상과 사탄을 섬기는 거짓 예언자들의 편에 서게 된다.

여기서 요한은 오직 어린 양의 생명책에 기록된 자들만 이 도시로 들어갈 수 있다고 못 박음으로서 이런 류의 사람들을 제외시킨다. 어린 양의 생명책에 기록되는 자들은 참된 그리스도인들을 가리킨다.(20장 12절의 주석을 참조할 것)

22장 1절 또 그가 수정 같이 맑은 생명수의 강을 내게 보이니 요한은 "또 그가 내게 보여주었다."라는 말로 새로운 환상 이야기를 시작한다. 여기서 그는 21장 24~27절에서 중단되었던 도시에 대한 묘사로 다시 돌아간다. 1~2절에 새 예루살렘은 초기 유대교에서처럼 미래의 낙원으로 나타난다.(에티오피아어 에녹서 90:33; 열두 족장의 유훈 중 단의 유훈 5:12~13; 제4 에스라서 8:52; 시리아어 바룩 묵시록 4:1~7 참조)

요한은 이 도시 안에서 생명수의 강을 바라본다. '생명수' (7:17, 21:6, 22:1, 17)는 '생명나무' (2:7, 22:2, 14, 19), '생명의 관' (2:10), 그리고 '생명책' (3:5, 13:8, 17:8, 20:12, 15, 21:27)과 같은 종말론적 표상에 속한다. 그러나 요한계시록에서 '생명수' 모티브는 묘사 방식이 다양하다. 그것은 '생명의 물' (ὕδωρ ζωῆς(휘도르 조에스), 22:17), '생명수 샘물' (ἡ πηγὴ τοῦ ὕδατος τῆς ζωῆς(헤 파게 투 휘다토스 테스 조에스), 21:6), '생명의 샘물' (ζωῆς πηγαὶ ὑδάτων(조에스 페가이 휘다톤), 7:17), 그리고 '생명수의 강' (ποταμὸς ὕδατος ζωῆς(포타모스 휘다토스 조에스), 22:1)에 대한 언급이다. 생명수는 다양한 기능을 가지고 있는 것 같다. 즉, 첫 세 구절(22:17, 21:6, 7:17)은 목마른 자가 생명수를 마신다는 의미로서 서로 유사하다. 그러나 22장 1절에서는 그 의미가 분명하게 암시되지 않는다. 여기서 물은 오히려 생명의 나무에 대어주는 역할을 하는 것으로 받아들여진다. 요한은 이 표상의 더 자세한 해석(가령, 지혜 및 가르침(잠언 10:11, 13:14, 16:22, 18:4; 집회 21:13; 에티오피아어 에녹서 48:1 참조), 하나님(시36:9; 렘2:13, 17:13; 에티오피아어 에녹서 96:6 참조), 또는 메시아(열두 족장의 유훈 중 유다의 유훈 24:4 참조))을 시도하지 않는다. 요한에게 있어 이 모티브는 영생을 위한 표상이다.

생명수의 강은 창세기 2장 10~14절에 나오는 낙원의 강을 상기시키는데, 유대인들은 이 강이 마지막 때의 예루살렘에서 다시 흐를 것으로 기대했다.(겔47:1~12; 욜3:18; 슥14:8 참조) 그러나 창세기 2장 10절에 나오는 낙원의 강을 생명수로 해석하는 것은 요한계시록 외에 다른 문헌들에서는 찾아볼 수 없다. 요한은 이를 통해, 에스겔 47장 7절과 12절의 그림을 보충하려 한 것이라고 볼 수 있다. 여기서 우리는 요한이 소위 원시간(Urzeit)–마지막 시간(Endzeit) 유형론을 사용했다는 것을 알 수 있다.

계속해서 요한이 강을 수정과 같이 빛난다고 한 것은 새 예루살렘의 강물이 재앙으로 인해 더러워진 강과 물(계8:10~11, 11:6, 16:4 참조)에 비해 순수하고 깨끗하다는 것을 강조한 것으로 볼 수 있다.

하나님과 및 어린 양의 보좌로부터 나와서 여기서 눈에 띄는 것은 생명수 강의 근원이 에스겔(47:1~12)에서처럼 성전이 아니라, 하나님과 어린 양의 보좌라는 점이다. 요한은 21장 22절에서 새 예루살렘에는 성전이 없다고 말했기 때문에 여기서 성전으로부터 흘러나오는 강에 대해 말할 수 없었다. 그래서 그는 성전 대신 하나님과 어린 양의 보좌를 언급한다. 그러나 하나님이 계신 곳으로부터 강이 나온다는 점에서는 에스겔서와 요한계시록의 두 진술이 일맥상통한다.

계시록 7장 17절에 의하면 어린 양이, 21장 6절에서는 하나님이 각각 보좌 위에 홀로 앉아 계신 반면, 본 구절에서는 하나님과 어린 양이 함께 보좌 위에 앉아 계신 분으로 묘사된다. 앞에서 보았듯이 요한계시록에서는 보좌가 권력의 상징으로 등장하고 있다. 이것으로 미루어 볼 때(4:2의 주석을 참조할 것) 여기서 요한이 강조하고 있는 것은 하나님과 예수 그리스도가 본래적 생명의 근원이라는 점이다.

2절 길 가운데로 흐르더라 강 좌우에 생명나무가 있어 이 구절은 창세기 2장 9절과 3장 22절에 나오는 낙원의 생 나무를 상기시킨다. 창세기 3장 22절에 의하면 하나님은 아담과 하와의 타락 후 인간이 이 나무의 열매를 먹고 끝없이 살게 해서는 안 된다고 말씀하신다. 그러나 유대교의 묵시문학에는 마지막 때에 구원을 받게 될 사람들에게 이 나무의 열매가 주어질 것이라는 기대가 나타난다.(에티오피아어 에녹서 24:4~25:5; 슬라브어 에녹서 8:3; 제4 에스라서 8:52 참조) 생명수의 강처럼 생명나무도 '원시간(Urzeit)-마지막 시간(Endzeit)' 유형론의 맥락에서 사용되고 있다. '생명나무'에 대해서는 2장 7절의 주석을 참조할 것.

열두 가지 앨매를 맺되 달마다 그 열매를 맺고 여기서 요한은 매달 열매를 맺는 생명나무의 대단한 생산력에 대해 언급하고 있다. 숫자 12는 새 예루살렘의 교회론적 성격을 가리키고 있다.(21:14의 주석을 참조할 것) 낙원의 첫 거주민들은 영원히 살기 위해 생명나무를 먹을 필요가 없었던 데 반해서(창3:22 참조), 새 예루살렘의 거주민들은 생명나무의 열매들을 가득히 받는다. 그러나 영원한 생명을 얻는다는 점에서는 의미가 같다.

그 나무 잎사귀들은 만국을 치료하기 위하여 있더라 보통 나뭇잎은 사람들에게 별로 가치가 없으나, 생명나무 잎사귀들은 민족들을 치료하는 데 쓰인다고 한다. 이것은 에스겔 47장 12절(그 과일은 사람들이 먹고 그 잎은 약재로 쓸 것이다.)을 상기시킨다. 그러나 계시록을 에스겔서와 비교해 보면, 서로 다른 두 가지의 특징을 찾아볼 수 있다.

첫째로, 요한은 의학적인 치료제에 대해서 말하는 것이 아니라, 종교적, 종말론적 치유에 대해 말하고 있다.

둘째로, 요한은 목적어적 소유격인 '민족들'(τῶν ἐθνῶν(톤 에트논)을 첨가함으로써 유대 민족만의 희망이라는 한계를 넘어서고 있다. 여기에는 하나의 민족으로 제한된 지평을 넘어서는 하나님의 사랑을 말하고자 한 요한의 의도가 들어 있다. 새 예루살렘에서는 하나님의 보좌로부터 나오는 생명력이 구원을 받은 모든 민족들에게로 전달된다는 것이다.

3절 다시 저주가 없으며 생명수가 하나님과 어린 양의 보좌로부터 나오고 생명나무의 잎사귀들로 치료할 수 있는 곳에는 더 이상의 저주 받을 일이나 불신앙적인 것이 없다. 여기서는 이제 하나님의 금령을 범하면 죽게 될 것이라는 언급(창2:17, 3:3 참조)이 필요 없다. 이것은 새 예루살렘에서는 고통도 죽음도 없을 것이라는 21장 4절의 약속과 일맥상통한다.

하나님과 그 어린 양의 보좌가 그 가운데 있으리니 여기서 하나님의 보좌와 어린 양의 보좌를 동일화시키는 것은 예수의 하나님 보좌로의 올리어짐을 말하는 것이다.(3:21 참조) 하나님과 그리스도가 같은 보좌에 앉아 있다는 것은 두 분의 기능이 하나로 합해졌다는 것을 말한다. 이 두 분의 보좌가 새 예루살렘 안에 있을 것이라는 언급은 이 도시 권력의 중심에 오직 하나님과 그리스도가 있을 것임을 말하는 것이다.

그의 종들이 그를 섬기며 요한계시록에서 '종'(*δοῦλος*(둘로스))이라는 말은 특별한 사람들을 위한 명예 칭호로 사용된다.(1:1, 10:7, 11:18, 15:3, 19:2, 22:6 참조) 그러나 여기서 종들은 인 찍힌 144,000명(7:3 참조), 즉 완전한 그리스도인들을 말한다.

여기서 눈에 띄는 것은 바로 앞에서 하나님과 어린 양을 함께 언급했음에도 불구하고 완전한 그리스도인들이 '그의 종들'로 불린다는 점이다. 이것은 요한이 하나님과 어린 양을 통일체로 간주했기 때문에 '그들'이 아니라 '그'라는 대명사를 사용한 것으로 보인다.

'섬긴다'(*λατρεύειν*(라트류에인))는 성스러운 영역에 뿌리를 두고 있는 말로서 제의적인 경배를 의미한다. 그러나 여기서 이 말은 제물을 바치는 제식의 의미가 아니라, 하나님과 그리스도에 대한 전적인 헌신과 찬양의 의미로 사용된다. 그것은 새 예루살렘이 참된 예배의 공동체가 될 것임을 말하는 것이다. 하나님의 도성에서는 그리스도인들의 제사장직이 완전히 실현된다.(1:6, 5:10 참조)

4절 그의 얼굴을 볼 터이요 하나님의 얼굴을 본다는 말은 유대교와 초기 기독교에서 하나님의 임재와 능력을 완전히 안다고 할 때 사용된 메타포다.(시10:11, 17:15; 요삼1:11 참조) 사실 우리는 성서 안에서 하나님의 얼굴을 볼 수 없다고 강조하는 문구를 찾아볼 수 있다. 출애굽기 33장 20~23절에 의하면 모세는 하나님의 얼굴을 보는 것을 금지 당한다. 그리고 요한복음 1장 18절에서는 일찍이 하나님을 본 사람은 아무도 없다고 한다.(요일4:12 참조) 또한 디모데전서 6장 16절에 의하면 하나님은 사람으로서는 본 일도 없고, 또 볼 수도 없는 분이다.

그러나 구약과 초기 유대교 그리고 초기 기독교에서는 하나님의 얼굴을 본다는 특권이야말로 종말론적 축복에 해당했다.(시84:7; 희년서 1:28; 제4 에스라서 7:91, 98; 에티오피아어 에녹서 102:8; 고전13:12; 요일3:2; 히12:14 참조) 이 구절에서 요한은 구원의 완성에 도달한 그리스도인들이 하나님과 직접 교제를 나누게 될 것이라고 말한다.

그의 이름도 그들의 이마에 있으리라 이 어구는 구원의 완성에 도달한 그리스도인들이 전적으로 하나님께 속할 것이라고 말한다.(3:12, 7:3, 14:1의 주석을 참조할 것)

5절 다시 밤이 없겠고 성서 전통에서 밤은 죽음과 옛 시대(요9:4, 11:10; 살전5:5; 롬13:12 참조), 악과 악마의 시대(욥24:13~17; 렘49:9; 마26:34; 막14:30; 요13:30; 고전11:23; 살전5:2, 7 참조)를 가리키는 상징으로 사용된다. 따라서 마지막 때에 밤이 제거된다는 것은 영원한 구원을 의미한다.

등불과 햇빛이 쓸 데 없으니 이는 주 하나님이 그들에게 비치심이라 이 어구는 21장 23a절과 유사한 듯하나, 자세히 보면 차이점이 있다. 21장 23a

절에서는 새 예루살렘에 태양이나 달이 빛을 비출 필요가 없다고 한 반면, 본 구절에서는 종들에게 등불이나 햇빛이 필요 없다고 되어 있다. 여기서 등불이 필요 없다는 것은 다시 18장 23절과 비교해 볼 수 있다. 즉, 바빌론(로마)에서 등불이 꺼지는 것은 영원한 심판을 상징하는 반면, 새 예루살렘에서는 하나님의 비치심 때문에 등불이 쓸 데 없다. 햇빛에 대한 언급에 대해서는 21장 23a절의 주석을 참조할 것.

그들이 세세토록 왕 노릇 하리로다 이 세상에서 믿음을 끝까지 잘 간직한 그리스도인들에게 그들이 영원히 다스릴 것이라는 약속은 최상의 소망이다. 이것은 3장 21절에 있는 이기는 자에게 주는 약속의 말씀이 이루어질 것이라는 말이다. 여기에는 대상이 언급되지는 않지만 통치에 대한 언급이 나온다. 완성된 구원 공동체 안에는 더 이상 지배받는 사람들도 경쟁자도 없다. 왜냐하면 새 예루살렘에서는 각자 자신들의 신분에 만족하고 행복이 넘치기 때문이다.

3) 설교 가이드

본문은 앞 단락에서 언급한 하나님의 새 창조에 대해 '새 예루살렘' 표상을 덧붙여 더 자세히 묘사한다. 결국 앞 단락과 같은 주제를 다루고 있기 때문에 앞 단락의 설교 가이드를 참고하면서 '소망의 찬가' 라는 제목으로 설교를 작성할 수 있을 것이다.

또한 설교자는 본문이 하나님의 궁극적 통치와 종말론적 완성 속에 있는 그리스도인들의 하나님 및 그리스도와의 직접적인 교제에 대해 묘사하고 있는 점에 주목하고, '영광의 자유' 라는 제목으로 다음과 같이 세 대지로 나누어 설교를 작성할 수 있을 것이다.

① 본문에 묘사되는 미래의 도성은 우리의 참된 영적 고향으로서의 공

동체다. 본문 주석에서 보았듯이, 여기서 요한은 이 공동체를 '바벨론'(17:1~19:10)과의 대조 하에서 묘사한다. 설교자는 이점에 주목하여 이 두 공동체를 대조하면서 새 예루살렘의 의미를 잘 설명해 주면 좋을 것이다.

② 새 예루살렘에 들어가기 위해서는 조건이 있다는 것을 알아야 한다.(27절 참조)

③ 하나님의 궁극적 통치는 반드시 실현된다.(22:5) 이를 위해 고린도전서 15장 28절을 함께 명상하면 좋을 것이다.

IV

결론부(22:6~21)

6또 그가 내게 말하기를 이 말은 신실하고 참된지라 주 곧 선지자들의
영의 하나님이 그의 종들에게 반드시 속히 되어질 일을 보이시려고 그
의 천사를 보내셨도다 7보라 내가 속히 오리니 이 두루마리의 예언의 말
씀을 지키는 자는 복이 있으리라 하더라 8이것들을 보고 들은 자는 나
요한이니 내가 듣고 볼 때에 이 일을 내게 보이던 천사의 발 앞에 경배
하려고 엎드렸더니 9그가 내게 말하기를 나는 너와 네 형제 선지자들과
또 이 두루마리의 말을 지키는 자들과 함께 된 종이니 그리하지 말고 하
나님께 경배하라 하더라 10또 내게 말하되 이 두루마리의 예언의 말씀을
인봉하지 말라 때가 가까우니라 11불의를 행하는 자는 그대로 불의를 행
하고 더러운 자는 그대로 더럽고 의로운 자는 그대로 의를 행하고 거룩
한 자는 그대로 거룩하게 하라 12보라 내가 속히 오리니 내가 줄 상이
내게 있어 각 사람에게 그가 행한 대로 갚아 주리라 13나는 알파와 오메
가요 처음과 마지막이요 시작과 마침이라 14자기 두루마기를 빠는 자들
은 복이 있으니 이는 그들이 생명나무에 나아가며 문들을 통하여 성에

들어갈 권세를 받으려 함이로다 15개들과 점술가들과 음행하는 자들과
살인자들과 우상숭배자들과 및 거짓말을 좋아하며 지어내는 자는 다 성
밖에 있으리라 16나 예수는 교회들을 위하여 내 사자를 보내어 이것들을
너희에게 증언하게 하였노라 나는 다윗의 뿌리요 자손이니 곧 광명한
새벽 별이라 하시더라 17성령과 신부가 말씀하시기를 오라 하시는도다
듣는 자도 오라 할 것이요 목마른 자도 올 것이요 또 원하는 자는 값없
이 생명수를 받으라 하시더라 18내가 이 두루마리의 예언의 말씀을 듣는
모든 사람에게 증언하노니 만일 누구든지 이것들 외에 더하면 하나님이
이 두루마리에 기록된 재앙들을 그에게 더하실 것이요 19만일 누구든지
이 두루마리의 예언의 말씀에서 제하여 버리면 하나님이 이 두루마리에
기록된 생명나무와 및 거룩한 성에 참여함을 제하여 버리시리라 20이것
들을 증언하신 이가 이르시되 내가 진실로 속히 오리라 하시거늘 아멘
주 예수여 오시옵소서 21주 예수의 은혜가 모든 자들에게 있을지어다 아
멘

1) 본문 소개

요한계시록은 에필로그(22:6~20절)와 서신 형식의 끝 인사(21절)로 끝을 맺는다.

이 부분의 가장 중요한 목표는 이 책의 내용이 신뢰성 있으며 참되다는 것을 알리는 데에 있다. 여기서 요한은 이 책의 신적 권위와 신빙성을 강하게 부각시킨다.

또한 이 부분의 중요한 관심사는 그리스도인들에게 주님의 재림을 확신시켜 주는 데 있다. 22장 6절에서 요한은 1장 1절의 '속히 될 일'을 다시 언급하면서, 이에 대한 설명으로 7절에서 그리스도의 재림에 대해 언급한

다. 즉, 요한은 마지막 때의 사건의 정점을 그리스도의 재림에서 본다. 이것은 서신적 끝맺음 인사를 제외한 그리스도의 말씀 "내가 곧 가겠다."와 "아멘 주 예수여 오시옵소서"라는 교회 공동체의 끝맺음 응답을 통해서도 확인된다. 그러므로 여기서 우리는 그리스도의 재림이 요한계시록의 주요 테마 중 하나라는 것을 인식할 수 있다.

맨 끝 절에 나오는 서신적 끝맺음 인사는 이 책이 교회의 예배 시간에 낭독되기를 원한 요한의 의도를 엿보게 해 준다. 왜냐하면 초기 기독교에서 사도, 또는 교회의 권위 있는 직분자가 쓴 서신은 구약성서와 함께 예배 시간에 낭독되었으며 설교 대용으로 사용되기도 했기 때문이다. 요한이 18~19절에서 정경화 정형어구(18~19절)를 사용하는 것도 이러한 목적과 관련이 있다.

본문은 다음과 같이 이루어져 있다.

(1) 요한계시록의 신적 권위와 신빙성에 대한 확언(6~9절)

① 이 책의 내용이 믿음직하고 참되다는 확언(6절)

② 곧 다시 오시겠다는 주님의 말씀과 복선언(7절)

③ 이 책의 신적 권위에 대한 요한의 증언(8~9절)

(2) 마지막 권고의 말씀(10~20절)

① 천사의 권고(10~11절)

㉠ 요한에게 주는 권고(10절)

㉡ 불의한 자에게 주는 권고(11a절)

㉢ 의로운 자에게 주는 권고(11b절)

② 올리어진 그리스도의 말씀(12~16절)

㉠ 그의 재림에 대한 약속(12절)

㉡ 자신의 정체성 표명(13절)

㉢ 복선언(14절)

㉣ 심판예고(15절)

㉤ 올리어진 예수의 마지막 증언(16절)

㉥ 생명수로의 초대(17절)

㉦ 정경화정형어구(18~19절)

㉧ 곧 다시 오시겠다는 그리스도의 약속(20a~b절)

㉨ 교회 공동체의 응답(20c절)

㉩ 서신적 끝맺음 인사(21절)

2) 본문 주석

6절 또 그가 내게 말하기를 이 말은 신실하고 참된지라 주 곧 선지자들의 영의 하나님이 그의 종들에게 반드시 속히 되어질 일을 보이시려고 그의 천사를 보내셨도다 "또 그가 내게 말했다."의 화자가 누구인지가 분명하지 않다. 지금까지 마지막 화자가 마지막 일곱 재앙이 담긴 일곱 대접을 가진 일곱 천사 중 하나였기 때문에(21:9, 15, 17, 22:1), 이 구절에서도 이 천사를 우선 떠올릴 수 있다. 그러나 에필로그는 프롤로그와 관련 있기 때문에 화자를 1장 1절에서와 같이 요한에게 계시록 전체의 내용을 전해주는 천사로 여길 수 있다. 이에 반해서 "보라 내가 속히 가겠다."고 하는 7절에서 보면 진실한 증인(1:4)인 그리스도가 6절의 화자를 가리킨다고 볼 수도 있다.

아무튼 본 구절은 그의 말씀이 믿을 만하고 참되다는 것을 확언한다. 이 확언은 이와 비슷한 표현이 나오는 19장 9절 및 21장 5절과 다르게 문맥 안에서는 물론이고 책 전체와도 직접 관련된다. 왜냐하면 이 말씀의 신뢰성과 참됨이 1장 1절에서처럼 신적인 기원에 근거를 두고 있기 때문이다. '주, 곧 선지자들의 영의 하나님' 이라는 표현은 하나님이 주도적으로 그의 예언자들의 발언을 결정하고 통제한다는 것을 말한다. 따라서 예언자들이 말하고 쓰는 것은 믿을 만하고 참되다. 그러나 '선지자들' 이 복수라고 해서 여러 예언자들이 요한계시록의 저술에 참여했다는 결론을 내려서는 안 된다. 그것은 오히려 요한이 참된 모든 예언자들처럼 자신도 예언적 능력을 가지고 있음을 내비치고 있는 것이다. 그는 자기 자신을 예언자로 이해한다. 그는 예언자로서 하나님의 영 가운데서 역사를 해석하고 그의 수신 교회들에 영감을 준 것이다.

여기서 요한은 하나님이 그의 종들에게 곧 일어나야 할 일들을 보여 주시려고 그의 천사들을 보내셨다고 증언한다. 이 증언은 요한이 1장 1절의 진술을 다시 표현한 것으로서 요한계시록의 내용이 '곧 일어나야 할 일들' 이라는 말로 요약되고 있다. 이에 대해서는 1장 1절의 주석을 참조할 것.

그런데 주석가들 중에는 여기에 나오는 '종들' 을 예언자들로 이해하는 이들이 있다. 물론 '종들' 이라는 어구는 종종 그리스도인들을 가리키지만(1:1, 2:20, 7:3, 19:2, 5, 22:3 참조), 특별히 예언자들을 지칭하는 곳이 있다. 예를 들어, 10장 7절에서 '종들' 은 구약과 신약의 예언자들을 지칭하고 있고, 11장 18절에서 종은 예언자들과 성도들을 다 포함하는 대개념으로 사용되고 있다. 결론적으로 본 구절에 나오는 '그의 종들' 은 1장 1절의 '그 종들' 과 병행되는 표현으로 볼 수 있기 때문에, 1장 1절에서처럼 그리스도인들을 가리킨다고 말할 수 있다.

7절 보라 내가 속히 오리니 이 어구는 임박한 그리스도의 재림과 관련해서 사용된 표현이다. 이에 대해서는 1장 3절의 주석을 참조할 것.

이 두루마리의 예언의 말씀을 지키는 자가 복이 있으리라 하더라 이 복 선언은 1장 3절의 복 선언을 상기시킨다. 물론 거기서는 이 구절과 달리 읽는 자와 듣는 자가 따로 언급되고 있다. 요한은 독자들이 지금까지 이 책을 읽고 들었다고 전제했기 때문에 결말 부분에서는 '읽는 자와 듣는 자'를 빼고 '지키는 자'만 썼을 것이다. 이 어구에 대해서는 1장 3절의 주석을 참조할 것.

8~9절 이것들을 보고 들은 자는 나 요한이니 내가 듣고 볼 때에 이 일을 내게 보이던 천사의 발 앞에 경배하려고 엎드렸더니 그가 내게 말하기를 나는 너와 네 형제 선지자들과 또 이 두루마리의 말을 지키는 자들과 함께 된 종이니 그리하지 말고 하나님께 경배하라 하더라 이 구절은 요한계시록 내용의 정당성을 위해 기술된 것이다. 여기서 요한은 자신을 계시의 전달자로 소개하는데, 자신이 직접 듣고 본 것은 한 천사로부터 받은 것이라고 강조함으로써 자신의 진술에 신뢰성을 부각시키고 있다. 요한이 천사의 발아래 엎드려 그를 경배하려고 했다는 8b절과 9절은 19장 10절과 병행을 이룬다. 따라서 이에 대해서는 19장 10절의 주석을 참조할 것.

10절 또 내게 말하되 이 두루마리의 예언의 말씀을 인봉하지 말라 때가 가까우니라 이 책의 예언의 말씀을 인봉하지 말라는 촉구는 초기 유대교의 묵시 문학과 본질적인 차이점을 보여 준다. 다니엘 12장 4절에는 다음과 같이 기록되어 있다. "그러나 너 다니엘아, 너는 마지막 때까지 이 말씀을 은밀히 간직하고, 이 책을 봉하여 두어라." 마지막 때까지 책을 봉인해 두어야 한다는 언급은 에티오피아어 에녹서 89장 71절에서도 찾아볼 수 있다. "그 책은 양들의 주님 앞에서 낭독되었고(주님은) 이 책을 손에 들고 읽어 본 후 봉함하여 거기에 두었다."

제4 에스라서 14장 4~6절에서는 봉인에 대해서 분명히 표현하지는 않지만, 위에서 본 다니엘서의 사상, 즉 묵시문학적 글들은 여러 세대에 걸쳐 감추어져 있다가 마지막 때에 비로소 사람들에게 알려지게 될 것임을 말하려는 의도가 들어 있다.

> "나는 모세를 보내어 나의 백성을 이집트에서 이끌어 내어 그들을 산으로 데리고 갔다. 그리고 모세를 몇 날을 두고 내 곁에 붙잡아 두었다. 나는 그에게 많은 신기함을 말하고 때의 비밀과 때의 종말을 보였다. 그리고 그에게 이렇게 명령하였다. 이러이러한 말을 널리 알려라. 이러이러한 말은 비밀로 해 두어라."

여기서 하늘의 책들의 봉인에 대한 언급은 유대교 묵시문학에서 통용된 문체였다. 그들은 이런 수단을 사용하여 책에 담긴 내용이 마지막 때까지 알려지지 말아야 하는 절대 불가침의 비밀이라는 것을 표현했던 것이다.

그러나 이와 달리 요한은 마지막 때가 아주 가까이 임박해 있다고 느낀 자신의 현재를 위해 이 구절을 썼다. 따라서 그의 책은 봉인해 두어서는 안 되고, 임박한 종말 기대와 관련해서 그의 수신 교회들이 준비할 수 있도록 이 책의 예언의 말씀은 알려져야 한다.

11절 불의를 행하는 자는 그대로 불의를 행하고 더러운 자는 그대로 더럽고

의로운 자는 그대로 의를 행하고 거룩한 자는 그대로 거룩하게 하라 이 구절의 상반절은 구약의 예언자들이 죄인들에게 자신들이 비난하는 행동을 실제로 하도록 촉구하는 식의 역설적 명령법 형식을 사용한다. 가령, 예언자 아모스의 경우 그는 형식적인 제의를 포기하고 순수한 회개를 하도록 하기 위해 다음과 같은 촉구를 한다.

> "너희는 베델로 몰려가서 죄를 지어라. 길갈로 들어가서 더욱더 죄를 지어라. 아침마다 희생제물을 바치고, 사흘마다 십일조를 바쳐 보아라. 또 누룩 넣은 빵을 감사제물로 불살라 바치고, 큰 소리로 알리면서 자원 예물을 드려 보아라. 이스라엘 자손아, 바로 이런 것들이 너희가 좋아하는 것이 아니냐?"(암4:4~5 참조, 렘7:21, 단12:10)

이러한 배경에서 볼 때, 본 구절의 상반절을 더 이상의 회개가 불가능할 것이라는 식의 결정론적 의미로 이해해서는 안 될 것이다. 오히려 이것은 독자들의 삶을 하나님의 뜻에 합당하게 영위하도록 격려하기 위한 기록인 것이다. 그러므로 이 진술의 주안점은 하반절에 있다. 여기서 요한은 그리스도인의 삶이 구원을 향한 과정 속에서 이루어지고 있다는 것을 강조한다. 오직 하나님과 그리스도에게 끝까지 충성하는 자세로 신실하게 사는 자만이 마지막에 하나님으로부터 선물로 받은 신분인 의인, 혹은 거룩한 자가 될 것이다.

12절 보라 내가 속히 오리니 7절에 이어 본 구절에서 그리스도의 급박한 재림 예고가 반복된다. 이 어구는 임박한 종말 기대를 표현한다. 이에 대해서는 1장 3절의 주석을 참조할 것.

내가 줄 상이 내게 있어 각 사람에게 그가 행한 대로 갚아 주리라 그리스도는 각 사람에게 상을 주시는데, 그 상은 각 사람들의 그 행위에 따라 정해진다고 한다. 이러한 언급은 2장 23절에도 나온다. 따라서 이 어구에 대해서는 2장 23절의 주석을 참조할 것.

13절 나는 알파와 오메가요 처음과 마지막이요 시작과 마침이라 앞 절에서 묘사된 심판자로서의 그리스도의 모습에 걸맞게 그리스도는 하나님 칭호를 받는다. 하나님 칭호는 1장 8절에서 '알파와 오메가' 로, 그리고 21장 6절에서는 '알파와 오메가' 나 '처음과 나중' 으로 나타나며, 1장 17절과 2장 8절에서는 '처음과 나중' 이 그리스도의 칭호로 사용된다. 본 구절의 세 칭호 모두는 분명히 같은 것을 말하고 있다. 이 칭호의 의미에 대해서는 1장 8절과 1장 17절의 주석을 참조할 것.

14절 자기 두루마기를 빠는 자들은 복이 있으니 이제 그리스도는 복 선언의 형식 속에서 신실한 그리스도인들에게 미래의 구원을 약속한다. 복 선언을 위한 전제는 그리스도인들이 그들의 옷을 깨끗이 빠는 것이다. '옷을 빠는 것' 은 하나님께 가까이 가는 사람들의 정결과 성결을 말하는 구약의 구상적 어법의 영향 하에서 사용된 표현이다.(출19:10, 14 참조) 우리는 이 어구와 유사한 표현을 7장 14절에서 찾아볼 수 있다. 따라서 이 구절의 주석을 참조할 것.

이는 그들이 생명나무에 나아가며 문들을 통하여 성에 들어갈 권세를 받으려 함이로다 이 어구는 복 선언으로서의 구원 약속을 좀 더 분명하게 표현한다. 여기서는 신실한 그리스도인들이 생명나무에 이르는 권리를 차지한다는 약속이 주어진다. '생명나무' 에 대해서는 2장 7절과 22장 2절의 주석을 참조할 것. 문들을 통하여 성에 들어갈 권세를 얻는다는 표현은 앞에서 자세히 묘사된 새 예루살렘으로 들어갈 수 있는 권리의 획득을 말한다.

15절 개들과 점술가들과 음행하는 자들과 살인자들과 우상 숭배자들과 및 거짓말을 좋아하며 지어내는 자는 다 성 밖에 있으리라 이 구절은 14절의 구원 약속과 대비시켜 기술한 저주의 말씀으로서 새 예루살렘으로 들어갈 수 없는 죄인들의 리스트에 해당한다.

새 예루살렘으로 들어갈 수 없는 자들 가운데 첫째는 '개들' 이다. 랍비 전승에 의하면 개의 불굴의 인내는 하나님에 대한 이스라엘의 불굴의 충성을 위한 메타포로 사용된 경우가 있었지만, 개는 완고하고 고집이 센 피조물로 여겨졌고, 특히 이방인들과 불신앙인들을 특징짓는 데 매우 적합한 것으로 간주되었다. 그리고 초기 기독교의 문헌에서는 '개' 가 세례를 받지 않은 사람들, 즉 깨끗하지 못한 사람들(디다케 9:5)과 이단자들(빌3:2, 벧후2:22, 이그나티우스의 에베소 교회를 향한 편지 7:1)을 위한 메타포로 사용되었다. 따라서 이 구절에서 '개' 는 이방인들과 불신앙인들 그리고 교회 안의 거짓 교사들(계21:2, 14~15, 20 참조)과 그 추종자들을 의미한다고 볼 수 있다.

다음으로 열거되는 자들은 순서만 약간 바뀌었을 뿐 21장 8절에서처럼 마술쟁이들, 음행하는 자들, 살인자들, 우상숭배자들, 그리고 거짓말을 하는 자들이 이에 속한다. 따라서 21장 8절의 주석을 참조할 것.

16절 나 예수는 교회들을 위하여 내 사자를 보내어 이것들을 너희에게 증언하게 하였노라 올리어진 그리스도는 이 책에 기록된 내용을 보증한다. 이 어구는 내용적으로 1장 1절을 다시 언급한 것이다.(1:1의 주석을 참조할 것) 따라서 '내 사자'는 '나의 천사'로 번역하는 것이 더 좋을 것이다.

그런데 여기에 나오는 대명사 '너희'가 누구를 지칭하는지에 대해서는 다음과 같이 논란이 많다. ① 소아시아의 일곱 교회의 그리스도인들이라는 설, ② 잠재적 순교자들이라는 설, ③ 요한계시록을 교회의 회중들에게 읽어 주어야 할 일을 떠맡았던 낭독자들이라는 설, ④ 요한계시록의 사본들을 소아시아의 일곱 교회에 전달해야 할 일을 떠맡았던 심부름꾼들이라는 설, ⑤ 요한의 동료인 예언자 그룹이라는 설.

이 중에서 가장 설득력이 있는 것은 ⑤로 보인다. 왜냐하면 여기서 '너희'는 분명히 '교회들'과는 달리 특별한 그룹으로 구별되나 22장 9절에 나오는 예언자들과 관련시킬 수 있기 때문이다.

나는 다윗의 뿌리요 자손이니 곧 광명한 새벽별이라 하시더라 여기에는 앞의 진술을 더욱 굳히기 위한 기독론적 칭호들이 나타난다. "나는 다윗의 뿌리요, 그의 자손이다."는 예수가 다윗의 후손이요 메시아적 약속의 실현자라는 것을 말하고 있다.(사11:1, 10 참조)

다음에 나오는 '새벽별'은 로마 시대에 승리와 통치의 수여자로 간주된 별이다. 여기서 요한은 최종 승리와 구원을 제공하는 분이 로마 황제가 아니라, 그리스도라고 강조하고 있다. 더 자세한 것은 2장 28절의 주석을 참조할 것.

17절 성령과 신부가 말씀하시기를 오라 하시는도다 여기서는 성령과 신부가 "오소서!"라고 말하고, 이것을 듣는 자도 "오소서!"라고 외치라는 말씀이 나온다. 여기서 성령은 로마서 8장 26절에서처럼 교회 편에 서서 그리스도인들의 연약함을 위해 탄원하는 자로 나타나 있고, 신부는 하늘에 원형을 가지고 있는 지상의 교회를 두고 하는 말이다.(19:7~8, 21:2, 9 참조)

이들은 절박하게 그리스도의 재림을 기다리는 마음을 표현하고 있다. 그리고 이것을 듣는 자도 "오소서!"하고 외치라는 권고를 받는다. 우리는 이 표현이 그리스도가 속히 다시 오시기를 탄원하는 말이라는 것을 22장 12절과 20절을 통해 쉽게 알 수 있다.

듣는 자도 오라 할 것이요 '듣는 자'는 전 교회를 말한다. 로마이어(E. Lohmeyer, *Komm.*, 182)는 이 말씀이 교회의 예언자들과 관련이 있다고 해석하지만, 이 견해는 설득력이 약하다. 왜냐하면 예언자들만 성령의 말씀을 듣는다는 내용은 요한계시록의 어떤 구절에서도 찾아볼 수 없기 때문이다. 요한계시록에서 듣는 자는 요한 자신(1:10, 4:1, 5:11, 13, 6:1, 3, 5, 6, 7, 7:4, 8:13, 9:13, 16, 10:4, 8, 12:10, 14:2(두 번), 3, 16:1, 5, 7, 18:4, 19:1, 6, 21:3, (22:8))이든지 전 교회 아니면, 적어도 믿음직스러운 신자들을 말한다. 특히 전 교회라고 보는 경우의 전형적인 예는 계시록 2~3장에서 일곱 번이나 똑같은 형식으로 반복되어 나타나는 '들으라' 정형어구다.(2:7, 11, 17, 29, 3:6, 13, 22) 여기서 귀 있는 자는 성령이 교회들에게 말하는 것을 들으라고 권면을 받는다.

목마른 자도 올 것이요 몇몇 주석가들은 여기에 나오는 '목마른 자'를 아직 믿지 않는 사람으로 보지만 이 견해는 설득력이 약하다. 왜냐하면 요한계시록에서 목마름은 오직 생명수와 관련해서 사용되는 개념이기 때문이다.(7:16 참조) 요한계시록에서 생명수는 이 세상에서 발견될 수 있는 것이 아니라 오직 새로운 세계, 즉 새 예루살렘에만 있다.(7:16~17, 22:1~2 참조) 따라서 이 구절에서의 목마름은 새 예루살렘에 희망을 두고 있는 그리스도인들에게만 있을 수 있다. 그러므로 이 어구는 그리스도인들에게 새 예루살렘으로 들어올 것을 권면하는 말씀으로 이해해야 한다.

또 원하는 자는 값없이 생명수를 받으라 하시더라 생명수를 원하는 사람은 물론 그리스도인들을 말한다. 생명수는 새 예루살렘에서의 영생을 위한 표상이다.(22:1의 주석을 참조할 것) 따라서 "값없이 생명수를 받으라"는 말씀은 새 예루살렘으로 들어가는 것이 단지 인간의 업적으로 이루어지는 것이 아니라, 하나님과 그리스도의 은혜로 가능하다는 점을 가르쳐 주고 있다는 것을 알 수 있다. 그러나 계시록 저자는 하나님과 그리스도의 은혜를 값싼 은혜로 여기지 않는다. 앞에서 본 바와 같이 계시록 저자는 구원의 이니셔티브가 하나님의 은혜에 있다고 말하는 동시에 인간의 책임성에 대해서도 언급하고 있다.

18절 내가 이 두루마리의 예언의 말씀을 듣는 모든 사람에게 증언하노니 만일 누구든지 이것들 외에 더하면 하나님이 이 두루마리에 기록된 재앙들을 그에게 더하실 것이요 18~19절에서 요한은 이 두루마리의 예언의 말씀들을 듣는 모든 사람들에게 이 두루마리의 내용을 변경하지 말 것을 강하게 촉구한다. 그는 그의 작품의 불변성과 거룩성을 확신시키고자 한다. 이 구절에서는 이 두루마리의 내용에 무엇을 첨가하면 불신앙적인 사람들의 편에 서게 되는 것이며, 따라서 마지막 때에 임할 하나님의 형벌을 피할 수 없게 되는 것이라고 경고한다. 이때 요한은 유대교에서 거룩한 글들의 정경화를 위해 사용되었던 전통적인 정형어구를 사용한다.(신4:2, 13:1; 렘26:2; 잠30:6; 아리스테아스의 편지 311; 에티오피아어 에녹서 104:10~13; 슬라브어 에녹서 48:6~9, 74~75 참조) 이 정경화 정형어구를 통해 요한은 이 두루마리 텍스트의 조작을 막으려고 했을 뿐만 아니라, 이 책의 내용이 가감 없이 그리스도인들의 삶을 규정짓도록 해야 한다는 것을 엄명한 것이다.

19절 만일 누구든지 이 두루마리의 예언의 말씀에서 제하여 버리면 하나님

이 이 두루마리에 기록된 생명나무와 및 거룩한 성에 참여함을 제하여 버리시리라 앞 절에서 이 책의 내용에 무엇을 첨가할 경우에 대해서 언급한 반면, 이 구절에서는 무엇을 뺄 경우에 대해 언급한다. 이 경우에도 저주를 받게 될 것이라고 경고하는데, 여기서는 하나님께서 생명나무와 거룩한 도성에서 얻게 될 그의 몫을 없애 버리실 것이라고 표명한다. 이 표현은 더 말할 필요 없이 영원한 멸망을 뜻한다.

20절 이것들을 증언하신 이가 이르시되 내가 진실로 속히 오리라 하시거늘 아멘 주 예수여 오시옵소서 이것들을 증언하신 이는 올리어진 그리스도를 말한다. 그는 "그렇다. 내가 속히 가겠다."고 예고한다. 우리는 앞에서 "내가 속히 가겠다."가 요한계시록에서 속히 다시 오실 그리스도에 대한 기대와 관련 있는 중요한 표현으로 사용되고 있는 것을 보았었다.(계2:5, 16, 3:11, 22:7, 12 참조) 거기에서 그리스도는 심판예고와의 관련 속에서 속히 올 것을 예고하는데, 여기서 그리스도는 본질적으로 그의 오심이 주요 내용인 요한계시록의 증거자로서 다시 강하게(그렇다) 그가 속히 올 것을 약속한다. 이 예고에 대해서 교회는 "아멘, 주 예수여, 오시옵소서!"라고 대답한다.

"아멘, 주 예수여, 오시옵소서!"는 아람어를 사용하는 원시 기독교 공동체로부터 유래하는 초기 기독교의 마라나타(고전16:22; 다다케10:6 참조)의 희랍어역이다. 이 초기 기독교의 마라나타와 관련하여 보른캄(G. Bornkamm, "Das Anathema in der urchristlichen Abendmahlsliturgie," 126)은 계시록 20장 20절에 나오는 "아멘, 주 예수여, 오시옵소서!" 문장에는 성만찬 전통이 들어 있다고 보았지만, 벵스트(K. Wengst, *Christologische Formeln und Lieder des Urchristentums*, 51~52)가

옳게 이의를 제기한 바와 같이 계시록 22장 20절에 있는 간구는 성만찬 의식과 아무런 관련이 없고, 22장 18~19절에 나오는 저주의 위협과 관련이 있다. 박해를 받는 교회가 위의 예고에 대해 이렇게 반응을 했다면, 이것은 심판을 위해서 그리스도가 속히 와 줄 것을 절박하게 간구하는 표현이라고 말할 수 있을 것이다.

21절 주 예수의 은혜가 모든 자들에게 있을지어다 아멘 요한계시록은 분명히 서신의 형식으로 쓰인 작품이다. 1장 4절에서는 발신자와 수신자들이 언급되고 있으며, 5절에는 바울서신들의 형식과 유사한 서신의 인사 부분이 들어 있고, 6절에는 그리스도에 대한 송영이 나타난다. 그리고 이 구절이 보여 주는 바와 같이 바울 서신들의 끝맺음 인사에서 볼 수 있는 축복기도로 끝맺고 있다. 마지막으로 본 구절에서 주 예수의 은혜가 모든 사람에게 있기를 비는 이유는 기독교인의 삶이 본질적으로 그리스도에 의해 규정되어 있기 때문이다. 여기서 축복 기도는 기독교 신앙의 근본적인 확신, 즉 그리스도를 믿는 사람들은 오직 예수 그리스도를 통해서 주어지는 은혜를 경험할 수 있다는 확신을 전해 준다.

3) 설교 가이드

본문에서는 '주님의 재림' 이라는 제목으로 설교를 작성할 수 있을 것이다.

계시록 저자는 그리스도의 재림에 대해 특별한 관심을 가졌던 사람이다. 주님은 지금도 계시고, 전에도 계셨고, 앞으로 오실 분이다. 요한은 주님을 단지 전에 계셨고 지금도 계시다는 분으로만 여긴 것이 아니라, 앞으로 오실 분으로 확신한 사람이었다. 특히 본문의 주요 관심사는 우리에게 주님의 재림에 대해 확신시켜 주는 데 있다.(7, 12, 20절 참조) 여기서 설교자는 다음과 같이 세 대지로 나누어서 설교를 작성할 수 있을 것이다.

① 우리도 초기 기독교인들처럼 "아멘. 주 예수여, 오시옵소서!"라는 기도를 할 수 있어야 한다. 오늘날 사람들이 그리스도의 재림을 의심 없이 믿는다는 것은 사실상 매우 어렵다. 초기 기독교 시대에도 주님의 재림에 대한 신앙에 의심을 품은 사람들이 있었다.(벧후3:3~4)

그러나 요한은 주님의 재림에 대한 기대를 종말론적 대사건으로 확신하는 신앙을 가졌다. 실제로 이것은 신약 전체가 전망하는 대사건이며 희망의 초점이다.

초기 기독교인들은 이 기대로 충만해서 살았다. 주님의 재림이 지연되었을 때에도 그들은 불평하지 않았고 희망을 잃지 않았다. 왜냐하면 그들의 신앙은 그리스도의 십자가와 부활 사건에 나타난 하나님의 구원 행동에 근거를 두고 있었기 때문이다.

② 우리는 주님의 재림의 의미를 잘 알아야 한다.

이에 대해서는 본문 14절의 복 선언과 15절의 심판 예고가 가르쳐 주고 있다. 주님의 재림은 신실한 그리스도인들에게는 구원의 사건인 반면, 불신앙인들에게는 심판의 사건이다.

③ 우리는 재림 지연의 의미를 잘 알아야 한다.

본문의 20절에 곧 다시 오겠다는 주님의 약속 말씀이 나옴에도 불구하고, 주님의 재림은 아직도 계속 지연되고 있다. 사실 요한은 6장 11절에서 보듯이 종말의 시기에 대해 유연하게 생각하는 모습을 보여 준다.(6:11의 주석을 참조할 것) 설교자는 여기서 재림 지연의 의미를 다음과 같이 정리할 수 있다.

㉠ 하나님께서는 생각보다 더 많은 시간을 우리에게 선물로 주셨다. 우

리는 이 선사 받은 시간을 사용할 수 있도록 해 주신 하나님께 감사를 드려야 한다. 모든 그리스도인들은 선물로 받은 모든 시간을 그리스도의 이름 안에서 이해하고 사용해야 한다는 것을 잊지 말아야 한다.

ⓛ 우리에게 주어진 시간은 종말을 향해 달리고 있고 언젠가 마지막에 이르게 된다는 것을 잊지 말아야 한다. 초기 기독교인들은 아마도 곧 아니면 늦더라도 그리 멀지 않은 기간 내에 종말이 도래할 것이라는 표징 속에서 살았다. 시간과 역사에 대해 심사숙고하지 않는 사람들에게 마지막은 갑자기 충격적으로 도래한다. 따라서 게으르고 깊은 잠에 빠져 있는 종들에게는 화가 있으리라. 그리고 자신의 집에 도둑이 침입할 것을 전혀 예측 못하는 집 주인에게도 화가 있으리라. 그러나 집 주인을 맞을 준비가 되어 있는 종들은 행복하다. 그리스도인들은 시편 기자처럼 다음과 같이 기도해야 한다.(시39:4) "여호와여 나의 종말과 연한이 언제까지인지 알게 하사 내가 나의 연약함을 알게 하소서."

ⓒ 깨어 있으라는 권고(3:2 참조, 16:15)의 명령법은 다시 오실 주님의 약속에 관한 직설법에 그 근거를 두고 있다. 즉, 깨어 있으라는 촉구는 우리의 전(全) 삶을 위한 규정으로서 우리를 복되고 자유케 하는 복음의 약속으로부터 나온 것이다. 따라서 깨어 있으라는 이 촉구는 그리스도인들에게 부담을 가중시키는 요구가 아니라 우리에게 주어진 시간을 그리스도께서 주시는 기쁨 속에서 사용하라는 권고다.

참고문헌
Bibliography

1. 주석서

Aune, *D. Revelation. 3 vols.* WBC 52 A~C. Dallas: Word Books Publischer, 1997/1998.

Beale, G. K. *The Book of Revelation.* NIGTC. Grand Rapids, MI: Eerdmans, 1999.

Beasley-Murray, G. R. T*he Book of Revelation.* Rev. ed. NCBC. London: Marshall, Morgan & Scott, 1978.

Beckwith, I. T. *The Apocalypse of John.* New York: Macmillan, 1919.

Behm, J. *Die Offenbarung des Johannes.* 5th ed. Göttingen: Vandenhoeck & Ruprecht, 1949.

Boring, M. E. Revelation:. I*nterpretation.* Louisville: John Knox, 1989.

Bousset, W. *Die Offenbarung Johannis.* 6th ed. KEK 16. Göttingen: Vandenhoeck & Ruprecht, 1906.

Boxall, I. *The Revelation of Saint John.* BNTC. Peabody: Hendrickson Publishers, 2006.

Caird, G. B. *The Revelation of Saint John.* BNTC. Peabody: Hendrickson, 1966.

Charles, R. H. *A Critical and Exegetical Commentary on the Revelation of St. John.* 2 vols. Edinburgh: T. & T. Clark, 1920.

Collins, A. Y. *The Apocalypse.* New Testament Message 22. Wilmington: Glazier, 1979.

Düsterdick, F. *Kritisch exegetisches Handbuch über die Offenbarung Johannis.* Göttingen: Vandenhoeck & Ruprecht, 1887.

Ford, J. M. *Revelation: Introduction, Translation and Commentary.* AB 38. Garden City, NT: Doubleday, 1975.

Giblin, C. H. The Book of Revelation. GNS 34. Collegeville, MN: Liturgical, 1991.

Giesen, H. *Die Offenbarung des Johannes.* RNT. Regensburg: Pustet, 1997.

Glasson, T. F. *The Revelation of John.* CBC. Cambridge: Cambridge Up, 1965.

Hadorn, W. *Die Offenbarung des Johannes.* THKNT 18. Leipzig: Deichert, 1928.

Harrington, W. J. *Revelation*. Sacra Pagina 16. Collegeville: Liturgical, 1993.
Hort, F. J. A. *The Apocalypse of St. John I~III*. London: Mancmillan, 1908.
Johnson, *D. E. Triumph of the Lamb: A Commentary on Revelation*. Phillipsburg: P & R Publishing, 2001.
Kiddle, M. *The Revelation of St. John*. MNTC 17. London: Hodder & Stoughton, 1946.
Kraft, H. *Die Offenbarung des Johannes*. 한국신학연구소 역.『요한묵시록』. 국제성서주석 47. 서울: 한국신학연구소, 1983.
Krodel, G. A. *Revelation*. ACNT. Minneapolis: Augsburg, 1989.
Ladd, G. E. A *Commentary on the Revelation of John*. Grand Rapids, MI: Eerdmans, 1972.
Lilje, H. *Das letzte Buch der Bibel. Eine Einführung in die Offenbarung Johannes*. 5th ed. Hamburg: Furche-Verlag, 1958.
Lohmeyer, E. *Die Offenbarung des Johannes*. 3rd ed. HNT 16. Tübingen: Mohr-Siebeck, 1970.
Lohse, E. *Die Offenbarung des Johannes*. 박두환/이영선 역.『요한계시록』. 천안: 한국신학연구소, 1997.
Morris, L. *The Revelation of St. John*. 김근수 역.『요한계시록』. 4판. 틴텔 신약주석 시리즈 20. 서울: 기독교 문서선교회, 1993.
Mounce, R. H. *The Book of Revelation*. 홍성철 역.『요한계시록』. 성경주석 뉴 인터내셔널 20. 서울: 생명의 말씀사, 1987.
Murphy, F. J. *Fallen is Bablylon: The Revelation to John*. The New Testament in Context. Harrisburg: Trinity Press International, 1998.
Müller, U. B. *Die Offenbarung des Johannes*. ÖTK 19. Gütersloh: Mohn, 1984.
Osborne, G. R. *Revelation*. BECNT. Grand Rapids, MI: Baker Academic, 2002.
Roloff, J. *Die Offenbarung des Johannes*. ZB 18. Zürich: Theologischer, 1984.
Rowland, C. *Revelation*. Epworth Commentaries. London: Epworth, 1993.
Sickenberger, J. *Erklärung der Johannesapokalypse*. Bonn: Peter Hanstein, 1940.
Smalley, S. S. The *Revelaton to John: A Commentary on the Greek Text of the Apocalypse*. London: SPCK, 2005.
Strack, H. L./Billerbeck, P. *Kommentar zum Neuen Testament aus Talmud und Midrasch III*. München: Beck, 1926.
Sweet, J. P. M. *Revelation*. Philadelphia: Westminster, 1979.
Swete, H. B. *The Apocalypse of John*. 3rd ed. London: Macmillan, 1908.
Thomas, R. L. *Revelation: An Exegetical Commentary*. 2 vols. Chicago: Moody, 1992.

Thompson, L. L. *Revelation*. Abingdon New Testament Commentaries. Nashville: Abingdon, 1998.

Wall, R. W. *Revelation*. Peabody: Hendrickson, 1991.

Wikenhauser, A. *Die Offenbarung Johannes*. 2nd ed. RNT 9. Regensburg: Pustet, 1959.

Zahn, T. *Die Offenbarung des Johannes*. 2 vols. KNT 18. Leipzig/Erlangen: Deichert, 1924.

2. 일반문헌

Adamson, J. T. H. "The Concept of the Millennium in Revelation 20:1~10: Its Origin and Meaning." Diss., Ottawa University, 1990.

Becker, J. "Erwägungen zu Fragen der neutestamentlichen Exegese." *BZ* 13 (1969), 99~102.

Bell, A. A. "The date of John's Apocalypse. The Evidence of some Roman historians reconsidered." *NTS* 25 (1978), 93~112.

Berger, K. *Exegese des Neuen Testaments. Neue Wege von Text zur Auslegung*. 2nd ed. UTB 658. Heidelberg: Quelle & Meyer, 1984.

______. "Henoch." RAC 14: 473~545.

______. Theologiegeschichte des Urchristentums. Theologie des Neuen Testaments. Tübingen/Basel: Francke Verlag, 1994.

Boll, F. *Aus der Offenbarung Johannis: Hellenistische Studien zum Weltbild der Apokalypse*. Leipzig/Berlin: B. G. Teubner, 1914.

Bornkamm, G. "Das Anathema in der urchristlichen Abendmahlsliturgie." in ders. *Das Ende des Gesetzes. Paulusstudien*. Gesammelte Aufsätze. Bd. I. BEvTh 16. München: Chr. Kaiser, 1958. 123~132.

Brun, L. "Die römischen Kaiser in der Apokalypse." *ZNW* 26 (1927), 128~151.

Collins, A. Y. *Crisis and Catharsis: The Power of the Apocalypse*. Philadelphia: Westminster, 1984.

______. "Introduction: Early Christian Apocalypticism." *Semeia* 36 (1986), 1~11.

______. "Myth and History in the Book of Revelation: The Problem of Its Date." in *Traditions in Transformation: Turning Points in Biblical Faith*, ed. B. Halpern and J. D. Levenson. Winona Lake, IN: Eisenbrauns, 1981. 377~403.

Collins, J. J. "Introduction: Towards the Morphology of a Genre." *Semeia* 14 (1979), 1~20.

Dillersberger, J. "Das Weib und der Drache." *WuW* 2 (1947), 257~268.

Gilbertson, M. *God and History in the Book of Revelation: New Testament*

Studies in Dialogue with Pannenberg and Moltmann. SNTSMS 124. Cambridge: Cambridge University Press, 203.

Günther, H. W. *Der Nah- und Enderwartungshorizont in der Apokalypse des heiligen Johannes*. FzB 41. Würzburg: Echter Verlag, 1980.

Heiligenthal, R. "Wer waren die 'Nicolaiten'? Ein Beitrag zur Theologiegeschichte des frühen Christentums." *ZNW* 82 (1991), 87~95.

Hemer, C. J. *The Letters to the Seven Churches of Asia in Their Local Setting*. JSNTSup 11. Sheffield: JSOT, 1986.

Hartman, L. "Survey of the Problem of Apocalyptic Genre." in *Apocalypticism in the Mediterranean World and the Near East*, ed. D. Hellholm. Tübingen: Mohr-Siebeck, 1983. 329~343.

Holtz, T. *Die Christologie der Apokalypse des Johannes*. TU 85. Berlin: Akademie, 1962.

Hughes, Ph. E. *The Book of Revelation: A Commentary*. Leicester: Inter-Varsity Press and Grand Rapids: Eerdmans, 1990.

______. "The First Resurrection: Another Interpretation." *WTJ* 39 (1977), 315~318.

Huß, W. "Die Gemeinde der Apokalypse des Johannes." Diss., Universität München, 1967.

Karrer, M. *Die Johannesoffenbarung als Brief: Studien zu ihrem literarischen, historischen und theologischen Ort*. Göttingen: Vandenhoeck & Ruprecht, 1986.

Kline, M. "The First Resurrection." *WTJ* 37 (1975), 366~375.

______. "The First Resurrection: A Reaffirmation." *WTJ* 39 (1976), 110~119.

Koester, C. R. "The Message to Laodicea and the Problem of Its Local Context: A Study of the Imagery in Rev 3. 14~22." *NTS* 49 (2003), 407~424.

Lücke, F. *Versuch einer vollständigen Einleitung in die Offenbarung Johannis und in die apokalyptische Litteratur überhaupt*. 2nd ed. Bonn, 1848.

Mealy, J. W. *After the Thousand Years: Resurrection and Judgment in Revelation 20*. JSNT Supplement Series 70. Sheffield: Scheffield Academic, 1992.

Michaels, J. R. "The First Resurrection: A Response." *WTJ* 39 (1976), 100~109.

Mowry, L. "Revelation 4~5 and Early Christian Liturgical Usage." *JBL* 71 (1952), 75~84.

Müller, H. P. "Formgeschichtliche Untersuchungen zu Apc 4F." Diss., Universität Heidelberg, 1962.

Newman, B. "The Fallacy of the Domitian Hypothesis." *NTS* 10 (1963~64),

133~139.
O' Brien, K. J. "An Examination of the Meaning, the Purpose, and the Function of the Interlude within the Sevenfold Series of the Book of Revelation." Diss., Union Theological Seminary, 1996.
Olson, D. C. " 'Those Who Have Not Defiled Themselves with Women' : Revelation 14:4 and the Book of Enoch." *CBQ* 59 (1997), 492~510.
Piper, O. A. "The Apocalypse of John and the Litergy of the Ancient Church." *Church History* 20 (1951), 10~22.
Ramsay, W. M. *The Letters to the Seven Churches of Asia*. London: Hodder & Stoughton, 1904.
Reichelt, G. "Das Buch mit den siben Siegeln in der Apokalypse des Johannes." Diss., Universität Göttingen, 1975.
Reicke, B. "Die jüdische Apokalyptik und die johanneische Tiervision." *RSR* 60 (1972), 173~192.
Rissi, M. *Zeit und Geschichte in der Offenbarung des Johannes*. Zürich: Zwingli-Verlag, 1952.
Robinson, J. A. T. *Redating the New Testament*. Philadelphia: Westminster, 1976.
Roller, O. "Das Buch mit den sieben Siegeln." *ZNW* 36 (1937), 98~113.
Sanders, J. N. "St John on Patmos." *NTS* 9 (1962/63), 75~85.
Satake, A. *Die Gemeindeordnung in der Johannesapokalypse*. WMANT 21. Neukirchen-Vluyn: Neukirchener Verlag, 1966.
Sattler, W. "Das Buch mit den sieben Siegeln: Studien zum literarischen Aufbau der Offenbarung Johannis." *ZNW* 21 (1922), 43~53.
Schrenk, G. "*βίβλος, βιβλίον*." *ThWNT* I: 618~620.
Sch?ssler Fiorenza, E. *The Book of Revelation: Justice and Judgment*. Philadelphia: Fortress, 1985.
______. *Das Buch der Offenbarung: Vision einer gerechten Welt*. Stuttgart · Berlin · Köln: Kohlhammer, 1994.
______. Priester *für Gott: Studien zum Herrschafts- und Priestermotiv in der Apokalypse*. NTA 7. Münster: Aschendorff, 1972.
Slater, T. B. "On the social Setting of the Revelation to John." *NTS* 44 (1988), 232~256.
Souza Nogueira, P. A. de. "Der Widerstand gegen Rom in der Apokalypse des Johannes. Eine Untersuchung zur Tradition des Falls von Babylon in Apokalypse 18." Diss., Universität Heidelberg, 1991.
Sperber, D. *Rethingking Symbolism*. tr. by A. L. Morton. Cambridge: Cambridge

University Press, 1975.

Strobel, A. "Abfassung und Geschichtstheologie der Apokalypse nach Kap. XVII. 9~12." *NTS* 10 (1963/64), 433~445.

Tompson, L. L. *The Book of Revelation: Apocalypse and Empire*. New York: Oxford Up, 1990.

van Unnik, W. C. "'Worthy is the Lamb': The Background of Apoc 5." in *Mé-langes Bibliques en hommage au R. P. B. Rigaux*, ed. A. Descampes and A. de Halleux. Gembloux: Duculot, 1070. 445~461.

von Rad, G. *Theologie des Alten Testaments II*. 4th ed. München: Kaiser, 1965.

Vos, L. A. *The Synoptic Traditions in the Apocalypse*. Kampen: Kok, 1965.

Wainwright, A. W. *Mysterious Apocalypse: Interpreting the Book of Revelation*. Nashville: Abingdon, 1993.

Wengst, K. *Christologische Formeln und Lieder des Urchristentums*. StNT 7. Gütersloh: Mohr, 1972.

Wheelwright, Ph. *The Burning Fountain: A Study in the Language of Symbolism*. Bloomington: Indiana University Press, 1968.

______. *Metaphor and Reality*. Bloomington: Indiana University Press, 1962.

Wilson, J. Chr. "The Problem of the Domitianic Date of Revelation." *NTS* 39 (1993), 587~605.

이광진. 『요한계시록 연구』. 서울: 크리스천 헤럴드, 2003.

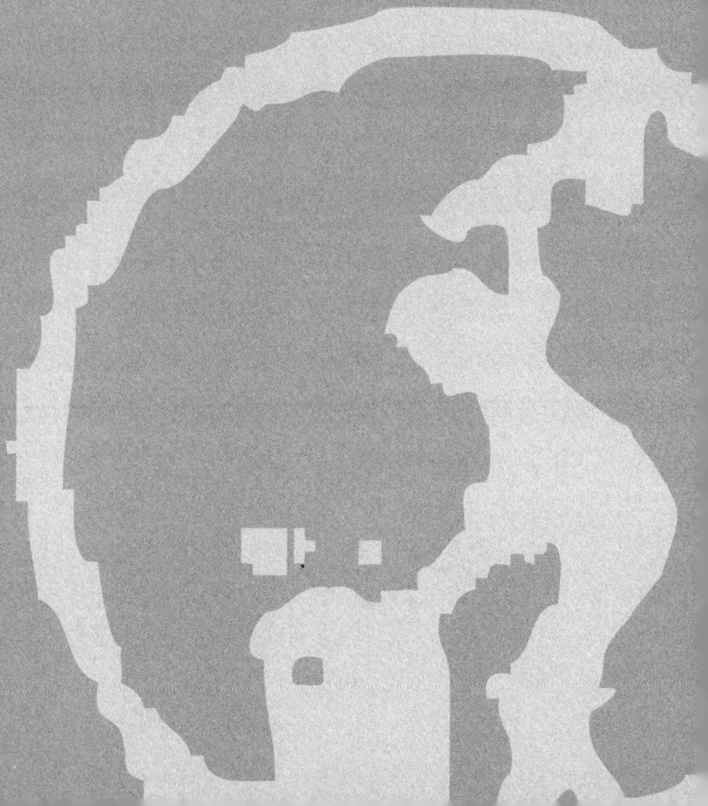